Günter Pössiger

DAS GROSSE REIM-LEXIKON

Wer dichten will, muß Reime finden

Anleitung für Hobby- und Gelegenheits-Dichter

Originalausgabe

WILHELM HEYNE VERLAG
MÜNCHEN

HEYNE RATGEBER
08/5102

Umwelthinweis:
Dieses Buch wurde auf
chlor- und säurefreiem Papier gedruckt.

3. Auflage

Copyright © 1988 by Wilhelm Heyne Verlag GmbH & Co. KG, München
Printed in Germany 1997
Umschlaggestaltung: Atelier Adolf Bachmann, Reischach
Umschlagabbildung: Tony Stone Bilderwelten, München
Druck und Bindung: Presse-Druck Augsburg

ISBN 3-453-11793-X

Zur Einführung

Lebende Sprachen befinden sich in ständiger Entwicklung und spiegeln die jeweilige gesellschaftliche und kulturelle Situation des betreffenden Sprachraums. Das gilt in besonderem Maße für unsere Zeit, die nicht nur durch internationale wirtschaftliche Verflechtungen und rasante wissenschaftliche und technische Fortschritte weltweit tiefgreifenden Veränderungen ausgesetzt ist. Neue Wortschöpfungen entstehen, während alte, dem Zeitgeist nicht mehr entsprechende Wörter in den Hintergrund treten. Viele moderne Fachtermini dringen in die Allgemeinsprache ein, und Entlehnungen aus anderen Sprachen, in den westlich orientierten Ländern insbesondere aus dem Englisch-Amerikanischen, setzen sich allgemein durch. Diesem Wandel, der als stetiger Modernisierungsprozeß den Sprachgebrauch den Erfordernissen der Zeit anpaßt und damit die Sprache lebendig und jung erhält, ist selbstverständlich auch der deutsche Sprachraum unterworfen, dessen hochentwickelte und von Export und Import abhängige Technik und Industrie zu besonderer Aufgeschlossenheit zwingen. Die Orientierung der Bundesrepublik Deutschland, Österreichs und der Schweiz beispielsweise an den entscheidend von den USA inspirierten westlichen Gesellschafts- und Wirtschaftsformen ist nicht zuletzt auch an der deutschen Sprachentwicklung ablesbar. Selbst Menschen, die der englischen Sprache nicht mächtig sind, gehen heute mit englisch-amerikanischen Ausdrücken ganz selbstverständlich um. Deshalb haben Wörterbücher, die der Praxis verpflichtet sind und dem lebendigen Sprachgebrauch dienen, keine unverrückbare Gültigkeit, sondern bedürfen von Zeit zu Zeit der Aktualisierung.

Aus solchen Überlegungen heraus entwickelte sich die Idee eines neuen Reimlexikons, das den modernen Sprachgebrauch berücksichtigt, ohne den traditionellen Wortschatz zu vernachlässigen. Alte Reimlexika, seien sie auch noch so gut, können dieser Forderung nicht entsprechen, und neuere Veröffentlichungen mit einer solchen Zielsetzung liegen nicht vor. So nahm dann nach jahrelanger vorbereitender Sammelarbeit und aufmerksamer Beobachtung des modernen Sprachgebrauchs der Plan eines möglichst umfassenden neuen Reimlexikons immer deutlichere Formen an, wobei vor allem die folgenden Gesichtspunkte maßgeblich waren:

Nicht nur die deutsche Hochsprache, sondern auch österreichische und schweizerische Besonderheiten sowie Wörter der Umgangssprache sollten Berücksichtigung finden, denn in der Umgangssprache kündigen sich Sprachentwicklungstendenzen zuerst und am deutlichsten an. Lediglich reine Dialektwörter und mundartliche Ausdrücke wurden von vornherein ausgeklammert. Gleiches gilt für Warenzeichen, Markenartikel, Titel von Romanen, Bühnenwerken und dergleichen sowie für Roman- und Bühnengestalten und für die Namen berühmter Persönlichkeiten aus Vergangenheit und Gegenwart. Durch die Verfahrensweise, Wörter der norddeutschen, mitteldeutschen, niederdeutschen und süddeutschen Umgangssprache einzubeziehen, ergab sich zwar der Umstand, daß dem Benutzer des vorliegenden Buches nicht jedes aufgeführte Reimwort geläufig sein wird, aber er möge dabei bitte bedenken, daß dieses Buch nicht nur für Bayern, Sachsen oder Schleswig-Holsteiner erarbeitet wurde, sondern dem ganzen deutschen Sprachbereich dienen will.

In den meisten Reimlexika sind die Wörter nicht nach ihrer Schreibweise, sondern nach ihrer Aussprache geordnet, wobei die Regeln der deutschen Hochlautung nicht immer konsequent beachtet werden. Das vorliegende Buch schließt sich dieser Verfahrensweise nicht an. Die Wörter sind hier in alphabetischer Folge nach ihrer Schreibweise zu gleichlautenden Reimgruppen zusammengestellt, wobei jeweils auf die Gruppen verwiesen wird, für die bei anderer Schreibweise die gleiche Aussprache gilt. Das mag der Benutzer zunächst als Orientierungserschwerung empfinden, da er zumeist mehrere Gruppen nachschlagen muß, wenn er sich über alle Reimmöglichkeiten informieren will; hat er sich aber erst einmal mit diesem Ordnungsprinzip vertraut gemacht, dann wird es ihm sehr dienlich sein. Zudem bietet diese Ordnung den großen Vorteil, daß die Reimwörter weniger willkürlich untereinander stehen, sondern vielmehr ihr sprachlicher Zusammenhang erhalten bleibt. Ein gutes Gedicht ergibt sich ja nicht nur aus Reim und Rhythmus, sondern nicht zuletzt auch aus dem Sinngehalt und aus der überzeugungs- und bildkräftigen Originalität und Subtilität des sprachlichen Ausdrucks.

Im Unterschied zu allen anderen Reimlexika legt das vorliegende Buch großen Wert auf die Komposita. Es werden also nicht nur die Grundreimwörter aufgeführt, sondern jeweils auch die wichtigsten

Komposita, die zwar keinen neuen Reim ergeben, aber den Rhythmus beeinflussen und eine Fülle von Anregungen liefern, wie man ein Reimwort variieren und differenzieren kann. So enthält beispielsweise die Reimgruppe – acht (acht) nicht nur Wörter wie Nacht und gemacht, sondern dazu Komposita wie Brautnacht, Christnacht, Fastnacht, Frühlingsnacht, Hochzeitsnacht, Liebesnacht, Mitternacht, Silvesternacht, Walpurgisnacht, Weihnacht und abgemacht, aufgemacht, ausgemacht, eingemacht, hausgemacht, nachgemacht, selbstgemacht, zugemacht usw. Das regt wesentlich zur Vertiefung und Nuancierung des sprachlichen Ausdrucks an, und der Benutzer wird erstaunt feststellen, wie ausdrucksreich die deutsche Sprache ist, wenn das entsprechende Vokabular zur Verfügung steht.

Um möglichst reine Reime zu erzielen und die berühmt-berüchtigte Praxis des »Hund, reim dich oder ich freß dich« zu vermeiden, sind im vorliegenden Buch die Reimgruppen streng nach den Regeln der deutschen Hochlautung zusammengestellt, wobei ›Siebs‹ und das ›Duden-Aussprachewörterbuch‹ die Grundlage lieferten. Taucht ein Wort in zwei Reimgruppen mit unterschiedlicher Aussprache auf, so bedeutet dies, daß bei diesem Wort nach den Regeln der deutschen Hochlautung unterschiedliche Aussprache möglich ist. Wird vom Benutzer weniger Wert auf korrekte Reime gelegt, dann bietet das vorliegende Lexikon selbstverständlich auch diese Möglichkeit – ohne sie jedoch durch direkte Hinweise zu fördern.

Um den Benutzer schnell und sicher informieren zu können, sind die Reimgruppen nach den Buchstaben a, e, i, o, u und y in sechs Kapitel gegliedert. Innerhalb der einzelnen Kapitel sind die Reimgruppen alphabetisch geordnet, wobei die Umlaute ä, ö und ü wie a, o und u behandelt werden und dementsprechend alphabetisch eingeordnet sind.

Jede nach der Schreibweise alphabetisch eingeordnete Reimgruppe ist neben ihrer Schreibweise durch die in Klammern dahintergesetzte Lautschrift deutlich gekennzeichnet. Bei dieser Lautschrift handelt es sich um eine der allgemeinen Verständlichkeit dienende starke Vereinfachung der internationalen Lautschrift. Zusätzlich wird direkt und indirekt auf andere Reimgruppen verwiesen, die weitere neue Reimmöglichkeiten bieten.

Das Zeichen = bedeutet einen direkten Verweis auf Wortgruppen, die anders geschrieben, aber gleich ausgesprochen werden und somit zusätzliche direkte Reime ergeben. Das Zeichen → bedeutet einen indirekten Verweis und macht auf Wortgruppen aufmerksam, die möglicherweise Reime enthalten oder durch entsprechende Abwandlungen, so durch Pluralbildung, Deklination oder Konjugation, weitere Reimmöglichkeiten eröffnen. So wird beispielsweise bei der

Reimgruppe – und (unt) auf die Reimgruppe – unt (unt) direkt verwiesen, denn Hund reimt sich nach den Ausspracheregeln der deutschen Hochlautung auf bunt. Auf die Reimgruppe – unde (unde), zu der auch das Wort Stunde gehört, wird indirekt verwiesen, denn läßt man bei Stunde das e weg, dann reimt sich selbstverständlich Stund ebenso auf Hund wie auf bunt.

Bei der Lautschrift ist zu beachten:
Das Zeichen : bedeutet Längung des davorstehenden Vokals.
Das Zeichen ŋ bedeutet den Nasallaut ng wie bei Ring. Steht vor ch das Zeichen –, so wird der Laut mit dem Vordergaumen wie bei ›ich‹ gebildet. Fehlt das Zeichen – vor dem ch, dann ist der Laut mit dem Hintergaumen wie bei ›ach‹ zu bilden. Außerdem bedeutet das Zeichen – zwischen zwei Vokalen Betonung der Zweisilbigkeit.

Konsonanten, die nicht gesprochen werden, so beispielsweise h bei Reihe, sind in der Lautschrift nicht wiedergegeben. Dementsprechend entfällt bei Doppelkonsonanten und Doppelvokalen, so zum Beispiel bei Anna oder Saar, der zweite gleichlautende Konsonant bzw. Vokal.
Das Zeichen s bedeutet stimmhaftes, weiches s; das Zeichen ß bedeutet stimmloses, hartes s.
Im übrigen werden alle Wörter bzw. Reimsilben buchstäblich so gesprochen, wie die Lautschrift es angibt.

Abschließend ein Wort des Dankes an meine Mitarbeiter Dr. Stephan Pflicht und Klaus Steigmiller, die mit großer Geduld und Hingabe an die Sache den langwierigen Entstehungsprozeß dieses Buches auf sich genommen haben. Während Dr. Stephan Pflicht sich vor allem um die Sammlung des Wortmaterials verdient gemacht hat, bin ich Klaus Steigmiller für die unermüdliche Sichtung und Ordnung der Materialfülle zu Dank verpflichtet. Die zu bewältigenden Aufgaben hätten von einer Person kaum zu einem glücklichen Ende gebracht werden können. Ohne die Hilfe beider Mitarbeiter hätte das Buch nicht in der Form erscheinen können, die es jetzt hat.

Günter Pössiger

Reimgruppen mit der Endreimsilbe

a

— **a (a:)**
= – ah (a:)
= – at (a:)

Abrakadabra
Adria
Afrika
  Nordafrika
  Ostafrika
  Schwarzafrika
  Südafrika
  Südwestafrika
  Westafrika
  Zentralafrika
Ägina
Agora
Alexandria
Algebra
Allotria
Alpaka
Alpha
Ambrosia
Amerika
  Lateinamerika
  Mittelamerika
  Nordamerika
  Südamerika
Amphora
Anastasia
Andromeda
Angelika
Angora
Anima
Ankara
Antiqua
Aorta
Ära
Arnika
Asthma
Atlanta
Ätna
Attika
Austria
Barbara
Basilika
Batavia
Belinda
Biafra
Blabla

Boccia
Bodega
Bonanza
Buddha
Burma
Candida
Capua
Carioca
Cha-Cha-Cha
Charakteristika
Charisma
Cholera
Christa
Claudia
Concordia
Córdoba
Datscha
Delta
Diaspora
Dingsda
Dobrudscha
Dogma
  Unfehlbarkeits-
  dogma
Donna
  Primadonna
Dscherba
Düna
Dunja
Edda
Elektra
Elsa
Enzyklika
Esmeralda
Estanzia
Examina
Fatima
Florida
Franziska
Fricka
Geisha
Genua
Gerbera
Gerda
Gisela
Golgotha
Gouda
Grandezza
Gundula

Guttapercha
Haifa
Halwa
Hansa
  Lufthansa
Hekuba
Helena
Helga
Himalaja
Hiroshima
Hydra
Ilona
Indra
Ischia
Iswestija
Jenufa
Josua
Juda
Judika
Julia
Junta
Kabbala
Kamera
  Fernsehkamera
  Filmkamera
  Kleinbildkamera
  Lochkamera
  Schmalfilmkamera
  Spiegelreflexkamera
  Unterwasserkamera
  Videokamera
Kamschatka
Kanada
Karla
Kasba
Katja
Kenia
Ketschua
Klarissa
Kobra
Komma
Kophta
  Großkophta
Kordula
Korsika
Krypta
Laterna magica
Lepra
Linda

Lydia
Madonna
Magda
Malaga
Malaria
Malaysia
Mama
  Großmama
  Schwiegermama
  Stiefmama
Mandragora
Mantua
Mazurka
Mensa
Minerva
Mirza
Mitra
Mokka
Monrovia
Mustafa
Namibia
Naphta
Nausikaa
Navarra
Nikolaschka
Nonplusultra
Nutria
Obervolta
Odessa
Olympia
Omega
Opa
Ottawa
Padua
Pampa
Panama
Papa
  Großpapa
  Schwiegerpapa
  Stiefpapa
Paprika
Papua
Paranoia
Patina
Patna
Pergola
Petra
Pharmaka
  Psychopharmaka

Philadelphia
Philippika
Phlegma
Piazza
Podagra
Polka
Porta Nigra
Porta Westfalica
Prawda
Prostata
Ra
Radscha
  Maharadscha
Razzia
Regatta
  Ruderregatta
  Segelregatta
Rheuma
Rikscha
Sambia
Schlachta
Sekunda
  Obersekunda
  Untersekunda
Sepia
Sexta
Sofia
Sperma
Stragula
Sylvia
Taiga
Tatra
  Hohe Tatra
Tempera
Teneriffa
Tertia
  Obertertia
  Untertertia
Thekla
Tombola
Tosca
Trauma
Troika
Tsuschima
Tundra
Tusnelda
Ultra
Umbra
Uppsala

Ursula
USA
Utopia
Via Appia
Virginia
Volta
Wilma
Wodka
Zarathustra
ad acta
aha
allda
  ebenda
da
et cetera
etwa
ex cathedra
extra
ha
  haha
halleluja
heißa
  heißassa
  juchheirassa
  juchheirassasa
  juchheißa
heureka
holla
hoppla
hopsa
  hopsala
  hopsassa
hurra
hussa
  hussasa
in summa
ja
kontra
na
  nana
sakra
tja
trallala
trara
tschingdera
  tschingderassassa
  tschingtaratata
vallera
zirka

— **a (a)**

= − as (a)

aha
ha
na
  nana
oha
tja

— **ä (ä:)**

= − äh (ä:)
= − ät (ä:)

tschingtärätätä

— **äa (ä:a)**

→ − a (a:)

Aramäa
Chaldäa
Gäa
Galiläa
Judäa

— **aab (a:p)**

= − ab (a:p)
= − ap (a:p)

Naab
Raab

— **aaba (a:ba)**

= − aba (a:ba)
→ − a (a:)

Kaaba

— **aachen (a:chen)**

= − achen (a:chen)

Aachen

— **aaf (a:f)**

= − af (a:f)
= − aph (a:f)
= − av (a:f)

halaaf

— **aage (a:ge)**

= − age (a:ge)

Einwaage
Waage
  Apothekerwaage
  Balkenwaage
  Briefwaage
  Dezimalwaage
  Einwaage
  Federwaage
  Goldwaage
  Güterwaage
  Küchenwaage
  Personenwaage
  Wasserwaage

— **aagen (a:gen)**

= − agen (a:gen)
→ − aage (a:ge)

Waagen

— **aal (a:l)**

= − ahl (a:l)
= − al (a:l)

Aal
  Flußaal
  Räucheraal
  Seeaal
  Spickaal
  Zitteraal
Baal
Saal
  Ballsaal
  Fechtsaal
  Festsaal
  Hörsaal
  Konzertsaal
  Kreißsaal
  Lesesaal
  Rittersaal
  Schlafsaal
  Sendesaal
  Speisesaal
  Spiegelsaal
  Thronsaal
  Vorsaal
  Wartesaal
  Zeichensaal
Transvaal

— **aale (a:le)**

= − ahle (a:le)
= − ale (a:le)
→ − aal (a:l)
→ − aalen (a:len)

Saale

— **aalen (a:len)**

= − ahlen (a:len)
= − alen (a:len)
→ − aal (a:l)

aalen

— **aar (a:r)**

= − ahr (a:r)
= − ar (a:r)
= − ard (a:r)
= − oir (a:r)

Aar
Haar
  Barthaar
  Blondhaar
  Deckhaar
  Drahthaar
  Engelshaar
  Flachshaar
  Frauenhaar
  Goldhaar
  Kamelhaar
  Kopfhaar
  Kraushaar
  Kurzhaar
  Langhaar
  Lockenhaar
  Männerhaar
  Roßhaar
  Schamhaar
  Schnurrhaar
  Stichelhaar
  Wimpernhaar
  Wollhaar
  Wuschelhaar

Ziegenhaar
Zottelhaar
Maar
Paar
  Augenpaar
  Brautpaar
  Ehepaar
  Flügelpaar
  Liebespaar
  Zwillingspaar
Saar

— aare (a:re)

= – ahre (a:re)
= – are (a:re)
→ – aar (a:r)
→ – aaren (a:ren)

enthaare
paare

— aaren (a:ren)

= – ahren (a:ren)
= – aren (a:ren)
→ – aar (a:r)

haaren
  aushaaren
  enthaaren
paaren

— aarend (a:rent)

= – ahrend (a:rent)
= – arend (a:rent)

haarend
  behaarend
  enthaarend
paarend

— aarig (a:ri-ch)

= – ahrig (a:ri-ch)
→ – ich (i-ch)

haarig
  blondhaarig
  dunkelhaarig
  grauhaarig
  kraushaarig
  langhaarig
  rauhhaarig
  rothaarig
  schwarzhaarig
  weißhaarig
paarig
  unpaarig

— aart (a:rt)

= – ahrt (a:rt)
= – arde (a:rt)
= – art (a:rt)

behaart
enthaart
gepaart
haart

— aarte (a:rte)

= – ahrte (a:rte)
= – arte (a:rte)
→ – aart (a:rt)

behaarte
gepaarte

— aarten (a:rten)

= – ahrten (a:rten)
= – arten (a:rten)
→ – aart (a:rt)

haarten
  behaarten
paarten

— aarung (a:ruŋ)

= – ahrung (a:ruŋ)
= – arung (a:ruŋ)
→ – ung (uŋ)

Haarung
  Behaarung
  Enthaarung
Paarung

— aas (a:ß)

= – as (a:ß)
= – aß (a:ß)

Aas

— aase (a:ße)

= – ase (a:se)
→ – aas (a:ß)
→ – aasen (a:sen)

veraase

— aasen (a:sen)

= – asen (a:sen)
→ – aas (a:ß)

aasen
  veraasen

— aasig (a:si-ch)

= – asig (a:si-ch)
→ – ich (i-ch)

aasig

— aast (a:ßt)

= – ahst (a:ßt)
= – ast (a:ßt)
= – aßt (a:ßt)

veraast

— aaste (a:ßte)

= – aste (a:ßte)
= – aßte (a:ßte)

veraaste

— aasung (a:suŋ)

= – asung (a:suŋ)
→ – ung (uŋ)

Veraasung

— aat (a:t)

= – ad (a:t)
= – ahd (a:t)
= – aht (a:t)
= – at (a:t)
= – ath (a:t)

Maat
  Obermaat

13

Staat
  Bundesstaat
  Freistaat
  Hofstaat
  Industriestaat
  Insektenstaat
  Kirchenstaat
  Kleinstaat
  Mitgliedsstaat
  Musterstaat
  Nationalstaat
  Polizeistaat
  Rechtsstaat
  Satellitenstaat
  Stadtstaat
  Zwergstaat
Saat
  Aussaat
  Sommersaat
  Wintersaat

— aate (a:te)

= – ate (a:te)
= – athe (a:te)
→ – aat (a:t)

Staate

— aaten (a:ten)

= – ahten (a:ten)
= – aten (a:ten)
→ – aat (a:t)

Saaten
Staaten
  ABC-Staaten
  Nordstaaten
  Ostblockstaaten
  Südstaaten

— aatlich (a:tli-ch)

= – ahtlich (a:tli-ch)
→ – ich (i-ch)

staatlich

— ab (a:p)

= – ap (a:p)
→ – abe (a:be)
→ – aben (a:ben)

Astrolab
Grab
  Ehrengrab
  Elterngrab
  Familiengrab
  Hünengrab
  Massengrab
Lab
  Käselab
Pandschab
Stab
  Aronstab
  Äskulapstab
  Befehlsstab
  Bettelstab
  Bischofsstab
  Feldherrnstab
  Generalstab
  Hirtenstab
  Krummstab
  Marschallstab
  Maßstab
  Mitarbeiterstab
  Pilgerstab
  Wanderstab
  Zauberstab
Trab
  Nachtrab
  Vortrab
gab

— ab (ap)

= – ap (ap)
= – app (ap)
= – ub (ap)
= – up (ap)
→ – abbe (abe)

Kebab
Sahab
ab
  bergab
  fernab
  fortab
  herab
  hinab
  seitab
  treppab
  vorab
  weitab

— aba (a:ba)

= – aaba (a:ba)
→ – a((a:)

Ali Baba
Saba

— abb (ap)

= – ab (ap)
= – ap (ap)
= – app (ap)
→ – abbe (abe)

Flabb

— abbe (abe)

Flabbe
Krabbe
Labbe
Quabbe

— abbel (abel)

→ – abbeln (abeln)

Gebabbel
Gebrabbel
Gegrabbel
Gekabbel
Gekrabbel
Sabbel
  Gesabbel
Geschwabbel
Gewabbel

— abb(e)lig (abeli-ch)

→ – ich (i-ch)

grabb(e)lig
krabb(e)lig
quabb(e)lig
schwabb(e)lig
wabb(e)lig

— **abb(e)ligkeit
(abeli-chkait)**

→ – abb(e)lig
 (abeli-ch)
→ – eit (ait)

Wabbeligkeit

— **abbeln (abeln)**

→ – abbel (abel)

babbeln
brabbeln
grabbeln
kabbeln
knabbeln
krabbeln
quabbeln
rabbeln
sabbeln
schwabbeln
wabbeln

— **abber (aber)**

→ – abbern (abern)

Geknabber
Geschlabber
Sabber
 Gesabber

— **abbern (abern)**

knabbern
 abknabbern
 anknabbern
 aufknabbern
labbern
sabbern
 besabbern
schlabbern
 beschlabbern
schwabbern

— **abbes (abes)**

Kabbes
Labbes
Schabbes

— **äbchen
(ä:p-chen)**

→ – ab (a:p)
→ – abe (a:be)
→ – aben (a:ben)

Räbchen
Stäbchen

— **abe (a:be)**

→ – ab (a:p)
→ – aben (a:ben)

Abgabe
 Sozialabgabe
 Stimmabgabe
Angabe
 Altersangabe
 Gewichtsangabe
 Inhaltsangabe
 Literaturangabe
 Ortsangabe
 Preisangabe
 Wertangabe
 Zeitangabe
Aufgabe
 Denkaufgabe
 Gepäckaufgabe
 Hausaufgabe
 Lebensaufgabe
 Prüfungsaufgabe
 Rechenaufgabe
 Schulaufgabe
Ausgabe
 Abendausgabe
 Einzelausgabe
 Erstausgabe
 Extraausgabe
 Fahrtkartenausgabe
 Geldausgabe
 Gepäckausgabe
 Gesamtausgabe
 Lokalausgabe
 Morgenausgabe
 Originalausgabe
 Sonderausgabe
 Warenausgabe
Beigabe
 Grabbeigabe

Buchstabe
Gabe
 Auffassungsgabe
 Bekanntgabe
 Beobachtungsgabe
 Draufgabe
 Ehrengabe
 Eingabe
 Festgabe
 Freigabe
 Gottesgabe
 Himmelsgabe
 Hingabe
 Leihgabe
 Liebesgabe
 Maßgabe
 Opfergabe
 Preisgabe
 Rückgabe
 Übergabe
 Vergabe
 Vorgabe
 Weitergabe
 Wiedergabe
 Zugabe
Habe
 Gehabe
 Handhabe
Knabe
 Bettelknabe
 Chorknabe
 Edelknabe
 Hirtenknabe
 Musterknabe
 Prügelknabe
 Schulknabe
 Waisenknabe
Labe
Nabe
 Radnabe
Rabe
 Kolkrabe
 Unglücksrabe
Schabe
 Küchenschabe
Schwabe
Wabe
 Bienenwabe
 Honigwabe

15

— **äbe (ä:be)**
→ – ab (a:p)

Gitterstäbe

— **abel (a:bel)**
→ – abeln (a:beln)

Abel
Babel
 Sündenbabel
Fabel
 Gefabel
 Tierfabel
Gabel
 Astgabel
 Heugabel
 Mistgabel
 Stimmgabel
 Wagengabel
Inkunabel
Kabel
 Anschlußkabel
 Erdkabel
 Fernsprechkabel
 Stromkabel
 Telephonkabel
 Überlandkabel
 Verlängerungskabel
 Zündkabel
Konstabel
Nabel
Parabel
 Ringparabel
Schnabel
 Gelbschnabel
 Grünschnabel
 Hakenschnabel
 Kreuzschnabel
 Langschnabel
 Schiffsschnabel
 Storchschnabel
Vokabel
akzeptabel
 inakzeptabel
blamabel
diskutabel
 indiskutabel
formidabel

imponderabel
komfortabel
miserabel
 hundsmiserabel
passabel
praktikabel
rentabel
 unrentabel
reparabel
 irreparabel
respektabel
spendabel
transportabel
variabel
veritabel

— **äbel (ä:bel)**
→ – abel (a:bel)

Geschnäbel
Säbel
 Fechtsäbel
 Kavalleriesäbel
 Kosakensäbel
 Krummsäbel
 Türkensäbel
Schnäbel

— **äbelchen (ä:bel-chen)**
→ – abel (a:bel)
→ – äbel (ä:bel)

Schnäbelchen

— **äb(e)lein (ä:b(e)lain)**
= – ein (ain)
→ – ab (a:p)
→ – abe (a:be)
→ – abel (a:bel)
→ – äbel (ä:bel)

Knäblein
Säb(e)lein
Schnäb(e)lein
Stäblein

— **abeln (a:beln)**
→ – abel (a:bel)

Gabeln
Notabeln
fabeln
gabeln
 aufgabeln
kabeln
 verkabeln
nabeln
 abnabeln

— **äbeln (ä:beln)**
→ – abel (a:bel)
→ – äbel (ä:bel)

säbeln
 absäbeln
 niedersäbeln
schnäbeln
schwäbeln

— **aben (a:ben)**
→ – abe (a:be)

Gaben
Graben
 Abflußgraben
 Abzugsgraben
 Burggraben
 Festungsgraben
 Laufgraben
 Mühlgraben
 Orchestergraben
 Schloßgraben
 Schützengraben
 Sickergraben
 Splittergraben
 Straßengraben
 Wallgraben
 Wassergraben
 Zuggraben
Guthaben
 Bankguthaben
Schwaben
 Oberschwaben
Vorhaben
 Bauvorhaben

Waben
begaben
begraben
  unbegraben
erhaben
gaben
  angaben
  ergaben
  verausgaben
graben
  abgraben
  aufgraben
  ausgraben
  eingraben
  nachgraben
  umgraben
  untergraben
  vergraben
  zugraben
haben
  abhaben
  achthaben
  anhaben
  aufhaben
  gernhaben
  handhaben
  heraushaben
  herhaben
  innehaben
  liebhaben
  mithaben
  satthaben
  statthaben
  teilhaben
  umhaben
  voraushaben
  vorhaben
  wahrhaben
  weghaben
  wiederhaben
  zuhaben
  zurückhaben
laben
  erlaben
schaben
  abschaben
  aufschaben
  ausschaben
  wegschaben

traben
  abtraben
  antraben
  nachtraben

— abend (a:bent)

→ — aben (a:ben)

Abend
  Abschiedsabend
  Ballettabend
  Dienstagabend
  Diskussionsabend
  Donnerstagabend
  Fastelabend
  Feierabend
  Festabend
  Freitagabend
  Frühlingsabend
  Galaabend
  Heiligabend
  Herbstabend
  Herrenabend
  Klubabend
  Lebensabend
  Montagabend
  Mittwochabend
  Polterabend
  Sommerabend
  Samstagabend
  Silvesterabend
  Sonnabend
  Sonnabendabend
  Sonntagabend
  Tanzabend
  Theaterabend
  Vorabend
  Weihnachtsabend
  Winterabend
diensthabend
hochtrabend
labend
wachhabend
wohlhabend

— aber (a:ber)

Araber
Befehlshaber
  Oberbefehlshaber
Gelaber
Gewaber
Gewalthaber
Haber
Inhaber
  Alleininhaber
  Firmeninhaber
  Geschäftsinhaber
  Mitinhaber
  Rekordinhaber
Kandelaber
Liebhaber
  Kunstliebhaber
  Musikliebhaber
  Naturliebhaber
  Tierliebhaber
Machthaber
Rechthaber
Schaber
Teilhaber
Traber
aber
makaber

— äber (ä:ber)

→ — ab (a:p)

Ausgräber
Brunnengräber
Goldgräber
Schatzgräber
Strandgräber
Totengräber

— aberei (a:berai)

= — ei (ai)
→ — aben (a:ben)
→ — aber (a:ber)

Liebhaberei
Rechthaberei
Schaberei

— **aberin (a:berin)**

= – in (in)
= – inn (in)
→ – aber (a:ber)

Liebhaberin

— **abern (a:bern)**

→ – aber (a:ber)

labern
wabern

— **aberst (a:berßt)**

laberst
waberst

— **abier (a:bi-er)**

Bessarabier
Fabier

— **äbig (ä:bi-ch)**

→ – ich (i-ch)

behäbig
schäbig

— **äbigkeit (ä:bi-chkait)**

→ – eit (ait)

Behäbigkeit
Schäbigkeit

— **abst (a:pßt)**

= – apst (a:pßt)
→ – aben (a:ben)

gabst
labst
schabst
trabst

— **äbst (ä:pßt)**

→ – aben (a:ben)
→ – eben (e:ben)

gäbst
gräbst

— **abt (a:pt)**

→ – aben (a:ben)
→ – eben (e:ben)

begabt
  hochbegabt
  minderbegabt
  reichbegabt
  vernunftbegabt
gabt
gehabt
gelabt
schabt
trabt

— **abt (apt)**

= – appt (apt)

Abt

— **abte (a:pte)**

→ – aben (a:ben)

Begabte
gehabte
  vorgehabte
labte
schabte
trabte
verausgabte

— **abung (a:buŋ)**

→ – aben (a:ben)
→ – ung (uŋ)

Ausschabung
Begabung
Grabung
  Ausgrabung
  Eingrabung
  Untergrabung
Handhabung
Labung

— **ac (ak)**

= – ack (ak)
= – acques (ak)
= – ak (ak)
= – aque (ak)
= – awk (ak)
→ – acken (aken)

Armagnac
Cognac

— **ach (a:ch)**

→ – ache (a:che)
→ – echen (ä-chen)

Gemach
  Brautgemach
  Frauengemach
  Prunkgemach
  Schlafgemach
  Wohngemach
Schmach
Ungemach
brach
sprach
stach
gemach
nach
  danach
  demnach
  hernach
  hiernach
  hintennach
  sonach
  wonach

— **ach (ach)**

→ – ache (ache)
→ – achen (achen)

Ach
Almanach
  Musenalmanach
Andernach
Bach
  Gebirgsbach
  Gießbach
  Gletscherbach
  Mühlbach

Sturzbach
Wildbach
Bacharach
Biberach
Dach
　Brunnendach
　Flachdach
　Giebeldach
　Laubdach
　Obdach
　Regendach
　Schiebedach
　Schieferdach
　Schilfdach
　Sonnendach
　Strohdach
　Vordach
　Wagendach
　Walmdach
　Wetterdach
　Zeltdach
　Ziegeldach
Eisenach
Fach
　Bankfach
　Geheimfach
　Geldfach
　Handschuhfach
　Hauptfach
　Hotelfach
　Lehrfach
　Nebenfach
　Postfach
　Prüfungsfach
　Rollenfach
　Schließfach
　Schrankfach
　Schubfach
　Studienfach
　Unterrichtsfach
　Wahlfach
Krach
　Bankkrach
　Börsenkrach
　Ehekrach
　Familienkrach
Kreuznach
Kronach
Lörrach

Marbach
Offenbach
Schach
Scharlach
Wallach
blach
dreifach
einfach
flach
gach
hundertfach
jach
mannigfach
mehrfach
schwach
　altersschwach
　geistesschwach
　willensschwach
tausendfach
vielfach
wach
　halbwach
　hellwach
　überwach
x-fach
zach
zweifach
zwiefach
ach

— äch (ä:-ch)

→ – ach (a:ch)
→ – echen (ä-chen)

Gespräch
　Blitzgespräch
　Dienstgespräch
　Ferngespräch
　Ortsgespräch
　Privatgespräch
　Telephongespräch
　Selbstgespräch
　Stadtgespräch
　Tagesgespräch
　Tischgespräch
　Vorgespräch
　Zwiegespräch
stäch

— äch (ä-ch)

= – ech (ä-ch)
→ – äche (ä-che)
→ – ächen (ä-chen)

räch
schwäch

— ache (a:che)

→ – ach (a:ch)
→ – achen (a:chen)

Brache
Sprache
　Absprache
　Ansprache
　Aussprache
　Bildersprache
　Blumensprache
　Bühnensprache
　Einsprache
　Fremdsprache
　Fürsprache
　Hochsprache
　Landessprache
　Metasprache
　Muttersprache
　Rücksprache
　Umgangssprache
　Vorsprache
　Weltsprache
　Zeichensprache
　Zusprache
　Zwiesprache

— ache (ache)

→ – ach (ach)
→ – achen (achen)

Apache
Bache
Blache
Drache
　Flugdrache
Fellache
Gekrache
Lache
　Blutlache

Lache
  Gelache
Mache
  Stimmungsmache
Plache
Rache
  Blutrache
Sache
  Ansichtssache
  Drucksache
  Ehrensache
  Formsache
  Gefühlssache
  Geschmackssache
  Glücksache
  Hauptsache
  Nebensache
  Strafsache
  Tatsache
  Wertsache
Ursache
  Krankheitsursache
  Todesursache
Wache
  Brandwache
  Ehrenwache
  Feuerwache
  Hauptwache
  Leibwache
  Nachtwache
  Polizeiwache
  Schildwache
  Schloßwache
  Totenwache
Walache
unverrichtetersache

— äche (ä:-che)

→ – ach (a:ch)
→ – äch (ä:-ch)
→ – echen (ä-chen)

Gespräche
stäche

— äche (ä-che)

= – eche (ä-che)
→ – ach (ach)
→ – ächen (ä-chen)

Fläche
  Anbaufläche
  Angriffsfläche
  Bildfläche
  Eisfläche
  Grünfläche
  Handfläche
  Rasenfläche
  Schreibfläche
  Tragfläche
  Wasserfläche
  Wiesenfläche
  Wohnfläche
Oberfläche
  Erdoberfläche
Schwäche
  Altersschwäche
  Gedächtnis-
    schwäche
räche

— achel (achel)

→ – acheln (acheln)

Kachel
  Ofenkachel
  Wandkachel
Stachel
  Giftstachel

— ächel (ä-chel)

= – echel (ä-chel)
→ – ächeln (ä-cheln)

Gefächel
Gelächel
fächel
lächel

— ächelchen (ä-chel-chen)

→ – ach (ach)
→ – ache (ache)

Dächelchen
Sächelchen

— acheln (acheln)

→ – achel (achel)

kacheln
  einkacheln
  verkacheln
stacheln
  anstacheln
  aufstacheln

— ächeln (ä-cheln)

= – echeln (ä-cheln)

Lächeln
  Augurenlächeln
fächeln
  umfächeln
  zufächeln
lächeln
  anlächeln
  belächeln
  hohnlächeln
  zulächeln

— ächelnd (ä-chelnt)

= – echelnd (ä-chelnt)
→ – ächeln (ä-cheln)

lächelnd
  kaltlächelnd
fächelnd

— achen (a:chen)

= – aachen (a:chen)
→ – ache (a:che)
→ – echen (ä-chen)

brachen
  erbrachen
  unterbrachen
  zerbrachen
sprachen
  besprachen
stachen
  bestachen
  erstachen

— **achen (achen)**

→ – ach (ach)
→ – ache (ache)

Drachen
  Hausdrachen
  Papierdrachen
Erwachen
  Frühlingserwachen
Nachen
Rachen
  Wolfsrachen
Reinemachen
  Großreinemachen
Sachen
  Nippsachen
  Schmucksachen
  Siebensachen
  Spielsachen
  Wertsachen
dachen
  abdachen
  bedachen
  überdachen
fachen
  anfachen
  entfachen
flachen
  abflachen
  verflachen
krachen
  verkrachen
  zerkrachen
  zusammenkrachen
lachen
  anlachen
  auflachen
  auslachen
  belachen
  hohnlachen
  totlachen
  verlachen
  zulachen
machen
  abmachen
  anmachen
  aufmachen
  ausmachen
  bekanntmachen

bereitmachen
blaumachen
breitmachen
davonmachen
dünnmachen
durchmachen
einmachen
feinmachen
fertigmachen
festmachen
flottmachen
flüssigmachen
freimachen
frischmachen
gerademachen
glattmachen
gleichmachen
großmachen
gutmachen
haltmachen
heranmachen
hermachen
heruntermachen
hinmachen
irremachen
kaltmachen
kaputtmachen
kehrtmachen
klarmachen
kleinmachen
krankmachen
kundmachen
lockermachen
losmachen
miesmachen
mitmachen
mobilmachen
nachmachen
niedermachen
reinemachen
richtigmachen
scharfmachen
schlankmachen
schlechtmachen
schönmachen
totmachen
übermachen
vermachen
vollmachen

vormachen
wegmachen
weismachen
weitermachen
wettmachen
wiedergutmachen
wirklichmachen
zumachen
zurechtmachen
verdreifachen
vereinfachen
verhundertfachen
vertausendfachen
verursachen
vervielfachen
vervierfachen
verzehnfachen
wachen
  aufwachen
  bewachen
  durchwachen
  erwachen
  überwachen
scharlachen

— **ächen (ä:-chen)**

→ – ach (a:ch)
→ – äch (ä:-ch)

brächen
  zerbrächen
sprächen
  versprächen

— **ächen (ä-chen)**

= – echen (ä-chen)
→ – ach (ach)
→ – äche (ä-che)

rächen
schwächen
  abschwächen

— **achend (achent)**

→ – achen (achen)

alleinseligmachend
epochemachend

— **acher (acher)**

→ – ach (ach)
→ – achern (achern)

Bewacher
Kracher
Lacher
Macher
  Buchmacher
  Büchsenmacher
  Faxenmacher
  Flausenmacher
  Gerüchtemacher
  Geschäftemacher
  Gleichmacher
  Goldmacher
  Heftelmacher
  Hutmacher
  Kalendermacher
  Karrieremacher
  Korbmacher
  Krawallmacher
  Miesmacher
  Radaumacher
  Regenmacher
  Scharfmacher
  Schrittmacher
  Schuhmacher
  Schuldenmacher
  Spaßmacher
  Stellmacher
  Uhrmacher
  Weichmacher
  Werkzeugmacher
  Wichtigmacher
  Windmacher
  Witzemacher
Schacher
Verursacher
Widersacher
flacher
mannigfacher
schwacher
tausendfacher
wacher

— **ächer (ä-cher)**

= – echer (ä-cher)
→ – ach (ach)
→ – ächern (ä-chern)

Dächer
Fächer
Rächer
Schächer
schwächer

— **ächerchen (ä-cher-chen)**

→ – ach (ach)
→ – ächer (ä-cher)
→ – echer (ä-cher)

Dächerchen

— **acherin (acherin)**

= – in (in)
= – inn (in)
→ – acher (acher)

Engelmacherin
Hutmacherin
Putzmacherin

— **ächerin (ä-cherin)**

= – in (in)
= – inn (in)
→ – ächer (ä-cher)
→ – echer (ä-cher)

Rächerin

— **achern (achern)**

→ – acher (acher)

jachern
  abjachern
prachern
schachern
  abschachern
  verschachern

— **ächern (ä-chern)**

= – echern (ä-chern)
→ – ach (ach)
→ – ächer (ä-cher)

fächern
  ausfächern
  zufächern
schwächern

— **achheit (achhait)**

→ – ach (ach)
→ – eit (ait)

Flachheit
Schwachheit
Wachheit

— **ächlein (ä-chlain)**

= – ein (ain)
→ – ach (ach)
→ – ache (ache)

Bächlein
Sächlein

— **achlich (achli-ch)**

= – achlig (achli-ch)
→ – ich (i-ch)

fachlich
sachlich
  unsachlich

— **ächlich (ä-chli-ch)**

= – echlich (ä-chli-ch)
→ – ich (i-ch)

oberflächlich
sächlich
  hauptsächlich
  nebensächlich
  tatsächlich
  ursächlich
schwächlich

— **achlichen
(achli-chen)**
→ – achlich (achli-ch)
→ – ich (i-ch)

versachlichen

— **ächlichkeit
(ä-chli-chkait)**
= – echlichkeit
 (ä-chli-chkeit)
→ – ächlich (ä-chli-ch)
→ – eit (ait)

Nebensächlichkeit
Oberflächlichkeit
Schwächlichkeit

— **achlig (achli-ch)**
= – achlich (achli-ch)
→ – ich (i-ch)

stachlig

— **ächling
(ä-chliŋ)**
= – echling (ä-chliŋ)
= – ing (iŋ)

Schwächling

— **achs (akß)**
= – acks (akß)
= – ax (akß)
→ – achsen (akßen)

Dachs
 Frechdachs
Flachs
Lachs
 Seelachs
Sachs
Wachs
 Bienenwachs
 Bohnerwachs
Zuwachs
 Familienzuwachs
flachs
wachs

— **ächs (äkß)**
= – echs (äkß)
= – ecks (äkß)
= – ex (äkß)
→ – ack (äk)
→ – äck (äk)

Gewächs

— **ächschen
(äkß-chen)**
= – äxchen
 (äkß-chen)
= – echschen
 (äkß-chen)
= – eckschen
 (äkß-chen)
= – exchen
 (äkß-chen)

Gewächschen

— **achse (akße)**
= – ackse (akße)
= – axe (akße)
→ – achs (akß)
→ – achsen (akßen)

Achse
 Drehungsachse
 Erdachse
 Himmelsachse
 Hinterachse
 Koordinatenachse
 Längsachse
 Querachse
 Vorderachse
 Wagenachse
Brachse
Sachse
 Kaffeesachse

— **ächse (äkße)**
= – echse (äkße)
= – eckse (äkße)
= – exe (äkße)

Gewächse

— **achsel (akßel)**
= – axel (akßel)

Achsel
wachsel

— **ächsel (äkßel)**
= – äcksel (äkßel)
= – echsel (äkßel)

sächsel

— **achseln
(akßeln)**
= – axeln (akßeln)
→ – achsel (akßel)

wachseln

— **ächseln
(äkßeln)**
= – echseln (äkßeln)

sächseln

— **achsen (akßen)**
= – acksen (akßen)
→ – achs (akß)
→ – achse (akße)
→ – axe (akße)

Brachsen
Niedersachsen
Sachsen
dachsen
flachsen
 anflachsen
 herumflachsen
wachsen
 anwachsen
 aufwachsen
 auswachsen
 bewachsen
 dichtbewachsen
 durchwachsen
 einwachsen
 emporwachsen
 entwachsen

erwachsen
gewachsen
heranwachsen
hineinwachsen
nachwachsen
überwachsen
umwachsen
unerwachsen
verwachsen
zusammenwachsen
zuwachsen

— ächsen (äkßen)

= – echsen (äkßen)
= – ecksen (äkßen)
= – exen (äkßen)
→ – ächs (äkß)

flächsen

— achsend (akßent)

→ – achsen (akßen)
→ – acksen (akßen)

wildwachsend

— ächsern (äkßern)

→ – echser (äkßer)
→ – exer (äkßer)

flächsern
wächsern

— ächsin (äkßin)

= – in (in)
= – inn (in)
→ – achse (akße)

Sächsin

— achst (a:chst)

→ – achen (a:chen)

brachst
sprachst
stachst

— achst (achst)

→ – achen (achen)

entfachst
lachst
machst
wachst

— achst (akßt)

= – ackst (akßt)
= – axt (akßt)
→ – achsen (akßen)

flachst
gewachst
wachst
ungewachst

— ächst (ä:-chst)

→ – achst (a:chst)
→ – echen (ä-chen)

nächst
  demnächst
  zunächst
brächst

— ächst (äkßt)

= – äckst (äkßt)
= – echst (äkßt)
= – eckst (äkßt)
= – ext (äkßt)
→ – achsen (akßen)

wächst

— acht (a:cht)

→ – achen (a:chen)
→ – echen (ä-chen)

bracht
spracht
stacht

— acht (acht)

→ – achen (achen)
→ – achten (achten)

Acht
Anbetracht
Andacht
  Abendandacht
  Maiandacht
  Morgenandacht
Betracht
Fracht
  Bahnfracht
  Güterfracht
  Luftfracht
  Rückfracht
  Schiffsfracht
  Seefracht
Gracht
Jacht
  Luxusjacht
  Motorjacht
  Segeljacht
Macht
  Allmacht
  Atommacht
  Besatzungsmacht
  Großmacht
  Himmelsmacht
  Kolonialmacht
  Kontinentalmacht
  Landmacht
  Luftmacht
  Militärmacht
  Signatarmacht
  Sowjetmacht
  Übermacht
  Wehrmacht
  Weltmacht
  Wirtschaftsmacht
  Zaubermacht
Nacht
  Ballnacht
  Bartholomäusnacht
  Brautnacht
  Christnacht
  Fastnacht
  Frühlingsnacht
  Gewitternacht
  Hochzeitsnacht
  Johannisnacht
  Kristallnacht
  Liebesnacht
  Maiennacht
  Mitternacht

Mittsommernacht
Mondnacht
Polarnacht
Schreckensnacht
Silvesternacht
Sommernacht
Urnacht
Walpurgisnacht
Weihnacht
Obacht
Ohnmacht
Pacht
  Erbpacht
Pracht
  Blumenpracht
  Farbenpracht
Schacht
  Abzugsschacht
  Aufzugsschacht
  Brunnenschacht
  Einstiegsschacht
  Fahrstuhlschacht
  Lichtschacht
  Luftschacht
  Lüftungsschacht
Schlacht
  Entscheidungs-
    schlacht
  Feldschlacht
  Kesselschlacht
  Luftschlacht
  Schneballschlacht
  Seeschlacht
  Völkerschlacht
Tracht
  Bauerntracht
  Bürgertracht
  Haartracht
  Narrentracht
  Nationaltracht
  Volkstracht
Verdacht
  Fluchtverdacht
Vollmacht
  Blankovollmacht
  Generalvollmacht
Wacht
  Torwacht
Zwietracht

acht
angefacht
aufgewacht
bedacht
  unbedacht
  vorbedacht
  wohlbedacht
bewacht
  unbewacht
durchdacht
  wohldurchdacht
erbracht
erdacht
erwacht
gebracht
  abgebracht
  althergebracht
  angebracht
  aufgebracht
  eingebracht
  hergebracht
  umgebracht
  unangebracht
  zugebracht
gedacht
  ausgedacht
  zugedacht
gemacht
  abgemacht
  aufgemacht
  ausgemacht
  eingemacht
  hausgemacht
  nachgemacht
  selbstgemacht
  zugemacht
hinterbracht
kracht
  angekracht
  gekracht
  verkracht
lacht
  angelacht
  ausgelacht
  belacht
  gelacht
  zugelacht
sacht
  unsacht

überbracht
überdacht
überwacht
ungeschlacht
verbracht
vereinfacht
verhundertfacht
vertausendfacht
vervielfacht
verzehnfacht
vollbracht

— ächt (ä-cht)

= – echt (ä-cht)
→ – ächen (ä-chen)
→ – ächte (ä-chte)
→ – ächten (ä-chten)

Gemächt
gerächt
  ungerächt
geschwächt
  ungeschwächt

— achtbar (achtba:r)

→ – achten (achten)
→ – ar (a:r)

Nachtbar
achtbar
verfrachtbar

— achte (achte)

→ – achen (achen)
→ – acht (acht)
→ – achten (achten)

Achte
Eingemachte
Hergebrachte
  Althergebrachte
beachte
brachte
dachte
lachte
sachte
achte

25

— **ächte (ä-chte)**

= – echte (ä-chte)
→ – acht (acht)
→ – ächt (ä-cht)
→ – ächten (ä-chten)

Gemächte
Mächte
  Achsenmächte
  Mittelmächte
  Westmächte
Wächte
brächte
dächte
verächte

— **achtel (achtel)**

→ – achteln (achteln)

Achtel
Dachtel
Schachtel
  Hutschachtel
  Pappschachtel
  Spielzeugschachtel
  Streichholzschachtel
  Zigarettenschachtel
  Zündholzschachtel
Spachtel
Tachtel
Wachtel
  Spinatwachtel

— **achteln (achteln)**

→ – achtel (achtel)

achteln
dachteln
schachteln
  einschachteln
  verschachteln
spachteln
  abspachteln
  verspachteln

— **achten (achten)**

→ – achen (achen)
→ – acht (acht)
→ – achte (achte)

Erachten
Gutachten
achten
  beachten
  erachten
  geringachten
  hochachten
  mißachten
  verachten
  wertachten
begutachten
beobachten
entmachten
frachten
  befrachten
  überfrachten
  verfrachten
nachten
  übernachten
pachten
  verpachten
schachten
  ausschachten
schlachten
  abschlachten
  ausschlachten
  hausschlachten
  hinschlachten
  notschlachten
  schwarzschlachten
schmachten
  anschmachten
  verschmachten
trachten
  betrachten

— **ächten (ä-chten)**

= – echten (ä-chten)
→ – ächen (ä-chen)
→ – acht (acht)
→ – achte (achte)
→ – ächte (ä-chte)

ächten
dächten
rächten
schächten

— **ächtens (ä-chtenß)**

= – echtens (ä-chtenß)
→ – ächten (ä-chten)

nächtens

— **achter (achter)**

→ – achen (achen)
→ – acht (acht)

Achter
Beobachter
Bewachter
Betrachter
Frachter
Gutachter
  Begutachter
Schlachter
Schmachter
Verpachter
verkrachter
vielverlachter

— **ächter (ä-chter)**

= – echter (ä-chter)

Gelächter
  Hohngelächter
  Spottgelächter
Pächter
  Generalpächter
  Grundpächter
  Gutspächter
  Verpächter
Schlächter
  Pferdeschlächter
Verächter
  Gottesverächter
  Kostverächter
  Menschenverächter

Wächter
　Bahnwächter
　Feldwächter
　Grenzwächter
　Leibwächter
　Nachtwächter
　Streckenwächter
　Torwächter
　Turmwächter
　Zollwächter
gerächter
geschwächter

**— ächterei
(ä-chterai)**

= – echterei
　(ä-chterai)
= – ei (ai)
→ – ächter (ä-chter)

Schlächterei
　Pferdeschlächterei
　Roßschlächterei

**— ächterin
(ä-chterin)**

= – in (in)
= – inn (in)
→ – ächter (ä-chter)
→ – echter (ä-chter)

Kostverächterin

**— achtern
(achtern)**

→ – achter (achter)

achtern

**— ächtern
(ä-chtern)**

= – echtern (ä-chtern)
→ – ächter (ä-chter)

Pächtern
Schlächtern
Verächtern
Wächtern

— achtet (achtet)

→ – achen (achen)
→ – achten (achten)

ausgeschachtet
ausgeschlachtet
beachtet
　unbeachtet
beobachtet
　unbeobachtet
entmachtet
geachtet
　hochgeachtet
　ungeachtet
lachtet
machtet
nachtet
schmachtet
　verschmachtet
trachtet
umnachtet
unerachtet
verachtet
verfrachtet

**— ächtig
(ä-chti-ch)**

= – echtig (ä-chti-ch)
→ – ich (i-ch)

andächtig
bedächtig
einträchtig
grobschlächtig
mächtig
　allmächtig
　eigenmächtig
　großmächtig
　ohnmächtig
　übermächtig
mittelschlächtig
nächtig
　mitternächtig
　übernächtig
niederträchtig
oberschlächtig
prächtig
　farbenprächtig
schmächtig

trächtig
　hochträchtig
　scheinträchtig
überschlächtig
unterschlächtig
verdächtig
　unverdächtig
zwieträchtig

**— ächtige
(ä-chtige)**

= – echtige (ä-chtige)
→ – ächtig (ä-chti-ch)

mächtige
prächtige

**— ächtigen
(ä-chtigen)**

= – echtigen
　(ä-chtigen)
→ – ächtig (ä-chti-ch)

beeinträchtigen
bemächtigen
bevollmächtigen
ermächtigen
nächtigen
verdächtigen

**— ächtiger
(ä-chtiger)**

→ – ächtig (ä-chti-ch)

Bedächtiger

**— ächtigkeit
(ä-chti-chkait)**

= – echtigkeit
　(ä-chti-chkait)
→ – ächtig (ä-chti-ch)
→ – eit (ait)

Bedächtigkeit
Grobschlächtigkeit
Mächtigkeit
Trächtigkeit

— **ächtigst
(ä-chti-chßt)**

→ – ächtig (ä-chti-ch)
→ – ächtigen
 (ä-chtigen)

bemächtigst
prächtigst

— **ächtigt
(ä-chti-cht)**

= – echtigt (ä-chti-cht)
→ – ächtigen
 (ä-chtigen)

beeinträchtigt
bemächtigt
bevollmächtigt
 mitbevollmächtigt
nächtigt
 genächtigt
 übernächtigt
verdächtigt
 unverdächtigt

— **ächtigte
(ä-chti-chte)**

= – echtigte
 (ä-chti-chte)
→ – ächtigt (ä-chti-cht)

Bevollmächtigte
 Sonderbevoll-
 mächtigte

— **ächtigung
(ä-chtiguŋ)**

= – echtigung
 (ä-chtiguŋ)
→ – ung (uŋ)

Beeinträchtigung
Bemächtigung
Bevollmächtigung
Ermächtigung
Übernächtigung
Verdächtigung

28

— **ächtlich
(ä-chtli-ch)**

= – echtlich
 (ä-chtli-ch)
→ – ich (i-ch)

beträchtlich
 unbeträchtlich
nächtlich
 mitternächtlich
verächtlich

— **ächtlichkeit
(ä-chtli-chkait)**

= – echtlichkeit
 (ä-chtli-chkait)
→ – ächtlich
 (ä-chtli-ch)
→ – eit (ait)

Beträchtlichkeit
Verächtlichkeit

— **achtlos
(achtlo:ß)**

= – oos (o:ß)
= – os (o:ß)
= – oß (o:ß)

achtlos
machtlos

— **achtlosigkeit
(achtlo:si-ch-
kait)**

→ – achtlos (achtlo:ß)
→ – eit (ait)

Achtlosigkeit
Machtlosigkeit

— **ächtnis
(ä-chtniß)**

→ – is (iß)
→ – iß (iß)

Gedächtnis
Vermächtnis

— **achtsam
(achtsa:m)**

→ – ahm (a:m)
→ – am (a:m)

achtsam
unachtsam
bedachtsam
unbedachtsam

— **achtsamkeit
(achtsa:mkait)**

→ – achtsam
 (achtsa:m)
→ – eit (ait)

Achtsamkeit
Bedachtsamkeit

— **achtung
(achtuŋ)**

→ – ung (uŋ)

Achtung
 Hochachtung
 Mißachtung
 Nichtachtung
 Selbstachtung
 Ausschachtung
Beachtung
 Nichtbeachtung
Befrachtung
Begutachtung
Beobachtung
Betrachtung
 Geschichts-
 betrachtung
 Kunstbetrachtung
 Selbstbetrachtung
Entmachtung
Pachtung
 Verpachtung
Schlachtung
 Hausschlachtung
 Notschlachtung
Verachtung
 Menschen-
 verachtung
 Todesverachtung

Verfrachtung
Übernachtung
Umnachtung

— **ächtung
(ä-chtuŋ)**

= – echtung (ä-chtuŋ)
→ – ung (uŋ)

Ächtung
  Atomwaffenächtung

— **achtvoll
(achtfol)**

= – oll (ol)

machtvoll
prachtvoll

— **achung
(achuŋ)**

→ – ung (uŋ)

Abflachung
Abmachung
Aufmachung
Bekanntmachung
Bewachung
Dachung
  Abdachung
  Bedachung
  Eindachung
  Überdachung
Entfachung
Freimachung
Gleichmachung
Gutmachung
  Wiedergut-
  machung
Mobilmachung
  Teilmobilmachung
Nutzbarmachung
Überwachung
  Geschwindigkeits-
  überwachung
  Preisüberwachung
  Verkehrsüber-
  wachung

Urbarmachung
Verdreifachung
Vereinfachung
Verflachung
Verursachung
Vervielfachung

— **ächung
(ä-chuŋ)**

= – echung (ä-chuŋ)
→ – ung (uŋ)

Schwächung
  Abschwächung

— **achwerk
(achwärk)**

= – ärk (ärk)
= – erg (ärk)
= – erk (ärk)

Dachwerk
Fachwerk
Machwerk

— **ächz (ä-chtß)**

= – echts (ä-chtß)
= – echz (ä-chtß)

Geächz
Gekrächz

— **ächze (ä-chtße)**

= – echze (ä-chtße)

Geächze
Gekrächze

— **ächzen
(ä-chtßen)**

= – echzen (ä-chtßen)

ächzen
krächzen

— **ack (a:k)**

= – ag (a:k)

Gequack
quack

— **ack (ak)**

= – ac (ak)
= – acques (ak)
= – ak (ak)
= – aque (ak)
= – awk (ak)
→ – acken (aken)

Back
Brack
Dämlack
Dreizack
Einback
Frack
Geschmack
  Beigeschmack
  Kunstgeschmack
  Nachgeschmack
  Nebengeschmack
  Vorgeschmack
  Wohlgeschmack
  Zeitgeschmack
Kasack
Knack
Klack
Lack
  Farblack
  Goldlack
  Haarlack
  Holzlack
  Nagellack
  Schellack
  Siegellack
  Schleiflack
Pack
  Beipack
  Bettelpack
  Lumpenpack
  Teufelspack
Plack
Preßsack

Sack
  Bettelsack
  Drecksack
  Dudelsack
  Fußsack
  Futtersack
  Geldsack
  Grobsack
  Hodensack
  Kleidersack
  Luftsack
  Mantelsack
  Pfeffersack
  Plumpsack
  Postsack
  Rucksack
  Saufsack
  Sausack
  Schlafsack
  Schnappsack
  Seesack
  Strohsack
  Wassersack
  Windsack
Schabernack
Schnack
Schubiak
Verhack
Wrack
  Autowrack
  Schiffswrack
Zwieback
  Schiffszwieback
back
fickfack
gickgack
hack
hickhack
huckepack
knack
pack
schnickschnack
strack
ticktack
zickzack

— ack (äk)
= – äck (äk)
= – ag (äk)
= – eck (äk)
= – eg (äk)
black
comeback

— äck (äk)
= – ack (äk)
= – ag (äk)
= – eck (äk)
= – eg (äk)
→ – ack (ak)

Gebäck
  Dauergebäck
  Salzgebäck
  Spritzgebäck
  Teegebäck
Gepäck
  Artistengepäck
  Handgepäck
  Marschgepäck
  Reisegepäck

— äckchen
  (äk-chen)
= – eckchen
  (äk-chen)
→ – ack (ak)
→ – acke (ake)
→ – acken (aken)

Apfelbäckchen
Babyjäckchen
Päckchen
  Geburtstags-
  päckchen
  Weihnachts-
  päckchen

— acke (ake)
→ – ack (ak)
→ – acken (aken)
→ – ak (ak)

Attacke
Backe
  Arschbacke
  Bremsbacke
  Hinterbacke
  Kinnbacke
Baracke
  Baubaracke
  Holzbaracke
  Wellblechbaracke
Bracke
Hacke
  Kreuzhacke
  Rodehacke
  Spitzhacke
Jacke
  Blaujacke
  Lederjacke
  Pelzjacke
  Strickjacke
  Teerjacke
  Windjacke
  Wolljacke
  Zwangsjacke
Kacke
Kracke
Racke
  Blauracke
Schabracke
Schlacke
Zacke
  Felsenzacke
zickezacke

— äcke (äke)
= – ecke (äke)
→ – ack (ak)

Knäcke

— ackel (akel)
→ – ackeln (akeln)

Dackel
  Kurzhaardackel
  Langhaardackel
  Rauhaardackel
Fackel
  Pechfackel

Gefackel
Gewackel
Lackel
  Bauernlackel

— **äckel (äkel)**

= – eckel (äkel)
→ – ack (ak)
→ – äckeln (äkeln)

Säckel
  Geldsäckel
  Staatssäckel

— **ackeln (akeln)**

→ – ackel (akel)

fackeln
gackeln
packeln
quackeln
rackeln
sackeln
  einsackeln
schnackeln
wackeln
  anwackeln

— **äckeln (äkeln)**

= – eckeln (äkeln)
→ – äckel (äkel)

säckeln
  einsäckeln

— **acken (aken)**

→ – ack (ak)
→ – acke (ake)
→ – ak (ak)
→ – awk (ak)

Backen
  Brezelbacken
  Hamsterbacken
  Pausbacken
Klacken
Nacken
  Stiernacken

Zacken
abwracken
backen
  abbacken
  altbacken
  anbacken
  aufbacken
  durchbacken
  festbacken
  hausbacken
  überbacken
  zusammenbacken
bracken
  ausbracken
fickfacken
flacken
  herumflacken
gebacken
  frischgebacken
  neugebacken
  selbstgebacken
hacken
  abhacken
  aufhacken
  aushacken
  einhacken
  umhacken
  zerhacken
kacken
  auskacken
  bekacken
klacken
knacken
  abknacken
  anknacken
  aufknacken
  verknacken
  zerknacken
lacken
packen
  abpacken
  anpacken
  aufpacken
  auspacken
  beipacken
  bepacken
  einpacken
  umpacken
  verpacken

  wegpacken
  zupacken
  zusammenpacken
piesacken
sacken
  absacken
  durchsacken
  einsacken
  versacken
schlacken
  entschlacken
zacken
  auszacken
zwacken
  abzwacken

— **äcken (äken)**

= – ecken (äken)
→ – ack (ak)

Fräcken
Säcken

— **ackend (akent)**

→ – acken (aken)

nackend

— **acker (aker)**

→ – acken (aken)
→ – ackern (akern)

Acker
  Blutacker
  Gottesacker
  Rübenacker
  Sturzacker
Geflacker
Gegacker
Hacker
  Fleischhacker
  Holzhacker
  Madenhacker
Kacker
  Korinthenkacker
Knacker
  Autoknacker
  Geldschrankknacker
  Nußknacker

Packer
Racker
Verpacker
wacker

— **äcker (äker)**

= – ecker (äker)
→ – acker (aker)

Bäcker
  Brezelbäcker
  Brotbäcker
  Kuchenbäcker
  Zuckerbäcker

— **ackerei (akerai)**

= – ei (ai)
→ – acken (aken)
→ – acker (aker)

Kackerei
  Korinthenkackerei
Packerei
Rackerei

— **äckerei (äkerai)**

= – eckerei (äkerai)
= – ei (ai)
→ – äcker (äker)

Bäckerei

— **ack(e)rig (ak(e)ri-ch)**

→ – ich (i-ch)

flack(e)rig
knack(e)rig

— **ackern (akern)**

→ – acker (aker)

ackern
  beackern
  durchackern
  umackern
  unterackern
fickfackern

flackern
  aufflackern
  umflackern
  verflackern
gackern
rackern
  abrackern
schlackern

— **äckern (äkern)**

= – eckern (äkern)
→ – acker (aker)
→ – äcker (äker)

Bäckern

— **ackig (aki-ch)**

→ – ich (i-ch)

brackig
knackig
nackig
pausbackig
rotbackig
schlackig
stiernackig
zackig
  dreizackig
  fünfzackig
  scharfzackig

— **äckig (äki-ch)**

= – eckig (äki-ch)
→ – ich (i-ch)

hartnäckig
pausbäckig
rotbäckig

— **äckigkeit (äki-chkait)**

= – eckigkeit (äki-chkait)
→ – äckig (äki-ch)
→ – eit (ait)

Hartnäckigkeit
Pausbäckigkeit

— **äcklein (äklain)**

= – ein (ain)
→ – ack (ak)
→ – acke (ake)
→ – eck (äk)
→ – ecke (äke)

Päcklein
Säcklein

— **acks (akß)**

= – achs (akß)
= – ax (akß)
→ – ac (ak)
→ – achse (akße)
→ – ack (ak)
→ – ak (ak)
→ – awk (ak)

Gacks
Klacks
Knacks
Schlacks
stracks
  schnurstracks

— **ackse (akße)**

= – achse (akße)
= – axe (akße)
→ – achsen (akßen)
= – acks (akß)
→ – acksen (akßen)

Knackse

— **äcksel (äkßel)**

= – ächsel (äkßel)
= – echsel (äkßel)

Häcksel

— **äckseln (äkßeln)**

= – echseln (äkßeln)

häckseln

— acksen (akßen)

= – achsen (akßen)
→ – achs (akß)
→ – acks (akß)
→ – axe (akße)

knacksen
  anknacksen
  verknacksen

— ackst (akßt)

= – achst (akßt)
= – axt (akßt)
→ – acken (aken)

entschlackst
hackst
knackst

— äckst (äkßt)

= – ächst (äkßt)
= – echst (äkßt)
= – eckst (äkßt)
= – ext (äkßt)
→ – acken (aken)

bäckst

— ackt (akt)

= – aggt (akt)
= – akt (akt)
→ – acken (aken)

abgesackt
abgeschmackt
abgewrackt
befrackt
beknackt
gelackt
  ungelackt
gepackt
  eingepackt
  zugepackt
gezackt
hackt
  abgehackt
  gehackt
knackt

nackt
  fasernackt
  halbnackt
  pudelnackt
  splitterfasernackt
  splitternackt
packt
verknackt
verpackt
  unverpackt
verschlackt
versackt
vertrackt

— äckt (äkt)

= – eckt (äkt)
= – eggt (äkt)
= – ekt (äkt)
→ – acken (aken)

bäckt

— ackte (akte)

= – akte (akte)
→ – acken (aken)
→ – ackt (akt)

Gehackte
Gekackte
Beknackte
abgehackte
abgewrackte
entschlackte
geknackte
gehackte
gepackte
gezackte
gezwackte
versackte
vertrackte

— ackten (akten)

= – aggten (akten)
= – akten (akten)
→ – acken (aken)
→ – ackt (akt)

Beknackten
Gelackten

— ackter (akter)

→ – ackt (akt)
→ – acken (aken)
→ – akt (akt)

Beknackter
Nackter
abgewrackter
hartverpackter
gezackter

— acktheit (akthait)

= – aktheit (akthait)
→ – ackt (akt)
→ – eit (ait)

Abgeschmacktheit
Nacktheit

— acktisch (aktisch)

= – aktisch (aktisch)
→ – isch (isch)

Packtisch

— ackung (akuŋ)

→ – acken (aken)
→ – ung (uŋ)

Entschlackung
Packung
  Fangopackung
  Geschenkpackung
  Schlammpackung
  Verpackung
Zackung

— acques (ak)

= – ac (ak)
= – ack (ak)
= – ak (ak)
= – aque (ak)
= – awk (ak)

Jacques

— **ad (a:t)**

= – aat (a:t)
= – ahd (a:t)
= – aht (a:t)
= – at (a:t)
= – ath (a:t)
→ – ade (a:de)
→ – aden (a:den)

Bad
　Blutbad
　Brausebad
　Dampfbad
　Duschbad
　Freibad
　Fußbad
　Hallenbad
　Heilbad
　Kräuterbad
　Kurbad
　Luftbad
　Modebad
　Moorbad
　Nacktbad
　Schlammbad
　Schwefelbad
　Schwimmbad
　Schwitzbad
　Seebad
　Sitzbad
　Solbad
　Sonnenbad
　Strandbad
　Sturzbad
　Thermalbad
　Vollbad
　Wannenbad
　Wasserbad
Bagdad
Belgrad
Grad
　Bildungsgrad
　Breitengrad
　Dienstgrad
　Hitzegrad
　Intelligenzgrad
　Kältegrad
　Längengrad
　Reifegrad
　Schriftgrad
　Verwandtschaftsgrad
　Wirkungsgrad
Islamabad
Kamerad
　Arbeitskamerad
　Kriegskamerad
　Schulkamerad
　Spielkamerad
Konrad
Krad
Pfad
　Felsenpfad
　Flußpfad
　Fußpfad
　Gebirgspfad
　Kriegspfad
　Lehrpfad
　Saumpfad
　Trimm-dich-Pfad
　Waldpfad
　Wiesenpfad
Rad
　Dreirad
　Ersatzrad
　Fahrrad
　Glücksrad
　Hochrad
　Kraftrad
　Lenkrad
　Motorrad
　Mühlrad
　Rennrad
　Riesenrad
　Schaufelrad
　Schwungrad
　Sonnenrad
　Spinnrad
　Steuerrad
　Wagenrad
　Wasserrad
　Zahnrad
Rijad
Tschad
fad
gerad
grad
　pfeilgrad
stad

— **ad (at)**

= – adt (at)
= – at (at)
= – ath (at)
= – att (at)

Bagdad
Trinidad
Tschad

— **ada (a:da)**

→ – a (a:)

Armada
Granada
Hamada
Intrada
Nevada
Sierra Nevada
Suada

— **ädchen (ä:t-chen)**

= – ädtchen (ä:t-chen)
= – ähtchen (ä:t-chen)
= – ätchen (ä:t-chen)
= – äthchen (ä:t-chen)
→ – ad (a:t)
→ – ade (a:de)
→ – aden (a:den)

Fädchen
Mädchen
　Blumenmädchen
　Dienstmädchen
　Hausmädchen
　Kindermädchen
　Laufmädchen
　Lehrmädchen
　Milchmädchen
　Schulmädchen
　Stubenmädchen
　Zimmermädchen
Rädchen

— **addel (adel)**
Paddel
Quaddel

— **addeln (adeln)**
→ – addel (adel)

paddeln

— **addy (ädi)**
= – eddy (ädi)

Daddy

— **ade (a:de)**
→ – ad (a:t)
→ – aden (a:den)

Arkade
Ballade
Balustrade
Barrikade
Bastonade
Blockade
Bravade
Brigade
Dekade
Dryade
Eskalade
Eskapade
Esplanade
Estakade
Estrade
Fassade
Galoppade
Gaskonade
Gerade
  Zielgerade
Gestade
Gnade
  Gottesgnade
  Ungnade
Hanswurstiade
Harlekinade
Iliade
Intrade
Jade
Jeremiade

Kanonade
  Schimpfkanonade
Karbonade
Kaskade
Kavalkade
Kolonnade
Köpenickiade
Lade
  Bundeslade
  Kinnlade
  Schieblade
  Schublade
  Tischlade
  Totenlade
Levade
Limonade
Made
Mänade
Marinade
Marmelade
Maskerade
Monade
Münchhausiade
Myriade
Najade
Nomade
Olympiade
Orangeade
Palisade
Panade
Parade
  Militärparade
  Sportparade
  Truppenparade
  Wachtparade
Pesade
Pomade
Poussade
Promenade
  Strandpromenade
Rade
  Kornrade
Raffinade
Remoulade
Retirade
Robinsonade
Rochade
Rodomontade
Roulade

Schade
Scharade
Scheherezade
Schokolade
Schwade
Serenade
Stade
Suade
Sukkade
Tirade
Triade
Wade
Zikade
fade
gerade
  bolzengerade
  kerzengerade
  pfeilgerade
  schnurgerade
  ungerade
grade
malade
nachgerade
schade
  jammerschade

— **adel (a:del)**
→ – adeln (a:deln)

Adel
  Dienstadel
  Erbadel
  Geburtsadel
  Geldadel
  Hochadel
  Landadel
Madel
Nadel
  Ehrennadel
  Fichtennadel
  Grammophonnadel
  Haarnadel
  Heftnadel
  Hohlnadel
  Krawattennadel
  Nähnadel
  Seenadel
  Sicherheitsnadel
  Stopfnadel

Stricknadel
Tannennadel
Radel
Stadel
  Heustadel
Tadel

— ädel (ä:del)

= – ädtel (ä:del)
→ – ädchen (ä:t-chen)
→ – ädeln (ä:deln)
→ – aden (a:den)
→ – äthchen
    (ä:t-chen)

Mädel
  Ladenmädel
  Laufmädel
Schädel
  Brummschädel
  Dickschädel
  Langschädel
  Totenschädel

— ad(e)lig (a:d(e)li-ch)

→ – ich (i-ch)

ad(e)lig
untad(e)lig

— adeln (a:deln)

→ – adel (a:del)

Stricknadeln
Tannennadeln
adeln
nadeln
radeln
  heimradeln
tadeln

— ädeln (ä:deln)

→ – ädchen (ä:t-chen)
→ – ädel (ä:del)

fädeln
  auffädeln
  ausfädeln
  einfädeln

— adelst (a:delßt)

→ – adeln (a:deln)

adelst
nadelst
radelst
tadelst

— aden (a:den)

→ – ad (a:t)
→ – ade (a:de)

Aden
Baden
Berchtesgaden
Faden
  Ariadnefaden
  Bindfaden
  Geduldsfaden
  Glühfaden
  Kohlenfaden
  Heftfaden
  Lebensfaden
  Leitfaden
  Nähfaden
  Seidenfaden
  Spinnwebfaden
  Staubfaden
  Wollfaden
  Zwirnsfaden
Fladen
  Eierfladen
  Käsefladen
  Kuhfladen
  Osterfladen
Gaden
Laden
  Bäckerladen
  Bauchladen
  Fensterladen
  Fleischerladen
  Hutladen
  Kaufladen
  Kaufmannsladen
  Krämerladen
  Kramladen
  Metzgerladen
  Obstladen
  Putzladen

  Ramschladen
  Rolladen
  Saftladen
  Selbstbedienungs-
  laden
  Trödelladen
Oreaden
Plejaden
Schaden
  Bagatellschaden
  Bandscheiben-
  schaden
  Brandschaden
  Dachschaden
  Ernährungsschaden
  Feuerschaden
  Flurschaden
  Frostschaden
  Hagelschaden
  Haltungsschaden
  Krebsschaden
  Maschinenschaden
  Materialschaden
  Motorschaden
  Personenschaden
  Reifenschaden
  Sachschaden
  Totalschaden
  Wasserschaden
  Wildschaden
Schwaden
  Nebelschwaden
  Rauchschwaden
baden
  ausbaden
begnaden
beladen
  fluchbeladen
  problembeladen
  schmachbeladen
  schmerzbeladen
  schmuckbeladen
  schuldbeladen
  unbeladen
  vollbeladen
geladen
  ausgeladen
  eingeladen
  wutgeladen

laden
  abladen
  aufladen
  ausladen
  beiladen
  beladen
  einladen
  entladen
  überladen
  umladen
  verladen
  volladen
  vorladen
  zuladen
schaden

— äden (ä:den)

→ – aden (a:den)

Fäden
Schäden

— ader (a:der)

→ – ade (a:de)
→ – adern (a:dern)

Ader
  Blutader
  Erzader
  Goldader
  Hauptader
  Krampfader
  Pulsader
  Schlagader
  Silberader
  Verkehrsader
  Wasserader
  Zornader
Bader
Geschwader
  Flottengeschwader
  Flugzeuggeschwader
Hader
  Gehader
Kader
Lader
  Auslader
  Entlader
  Hinterlader
  Stapellader
  Verlader
  Vorderlader
Quader
fader
gerader

— äder (ä:der)

→ – ad (a:t)

Bäder
Geäder
Räder

— äderchen (ä:der-chen)

→ – ad (a:t)
→ – ader (a:der)
→ – äder (ä:der)

Räderchen

— äd(e)rig (ä:d(e)ri-ch)

→ – ich (i-ch)

äd(e)rig
  feinäd(e)rig
  dreiräd(e)rig
  vierräd(e)rig
  zweiräd(e)rig

— adern (a:dern)

→ – ader (a:der)

hadern
quadern
salbadern

— ädern (ä:dern)

→ – ad (a:t)
→ – äder (ä:der)

ädern
rädern

— aderst (a:derßt)

→ – adern (a:dern)

haderst
salbaderst

— ädert (ä:dert)

geädert
gerädert

— adest (a:deßt)

→ – aden (a:den)

badest
ladest
schadest

— adet (a:det)

→ – aden (a:den)

badet
begnadet
  gottbegnadet
gebadet
geschadet
unbeschadet
schadet

— adheit (a:thait)

→ – ad (a:t)
→ – eit (ait)

Fadheit
Geradheit

— adig (a:di-ch)

→ – ich (i-ch)

madig
hochgradig
pomadig

— ädig (ä:di-ch)

→ – ich (i-ch)

buntfädig
gnädig
  ungnädig

— **adige (a:dige)**

→ – adig (a:di-ch)

pomadige

— **adigen (a:digen)**

→ – adig (a:di-ch)

begnadigen
begradigen

— **ädigen (ä:digen)**

→ – ädig (ä:di-ch)

schädigen
 beschädigen
 entschädigen

— **adigung (a:diguŋ)**

→ – ung (uŋ)

Begnadigung
Begradigung

— **adin (a:din)**

= – in (in)
= – inn (in)
→ – ad (a:t)

Nomadin

— **adisch (a:disch)**

→ – isch (isch)

arkadisch
badisch
dekadisch
faradisch
kanadisch
kykladisch
monadisch
nomadisch
sporadisch
tschadisch

— **adium (a:di-um)**

= – um (um)
= – umm (um)

Palladium
Radium
Stadium
 Anfangsstadium
 Endstadium
 Entwicklungsstadium
 Frühstadium
 Übergangsstadium

— **ädlein (ä:tlain)**

= – ädtlein (ä:tlain)
= – ähtlein (ä:tlain)
= – ätlein (ä:tlain)
= – ein (ain)
→ – ad (a:t)
→ – ade (a:de)
→ – adel (a:del)
→ – aden (a:den)

Fädlein
Mädlein
Rädlein

— **adler (a:dler)**

Adler
 Bergadler
 Doppeladler
 Fischadler
 Kaiseradler
 Königsadler
 Reichsadler
 Seeadler
 Steinadler
Radler
Tadler

— **ado (a:do)**

→ – o (o)
→ – oh (o:)

Avocado
Colorado
Desperado
Dorado
Eldorado
Grado
Mikado
Prado
Tornado

— **ads (atß)**

= – ats (atß)
= – atz (atß)
= – azz (atß)
→ – ad (at)

Bagdads
Trinidads

— **adt (at)**

= – ad (at)
= – at (at)
= – ath (at)
= – att (at)

Stadt
 Altstadt
 Arbeitervorstadt
 Beamtenstadt
 Bezirksstadt
 Filmstadt
 Garnisonsstadt
 Gartenstadt
 Grenzstadt
 Großstadt
 Hafenstadt
 Hansestadt
 Hauptstadt
 Industriestadt
 Innenstadt
 Kapstadt
 Karl-Marx-Stadt
 Kleinstadt
 Kreisstadt
 Landeshauptstadt
 Landstadt
 Messestadt
 Millionenstadt
 Neustadt
 Oberstadt
 Provinzstadt
 Reichsstadt
 Residenzstadt

Satellitenstadt
Trabantenstadt
Universitätsstadt
Unterstadt
Vorstadt
Weltstadt

— **ädt (ä:t)**

= – äht (ä:t)
= – ät (ä:t)
= – ête (ä:t)
→ – aden (a:den)

belädt
lädt

— **ädtchen (ä:t-chen)**

= – ädchen (ä:t-chen)
= – ähtchen (ä:t-chen)
= – ätchen (ä:t-chen)
= – äthchen (ä:t-chen)
→ – ad (a:t)
→ – adt (at)

Städtchen

— **ädte (ä:te)**

= – ähte (ä:te)
= – äte (ä:te)
→ – adt (at)

Städte

— **ädtel (ä:del)**

= – ädel (ä:del)

Städtel

— **ädten (ä:ten)**

= – ähten (ä:ten)
= – äten (ä:ten)
→ – adt (at)

Städten

— **ädter (ä:ter)**

=.– ähter (ä:ter)
= – äter (ä:ter)
= – äther (ä:ter)
→ – adt (at)

Städter
  Großstädter
  Kleinstädter

— **ädterin (ä:terin)**

= – äterin (ä:terin)
= – in (in)
= – inn (in)
→ – adt (at)

Städterin

— **ädtern (ä:tern)**

= – ätern (ä:tern)
→ – adt (at)

verstädtern

— **ädtisch (ä:tisch)**

= – ähtisch (ä:tisch)
= – ätisch (ä:tisch)
→ – adt (at)
→ – isch (isch)

städtisch
  großstädtisch
  kleinstädtisch
  weltstädtisch

— **ädtlein (ä:tlein)**

= – ädlein (ä:tlein)
= – ein (ain)
→ – adt (at)

Städtlein

— **adung (a:duŋ)**

→ – aden (a:den)
→ – ung (uŋ)

Begnadung
Entladung
  Selbstentladung

Ladung
  Beladung
  Einladung
  Schiffsladung
  Sprengladung
  Verladung
  Waffenladung
  Wagenladung
Vorladung
  Zeugenvorladung

— **ady (e:di)**

= – edi (e:di)

Lady
Mylady

— **äe (ä:-e)**

= – ähe (ä:-e)
→ – äen (ä:-en)

Koryphäe
Pygmäe
Trophäe
  Jagdtrophäe
  Kriegstrophäe
  Siegestrophäe
säe

— **äen (ä:-en)**

= – ähen (ä:-en)
→ – äe (ä:-e)

Propyläen
Pyrenäen
säen
  aussäen
  übersäen

— **äer (ä:-er)**

= – äher (ä:-er)

Aramäer
Chaldäer
Europäer
Galiläer
Hebräer
Manichäer
Pharisäer
Säer

— **af (a:f)**

= – aaf (a:f)
= – aph (a:f)
= – av (a:f)
→ – afen (a:fen)

Fotograf
  Pressefotograf
Graf
  Burggraf
  Deichgraf
  Erbgraf
  Gaugraf
  Landgraf
  Markgraf
  Pfalzgraf
  Reichsgraf
Schaf
  Mähnenschaf
  Merinoschaf
  Milchschaf
Schlaf
  Beischlaf
  Dauerschlaf
  Halbschlaf
  Heilschlaf
  Mittagsschlaf
  Winterschlaf
traf
  betraf
  übertraf

— **af (af)**

= – aff (af)

Olaf

— **äfchen (ä:f-chen)**

→ – af (a:f)
→ – aph (a:f)

Gräfchen
Schäfchen
Schläfchen

— **afe (a:fe)**

= – aphe (a:fe)
→ – af (a:f)
→ – afen (a:fen)

Strafe
  Arreststrafe
  Disziplinarstrafe
  Freiheitsstrafe
  Gefängnisstrafe
  Geldstrafe
  Höchststrafe
  Konventionalstrafe
  Prügelstrafe
  Todesstrafe
  Vorstrafe
schlafe

— **afé (afe:)**

= – e (e:)
= – ee (e:)
= – eh (e:)

Autodafé
Café
  Ausflugscafé
  Strandcafé
  Straßencafé

— **äfe (ä:fe)**

Schläfe
träfe
  beträfe
  überträfe

— **afel (a:fel)**

→ – afeln (a:feln)

Bafel
Geschwafel
Tafel
  Ahnentafel
  Anzeigentafel
  Festtafel
  Gedenktafel
  Hochzeitstafel
  Liedertafel
  Schiefertafel
  Schreibtafel
  Wandtafel
  Zeittafel
schwafel
tafel

— **afeln (a:feln)**

→ – afel (a:fel)

schwafeln
  ausschwafeln
tafeln
  auftafeln

— **afen (a:fen)**

= – aphen (a:fen)
= – aven (a:fen)
→ – effen (äfen)

Hafen
  Binnenhafen
  Fischerhafen
  Flughafen
  Freihafen
  Friedrichshafen
  Glückshafen
  Gotenhafen
  Heimathafen
  Jachthafen
  Kriegshafen
  Ludwigshafen
  Naturhafen
  Seehafen
  Überseehafen
geschlafen
  ausgeschlafen
  beigeschlafen
  durchgeschlafen
  eingeschlafen
  herumgeschlafen
  unausgeschlafen
schlafen
  ausschlafen
  beischlafen
  beschlafen
  durchschlafen
  einschlafen
  entschlafen
  gesundschlafen
  herumschlafen

überschlafen
verschlafen
strafen
  abstrafen
  bestrafen
trafen
  betrafen
  übertrafen

— äfen (ä:fen)

→ – afen (a:fen)
→ – effen (äfen)

Häfen
Schläfen
träfen
  beträfen

— afend (a:fent)

→ – afen (a:fen)

nachtschlafend

— äfer (ä:fer)

Käfer
  Borkenkäfer
  Hirschkäfer
  Johanniskäfer
  Kartoffelkäfer
  Leuchtkäfer
  Maikäfer
  Marienkäfer
  Mistkäfer
Schäfer
Schläfer
  Baumschläfer
  Beischläfer
  Langschläfer
  Siebenschläfer

— äfern (ä:fern)

→ – äfer (ä:fer)

schläfern
  einschläfern

— aff (af)

= – af (af)
= – aph (af)
= – av (af)
= – aw (af)
→ – affe (afe)
→ – affen (afen)

Dompfaff
Haff
Kaff
  Bauernkaff
Schaff
baff
klaff
  kliff-klaff
paff
  piff-paff
schlaff
  erschlaff
straff

— äff (äf)

= – ef (äf)
= – eff (äf)
= – eph (äf)
= – ev (äf)
= – ew (äf)
→ – äffen (äfen)

Gekläff

— äffchen (äf-chen)

= – effchen (äf-chen)
→ – affe (afe)

Äffchen
  Pinseläffchen
Pfäffchen

— affe (afe)

→ – aff (af)
→ – affen (afen)

Affe
  Brüllaffe
  Grasaffe
Halbaffe
Klammeraffe
Menschenaffe
Modeaffe
Teigaffe
Zieraffe
Agraffe
Geblaffe
Giraffe
Karaffe
Laffe
Pfaffe
Schlaraffe
Waffe
  Atomwaffe
  Handfeuerwaffe
  Hiebwaffe
  Luftwaffe
  Mordwaffe
  Schußwaffe
  Stichwaffe
Zentralschaffe
gaffe
raffe

— äffe (äfe)

= – efe (äfe)
= – effe (äfe)
→ – äffen (äfen)

Gekläffe

— affel (afel)

→ – affeln (afeln)

Gaffel
Geraffel
Raffel
  Fischraffel
Staffel
  Fliegerstaffel
  Jagdstaffel
  Schwimmstaffel
Waffel
  Eiswaffel
  Fruchtwaffel
  Schokoladenwaffel

— affeln (afeln)

→ – affel (afel)

raffeln
staffeln

— affen (afen)

→ – aff (af)
→ – affe (afe)

Maulaffen
Schaffen
  Filmschaffen
  Kunstschaffen
  Musikschaffen
Schraffen
Waffen
  ABC-Waffen
  Atomwaffen
  Kernwaffen
blaffen
  anblaffen
gaffen
  angaffen
  begaffen
  nachgaffen
  vergaffen
klaffen
  auseinanderklaffen
paffen
  verpaffen
raffen
  aufraffen
  dahinraffen
  erraffen
  zusammenraffen
schaffen
  abschaffen
  anschaffen
  beschaffen
  beiseiteschaffen
  erschaffen
  fortschaffen
  geschaffen
  heranschaffen
  herausschaffen
  herbeischaffen
  hereinschaffen
  herüberschaffen
  hinausschaffen
  hineinschaffen
  hinüberschaffen
  nachschaffen
  rechtschaffen
  verschaffen
  wegschaffen
schlaffen
  abschlaffen
  erschlaffen
schraffen
straffen

— äffen (äfen)

= – efen (äfen)
= – effen (äfen)

äffen
  nachäffen
bläffen
kläffen

— affer (afer)

= – apher (afer)

Gaffer
Kaffer
  Zulukaffer
Paffer
Raffer
  Zeitraffer
schlaffer
straffer

— äffer (äfer)

= – effer (äfer)

Bläffer
Kläffer

— afferei (aferai)

= – ei (ai)
→ – affen (afen)
→ – affer (afer)

Gafferei
Pafferei
Rafferei
Schafferei

— affheit (afhait)

→ – aff (af)
→ – eit (ait)

Schlaffheit
Straffheit

— affia (afia:)

= – afia (afia:)
→ – a (a:)

Schlaraffia

— affig (afi-ch)

→ – ich (i-ch)

affig
raffig

— äffisch (äfisch)

→ – isch (isch)

äffisch
pfäffisch

— affke (afke)

Daffke
Raffke

— äfflein (äflain)

= – ein (ain)
→ – affe (afe)

Äfflein
Pfäfflein

— affnen (afnen)

→ – affen (afen)

Rechtschaffnen
bewaffnen
entwaffnen

— affst (afßt)

→ – affen (afen)

erschlaffst
raffst
schaffst

— **äffst (äfßt)**

→ – äffen (äfen)

äffst
kläffst

— **afft (aft)**

= – aft (aft)
→ – affen (afen)

aufgerafft
begafft
erschlafft
geschafft

— **äfft (äft)**

= – äft (äft)
= – efft (äft)
= – eft (äft)

äfft
kläfft

— **affte (afte)**

= – afte (afte)
→ – affen (afen)

abgeschlaffte
beschaffte
erschlaffte
gestraffte

— **äffte (äfte)**

= – äfte (äfte)
= – effte (äfte)
= – efte (äfte)
→ – äffen (äfen)

äffte
kläffte

— **afften (aften)**

= – aften (aften)
→ – affen (afen)

beschafften
gafften
rafften

— **äfften (äften)**

= – äften (äften)
= – efften (äften)
= – eften (äften)
→ – äffen (äfen)
→ – äfft (äft)
→ – aft (aft)

äfften
kläfften

— **affter (after)**

= – after (after)
→ – affen (afen)
→ – afft (aft)

abgeschaffter
erschlaffter

— **äffter (äfter)**

= – efter (äfter)

Geäffter

— **afftest (afteßt)**

= – aftest (afteßt)
→ – affen (afen)

beschafftest
erschlafftest

— **äfftest (äfteßt)**

= – äftest (äfteßt)
→ – äffen (äfen)
→ – effte (äfte)
→ – eften (äften)

äfftest
kläfftest

— **afftet (aftet)**

= – aftet (aftet)
→ – affen (afen)
→ – aften (aften)

rafftet

— **äfftet (äftet)**

= – äftet (äftet)
= – efftet (äftet)
= – eftet (äftet)

äfftet

— **affung (afuŋ)**

→ – ung (uŋ)

Abschlaffung
Anschaffung
  Neuanschaffung
Beschaffung
Erschaffung
Erschlaffung
Raffung

— **afia (afia:)**

= – affia (afia:)
→ – a (a:)

Mafia

— **äfig (ä:fi-ch)**

→ – ich (i-ch)

Käfig
  Brutkäfig
  Raubtierkäfig
  Vogelkäfig
einschläfig
zweischläfig

— **afisch (a:fisch)**

= – aphisch (a:fisch)
→ – isch (isch)

autobiografisch
fotografisch
stenografisch
telegrafisch

— **äflich (ä:fl-ich)**

→ – af (a:f)
→ – ich (i-ch)

gräflich
sträflich
  unsträflich

43

— **afst (a:fßt)**

→ – afen (a:fen)

strafst
trafst

— **äfst (ä:fßt)**

→ – afen (a:fen)

schläfst
träfst
 anträfst

— **aft (a:ft)**

→ – afen (a:fen)

bestraft
 unbestraft
 vorbestraft
gestraft
 ungestraft
schlaft
traft

— **aft (aft)**

= – afft (aft)
→ – affen (afen)

Anhängerschaft
Anwaltschaft
 Staatsanwaltschaft
Anwartschaft
Arbeiterschaft
Ärzteschaft
Barschaft
Bauernschaft
Beamtenschaft
Bekanntschaft
 Badebekanntschaft
 Damenbekannt-
 schaft
 Ferienbekanntschaft
 Herrenbekanntschaft
 Reisebekanntschaft
 Urlaubsbekannt-
 schaft
Belegschaft

Bereitschaft
 Alarmbereitschaft
 Aufnahmebereit-
 schaft
 Dienstbereitschaft
 Einsatzbereitschaft
 Hilfsbereitschaft
 Kampfbereitschaft
 Lernbereitschaft
Botschaft
 Freudenbotschaft
 Friedensbotschaft
 Hiobsbotschaft
 Neujahrsbotschaft
 Schreckensbotschaft
 Siegesbotschaft
 Trauerbotschaft
 Unglücksbotschaft
Bruderschaft
Brüderschaft
 Blutsbrüderschaft
 Waffenbrüderschaft
Bürgerschaft
 Ehrenbürgerschaft
 Staatsbürgerschaft
Bürgschaft
Burschenschaft
Dienerschaft
Eigenschaft
 Charaktereigenschaft
 Haupteigenschaft
 Leibeigenschaft
Einwohnerschaft
Elternschaft
Erbschaft
Errungenschaft
Fachschaft
Feindschaft
 Erbfeindschaft
 Todfeindschaft
Freundschaft
 Gastfreundschaft
 Völkerfreundschaft
Gastwirtschaft
 Gartenwirtschaft
 Speisewirtschaft
Gefangenschaft
Gefolgschaft
Gegnerschaft

Gemeinschaft
 Arbeitsgemeinschaft
 Blutsgemeinschaft
 Erbgemeinschaft
 Glaubensgemein-
 schaft
 Hausgemeinschaft
 Interessengemein-
 schaft
 Lebensgemeinschaft
 Leidensgemeinschaft
 Volksgemeinschaft
Genossenschaft
 Eidgenossenschaft
Gesandtschaft
Gesellschaft
 Abendgesellschaft
 Aktiengesellschaft
 Auffanggesellschaft
 Baugesellschaft
 Festgesellschaft
 Filmgesellschaft
 Fluggesellschaft
 Handelsgesellschaft
 Hochzeitsgesell-
 schaft
 Holdinggesellschaft
 Industriegesellschaft
 Jagdgesellschaft
 Kommanditgesell-
 schaft
 Männergesellschaft
 Reisegesellschaft
 Versicherungsgesell-
 schaft
Gevatterschaft
Gewerkschaft
 Fachgewerkschaft
Gönnerschaft
Grafschaft
Haft
 Dunkelhaft
 Einzelhaft
 Festungshaft
 Isolierhaft
 Jugendhaft
 Kerkerhaft
 Schuldhaft
 Schutzhaft

Sippenhaft
Untersuchungshaft
Herrschaft
  Alleinherrschaft
  Fremdherrschaft
  Gewaltherrschaft
  Lehnsherrschaft
  Schirmherrschaft
  Schreckensherr-
  schaft
  Schutzherrschaft
  Vorherrschaft
  Weltherrschaft
Hinterlassenschaft
Hörerschaft
  Zuhörerschaft
Hundertschaft
Kameradschaft
  Arbeitskamerad-
  schaft
  Kriegskameradschaft
Kennerschaft
Knappschaft
Knechtschaft
Körperschaft
Korporalschaft
Kraft
  Antriebskraft
  Anziehungskraft
  Arbeitskraft
  Atomkraft
  Ausdruckskraft
  Aushilfskraft
  Aussagekraft
  Bärenkraft
  Beweiskraft
  Bremskraft
  Bürokraft
  Dampfkraft
  Durchschlagskraft
  Einbildungskraft
  Entschlußkraft
  Fachkraft
  Feuerkraft
  Fliehkraft
  Gefühlskraft
  Geisteskraft
  Gesetzeskraft
  Gestaltungskraft
  Heilkraft
  Heizkraft
  Hilfskraft
  Himmelskraft
  Hubkraft
  Jugendkraft
  Kampfkraft
  Körperkraft
  Kaufkraft
  Lebenskraft
  Lehrkraft
  Leuchtkraft
  Manneskraft
  Muskelkraft
  Naturkraft
  Pferdekraft
  Riesenkraft
  Schaffenskraft
  Schlagkraft
  Schreibkraft
  Schwerkraft
  Schwungkraft
  Sehkraft
  Spannkraft
  Sprengkraft
  Stoßkraft
  Tatkraft
  Triebkraft
  Überzeugungskraft
  Vorstellungskraft
  Wasserkraft
  Wehrkraft
  Widerstandskraft
  Willenskraft
  Zauberkraft
  Zentrifugalkraft
  Zentripedalkraft
  Zugkraft
Kundschaft
  Laufkundschaft
  Stammkundschaft
Jüngerschaft
Jungfernschaft
Landschaft
  Abendlandschaft
  Berglandschaft
  Flußlandschaft
  Frühlingslandschaft
  Gebirgslandschaft
  Heidelandschaft
  Herbstlandschaft
  Hügellandschaft
  Küstenlandschaft
  Moorlandschaft
  Parklandschaft
  Sommerlandschaft
  Steppenlandschaft
  Waldlandschaft
  Winterlandschaft
Lehrerschaft
Leidenschaft
  Liebesleidenschaft
  Mitleidenschaft
  Spielleidenschaft
Liebschaft
Liegenschaft
Machenschaft
Mannschaft
  Fußballmannschaft
  Handballmannschaft
  Hockeymannschaft
  Jugendmannschaft
  Klubmannschaft
  Landsmannschaft
  Nachwuchsmann-
  schaft
  Nationalmannschaft
  Olympiamannschaft
  Rettungsmannschaft
  Sportmannschaft
  Vereinsmannschaft
  Wachmannschaft
Meisterschaft
  Europameisterschaft
  Weltmeisterschaft
Mitgliedschaft
  Ehrenmitgliedschaft
  Parteimitgliedschaft
  Vereinsmitglied-
  schaft
Mitwisserschaft
Mutterschaft
Nachbarschaft
Nachfolgerschaft
Nachkommenschaft
Ortschaft
Partnerschaft
Patenschaft

Petschaft
Pflegschaft
Präsidentschaft
Priesterschaft
Rechenschaft
Regentschaft
Ritterschaft
Saft
  Apfelsaft
  Fruchtsaft
  Gerstensaft
  Himbeersaft
  Hustensaft
  Kräutersaft
  Magensaft
  Obstsaft
  Orangensaft
  Rebensaft
  Tomatensaft
  Traubensaft
  Vitaminsaft
  Zitronensaft
Schaft
  Fahnenschaft
  Stiefelschaft
Schwangerschaft
Schwesternschaft
Seilschaft
Sippschaft
Studentenschaft
Taft
Teilhaberschaft
Turnerschaft
Vaterschaft
Verwandtschaft
  Blutsverwandtschaft
  Geistesverwandt-
  schaft
  Seelenverwandt-
  schaft
  Wahlverwandtschaft
Völkerschaft
Vormundschaft
Wanderschaft
Wirtschaft
  Betriebswirtschaft
  Cliquenwirtschaft
  Dreifelderwirtschaft
  Energiewirtschaft

Finanzwirtschaft
Forstwirtschaft
Geldwirtschaft
Günstlingswirtschaft
Hauswirtschaft
Kriegswirtschaft
Landwirtschaft
Lotterwirtschaft
Marktwirtschaft
Mißwirtschaft
Planwirtschaft
Privatwirtschaft
Sauwirtschaft
Staatswirtschaft
Vetternwirtschaft
Viehwirtschaft
Volkswirtschaft
Wasserwirtschaft
Weltwirtschaft
Zettelwirtschaft
Wissenschaft
  Altertumswissen-
  schaft
  Finanzwissenschaft
  Geisteswissenschaft
  Geschichtswissen-
  schaft
  Gesellschaftswissen-
  schaft
  Hilfswissenschaft
  Literaturwissenschaft
  Musikwissenschaft
  Naturwissenschaft
  Pseudowissenschaft
  Rechtswissenschaft
  Religionswissen-
  schaft
  Sozialwissenschaft
  Sprachwissenschaft
  Wirtschaftswissen-
  schaft
Witwenschaft
Zeugenschaft
automatenhaft
bärenhaft
beispielhaft
bildhaft
boshaft
bresthaft

damenhaft
dauerhaft
dünkelhaft
ehrenhaft
  unehrenhaft
ekelhaft
erdhaft
ernsthaft
fabelhaft
fehlerhaft
fieberhaft
flatterhaft
flegelhaft
frevelhaft
frühlingshaft
geckenhaft
gewissenhaft
glaubhaft
  unglaubhaft
glückhaft
gnomenhaft
gönnerhaft
grauenhaft
greisenhaft
habhaft
heldenhaft
herzhaft
hünenhaft
jungenhaft
jünglingshaft
katzenhaft
knabenhaft
körperhaft
kraft
krampfhaft
krankhaft
krüppelhaft
lachhaft
laienhaft
lasterhaft
launenhaft
lebhaft
lehrhaft
lotterhaft
lückenhaft
lügenhaft
mädchenhaft
mangelhaft
mannhaft

märchenhaft
maskenhaft
massenhaft
meisterhaft
memmenhaft
mimosenhaft
musterhaft
nahrhaft
namhaft
naschhaft
phrasenhaft
pöbelhaft
pomphaft
possenhaft
puppenhaft
rätselhaft
reckenhaft
riesenhaft
rüpelhaft
sagenhaft
schadhaft
schalkhaft
schamhaft
schattenhaft
schauderhaft
schemenhaft
scherzhaft
schicksalhaft
schleierhaft
schmackhaft
schmeichelhaft
schmerzhaft
schuldhaft
schreckhaft
schwatzhaft
schwunghaft
seßhaft
sieghaft
skizzenhaft
spaßhaft
sprunghaft
spukhaft
standhaft
statthaft
  unstatthaft
streberhaft
stümperhaft
stutzerhaft
sündhaft

tölpelhaft
traumhaft
triebhaft
tugendhaft
vorteilhaft
  unvorteilhaft
wechselhaft
wehrhaft
wohnhaft
zaghaft
zauberhaft
zwanghaft
zweifelhaft
  unzweifelhaft
zwergenhaft

— äft (äft)

= – äfft (äft)
= – efft (äft)
= – eft (äft)

Geschäft
  Bombengeschäft
  Börsengeschäft
  Delikatessengeschäft
  Devisengeschäft
  Diskontgeschäft
  Einzelhandels-
  geschäft
  Exportgeschäft
  Feinkostgeschäft
  Hauptgeschäft
  Importgeschäft
  Kompensations-
  geschäft
  Konfektionsgeschäft
  Nebengeschäft
  Tauschgeschäft
  Verlustgeschäft
  Zinsgeschäft

— äftchen
   (äft-chen)

= – eftchen (äft-chen)
→ – aft (aft)
→ – äft (äft)

Geschäftchen
Säftchen

— afte (afte)

= – affte (afte)
→ – aft (aft)
→ – aften (aften)

entsafte
hafte
verkrafte

— äfte (äfte)

= – äffte (äfte)
= – effte (äfte)
= – efte (äfte)
→ – aft (aft)
→ – äft (äft)
→ – äften (äften)

Geschäfte
  Amtsgeschäfte
  Geldgeschäfte
  Wuchergeschäfte
Streitkräfte
  Landstreitkräfte
  Luftstreitkräfte
  Seestreitkräfte
entkräfte

— aften (aften)

= – afften (aften)
→ – aft (aft)

Briefschaften
Gerätschaften
Herrschaften
Naturwissenschaften
haften
  anhaften
  behaften
  verhaften
kundschaften
  auskundschaften
saften
  entsaften
vergesellschaften
verkraften
wirtschaften
  abwirtschaften
  bewirtschaften

47

herumwirtschaften
herunterwirtschaften
verwirtschaften
taften

— äften (äften)

= – äfften (äften)
= – efften (äften)
= – eften (äften)
→ – aft (aft)
→ – äft (äft)
→ – äfte (äfte)

anschäften
entkräften

— after (after)

= – affter (after)
→ – aft (aft)
→ – affen (afen)

After
Botschafter
Burschenschafter
Entsafter
Gesellschafter
Klafter
Kundschafter
Wirtschafter
grauenhafter
zauberhafter

— aftern (aftern)

→ – after (after)

klaftern

— aftest (afteßt)

= – afftest (afteßt)
→ – aften (aften)

entsaftest
haftest
verkraftest

— äftest (äfteßt)

= – äfftest (äfteßt)
→ – äften (äften)
→ – effte (äfte)
→ – eften (äften)

entkräftest

— aftet (aftet)

→ – affen (afen)
→ – aften (aften)

behaftet

— äftet (äftet)

= – äfftet (äftet)
= – efftet (äftet)
= – eftet (äftet)
→ – äffen (äfen)
→ – äften (äften)

entkräftet

— aftig (afti-ch)

→ – ich (i-ch)

leibhaftig
saftig
wahrhaftig
  unwahrhaftig
teilhaftig

— äftig (äfti-ch)

= – eftig (äfti-ch)
→ – ich (i-ch)

geschäftig
kräftig
  aussagekräftig
  beweiskräftig
  bildkräftig
  finanzkräftig
  heilkräftig
  kaufkräftig
  lebenskräftig
  rechtskräftig
  tatkräftig
  zugkräftig

— äftige (äftige)

= – eftige (äftige)
→ – äftig (äfti-ch)
→ – äftigen (äftigen)

beschäftige

— äftigen (äftigen)

= – eftigen (äftigen)
→ – äftig (äfti-ch)

kräftigen
bekräftigen
beschäftigen

— aftigkeit (afti-chkait)

→ – aft (aft)
→ – eit (ait)

Saftigkeit
Schadhaftigkeit
Triebhaftigkeit
Wahrhaftigkeit
Zaghaftigkeit

— äftigkeit (äfti-chkait)

= – eftigkeit
  (äfti-chkait)
→ – äftig (äfti-ch)
→ – eit (ait)

Geschäftigkeit
Kräftigkeit

— äftigst (äfti-chßt)

→ – äftigen (äftigen)
→ – eftig (äfti-ch)

bekräftigst
beschäftigst

— **äftigt (äfti-cht)**
bekräftigt
beschäftigt
 unbeschäftigt
 vollbeschäftigt
gekräftigt

— **äftigung (äftiguŋ)**
→ – äftig (äfti-ch)
→ – ung (uŋ)

Kräftigung
 Bekräftigung
 Lebenskräftigung
Beschäftigung
 Halbtags-
  beschäftigung
 Hauptbeschäftigung
 Lieblings-
  beschäftigung
 Nebenbeschäftigung
 Vollbeschäftigung

— **aftlos (aftlo:ß)**
→ – os (o:ß)
→ – oß (o:ß)
→ – aft (aft)

kraftlos
saftlos

— **aftung (aftuŋ)**
→ – ung (uŋ)

Bewirtschaftung
Entsaftung
Haftung
 Mithaftung
 Verhaftung
Vergesellschaftung

— **aftvoll (aftfol)**
= – oll (ol)

kraftvoll
saftvoll

— **ag (a:k)**
= – ak (a:k)
→ – age (a:ge)
→ – agen (a:gen)

Abtrag
Anschlag
 Bombenanschlag
 Mordanschlag
 Sprengstoff-
  anschlag
 Terroranschlag
Antrag
 Aufnahmeantrag
 Heiratsantrag
 Mißtrauensantrag
 Strafantrag
Aufschlag
 Ärmelaufschlag
 Augenaufschlag
 Preisaufschlag
Auftrag
Ausschlag
 Hautausschlag
Austrag
Beitrag
 Mindestbeitrag
 Mitgliedsbeitrag
 Pflichtbeitrag
 Unkostenbeitrag
Belag
 Bodenbelag
 Bremsbelag
 Zahnbelag
Betrag
 Endbetrag
 Fehlbetrag
 Geldbetrag
 Gesamtbetrag
 Höchstbetrag
 Kaufbetrag
 Mindestbetrag
 Restbetrag
 Teilbetrag
Blag
Dienstag
 Faschingsdienstag
Donnerstag
 Gründonnerstag

Eintrag
 Grundbucheintrag
 Tagebucheintrag
Erlag
Ertrag
 Ernteertrag
 Reinertrag
Feiertag
 Nationalfeiertag
Freitag
 Karfreitag
Glückstag
 Unglückstag
Hag
Mittag
 Nachmittag
 Vormittag
Montag
 Ostermontag
 Pfingstmontag
 Rosenmontag
Nachtrag
Prag
Samstag
 Karsamstag
Sarkophag
Schlag
 Abschlag
 Amselschlag
 Baumschlag
 Beischlag
 Beschlag
 Blitzschlag
 Brückenschlag
 Donnerschlag
 Durchschlag
 Einschlag
 Faustschlag
 Fehlschlag
 Finkenschlag
 Flügelschlag
 Gegenschlag
 Gehirnschlag
 Genickschlag
 Glockenschlag
 Gongschlag
 Hagelschlag
 Hammerschlag
 Handschlag

49

Herzschlag
Holzschlag
Hitzschlag
Hufschlag
Kahlschlag
Kutschenschlag
Lautenschlag
Menschenschlag
Nachschlag
Nachtigallenschlag
Nackenschlag
Niederschlag
Paukenschlag
Pendelschlag
Pulsschlag
Querschlag
Ratschlag
Ritterschlag
Rückschlag
Ruderschlag
Schicksalsschlag
Steinschlag
Stundenschlag
Taubenschlag
Tiefschlag
Totschlag
Trommelschlag
Überschlag
Wagenschlag
Wellenschlag
Wetterschlag
Wogenschlag
Zungenschlag
Zuschlag
Sonntag
  Adventssonntag
  Ostersonntag
  Palmsonntag
  Passionssonntag
  Pfingstsonntag
  Totensonntag
Tag
  Abreisetag
  Alltag
  Anreisetag
  Arbeitstag
  Bundestag
  Buß- und Bettag
  Ehrentag

Fasttag
Festtag
Freudentag
Frontag
Frühlingstag
Fürstentag
Geburtstag
Gedenktag
Gerichtstag
Gründungstag
Herbsttag
Hochzeitstag
Jahrestag
Johannistag
Kirchentag
Kirchtag
Kreistag
Landtag
Lebtag
Markttag
Muttertag
Namenstag
Neujahrstag
Obsttag
Parteitag
Rasttag
Regentag
Reichstag
Ruhetag
Ruhmestag
Safttag
Sankt-Nimmerleins-Tag
Schalttag
Schlachttag
Schöpfungstag
Sommertag
Städtetag
Ständetag
Stephanstag
Sterbetag
Stichtag
Todestag
Urlaubstag
Valentinstag
Vatertag
Verfalltag
Verfassungstag
Waschtag

Weihnachtstag
Werktag
Wintertag
Wochentag
Zahltag
Trauertag
Volkstrauertag
Übertrag
Umschlag
  Briefumschlag
  Buchumschlag
  Wetterumschlag
  Schutzumschlag
Verlag
  Bierverlag
  Buchverlag
  Kunstverlag
  Musikverlag
  Selbstverlag
  Zeitungsverlag
Verschlag
  Bretterverschlag
Vertrag
  Ehevertrag
  Erbvertrag
  Friedensvertrag
  Geheimvertrag
  Handelsvertrag
  Kaufvertrag
  Mietvertrag
  Pachtvertrag
  Sparvertrag
  Staatsvertrag
Voranschlag
  Kostenvoranschlag
Vorschlag
  Verbesserungs-
  vorschlag
Vortrag
  Lichtbildervortrag
lag
mag
  vermag
vag
zag

— **ag (äk)**

= – ack (äk)
= – äck (äk)
= – eck (äk)
= – eg (äk)

Gag
Shag

— **äg (ä:k)**

= – äk (ä:k)
→ – ag (a:k)
→ – äge (ä:ge)
→ – ägen (ä:gen)

schräg
säg
träg

— **aga (a:ga)**

→ – a (a:)

Raga
Saga

— **agbar (a:kba:r)**

→ – agen (a:gen)
→ – ar (a:r)

beklagbar
einklagbar
sagbar
 unsagbar
schlagbar
 unschlagbar
tragbar
 untragbar
übertragbar
 unübertragbar
unklagbar

— **agd (a:kt)**

= – agt (a:kt)

Jagd
 Beizjagd
 Großwildjagd
 Hetzjagd
 Hexenjagd
 Mäusejagd
 Parforcejagd
 Schnitzeljagd
 Treibjagd
Magd
 Bauernmagd
 Dienstmagd
 Gänsemagd
 Hausmagd
 Kuhmagd
 Stallmagd

— **age (a:ge)**

= – aage (a:ge)
→ – ag (a:k)
→ – agen (a:gen)

Ablage
 Aktenablage
 Kleiderablage
Absage
Anklage
 Selbstanklage
Anlage
 Alarmanlage
 Beleuchtungsanlage
 Bewässerungsanlage
 Erbanlage
 Fabrikanlage
 Geldanlage
 Grünanlage
 Hafenanlage
 Heizungsanlage
 Industrieanlage
 Kapitalanlage
 Kläranlage
 Klimaanlage
 Parkanlage
 Radaranlage
 Sendeanlage
Ansage
 Fernsprechansage
 Kampfansage
 Programmansage
 Zeitansage
Auflage
 Gesamtauflage
 Massenauflage
 Neuauflage
Aussage
 Satzaussage
 Zeugenaussage
Beilage
 Sonderbeilage
Blage
Braunlage
Durchsage
Einlage
 Geldeinlage
 Gesangseinlage
 Spareinlage
 Suppeneinlage
Frage
 Anfrage
 Gefrage
 Gegenfrage
 Gewissensfrage
 Grenzfrage
 Grundfrage
 Kardinalfrage
 Kernfrage
 Lebensfrage
 Nachfrage
 Preisfrage
 Prüfungsfrage
 Rassenfrage
 Rückfrage
 Scherzfrage
 Schuldfrage
 Streitfrage
 Umfrage
 Vertrauensfrage
 Zwischenfrage
Gejage
Gelage
 Festgelage
 Saufgelage
 Trinkgelage
 Zechgelage
Klage
 Beleidigungsklage
 Gegenklage
 Geklage
 Nebenklage
 Schadenersatzklage
 Scheidungsklage
 Totenklage
 Zivilklage

Krage
Lage
  Auslage
  Balkenlage
  Bauchlage
  Finanzlage
  Geschäftslage
  Grundlage
  Hanglage
  Höhenlage
  Körperlage
  Kriegslage
  Lebenslage
  Marktlage
  Niederlage
  Notlage
  Preislage
  Querlage
  Rückenlage
  Rücklage
  Ruhelage
  Sachlage
  Schräglage
  Stimmlage
  Tonlage
  Umlage
  Versorgungslage
  Weltlage
  Wohnlage
  Zwangslage
Plage
  Landplage
  Heuschreckenplage
  Mückenplage
  Rattenplage
Sage
  Göttersage
  Heldensage
  Volkssage
Trage
Unterlage
  Schreibunterlage
Voraussage
Vorhersage
  Wettervorhersage
Vorlage
  Gesetzesvorlage
  Schreibvorlage
  Zeichenvorlage

Wetterlage
  Großwetterlage
Wirtschaftslage
  Weltwirtschafts-
  lage
Zulage
  Gehaltszulage
  Kinderzulage
  Schmutzzulage
Zusage
benage
heutzutage
schlage
  überschlage
vage
zutage

— age (a:she)

Apanage
Bagage
Bandage
Blamage
Courage
  Zivilcourage
Dränage
Equipage
Eremitage
Etage
  Beletage
Furage
Futterage
Gage
Garage
  Großgarage
  Hochgarage
  Tiefgarage
Karambolage
Kartonage
Kollage
Kolportage
Massage
Menage
Montage
  Demontage
  Photomontage
Page
Passage
Persiflage

Plantage
  Baumwollplantage
  Gummiplantage
  Kaffeeplantage
  Obstplantage
  Teeplantage
Potage
Poussage
Rage
Reportage
  Fernsehreportage
  Funkreportage
  Zeitungsreportage
Sabotage
Spionage
  Wirtschaftsspionage
Staffage
Stellage
Takelage
Tonnage
Trikotage
Visage

— äge (ä:ge)

→ — ag (a:k)
→ — äg (ä:k)
→ — ägen (ä:gen)

Niederschläge
Präge
  Gepräge
Säge
  Bandsäge
  Baumsäge
  Bogensäge
  Gesäge
  Handsäge
  Knochensäge
  Kreissäge
  Laubsäge
  Metallsäge
  Motorsäge
  Nervensäge
Schräge
Trommelschläge
Unkostenbeiträge
säge
träge
wäge

— **agel (a:gel)**
→ – ageln (a:geln)

Hagel
 Bombenhagel
 Kugelhagel
 Steinhagel
Nagel
 Eisennagel
 Fingernagel
 Hufnagel
 Neidnagel
 Niednagel
 Notnagel
 Reißnagel
 Sargnagel
 Stahlnagel
 Zehennagel
Zagel

— **ägel (ä:gel)**
→ – agel (a:gel)

Nägel
Schlägel

— **ägelchen (ä:gel-chen)**
→ – ag (a:k)
→ – agel (a:gel)
→ – agen (a:gen)

Krägelchen
Nägelchen
 Gewürznägelchen
Schlägelchen
Wägelchen

— **ageln (a:geln)**
→ – agel (a:gel)

hageln
 verhageln
nageln
 annageln
 aufnageln
 festnageln
 vernageln
 zunageln
 zusammennageln

— **agelt (a:gelt)**
→ – ageln (a:geln)

gehagelt
genagelt
 festgenagelt
 zugenagelt
hagelt
nagelt
verhagelt
vernagelt

— **agen (a:gen)**
→ – ag (a:k)
→ – age (a:ge)

Behagen
 Mißbehagen
 Unbehagen
 Wohlbehagen
Betragen
Hagen
Kopenhagen
Kragen
 Geizkragen
 Halskragen
 Hemdkragen
 Jackenkragen
 Mantelkragen
 Matrosenkragen
 Pelzkragen
 Schillerkragen
 Schulterkragen
 Spitzenkragen
 Sportkragen
 Stehkragen
 Umlegekragen
Magen
 Schwartenmagen
 Wiederkäuermagen
Remagen
Sagen
 Hörensagen
 Jasagen
 Neinsagen
Schragen
Wagen
 Aufnahmewagen
 Beiwagen

Bierwagen
Dienstwagen
Einkaufswagen
Eisenbahnwagen
Erntewagen
Faschingswagen
Feuerwehrwagen
Frachtwagen
Gepäckwagen
Güterwagen
Handwagen
Heuwagen
Himmelswagen
Jauchewagen
Kampfwagen
Karnevalswagen
Kesselwagen
Kinderwagen
Kleinwagen
Korbwagen
Kraftwagen
Krankenwagen
Kühlwagen
Kurswagen
Lastkraftwagen
Lastwagen
Leichenwagen
Leihwagen
Leiterwagen
Lieferwagen
Löschwagen
Mietwagen
Mistwagen
Möbelwagen
Müllwagen
Packwagen
Panzerspähwagen
Panzerwagen
Personenwagen
Planwagen
Postwagen
Prunkwagen
Puppenwagen
Reisewagen
Rennwagen
Rettungswagen
Rollwagen
Salonwagen
Sanitätswagen

53

Schlafwagen
Servierwagen
Speisewagen
Sportwagen
Sprengwagen
Straßenbahnwagen
Streitwagen
Tafelwagen
Tankwagen
Teewagen
Triebwagen
Triumphwagen
Übertragungs-
wagen
Unfallwagen
Viehwagen
Volkswagen
Wohnwagen
Zirkuswagen
behagen
  mißbehagen
fragen
  abfragen
  anfragen
  ausfragen
  befragen
  durchfragen
  erfragen
  nachfragen
  rückfragen
  überfragen
  umfragen
  vorfragen
jagen
  abjagen
  aufjagen
  auseinanderjagen
  bejagen
  dahinjagen
  davonjagen
  durchjagen
  erjagen
  entgegenjagen
  fortjagen
  herausjagen
  herjagen
  herumjagen
  nachjagen
  verjagen

  wegjagen
  zujagen
  zurückjagen
  zusammenjagen
klagen
  anklagen
  ausklagen
  beklagen
  einklagen
  verklagen
  vorklagen
  wehklagen
kragen
  abkragen
  auskragen
  vorkragen
nagen
  abnagen
  annagen
  benagen
  durchnagen
  zernagen
plagen
  abplagen
ragen
  aufragen
  emporragen
  herausragen
  hervorragen
  hineinragen
  hochragen
  überragen
  umragen
  vorragen
schragen
sagen
  absagen
  ansagen
  aufsagen
  aussagen
  besagen
  danksagen
  durchsagen
  einsagen
  entsagen
  gutsagen
  heraussagen
  hersagen
  hinsagen

  lossagen
  nachsagen
  totsagen
  untersagen
  versagen
  voraussagen
  vorhersagen
  vorsagen
  wahrsagen
  weissagen
  weitersagen
  wiedersagen
  zusagen
schlagen
  abschlagen
  anschlagen
  aufschlagen
  ausschlagen
  beratschlagen
  beschlagen
  breitschlagen
  dreinschlagen
  durchschlagen
  einschlagen
  entzweischlagen
  erschlagen
  fehlschlagen
  geschlagen
  herausschlagen
  herumschlagen
  hinschlagen
  losschlagen
  nachschlagen
  niederschlagen
  radschlagen
  ratschlagen
  totschlagen
  überschlagen
  umschlagen
  ungeschlagen
  unterschlagen
  veranschlagen
  verschlagen
  vorschlagen
  zerschlagen
  zuschlagen
  zurückschlagen
  zusammenschlagen
sozusagen

tagen
  vertagen
tragen
  abtragen
  antragen
  auftragen
  austragen
  beantragen
  beauftragen
  beitragen
  betragen
  davontragen
  durchtragen
  eintragen
  entgegentragen
  ertragen
  forttragen
  getragen
  heimtragen
  heraustragen
  hereintragen
  hertragen
  herumtragen
  hinauftragen
  hinaustragen
  hintragen
  hinübertragen
  hinuntertragen
  mittragen
  nachtragen
  übertragen
  umhertragen
  ungetragen
  vertragen
  vorbeitragen
  vortragen
  wegtragen
  weitertragen
  zurücktragen
  zusammentragen
  zutragen
veranlagen
verauslagen
verblagen
wagen
  durchwagen
  herabwagen
  heranwagen
  herauswagen

herwagen
hindurchwagen
hineinwagen
hinwagen
vorwagen
wegwagen
zurückwagen
zagen
  verzagen

— **ägen (ä:gen)**

→ – ag (a:k)
→ – äge (ä:ge)
→ – agen (a:gen)

Brägen
  Kalbsbrägen
prägen
  aufprägen
  ausprägen
  einprägen
  umprägen
schrägen
  abschrägen
sägen
  absägen
  ansägen
  aufsägen
  durchsägen
  zersägen
wägen
  abwägen
  auswägen
  erwägen

— **agend (a:gent)**

→ – agen (a:gen)

flügelschlagend
freitragend
hochaufragend
hochtragend
leidtragend
nichtssagend
vielsagend
waffentragend
weittragend
zinstragend

— **agende (a:gende)**

→ – agen (a:gen)
→ – agend (a:gent)

Entsagende
Klagende
Leidtragende
Vortragende

— **ager (a:ger)**

→ – age (a:ge)
→ – agen (a:gen)
→ – agern (a:gern)

Ansager
Frager
  Anfrager
  Befrager
Jasager
Karthager
Lager
  Arbeitslager
  Auffanglager
  Beilager
  Ersatzteillager
  Feldlager
  Ferienlager
  Flüchtlingslager
  Gefangenenlager
  Heerlager
  Internierungslager
  Kohlenlager
  Konzentrations-
    lager
  Krankenlager
  Kugellager
  Möbellager
  Munitionslager
  Nachtlager
  Ruhelager
  Sammellager
  Sommerlager
  Straflager
  Warenlager
  Zeltlager
  Zigeunerlager
  Zwischenlager
Leuteplager

55

Nager
Neinsager
Prager
Schlager
  Erfolgsschlager
  Verkaufsschlager
Schwager
  Schwippschwager
Versager
Vorsager
Wahrsager
hager
mager
vager
zager

— **äger (ä:ger)**

Jäger
  Abfangjäger
  Autogrammjäger
  Düsenjäger
  Fallschirmjäger
  Feldjäger
  Gebirgsjäger
  Kaiserjäger
  Kammerjäger
  Kopfjäger
  Landjäger
  Leibjäger
  Mitgiftjäger
  Nachtjäger
  Panzerjäger
  Schürzenjäger
  Sonntagsjäger
Kläger
  Ankläger
  Gegenkläger
  Nebenkläger
Präger
Schläger
  Golfschläger
  Hockeyschläger
  Paukenschläger
  Querschläger
  Schaumschläger
  Tennisschläger
  Tischtennisschläger
  Totschläger

Schwäger
Steinhäger
Träger
  Balkenträger
  Bannerträger
  Briefträger
  Brillenträger
  Brückenträger
  Eisenträger
  Fackelträger
  Fahnenträger
  Flugzeugträger
  Geldbriefträger
  Gepäckträger
  Hosenträger
  Kostenträger
  Kuttenträger
  Lastenträger
  Nobelpreisträger
  Ordensträger
  Preisträger
  Sänftenträger
  Sargträger
  Waffenträger
  Wasserträger
  Würdenträger
  Zuträger
  Zwischenträger
schräger
träger

— **agere (a:gere)**

→ – ager (a:ger)
→ – agern (a:gern)

vagere

— **agerei (a:gerai)**

= – ei (ai)
→ – agen (a:gen)
→ – ager (a:ger)

Fragerei
Jagerei
Plagerei
Wahrsagerei

— **ägerei (ä:gerai)**

= – ei (ai)
→ – ägen (ä:gen)
→ – äger (ä:ger)

Jägerei
Sägerei
  Nervensägerei
Schlägerei
  Schaumschlägerei
Zuträgerei

— **agerer (a:gerer)**

→ – ager (a:ger)
→ – agern (a:gern)

Wegelagerer
magerer
vagerer

— **agern (a:gern)**

→ – ager (a:ger)
→ – agen (a:gen)

Befragern
Nagern
Versagern
lagern
  ablagern
  auslagern
  belagern
  einlagern
  überlagern
  umlagern

— **ägern (ä:gern)**

→ – äger (ä:ger)

Steinhägern
anhägern
schlägern
verschwägern

— **agernd (a:gernt)**

→ – agern (a:gern)

postlagernd

— **agert (a:gert)**

→ – agern (a:gern)

gelagert
　abgelagert
gemagert
　abgemagert
verlagert

— **ägert (ä:gert)**

→ – ägern (ä:gern)

geschlägert
verschwägert

— **agerung (a:geruŋ)**

→ – ung (uŋ)

Abmagerung
Lagerung
　Ablagerung
　Belagerung
　Einlagerung
　Überlagerung
　Umlagerung
　Verlagerung

— **agge (age)**

→ – aggen (agen)

Dragge
Flagge
　Handelsflagge
　Kriegsflagge
　Nationalflagge
　Schiffsflagge
　Signalflagge
　Startflagge
Knagge
Plagge

— **aggen (agen)**

→ – agge (age)

Draggen
Knaggen
Toppflaggen
flaggen
　beflaggen

— **aggt (akt)**

= – ackt (akt)
= – akt (akt)

flaggt
　beflaggt
　geflaggt

— **aggte (akte)**

= – ackte (akte)
= – akte (akte)
→ – aggt (akt)

flaggte

— **aggten (akten)**

= – ackten (akten)
= – akten (akten)

flaggten
　beflaggten
　geflaggten

— **ägheit (ä:khait)**

→ – äg (ä:k)
→ – eit (ait)

Schrägheit
Trägheit
　Geistesträgheit

— **ägig (ä:gi-ch)**

→ – ich (i-ch)

abschlägig
achttägig
dienstägig
einschlägig
eintägig
mehrtägig
mittägig
　vormittägig
　nachmittägig
montägig
sonntägig
vierzehntägig

— **agisch (a:gisch)**

→ – isch (isch)

karthagisch
magisch
pelagisch
tragisch

— **aglich (a:kli-ch)**

= – aklig (a:kli-ch)
→ – ich (i-ch)

behaglich
　mißbehaglich
　unbehaglich
fraglich
vertraglich

— **äglich (ä:kli-ch)**

= – äk(e)lig (ä:k(e)li-ch)
→ – ich (i-ch)

abträglich
einträglich
erträglich
　unerträglich
kläglich
nachträglich
täglich
　achttäglich
　alltäglich
　diensttäglich
　donnerstäglich
　feiertäglich
　freitäglich
　mittäglich
　montäglich
　nachmittäglich
　samstäglich
　sonntäglich
　tagtäglich
　vormittäglich
　werktäglich
überschläglich
unsäglich
verträglich
　unverträglich
zuträglich
　unzuträglich

— **aglichkeit
(a:kli-chkait)**

= – akligkeit
(a:kli-chkait)
→ – aglich (a:kli-ch)
→ – eit (ait)

Behaglichkeit
Fraglichkeit

— **äglichkeit
(ä:kli-chkait)**

= – ak(e)ligkeit
(ä:k(e)li-chkait)
→ – äglich (ä:kli-ch)
→ – eit (ait)

Alltäglichkeit
Kläglichkeit
Unerträglichkeit

— **agma (a:gma)**

→ – a (a:)

Diaphragma
Magma
Syntagma

— **agna (anja)**

= – aña (anja)
= – anha (anja)
= – anja (anja)
→ – a (a:)

Campagna
Romagna

— **agne (anje)**

Allemagne
Bretagne
Champagne
Kampagne
 Hetzkampagne
 Wahlkampagne
 Werbekampagne

— **agner (a:gner)**

→ – agen (a:gen)

Erschlagner
geschlagner
 niedergeschlagner
getragner
 abgetragner
verschlagner

— **agner (anjer)**

Bretagner
Champagner

— **ago (a:go)**

→ – o (o:)
→ – oh (o:)
→ – oo (o:)

Brissago
Chikago
Imago
Karthago
Sago
Santiago
Tobago

— **agst (a:kßt)**

= – akst (a:kßt)
→ – agen (a:gen)

fragst
klagst
lagst
magst
sagst
vermagst

— **ägst (ä:kßt)**

= – äkst (ä:kßt)
→ – agen (a:gen)
→ – ägen (ä:gen)

erwägst
sägst
schlägst
trägst

— **agt (a:kt)**

= – agd (a:kt)
= – akt (a:kt)
→ – agen (a:gen)

angeklagt
angesagt
 unangesagt
beauftragt
befragt
behagt
beklagt
benagt
besagt
beschlagt
betagt
 hochbetagt
fragt
gefragt
 ungefragt
gejagt
geklagt
genagt
geplagt
gesagt
 totgesagt
 ungesagt
getagt
gewagt
klagt
lagt
nagt
plagt
ragt
sagt
schlagt
tagt
tragt
wagt
veranlagt
veranschlagt
verauslagt
versagt
vertagt
verzagt
 unverzagt
zagt

— ägt (ä:kt)

= – äkt (ä:kt)
→ – agen (a:gen)
→ – ägen (ä:gen)

ausgeprägt
  unausgeprägt
frägt
geprägt
  ungeprägt
gesägt
  abgesägt
prägt
sägt
schlägt
  abschlägt
trägt
  verträgt

— agte (a:kte)

= – akte (a:kte)
→ – agen (a:gen)
→ – agt (a:kt)

Angeklagte
  Hauptangeklagte
  Mitangeklagte
Beauftragte
  Sonderbeauftragte
Beklagte
Totgesagte

— ägte (ä:kte)

= – äkte (ä:kte)
→ – ägen (ä:gen)
→ – ägt (ä:kt)

prägte
  ungeprägte
sägte
  zugesägte
schrägte
  abgeschrägte

— agten (a:kten)

= – akten (a:kten)
→ – agen (a:gen)

Beklagten
nagten
versagten

— ägten (ä:kten)

= – äkten (ä:kten)
→ – ägen (ä:gen)
→ – ägt (ä:kt)
→ – ägte (ä:kte)

prägten
  geprägten
  ungeprägten
sägten
schrägten

— agter (a:kter)

→ – agt (a:kt)
→ – agte (a:kte)

Angeklagter
Beauftragter
Beklagter
Totgesagter
besagter
betagter
verzagter

— agtheit (a:kthait)

→ – agte (a:kte)
→ – eid (ait)
→ – eit (ait)

Betagtheit
Gewagtheit
Verzagtheit

— agua (a:gua)

→ – a (a:)

Managua
Nicaragua

— agung (a:guŋ)

→ – agen (a:gen)
→ – ung (uŋ)

Abtragung
Austragung
Beantragung
Beauftragung
Befragung
  Volksbefragung
Beklagung
Beratschlagung
Danksagung
Eintragung
  Grundbucheintragung
  Tagebucheintragung
Entsagung
Niederschlagung
Tagung
  Arbeitstagung
  Jahrestagung
  Parlamentstagung
Übertragung
  Bildübertragung
  Blutübertragung
  Direktübertragung
  Fernsehübertragung
  Gedankenübertragung
  Kapitalübertragung
  Rundfunkübertragung
Untersagung
Unterschlagung
Veranlagung
Veranschlagung
Verjagung
Verklagung
Versagung
Vertagung
Weissagung
Zerschlagung

— ägung (ä:guŋ)

→ – ägen (ä:gen)
→ – ung (uŋ)

Erwägung

Prägung
　Ausprägung
　Goldprägung
　Münzprägung
　Umprägung
Schrägung
　Abschrägung

— ah (a:)

= – a (a:)
→ – ahen (a:-en)
→ – ehen (e:-en)

Ptah
Rah
Schah
Padischah
ah
bah
beinah
geschah
iah
nah
　gegenwartsnah
　hautnah
　küstennah
　volksnah
　wirklichkeitsnah
　zeitnah
pah
sah
　absah
　übersah
　vorsah
　zusah

— äh (ä:)

= – ä (ä:)
= – aie (ä:)
= – ais (ä:)
= – ät (ä:)
→ – ähen (ä:-en)

Schmäh
äh
bäh
jäh
mäh
zäh

— ahd (a:t)

= – aat (a:t)
= – ad (a:t)
= – aht (a:t)
= – at (a:t)
= – ath (a:t)

Mahd

— ahe (a:-e)

→ – ah (a:)
→ – ahen (a:-en)

Blahe
Nahe
Rahe
beinahe
nahe

— ähe (ä:-e)

= – äe (ä:-e)
→ – ah (a:)
→ – äh (ä:)
→ – ähen (ä:-en)

Fähe
Gezähe
Jähe
Krähe
　Alpenkrähe
　Nebelkrähe
　Rabenkrähe
　Saatkrähe
Nähe
　Lebensnähe
　Rufnähe
　Schußnähe
　Wirklichkeitsnähe

— ahen (a:-en)

→ – ah (a:)

bejahen
fahen
geschahen
iahen
nahen
　herannahen
sahen

— ähen (ä:-en)

→ – äe (ä:-e)
→ – äh (ä:)
→ – ähe (ä:-e)

bähen
blähen
　aufblähen
krähen
mähen
　abmähen
　niedermähen
　ummähen
nähen
　abnähen
　annähen
　aufnähen
　einnähen
　umnähen
　zunähen
schmähen
　verschmähen
spähen
　ausspähen
　erspähen
　hindurchspähen

— ahend (a:-ent)

→ – ahen (a:-en)

lebensbejahend

— äher (ä:-er)

= – äer (ä:-er)
→ – ähen (ä:-en)

Häher
　Eichelhäher
　Tannenhäher
Mäher
　Rasenmäher
Näher
　Abnäher
Schmäher
Schwäher
Späher
näher
jäher
zäher

— **äherin (ä:-erin)**

= – in (in)
= – inn (in)
→ – äer (ä:-er)
→ – äher (ä:-er)

Näherin
Weißnäherin
Schwäherin

— **ähern (ä:-ern)**

→ – äer (ä:-er)
→ – äher (ä:-er)

nähern
annähern

— **ähigkeit
(ä:-i-chkait)**

→ – eit (ait)

Fähigkeit
 Arbeitsfähigkeit
 Aufnahmefähigkeit
 Aufopferungs-
  fähigkeit
 Ausdrucksfähigkeit
 Begeisterungs-
  fähigkeit
 Belastungsfähigkeit
 Beschlußfähigkeit
 Ehefähigkeit
 Entschlußfähigkeit
 Entwicklungs-
  fähigkeit
 Erinnerungsfähigkeit
 Geschäftsfähigkeit
 Gestaltungsfähigkeit
 Handlungsfähigkeit
 Keimfähigkeit
 Konkurrenzfähigkeit
 Lebensfähigkeit
 Leistungsfähigkeit
 Leitfähigkeit
 Lernfähigkeit
 Manövrierfähigkeit
 Rechtsfähigkeit
 Tragfähigkeit
 Unzurechnungs-
  fähigkeit
 Urteilsfähigkeit
 Verbesserungs-
  fähigkeit
 Verwendungs-
  fähigkeit
 Wehrfähigkeit
 Widerstandsfähigkeit
 Zahlungsfähigkeit
 Zeugungsfähigkeit
 Zurechnungs-
  fähigkeit
Unfähigkeit
 Arbeitsunfähigkeit
 Berufsunfähigkeit
 Beschlußunfähigkeit
 Dienstunfähigkeit
 Eheunfähigkeit
 Erwerbsunfähigkeit
 Handlungs-
  unfähigkeit
 Kampfunfähigkeit
 Lebensunfähigkeit
 Lernunfähigkeit
 Manövrier-
  unfähigkeit
 Zahlungsunfähigkeit
 Zeugungsunfähigkeit
Zähigkeit

— **ahl (a:l)**

= – aal (a:l)
= – al (a:l)
→ – ahle (a:le)
→ – ahlen (a:len)

Diebstahl
 Autodiebstahl
 Pferdediebstahl
 Taschendiebstahl
Gemahl
 Ehegemahl
 Prinzgemahl
Mahl
 Abendmahl
 Ehrenmahl
 Festmahl
 Gastmahl
 Göttermahl
 Hochzeitsmahl
 Mittagsmahl
 Nachtmahl
 Totenmahl
Pfahl
 Grenzpfahl
 Laternenpfahl
 Marterpfahl
 Schandpfahl
 Zaunpfahl
Rübezahl
Stahl
 Edelstahl
 Rohstahl
Strahl
 Blitzstrahl
 Feuerstrahl
 Flammenstrahl
 Hoffnungsstrahl
 Laserstrahl
 Lichtstrahl
 Sonnenstrahl
 Wasserstrahl
Wahl
 Auswahl
 Berufswahl
 Briefwahl
 Bundestagswahl
 Damenwahl
 Durchwahl
 Gattenwahl
 Gemeindewahl
 Landtagswahl
 Nachwahl
 Neuwahl
 Parlamentswahl
 Platzwahl
 Reichstagswahl
 Stichwahl
 Vorwahl
 Wiederwahl
Zahl
 Anzahl
 Besucherzahl
 Bruchzahl
 Drehzahl
 Einzahl
 Gesamtzahl

Glückszahl
Grundzahl
Hochzahl
Jahreszahl
Kardinalzahl
Kennzahl
Kopfzahl
Leitzahl
Lottozahl
Mehrzahl
Oktanzahl
Ordnungszahl
Planzahl
Postleitzahl
Primzahl
Seitenzahl
Überzahl
Unglückszahl
Unzahl
Vielzahl
befahl
fahl
  aschfahl
kahl
  ratzekahl
stahl

— ählbar (ä:lba:r)

→ – ählen (ä:len)
→ – ar (a:r)

wählbar
  unwählbar
zählbar
  unzählbar

— ählchen (ä:l-chen)

= – älchen (ä:l-chen)
→ – ahl (a:l)

Pfählchen
Strählchen

— ahle (a:le)

= – aale (a:le)
= – ale (a:le)
→ – ahl (a:l)
→ – ahlen (a:len)

Ahle
  Sattlerahle
  Schusterahle
Geprahle

— ähle (ä:le)

= – äle (ä:le)
→ – ählen (ä:len)

Pfähle
  Grenzpfähle
erzähle
strähle
vermähle
wähle
zähle

— ahlen (a:len)

= – alen (a:len)

Strahlen
  Alphastrahlen
  Betastrahlen
  Erdstrahlen
  Gammastrahlen
  Hitzestrahlen
  Röntgenstrahlen
Wahlen
  Bundestagswahlen
  Gemeindewahlen
  Landtagswahlen
gemahlen
  feingemahlen
  grobgemahlen
mahlen
  ausmahlen
  durchmahlen
  vermahlen
  zermahlen
prahlen
  vorprahlen
strahlen
  abstrahlen
  anstrahlen
  ausstrahlen
  bestrahlen
  durchstrahlen
  entstrahlen
  erstrahlen
  überstrahlen
  umstrahlen
  zurückstrahlen
zahlen
  abzahlen
  anzahlen
  auszahlen
  draufzahlen
  einzahlen
  heimzahlen
  nachzahlen
  überzahlen
  vorauszahlen
  weiterzahlen
  zurückzahlen
  zuzahlen

— ählen (ä:len)

= – älen (ä:len)

erwählen
  auserwählen
erzählen
  nacherzählen
  vorerzählen
  weitererzählen
  wiedererzählen
pfählen
  anpfählen
  auspfählen
  einpfählen
stählen
strählen
vermählen
wählen
  anwählen
  auswählen
  durchwählen
  verwählen
  vorwählen
  wiederwählen
zählen
  abzählen
  aufzählen
  auszählen
  dazuzählen
  durchzählen
  herzählen
  hinzählen

hinzuzählen
nachzählen
verzählen
vorzählen
weiterzählen
zusammenzählen
zuzählen

— **ahlend (a:lent)**

= – alend (a:lent)
→ – ahlen (a:len)

mahlend
strahlend
 freudestrahlend
 glückstrahlend
 hellstrahlend
zahlend

— **ahler (a:ler)**

= – aler (a:ler)
→ – ahlen (a:len)

Prahler
Strahler
 Richtstrahler
 Rückstrahler
 Wärmestrahler
Zahler
 Barzahler
 Einzahler
 Steuerzahler

— **ähler (ä:ler)**

= – äler (ä:ler)
→ – ählen (ä:len)

Erzähler
 Märchenerzähler
Wähler
 Jungwähler
Zähler
 Gaszähler
 Kilometerzähler
 Stromzähler
 Tourenzähler
 Volkszähler
 Wasserzähler

— **ahlerei (a:lerai)**

= – alerei (a:lerai)
= – ei (ai)
→ – ahlen (a:len)
→ – ahler (a:ler)

Prahlerei
Zahlerei

— **ählerei (ä:lerai)**

= – älerei (ä:lerai)
= – ei (ai)
→ – ählen (ä:len)
→ – ähler (ä:ler)

Wählerei
Zählerei

— **ahlerin (a:lerin)**

= – alerin (a:lerin)
= – in (in)
= – inn (in)
→ – ahlen (a:len)
→ – ahler (a:ler)

Prahlerin

— **ählerin (ä:lerin)**

= – in (in)
= – inn (in)
→ – ählen (ä:len)
→ – ähler (ä:ler)
→ – äler (ä:ler)

Märchenerzählerin
Wählerin

— **ahlerisch (a:lerisch)**

= – alerisch (a:lerisch)
→ – isch (isch)

prahlerisch

— **ählerisch (ä:lerisch)**

= – älerisch (ä:lerisch)
→ – isch (isch)

wählerisch

— **ählern (ä:lern)**

= – älern (ä:lern)
→ – ähler (ä:ler)

Wählern
Zählern
stählern

— **ahlheit (a:lhait)**

= – alheit (a:lhait)
→ – ahl (a:l)
→ – eit (ait)

Fahlheit
Kahlheit

— **ählich (ä:li-ch)**

= – ählig (ä:li-ch)
→ – ich (i-ch)

allmählich
schmählich

— **ahlie (a:li-e)**

= – alie (a:li-e)

Dahlie

— **ahlig (a:li-ch)**

= – alig (a:li-ch)
→ – ich (i-ch)

strahlig

— **ählig (ä:li-ch)**

= – ählich (ä:li-ch)
→ – ich (i-ch)

überzählig
unzählig
vollzählig

— **ahlin (a:lin)**

= – alin (a:lin)
= – in (in)
= – inn (in)

Gemahlin
 Ehegemahlin

63

— **ahllos (a:lo:ß)**

= – os (o:ß)

wahllos
zahllos

— **ahlst (a:lßt)**

= – alst (a:lßt)
→ – ahlen (a:len)
→ – ehlen (e:len)

befahlst
prahlst
stahlst
zahlst

— **ählst (ä:lßt)**

→ – ählen (ä:len)

vermählst
wählst
zählst

— **ahlt (a:lt)**

= – alt (a:lt)
→ – ahlen (a:len)

bezahlt
 bestbezahlt
 unbezahlt
 unterbezahlt
geprahlt
gezahlt
strahlt

— **ählt (ä:lt)**

= – ält (ä:lt)
→ – ählen (ä:len)

erwählt
 auserwählt
gewählt
 freigewählt
 neugewählt
 wiedergewählt
gepfählt
gestählt
 kampfgestählt

gezählt
 ungezählt
pfählt
stählt
vermählt
 neuvermählt
 unvermählt
zählt

— **ählte (ä:lte)**

= – älte (ä:lte)
→ – ählen (ä:len)
→ – ählt (ä:lt)

Erwählte
 Auserwählte
Vermählte
zählte

— **ähltet (ä:ltet)**

= – ältet (ä:ltet)
→ – ählen (ä:len)

erzähltet
strähltet
wähltet
zähltet

— **ahlung (a:luŋ)**

= – alung (a:luŋ)
→ – ung (uŋ)

Ausmahlung
Strahlung
 Ausstrahlung
 Bestrahlung
Zahlung
 Abschlagszahlung
 Abzahlung
 Anzahlung
 Auszahlung
 Barzahlung
 Beitragszahlung
 Bezahlung
 Einzahlung
 Gehaltszahlung
 Lohnzahlung
 Mietzahlung

Nachzahlung
Ratenzahlung
Rentenzahlung
Rückzahlung
Teilzahlung
Überzahlung
Vorauszahlung

— **ählung (ä:luŋ)**

= – älung (ä:luŋ)
→ – ung (uŋ)

Erwählung
Erzählung
 Nacherzählung
 Rahmenerzählung
 Schlüsselerzählung
Pfählung
Stählung
Vermählung
Zählung
 Aufzählung
 Auszählung
 Verkehrszählung
 Viehzählung
 Volkszählung

— **ahm (a:m)**

= – am (a:m)
→ – ehmen (e:men)

Kahm
Prahm
Rahm
 Sauerrahm
 Süßrahm
lahm
 flügellahm
 gliederlahm
 kreuzlahm
 lendenlahm
nahm
 abnahm
 entnahm
 vornahm
 wegnahm
 zunahm
zahm

— ahma (a:ma)

= – ama (a:ma)
→ – a (a:)

Brahma

— ähmchen (ä:m-chen)

= – ämchen (ä:m-chen)
→ – ahmen (a:men)

Rähmchen

— ahme (a:me)

= – ame (a:me)
→ – ahm (a:m)
→ – ahmen (a:men)

Abnahme
  Bauabnahme
  Gewichtsabnahme
  Kreuzabnahme
Annahme
  Gepäckannahme
  Reparaturannahme
Anteilnahme
Aufnahme
  Außenaufnahme
  Bandaufnahme
  Bestandsaufnahme
  Beweisaufnahme
  Blitzlichtaufnahme
  Filmaufnahme
  Großaufnahme
  Gruppenaufnahme
  Innenaufnahme
  Kontaktaufnahme
  Luftaufnahme
  Momentaufnahme
  Nahaufnahme
  Notaufnahme
  Probeaufnahme
  Röntgenaufnahme
  Unterwasseraufnahme
  Wiederaufnahme
Ausnahme
Einnahme
  Bruttoeinnahme
  Gesamteinnahme
  Haupteinnahme
  Jahreseinnahme
  Mehreinnahme
  Monatseinnahme
  Nebeneinnahme
  Nettoeinnahme
  Tageseinnahme
  Wocheneinnahme
Einsichtnahme
Entnahme
  Blutentnahme
Festnahme
Fühlungnahme
Hinnahme
Inbesitznahme
Inbetriebnahme
Kenntnisnahme
Landnahme
Maßnahme
  Erziehungsmaßnahme
  Gegenmaßnahme
  Gewaltmaßnahme
  Hilfsmaßnahme
  Regierungsmaßnahme
  Schutzmaßnahme
  Sicherheitsmaßnahme
  Sofortmaßnahme
  Sparmaßnahme
  Vergeltungsmaßnahme
  Vorsichtsmaßnahme
  Zwangsmaßnahme
Nachnahme
Parteinahme
Rücknahme
Rücksichtnahme
Stellungnahme
Teilnahme
Übernahme
  Amtsübernahme
  Machtübernahme
Vorwegnahme
Zunahme
  Gewichtszunahme
Zurücknahme
lahme
  erlahme
nachahme
rahme
  einrahme
  umrahme
zahme

— ähme (ä:me)

= – äme (ä:me)
→ – ahm (a:m)

Lähme
zähme
  bezähme

— ahmen (a:men)

= – amen (a:men)
→ – ahme (a:me)

Rahmen
  Bilderrahmen
  Fensterrahmen
  Stickrahmen
  Türrahmen
abrahmen
beschlagnahmen
entrahmen
kahmen
lahmen
  erlahmen
nachahmen
nahmen
rahmen
  einrahmen
  umrahmen
vereinnahmen

— ähmen (ä:men)

= – ämen (ä:men)

lähmen
nähmen
zähmen
  bezähmen

— **ahmend
(a:ment)**

= – amend (a:ment)
→ – ahmen (a:men)

lahmend
  erlahmend
nachahmend
rahmend
  umrahmend

— **ähmend
(ä:ment)**

= – ämend (ä:ment)
→ – ähmen (ä:men)

bezähmend
lähmend

— **ahmer (a:mer)**

= – amer (a:mer)
→ – ahmen (a:men)

Lahmer
Nachahmer
Zahmer

— **ahmheit
(a:mhait)**

→ – ahm (a:m)
→ – eit (ait)

Lahmheit
Zahmheit

— **ahmig (a:mi-ch)**

= – amig (a:mi-ch)
→ – ich (i-ch)

kahmig
rahmig

— **ahmst (a:mßt)**

→ – ahmen (a:men)
→ – amt (a:mt)

beschlagnahmst
einrahmst
entrahmst
nachahmst
nahmst
  entnahmst

— **ahmt (a:mt)**

= – amt (a:mt)
→ – ahmen (a:men)

beschlagnahmt
eingerahmt
einrahmt
entrahmt
nachahmt
nachgeahmt
nahmt
  entnahmt

— **ähmt (ä:mt)**

= – ämt (ä:mt)
= – emt (ä:mt)
→ – ähmen (ä:men)

gelähmt
bezähmt
gezähmt
  ungezähmt

— **ähmter (ä:mter)**

= – ämter (ä:mter)
→ – ähmt (ä:mt)

bezähmter
gelähmter

— **ahmung
(a:muŋ)**

= – amung (a:muŋ)
→ – ahmen (a:men)
→ – ung (uŋ)

Beschlagnahmung
Entrahmung
  Milchentrahmung
Erlahmung
Nachahmung

Rahmung
Einrahmung
Umrahmung

— **ähmung
(ä:muŋ)**

= – ämung (ä:muŋ)
→ – ung (uŋ)

Lähmung
  Herzlähmung
  Kinderlähmung
Zähmung
  Bezähmung

— **ahn (a:n)**

= – an (a:n)
→ – ahne (a:ne)
→ – ahnen (a:nen)

Ahn
  Urahn
Bahn
  Achterbahn
  Aschenbahn
  Autobahn
  Bergbahn
  Berg-und-Tal-Bahn
  Bimmelbahn
  Blutbahn
  Bundesbahn
  Eisbahn
  Erdenbahn
  Fahrbahn
  Flugbahn
  Geisterbahn
  Geschoßbahn
  Grubenbahn
  Heldenbahn
  Himmelsbahn
  Hindernisbahn
  Hochbahn
  Kegelbahn
  Kleinbahn
  Kreisbahn
  Landebahn
  Laufbahn
  Lebensbahn

Lokalbahn
Magnetbahn
Mondbahn
Pferdebahn
Planetenbahn
Reichsbahn
Reitbahn
Rodelbahn
Rollbahn
Rutschbahn
S-Bahn
Schlittenbahn
Schmalspur-
bahn
Schnellbahn
Schwebebahn
Sonnenbahn
Stadtbahn
Sternenbahn
Straßenbahn
Trambahn
U-Bahn
Untergrundbahn
Vorortbahn
Werkbahn
Wildbahn
Zahnradbahn
Zeltbahn
Eisenbahn
  Modell-
eisenbahn
Hahn
  Abflußhahn
  Auerhahn
  Bierhahn
  Birkhahn
  Feuerhahn
  Finkenhahn
  Gashahn
  Gockelhahn
  Kampfhahn
  Knurrhahn
  Ölhahn
  Schnapphahn
  Streithahn
  Truthahn
  Wasserhahn
  Wetterhahn
  Zapfhahn

Kahn
  Äppelkahn
  Elbkahn
  Fährkahn
  Flußkahn
  Lastkahn
  Schleppkahn
Lahn
Löwenzahn
Reeperbahn
Rennbahn
  Galopp-
rennbahn
  Pferderennbahn
  Radrennbahn
  Trabrennbahn
Seilbahn
  Drahtseilbahn
Wahn
  Fieberwahn
  Größenwahn
  Rassenwahn
  Verfolgungs-
wahn
Zahn
  Affenzahn
  Backenzahn
  Drachenzahn
  Eckzahn
  Giftzahn
  Milchzahn
  Nagezahn
  Raffzahn
  Schneidezahn
  Stoßzahn
  Vorderzahn
  Weisheitszahn
bejahn
geschahn
nahn
  herannahn
sahn
  absahn
  ansahn
  aussahn
  übersahn
  umsahn
  vorsahn
  zusahn

— **ähn (ä:n)**

= – än (ä:n)
→ – ahn (a:n)
→ – ähne (ä:ne)
→ – ähnen (ä:nen)

Zähn
erwähn
gähn
wähn

— **ähnchen (ä:n-chen)**

= – änchen (ä:n-chen)
→ – ahn (a:n)
→ – ahne (a:ne)

Fähnchen
  Papierfähnchen
Hähnchen
  Backhähnchen
  Brathähnchen

— **ahnden (a:nden)**

ahnden
fahnden

— **ahndung (a:nduŋ)**

→ – ung (uŋ)

Ahndung
Fahndung
  Großfahndung

— **ahne (a:ne)**

= – ane (a:ne)
→ – ahn (a:n)
→ – ahnen (a:nen)

Ahne
  Urahne
Fahne
  Kirchenfahne
  Korrekturfahne
  Rauchfahne

Schnapsfahne
Vereinsfahne
Wetterfahne
Windfahne
Rahne
Sahne
  Kaffeesahne
  Schlagsahne
ahne
bahne
mahne
zahne

— ähne (ä:ne)

= – äne (ä:ne)
→ – ahn (a:n)
→ – ähnen (ä:nen)

Mähne
  Löwenmähne
Strähne
  Glückssträhne
  Haarsträhne
  Pechsträhne
erwähne
gähne
wähne

— ahnen (a:nen)

= – anen (a:nen)
→ – ahn (a:n)
→ – ahne (a:ne)

ahnen
  erahnen
  vorahnen
bahnen
  anbahnen
mahnen
  abmahnen
  anmahnen
  ermahnen
  gemahnen
  vermahnen
zahnen
  verzahnen

— ähnen (ä:nen)

= – änen (ä:nen)
→ – ahn (a:n)
→ – ähne (ä:ne)

erwähnen
gähnen
  angähnen
wähnen
zähnen
  einzähnen

— ahner (a:ner)

= – aner (a:ner)

Bahner
  Eisenbahner
  Straßenbahner
Mahner
  Ermahner

— ahnig (a:ni-ch)

= – anich (a:ni-ch)
= – anig (a:ni-ch)
→ – ich (i-ch)

sahnig
zahnig
  scharfzahnig

— ähnig (ä:ni-ch)

= – änig (ä:ni-ch)
→ – ich (i-ch)

mähnig
  löwenmähnig
scharfzähnig
strähnig

— ähnlein (ä:nlain)

= – änlein (ä:nlain)
= – ein (ain)
→ – ahn (a:n)
→ – ahne (a:ne)

Bähnlein
Fähnlein

— ahnlos (a:nlo:ß)

= – anlos (a:nlo:ß)
= – oos (o:ß)
= – os (o:ß)
= – oß (o:ß)

zahnlos

— ahnst (a:nßt)

= – anst (a:nßt)
→ – ahnen (a:nen)
→ – ahnt (a:nt)

anbahnst
ermahnst
zahnst

— ähnst (ä:nßt)

= – änst (ä:nßt)
→ – ähnen (ä:nen)

erwähnst
gähnst
wähnst

— ahnt (a:nt)

= – ant (a:nt)
→ – ahnen (a:nen)

ahnt
  erahnt
bahnt
  anbahnt
geahnt
  ungeahnt
gebahnt
  angebahnt
  ungebahnt
gemahnt
  angemahnt
mahnt
  ermahnt
zahnt

— ähnt (ä:nt)

= – änt (ä:nt)
→ – ähne (ä:ne)
→ – ähnen (ä:nen)

bemähnt
erwähnt
  ersterwähnt
  letzterwähnt
  obenerwähnt
  unerwähnt
  vorerwähnt
gähnt
gegähnt
  angegähnt
gesträhnt
gezähnt
  feingezähnt
  scharfgezähnt
strähnt
wähnt
zähnt

— ahnte (a:nte)

= – ante (a:nte)
→ – ahnt (a:nt)

ahnte
bahnte
mahnte
zahnte

— ähnte (ä:nte)

= – änte (ä:nte)
→ – ähnen (ä:nen)
→ – ähnt (ä:nt)

bemähnte
gähnte
  angähnte
gezähnte
  scharfgezähnte
strähnte
  gesträhnte
wähnte
  erwähnte

— ahnten (a:nten)

= – anten (a:nten)
→ – ahnt (a:nt)

ahnten
bahnten
mahnten
zahnten

— ähnten (ä:nten)

= – änten (ä:nten)
→ – ähnen (ä:nen)
→ – ähnt (ä:nt)

bemähnten
erwähnten
gähnten
gezähnten
strähnten
wähnten

— ahnung (a:nuŋ)

= – anung (anuŋ)
→ – ung (uŋ)

Ahnung
  Todesahnung
Anbahnung
  Eheanbahnung
Mahnung
  Ermahnung
Verzahnung

— ahr (a:r)

= – aar (a:r)
= – ar (a:r)
= – ard (a:r)
= – oir (a:r)
→ – ahre (a:re)
→ – ahren (a:ren)

Gefahr
  Absturzgefahr
  Ansteckungsgefahr
  Brandgefahr
  Einsturzgefahr
  Explosionsgefahr
  Feuergefahr
  Frostgefahr
  Kriegsgefahr
  Lawinengefahr
  Lebensgefahr
  Todesgefahr
Jahr
  Baujahr
  Berichtsjahr
  Dienstjahr
  Dreivierteljahr
  Erscheinungsjahr
  Friedensjahr
  Frühjahr
  Geburtsjahr
  Geschäftsjahr
  Glücksjahr
  Gründungsjahr
  Halbjahr
  Haushaltsjahr
  Kalenderjahr
  Kirchenjahr
  Kriegsjahr
  Lebensjahr
  Lehrjahr
  Leidensjahr
  Mondjahr
  Nachkriegsjahr
  Neujahr
  Pflichtjahr
  Planjahr
  Probejahr
  Schaltjahr
  Schuljahr
  Todesjahr
  Trauerjahr
  Unglücksjahr
  Vierteljahr
  Vorjahr
  Vorkriegsjahr
  Weinjahr
Mahr
  Nachtmahr
Nachfahr
Vorfahr
gewahr
wahr
  fürwahr
  halbwahr
  lebenswahr
  unwahr

69

— **ähr (ä:r)**

= – air (ä:r)
= – aire (ä:r)
= – är (ä:r)
= – er (ä:r)
= – ert (ä:r)
→ – ähren (ä:ren)

Gewähr
ungefähr

— **ährchen (ä:r-chen)**

= – ärchen (ä:r-chen)
→ – ahr (a:r)

Jährchen

— **ährde (ä:rde)**

= – ärde (ä:rde)

Fährde
Mährde
gefährde

— **ährden (ä:rden)**

= – ärden (ä:rden)

gefährden

— **ährdend (ä:rdent)**

= – ärdend (ä:rdent)

gefährdend
  jugendgefährdend
  staatsgefährdend
  verkehrsgefährdend

— **ährdest (ä:rdeßt)**

= – ärdest (ä:rdeßt)

gefährdest

— **ährdet (ä:rdet)**

= – ärdet (ä:rdet)

gefährdet

— **ahre (a:re)**

= – are (a:re)
→ – ahr (a:r)
→ – ahren (a:ren)

Bahre
  Krankenbahre
  Totenbahre
  Tragbahre
Jahre
  Achtzigerjahre
  Dreißigerjahre
  Entwicklungsjahre
  Flegeljahre
  Fünfzigerjahre
  Gründerjahre
  Jubeljahre
  Jugendjahre
  Lehrjahre
  Mädchenjahre
  Neunzigerjahre
  Sechzigerjahre
  Siebzigerjahre
  Vierzigerjahre
  Wanderjahre
  Wechseljahre
  Zwanzigerjahre
Nachfahre
Vorfahre
Wahre
bewahre
  gottbewahre
fahre
gewahre
verwahre
wahre

— **ähre (ä:re)**

= – äre (ä:re)
= – ere (ä:re)
→ – ähr (ä:r)
→ – ähren (ä:ren)

Ähre
  Getreideähre
Fähre
  Autofähre
  Eisenbahnfähre
  Schiffsfähre

Mähre
  Schindmähre
Zähre
bewähre
gewähre
nähre
  ernähre

— **ahren (a:ren)**

= – aaren (a:ren)
= – aren (a:ren)
→ – ahr (a:r)

Geländefahren
Schlittenfahren
Verfahren
  Aufnahmeverfahren
  Druckverfahren
  Gerichtsverfahren
  Hauptverfahren
  Heilverfahren
  Mahnverfahren
  Strafverfahren
aufbahren
bewahren
  aufbewahren
erfahren
  unerfahren
  welterfahren
fahren
  abfahren
  anfahren
  auffahren
  auseinanderfahren
  ausfahren
  befahren
  dahinfahren
  davonfahren
  dazwischenfahren
  dreinfahren
  durchfahren
  einfahren
  entfahren
  entgegenfahren
  festfahren
  fortfahren
  heimfahren
  heranfahren
  herausfahren

hereinfahren
herfahren
herumfahren
hinauffahren
hinausfahren
hineinfahren
hinfahren
hinüberfahren
hinunterfahren
hochfahren
losfahren
mitfahren
nachfahren
radfahren
rausfahren
reinfahren
schwarzfahren
totfahren
überfahren
umfahren
umherfahren
verfahren
vorausfahren
vorfahren
vorüberfahren
wallfahren
weiterfahren
widerfahren
willfahren
zerfahren
zurückfahren
zusammenfahren
gefahren
 abgefahren
 ausgefahren
 davongefahren
 festgefahren
wahren
 gewahren
 verwahren

— ähren (ä:ren)

= – ären (ä:ren)
→ – ähre (ä:re)

Mähren
bewähren
gewähren

jähren
 verjähren
nähren
 ernähren
währen
 fortwähren

— ahrend (a:rent)

= – aarend (a:rent)
= – arend (a:rent)
→ – ahren (a:ren)

bewahrend
 aufbewahrend
erfahrend
fahrend
 hochfahrend
 seefahrend
 verfahrend
gewahrend
verwahrend
wahrend

— ährend (ä:rent)

= – ärend (ä:rent)
→ – ähren (ä:ren)

nährend
 ernährend
verjährend
während
 fortwährend
 gewährend
 immerwährend

— ahrer (a:rer)

= – arer (a:rer)
→ – ahren (a:ren)

Fahrer
 Ausfahrer
 Autofahrer
 Beifahrer
 Fernfahrer
 Kradfahrer
 Kraftfahrer
 Kraftwagenfahrer
 Kreuzfahrer
 Lastwagenfahrer

 Mitfahrer
 Motorradfahrer
 Panzerfahrer
 Radfahrer
 Rennfahrer
 Schifahrer
 Seefahrer
 Sonntagsfahrer
 Taxifahrer
 Wallfahrer
 Weltraumfahrer
Siegelbewahrer
 Großsiegelbewahrer
 Lordsiegelbewahrer
Verwahrer
wahrer

— ahres (a:reß)

= – ares (a:reß)
→ – ahr (a:r)

wahres
 unwahres

— ahrheit (a:rhait)

= – arheit (a:rhait)
→ – eit (ait)

Wahrheit
 Unwahrheit

— ahrig (a:ri-ch)

= – aarig (a:ri-ch)
→ – ich (i-ch)

fahrig

— ährig (ä:ri-ch)

= – ärig (ä:ri-ch)
→ – ich (i-ch)

jährig
 achtjährig
 diesjährig
 dreijährig
 einjährig
 fünfjährig
 fünfzigjährig
 großjährig

halbjährig
hundertjährig
langjährig
mehrjährig
minderjährig
neunjährig
sechsjährig
siebenjährig
tausendjährig
vierjährig
volljährig
vorjährig
zehnjährig
zwanzigjährig
zweijährig
willfährig

— **ährigkeit**
(ä:ri-chkait)

→ – ährig (ä:ri-ch)
→ – eit (ait)

Minderjährigkeit
Willfährigkeit

— **ährlich**
(ä:rli-ch)

= – ärlich (ä:rli-ch)
→ – ich (i-ch)

gefährlich
 feuergefährlich
 gemeingefährlich
 lebensgefährlich
 ungefährlich
jährlich
 alljährlich
 halbjährlich
 vierteljährlich

— **ährlichkeit**
(ä:rli-chkait)

= – ärlichkeit
  (ä:rli-chkait)
→ – ährlich (ä:rli-ch)
→ – eit (ait)

Gefährlichkeit

72

— **ahrsam**
(a:rsa:m)

= – arsam (a:rsa:m)
→ – ahm (a:m)
→ – am (a:m)

Gewahrsam

— **ahrt (a:rt)**

= – aart (a:rt)
= – arde (a:rt)
= – art (a:rt)
→ – ahren (a:ren)

Einfahrt
 Garageneinfahrt
 Hafeneinfahrt
 Hofeinfahrt
 Toreinfahrt
Fahrt
 Abfahrt
 Anfahrt
 Auffahrt
 Ausfahrt
 Autofahrt
 Bahnfahrt
 Ballonfahrt
 Bergfahrt
 Berg-und-Talfahrt
 Durchfahrt
 Floßfahrt
 Flußfahrt
 Freifahrt
 Geländefahrt
 Heimfahrt
 Herfahrt
 Himmelfahrt
 Hinfahrt
 Höllenfahrt
 Irrfahrt
 Jungfernfahrt
 Kahnfahrt
 Kreuzfahrt
 Luftfahrt
 Nachtfahrt
 Pilgerfahrt
 Probefahrt
 Radfahrt
 Raumfahrt

Rückfahrt
Schlittenfahrt
Schußfahrt
Seefahrt
Sonderfahrt
Spazierfahrt
Tagesfahrt
Talfahrt
Überfahrt
Vergnügungsfahrt
Vorfahrt
Wallfahrt
Weiterfahrt
Wettfahrt
Zufahrt
Zugfahrt
Rundfahrt
 Radrundfahrt
 Stadtrundfahrt
Schiffahrt
 Binnenschiffahrt
 Dampfschiffahrt
 Handelsschiffahrt
 Luftschiffahrt
 Seeschiffahrt
Wohlfahrt
 Arbeiterwohlfahrt
 Volkswohlfahrt
bejahrt
 hochbejahrt
bewahrt
gelahrt
 hochgelahrt
gewahrt
verwahrt
 unverwahrt
 wohlverwahrt

— **ährt (ä:rt)**

= – ärt (ä:rt)
→ – ähren (ä:ren)

Gefährt
bewährt
 altbewährt
ernährt
 überernährt
 unterernährt

fährt
  befährt
  erfährt
  umfährt
  verfährt
  wegfährt
genährt
  wohlgenährt
jährt
  verjährt

— ahrte (a:rte)

= – aarte (a:rte)
= – arte (a:rte)
→ – ahrt (a:rt)

Gelahrte
aufbahrte
  aufgebahrte
bejahrte
wahrte
  bewahrte
  gewahrte
  verwahrte

— ährte (ä:rte)

= – ärte (ä:rte)
→ – ähren (ä:ren)
→ – ährt (ä:rt)

Fährte
Gefährte
  Kampfgefährte
  Lebensgefährte
  Leidensgefährte
  Reisegefährte
  Spielgefährte
bewährte
ernährte
genährte
verjährte

— ahrten (a:rten)

= – aarten (a:rten)
= – arten (a:rten)
→ – ahren (a:ren)
→ – ahrt (a:rt)

Fahrten
aufbahrten
bejahrten
gewahrten

— ährten (ä:rten)

= – ärten (ä:rten)
→ – ähren (ä:ren)
→ – ährt (ä:rt)

Gefährten
gewährten
nährten
  ernährten
verjährten

— ahrter (a:rter)

= – arter (a:rter)
→ – ahrt (a:rt)

Bejahrter
Gelahrter
bewahrter
gewahrter
verwahrter

— ahrtet (a:rtet)

= – artet (a:rtet)
→ – ahrt (a:rt)

aufbahrtet
wahrtet
  bewahrtet
  gewahrtet
  verwahrtet

— ährtheit (ä:rthait)

= – ärtheit (ä:rthait)
→ – ährt (ä:rt)
→ – eid (ait)
→ – eit (ait)

Wohlgenährtheit

— ahrung (a:ruŋ)

= – aarung (a:ruŋ)
= – arung (a:ruŋ)
→ – ung (uŋ)

Erfahrung
  Auslandserfahrung
  Berufserfahrung
  Lebenserfahrung
Nahrung
  Babynahrung
  Pflanzennahrung

— ährung (ä:ruŋ)

= – ärung (ä:ruŋ)
→ – ähren (ä:ren)
→ – ung (uŋ)

Bewährung
Ernährung
  Unterernährung
Gewährung
  Kreditgewährung
Verjährung
Währung
  Bankwährung
  Dollarwährung

— ahst (a:ßt)

= – aast (a:ßt)
= – ast (a:ßt)
= – aßt (a:ßt)
→ – ahen (a:-en)

bejahst
nahst
sahst

— ähst (ä:ßt)

= – äst (ä:ßt)
→ – ähen (ä:-en)

blähst
krähst
mähst
sähst

— aht (a:t)

= – aat (a:t)
= – ad (a:t)
= – ahd (a:t)
= – at (a:t)
= – ath (a:t)
→ – ahen (a:-en)

Draht
 Eisendraht
 Golddraht
 Kupferdraht
 Maschendraht
 Silberdraht
 Stacheldraht
 Stolperdraht
 Telegraphendraht
Naht
 Hosennaht
 Kreuznaht
 Schweißnaht
 Steppnaht
 Zickzacknaht
bejaht
naht
saht

— äht (ä:t)

= – ädt (ä:t)
= – ät (ä:t)
= – ête (ä:t)
→ – ähen (ä:-en)

bläht
gebläht
 aufgebläht
gemäht
 abgemäht
 niedergemäht
 umgemäht
genäht
 abgenäht
 handgenäht
 zugenäht
 zwiegenäht
geschmäht
 vielgeschmäht
gespäht
 ausgespäht

kräht
mäht
näht
schmäht
 verschmäht
späht

— ähtchen (ä:t-chen)

= – ädchen (ä:t-chen)
= – ädtchen (ä:t-chen)
= – ätchen (ä:t-chen)
= – äthchen (ä:t-chen)
→ – aht (a:t)

Drähtchen
Nähtchen

— ahte (a:te)

= – ate (a:te)
= – athe (a:te)
→ – ahen (a:-en)
→ – aht (a:t)

bejahte
nahte

— ähte (ä:te)

= – äte (ä:te)
→ – ähen (ä:-en)
→ – ähte (ä:te)

aufgeblähte
ausgespähte
gemähte
genähte
krähte
vielgeschmähte

— ahten (a:ten)

= – aaten (a:ten)
= – aten (a:ten)

bejahten
drahten
iahten
nahten
 herannahten

— ähten (ä:ten)

= – äten (ä:ten)
→ – äht (ä:t)
→ – ähte (ä:te)

blähten
geblähten
 aufgeblähten
gemähten
 abgemähten
genähten
 zugenähten
geschmähten
 vielgeschmähten
krähten
mähten
 niedermähten
nähten
 festnähten
schmähten
 verschmähten
spähten
 erspähten

— ähter (ä:ter)

= – ädter (ä:ter)
= – äter (ä:ter)
= – äther (ä:ter)
→ – ähten (ä:ten)

ausgespähter
erspähter
geblähter
 aufgeblähter
gemähter
 niedergemähter
genähter
 angenähter
geschmähter
 verschmähter
 vielgeschmähter

— ahtet (a:tet)

= – atet (a:tet)
→ – ahten (a:ten)

bejahtet
drahtet
nahtet

74

— ahtig (a:ti-ch)

= – atig (a:ti-ch)
→ – ich (i-ch)

drahtig

— ähtisch (ä:tisch)

= – ädtisch (ä:tisch)
= – ätisch (ä:tisch)
→ – isch (isch)

Nähtisch

— ahtlich (a:tli-ch)

= – aatlich (a:tli-ch)
→ – ich (i-ch)

drahtlich

— ahtlos (a:tlo:ß)

= – atlos (a:tlo:ß)
= – oos (o:ß)
= – os (o:ß)
= – oß (o:ß)

drahtlos
nahtlos

— ai (ai)

= – ei (ai)

Bai
Hai
Kai
Lakai
Mai
Schanghai

— aia (a:ja)

= – aja (a:ja)
= – aya (a:ja)
→ – a (a:)

Aglaia

— aib (aip)

= – eib (aip)
= – eip (aip)

Laib
  Brotlaib

— aibe (aibe)

= – eibe (aibe)

Laibe
  Brotlaibe

— aibung (aibuŋ)

= – eibung (aibuŋ)
→ – ung (uŋ)

Laibung

— aica (aika)

= – aika (aika)
= – eica (aika)
= – eika (aika)
→ – a (a:)

Cyrenaica

— aich (ai-ch)

= – eich (ai-ch)
→ – aichen (ai-chen)

Laich
  Fischlaich
  Froschlaich

— aiche (ai-che)

= – eiche (ai-che)

laiche
  ablaiche

— aichen (ai-chen)

= – eichen (ai-chen)

laichen
  ablaichen

— aicht (ai-cht)

= – eicht (ai-cht)

gelaicht
  abgelaicht
laicht

— aichte (ai-chte)

= – eichte (ai-chte)

laichte

— aichten (ai-chten)

= – eichten (ai-chten)

laichten

— aid (ait)

= – eid (ait)
= – eiht (ait)
= – eit (ait)
= – ight (ait)

Maid
Waid

— aid (e:t)

= – et (e:t)

Plaid

— aiden (aiden)

= – eiden (aiden)

Maiden

— aids (e:tß)

= – eets (e:tß)
= – eez (e:tß)
= – ehts (e:tß)
= – ets (e:tß)
= – ez (e:tß)
→ – eth (e:t)

Aids

— aie (ai-e)

= – eie (ai-e)
= – eihe (ai-e)
→ – ai (ai)

Laie
Maie
Malaie

– aie (ä:/e:)

= – äh (ä:)
= – e (e:)
= – eh (e:)
= – ee (e:)

Portemonnaie

– aien (ai-en)

= – eien (ai-en)
= – eihen (ai-en)
→ – ai (ai)

Maien
maien

– aier (ai-er)

= – ayer (ai-er)
= – eier (ai-er)
= – eiher (ai-er)

Baier
Tokaier

– aige (aige)

= – eige (aige)

Schwaige

– aiin (ai-in)

= – eiin (ai-in)
= – in (in)
= – inn (in)

Malaiin
Laiin

– aika (aika)

= – aica (aika)
= – eica (aika)
= – eika (aika)
→ – a (a:)

Balalaika
Jamaika

– ail (ail)

= – eil (ail)

Detail
Email
Serail

– ail (e:l)

= – eel (e:l)
= – ehl (e:l)
= – el (e:l)

Bobtail
Cocktail
Trail

– ailand (ailant)

= – eiland (ailant)
= – and (ant)
= – annt (ant)
= – ant (ant)

Mailand
Thailand

– ailich (aili-ch)

= – eilich (aili-ch)
→ – ich (i-ch)

mailich

– aille (alje)

= – alje (alje)

Emaille
Kanaille
Medaille
  Bronzemedaille
  Goldmedaille
  Rettungsmedaille
  Silbermedaille
  Verdienstmedaille
Taille
  Wespentaille

– ain (ain)

= – ein (ain)
= – ine (ain)

Hain
  Ehrenhain
  Eichenhain
  Götterhain
  Lorbeerhain
  Olivenhain
  Palmenhain
  Totenhain
  Urnenhain
  Zypressenhain
Kain
Main
Rain
  Ackerrain
  Feldrain
  Grenzrain
  Wiesenrain
Zain

– ain (äŋ)

= – eint (äŋ)
= – in (äŋ)

Alain
Refrain
Souterrain
Terrain

– aine (aine)

= – eine (aine)
→ – ain (ain)
→ – ainen (ainen)

Ukraine
Zaine

– ainen (ainen)

= – einen (ainen)
→ – ain (ain)

rainen
  anrainen
zainen

– ainer (ainer)

= – einer (ainer)

Anrainer
Ukrainer

— ainer (e:ner)

= – ehner (e:ner)
= – ener (e:ner)

Container
Trainer

— ainz (aintß)

= – einds (aintß)
= – eints (aintß)
= – einz (aintß)

Mainz

— air (ä:r)

= – ähr (ä:r)
= – aire (ä:r)
= – är (ä:r)
= – er (ä:r)
= – ert (ä:r)

Air
  Open-Air
Eclair
Flair
Mohair
Pair
fair
  unfair

— aire (ä:r)

= – ähr (ä:r)
= – air (ä:r)
= – är (ä:r)
= – er (ä:r)
= – ert (ä:r)

Necessaire
  Reisenecessaire

— ais (aiß)

= – eis (aiß)
= – eiß (aiß)

Mais

— ais (ä:)

= – äh (ä:)

Palais
Relais

— aisch (aisch)

= – eisch (aisch)

Maisch

— aisch (a:-isch)

→ – isch (isch)

algebraisch
altaisch
archaisch
keniaisch
mosaisch
panamaisch
prosaisch

— äisch (ä:-isch)

→ – isch (isch)

ägäisch
aramäisch
chaldäisch
elysäisch
europäisch
  außereuropäisch
galiläisch
hebräisch
pharisäisch
ptolomäisch
pygmäisch
pythagoräisch
trochäisch

— aische (aische)

= – eische (aische)
→ – aischen (aischen)

Maische

— aischen (aischen)

= – eischen (aischen)

maischen
  abmaischen
  aufmaischen
  einmaischen

— aise (aise)

= – eise (aise)
→ – ais (aiß)
→ – aisen (aisen)

Waise
  Halbwaise
  Kriegswaise
  Vollwaise

— aise (ä:se)

= – äse (ä:se)

Chaise
Française
Malaise
Marseillaise
Mayonnaise

— aisen (aisen)

= – eisen (aisen)

verwaisen

— aiser (aiser)

= – eiser (aiser)

Kaiser
  Gegenkaiser

— aist (aißt)

= – eist (aißt)
= – eißt (aißt)
→ – eihen (ai-en)

verwaist

— aiste (aißte)

= – eiste (aißte)
= – eißte (aißte)

verwaiste

— **aisten (aißten)**
= – eisten (aißten)
= – eißten (aißten)

verwaisten

— **aisy (e:si)**
= – esi (e:si)
→ – i (i:)
→ – ie (i:)

Daisy

— **aite (aite)**
= – eihte (aite)
= – eite (aite)

Saite
besaite

— **aiten (aiten)**
= – eiten (aiten)
→ – aite (aite)

besaiten

— **aitet (aitet)**
= – eitet (aitet)

besaitet
  zartbesaitet

— **aitig (aiti-ch)**
= – eitig (aiti-ch)
→ – ich (i-ch)

achtsaitig
doppelsaitig
dreisaitig
einsaitig
fünfsaitig
mehrsaitig
sechssaitig
viersaitig
zweisaitig
zwölfsaitig

— **aitling (aitliŋ)**
= – eitling (aitliŋ)
= – ing (iŋ)

Saitling

— **aja (a:ja)**
= – aia (a:ja)
= – aya (a:ja)
→ – a (a:)

Aglaja
Aja
Himalaja
Jesaja
Maja

— **ak (a:k)**
= – ag (a:k)
→ – ake (a:ke)
→ – aken (a:ken)

Gequak
erschrak
quak
stak

— **ak (ak)**
= – ac (ak)
= – ack (ak)
= – acques (ak)
= – aque (ak)
= – awk (ak)

Ammoniak
Anorak
Arrak
Biwak
Flak
Irak
Jak
Kajak
Kosak
Kulak
Pak
Salmiak
Skagerrak
Tabak
  Kautabak

Orienttabak
Pfeifentabak
Schnupftabak
Virginiatabak
Zigarettentabak

— **äk (ä:k)**
= – äg (ä:k)
→ – ak (a:k)

Gequäk

— **ake (a:ke)**
→ – aken (a:ken)

Bake
Bosniake
Gequake
Hannake
Kakerlake
Kanake
Kloake
Krake
Lake
  Heringslake
  Salzlake
Ostjake
Phäake
Rake
Sake
Schnake
Slowake
  Tschechoslowake
Stake
hake
quake
stake

— **ake (ake)**
= – acke (ake)
→ – ak (ak)

Kosake

— **äke (ä:ke)**
→ – ak (a:k)
→ – äken (ä:ken)

Gequäke

— **akel (a:kel)**
→ – akeln (a:keln)

Bakel
Debakel
Gekrakel
Hilbernakel
Krakel
Makel
Mirakel
Orakel
Rakel
Spektakel
　Affenspektakel
　Höllenspektakel
　Mordsspektakel
Tabernakel
Takel
Tenakel
Tentakel
Zönakel

— **äkel (ä:kel)**
→ – äkeln (ä:keln)

Gemäkel
häkel
mäkel
räkel

— **äk(e)lig (ä:k(e)li-ch)**
→ – äglich (ä:kli-ch)
→ – ich (i-ch)

häkelig
mäkelig

— **äk(e)ligkeit (ä:k(e)li-chkait)**
= – äglichkeit (ä:kli-chkait)
→ – äk(e)lig (ä:k(e)li-ch)
→ – eit (ait)

Mäkligkeit

— **akeln (a:keln)**
→ – akel (a:kel)

kakeln
　bekakeln
krakeln
orakeln
quakeln
spektakeln
takeln
　abtakeln
　auftakeln
　betakeln

— **äkeln (ä:keln)**
häkeln
　abhäkeln
　anhäkeln
　umhäkeln
mäkeln
　bemäkeln
räkeln

— **akelst (a:kelßt)**
→ – akeln (a:keln)

orakelst

— **äkelst (ä:kelßt)**
→ – äkeln (ä:keln)

mäkelst

— **akelt (a:kelt)**
→ – akeln (a:keln)

gekrakelt
getakelt
　aufgetakelt
orakelt
spektakelt

— **äkelt (ä:kelt)**
→ – äkeln (ä:keln)

häkelt
　gehäkelt
mäkelt
　gemäkelt
räkelt
　geräkelt

— **aken (a:ken)**
→ – ake (a:ke)

Haken
　Angelhaken
　Bootshaken
　Enterhaken
　Feuerhaken
　Fleischerhaken
　Kanthaken
　Kinnhaken
　Kleiderhaken
　Schürhaken
　Wandhaken
　Widerhaken
Kakerlaken
Laken
　Bettlaken
Staken
baken
　abbaken
blaken
erschraken
haken
　abhaken
　anhaken
　aufhaken
　aushaken
　einhaken
　unterhaken
　verhaken
　zuhaken
quaken
staken
straken

— **äken (ä:ken)**
→ – ak (a:k)

bläken
quäken

79

— **aker (a:ker)**
→ – aken (a:ken)

Fiaker
Massaker
Spinnaker

— **äker (ä:ker)**

Quäker
Schäker

— **äkern (ä:kern)**

Quäkern
schäkern

— **aki (a:ki)**
→ – i (i:)
→ – ie (i:)
→ – ieh (i:)

Khaki
Maki
Nagasaki
Raki

— **akien (a:ki-en)**

Dakien
Thrakien

— **akig (a:ki-ch)**
→ – ich (i-ch)

blakig
hakig

— **akisch (a:kisch)**
→ – isch (isch)

irakisch
slowakisch
  tschechoslowakisch
thrakisch

— **akko (ako)**
= – ako (ako)

Sakko

— **aklig (a:kli-ch)**
= – aglich (a:kli-ch)
→ – ich (i-ch)

kraklig

— **akligkeit (a:kli-chkait)**
= – aglichkeit (a:kli-chkait)
→ – eit (ait)

Krakligkeit

— **ako (ako)**
= – akko (ako)

Guanako
Mako
Tschako

— **akst (a:kßt)**
= – agst (a:kßt)
→ – aken (a:ken)

erschrakst
hakst
quakst

— **äkst (ä:kßt)**
= – ägst (ä:kßt)
→ – ak (a:k)

bläkst
quäkst

— **akt (a:kt)**
= – agt (a:kt)
→ – aken (a:ken)

hakt
  abgehakt
  eingehakt
quakt
  gequakt

— **akt (akt)**
= – ackt (akt)
= – aggt (akt)

Akt
  Balanceakt
  Festakt
  Geschlechtsakt
  Gewaltakt
  Gnadenakt
  Racheakt
  Sabotageakt
  Staatsakt
  Terrorakt
  Willensakt
  Willkürakt
  Zwischenakt
Artefakt
Autodidakt
Extrakt
  Fleischextrakt
  Kräuterextrakt
  Pflanzenextrakt
Fakt
Katarakt
Kontakt
  Blickkontakt
  Hautkontakt
  Steckkontakt
Kontrakt
  Ehekontrakt
Pakt
  Nichtangriffspakt
  Teufelspakt
  Verteidigungspakt
Petrefakt
Takt
  Achteltakt
  Auftakt
  Dreivierteltakt
  Gegentakt
  Vierteltakt
  Viervierteltakt
Trakt
  Gebäudetrakt
abstrakt
exakt
intakt
kompakt

— äkt (ä:kt)

= — ägt (ä:kt)

bläkt
quäkt

— akte (a:kte)

= — agte (a:kte)
→ — aken (a:ken)
→ — akt (a:kt)

hakte
 zuhakte
 eingehakte
quakte

— akte (akte)

= — ackte (akte)
= — aggte (akte)
→ — akt (akt)

Akte
 Personalakte
 Prozeßakte
Takte

— äkte (ä:kte)

= — ägte (ä:kte)

bläkte
quäkte

— akten (a:kten)

= — agten (a:kten)
→ — aken (a:ken)

abgehakten
hakten
quakten
zugehakten

— akten (akten)

= — ackten (akten)
= — aggten (akten)
→ — akt (akt)
→ — akte (akte)

Akten
 Gerichtsakten
 Handakten
 Personalakten
 Prozeßakten
Fakten

— äkten (ä:kten)

= — ägten (ä:kten)

bläkten
quäkten

— akter (akter)

= — ackter (akter)
→ — acken (aken)
→ — ackt (akt)
→ — akt (akt)

Charakter
 Ausnahmecharakter
 Grundcharakter
 Nationalcharakter
 Volkscharakter
Dreiakter
Einakter
Kalfakter
Vierakter
Viertakter
Zweiakter
Zweitakter
exakter
intakter

— aktheit (akthait)

= — acktheit (akthait)
→ — akt (akt)
→ — eit (ait)

Exaktheit
Kompaktheit

— aktik (aktik)

→ — ick (ik)
→ — igg (ik)
→ — ik (ik)

Didaktik
 Autodidaktik

Praktik
Taktik
 Hinhaltetaktik
 Verzögerungstaktik
 Zermürbungstaktik

— aktiker (aktiker)

→ — icker (iker)

Didaktiker
 Autodidaktiker
Praktiker
Taktiker

— aktikum (aktikum)

= — um (um)

Praktikum
Prophylaktikum

— aktion (aktßi:on)

= — ohn (o:n)
= — on (o:n)

Aktion
 Ferienaktion
 Hilfsaktion
 Polizeiaktion
 Protestaktion
 Räumungsaktion
 Säuberungsaktion
 Spendenaktion
 Staatsaktion
Attraktion
Fraktion
 Parlamentsfraktion
 Parteifraktion
Kontraktion
 Muskelkontraktion
Reaktion
 Abwehrreaktion
 Fehlreaktion
 Kettenreaktion
Redaktion
 Chefredaktion
 Fachredaktion
 Kulturredaktion

81

Lokalredaktion
Schlußredaktion
Sportredaktion
Wirtschaftsredaktion
Zeitungsredaktion
Satisfaktion
Subtraktion

— aktisch
(aktisch)

→ – isch (isch)

didaktisch
 autodidaktisch
faktisch
parallaktisch
praktisch
 unpraktisch
prophylaktisch
taktisch

— aktor (akto:r)

= – ohr (o:r)
= – oor (o:r)
= – or (o:r)
= – ore (o:r)
= – orps (o:r)
= – ort (o:r)

Faktor
 Belastungsfaktor
 Berechnungsfaktor
 Erbfaktor
 Hauptfaktor
 Machtfaktor
 Multiplikationsfaktor
 Risikofaktor
 Sicherheitsfaktor
 Zeitfaktor
Kalfaktor
Reaktor
 Atomreaktor
Traktor

— aktum (aktum)

= – um (um)

Abstraktum
Faktum

— al (a:l)

= – aal (a:l)
= – ahl (a:l)

Admiral
 Großadmiral
 Konteradmiral
 Vizeadmiral
Areal
Arsenal
 Waffenarsenal
Bacchanal
Choral
Denkmal
 Baudenkmal
 Kriegerdenkmal
 Kunstdenkmal
 Naturdenkmal
 Reiterdenkmal
Differential
Drangsal
Escorial
Fanal
Futteral
 Brillenfutteral
General
 Brigadegeneral
Gral
Hospital
Ideal
Initial
Integral
Irrsal
Journal
 Modejournal
Kanal
 Abflußkanal
 Ärmelkanal
 Bewässerungskanal
 Entwässerungs-
  kanal
 Luftkanal
 Mittellandkanal
 Panamakanal
 Schiffahrtskanal
 Schleusenkanal
 Seitenkanal
 Suezkanal
 Verbindungskanal

Kapital
 Aktienkapital
 Anfangskapital
 Anlagekapital
 Auslandskapital
 Bankkapital
 Betriebskapital
 Eigenkapital
 Einlagekapital
 Finanzkapital
 Fremdkapital
 Geschäftskapital
 Gesellschaftskapital
 Großkapital
 Grundkapital
 Privatkapital
 Stammkapital
 Zuschußkapital
Kardinal
Korporal
Kral
 Negerkral
Labsal
Lineal
Lokal
 Animierlokal
 Ausflugslokal
 Gartenlokal
 Künstlerlokal
 Nachtlokal
 Parteilokal
 Stammlokal
 Vereinslokal
 Wahllokal
Mühsal
Madrigal
Mal
 Brandmal
 Ehrenmal
 Grabmal
 Kainsmal
 Mahnmal
 Muttermal
 Schandmal
 Wundmal
Manual
Material
 Anschauungs-
  material

Arbeitsmaterial
Baumaterial
Beweismaterial
Bildmaterial
Brennmaterial
Heizmaterial
Kriegsmaterial
Lehrmaterial
Menschen-
material
Quellenmaterial
Rüstungsmaterial
Schreibmaterial
Tatsachenmaterial
Verpackungs-
material
Merkmal
  Hauptmerkmal
Mineral
Mistral
Moral
  Arbeitsmoral
  Kampfmoral
Nepal
Opal
Original
Pedal
Personal
  Begleitpersonal
  Bodenpersonal
  Dienstpersonal
  Flugpersonal
  Hilfspersonal
  Hotelpersonal
  Küchenpersonal
  Verkaufspersonal
  Zugpersonal
Piedestal
Plural
Pokal
  Goldpokal
  Siegerpokal
  Silberpokal
  Wanderpokal
Portal
Potential
  Industriepotential
  Rüstungspotential
Prinzipal

Qual
  Gewissensqual
  Folterqual
  Höllenqual
  Liebesqual
  Seelenqual
  Todesqual
Quartal
Regal
  Aktenregal
  Bücherregal
Rinnsal
Ritual
Schakal
Schal
Scheusal
Schicksal
Signal
  Abfahrtssignal
  Alarmsignal
  Angriffssignal
  Blinksignal
  Flaggensignal
  Haltesignal
  Hornsignal
  Leuchtsignal
  Lichtsignal
  Notsignal
  Pfeifsignal
  Sturmsignal
  Warnsignal
Skandal
Spital
Tal
  Gebirgstal
  Hochtal
  Jammertal
  Seitental
Tribunal
Trübsal
Ural
Vokal
Wal
  Blauwal
  Finnwal
  Narwal
  Pottwal
  Schwertwal
  Zahnwal

Wirrsal
achtmal
adverbial
allemal
allzumal
anal
andermal
astral
axial
banal
brutal
dazumal
diagonal
diametral
diesmal
diluvial
dimensional
  dreidimensional
  vierdimensional
  überdimensional
dreimal
dutzendmal
egal
einmal
emotional
epochal
fatal
feudal
figural
final
formal
frontal
frugal
fundamental
fünfmal
fünfzigmal
funktional
genial
  kongenial
global
gradual
guttural
horizontal
hormonal
hundertmal
ideal
instrumental
jedesmal
jovial

katastrophal
kausal
keinmal
klerikal
kollegial
  unkollegial
kolossal
kommunal
kontinental
  interkontinental
lateral
  bilateral
  multilateral
legal
  illegal
letal
liberal
lokal
loyal
  illoyal
mal
manchmal
maximal
minimal
monumental
nasal
national
  international
neutral
normal
  abnormal
  anormal
optimal
oral
orchestral
ornamental
oval
paarmal
pastoral
pauschal
phänomenal
professoral
proportional
prozentual
radikal
  linksradikal
  rechtsradikal
rational
  irrational

real
  irreal
regional
rustikal
sakral
schal
schmal
sechsmal
sentimental
siebenmal
sintemal
sozial
  asozial
  unsozial
tausendmal
territorial
  exterritorial
tonal
  atonal
total
transzendental
triumphal
trivial
universal
verbal
vertikal
vieltausendmal
vital
x-mal
zehnmal
zentral
zentrifugal
zentripetal
zumal
zweimal

— **al (al)**

= – all (al)

Karneval
Senegal
Portugal

— **äl (äl)**

= – el (äl)
= – ell (äl)

Kapitäl

— **ala (a:la)**

→ – a (a:)

Duala
Gala
Guatemala
Koala
Mailänder Scala
Skala
Via Mala

— **aladin (aladi:n)**

= – ihn (i:n)
= – ien (i:n)

Aladin
Paladin

— **alb (alp)**

= – alp (alp)
→ – albe (albe)
→ – alben (alben)

Alb
  Schwäbische Alb
Kalb
  Hirschkalb
  Mondkalb
falb
halb
  anderthalb
  außerhalb
  deshalb
  dieserhalb
  ebendeshalb
  eineinhalb
  innerhalb
  oberhalb
  unterhalb
  weshalb

— **älbchen
(älp-chen)**

→ – alb (alp)
→ – albe (albe)

Kälbchen
Schwälbchen

— **albe (albe)**
→ – alb (alp)
→ – alben (alben)

Albe
Dalbe
  Duckdalbe
Falbe
Halbe
Kalbe
Salbe
  Augensalbe
  Borsalbe
  Brandsalbe
  Wundsalbe
  Zinksalbe
Schwalbe
  Mehlschwalbe
  Rauchschwalbe
  Seeschwalbe
anderthalbe
halbe
salbe

— **alben (alben)**
→ – albe (albe)

Alben
Schwalben
falben
halben
  anderthalben
  allenthalben
  deinethalben
  derenthalben
  dessenthalben
  euerthalben
  eurethalben
  ihrethalben
  meinethalben
  seinethalben
  unserthalben
  wessenthalben
kalben
salben
  einsalben

— **alber (alber)**
→ – albern (albern)

Gealber
Gekalber
Quaksalber
falber
halber
  abwechslungshalber
  anstandshalber
  ehrenhalber
  krankheitshalber
  ordnungshalber
  sicherheitshalber
  spaßhalber
  umständehalber
  vorsichtshalber

— **älber (älber)**
= – elber (älber)

Kälber

— **albere (albere)**
→ – albern (albern)

Gealbere
  Herumgealbere
albere
  veralbere
quacksalbere

— **alberei (alberai)**
= – ei (ai)
→ – alber (alber)
→ – albern (albern)

Alberei
Quacksalberei

— **albern (albern)**

albern
  herumalbern
  veralbern
kalbern
quacksalbern

— **albert (albert)**
→ – albern (albern)

Albert
albert
  gealbert
quacksalbert
  gequacksalbert

— **älchen (ä:l-chen)**
= – ählchen (ä:l-chen)
→ – al (a:l)
→ – ale (a:le)

Kanälchen
Sälchen
Schälchen

— **ald (alt)**
= – allt (alt)
= – alt (alt)

Archibald
Gerald
Harald
Theobald
Willibald
Wald
  Bannwald
  Bayerischer Wald
  Blätterwald
  Böhmerwald
  Fahnenwald
  Frankenwald
  Hochwald
  Jungwald
  Laubwald
  Märchenwald
  Mischwald
  Nadelwald
  Niederwald
  Odenwald
  Regenwald
  Tannenwald
  Teutoburger Wald
  Thüringer Wald
  Urwald
  Wienerwald
  Zauberwald

bald
  alsbald
  alsobald
  allzubald
  sobald

— **alde (alde)**

→ – ald (alt)

Alkalde
Halde
  Schutthalde
Skalde
bewalde

— **älde (älde)**

= – elde (älde)

Bälde

— **alden (alden)**

→ – alde (alde)

bewalden
umwalden

— **älder (älder)**

= – elder (älder)
→ – ald (alt)

Wälder

— **aldig (aldi-ch)**

→ – ich (i-ch)

baldig
  alsbaldig
waldig

— **alds (altß)**

= – allts (altß)
= – alts (altß)
= – alz (altß)
→ – ald (alt)

Haralds
Walds

— **ale (a:le)**

= – aale (a:le)
= – ahle (a:le)
→ – al (a:l)
→ – alen (a:len)

Bengale
Biennale
Diagonale
Extemporale
Fiale
Filiale
  Bankfiliale
Finale
  Halbfinale
  Semifinale
Gorale
Graduale
Horizontale
Initiale
Internationale
Kabale
Kannibale
Kapitale
Kathedrale
Magistrale
Ministeriale
Normale
Orientale
Pastorale
Pauschale
Provenzale
Rivale
Salto mortale
Sandale
Schale
  Bananenschale
  Blumenschale
  Fruchtschale
  Glasschale
  Haftschale
  Hirnschale
  Kaltschale
  Nußschale
  Obstschale
  Orangenschale
  Waagschale
  Zitronenschale
Sodale

Spirale
  Todesspirale
Synodale
Thale
Vertikale
Wandale
Westfale
Zentrale
  Fernsprechzentrale
  Mitfahrzentrale
  Taxizentrale
  Telefonzentrale
male
schale
  verschale
vale

— **äle (ä:le)**

= – ähle (ä:le)
→ – aal (a:l)
→ – älen (ä:len)

Säle
quäle
schäle

— **alen (a:len)**

= – aalen (a:len)
= – ahlen (a:len)
→ – aal (a:l)
→ – al (a:l)
→ – ale (a:le)

Annalen
Bengalen
Qualen
  Tantalusqualen
Westfalen
ausschalen
dermalen
einschalen
malen
  abmalen
  anmalen
  aufmalen
  ausmalen
  bemalen
  nachmalen
  übermalen

untermalen
vermalen
vormalen
opalen
palen
schralen
sintemalen
verschalen

— älen (ä:len)

= – ählen (ä:len)
→ – aal (a:l)
→ – al (a:l)
→ – äle (ä:le)

quälen
  abquälen
  zerquälen
schälen
  abschälen
  ausschälen
  beschälen
  entschälen
  herausschälen
schmälen

— alend (a:lent)

= – ahlend (a:lent)
→ – alen (a:len)

lautmalend

— aler (a:ler)

= – ahler (a:ler)
→ – al (a:l)

Emmentaler
Liberaler
Maler
  Kunstmaler
  Schildermaler
Taler
  Goldtaler
  Mariatheresientaler
  Silbertaler
fataler
sozialer

— äler (ä:ler)

= – ähler (ä:ler)
→ – al (a:l)

Hospitäler
Pennäler
Quäler
  Tierquäler
Schäler
  Beschäler
  Kartoffelschäler
Täler

— alerei (a:lerai)

= – ahlerei (a:lerai)
= – ei (ai)
→ – alen (a:len)
→ – aler (a:ler)

Malerei
  Aquarellmalerei
  Buchmalerei
  Genremalerei
  Glasmalerei
  Handmalerei
  Höhlenmalerei
  Ölmalerei
  Porzellanmalerei
  Schwarzweißmalerei
  Wandmalerei

— älerei (ä:lerai)

= – ählerei (ä:lerai)
= – ei (ai)
→ – älen (ä:len)
→ – äler (ä:ler)

Quälerei
  Tierquälerei

— alerisch (a:lerisch)

= – ahlerisch
   (a:lerisch)
→ – isch (isch)

malerisch

— älerisch (ä:lerisch)

= – ählerisch
   (ä:lerisch)
→ – isch (isch)

quälerisch
  selbstquälerisch

— älern (ä:lern)

= – ählern (ä:lern)
→ – al (a:l)
→ – äler (ä:ler)

Pennälern
Tierquälern
Tälern
schmälern

— alf (alf)

= – alw (alf)

Alf
Boxkalf
Ralf
half

— älfte (älfte)

= – elfte (älfte)

Hälfte
  Ehehälfte

— älften (älften)

→ – elfte (älfte)

Hälften

— alg (alk)

= – alk (alk)
→ – algen (algen)

Balg
  Blasebalg
  Haarbalg
  Wechselbalg
Talg

— **alge (alge)**

→ – alg (alk)
→ – algen (algen)

Alge
Balge
Gebalge
balge

— **älge (älge)**

= – elge (älge)
→ – alg (alk)

Bälge
  Blasebälge

— **algen (algen)**

Algen
Galgen
balgen
  abbalgen
  herumbalgen
  katzbalgen
talgen
  eintalgen
veralgen

— **älgen (älgen)**

= – elgen (älgen)
→ – alg (alk)

Bälgen
  Blasebälgen

— **algisch (algisch)**

→ – isch (isch)

neuralgisch
nostalgisch

— **alheit (a:lheit)**

= – ahlheit (a:lheit)
→ – al (a:l)
→ – eit (ait)

Schalheit
Schmalheit

— **ali (a:li)**

Ali
Alkali
Bali
Bengali
Kali
Mali
Pali
Somali
Zyankali

— **alia (a:lia)**

→ – a (a:)

Amalia
Eulalia
Italia
Rosalia
Somalia

— **alie (a:li-e)**

= – ahlie (a:li-e)

Amalie
Aralie
Azalie
Eulalie
Lappalie
Marginalie
Repressalie
Rosalie

— **alien (a:li-en)**

→ – ahlie (a:li-e)
→ – alie (a:li-e)

Archivalien
Australien
Chemikalien
Devotionalien
Fäkalien
Fressalien
Genitalien
Italien
Kapitalien
Marginalien
Materialien
Mineralien
Musikalien
Naturalien
Personalien
Realien
Regalien
Saturnalien
Thessalien
Viktualien

— **alig (a:li-ch)**

= – ahlig (a:li-ch)
→ – ich (i-ch)

abermalig
damalig
dermalig
dickschalig
diesmalig
dreimalig
dünnschalig
ehemalig
einmalig
einstmalig
erstmalig
jedesmalig
letztmalig
mehrmalig
nachmalig
nochmalig
oftmalig
spiralig
vielmalig
vormalig
weichschalig
zweimalig

— **alin (a:lin)**

= – ahlin (a:lin)
= – in (in)
= – inn (in)
→ – ale (a:le)

Prinzipalin
Rivalin
Vestalin

— alisch (a:lisch)

→ — isch (isch)

alkalisch
animalisch
archivalisch
australisch
bengalisch
bestialisch
fiskalisch
genialisch
grammatikalisch
infernalisch
italisch
kannibalisch
lexikalisch
martialisch
matriarchalisch
mineralisch
moralisch
  amoralisch
  unmoralisch
musikalisch
  unmusikalisch
orientalisch
patriarchalisch
physikalisch
postalisch
provenzalisch
sentimentalisch
somalisch
theatralisch
thessalisch
wandalisch

— älisch (ä:lisch)

→ — isch (isch)

gälisch
westfälisch

— alist (alißt)

= — ist (ißt)
= — ißt (ißt)

Chembalist
Dualist
Fatalist
Förderalist
Formalist
Idealist
Imperialist
Journalist
Kapitalist
  Großkapitalist
Kriminalist
Liberalist
Materialist
Moralist
Nationalist
Nationalsozialist
Naturalist
Neutralist
Orientalist
Radikalist
Rationalist
Realist
  Surrealist
Royalist
Sozialist
Spezialist

— alje (alje)

= — aille (alje)

Balje
Talje
Tralje

— alk (alk)

= — alg (alk)
→ — alke (alke)
→ — alken (alken)

Alk
  Riesenalk
Dalk
Kalk
  Futterkalk
  Löschkalk
Katafalk
Schalk
Schwalk
Talk
walk

— älk (älk)

= — elk (älk)

Gebälk

— alke (alke)

→ — alk (alk)
→ — alken (alken)

Falke
  Edelfalke
  Gerfalke
  Jagdfalke
  Turmfalke
  Wanderfalke
Schalke
Walke
kalke
  verkalke

— älke (älke)

= — elke (älke)

Gebälke
bälke
kälke

— alken (alken)

→ — alk (alk)
→ — alke (alke)

Balken
  Dachbalken
  Holzbalken
kalken
  entkalken
  verkalken
schwalken
walken
  auswalken
  durchwalken
  einwalken
  verwalken

— älken (älken)

= — elken (älken)

Gebälken
bälken
kälken

— **alkig (alki-ch)**
→ – ich (i-ch)
kalkig
talkig

— **all (al)**
= – al (al)
→ – alle (ale)
→ – allen (alen)

Abfall
  Druckabfall
  Leistungsabfall
  Müllabfall
Abprall
All
  Weltall
Anfall
  Arbeitsanfall
  Erstickungsanfall
  Herzanfall
  Hustenanfall
  Lachanfall
  Ohnmachtsanfall
  Schlaganfall
  Schwächeanfall
  Schwindelanfall
  Tobsuchtsanfall
  Wutanfall
Anprall
Aufprall
Ausfall
  Arbeitsausfall
  Haarausfall
  Lohnausfall
  Produktionsausfall
  Stromausfall
  Verdienstausfall
Ball
  Abiturientenball
  Chrysanthemen-
  ball
  Faschingsball
  Filmball
  Hausball
  Hofball
  Kostümball
  Maskenball

  Opernball
  Presseball
Ball
  Basketball
  Eckball
  Erdball
  Fangball
  Faustball
  Federball
  Feuerball
  Fußball
  Gummiball
  Handball
  Korbball
  Kricketball
  Medizinball
  Netzball
  Ping-Pong-Ball
  Poloball
  Schlagball
  Schleuderball
  Schneeball
  Sonnenball
  Spielball
  Tennisball
    Tischtennisball
  Völkerball
  Volleyball
  Wasserball
Befall
Drall
Durchfall
  Brechdurchfall
Fall
  Ausnahmefall
  Bedarfsfall
  Behinderungsfall
  Beifall
  Blätterfall
  Einfall
  Einzelfall
  Erbfall
  Ernstfall
  Fortfall
  Fußfall
  Grenzfall
  Hereinfall
  Höchstfall
  Kniefall

  Krankheitsfall
  Kriegsfall
  Kriminalfall
  Laubfall
  Niagarafall
  Notfall
  Präzedenzfall
  Rückfall
  Rechtsfall
  Reinfall
  Rheinfall
  Rückfall
  Schneefall
  Spezialfall
  Sterbefall
  Sternschnuppenfall
  Straffall
  Streitfall
  Todesfall
  Tonfall
  Trauerfall
  Tropfenfall
  Übertretungsfall
  Verhinderungsfall
  Verweigerungsfall
  Vorfall
  Wasserfall
  Wegfall
  Wiederholungsfall
  Zerfall
  Zufall
  Zweifelsfall
  Zwischenfall
Glücksfall
  Unglücksfall
Hall
  Donnerhall
  Nachhall
  Widerhall
Intervall
Knall
  Büchsenknall
  Peitschenknall
Krawall
Kristall
  Bergkristall
  Rauchkristall
Marschall
  Feldmarschall

General-
feldmarschall
Hofmarschall
Reichsmarschall
Metall
  Buntmetall
  Edelmetall
  Halbmetall
  Leichtmetall
  Rohmetall
  Schwermetall
Nachtigall
Rückprall
Schall
  Infraschall
  Ultraschall
Schwall
  Redeschwall
  Wortschwall
Seneschall
Stall
  Affenstall
  Augiasstall
  Gänsestall
  Hosenstall
  Hühnerstall
  Kaninchenstall
  Karnickelstall
  Kuhstall
  Laufstall
  Marstall
  Pferdestall
  Rennstall
  Rinderstall
  Saustall
  Schweinestall
  Viehstall
  Ziegenstall
Tattersall
Überfall
  Raubüberfall
Unfall
  Arbeitsunfall
  Autounfall
  Berufsunfall
  Betriebsunfall
  Jagdunfall
  Verkehrsunfall
Vasall

Verfall
  Kulturverfall
  Sittenverfall
  Währungsverfall
Walhall
Wall
  Erdwall
  Festungswall
  Grenzwall
  Ringwall
  Schutzwall
  Stadtwall
  Steinwall
Zusammenprall
Zwischenfall
  Grenzzwischenfall
drall
prall
überall
  allüberall

— **alla (ala)**
= − allah (ala)
→ − a (a)

Kalla
Narhalla
Walhalla

— **allah (ala)**
= − alla (ala)
→ − a (a)

Allah
inschallah

— **allasch (alasch)**
= − asch (asch)

Allasch
Pallasch

— **ällchen (äl-chen)**
= − elchen (äl-chen)
= − ellchen (äl-chen)
→ − all (al)

Bällchen
  Kartoffelbällchen
Ställchen

— **alle (ale)**
→ − all (al)
→ − allen (alen)

Falle
  Autofalle
  Mausefalle
Galle
Geknalle
Gelalle
Halle
  Aussegnungshalle
  Ausstellungshalle
  Bahnhofshalle
  Ehrenhalle
  Eingangshalle
  Festhalle
  Flugzeughalle
  Kaufhalle
  Leichenhalle
  Markthalle
  Maschinenhalle
  Messehalle
  Montagehalle
  Säulenhalle
  Sporthalle
  Tonhalle
  Turnhalle
  Wandelhalle
  Werkhalle
Kalle
Koralle
Kralle
  Teufelskralle
Qualle
Ralle
Schnalle
  Gürtelschnalle
  Schuhschnalle
  Türschnalle
Zweifelsfalle
alle
balle
bestalle

falle
  gefalle
knalle
kralle
lalle
pralle
schnalle
walle

— **älle (äle)**

= – elle (äle)
→ – all (al)
→ – ällen (älen)

Abfälle
Faschingsbälle
Gefälle
Marställe
Schutzwälle
Wechselfälle
vergälle

— **allen (alen)**

→ – all (al)
→ – alle (ale)

Ballen
  Frostballen
  Handballen
  Stoffballen
Gefallen
  Wohlgefallen
Mißfallen
Sankt Gallen
ballen
  anballen
  schneeballen
  zusammenballen
einfallen
  wiedereinfallen
fallen
  abfallen
  anfallen
  anheimfallen
  auffallen
  auseinanderfallen
  ausfallen
  befallen
  beifallen

  durcheinanderfallen
  durchfallen
  entfallen
  fortfallen
  herabfallen
  hereinfallen
  herfallen
  herunterfallen
  hineinfallen
  hinfallen
  hinunterfallen
  mißfallen
  niederfallen
  reinfallen
  schwerfallen
  überfallen
  umfallen
  verfallen
  vorfallen
  wegfallen
  zerfallen
  zufallen
  zurückfallen
  zusammenfallen
gallen
  entgallen
gefallen
  abgefallen
  durchgefallen
  umgefallen
  zurückgefallen
hallen
  nachhallen
  verhallen
  widerhallen
knallen
  abknallen
  aufknallen
  herumknallen
  verknallen
  zerknallen
  zuknallen
korallen
kristallen
krallen
  ankrallen
  einkrallen
  festkrallen
  umkrallen

krawallen
lallen
metallen
prallen
  abprallen
  anprallen
  aufeinanderprallen
  aufprallen
  zurückprallen
  zusammenprallen
schallen
  emporschallen
  erschallen
  herausschallen
  verschallen
  widerschallen
  zurückschallen
schnallen
  abschnallen
  anschnallen
  aufschnallen
  festschnallen
  losschnallen
  umschnallen
  zuschnallen
stallen
  bestallen
wallen
  aufwallen
  überwallen
  umwallen

— **ällen (älen)**

= – ellen (älen)
→ – all (al)

Abfällen
Ausnahmefällen
Maskenbällen
Ställen
Tennisbällen
Wällen
Wechselfällen
fällen
  abfällen
  umfällen
vergällen

— **allend (alent)**
→ – allen (alen)

fallend
  auffallend
  ausfallend
  gefallend
  mißfallend
knallend
  zerknallend
krallend
  festkrallend
schallend
  beschallend
  weitschallend

— **allende (alende)**
→ – allen (alen)
→ – allend (alent)

fallende
hallende
knallende
schallende
wallende

— **aller (aler)**
→ – all (al)
→ – allern (alern)

Abpraller
Aufpraller
Faustballer
Fußballer
Handballer
Knaller
Krawaller
Umfaller
Waller
aller
draller
praller

— **äller (äler)**
= – eller (äler)

Holzfäller
träller

— **allern (alern)**
→ – allen (alen)
→ – aller (aler)

Abprallern
Aufprallern
Fußballern
Knallern
Umfallern
Wallern
ballern
  verballern
  zuballern

— **ällern (älern)**
= – ellern (älern)

Holzfällern
trällern

— **alles (aleß)**
→ – all (al)

Dalles
alles
dralles
pralles

— **alli (ali)**
= – ally (ali)
= – allye (ali)
= – ully (ali)

Dalli-Dalli
Papagalli
dalli

— **allig (ali-ch)**
→ – ich (i-ch)

Hallig
ballig
gallig
hallig
knallig
krallig
quallig

— **ällig (äli-ch)**
= – ellig (äli-ch)
→ – ich (i-ch)

auffällig
  unauffällig
fällig
  abfällig
  anfällig
  augenfällig
  ausfällig
  baufällig
  beifällig
  fußfällig
  hinfällig
  kniefällig
  rückfällig
  schwerfällig
  sinnfällig
  straffällig
  überfällig
  zufällig
gefällig
  gottgefällig
  selbstgefällig
  ungefällig
  wohlgefällig

— **ällige (älige)**
= – ellige (älige)
→ – ällig (äli-ch)

baufällige
schwerfällige
ungefällige

— **älligkeit (äli-chkait)**
= – elligkeit (äli-chkait)
→ – ällig (äli-ch)
→ – eit (ait)

Anfälligkeit
Ausfälligkeit
Baufälligkeit
Gefälligkeit
  Selbstgefälligkeit
  Ungefälligkeit

Schwerfälligkeit
Straffälligkeit
Zufälligkeit

— **allisch (alisch)**

→ – isch (isch)

gallisch
kristallisch
metallisch
phallisch

— **allo (alo)**

→ – o (o:)

Papagallo
Rapallo
hallo

— **alls (alß)**

= – als (alß)
→ – all (al)

falls
  allenfalls
  anderenfalls
  andernfalls
  äußerstenfalls
  bestenfalls
  ebenfalls
  gegebenenfalls
  gleichfalls
  günstigstenfalls
  jedenfalls
  keinesfalls
  notfalls
  schlimmstenfalls

— **allst (alßt)**

= – alst (alßt)
→ – allen (alen)

ballst
bestallst
knallst
krallst
prallst
schnallst
wallst

— **ällst (älßt)**

→ – allen (alen)
→ – ellen (älen)

fällst
  gefällst
  mißfällst
  verfällst
vergällst

— **allt (alt)**

= – ald (alt)
= – alt (alt)
→ – allen (alen)

anschnallt
  angeschnallt
ballt
  zusammenballt
bestallt
geballt
gehallt
  nachgehallt
geknallt
  abgeknallt
gekrallt
  festgekrallt
gelallt
geprallt
  abgeprallt
geschallt
  zurückgeschallt
gewallt
  aufgewallt
hallt
  verhallt
knallt
  zerknallt
krallt
  umkrallt
lallt
prallt
  zurückprallt
umwallt

— **ällt (ält)**

= – ält (ält)
= – eld (ält)
= – ellt (ält)
= – elt (ält)
→ – allen (alen)

fällt
  auffällt
  einfällt
  umfällt
gefällt
vergällt

— **allte (alte)**

= – alte (alte)
→ – allt (alt)

geballte
knallte
lallte
umwallte
verkrallte

— **ällte (älte)**

= – älte (älte)
= – ellte (älte)
= – elte (älte)

fällte
  abfällte
  umfällte
gefällte
  abgefällte
  umgefällte
vergällte

— **allten (alten)**

= – alten (alten)
→ – allen (alen)
→ – allt (alt)

ballten
  geballten
bestallten
hallten
knallten
  abgeknallten

krallten
　festgekrallten
krawallten
lallten
　gelallten
prallten
　aufgeprallten
schallten
schnallten
　zugeschnallten
wallten

— ällten (älten)

= – älten (älten)
= – ellten (älten)
= – elten (älten)
→ – ällte (älte)

fällten
　umfällten

— allter (alter)

= – alter (alter)
→ – allen (alen)
→ – allt (alt)

abgeknallter
angeschnallter
bestallter
　wohlbestallter
geballter
verhallter

— ällter (älter)

= – älter (älter)
= – ellter (älter)
= – elter (älter)

gefällter
　abgefällter
　umgefällter
vergällter

— alltet (altet)

= – altet (altet)
→ – allen (alen)

knalltet
pralltet

— älltet (ältet)

= – ältet (ältet)
= – elltet (ältet)
= – eltet (ältet)
→ – ällte (älte)

fälltet
　umfälltet

— allts (altß)

= – alds (altß)
= – alts (altß)
= – alz (altß)
→ – allt (alt)

hallts
knallts
schallts

— allung (aluŋ)

→ – allen (alen)
→ – ung (uŋ)

Ballung
　Zusammenballung
Beschallung
Bestallung
Stallung
Umwallung
Wallung
　Aufwallung
　Gemütswallung

— ällung (äluŋ)

= – ellung (äluŋ)
→ – ällen (älen)
→ – ung (uŋ)

Ausfällung
Urteilsfällung
Vergällung

— allus (aluß)

→ – us (uß)
→ – uß (uß)

Kallus
Phallus

— ally (ali)

= – alli (ali)
= – allye (ali)
= – ully (ali)

Wally

— allye (ali/äli)

= – alli (ali)
= – ally (ali)
= – elli (äli)
= – elly (äli)
= – ully (ali)

Rallye

— alm (alm)

→ – alme (alme)
→ – almen (almen)

Alm
　Hochalm
Balm
Halm
　Grashalm
　Schachtelhalm
　Strohhalm
Malm
Palm
Psalm
Qualm
Salm
　Rheinsalm
Schwalm
Walm

— alma (alma)

→ – a (a:)

Alma
Halma

— alme (alme)

→ – alm (alm)
→ – almen (almen)

Balme
Kalme

Palme
　Dattelpalme
　Fächerpalme
　Kokospalme
　Stechpalme

— almen (almen)

→ – alm (alm)
→ – alme (alme)

ausschalmen
bekalmen
malmen
　zermalmen
qualmen
　anqualmen
　umqualmen
　verqualmen
　vollqualmen
walmen

— almig (almi-ch)

→ – ich (i-ch)

malmig
qualmig

— alp (alp)

= – alb (alp)

Alp
　Hochalp
Skalp
Zilpzalp

— als (a:lß)

→ – al (a:l)

abermals
damals
ehemals
einstmals
erstmals
jemals
mehrmals
niemals
nochmals
oftmals
vielmals

— als (alß)

= – alls (alß)
→ – all (al)

Hals
　Flaschenhals
　Gänsehals
　Geizhals
　Schreihals
　Schwanenhals
　Wendehals
als
lauthals

— älsch (älsch)

= – elsch (älsch)
→ – älschen (älschen)

fälsch

— älsche (älsche)

= – elsche (älsche)
→ – älschen (älschen)

fälsche

— älschen (älschen)

= – elschen (älschen)

fälschen
　abfälschen
　umfälschen
　verfälschen

— älschen (älß-chen)

= – elschen (älß-chen)
→ – als (alß)

Hälschen

— älscher (älscher)

= – elscher (älscher)
→ – älschen (älschen)

Fälscher
　Geldfälscher
　Goldfälscher
　Münzfälscher

— älschst (älschßt)

= – elschst (älschßt)
→ – älschen (älschen)

fälschst

— älschung (älschuŋ)

= – elschung (älschuŋ)
→ – ung (uŋ)

Fälschung
　Banknotenfälschung
　Bilderfälschung
　Geldfälschung
　Geschichtsfälschung
　Münzfälschung
　Scheckfälschung
　Unterschriften-
　　fälschung
　Urkundenfälschung
　Wechselfälschung
Verfälschung
　Geschichts-
　　verfälschung
　Tatsachen-
　　verfälschung

— älse (älse)

= – else (älse)
→ – als (alß)

Hälse

— alst (a:lßt)

= – ahlst (a:lßt)
→ – aalen (a:len)
→ – alen (a:len)

malst
verschalst

— **alst (alßt)**

= – allst (alßt)

aufgehalst
aufhalst
umhalst

— **alt (a:lt)**

= – ahlt (a:lt)
→ – aalen (a:len)
→ – alen (a:len)

gemalt
　abgemalt
　angemalt
　ausgemalt
　handgemalt
malt
　bemalt
　übermalt
　untermalt
schralt
palt
　gepalt
verschalt

— **alt (alt)**

= – ald (alt)
= – allt (alt)
→ – alte (alte)
→ – alten (alten)

Alt
　Kontraalt
Anstalt
　Badeanstalt
　Bedürfnisanstalt
　Besserungsanstalt
　Erziehungsanstalt
　Haftanstalt
　Irrenanstalt
　Lehranstalt
　Strafanstalt
　Versuchsanstalt
Anwalt
　Patentanwalt
　Rechtsanwalt
Asphalt

Aufenthalt
　Auslandsaufenthalt
　Ferienaufenthalt
　Landaufenthalt
　Sommeraufenthalt
　Tagesaufenthalt
　Urlaubsaufenthalt
　Winteraufenthalt
　Zwangsaufenthalt
　Zwischenaufenthalt
Basalt
Einfalt
Gehalt
　Alkoholgehalt
　Anfangsgehalt
　Bedeutungsgehalt
　Bombengehalt
　Bruttogehalt
　Chlorgehalt
　Eisengehalt
　Fettgehalt
　Feuchtigkeitsgehalt
　Goldgehalt
　Grundgehalt
　Höchstgehalt
　Kaloriengehalt
　Mindestgehalt
　Monatsgehalt
　Nettogehalt
　Silbergehalt
　Sinngehalt
　Vitamingehalt
Gestalt
　Bühnengestalt
　Jammergestalt
　Menschengestalt
　Mißgestalt
　Schreckgestalt
Gewalt
　Allgewalt
　Amtsgewalt
　Brachialgewalt
　Elementargewalt
　Militärgewalt
　Naturgewalt
　Staatsgewalt
　Urgewalt
　Verfügungsgewalt
　Waffengewalt

Halt
　Anhalt
　Einhalt
　Erhalt
　Hinterhalt
　Rückhalt
　Vorhalt
　Zusammenhalt
Haushalt
　Privathaushalt
　Staatshaushalt
Heilanstalt
　Nervenheilanstalt
Inhalt
　Flächeninhalt
　Lebensinhalt
　Rauminhalt
Kobalt
Prägeanstalt
　Münzprägeanstalt
Sachverhalt
Sorgfalt
Spalt
　Felsenspalt
　Türspalt
　Zwiespalt
Staatsanwalt
　Generalstaatsanwalt
Unterhalt
　Lebensunterhalt
Viefalt
Vorbehalt
　Eigentumsvorbehalt
　Rechtsvorbehalt
alt
　steinalt
　uralt
　ururalt
dergestalt
galt
　entgalt
　vergalt
kalt
　eiskalt
　gefühlskalt
　hundekalt
　naßkalt
　saukalt
ungestalt

— ält (ä:lt)

= – ählt (ä:lt)
→ – älen (ä:len)

gequält
  angstgequält
geschält
  ungeschält
quält
schält

— ält (ält)

= – ällt (ält)
= – eld (ält)
= – ellt (ält)
= – elt (ält)
→ – alten (alten)

hält
  behält
  enthält
  erhält
  unterhält

— alta (alta)

→ – a (a:)

Jalta
Malta

— altbar (altba:r)

→ – alten (alten)
→ – ar (a:r)

faltbar
gestaltbar
haltbar
  unhaltbar
spaltbar
  unspaltbar

— altbarkeit (altba:rkait)

→ – altbar (altba:r)
→ – eit (ait)

Haltbarkeit
Spaltbarkeit

— ältchen (ält-chen)

→ – ald (alt)
→ – alte (alte)
→ – eld (ält)

Fältchen
  Augenfältchen
Spältchen

— alte (a:lte)

→ – aalen (a:len)
→ – ahlt (a:lt)
→ – alen (a:len)
→ – alt (a:lt)

gemalte
malte
palte
schralte
verschalte

— alte (alte)

= – allte (alte)
→ – alt (alt)
→ – alten (alten)

Alte
Balte
Falte
  Augenfalte
  Bügelfalte
  Mundfalte
  Quetschfalte
  Rockfalte
  Stirnfalte
Kalte
Spalte
  Felsspalte
  Gletscherspalte
falte
gestalte
halte
schalte
spalte
walte

— älte (ä:lte)

= – ählte (ä:lte)
→ – älen (ä:len)
→ – ält (ä:lt)

quälte
schälte

— älte (älte)

= – ällte (älte)
= – ellte (älte)
= – elte (älte)
→ – alt (alt)

Anwälte
Kälte
  Eiseskälte
  Hundekälte
erkälte

— alten (a:lten)

→ – aalen (a:len)
→ – ahlt (a:lt)
→ – alen (a:len)
→ – alt (a:lt)

malten
palten
schralten
verschalten

— alten (alten)

= – allten (alten)
→ – alt (alt)

Alten
Dafürhalten
Verhalten
Zwiefalten
basalten
behalten
  anbehalten
  aufbehalten
  beibehalten
  dabehalten
  einbehalten
  hierbehalten
  liebbehalten

übrigbehalten
vorbehalten
wohlbehalten
zurückbehalten
beinhalten
enthalten
vorenthalten
erhalten
aufrechterhalten
wiedererhalten
zurückerhalten
erkalten
falten
auseinanderfalten
entfalten
zusammenfalten
gehalten
abgehalten
aufgehalten
dichtgehalten
durchgehalten
ungehalten
gespalten
abgespalten
aufgespalten
ungespalten
gestalten
ausgestalten
mitgestalten
umgestalten
halten
abhalten
anhalten
aufhalten
auseinanderhalten
aushalten
beieinanderhalten
bereithalten
einhalten
entgegenhalten
dafürhalten
dagegenhalten
daranhalten
dichthalten
dranhalten
durchhalten
einhalten
feilhalten
fernhalten

festhalten
freihalten
gefangenhalten
geheimhalten
haushalten
herhalten
hinhalten
hochhalten
hofhalten
innehalten
kurzhalten
maßhalten
mithalten
niederhalten
offenhalten
sauberhalten
schwerhalten
standhalten
stichhalten
stillhalten
unterhalten
verhalten
vorhalten
warmhalten
werthalten
zuhalten
zurückhalten
zusammenhalten
kalten
erkalten
schalten
abschalten
anschalten
ausschalten
dazwischenschalten
durchschalten
einschalten
gleichschalten
umschalten
zurückschalten
spalten
abspalten
aufspalten
durchspalten
haarspalten
zerspalten
veralten
veranstalten
verunstalten

walten
obwalten
verwalten

— **älten (ä:lten)**

→ – ählen (ä:len)
→ – ählt (ä:lt)
→ – älen (ä:len)
→ – ält (ä:lt)

quälten
schälten

— **älten (älten)**

= – ällten (älten)
= – ellten (älten)
= – elten (älten)

kälten
erkälten

— **altend (altent)**

→ – alten (alten)

anhaltend
  langanhaltend
erhaltend
  staatserhaltend
erkaltend
schaltend
  abschaltend
waltend
  verwaltend

— **ältend (ältent)**

= – eltend (ältent)

erkältend

— **alter (alter)**

= – allter (alter)
→ – alt (alt)
→ – alten (alten)

Alter
  Backfischalter
  Dienstalter
  Durchschnittsalter

99

Greisenalter
Höchstalter
Jugendalter
Jünglingsalter
Kindesalter
Knabenalter
Lebensalter
Mädchenalter
Mannesalter
Menschenalter
Mindestalter
Mittelalter
Säuglingsalter
Übergangsalter
Wahlalter
Buchhalter
  Bilanz-
  buchhalter
  Finanz-
  buchhalter
  Haupt-
  buchhalter
Falter
  Nachtfalter
  Tagfalter
  Zitronenfalter
Federhalter
  Füllfederhalter
Gestalter
  Raumgestalter
Halter
  Anhalter
  Bankhalter
  Büstenhalter
  Erhalter
  Füllhalter
  Handtuchhalter
  Kerzenhalter
  Notenhalter
  Platzhalter
  Posthalter
  Schlüsselhalter
  Sklavenhalter
  Sockenhalter
  Stammhalter
  Strumpfhalter
Malter
Psalter
Sachwalter

Schalter
  Abfertigungsschalter
  Bahnschalter
  Druckschalter
  Einbauschalter
  Fahrkartenschalter
  Fußschalter
  Gepäckschalter
  Hauptschalter
  Kippschalter
  Lichtschalter
  Magnetschalter
  Postschalter
  Stufenschalter
  Wandschalter
  Wechselschalter
  Zeitschalter
Schulalter
  Vorschulalter
Spalter
  Haarspalter
Statthalter
  Reichsstatthalter
Tierhalter
  Kleintierhalter
Unterhalter
  Alleinunterhalter
Veranstalter
Verwalter
  Gutsverwalter
  Hausverwalter
  Konkursverwalter
  Lagerverwalter
  Vermögensverwalter
Walter
Zeitalter
  Atomzeitalter
  Maschinenzeitalter
ungestalter
uralter

— **älter (ä:lter)**

→ – ählt (ä:lt)
→ – ält (ä:lt)

gequälter
beschälter
geschälter

— **älter (älter)**

= – ällter (älter)
= – ellter (älter)
= – elter (älter)
→ – alt (alt)

Behälter
  Kühlbehälter
  Sammelbehälter
  Wasserbehälter
Gehälter
  Jahresgehälter
  Monatsgehälter
Haushälter
Zuhälter
älter
kälter

— **altern (altern)**

→ – alter (alter)

altern
  überaltern

— **alterung (alteruŋ)**

→ – ung (uŋ)

Alterung
  Überalterung
Halterung

— **altet (altet)**

= – alltet (altet)
→ – alten (alten)

entfaltet
erkaltet
faltet
  gefaltet
geschaltet
gestaltet
  mißgestaltet
  neugestaltet
  ungestaltet
gewaltet
haltet
schaltet

veraltet
waltet
  verwaltet

— **ältet (ä:ltet)**

= – ähltet (ä:ltet)
→ – älen (ä:len)

quältet
schältet

— **ältet (ältet)**

= – älltet (ältet)
= – elltet (ältet)
= – eltet (ältet)

erkältet

— **altig (alti-ch)**

→ – altige (altige)
→ – ich (i-ch)

bleihaltig
eisenhaltig
eiweißhaltig
erzhaltig
faltig
  mannigfaltig
fetthaltig
gewaltig
  allgewaltig
  sprachgewaltig
goldhaltig
nachhaltig
reichhaltig
salzhaltig
silberhaltig
spaltig
  dreispaltig
  einspaltig
  mehrspaltig
  vierspaltig
  zweispaltig
stichhaltig
vielgestaltig
vitaminhaltig
zuckerhaltig

— **ältig (älti-ch)**

→ – ältige (ältige)
→ – ich (i-ch)

einfältig
hinterhältig
sorgfältig
vielfältig
zwiespältig

— **altige (altige)**

→ – altig (alti-ch)

eisenhaltige
faltige
  mannigfaltige
gewaltige
spaltige
  doppelspaltige
stichhaltige
vergewaltige
vielgestaltige

— **ältige (ältige)**

→ – ältig (älti-ch)

bewältige
hinterhältige
hundertfältige
sorgfältige
tausendfältige
überwältige
vervielfältige
vielfältige
zwiespältige

— **altigen (altigen)**

bleihaltigen
eisenhaltigen
eiweißhaltigen
erzhaltigen
faltigen
  mannigfaltigen
gewaltigen
  allgewaltigen
  sprachgewaltigen
goldhaltigen
nachhaltigen
reichhaltigen
salzhaltigen
silberhaltigen
spaltigen
  doppelspaltigen
  dreispaltigen
  einspaltigen
  mehrspaltigen
  vielspaltigen
  vierspaltigen
  zweispaltigen
stichhaltigen
vergewaltigen
vielgestaltigen
vitaminhaltigen
zuckerhaltigen

— **ältigen (ältigen)**

bewältigen
einfältigen
hinterhältigen
hundertfältigen
sorgfältigen
tausendfältigen
überwältigen
vervielfältigen
vielfältigen
zwiespältigen

— **ältigend (ältigent)**

bewältigend
überwältigend
vervielfältigend

— **altigkeit (alti-chkait)**

→ – altig (alti-ch)
→ – eit (ait)

Dreifaltigkeit
Reichhaltigkeit
Vielgestaltigkeit

— **ältigkeit
(älti-chkait)**

→ – ältig (älti-ch)
→ – eit (ait)

Hinterhältigkeit
Sorgfältigkeit
Zwiespältigkeit

— **ältigung
(ältiguŋ)**

→ – ung (uŋ)

Bewältigung
 Vergangenheits-
 bewältigung
Überwältigung
Vervielfältigung

— **ältlich
(ältli-ch)**

= – eldlich (ältli-ch)
= – eltlich (ältli-ch)
→ – ich (i-ch)

ältlich
erhältlich

— **ältlichen
(ältli-chen)**

= – eltlichen
  (ältli-chen)

ältlichen
erhältlichen

— **altlos (altlo:ß)**

= – os (o:ß)
→ – alt (alt)

gehaltlos
gestaltlos
gewaltlos
haltlos
inhaltlos
vorbehaltlos

102

— **altlosigkeit
(altlo:si-chkait)**

→ – altlos (altlo:ß)
→ – eit (ait)

Gehaltlosigkeit
Gestaltlosigkeit
Gewaltlosigkeit

— **alto (alto)**

→ – o (o:)

Rialto
Salto

— **alts (altß)**

= – alds (altß)
= – allts (altß)
= – alz (altß)
→ – alt (alt)

Gehalts
Spalts
Zwiespalts

— **altsam (altsa:m)**

→ – ahm (a:m)
→ – am (a:m)

enthaltsam
gewaltsam
unaufhaltsam
unterhaltsam

— **altsamkeit
(altsa:mkait)**

→ – altsam (altsa:m)
→ – eit (ait)

Enthaltsamkeit
Gewaltsamkeit

— **altung (altuŋ)**

→ – alten (alten)
→ – ung (uŋ)

Buchhaltung
 Hauptbuchhaltung
 Lohnbuchhaltung

Einhaltung
 Nichteinhaltung
Entfaltung
 Energieentfaltung
 Kraftentfaltung
 Persönlichkeits-
 entfaltung
Enthaltung
 Stimmenthaltung
Erhaltung
 Gesunderhaltung
 Selbsterhaltung
Gestaltung
 Ausgestaltung
 Neugestaltung
 Preisgestaltung
 Rollengestaltung
 Raumgestaltung
 Selbstgestaltung
 Umgestaltung
Haltung
 Bereithaltung
 Freihaltung
 Frischhaltung
 Geheimhaltung
 Handhaltung
 Hofhaltung
 Inganghaltung
 Instandhaltung
 Kopfhaltung
 Körperhaltung
 Lagerhaltung
 Lebenshaltung
 Reinhaltung
 Tierhaltung
 Vorhaltung
 Zurückhaltung
Mühewaltung
Schaltung
 Gleichschaltung
Spaltung
 Kernspaltung
Unterhaltung
Veranstaltung
 Festveranstaltung
 Kultur-
 veranstaltung
 Sportveranstaltung
Verunstaltung

Verwaltung
  Gutsverwaltung
  Hausverwaltung
  Kurverwaltung
  Schloßverwaltung
  Vermögens-
  verwaltung

— **ältung (ältuŋ)**

= – eltung (ältuŋ)
→ – ung (uŋ)

Erkältung

— **alung (a:luŋ)**

= – ahlung (a:luŋ)
→ – alen (a:len)
→ – ung (uŋ)

Bemalung
  Kriegsbemalung
Untermalung
Verschalung
  Bretterverschalung
  Holzverschalung

— **älung (ä:luŋ)**

= – ählung (ä:luŋ)
→ – älen (ä:len)
→ – ung (uŋ)

Schälung
  Beschälung

— **alve (alwe)**

Malve
Salve
  Geschützsalve
  Gewehrsalve
salve

— **alw (alf)**

= – alf (alf)

Calw

— **alz (altß)**

= – alds (altß)
= – allts (altß)
= – alts (altß)
→ – alze (altße)
→ – alzen (altßen)

Balz
Falz
Pfalz
  Kaiserpfalz
  Kurpfalz
  Rheinland-Pfalz
  Rheinpfalz
  Oberpfalz
Malz
Schmalz
  Butterschmalz
  Gänseschmalz
  Ohrenschmalz
  Schweineschmalz
Salz
  Badesalz
  Glaubersalz
  Jodsalz
  Kochsalz
  Meersalz
  Riechsalz
  Speisesalz
  Steinsalz
  Tafelsalz
  Viehsalz

— **älz (ältß)**

= – elz (ältß)
→ – älzen (ältßen)

wälz

— **alze (altße)**

→ – alz (altß)
→ – alzen (altßen)

Walze
  Dampfwalze
  Feuerwalze
balze
falze
salze

— **älze (ältße)**

= – elze (ältße)
→ – älzen (ältßen)

mälze
schmälze
wälze

— **alzen (altßen)**

balzen
falzen
gesalzen
  ungesalzen
malzen
salzen
  einsalzen
  entsalzen
  nachsalzen
  versalzen
schmalzen
  abschmalzen
  einschmalzen
schnalzen
walzen
  anwalzen
  durchwalzen
walzen
  abwalzen
  aufwalzen
  auswalzen
  durchwalzen
  einwalzen

— **älzen (ältßen)**

= – elzen (ältßen)

mälzen
schmälzen
wälzen
  abwälzen
  aufwälzen
  durchwälzen
  fortwälzen
  herumwälzen
  umwälzen

— **alzer (altßer)**
→ – alz (altß)
→ – alzen (altßen)

Falzer
Malzer
Schnalzer
Walzer
  Abklatschwalzer
  Marschwalzer
  Schunkelwalzer

— **älzer (ältßer)**
= – elzer (ältßer)
→ – alz (altß)
→ – älzen (ältßen)

Pfälzer
  Oberpfälzer

— **alzig (altßi-ch)**
→ – ich (i-ch)

falzig
salzig
schmalzig

— **alzung (altßuŋ)**
→ – alzen (altßen)
→ – ung (uŋ)

Auswalzung
Einsalzung
Entsalzung
Versalzung

— **älzung (ältßuŋ)**
= – elzung (ältßuŋ)
→ – älzen (ältßen)
→ – ung (uŋ)

Umwälzung

— **am (a:m)**
= – ahm (a:m)
→ – ame (a:me)
→ – amen (a:men)

Amalgam

Balsam
  Heilbalsam
  Leberbalsam
Cham
Gehorsam
  Kadavergehorsam
  Ungehorsam
Gram
  Griesgram
Imam
Islam
Kram
  Formelkram
  Schnörkelkram
  Trödelkram
Leichnam
  Fronleichnam
Melodram
Scham
Schram
arbeitsam
aufmerksam
  unaufmerksam
bedeutsam
behutsam
bekam
  abbekam
  aufbekam
  herausbekam
  mitbekam
beredsam
betriebsam
beugsam
  unbeugsam
bildsam
duldsam
  unduldsam
ehrsam
einprägsam
empfindsam
erholsam
folgsam
  unfolgsam
friedsam
furchtsam
gehorsam
  ungehorsam
geruhsam
gleichsam

gram
grausam
heilsam
infam
kam
  ankam
  aufkam
  auskam
  beikam
  davonkam
  drankam
  durchkam
  entkam
  entgegenkam
  freikam
  gleichkam
  heimkam
  herabkam
  herauskam
  herkam
  herumkam
  herunterkam
  hochkam
  mitkam
  nachkam
  nahekam
  überkam
  umkam
  unterkam
  verkam
  vorkam
  wegkam
  weiterkam
  wiederkam
  zukam
  zurückkam
  zustandekam
kleidsam
  unkleidsam
langsam
mitteilsam
mühsam
monogam
polygam
ratsam
  unratsam
sattsam
schweigsam
seltsam

sittsam
sorgsam
strebsam
tugendsam
unliebsam
wachsam
wirksam
  unwirksam
wundersam

— am (am)

= – amm (am)
= – um (am)

Adam
Amsterdam
Bertram
Bimbam
Bisam
Bräutigam
Diptam
Edam
Eidam
Islam
Madam
Makadam
Potsdam
Rotterdam
Sesam
Siam
Tamtam
Tram
Tripmadam
Vietnam
Wolfram
am
bim-bam
in memoriam

— am (äm)

= – ämm (äm)
= – em (äm)
= – emm (äm)

Jam
Sam
Uncle Sam

— äm (ä:m)

= – eme (ä:m)
→ – ähmen (ä:men)
→ – am (a:m)
→ – ämen (ä:men)

bekäm
  herausbekäm
käm
  heimkäm
vergräm

— ama (a:ma)

= – ahma (a:ma)
→ – a (a:)

Alabama
Dalai-Lama
Diorama
Drama
  Familiendrama
  Lesedrama
  Liebesdrama
  Melodrama
  Musikdrama
Fama
Fudschijama
Lama
Nama
Panorama
Pyjama
Yokohama

— amba (amba)

→ – a (a:)

Mamba
Samba
Zamba
charamba

— ambe (ambe)

Ambe
Dithyrambe
Gambe
Jambe

— ambisch (ambisch)

→ – isch (isch)

dithyrambisch
jambisch

— ambra (ambra)

→ – a (a:)

Ambra
Alhambra

— ambus (ambuß)

→ – us (uß)
→ – uß (uß)

Bambus
Dithyrambus
Jambus

— ämchen (ä:m-chen)

= – ähmchen
  (ä:m-chen)
→ – ame (a:me)

Dämchen
  Modedämchen

— ame (a:me)

= – ahme (a:me)
→ – am (a:m)
→ – amen (a:men)

Brosame
Dame
  Bardame
  Edeldame
  Hausdame
  Hofdame
  Lebedame
  Vorführdame
Flame
Gerechtsame
Makame

Name
  Beiname
  Deckname
  Doppelname
  Ehrenname
  Eigenname
  Familienname
  Kosename
  Künstlername
  Mädchenname
  Ortsname
  Rufname
  Schimpfname
  Spitzname
  Spottname
  Taufname
  Vorname
  Zuname
Reklame
  Leuchtreklame
Same

— äme (ä:me)

= – ähme (ä:me)
= – eme (ä:me)
→ – am (a:m)
→ – ämen (ä:men)

Bräme
Häme
bekäme
beschäme
gräme
  vergräme
käme
schäme
verbräme

— amen (a:men)

= – ahmen (a:men)
→ – am (a:m)
→ – ame (a:me)

Amen
Brosamen
Damen
  Hofdamen
  Lebedamen

Examen
  Staatsexamen
Gravamen
Hamen
Namen
  Kosenamen
  Vornamen
Samen
  Blumensamen
  Leinsamen
  Rübsamen
Zyklamen
amen
bekamen
  herausbekamen
benamen
besamen
kamen
  entkamen
  heimkamen
  mitkamen
  nahekamen
  näherkamen
  umkamen
  verkamen
  zuvorkamen
kramen
  auskramen
  einkramen
  herumkramen
  hervorkramen
  verkramen
vereinsamen
verlangsamen

— ämen (ä:men)

= – ähmen (ä:men)
→ – am (a:m)

bebrämen
bekämen
  abbekämen
grämen
  abgrämen
  vergrämen
kämen
  entkämen
  freikämen

schämen
  beschämen
verbrämen

— amend (a:ment)

= – ahmend (a:ment)
→ – amen (a:men)

besamend
vereinsamend
verlangsamend

— ämend (ä:ment)

= – ähmend (ä:ment)
→ – ämen (ä:men)

beschämend
grämend
  vergrämend
verbrämend

— amer (a:mer)

= – ahmer (a:mer)
→ – am (a:m)

Kramer
arbeitsamer
bedachtsamer
geruhsamer
grausamer
infamer
langsamer
mühsamer
schweigsamer

— amer (amer)

= – ammer (amer)

Agramer
Edamer

— ämerei (ä:merai

= – ei (ai)

Krämerei
  Geheimniskrämerei
  Kleinkrämerei
  Kleinigkeitskrämerei
Sämerei

− amhaft (a:mhaft)
= − aft (aft)

namhaft
schamhaft

− amig (a:mi-ch)
= − ahmig (a:mi-ch)
→ − ich (i-ch)

bedecktsamig
g(e)schamig
gleichnamig
nacktsamig

− ämig (ä:mi-ch)
→ − ich (i-ch)

griesgrämig
sämig
schämig
g(e)schämig

− amik (a:mik)
→ − ick (ik)
→ − ig (ik)
→ − igg (ik)
→ − ik (ik)

Dynamik
 Aerodynamik
Keramik
 Bandkeramik
 Schnurkeramik

− amisch (a:misch)
→ − isch (isch)

balsamisch
damisch
dynamisch
 aerodynamisch
islamisch
keramisch
mesopotamisch

− ämisch (ä:misch)
→ − isch (isch)

anämisch
flämisch
hämisch
sämisch

− ämlich (ä:mli-ch)
→ − ich (i-ch)

dämlich
grämlich
 griesgrämlich
nämlich

− ämlichkeit (ä:mli-chkait)
→ − ämlich (ä:mli-ch)
→ − eit (ait)

Dämlichkeit
Grämlichkeit

− amm (am)
= − am (am)
= − um (am)
→ − amme (ame)
→ − ammen (amen)

Autogramm
Damm
 Bahndamm
 Erddamm
 Fahrdamm
 Kurfürstendamm
 Staudamm
Diagramm
Epigramm
Gramm
 Dekagramm
 Kilogramm
 Milligramm
Ideogramm

Kamm
 Einsteckkamm
 Gebirgskamm
 Hahnenkamm
 Staubkamm
 Taschenkamm
Kardiogramm
 Elektro-
 kardiogramm
Klamm
Lamm
 Opferlamm
 Osterlamm
 Ziegenlamm
Monogramm
Parallelogramm
Pentagramm
Phonogramm
Programm
 Abendprogramm
 Arbeitsprogramm
 Beiprogramm
 Fernsehprogramm
 Kinoprogramm
 Monatsprogramm
 Radioprogramm
 Regierungs-
 programm
 Rundfunkprogramm
 Sofortprogramm
 Tagesprogramm
 Theaterprogramm
 Wahlprogramm
 Wochenprogramm
Radiogramm
Schlamm
Schwamm
 Badeschwamm
 Gummischwamm
 Naturschwamm
Stamm
 Baumstamm
 Beduinenstamm
 Indianerstamm
 Mannesstamm
 Negerstamm
 Volksstamm
 Wortstamm
Stenogramm

Telegramm
  Brieftelegramm
  Glückwunsch
  telegramm
klamm
schwamm
stramm

— ämm (äm)

= – am (äm)
= – em (äm)
= – emm (äm)
→ – ämme (äme)
→ – ämmen (ämen)

eindämm
kämm
entschlämm

— ämmchen (äm-chen)

= – emmchen (äm-chen)
→ – amm (am)

Flämmchen
Kämmchen
Lämmchen
Schwämmchen

— amme (ame)

→ – amm (am)
→ – ammen (amen)

Amme
  Hebamme
Bramme
Flamme
  Sparflamme
  Stichflamme
  Zündflamme
Hamme
Ramme
Schramme
Wamme

— ämme (äme)

= – emme (äme)
→ – amm (am)
→ – ämmen (ämen)

Dämme
Kämme
Schwämme
Stämme
  Völkerstämme
dämme
  abdämme
kämme
  auskämme
schlämme
  entschlämme

— ammel (amel)

→ – ammeln (ameln)

Bammel
  Heidenbammel
  Riesenbammel
Gebammel
Gerammel
Gestammel
Hammel
  Leithammel
  Neidhammel
  Streithammel
  Zuchthammel
gammel
rammel
sammel
stammel

— ammeln (ameln)

→ – ammel (amel)

Hammeln
Schrammeln
bammeln
  aufbammeln
gammeln
  herumgammeln
  vergammeln

hammeln
rammeln
  verrammeln
  zusammenrammeln
sammeln
  ansammeln
  aufsammeln
  einsammeln
  versammeln
stammeln

— ammen (amen)

→ – am (am)
→ – amm (am)
→ – amme (ame)

Autogrammen
Flammen
Programmen
beisammen
flammen
  anflammen
  aufflammen
  entflammen
klammen
lammen
mitsammen
rammen
  einrammen
  zurammen
schlammen
  entschlammen
  verschlammen
schrammen
  abschrammen
  anschrammen
  aufschrammen
stammen
  abstammen
  entstammen
  herstammen
schwammen
strammen
verdammen
zusammen

— **ämmen (ämen)**

= – emmen (ämen)
→ – amm (am)
→ – ämme (äme)

Schwämmen
Stämmen
  Völkerstämmen
dämmen
  abdämmen
  eindämmen
  zudämmen
kämmen
  auskämmen
  durchkämmen
  glattkämmen
  zurückkämmen
schlämmen
  anschlämmen
  ausschlämmen
  einschlämmen
  entschlämmen
  verschlämmen
schwämmen

— **ämmend (äment)**

= – emmend (äment)
→ – ämmen (ämen)

schalldämmend

— **ammer (amer)**

→ – ammen (amen)
→ – ammern (amern)

Ammer
  Goldammer
Gejammer
Hammer
  Dampfhammer
  Gummihammer
  Holzhammer
  Preßlufthammer
  Schmiedehammer
  Vorschlaghammer
Jammer
  Katzenjammer
  Windjammer

Kammer
  Abstellkammer
  Anwaltskammer
  Bodenkammer
  Dachkammer
  Druckkammer
  Dunkelkammer
  Folterkammer
  Gaskammer
  Handelskammer
  Herzkammer
  Kornkammer
  Räucherkammer
  Rumpelkammer
  Rüstkammer
  Schatzkammer
  Schlafkammer
  Speisekammer
  Volkskammer
  Vorratskammer
  Wäschekammer
Klammer
  Büroklammer
  Heftklammer
  Wäscheklammer
Zweiflammer
klammer
strammer

— **ämmer (ämer)**

= – emmer (ämer)
→ – amm (am)
→ – ammer (amer)
→ – ämmern (ämern)

Dämmer
Gehämmer
Hämmer
Lämmer

— **ämmerchen (ämer-chen)**

→ – amm (am)
→ – ammer (amer)

Hämmerchen
Kämmerchen
Lämmerchen

— **ammern (amern)**

→ – ammer (amer)

hammern
jammern
  ausjammern
  bejammern
  nachjammern
  vorjammern
klammern
  anklammern
  ausklammern
  einklammern
  festklammern
  umklammern
  verklammern
  zuklammern
  zusammenklammern

— **ämmern (ämern)**

= – emmern (ämern)
→ – ämmer (ämer)

dämmern
  aufdämmern
  dahindämmern
  eindämmern
  umdämmern
  verdämmern
hämmern
  behämmern
  einhämmern
  zerhämmern
  zuhämmern

— **ammert (amert)**

→ – ammern (amern)

gejammert
  ausgejammert
geklammert
  festgeklammert
jammert
  bejammert
klammert
  umklammert

109

— ämmert (ämert)

= – emmert (ämert)
→ – ämmern (ämern)

belämmert
dämmert
hämmert
  behämmert
  gehämmert

— ammig (ami-ch)

→ – ich (i-ch)

flammig
  dreiflammig
  einflammig
  großflammig
  kleinflammig
  zweiflammig
schlammig
schrammig
schwammig

— ämmig (ämi-ch)

= – emmig (ämi-ch)
→ – ich (i-ch)

stämmig
  deutschstämmig
  fremdstämmig
  hochstämmig

— ammler (amler)

→ – ammeln (ameln)

Gammler
Rammler
Sammler
  Antiquitäten-
    sammler
  Briefmarken-
    sammler
  Lumpensammler
  Münzsammler
  Pflanzensammler
  Volksliedersammler
Stammler

— amms (amß)

= – ams (amß)
→ – am (am)
→ – amm (am)

Autogramms
Damms
  Bahndamms
  Staudamms
Programms

— ammst (amßt)

→ – ammen (amen)
→ – ammt (amt)

entflammst
rammst
schrammst
stammst
verschlammst

— ämmst (ämßt)

= – emmst (ämßt)
= – emst (ämßt)
→ – ämmen (ämen)
→ – ämmt (ämt)

ausschlämmst
dämmst
kämmst

— ammt (amt)

= – amt (amt)
→ – ammen (amen)

angestammt
flammt
  entflammt
  geflammt
rammt
  gerammt
schlammt
  verschlammt
schrammt
  geschrammt
  zerschrammt
stammt
  entstammt
verdammt

— ämmt (ämt)

= – emd (ämt)
= – emmt (ämt)
→ – ämmen (ämen)

dämmt
gedämmt
  eingedämmt
gekämmt
  ungekämmt
geschlämmt
geschwämmt
kämmt
schlämmt
schwämmt

— ammte (amte)

= – amte (amte)
→ – ammen (amen)
→ – ammt (amt)

Verdammte
angestammte
entflammte
rammte
schlammte
schrammte

— ämmte (ämte)

→ – ämmen (ämen)
→ – ämmt (ämt)
→ – emmt (ämt)

dämmte
  gedämmte
kämmte
  gekämmte
schlämmte
  geschlämmte

— ammter (amter)

= – amter (amter)
→ – ammen (amen)

Verdammter
angestammter
entflammter
gerammter
verschlammter

— ämmter (ämter)

= – ämter (ämter)
= – emmter (ämter)
= – emter (ämter)
→ – ämmt (ämt)

gekämmter
geschlämmter

— ammung (amuŋ)

→ – ammen (amen)
→ – ung (uŋ)

Abstammung
Verdammung
Verschlammung

— ämmung (ämuŋ)

= – emmung (ämuŋ)
→ – ämmen (ämen)
→ – ung (uŋ)

Abdämmung
Anschlämmung
Ausschlämmung
Eindämmung
Schalldämmung

— amp (amp)

→ – ampe (ampe)
→ – ampen (ampen)

Kamp
Pamp
Schlamp

— amp (ämp)

→ – ampen (ämpen)

Camp
Tramp
Vamp

— ampe (ampe)

→ – ampen (ampen)

Krampe
Lampe
  Bogenlampe
  Gaslampe
  Glühlampe
  Grubenlampe
  Hängelampe
  Jupiterlampe
  Kontrollampe
  Küchenlampe
  Lötlampe
  Nachttischlampe
  Öllampe
  Petroleumlampe
  Schreibtischlampe
  Stehlampe
  Taschenlampe
  Tischlampe
  Zimmerlampe
Pampe
Rampe
  Abschußrampe
  Güterrampe
  Laderampe
  Wagenrampe
Schlampe
Stampe
Wampe

— ampe (ämpe)

= – ämpe (ämpe)
= – empe (ämpe)

campe
trampe

— ämpe (ämpe)

= – ampe (ämpe)
= – empe (ämpe)

Kämpe
Schlämpe

— ampel (ampel)

→ – ampeln (ampeln)

Ampel
  Lichtampel
  Verkehrsampel
Gehampel
Gekampel
Gestrampel
Getrampel
Trampel
  Bauerntrampel

— ampeln (ampeln)

→ – ampel (ampel)

hampeln
  herumhampeln
kampeln
strampeln
  abstrampeln
trampeln
  herumtrampeln
  zertrampeln

— ampen (ampen)

→ – ampe (ampe)

Lampen
Kampen
Krampen
Schlampen
krampen
  ankrampen
pampen
  schlampampen
schlampen
  verschlampen
trampen

— ampen (ämpen)

→ – amp (ämp)

campen
trampen

— **ampf (ampf)**

→ – ampfe (ampfe)
→ – ampfen (ampfen)

Dampf
  Hansdampf
  Kohldampf
  Pulverdampf
  Volldampf
  Wasserdampf
Kampf
  Arbeitskampf
  Boxkampf
  Dreikampf
  Existenzkampf
  Faustkampf
  Freiheitskampf
  Fünfkampf
  Klassenkampf
  Lebenskampf
  Luftkampf
  Nahkampf
  Ringkampf
  Stierkampf
  Straßenkampf
  Todeskampf
  Wahlkampf
  Wettkampf
  Zehnkampf
  Zweikampf
Krampf
  Lachkrampf
  Magenkrampf
  Schreibkrampf
  Starrkrampf
  Wadenkrampf
  Weinkrampf
dampf
stampf

— **ampfe (ampfe)**

→ – ampf (ampf)
→ – ampfen (ampfen)

Dampfe
Gestampfe
Klampfe
Stampfe
dampfe
mampfe
stampfe
verkrampfe

— **ämpfe (ämpfe)**

→ – ampf (ampf)
→ – ämpfen (ämpfen)

Dämpfe
Kämpfe
Krämpfe
dämpfe
kämpfe

— **ampfen (ampfen)**

dampfen
  abdampfen
  andampfen
  aufdampfen
  eindampfen
  verdampfen
krampfen
  verkrampfen
  zusammenkrampfen
mampfen
pampfen
stampfen
  aufstampfen
  einstampfen
  feststampfen
  niederstampfen
  zerstampfen

— **ämpfen (ämpfen)**

→ – ampf (ampf)

Dämpfen
Kämpfen
Krämpfen
dämpfen
  abdämpfen
  aufdämpfen
  eindämpfen
kämpfen
  abkämpfen
  ankämpfen
  auskämpfen
  bekämpfen
  durchkämpfen
  erkämpfen
  mitkämpfen
  niederkämpfen
  weiterkämpfen

— **ampfend (ampfent)**

→ – ampfen (ampfen)

dampfend
mampfend
stampfend
verkrampfend

— **ämpfend (ämpfent)**

→ – ämpfen (ämpfen)

dämpfend
  geräuschdämpfend
  schalldämpfend
kämpfend

— **ampfer (ampfer)**

→ – ampfen (ampfen)

Ampfer
  Sauerampfer
Dampfer
  Bananendampfer
  Flußdampfer
  Frachtdampfer
  Lotsendampfer
  Luxusdampfer
  Ozeandampfer
  Passagierdampfer
  Postdampfer
  Raddampfer
  Schaufeldampfer
  Schleppdampfer
  Schraubendampfer
  Turbinendampfer
Kampfer
Stampfer
  Zerstampfer

— ämpfer (ämpfer)

→ – ampf (ampf)
→ – ämpfen (ämpfen)

Dämpfer
　Kartoffeldämpfer
　Schalldämpfer
　Stoßdämpfer
Kämpfer
　Faustkämpfer
　Freiheitskämpfer
　Frontkämpfer
　Fünfkämpfer
　Ringkämpfer
　Stierkämpfer
　Wettkämpfer
　Widerstandskämpfer
　Zehnkämpfer

— ampfig (ampfi-ch)

→ – ich (i-ch)

dampfig
krampfig

— ampft (ampft)

→ – ampfen (ampfen)

gedampft
　abgedampft
gekrampft
gestampft
　aufgestampft
　eingestampft
dampft
krampft
stampft

— ämpft (ämpft)

→ – ämpfen (ämpfen)

gedämpft
　ungedämpft
gekämpft
　abgekämpft
dämpft
kämpft

— ampfung (ampfuŋ)

→ – ampfen (ampfen)
→ – ung (uŋ)

Verdampfung
Verkrampfung
Zerstampfung

— ämpfung (ämpfuŋ)

→ – ämpfen (ämpfen)
→ – ung (uŋ)

Dämpfung
　Abdämpfung
　Schalldämpfung
Bekämpfung
　Aidsbekämpfung
　Insekten-
　bekämpfung
　Krebsbekämpfung
　Lärmbekämpfung
　Schädlings-
　bekämpfung
　Seuchen
　bekämpfung
　Tuberkulose-
　bekämpfung
　Ungeziefer-
　bekämpfung

— ampig (ampi-ch)

→ – ich (i-ch)

pampig
schlampig

— ampus (ampuß)

→ – us (uß)
→ – uß (uß)

Krampus
Schampus

— ams (amß)

= – amms (amß)
→ – am (am)
→ – amm (am)

Gams
Krimskrams
Wams
　Lederwams
　Seidenwams

— ämser (ämser)

= – emser (ämser)

Wämser

— amt (a:mt)

= – ahmt (a:mt)
→ – amen (a:men)

bekamt
　abbekamt
　herausbekamt
besamt
gekramt
　ausgekramt
　herumgekramt
　weggekramt
kamt
　ankamt
　auskamt
　durchkamt
kramt
　verkramt

— amt (amt)

= – ammt (amt)

Amt
　Arbeitsamt
　Ausgleichsamt
　Bauamt
　Bergamt
　Ehrenamt
　Eichamt
　Einwohnermeldeamt
　Fernmeldeamt
　Finanzamt
　Forstamt

Fundamt
Gesundheitsamt
Hochamt
Katasteramt
Kirchenamt
Landratsamt
Lehramt
Leihamt
Münzamt
Nebenamt
Patentamt
Pfarramt
Pontifikalamt
Postamt
Priesteramt
Rentamt
Schatzamt
Standesamt
Wohnungsamt
Samt
allesamt
gesamt
  insgesamt
mitsamt

— ämt (ä:mt)

= – ähmt (ä:mt)
= – emt (ä:mt)
→ – ämen (ä:men)

bekämt
  abbekämt
  herausbekämt
  mitbekämt
beschämt
gegrämt
geschämt
grämt
  vergrämt
kämt
  auskämt
  umkämt
  vorbeikämt
  zurückkämt
schämt
verbrämt
verschämt
  unverschämt

— amte (amte)

= – ammte (amte)
→ – amt (amt)
→ – amten (amten)

Beamte
  Aufsichtsbeamte
  Bahnbeamte
  Bankbeamte
  Finanzbeamte
  Forstbeamte
  Justizbeamte
  Polizeibeamte
  Postbeamte
  Staatsbeamte
  Standesbeamte
  Verwaltungsbeamte
  Vollstreckungs-
  beamte
  Zollbeamte

– amten (amten)

→ – ammte (amte)
→ – amte (amte)

beamten
  verbeamten
entamten
samten

— amter (amter)

= – ammter (amter)
→ – amte (amte)

Beamter

— ämter (ä:mter)

= – ähmter (ä:mter)
→ – ämt (ä:mt)

unverschämter
vergrämter

— ämter (ämter)

= – ämmter (ämter)
= – emmter (ämter)
= – emter (ämter)
→ – amt (amt)

Ämter

— amung (a:muŋ)

= – ahmung (a:muŋ)
→ – amen (a:men)
→ – ung (uŋ)

Besamung
Vereinsamung

— ämung (ä:muŋ)

= – ähmung (ä:muŋ)
→ – ämen (ä:men)
→ – ung (uŋ)

Beschämung
Verbrämung
  Pelzverbrämung

— an (a:n)

= – ahn (a:n)
→ – ane (a:ne)
→ – anen (a:nen)

Abadan
Adrian
Aeroplan
Afghanistan
Alban
Altan
Amman
Aserbaidschan
Astrachan
Ataman
Baldrian
Balkan
Belutschistan
Besan
Blödian
Butan
Caravan
Cellophan
Clan
Dekan
Diwan
Dummerjan
Dummian
Dummrian
Elan
Eriwan
  Radio Eriwan

Fasan
  Goldfasan
Filigran
Galan
Gespan
Gran
Grobian
Grünspan
Guardian
Hindustan
Iran
Isfahan
István
Jatagan
Kajetan
Kannitverstan
Kaplan
Kasan
Kastellan
Kerman
Khan
  Aga Khan
Koran
Korduan
Kormoran
Kran
Ku-Klux-Klan
Kumpan
  Saufkumpan
Kurgan
Lateran
Leguan
Liederjan
Liedrian
Majoran
Marzipan
Membran
Meran
Meridian
Milan
Obsidian
Oman
Organ
  Atmungsorgan
  Fortpflanzungsorgan
  Hilfsorgan
  Kontrollorgan
  Presseorgan
  Sinnesorgan

Sprachorgan
Verdauungsorgan
Orkan
Ortolan
Ozean
Päan
Pakistan
Pan
Parmesan
Partisan
Pavian
Pelikan
Pemmikan
Persipan
Plan
  Absatzplan
  Aktionsplan
  Bauplan
  Einsatzplan
  Fahrplan
  Finanzplan
  Fluchtplan
  Haushaltsplan
  Konstruktionsplan
  Kostenplan
  Kriegsplan
  Lehrplan
  Organisationsplan
  Perspektivplan
  Produktionsplan
  Racheplan
  Rahmenplan
  Reiseplan
  Schaltplan
  Schlachtplan
  Speiseplan
  Spielplan
  Stadtplan
  Studienplan
  Stundenplan
  Terminplan
  Umsatzplan
  Umsturzplan
  Urlaubsplan
  Veranstaltungsplan
  Zukunftsplan
Porzellan
  Chinaporzellan
  Meißner Porzellan

Ramadan
Roman
  Abenteuerroman
  Bauernroman
  Bildungsroman
  Briefroman
  Entwicklungsroman
  Familienroman
  Fortsetzungsroman
  Gesellschaftsroman
  Hintertreppenroman
  Kitschroman
  Kriminalroman
  Liebesroman
  Reiseroman
  Ritterroman
  Schauerroman
  Schelmenroman
  Schlüsselroman
  Schundroman
  Versroman
  Wildwestroman
Saffian
Safran
Sakristan
Sarafan
Scharlatan
Schlendrian
Schwan
  Höckerschwan
  Singschwan
Sopran
  Koloratursopran
  Mezzosopran
Span
  Hobelspan
  Holzspan
  Kienspan
  Metallspan
Sudan
Suffragan
Sultan
Teheran
Thymian
Titan
Tran
  Fischtran
  Lebertran
Tukan

Turkestan
Ulan
Untertan
Uran
Urban
Urian
Usbekistan
Vatikan
Veteran
  Kriegsveteran
  Sportveteran
Vulkan
Waran
filigran
getan
  abgetan
  angetan
  ungetan
  zugetan
human
  inhuman
median
mediterran
momentan
plan
profan
simultan
spontan
subkutan
untertan
urban

— an (an)

= – ann (an)
= – un (an)

Balkan
Belutschistan
Bhutan
Christian
Divan
Dolman
Don Juan
Dragoman
Drum und Dran
Dummian
Dummrian
Eriwan
  Radio Eriwan

Florian
Hetman
Hurrikan
Japan
Jochanaan
Jordan
Kaftan
Kaiman
Kanaan
Karman
Kasachstan
Kasan
Krischan
Kurdistan
Milan
Muselman
Nathan
Orang-Utan
Pakistan
Raglan
Rührmichnichtan
Saffian
Safran
Satan
Scharlatan
Sebastian
Stephan
Sudan
Taiwan
Talisman
Tienschan
Toboggan
Tristan
Tukan
Turban
Turkestan
Usbekisstan
Wotan
an
  bergan
  fortan
  heran
  hieran
  himmelan
  hinan
  hintenan
  hügelan
  nebenan
  obenan

  untenan
  voran
  vornean
  wohlan
dran
  drauf und dran
  drum und dran
man
ran
  daran
  woran

— an (än)

= – änn (än)
= – en (än)
= – enn (än)

Fan
Gentleman
Selfmademan
Stan
Catch-as-catch-can
Ku-Klux-Klan

— an (ā:)

= – anc (ā:)
= – and (ā:)
= – ant (ā:)
= – ent (ā:)

Cancan
Elan

— än (ä:n)

= – ähn (ä:n)
→ – äne (ä:ne)

Drän
Kapitän
  Flugkapitän
  Fregattenkapitän
  Gardekapitän
  Hafenkapitän
  Korvettenkapitän
  Mannschaftskapitän
  Schiffkapitän
Souverän
mondän
souverän

— ana (a:na)

→ – a (a:)

Botswana
Diana
Fata Morgana
Ghana
Gitana
Guayana
Ikebana
Indiana
Juliana
Kana
Louisiana
Marihuana
Montana
Nirwana
Quisisana
Sardana
Silvana
Silvaplana
Tatjana
Tirana
Toskana
Tramontana
Zenana
Zuppa Romana
mañana

— aña (anja)

= – agna (anja)
= – anha (anja)
= – anja (anja)
→ – a (a:)

España

— anc (ã:)

= – an (ã:)
= – and (ã:)
= – ant (ã:)
= – ent (ã:)

Montblanc

— anca (aŋka)

= – anka (aŋka)
→ – a (a:)

Bianca
Casablanca
Salamanca

— ance (ã:ße)

Balance
Chance
Kontenance
Nuance
Séance
Trance

— ance (ã:ß)

= – ence (ã:ß)
= – ense (ã:ß)

Alliance
Mésalliance
Balance
Chance
Dépendance
France
Kontenance
Nonchalance
Nuance
Renaissance
Résistance
Séance
Trance
Usance

— anche (ã:sche)

= – ange (ã:sche)

Branche
Revance

— änchen (ä:n-chen)

= – ähnchen (ä:nchen)
→ – an (a:n)
→ – ane (a:ne)
→ – äne (ä:ne)

Plänchen
Schwänchen
Tränchen

— anco (aŋko)

= – anko (aŋko)
= – ankow (aŋko)
→ – o (o:)

Bianco

— and (ant)

= – andt (ant)
= – annt (ant)
= – ant (ant)
→ – ande (ande)
→ – anden (anden)

Abstand
  Zeitabstand
Anstand
Aufstand
  Bauernaufstand
  Boxeraufstand
  Sklavenaufstand
  Volksaufstand
Aufwand
  Geldaufwand
  Kraftaufwand
  Stimmaufwand
  Zeitaufwand
Band
  Armband
  Einband
  Fließband
  Freundschafts-
  band
  Gängelband
  Gedichtband
  Halsband
  Hutband
  Ordensband
  Samtband
  Schürzenband
  Spruchband
  Tonband
Bestand
  Fortbestand
  Gesamtbestand
  Restbestand
  Tatbestand
  Viehbestand

Brand
  Feuerbrand
  Großbrand
  Grubenbrand
  Hausbrand
  Sonnenbrand
  Waldbrand
  Weinbrand
Doktorand
Ferdinand
Gegenstand
  Gebrauchs-
    gegenstand
  Gesprächs-
    gegenstand
  Kunstgegenstand
  Satzgegenstand
  Unterrichts-
    gegenstand
  Wertgegenstand
Gewand
  Brautgewand
  Festgewand
  Nachtgewand
  Reisegewand
  Untergewand
Hand
  Bruderhand
  Freundeshand
  Friedenshand
  Kinderhand
  Kußhand
  Meisterhand
  Mörderhand
  Oberhand
  Rückhand
  Vorhand
Hadubrand
Hildebrand
Konfirmand
Land
  Abendland
  Ackerland
  Agrarland
  Alpenvorland
  Ausland
  Bauland
  Bergland
  Binnenland
  Brachland
  Bundesland
  Burgenland
  Deutschland
  England
  Estland
  Feindesland
  Festland
  Feuerland
  Finnland
  Flachland
  Friesland
  Gastland
  Geburtsland
  Grenzland
  Griechenland
  Grönland
  Heimatland
  Helgoland
  Hinterland
  Hochland
  Holland
  Hügelland
  Industrieland
  Inland
  Irland
  Island
  Lappland
  Lettland
  Livland
  Luginsland
  Märchenland
  Marschland
  Mohrenland
  Morgenland
  Nachbarland
  Neufundland
  Neuland
  Neuseeland
  Niemandsland
  Nordland
  Oberland
  Ödland
  Phantasieland
  Rheinland
  Rußland
  Saarland
  Samland
  Sauerland
  Schlaraffenland
  Schottland
  Sudentenland
  Tiefland
  Traumland
  Ungarland
  Unterland
  Vaterland
  Zauberland
Maturand
Pfand
  Faustpfand
  Flaschenpfand
  Friedenspfand
  Liebespfand
  Unterpfand
Rand
  Brunnenrand
  Goldrand
  Grabesrand
  Hutrand
  Kraterrand
  Waldrand
Roland
Samarkand
Sand
  Flugsand
  Flußsand
  Scheuersand
  Schwemmsand
  Seesand
  Streusand
  Treibsand
  Wüstensand
Stand
  Ausstand
  Barometerstand
  Beistand
  Besitzstand
  Blumenstand
  Blütenstand
  Brautstand
  Bücherstand
  Ehestand
  Einstand
  Familienstand
  Führerstand
  Gefechtsstand
  Gemüsestand

Güterstand
Handstand
Hochstand
Junggesellenstand
Kopfstand
Krankenstand
Messestand
Mißstand
Mittelstand
Notstand
Obststand
Pegelstand
Prüfstand
Rückstand
Ruhestand
Schießstand
Tiefstand
Übelstand
Unterstand
Verkaufsstand
Vermögensstand
Vorstand
Wasserstand
Widerstand
Witwenstand
Wohlstand
Zeitungsstand
Stillstand
  Waffenstillstand
Strand
  Badestrand
  Felsenstrand
  Meeresstrand
  Sandstrand
  Seestrand
Tand
Umstand
  Begleitumstand
  Glücksumstand
Verband
  Gipsverband
  Notverband
  Sportverband
  Streckverband
Versand
Verstand
  Menschenverstand
  Sachverstand
  Unverstand

Vorwand
Wand
  Bordwand
  Breitwand
  Bretterwand
  Felswand
  Feuerwand
  Scheidewand
  Wolkenwand
Wieland
Wunderland
  Wirtschafts-
  wunderland
Zustand
  Angstzustand
  Ausnahme-
  zustand
  Dauerzustand
  Geisteszustand
  Gesundheits-
  zustand
  Kriegszustand
allerhand
anhand
außerstand
band
  verband
fand
  abfand
gestand
instand
jemand
  irgendjemand
kurzerhand
linkerhand
niemand
rechterhand
schwand
  entschwand
  verschwand
stand
  entstand
  widerstand
überhand
unterderhand
verstand
vorderhand
wand
  entwand

— and (änt)

= – änd (änt)
= – end (änt)
= – ennt (änt)
= – ent (änt)

Band
  Big Band
  Jazzband
Disneyland
Maryland

— and (ā:)

= – an (ā:)
= – anc (ā:)
= – ant (ā:)
= – ent (ā:)

Grand
Gourmand

— änd (änt)

= – and (änt)
= – end (änt)
= – ennt (änt)
= – ent (änt)
→ – ände (ände)
→ – änden (änden)

Bränd
Wänd
bänd
fänd

— anda (anda)

→ – a (a:)

Amanda
Luanda
Propaganda
  Flüsterpropaganda
  Gegenpropaganda
  Lügenpropaganda
  Parteipropaganda
Rwanda
Uganda
Veranda
Wanda

– ändchen
(änt-chen)
= – endchen
(änt-chen)
= – entchen
(änt-chen)
→ – and (ant)

Händchen
 Patschhändchen
Ländchen
 Kuhländchen
Ständchen
 Geburtstags-
  ständchen
 Hochzeits-
  ständchen

– ande (ande)
→ – and (ant)
→ – anden (anden)

Bande
 Blutsbande
 Herzensbande
Bande
 Gaunerbande
 Gangsterbande
 Mörderbande
 Rasselbande
 Räuberbande
Girlande
Grande
Konterbande
Niederlande
Sarabande
Schande
 Affenschande
 Blutschande
 Rassenschande
außerstande
imstande
zulande
 dortzulande
 hierzulande
zustande

– ände (ände)
= – ende (ände)
→ – and (ant)
→ – änden (änden)

Außenstände
Gelände
 Ausstellungsgelände
 Bahngelände
 Messegelände
 Ufergelände
 Werkgelände
Lände
Landstände
Stände
 Verkaufsstände
Verbände
Zustände
entschwände
fände
verschwände

– andel (andel)
→ – andeln (andeln)

Bandel
Handel
 Ablaßhandel
 Außenhandel
 Buchhandel
 Drogenhandel
 Einzelhandel
 Exporthandel
 Freihandel
 Großhandel
 Importhandel
 Kuhhandel
 Kunsthandel
 Mädchenhandel
 Menschenhandel
 Rauschgifthandel
 Schwarzhandel
 Sklavenhandel
 Viehhandel
 Waffenhandel
 Zwischenhandel
Kandel
Machandel

Mandel
 Bittermandel
 Knackmandel
Wandel
 Bedeutungswandel
 Lebenswandel
handel
 abhandel
 aushandel
 verhandel
wandel
 abwandel
 umwandel

– ändel (ändel)
= – endel (ändel)
→ – and (ant)
→ – ändeln (ändeln)

Bändel
Getändel
Händel
 Kriegshändel
 Liebeshändel
bändel
 anbändel
tändel
 vertändel

– andeln (andeln)
→ – and (ant)
→ – andel (andel)

Mandeln
bandeln
 anbandeln
 verbandeln
handeln
 abhandeln
 aushandeln
 behandeln
 einhandeln
 entgegenhandeln
 mißhandeln
 unterhandeln
 verhandeln
 zuwiderhandeln

120

sandeln
verschandeln
wandeln
  abwandeln
  anwandeln
  lustwandeln
  nachtwandeln
  schlafwandeln
  umwandeln
  verwandeln

— **ändeln (ändeln)**

= – endeln (ändeln)
→ – and (ant)
→ – ändel (ändel)

Bändeln
  Schürzenbändeln
Händeln
  Liebeshändeln
Ständeln
  Blumenständeln
anbändeln
rändeln
tändeln
  vertändeln

— **andelt (andelt)**

→ – andeln (andeln)

handelt
  gehandelt
sandelt
verschandelt
wandelt
  gewandelt

— **ändelt (ändelt)**

= – endelt (ändelt)
→ – ändeln (ändeln)

anbändelt
tändelt
  vertändelt

— **anden (anden)**

Anden
abhanden
beanstanden
branden
  anbranden
  aufbranden
gestanden
  abgestanden
  angestanden
  ausgestanden
  stillgestanden
  zugestanden
gewanden
landen
  bruchlanden
  notlanden
  zwischenlanden
stranden
umranden
versanden
verstanden
  einverstanden
  unverstanden
  wohlverstanden
vorhanden
zuschanden

— **änden (änden)**

= – enden (änden)
→ – and (ant)
→ – ände (ände)

Außenständen
Händen
Ständen
  Verkaufsständen
Wänden
Zuständen
fänden
länden
pfänden
  verpfänden
schänden
schwänden
  verschwänden
zuhänden

— **ändend (ändent)**

= – endend (ändent)
→ – änden (änden)

schändend
verpfändend

— **ander (ander)**

→ – andern (andern)

Afrikaander
Alexander
Brander
Expander
Kalander
Koriander
Leander
Mäander
Oleander
Palisander
Salamander
  Alpensalamander
  Feuersalamander
  Höhlensalamander
Stander
Zander
einander
  aneinander
  aufeinander
  auseinander
  beieinander
  durcheinander
  füreinander
  gegeneinander
  hintereinander
  ineinander
  miteinander
  nacheinander
  nebeneinander
  übereinander
  umeinander
  untereinander
  voneinander
  voreinander
  zueinander
selbander
wander

— änder (änder)

= – ender (änder)
→ – and (ant)
→ – ändern (ändern)

Bänder
Beidhänder
Geländer
  Brückengeländer
  Brunnengeländer
  Treppengeländer
Gewänder
Länder
  Abendländer
  Ausländer
  Binnenländer
  Flachländer
  Inländer
  Neufundländer
  Nordländer
  Südländer
Linkshänder
Pfänder
  Verpfänder
Ränder
Rechtshänder
Schänder
  Blutschänder
  Leichenschänder
Ständer
  Blumenständer
  Fahrradständer
  Garderoben-
  ständer
  Pfeifenständer
  Schirmständer
Treuhänder
Zweihänder

— anderer (anderer)

→ – andern (andern)

Wanderer
  Auswanderer
  Einwanderer
  Rückwanderer
anderer

— änderisch (änderisch)

= – enderisch (änderisch)
→ – isch (isch)

blutschänderisch
ehrenschänderisch

— andern (andern)

→ – and (ant)
→ – ander (ander)

Flandern
kalandern
wandern
  abwandern
  anwandern
  auswandern
  durchwandern
  einwandern
  erwandern
  fortwandern
  herumwandern
  umherwandern
  umwandern
  unterwandern
  wegwandern
  zurückwandern
  zuwandern
palisandern
andern

— ändern (ändern)

= – endern (ändern)
→ – and (ant)
→ – änder (änder)

Bändern
Ländern
ändern
  abändern
  umändern
  verändern
bändern
  bebändern

rändern
  berändern
  einrändern
  umrändern

— ändert (ändert)

= – endert (ändert)
→ – ändern (ändern)

ändert
  geändert
bebändert
gebändert
gerändert
  goldgerändert
verändert
  unverändert

— änderung (änderuŋ)

→ – ändern (ändern)
→ – ung (uŋ)

Bebänderung
Änderung
  Kursänderung
  Namensänderung
  Sinnesänderung
Veränderung
  Luftveränderung
  Ortsveränderung

— ändet (ändet)

= – endet (ändet)
→ – änden (änden)

gepfändet
  ungepfändet
geschändet
  ungeschändet
pfändet
schändet

— andig (andi-ch)

→ – ich (i-ch)

brandig
breitrandig

dünnwandig
grandig
sandig
schmalrandig
unbandig

— ändig (ändi-ch)

= – endig (ändi-ch)
→ – ich (i-ch)

anständig
  grundanständig
  hochanständig
  unanständig
beidhändig
beständig
  hitzebeständig
  korrosionsbeständig
  lichtbeständig
  säurebeständig
  unbeständig
  wertbeständig
eigenhändig
einbändig
freihändig
geständig
letzthändig
linkshändig
mehrbändig
rechtshändig
selbständig
  unselbständig
ständig
  ausständig
  bodenständig
  eigenständig
  gegenständig
  grundständig
  inständig
  oberständig
  rückständig
  überständig
  unterständig
unbändig
verständig
  kunstverständig
  musikverständig
  sachverständig
  unverständig

vierhändig
vollständig
  unvollständig
zuständig
  unzuständig
zweibändig
zweihändig

— ändige (ändige)

= – endige (ändige)
→ – ändig (ändi-ch)
→ – ändigen (ändigen)

Sachverständige
bändige
eigenhändige

— ändigen (ändigen)

= – endigen (ändigen)
→ – ändig (ändi-ch)
→ – ändige (ändige)

aushändigen
bändigen
einhändigen
verselbständigen
verständigen
vervollständigen

— ändiger (ändiger)

= – endiger (ändiger)
→ – ändig (ändi-ch)
→ – ändigen (ändigen)

Bändiger
  Heringsbändiger
  Löwenbändiger
  Tierbändiger
Sachverständiger
notwendiger

— ändigkeit (ändi-chkait)

= – endigkeit (ändi-chkait)
→ – ändig (ändi-ch)
→ – eit (ait)

Beständigkeit
Rückständigkeit
Unbändigkeit
Zuständigkeit

— ändigung (ändiguŋ)

= – endigung (ändiguŋ)
→ – ändigen (ändigen)
→ – ung (uŋ)

Aushändigung
Bändigung
Einhändigung
Verselbständigung
Verständigung
  Völkerverständigung
Vervollständigung

— ändisch (ändisch)

= – endisch (ändisch)
→ – and (ant)
→ – isch (isch)

abendländisch
alpenländisch
aufständisch
ausländisch
burgenländisch
festländisch
fremdländisch
inländisch
morgenländisch
nordländisch
rheinländisch
ständisch
südländisch
vaterländisch

— **ändlein
(äntlain)**

= – äntlein (äntlain)
= – ein (ain)
= – entlein (äntlain)
→ – and (ant)

Bändlein
Händlein
Ländlein
Wändlein

— **andler (andler)**

→ – andeln (andeln)

Wandler
  Nachtwandler
  Schlafwandler
Tandler

— **ändler (äntler)**

= – endler (äntler)
→ – ändeln (ändeln)

Händler
  Antiquitätenhändler
  Autohändler
  Blumenhändler
  Briefmarkenhändler
  Buchhändler
  Drogenhändler
  Fischhändler
  Gebrauchtwagen-
  händler
  Gemüsehändler
  Großhändler
  Kohlenhändler
  Kolonialwaren-
  händler
  Kunsthändler
  Lumpenhändler
  Mädchenhändler
  Obsthändler
  Pferdehändler
  Schwarzhändler
  Sklavenhändler
  Straßenhändler
  Unterhändler
  Viehhändler
  Waffenhändler
  Weinhändler
  Zwischenhändler
Ländler
Mittelständler
Ruheständler
Tändler

— **andlich
(antli-ch)**

= – anntlich (antli-ch)
→ – ich (i-ch)

handlich
  unhandlich

— **ändlich
(ändli-ch)**

= – endlich (äntli-ch)
= – enntlich (äntli-ch)
= – entlich (äntli-ch)
→ – ich (i-ch)

gegenständlich
ländlich
mißverständlich
  unmißverständlich
schändlich
umständlich
verständlich
  allgemein-
  verständlich
  leichtverständlich
  schwerverständlich
  selbstverständlich
  unverständlich

— **ändlichen
(äntli-chen)**

→ – ändlich (äntli-ch)
→ – endlich (äntli-ch)
→ – enntlich (äntli-ch)
→ – entlich (äntli-ch)

vergegenständlichen

— **ändlichkeit
(äntli-chkait)**

= – endlichkeit
  (äntli-chkait)
= – enntlichkeit
  (äntli-chkait)
= – entlichkeit
  (äntli-chkait)
→ – ändlich (äntli-ch)
→ – eit (ait)

Ländlichkeit
Schändlichkeit
Umständlichkeit
Verständlichkeit

— **andlung
(antluŋ)**

→ – andeln (andeln)
→ – ung (uŋ)

Behandlung
  Ballbehandlung
  Heilbehandlung
  Nachbehandlung
  Wundbehandlung
  Zahnbehandlung
Handlung
  Abhandlung
  Affekthandlung
  Amtshandlung
  Haupthandlung
  Kampfhandlung
  Kriegshandlung
  Nebenhandlung
  Rahmenhandlung
  Zuwiderhandlung
  Zwangshandlung
Handlung
  Buchhandlung
  Kohlenhandlung
  Musikalienhandlung
Verhandlung
  Gerichtsverhandlung
  Hauptverhandlung
  Lohnverhandlung
Wandlung
  Verwandlung

— **ändnis (äntniß)**

= – enntnis (äntniß)

Geständnis
  Eingeständnis
  Liebesgeständnis
  Selbstgeständnis
  Teilgeständnis
  Zugeständnis
Verständnis
  Einverständnis
  Mißverständnis
  Sachverständnis
  Unverständnis

— **ando (ando)**

→ – o (o:)
→ – oh (o:)

Kommando
  Arbeitskommando
  Außenkommando
  Begleitkommando
  Bezirkskommando
  Einsatzkommando
  Exekutions-
    kommando
  Feuerlösch-
    kommando
  Militärkommando
  Oberkommando
  Rollkommando
  Überfallkommando
postnumerando
pränumerando

— **andra (andra)**

→ – a (a:)
→ – ah (a:)

Alexandra
Kassandra
Mandra
Sandra

— **andrer (andrer)**

→ – anderer (anderer)

Wandrer
andrer

— **andrecht (anträ-cht)**

= – ächt (ä-cht)
= – echt (ä-cht)

Pfandrecht
Standrecht
Strandrecht

— **ands (antß)**

= – ants (antß)
= – anz (antß)
→ – and (ant)

Aufstands
Bands
Bestands
Brands
Gewands
Lands
Rands
Sands
Stands
Strands
Verbands
Verstands
Zustands

— **andschaft (antschaft)**

= – afft (aft)
= – aft (aft)
= – andtschaft (antschaft)
= – anntschaft (antschaft)

Landschaft

— **andser (antßer)**

= – anzer (antßer)

Landser

— **andt (ant)**

= – and (ant)
= – annt (ant)
= – ant (ant)
→ – andte (ante)

abgewandt
  weltabgewandt
gesandt
  abgesandt
  ausgesandt
  eingesandt
  zugesandt
gewandt
  angewandt
  aufgewandt
  redegewandt
  weltgewandt
  wortgewandt
  zugewandt
übersandt
versandt
verwandt
  anverwandt
  blutsverwandt
  engverwandt
  geistesverwandt
  seelenverwandt
  sprachverwandt
  stammesverwandt
  wahlverwandt

— **andte (ante)**

= – annte (ante)
= – ante (ante)
→ – andt (ant)

Gesandte
  Abgesandte
Verwandte
  Anverwandte
  Blutsverwandte
sandte
  übersandte
wandte
  abwandte
  umwandte
  wegwandte
  zuwandte

— **andten
(anten)**

= – annten (anten)
= – anten (anten)
→ – andt (ant)
→ – andte (ante)

Abgesandten
Verwandten
gewandten
  redegewandten
sandten
  übersandten
wandten
  zuwandten

— **andter (anter)**

= – annter (anter)
= – anter (anter)
→ – andt (ant)
→ – andte (ante)

Gesandter
  Abgesandter
Verwandter
  Anverwandter
  Blutsverwandter
gewandter
  redegewandter
  weltgewandter

— **andtheit
(anthait)**

= – anntheit (anthait)
→ – andt (ant)
→ – eit (ait)

Gewandtheit
  Redegewandtheit
  Weltgewandtheit
  Wortgewandtheit

— **andtschaft
(antschaft)**

= – afft (aft)
= – aft (aft)
= – andschaft
  (antschaft)
= – anntschaft
  (antschaft)

Gesandtschaft
Verwandtschaft

— **anduhr (antu:r)**

= – our (u:r)
= – uhr (u:r)
= – ur (u:r)

Sanduhr
Standuhr
Wanduhr

— **andung (anduŋ)**

→ – ung (uŋ)

Beanstandung
Brandung
  Meeresbrandung
Gewandung
Landung
  Bauchlandung
  Bruchlandung
  Luftlandung
  Nachtlandung
  Notlandung
  Ziellandung
  Zwischenlandung
Umrandung
  Bettumrandung
Versandung
Wandung
  Umwandung

— **ändung (änduŋ)**

= – endung (änduŋ)
→ – ung (uŋ)

Pfändung
  Verpfändung
Schändung
  Grabschändung
  Leichenschändung

— **andy (ändi)**

= – endi (ändi)

Brandy
Dandy

— **ane (a:ne)**

= – ahne (a:ne)
→ – an (a:n)
→ – anen (a:nen)

Afghane
Ariana
Banane
Brahmane
Germane
Juliane
Karawane
  Kamelkarawane
Katalane
Kleptomane
Kurtisane
Liane
Membrane
Osmane
Ottomane
Partisane
Plane
  Wagenplane
  Zeltplane
Platane
Pyromane
Romane
  Rätoromane
Schamane
Schikane
Soutane
Titane

— **äne (ä:ne)**

= – ähne (ä:ne)
→ – an (a:n)
→ – än (ä:n)
→ – änen (ä:nen)

Brangäne
Däne
Domäne
Fontäne
Hyäne
Kräne
Maräne
Migräne
Moräne
Muräne
Parmäne
 Goldparmäne
Pläne
Quarantäne
Rumäne
Schwäne
Späne
 Sägespäne
Träne

— **anen (a:nen)**

= – ahnen (a:nen)
→ – an (a:n)
→ – ane (a:ne)

Manen
Marianen
planen
 einplanen
 verplanen
 vorplanen
porzellanen
profanen
schwanen

— **änen (ä:nen)**

= – ähnen (ä:nen)
→ – än (ä:n)
→ – äne (ä:ne)

Kapitänen
Schwänen
Souveränen
Tränen
 Freudentränen
 Krokodilstränen
spänen
 abspänen
tränen

— **aner (a:ner)**

= – ahner (a:ner)
→ – an (a:n)

Afrikaner
 Schwarzafrikaner
Albaner
Amerikaner
 Angloamerikaner
 Deutschamerikaner
 Lateinamerikaner
 Nordamerikaner
 Südamerikaner
Aquarianer
Arianer
Bolivianer
Brasilianer
Dominikaner
Franziskaner
Hannoveraner
Indianer
Insulaner
Japaner
Kolumbianer
Koreaner
Kubaner
Liberianer
Lilliputaner
Lipizzaner
Lutheraner
Marokkaner
Mexikaner
Mohammedaner
Mohikaner
Neapolitaner
Nigerianer
Paulaner
Persianer
Peruaner
Planer
 Städteplaner
Prätorianer
Presbyterianer
Primaner
 Oberprimaner
Puritaner
Quartaner
Quintaner
Republikaner

Sekundaner
Sextaner
Sizilianer
Spartaner
Tertianer
Thomaner
Tibetaner
Trojaner
Venezianer
Venezolaner
getaner
 ungetaner
humaner
spontaner
urbaner

— **anft (anft)**

Ranft
 Brotranft
sanft
 unsanft

— **ang (aŋ)**

→ – ange (aŋe)
→ – angen (aŋen)

Anfang
 Frühjahrsanfang
 Herbstanfang
 Jahresanfang
 Schulanfang
 Sommeranfang
 Winteranfang
Aufgang
 Mondaufgang
 Sonnenaufgang
Ausgang
 Hinterausgang
 Nebenausgang
 Notausgang
Behang
 Baumbehang
Belang
Bumerang
Drang
 Andrang
 Freiheitsdrang
 Geltungsdrang

127

Schaffensdrang
Tatendrang
Wissensdrang
Zudrang
Eingang
  Geldeingang
  Haupteingang
  Nebeneingang
  Posteingang
  Privateingang
  Taleingang
  Wareneingang
Empfang
  Befehlsempfang
  Neujahrsempfang
  Presseempfang
  Staatsempfang
Fang
  Blickfang
  Fischfang
  Heringsfang
  Kugelfang
  Rauchfang
  Stimmenfang
  Walfang
  Wildfang
  Windfang
Gang
  Abgang
  Arbeitsgang
  Ausbildungsgang
  Bildungsgang
  Bittgang
  Botengang
  Durchgang
  Fortgang
  Gedankengang
  Geheimgang
  Gehörgang
  Geschäftsgang
  Heimgang
  Hergang
  Irrgang
  Jahrgang
  Kirchgang
  Klostergang
  Krebsgang
  Kreuzgang
  Laubengang

  Lehrgang
  Mittelgang
  Müßiggang
  Niedergang
  Paßgang
  Patrouillengang
  Pirschgang
  Quergang
  Rückwärtsgang
  Rundgang
  Säulengang
  Schneckengang
  Seegang
  Spaziergang
  Stuhlgang
  Tiefgang
  Verbindungsgang
  Vorgang
  Waffengang
  Wahlgang
  Wandelgang
  Weggang
  Wehrgang
  Werdegang
Gesang
  Abgesang
  Chorgesang
  Grabgesang
  Lobgesang
  Rundgesang
  Schlachtgesang
  Schwanengesang
  Sologesang
  Wechselgesang
  Zwiegesang
Hang
  Abhang
  Anhang
  Aushang
  Berghang
  Schneehang
  Überhang
  Umhang
  Vorhang
  Zusammenhang
Hindelang
Klang
  Aufklang
  Anklang

  Ausklang
  Becherklang
  Beiklang
  Dreiklang
  Einklang
  Gleichklang
  Glockenklang
  Klingklang
  Mißklang
  Nachklang
  Zusammenklang
Mustang
Rang
  Dienstrang
  Offiziersrang
  Vorrang
Rückgang
  Geburten-
  rückgang
Sang
  Minnesang
  Singsang
  Sirenensang
  Vogelsang
Schwang
  Überschwang
Strang
  Schienenstrang
Tang
  Seetang
Übergang
  Bahnübergang
  Flußübergang
  Grenzübergang
Umfang
  Bauchumfang
  Brustumfang
  Erdumfang
  Kreisumfang
  Stimmumfang
Umgang
  Flurumgang
Untergang
  Monduntergang
  Schiffsuntergang
  Sonnenuntergang
  Weltuntergang
Wolfgang
Zeitlang

Zwang
  Weinzwang
  Verzehrzwang
  Zugzwang
bang
  todbang
  todesbang
dang
drang
  eindrang
  durchdrang
  vordrang
gelang
klang
  ausklang
  mitklang
  nachklang
klingklang
lang
  abendelang
  allzulang
  armlang
  baumlang
  bislang
  ellenlang
  entlang
  fingerlang
  halblang
  jahrelang
  jahrzehntelang
  kilometerlang
  lebenslang
  meterlang
  monatelang
  nächtelang
  nasenlang
  naslang
  seitenlang
  solang
  spannenlang
  stundenlang
  tagelang
  überlang
  wochenlang
mißlang
mittenmang
rang
  abrang
  durchrang

sang
  mitsang
  nachsang
  vorsang
schlang
  umschlang
  verschlang
schwang
  ausschwang
  mitschwang
sprang
  absprang
  ansprang
  aufsprang
  beisprang
  hochsprang
  lossprang
  nachsprang
  übersprang
wrang
  auswrang
zwang
  abzwang

— ang (äŋ)

= − eng (äŋ)

Gang
Slang

— äng (äŋ)

= − eng (äŋ)
→ − ang (aŋ)
→ − änge (äŋe)
→ − ängen (äŋen)

Gedräng
dräng
häng
päng
  päng-päng
säng
spräng

— ange (aŋe)

→ − ang (aŋ)
→ − angen (aŋen)

Bange
Range

Schlange
  Brillenschlange
  Giftschlange
  Klapperschlange
  Papierschlange
  Riesenschlange
  Seeschlange
  Wasserschlange
Spange
  Armspange
  Fußspange
  Gewandspange
  Gürtelspange
  Zahnspange
Stange
  Balancierstange
  Bohnenstange
  Brechstange
  Deichselstange
  Eisenstange
  Fahnenstange
  Gardinenstange
  Haltestange
  Hopfenstange
  Hühnerstange
  Kletterstange
  Kolbenstange
  Reckstange
  Salzstange
  Stoßstange
  Teppichstange
  Turnstange
  Vogelstange
  Vorhangstange
  Zeltstange
  Zuckerstange
Strange
Wange
Zange
  Beißzange
  Drahtzange
  Feuerzange
  Flachzange
  Kerbzange
  Kneifzange
  Kohlenzange
  Kombizange
  Lochzange
  Nagelzange

Rundzange
Schmiedezange
Zuckerzange
bange
empfange
fange
lange
  allzulange
  ebensolange
  solange
verlange
zugange

— ange (ā:sche)

= – anche (ā:sche)

Melange
Orange

— änge (äŋe)

= – enge (äŋe)
→ – ang (aŋ)
→ – ängen (äŋen)

Ausgänge
Botengänge
Empfänge
Gedränge
  Menschengedränge
  Volksgedränge
Gefänge
Gehänge
  Blumengehänge
  Ohrgehänge
  Wehrgehänge
Gepränge
  Wortgepränge
Gesänge
Gespänge
Gestänge
  Bremsgestänge
Klänge
  Glockenklänge
  Heimatklänge
  Sirenenklänge
  Sphärenklänge

Länge
  Haupteslänge
  Nasenlänge
  Pferdelänge
  Überlänge
  Wellenlänge
Vorhänge
Zwänge
dränge
hänge
sänge
spränge

— angel (aŋel)

→ – angeln (aŋeln)

Angel
  Fischangel
  Fußangel
  Türangel
Gerangel
Mangel
  Absatzmangel
  Arbeitsmangel
  Auftragsmangel
  Futtermangel
  Geldmangel
  Luftmangel
  Nahrungsmangel
  Personalmangel
  Platzmangel
  Raummangel
  Vitaminmangel
  Wassermangel
  Wohnungsmangel
  Zeitmangel
Tingeltangel
Triangel
Wäschemangel
angel
hangel
mangel

— ängel (äŋel)

= – engel (äŋel)
→ – ängeln (äŋeln)

Gedrängel
Mängel
bemängel
drängel
gängel
schlängel

— ängelchen (äŋel-chen)

= – engelchen (äŋel-chen)
→ – ange (aŋe)

Schlängelchen
Stängelchen
Zängelchen

— angeln (aŋeln)

→ – angel (aŋel)

angeln
  herausangeln
ermangeln
hangeln
  hochhangeln
  vorwärtshangeln
  weiterhangeln
mangeln
rangeln

— ängeln (äŋeln)

= – engeln (äŋeln)

Mängeln
bemängeln
dängeln
drängeln
  aufdrängeln
  durchdrängeln
  vordrängeln
gängeln
schlängeln
  durchschlängeln
  heranschlängeln
  herausschlängeln
  hinausschlängeln
  hindurchschlängeln

— **angen (aŋen)**

→ – ange (aŋe)

Erlangen
Unterfangen
Verlangen
Wangen
Zangen
anfangen
  angefangen
bangen
befangen
  unbefangen
begangen
belangen
  anbelangen
besangen
drangen
  eindrangen
  vordrangen
empfangen
entgangen
erlangen
  wiedererlangen
  zurückerlangen
fangen
  abfangen
  auffangen
  einfangen
  umfangen
  verfangen
  wegfangen
gefangen
  mitgefangen
gegangen
  abgegangen
  ausgegangen
  fortgegangen
  heimgegangen
  mitgegangen
  nachgegangen
  übergegangen
  untergegangen
  vorangegangen
  vorausgegangen
  vorgegangen
  weggegangen
  weitergegangen
  zugegangen
gehangen
  mitgehangen
gelangen
  angelangen
  herausgelangen
  hinabgelangen
  hinaufgelangen
  hineingelangen
  hingelangen
  zurückgelangen
hangen
  anhangen
  nachhangen
hintergangen
klangen
  erklangen
  verklangen
langen
  anlangen
  auslangen
  herablangen
  herauflangen
  herauslangen
  herlangen
  herunterlangen
  hinablangen
  hinauflangen
  hinauslangen
  hineinlangen
  hinlangen
  hinunterlangen
  zulangen
mißlangen
prangen
rangen
  abrangen
  entrangen
sangen
  mitsangen
  vorsangen
  weitersangen
schlangen
  umschlangen
  verschlangen
schwangen
  aufschwangen
sprangen
  übersprangen
übergangen
umgangen
vergangen
verlangen
  abverlangen
  nachverlangen
  zurückverlangen
zwangen
  bezwangen

— **ängen (äŋen)**

= – engen (äŋen)
→ – ang (aŋ)
→ – änge (äŋe)

Gängen
Gesängen
Klängen
drängen
  abdrängen
  andrängen
  aufdrängen
  bedrängen
  durchdrängen
  eindrängen
  herausdrängen
  hereindrängen
  herzudrängen
  hinausdrängen
  hindurchdrängen
  hineindrängen
  hinzudrängen
  nachdrängen
  umdrängen
  verdrängen
  vordrängen
  wegdrängen
  zurückdrängen
  zusammendrängen
gelängen
hängen
  abhängen
  anhängen
  aufhängen
  aushängen
  behängen
  einhängen
  erhängen
  herabhängen
  herniederhängen

herunterhängen
hinabhängen
hinhängen
hinunterhängen
nachhängen
überhängen
umhängen
verhängen
weghängen
zuhängen
zusammenhängen
klängen
erklängen
mitklängen
verklängen
krängen
längen
mißlängen
sängen
besängen
mitsängen
nachsängen
vorsängen
schwängen
ausschwängen
mitschwängen
strängen
absträngen
ansträngen
zwängen
aufzwängen
durchzwängen
einzwängen
herauszwängen
hindurchzwängen
hineinzwängen

— **angend (aŋent)**

→ – angen (aŋen)

blütenprangend
heimverlangend

— **ängend (äŋent)**

= – engend (äŋent)
→ – ängen (äŋen)

unzusammenhängend
vorwärtsdrängend

— **angende (aŋende)**

→ – angen (aŋen)

Lohnempfangende
Schutzverlangende
bangende
blütenprangende
heimverlangede

— **ängende (äŋende)**

= – engende (äŋende)
→ – ängen (aŋen)

vorwärtsdrängende
überhängende

— **angene (aŋene)**

→ – angen (aŋen)

Gefangene
Kriegsgefangene
Staatsgefangene
Strafgefangene
Schmuckbehangene

— **angenheit (aŋenhait)**

→ – angen (aŋen)
→ – eit (ait)

Befangenheit
Unbefangenheit
Vergangenheit

— **anger (aŋer)**

→ – ang (aŋ)

Anger
Schindanger
Handlanger
Pranger
banger
langer
schwanger
hochschwanger
unheilschwanger

— **änger (äŋer)**

= – enger (äŋer)
→ – ang (aŋ)

Anfänger
Bedränger
Blindgänger
Doppelgänger
Draufgänger
Einzelgänger
Empfänger
Gehaltsempfänger
Lohnempfänger
Volksempfänger
Fänger
Bauernfänger
Fliegenfänger
Grillenfänger
Hundefänger
Rattenfänger
Staubfänger
Tierfänger
Vogelfänger
Walfänger
Fußgänger
Grenzgänger
Hänger
Anhänger
Aufhänger
Hirschfänger
Kirchgänger
Kostgänger
Meldegänger
Müßiggänger
Paßgänger
Rudergänger
Rutengänger
Sänger
Bänkelsänger
Beat-Sänger
Blues-Sänger
Chorsänger
Hofsänger
Jazzsänger
Kammersänger
Laubsänger
Liedersänger
Minnesänger
Opernsänger

Pop-Sänger
Rock-Sänger
Rohrsänger
Schlagersänger
Volkssänger
Vorsänger
Schulabgänger
Sohlengänger
Spaziergänger
Vorgänger
  Amtsvorgänger
bänger
länger

— **ängerin (äŋerin)**

= — in (in)
= — inn (in)
→ — änger (äŋer)

Einzelgängerin
Gehaltsempfängerin
Sängerin
  Blues-Sängerin
  Jazzsängerin
  Koloratursängerin
  Operettensängerin
  Pop-Sängerin
  Schlagersängerin
Spaziergängerin

— **angern (aŋern)**

→ — anger (aŋer)

Handlangern
anprangern

— **ängern (äŋern)**

= — engern (äŋern)
→ — änger (äŋer)

Fängern
Sängern
bängern
längern
  verlängern
  schwängern

— **ängerung (äŋeruŋ)**

= — engerung
   (äŋeruŋ)
→ — ung (uŋ)

Schwängerung
Verlängerung

— **angig (aŋi-ch)**

→ — ich (i-ch)

bleichwangig
erstrangig
gleichrangig
rotwangig
vorrangig

— **ängig (äŋi-ch)**

→ — ich (i-ch)

abhängig
  unabhängig
anhängig
gängig
  angängig
  durchgängig
  eingängig
  geländegängig
  rückgängig

— **ängigkeit (äŋi-chkait)**

= — engigkeit
   (äŋi-chkait)
→ — ängig (äŋi-ch)
→ — eit (ait)

Abhängigkeit
Gängigkeit

— **änglein (äŋlain)**

= — ein (ain)
= — englein (äŋlain)
→ — ange (aŋe)

Stänglein
Zänglein

— **anglich (aŋli-ch)**

→ — ich (i-ch)

gesanglich
klanglich

— **änglich (äŋli-ch)**

= — englich (äŋli-ch)
= — eng(e)lig
   (äŋ(e)li-ch)
→ — ich (i-ch)

anfänglich
anhänglich
bänglich
empfänglich
  unempfänglich
länglich
  hinlänglich
  lebenslänglich
umfänglich
umgänglich
  unumgänglich
verfänglich
  unverfänglich
vergänglich
  unvergänglich
zugänglich
  unzugänglich
zulänglich
  unzulänglich

— **änglichkeit (äŋli-chkait)**

= — eng(e)ligkeit
   (äŋ(e)li-chkait)
= — englichkeit
   (äŋli-chkait)
→ — änglich (äŋli-ch)
→ — eit (ait)

Anhänglichkeit
Empfänglichkeit
Unzulänglichkeit

133

— **anglos (aŋlo:ß)**

= — os (o:ß)
= — oß (o:ß)
→ — ang (aŋ)

belanglos
klanglos
sanglos
zwanglos

— **angne (aŋne)**

→ — angene (aŋene)

übergangne
verhangne

— **ängnis (äŋnis)**

→ — is (iß)
→ — iß (iß)

Bängnis
Bedrängnis
Begängnis
  Leichenbegängnis
Empfängnis
Gefängnis
Verhängnis

— **ango (aŋo)**

→ — o (o:)

Fandango
Fango
Mango
Tango

— **ängsel (äŋsel)**

= — engsel (äŋsel)

Anhängsel
Umhängsel

— **angst (aŋßt)**

→ — ang (aŋ)
→ — angen (aŋen)

Angst
  Aidsangst
  Atomangst
  Gewissensangst
  Heidenangst
  Höllenangst
  Krebsangst
  Lebensangst
  Platzangst
  Todesangst
bangst
drangst
gelangst
klangst
langst
prangst
rangst
sangst
schlangst
schwangst
sprangst
wrangst
zwangst

— **ängst (äŋßt)**

= — engst (äŋßt)
→ — ängen (äŋen)

drängst
empfängst
fängst
hängst
klängst
längst
  unlängst
sängst
sprängst
schwängst
zwängst

— **angt (aŋt)**

→ — angen (aŋen)

bangt
  gebangt
drangt
fangt
gelangt
  angelangt
langt
  belangt
prangt
  geprangt
sangt
schlangt
schwangt
sprangt
  besprangt
wrangt
zwangt
  bezwangt

— **ängt (äŋt)**

= — engt (äŋt)
→ — angen (aŋen)
→ — ängen (äŋen)

behängt
  goldbehängt
  schmuckbehängt
bedrängt
  zeitbedrängt
drängt
empfängt
fängt
gedrängt
  dichtgedrängt
gehängt
  angehängt
  aufgehängt
gelängt
gezwängt
  eingezwängt
hängt
längt
sängt
zwängt

— **angte (aŋte)**

→ — angen (aŋen)

bangte
langte
prangte
verlangte

— ängte (äŋte)

= − engte (äŋte)
→ − ängen (äŋen)
→ − ängt (äŋt)

Aufgehängte
Gehängte
Erhängte
drängte
  bedrängte
eingezwängte
zwängte

— angten (aŋten)

→ − angen (aŋen)
→ − angt (aŋt)

bangten
gelangten
  angelangten
langten
prangten
verlangten

— ängten (äŋten)

= − engten (äŋten)
→ − ängen (äŋen)
→ − ängt (äŋt)

Erhängten
Gehängten
umdrängten
zwängten

— ängtheit (äŋthait)

= − engtheit (äŋthait)
→ − ängen (äŋen)
→ − ängt (äŋt)
→ − eit (ait)

Bedrängtheit

— ängung (äŋuŋ)

= − engung (äŋuŋ)
→ − ängen (äŋen)
→ − ung (uŋ)

Aufhängung
Bedrängung
Längung
Verdrängung
  Wasserverdrängung
Verhängung

— angvoll (aŋfol)

= − oll (ol)
→ − ang (aŋ)

belangvoll
drangvoll
klangvoll

— anha (anja)

= − agna (anja)
= − aña (anja)
= − anja (anja)
→ − a (a:)

Piranha

— ani (a:ni)

→ − i (i:)
→ − ie (i:)
→ − ieh (i:)
→ − is (i:)
→ − it (i:)

Mani
Schani
  Ballschani
Trani

— ani (ani)

= − anni (ani)

Sani

— ania (a:nia)

→ − a (a:)

Catania
Germania
Lusitania
Titania
Urania

— anich (a:ni-ch)

= − ahnig (a:ni-ch)
= − anig (a:ni-ch)
→ − ich (i-ch)

Kranich

— anie (a:ni-e)

Geranie
Kastanie
  Edelkastanie
  Eßkastanie
  Roßkastanie

— aniel (ani-äl)

→ − el (äl)

Daniel
Spaniel
  Cockerspaniel

— anien (a:ni-en)

→ − anie (a:ni-e)

Albanien
Germanien
Jordanien
Mauretanien
Oranien
Ozeanien
Pennsylvanien
Spanien
Tasmanien
Transsylvanien

— anier (a:ni-er)

Albanier
Bukanier
Jordanier
Mauretanier
Oranier
Spanier

— anig (a:ni-ch)

= − ahnig (a:ni-ch)
= − anich (a:ni-ch)
→ − ich (i-ch)

tranig

— **änig (ä:ni-ch)**

= – ähnig (ä:ni-ch)
→ – ich (i-ch)

tränig
untertänig

— **anik (a:nik)**

Botanik
Mechanik
  Feinmechanik
Panik
  Torschlußpanik
Romanik

— **aniker (a:niker)**

→ – icker (iker)

Botaniker
Mechaniker
  Automechaniker
  Elektromechaniker
  Feinmechaniker

— **anisch (a:nisch)**

→ – isch (isch)

afghanisch
afrikanisch
albanisch
amerikanisch
  antiamerikanisch
  lateinamerikanisch
  nordamerikanisch
  südamerikanisch
anglikanisch
arianisch
bolivianisch
botanisch
brasilianisch
elisabethanisch
friderizianisch
galvanisch
germanisch
  indogermanisch
gregorianisch
indianisch
iranisch

japanisch
javanisch
jordanisch
katalanisch
kolumbianisch
koreanisch
kubanisch
manisch
  kleptomanisch
  monomanisch
  nymphomanisch
marokkanisch
mechanisch
mexikanisch
mohammedanisch
muselmanisch
neapolitanisch
organisch
  anorganisch
  unorganisch
osmanisch
ottomanisch
ozeanisch
pakistanisch
panisch
peruanisch
pompejanisch
puritanisch
republikanisch
romanisch
  galloromanisch
  rätoromanisch
satanisch
sizilianisch
spanisch
spartanisch
tibetanisch
titanisch
trojanisch
venezianisch
venezolanisch
viktorianisch
vulkanisch

— **änisch (ä:nisch)**

→ – isch (isch)

dänisch
rumänisch

— **anja (anja)**

= – agna (anja)
= – aña (anja)
= – anha (anja)
→ – a (a:)

Anja
Tanja
Wanja

— **ank (aŋk)**

→ – anke (aŋke)
→ – anken (aŋken)

Ausschank
  Alkoholausschank
  Bierausschank
  Weinausschank
Bank
  Anklagebank
  Austernbank
  Blutbank
  Datenbank
  Drehbank
  Eckbank
  Felsbank
  Fensterbank
  Folterbank
  Freibank
  Fußbank
  Gartenbank
  Hobelbank
  Moosbank
  Ofenbank
  Rasenbank
  Ruderbank
  Ruhebank
  Sandbank
  Schlachtbank
  Schulbank
  Sitzbank
  Steinbank
  Werkbank
Bank
  Bundesbank
  Großbank
  Notenbank
  Privatbank

Reichsbank
Spielbank
Staatsbank
Dank
  Undank
Frank
Gerank
Gestank
  Höllengestank
Gezank
Schank
Schrank
  Aktenschrank
  Arzneischrank
  Bücherschrank
  Eckschrank
  Geldschrank
  Kleiderschrank
  Küchenschrank
  Kühlschrank
  Rollschrank
  Wandschrank
  Wäscheschrank
Schwank
  Bauernschwank
  Volksschwank
Tank
  Benzintank
  Öltank
Trank
  Göttertrank
  Liebestrank
  Schlaftrank
Wank
Zank
blank
  blitzblank
  spiegelblank
frank
krank
  blasenkrank
  fieberkrank
  gallenkrank
  geisteskrank
  gemütskrank
  geschlechtskrank
  herzkrank
  leberkrank
  liebeskrank
  lungenkrank
  magenkrank
  nervenkrank
  nierenkrank
  schwerkrank
  seekrank
  sterbenskrank
  todkrank
  zuckerkrank
rank
sank
schlank
  gertenschlank
  überschlank
  vollschlank
schwank
stank
tank
trank
  ertrank
wank
zank

— änk (äŋk)

= – enk (äŋk)
→ – änke (äŋke)
→ – änken (äŋken)

Getränk
  Erfrischungs-
    getränk
  Fruchtsaftgetränk
  Milchgetränk
  Mixgetränk
  Nationalgetränk
Gezänk
sänk

— anka (aŋka)

= – anca (aŋka)
→ – a (a:)

Bianka
Franka
Soljanka
Sri Lanka

— änkchen (äŋk-chen)

= – enkchen
  (äŋk-chen)
→ – ank (aŋk)

Bänkchen
Schränkchen

— anke (aŋke)

→ – ank (aŋk)
→ – anken (aŋken)

Anke
Flanke
Franke
Gedanke
  Grundgedanke
  Hintergedanke
  Leitgedanke
  Nebengedanke
Geranke
Gezanke
Hanke
Krumme Lanke
Lanke
Opanke
Planke
  Bauplanke
  Bodenplanke
  Bordplanke
  Leitplanke
Pranke
Ranke
  Efeuranke
  Weinranke
Schranke
  Bahnschranke
  Zollschranke
danke
kranke
ranke
schwanke
tanke
wanke
zanke

— **änke (äŋke)**

= – enke (äŋke)
→ – ank (aŋk)
→ – änk (äŋk)
→ – änken (äŋken)

Bänke
Getränke
Gezänke
Kränke
Ränke
Schänke
Schränke
Tränke

— **änkel (äŋkel)**

= – enkel (äŋkel)

Geplänkel
  Wortgeplänkel
kränkel
plänkel

— **änkeln (äŋkeln)**

= – enkeln (äŋkeln)
→ – änkel (äŋkel)

kränkeln
plänkeln

— **änkelt (äŋkelt)**

= – enkelt (äŋkelt)
→ – änkeln (äŋkeln)

gekränkelt
  angekränkelt
geplänkelt

— **anken (aŋken)**

→ – ank (aŋk)
→ – anke (aŋke)

Banken
Franken
Karawanken
danken
  abdanken
  bedanken
  verdanken
janken
kranken
  erkranken
planken
  beplanken
  umplanken
ranken
  anranken
  aufranken
  beranken
  emporranken
  hochranken
  überranken
  umranken
sanken
  absanken
  dahinsanken
  entsanken
  hinsanken
  umsanken
  untersanken
  versanken
  zusammensanken
schwanken
  anschwanken
  heranschwanken
  herumschwanken
  näherschwanken
  vorbeischwanken
  zuschwanken
stanken
  anstanken
tanken
  auftanken
  nachtanken
  volltanken
wanken
  anwanken
  daherwanken
  dahinwanken
  heranwanken
  herumwanken
  näherwanken
  vorbeiwanken
  zuwanken
zanken
  auszanken
  herumzanken
  verzanken

— **änken (äŋken)**

= – enken (äŋken)
→ – ank (aŋk)
→ – änk (äŋk)
→ – änke (äŋke)
→ – anken (aŋken)

Bänken
Getränken
Ränken
Schränken
Tränken
beschränken
einschränken
kränken
sänken
  einsänken
  versänken
tränken
  beträpken
  durchtränken
  eintränken
  ertränken
umschränken
verschränken

— **änkend (äŋkent)**

= – enkend (äŋkent)
→ – änken (äŋken)

einschränkend
kränkend

— **anker (aŋker)**

= – unker (aŋker)
→ – ank (aŋk)

Anker
  Rettungsanker
Janker
Kanker
Kranker
  Sterbenskranker
  Todkranker
Schanker
Tanker
  Öltanker

blanker
kranker
schlanker

— änker (äŋker)

= – enker (äŋker)
→ – änkern (äŋkern)

Gestänker
Stänker
Zänker
kränker

— änkerei (äŋkerai)

= – ei (ai)
= – enkerei (äŋkerai)
→ – änker (äŋker)
→ – änkern (äŋkern)

Stänkerei
Zänkerei

— ankern (aŋkern)

→ – anker (aŋker)

ankern
verankern

— änkern (äŋkern)

= – enkern (äŋkern)
→ – änker (äŋker)

kränkern
stänkern
  anstänkern
  verstänkern

— ankhaft (aŋkhaft)

= – afft (aft)
= – aft (aft)

krankhaft
schwankhaft
zankhaft

— ankheit (aŋkhait)

→ – eid (ait)
→ – eit (ait)

Krankheit
  Berufskrankheit
  Erbkrankheit
  Franzosenkrankheit
  Gemütskrankheit
  Geschlechtskrankheit
  Hautkrankheit
  Infektionskrankheit
  Kinderkrankheit
  Modekrankheit
  Schlafkrankheit
Schlankheit

— änkisch (äŋkisch)

→ – isch (isch)

fränkisch
  altfränkisch
zänkisch

— änklein (äŋklain)

= – ein (ain)
→ – ank (aŋk)

Bänklein
Schränklein
Tränklein

— änklich (äŋkli-ch)

= – enk(e)lig (äŋk(e)li-ch)
= – enklich (äŋkli-ch)
→ – ich (i-ch)

kränklich

— änklichkeit (äŋkli-chkait)

= – enklichkeit (äŋkli-chkait)
→ – eit (ait)

Kränklichkeit

— anko (aŋko)

= – anco (aŋko)
= – ankow (aŋko)
→ – o (o:)

Manko
blanko
franko

— ankow (aŋko)

= – anco (aŋko)
= – anko (aŋko)
→ – o (o:)

Pankow

— ankst (aŋkßt)

→ – anken (aŋken)
→ – ankt (aŋkt)

dankst
krankst
rankst
sankst
trankst
wankst
zankst

— änkst (äŋkßt)

= – enkst (äŋkßt)
→ – änken (äŋken)
→ – änkt (äŋkt)

beschränkst
kränkst
tränkst

— ankt (aŋkt)

→ – anken (aŋken)

beschrankt
　unbeschrankt
dankt
　gedankt
krankt
　gekrankt
rankt
　gerankt
sankt
trankt
　betrankt
wankt
　gewankt
zankt
　gezankt

— änkt (äŋkt)

= – enkt (äŋkt)
→ – änken (äŋken)

beschränkt
　unbeschränkt
eingeschränkt
　uneingeschränkt
getränkt
　blutgetränkt
kränkt
　gekränkt
tränkt
umschränkt
　unumschränkt

— änkte (äŋkte)

= – enkte (äŋkte)
→ – änken (äŋken)
→ – änkt (äŋkt)

beschränkte
kränkte
　gekränkte
tränkte
　getränkte
unumschränkte

— änktheit (äŋkthait)

→ – änkt (äŋkt)
→ – eit (ait)

Beschränktheit
Gekränktheit

— ankung (aŋkuŋ)

→ – anken (aŋken)
→ – ung (uŋ)

Abdankung
Erkrankung
Schwankung
　Temperatur-
　schwankung
Umrankung

— änkung (äŋkuŋ)

= – enkung (änkuŋ)
→ – ung (uŋ)

Beschränkung
　Aufenthalts-
　beschränkung
　Ausfuhr-
　beschränkung
　Einfuhr-
　beschränkung
　Einwanderungs-
　beschränkung
Einschränkung
Kränkung
Tränkung
Verschränkung

— änlein (ä:nlain)

= – ähnlein (ä:nlain)
= – ein (ain)
→ – an (a:n)
→ – äne (ä:ne)

Spänlein
Tränlein

— anlos (a:nlo:ß)

= – ahnlos (a:nlo:ß)
= – oos (o:ß)
= – os (o:ß)
= – oß (o:ß)

planlos

— ann (an)

= – an (an)
= – un (an)
→ – anne (ane)
→ – annen (anen)

Ammann
　Landammann
Bann
　Heerbann
　Kirchenbann
Dobermann
Gespann
　Dreigespann
　Pferdegespann
　Schlittengespann
　Viergespann
　Zweigespann
Hauptmann
　Berghauptmann
　Burghauptmann
　Deichhauptmann
　Feldhauptmann
　Landeshauptmann
　Räuberhauptmann
　Stadthauptmann
Hermann
Johann
Mann
　Amtmann
　Bergmann
　Bettelmann
. Biedermann
　Bootsmann
　Buschmann
　Butzemann
　Dienstmann
　Edelmann
　Ehemann
　Ehrenmann
　Ersatzmann

Fachmann
Fährmann
Forstmann
Froschmann
Fuhrmann
Gasmann
Geschäftsmann
Gewährsmann
Hampelmann
Handelsmann
Hintermann
Hofmann
Jägersmann
Kameramann
Kaufmann
Klabautermann
Landmann
Landsmann
Lebemann
Lehnsmann
Leierkastenmann
Löffelmann
Medizinmann
Milchmann
Mittelsmann
Mümmelmann
Muselmann
Nebenmann
Obmann
Reitersmann
Rittersmann
Sandmann
Schauermann
Schlußmann
Schneemann
Seemann
Sensenmann
Spielmann
Sportsmann
Staatsmann
Steuermann
Strohmann
Tormann
Verbindungsmann
Vertrauensmann
Vordermann
Vormann
Wachmann
Wandersmann

Wassermann
Weidmann
Weihnachtsmann
Weltmann
Zimmermann
Schutzmann
Verkehrsschutz-
mann
Spann
Tann
Tilmann
Tyrann
  Familientyrann
  Haustyrann
Vorspann
bann
  verbann
begann
dann
  alsdann
  sodann
gewann
  abgewann
jedermann
kann
rann
sann
spann
wann
  irgendwann

— änn (än)

= – an (än)
= – en (än)
= – enn (än)

gewänn

— anna (ana)

→ – a (a:)

Anna
Hanna
Havanna
Hosianna
Johanna
Manna
Rosanna
Susanna

— ännchen (än-chen)

→ – ann (an)
→ – anne (ane)

Ännchen
Kännchen
Männchen
  Gänsemännchen
  Heinzelmännchen
  Mainzelmännchen
  Sandmännchen
  Stehaufmännchen
  Wichtelmännchen
Pfännchen
Tännchen

— anne (ane)

→ – ann (an)
→ – annen (anen)

Alemanne
Anne
Granne
Hanne
Kanne
  Blechkanne
  Gießkanne
  Kaffeekanne
  Milchkanne
  Ölkanne
  Teekanne
  Wasserkanne
Marianne
Markomanne
Normanne
Panne
  Autopanne
  Reifenpanne
Pfanne
  Bratpfanne
  Dachpfanne
  Gelenkpfanne
  Schmorpfanne
  Zündpfanne
Savanne
Schranne

Spanne
  Gewinnspanne
  Handelsspanne
  Zeitspanne
Susanne
Tanne
  Blautanne
  Edeltanne
  Silbertanne
  Weißtanne
  Zimmertanne
Wanne
  Badewanne
  Ölwanne
  Waschwanne
banne
  verbanne
bemanne
entmanne
ermanne
spanne
  überspanne

— änne (äne)

= — enne (äne)

Änne
Männe

— annen (anen)

→ — ann (an)
→ — anne (ane)

Gespannen
Kannen
Mannen
Pannen
Tannen
Tyrannen
Wannen
bannen
  festbannen
  verbannen
begannen
bemannen
dannen
entmannen
ermannen

gewannen
  abgewannen
  dazugewannen
  hinzugewannen
rannen
  entrannen
sannen
  besannen
  ersannen
spannen
  abspannen
  anspannen
  aufspannen
  ausspannen
  bespannen
  einspannen
  entspannen
  überspannen
  umspannen
übermannen
wannen

— ännen (änen)

= — ennen (änen)

entrännen
gewännen
  abgewännen
  dazugewännen
sännen
  besännen
  ersännen
zerrännen

— annend (anent)

→ — annen (anen)

bemannend
spannend
umspannend
  erdumspannend
  weltumspannend
verbannend

— anner (aner)

→ — annen (anen)

Banner
  Geisterbanner

  Hexenbanner
  Lilienbanner
  Sorgenbanner
  Sternenbanner
  Teufelsbanner
Spanner
  Büchsenspanner
  Schuhspanner

— änner (äner)

= — enner (äner)
→ — ann (an)

Achtspänner
Dreispänner
Einspänner
Jänner
Männer
  Froschmänner
Sechsspänner
Vierspänner
Zweispänner

— anni (ani)

= — ani (ani)
= — anny (ani)
= — oney (ani)
= — unny (ani)

Anni
Fanni
Hanni
Johanni
Nanni

— änni (äni)

= — enni (äni)
= — enny (äni)

Änni

— annia (ania)

→ — a (a:)

Alemannia
Britannia

— annien (ani-en)

Alemannien
Britannien
  Großbritannien

— annig (ani-ch)

→ – ich (i-ch)

bannig
grannig

— ännig (äni-ch)

= – ennig (äni-ch)
→ – ich (i-ch)

dreispännig
einspännig
sechsspännig
vierspännig
zweispännig

— ännige (änige)

= – ennige (änige)
→ – ännig (äni-ch)

sechsspännige

— annisch (anisch)

→ – ann (an)
→ – isch (isch)

alemannisch
britannisch
  großbritannisch
normannisch
tyrannisch

— ännlein (änlain)

= – ein (ain)
= – ennlein (änlain)
→ – ann (an)
→ – anne (ane)

Kännlein
Männlein
  Galgenmännlein
  Glasmännlein
  Rauchmännlein
  Zwetschgen-
   männlein
Pfännlein
Tännlein
Wännlein

— ännlich (änli-ch)

= – ennlich (änli-ch)
→ – ich (i-ch)

männlich
  unmännlich

— ännlichkeit (änli-chkait)

= – ennlichkeit (änli-chkait)
→ – ännlich (änli-ch)
→ – eit (ait)

Männlichkeit

— annst (anßt)

= – anst (anßt)
→ – annen (anen)

bannst
begannst
bemannst
besannst
entrannst
gewannst
kannst
spannst
  entspannst

— ännst (änßt)

= – ennst (änßt)
= – enst (änßt)
→ – ännen (änen)

gewännst
sännst

— annt (ant)

= – and (ant)
= – andt (ant)
= – ant (ant)
→ – annen (anen)

bannt
  verbannt
begannt
bekannt
  allbekannt
  altbekannt
  stadtbekannt
  unbekannt
  weltbekannt
  wohlbekannt
bemannt
  unbemannt
benannt
  unbenannt
  vorbenannt
  zubenannt
berannt
entbrannt
  wutentbrannt
  zornentbrannt
entmannt
erkannt
  aberkannt
  anerkannt
  unerkannt
  zuerkannt
ermannt
ernannt
  neuernannt
gebannt
  festgebannt
gebrannt
  abgebrannt
  angebrannt
  ausgebrannt
  braungebrannt
  durchgebrannt
  eingebrannt
  leergebrannt
  niedergebrannt
gekannt
  ausgekannt
  ungekannt

143

genannt
  erstgenannt
  letztgenannt
  obengenannt
  sogenannt
  ungenannt
  vielgenannt
  vorgenannt
gerannt
  angerannt
  nachgerannt
  umgerannt
  weggerannt
gespannt
  abgespannt
  angespannt
  ausgespannt
  eingespannt
  hochgespannt
  straffgespannt
  vorgespannt
gewannt
  abgewannt
  dazugewannt
sannt
  besannt
  ersannt
spannt
  bespannt
  entspannt
  überspannt
  verspannt
übermannt
überrannt
verbrannt
  hirnverbrannt
  sonnenverbrannt
verkannt
verrannt

— **annte (ante)**

= – andte (ante)
= – ante (ante)
→ – annen (anen)
→ – annt (ant)

Bekannte
Verbannte

bannte
  gebannte
bemannte
  unbemannte
brannte
  gebrannte
  entbrannte
  verbrannte
kannte
  bekannte
  erkannte
  verkannte
nannte
  benannte
  ernannte
  genannte
rannte
  berannte
  verrannte
spannte
  bespannte
  entspannte
  gespannte

— **annten (anten)**

= – andten (anten)
= – anten (anten)
→ – annt (ant)
→ – annte (ante)

bannten
  gebannten
bemannten
  unbemannten
brannten
  entbrannten
  gebrannten
  verbrannten
genannten
  sogenannten
  ungenannten
kannten
  bekannten
  erkannten
  verkanten
nannten
  benannten
  ernannten

rannten
  berannten
  verrannten
spannten
  bespannten
  entspannten
  gespannten

— **annter (anter)**

= – andter (anter)
= – anter (anter)
→ – annt (ant)
→ – annte (ante)

Bekannter
Verbannter
entmannter
gebrannter
gespannter
ungenannter
verkannter
verrannter

— **anntheit (anthait)**

= – andtheit (anthait)
→ – annt (ant)
→ – eit (ait)

Bekanntheit
Gespanntheit
  Abgespanntheit
Hirnverbranntheit
Überspanntheit

— **anntlich (antli-ch)**

= – andlich (antli-ch)
→ – ich (i-ch)

bekanntlich

144

— anntschaft (antschaft)

= – afft (aft)
= – aft (aft)
= – andschaft (antschaft)
= – andtschaft (antschaft)

Bekanntschaft

— annung (anuŋ)

→ – annen (anen)
→ – annt (ant)
→ – ung (uŋ)

Bemannung
Entmannung
Spannung
  Abspannung
  Bespannung
  Entspannung
  Hochspannung
  Verspannung
Verbannung

— anny (ani)

= – anni (ani)

Fanny
Nanny

— ano (a:no)

→ – o (o:)

Cinzano
Galvano
Guano
Lugano
Milano
Piano
Positano
Vulcano
piano

— ans (anß)

→ – ann (an)
→ – annen (anen)

Gans
  Hausgans
  Martinsgans
  Mastgans
  Wildgans
  Zuchtgans
Hans
  Fabelhans
  Faselhans
  Prahlhans
  Schmalhans
Stimulans
ans

— ansch (ansch)

= – unch (ansch)
→ – ansche (ansche)
→ – anschen (anschen)

Flansch
Mansch
Plansch

— ansche (ansche)

→ – anschen (anschen)

Flansche
Gemansche
Gepansche
Geplansche
mansche
pansche
plansche

— anschen (anschen)

= – unchen (anschen)

flanschen
manschen
  vermanschen
panschen
  verpanschen
planschen
  herumplanschen

— anscher (anscher)

→ – anschen (anschen)

Manscher
Panscher
  Weinpanscher
Planscher

— anse (anse)

→ – ansen (ansen)

Anse
Franse
Hanse
Schimpanse
Tanse

— änse (änse)

= – ense (änse)
→ – ans (anß)

Gänse

— ansen (ansen)

→ – anse (anse)

Pansen
fransen
  ausfransen
  befransen

— anst (a:nßt)

= – ahnst (a:nßt)

planst
  einplanst
  verplanst
  vorplanst

— anst (anßt)

= – annst (anßt)

Wanst
  Dickwanst
  Fettwanst

145

franst
  befranst
  zerfranst
gefranst
  ausgefranst

— änst (ä:nßt)

= – ähnst (ä:nßt)

spänst
  abspänst
tränst
  betränst

— ant (a:nt)

= – ahnt (a:nt)
→ – ante (a:nte)

plant
  einplant
  verplant
  vorplant
schwant

— ant (ant)

= – and (ant)
= – andt (ant)
= – annt (ant)
→ – ante (ante)
→ – anten (anten)

Adjutant
Adorant
Amarant
Applikant
Arrestant
Aspirant
Assekurant
Asylant
Atlant
Bacchant
Benefiziant
Brabant
Brigant
Brillant
Chiromant
Debütant
Dechant
Defraudant

Demonstrant
Denunziant
Diamant
  Rohdiamant
Dilettant
Diskant
Dreikant
Duellant
Elefant
Emigrant
Fabrikant
Fant
Figurant
Flagellant
Foliant
Gant
Garant
Gerant
Gigant
Girant
Grant
Gratulant
Hospitant
Hydrant
Ignorant
Infant
Intendant
  Generalintendant
Intrigant
Kapitulant
Kombattant
Kommandant
  Festungs-
  kommandant
  Flottenkommandant
  Lagerkommandant
  Platzkommandant
  Stadtkommandant
  Truppen-
  kommandant
Kommunikant
Komödiant
Konsonant
Krokant
Laborant
Leutnant
  Gardeleutnant
  Oberleutnant
  Oberstleutnant

Lieferant
  Heereslieferant
  Hoflieferant
  Rohstofflieferant
  Waffenlieferant
Mandant
Ministrant
Musikant
Nekromant
Offiziant
Okkupant
Orant
Passant
  Straßenpassant
Pedant
Prädikant
Praktikant
Protestant
Proviant
Quadrant
Quant
Querulant
Rendant
Repräsentant
Sekundant
Sergeant
Sextant
Simulant
Spant
Spekulant
  Bauspekulant
  Börsenspekulant
Trabant
Trafikant
Vagant
Vierkant
Want
Waterkant
abundant
ambulant
amüsant
arrogant
blümerant
breitkant
brillant
brisant
charmant
degoutant
diskrepant

dissonant
dominant
eklatant
elegant
exorbitant
extravagant
flagrant
frappant
fulminant
galant
  ungalant
genant
hochkant
imposant
interessant
  hochinteressant
  uninteressant
intrigant
konkordant
konstant
  inkonstant
konziliant
kulant
larmoyant
markant
militant
mokant
nonchalant
penetrant
pikant
prägnant
pressant
rasant
relevant
  irrelevant
riskant
signifikant
süffisant
tolerant
  intolerant
vakant
vigilant

— ant (ā:)

= – an (ā:)
= – anc (ā:)
= – and (ā:)
= – ent (ā:)

Bonvivant
Fondant
Paravant
Pendant
Restaurant
  Ausflugsrestaurant
  Automatenrestaurant
  Gartenrestaurant
  Schnellrestaurant
  Speiserestaurant
Volant
degoutant
en passant

— änt (ä:nt)

= – ähnt (ä:nt)

spänt
  abspänt
tränt
  betränt

— ante (a:nte)

= – ahnte (a:nte)

geplante
  eingeplante
  vorgeplante
plante
  einplante
  verplante
  vorplante
schwante

— ante (ante)

= – andte (ante)
= – annte (ante)
→ – ant (ant)
→ – anten (anten)

Andante
Determinante
Dominante
  Subdominante
Gouvernante
Kante
  Bahnsteigkante
  Bettkante
  Bordkante

  Oberkante
  Tischkante
  Unterkante
  Wasserkante
Konstante
Levante
Mediante
Resultante
Sekante
Servante
Tante
  Erbtante
  Großtante
  Kaffeetante
  Klatschtante
  Patentante
Variante

— änte (ä:nte)

= – ähnte (ä:nte)

spänte
  abspänte
tränte
  betränte

— antel (antel)

→ – anteln (anteln)

Hantel
Kantel
Mantel
  Arbeitsmantel
  Bademantel
  Damenmantel
  Herrenmantel
  Ledermantel
  Lodenmantel
  Morgenmantel
  Pelzmantel
  Regenmantel
  Sommermantel
  Staubmantel
  Wettermantel
  Wintermantel
Tarantel
Trauermantel

— **anteln (anteln)**

→ – antel (antel)

granteln
hanteln
kanteln

— **anten (a:nten)**

= – ahnten (a:nten)
→ – ante (a:nte)

planten
schwanten

— **anten (anten)**

- – andten (anten)
= – annten (anten)
→ – ant (ant)
→ – ante (ante)

Atlanten
Demonstranten
Elefanten
Folianten
Gouvernanten
Gratulanten
Kanten
Komödianten
Lieferanten
Musikanten
Passanten
Protestanten
Quanten
Spanten
Spekulanten
Tanten
Wanten
arroganten
brisanten
charmanten
demanten
diamanten
interessanten
kanten
 abkanten
 verkanten
militanten
toleranten

— **änten (ä:nten)**

= – ähnten (ä:nten)
→ – änt (ä:nt)

spänten
tränten

— **anter (anter)**

= – andter (anter)
= – annter (anter)
= – anther (anter)
→ – ant (ant)

Brabanter
Ganter
Kanter
interessanter
militanter
toleranter

— **anther (anter)**

= – andter (anter)
= – annter (anter)
= – anter (anter)

Panther

— **anthus (antuß)**

= – antus (antuß)
→ – us (uß)
→ – uß (uß)

Akanthus
Helianthus

— **anti (anti)**

= – anty (anti)
→ – i (i:)
→ – ie (i:)
→ – ieh (i:)

Aschanti
Chianti
avanti
in flagranti

— **antig (anti-ch)**

→ – ich (i-ch)

grantig
hantig
kantig
 dreikantig
 hochkantig
 scharfkantig
 vierkantig

— **antik (antik)**

→ – ick (ik)
→ – ig (ik)
→ – igg (ik)
→ – ik (ik)

Atlantik
Romantik
 Abenteuer-
 romantik
 Plüschromantik
 Räuberromantik
Semantik

— **antin (antin)**

= – in (in)
= – inn (in)
→ – ant (ant)

Asylantin
Bacchantin
Debütantin
Demonstrantin
Emigrantin
Fabrikantin
Gratulantin
Infantin
Intrigantin
Komödiantin
Laborantin
Mandantin
Praktikantin
Protestantin
Repräsentantin

— **antisch (antisch)**

→ – isch (isch)

atlantisch
bacchantisch
brabantisch
dilettantisch
flagellantisch
gigantisch
komödiantisch
musikantisch
pedantisch
protestantisch
romantisch
semantisch

— **äntlein (äntlain)**

= – ändlein (äntlain)
= – ein (ain)
= – entlein (äntlain)
→ – antel (antel)

Mäntlein

— **anto (anto)**

→ – o (o:)

Belkanto
Esperanto

— **ants (antß)**

= – ands (antß)
= – anz (antß)
→ – ant (ant)

Brabants
Krokants
Leutnants
Proviants

— **antsch (antsch)**

= – unch (antsch)
→ – antschen (antschen)

Mantsch
mantsch
plantsch

— **antsche (antsche)**

→ – antschen (antschen)

Gemantsche
Geplantsche
mantsche
plantsche

— **antschen (antschen)**

= – unchen (antschen)

mantschen
 vermantschen
plantschen
 herumplantschen

— **antus (antuß)**

= – anthus (antuß)
→ – us (uß)
→ – uß (uß)

Kantus

— **anty (anti/änti)**

= – anti (anti)
= – enti (änti)

Shanty

— **anung (a:nuŋ)**

= – ahnung (a:nuŋ)
→ – an (a:n)
→ – ung (uŋ)

Planung
 Absatzplanung
 Bauplanung
 Berufsplanung
 Familienplanung
 Finanzplanung
 Haushaltsplanung
 Kostenplanung
 Produktionsplanung
 Reiseplanung
 Stadtplanung
 Umsatzplanung
 Urlaubsplanung
 Verkehrsplanung
 Verplanung
 Wirtschaftsplanung
 Zukunftsplanung

— **anz (antß)**

= – ands (antß)
= – ants (antß)
→ – anze (antße)
→ – anzen (antßen)

Abundanz
Allianz
Ambulanz
Arroganz
Assekuranz
Banz
Bilanz
 Eröffnungsbilanz
 Handelsbilanz
 Jahresbilanz
 Wirtschaftsbilanz
 Zahlungsbilanz
Brillanz
Brisanz
Byzanz
Diskrepanz
Dissonanz
Distanz
Eleganz
Exorbitanz
Extravaganz
Finanz
 Hochfinanz
Firlefanz
Franz
Glanz
 Abglanz
 Festglanz
 Flitterglanz
 Goldglanz
 Hochglanz
 Lichterglanz

Nachglanz
Seidenglanz
Silberglanz
Sonnenglanz
Sternenglanz
Ignoranz
Importanz
Instanz
Intendanz
Konkordanz
Konstanz
Konzilianz
Kranz
  Adventskranz
  Ährenkranz
  Blumenkranz
  Brautkranz
  Ehrenkranz
  Erntekranz
  Hochzeitskranz
  Jungfernkranz
  Liederkranz
  Lorbeerkranz
  Myrtenkranz
  Radkranz
  Richtkranz
  Rosenkranz
  Siegerkranz
  Trauerkranz
Kulanz
Militanz
Monstranz
Mummenschanz
Observanz
Ordonnanz
Penetranz
Pflanz
Popanz
Prägnanz
Protuberanz
Redundanz
Relevanz
  Irrelevanz
Repräsentanz
Resonanz
Schranz
Schwanz
  Affenschwanz
  Breitschwanz

Fuchsschwanz
Greifschwanz
Pferdeschwanz
Rattenschwanz
Schlappschwanz
Schleierschwanz
Schwalbenschwanz
Seidenschwanz
Substanz
Tanz
  Affentanz
  Ausdruckstanz
  Ballettanz
  Bauchtanz
  Bühnentanz
  Eiertanz
  Fackeltanz
  Freudentanz
  Gesellschaftstanz
  Grotesktanz
  Gruppentanz
  Hexentanz
  Holzschuhtanz
  Kulttanz
  Matrosentanz
  Modetanz
  Nachtanz
  Nackttanz
  Paartanz
  Reigentanz
  Rundtanz
  Schautanz
  Schleiertanz
  Schwertertanz
  Solotanz
  Spitzentanz
  Steptanz
  Totentanz
  Turniertanz
  Veitstanz
  Volkstanz
Toleranz
  Intoleranz
Vakanz
ganz
pflanz
schanz
stanz
tanz

— **änz (äntß)**

= – ends (äntß)
= – ennts (äntß)
= – ents (äntß)
= – enz (äntß)
→ – änze (äntße)
→ – änzen (äntßen)

bekränz
glänz
schwänz

— **änzchen (äntß-chen)**

= – enzchen (äntß-chen)
→ – anz (antß)
→ – anze (antße)

Kaffeekränzchen
Pflänzchen
Rotschwänzchen
Tänzchen

— **anze (antße)**

→ – anz (antß)
→ – anzen (antßen)

Ganze
Lanze
Pflanze
  Blattpflanze
  Kletterpflanze
  Nutzpflanze
  Schlingpflanze
  Topfpflanze
  Wasserpflanze
  Zierpflanze
  Zimmerpflanze
Pomeranze
  Landpomeranze
Romanze
Schanze
  Sprungschanze
Schranze
  Hofschranze
Stanze
Wanze

pflanze
ranze
schanze
stanze
tanze

— änze (äntße)

= – enze (äntße)
→ – anz (antß)
→ – änzen (äntßen)

Gänze
Kränze
Schwänze
Stränze
Tänze
bekränze
schwänze

— anzel (antßel)

Gstanzel
Fleischpflanzel
Kanzel

— änzel (äntßel)

= – enzel (äntßel)
→ – anz (antß)
→ – anzen (antßen)
→ – änzeln (äntßeln)

Getänzel
Kränzel
Ränzel
Tänzel
schwänzel
tänzel

— änzeln (äntßeln)

= – enzeln (äntßeln)
→ – anz (antß)

Kränzeln
Ränzeln
schwänzeln
  anschwänzeln
  herumschwänzeln
tänzeln
  antänzeln

— anzen (antßen)

→ – anz (antß)
→ – anze (antße)

Ambulanzen
Bilanzen
Dissonanzen
Finanzen
Instanzen
Lanzen
Ordonnanzen
Panzen
Pflanzen
Ranzen
  Schulranzen
Schanzen
Schranzen
Toleranzen
Stanzen
Wanzen
alfanzen
pflanzen
  anpflanzen
  aufpflanzen
  auspflanzen
  bepflanzen
  einpflanzen
  fortpflanzen
  hinpflanzen
  überpflanzen
  umpflanzen
  verpflanzen
ranzen
  anranzen
schanzen
  verschanzen
  zuschanzen
schranzen
stanzen
  ausstanzen
  einstanzen
strawanzen
tanzen
  abtanzen
  antanzen
  austanzen
  durchtanzen
  herumtanzen
  umtanzen

vertanzen
vortanzen
zertanzen
verfranzen
wanzen
  entwanzen

— änzen (äntßen)

= – enzen (äntßen)
→ – anz (antß)

Kränzen
Schwänzen
Tänzen
ergänzen
glänzen
  aufglänzen
  beglänzen
  erglänzen
  überglänzen
  umglänzen
kränzen
  bekränzen
  umkränzen
schwänzen
  anschwänzen
  aufschwänzen
  schulschwänzen

— änzend (äntßent)

= – enzend (äntßent)
→ – änzen (äntßen)

ergänzend
glänzend
  goldglänzend
  hellglänzend
  silberglänzend
schwänzend
  schulschwänzend

— anzer (antßer)

= – andser (antßer)

Anranzer
Panzer
  Brustpanzer
  Kampfpanzer

151

Kettenpanzer
Schuppenpanzer
Schützenpanzer
Stahlpanzer
Pflanzer
Ranzer
Schanzer
Stanzer
ganzer

— änzer (äntßer)

= – enzer (äntßer)

Schwänzer
 Schulschwänzer
Tänzer
 Balletttänzer
 Eintänzer
 Gruppentänzer
 Seiltänzer
 Solotänzer
 Turniertänzer
 Volkstänzer
 Vortänzer

— änzerin (äntßerin)

= – in (in)
= – inn (in)
→ – änzer (äntßer)

Tänzerin
 Balletttänzerin
 Bauchtänzerin
 Gruppentänzerin
 Nackttänzerin
 Schleiertänzerin
 Solotänzerin
 Striptease-Tänzerin
 Turniertänzerin

— anzern (antßern)

→ – andser (antßer)
→ – anzer (antßer)

Pflanzern
Stanzern

panzern
 bepanzern
 umpanzern
 verpanzern

— anzig (antß-ich)

→ – ich (i-ch)

Danzig
ranzig
zwanzig

— änzlein (äntßlain)

= – ein (ain)
= – enzlein (äntßlain)
→ – anz (antß)
→ – anze (antße)

Kränzlein
Pflänzlein
Ränzlein
Schwänzlein
Tänzlein

— änzlich (äntßli-ch)

= – enzlig (äntßli-ch)
→ – ich (i-ch)

gänzlich

— anzlos (antßlo:s)

= – os (o:ß)
= – oß (o:ß)
→ – anz (antß)

distanzlos
glanzlos
kranzlos
schwanzlos
substanzlos
toleranzlos

— anzlosigkeit (antßlo:si-ch-kait)

→ – anzlos (antßlo:ß)
→ – eit (ait)

Glanzlosigkeit
Schwanzlosigkeit
Substanzlosigkeit

— anzt (antßt)

→ – anzen (antßen)

entwanzt
pflanzt
 gepflanzt
ranzt
 geranzt
stanzt
 gestanzt
tanzt
 getanzt
verfranzt

— änzt (äntßt)

= – enzt (äntßt)
→ – änzen (äntßen)

ergänzt
glänzt
 geglänzt
kränzt
schwänzt
 geschwänzt

— anzung (antßuŋ)

→ – anzen (antßen)
→ – ung (uŋ)

Pflanzung
 Anpflanzung
 Bepflanzung
 Fortpflanzung
Verschanzung

– änzung (äntßuŋ)

= – enzung (äntßuŋ)
→ – änzen (äntßen)
→ – ung (uŋ)

Bekränzung
Ergänzung

– ao (au)

= – au (au)

Kakao
Makao

– aos (a:oß)

= – os (oß)
= – oß (oß)

Chaos
Laos

– ap (a:p)

= – aab (a:p)
= – ab (a:p)

Äskulap
Satrap

– ap (ap)

= – ab (ap)
= – app (ap)
= – ub (ap)
= – up (ap)
→ – abbe (abe)

Kap
 Nordkap

– ap (äp)

= – ep (äp)
= – epp (äp)
→ – ebben (äben)

Handicap

– apa (apa)

= – appa (apa)
→ – a (a:)

Papa

– ape (e:p)

= – ep (e:p)
= – eep (e:p)

Cape
Tape

– apel (a:pel)

Neapel
Stapel
 Bretterstapel
 Brikettstapel
 Holzstapel
 Kohlenstapel
stapel
 aufstapel
 hochstapel
 umstapel

– aper (a:per)

→ – apern (a:pern)

Kaper
Schraper
aper

– ap(e)rig (a:p(e)ri-ch)

→ – ich (i-ch)

hap(e)rig
tap(e)rig

– apern (a:pern)

Kapern
apern
hapern
kapern
tapern

– apf (apf)

→ – apfen (apfen)

Napf
 Blechnapf
 Freßnapf
 Spucknapf
 Vogelnapf
Zapf
zapf

– äpfchen (äpf-chen)

→ – apf (apf)
→ – apfen (apfen)

Näpfchen
 Fettnäpfchen
Zäpfchen

– apfe (apfe)

→ – apf (apf)
→ – apfen (apfen)

Stapfe
 Fußstapfe
Tapfe
 Fußtapfe
zapfe

– äpfe (äpfe)

= – epfe (äpfe)
→ – apf (apf)

Eßnäpfe
Futternäpfe

– apfen (apfen)

Krapfen
 Faschingskrapfen
 Silvesterkrapfen
Stapfen
 Fußstapfen
Tapfen
 Fußtapfen

153

Zapfen
　Eiszapfen
　Fichtenzapfen
　Kiefernzapfen
　Pinienzapfen
　Tannenzapfen
stapfen
zapfen
　abzapfen
　anzapfen
　verzapfen

— aph (a:f)

= – aaf (a:f)
= – af (a:f)
= – av (a:f)

Autograph
Bibliograph
Choreograph
Chronograph
Epigraph
Epitaph
Geograph
Hagiograph
Heliograph
Historiograph
Ikonograph
Kartograph
Kinematograph
Lexikograph
Lithograph
Oszillograph
Paragraph
Paraph
Phonograph
Photograph
Pornograph
Seismograph
Stenograph
Telegraph
Topograph
Typograph

— aph (af)

= – aff (af)

Seraph

— aphe (a:fe)

= – afe (a:fe)
→ – aph (a:f)

Paraphe

— aphen (a:fen)

= – afen (a:fen)
= – aven (a:fen)
→ – aph (a:f)

Biographen
Geographen
Hektographen
Paragraphen

— apher (afer)

= – affer (afer)

Metapher

— aphisch (a:fisch)

= – afisch (a:fisch)
→ – aph (a:f)
→ – isch (isch)

autobiographisch
graphisch
kalligraphisch
monographisch
orthographisch
pornographisch
seraphisch

— apo (a:po)

→ – o (o:)
→ – oh (o:)
→ – ot (o:)
→ – ow (o:)

Dakapo
Gestapo
APO
SWAPO
da capo

— app (ap)

= – ab (ap)
= – ap (ap)
= – ub (ap)
= – up (ap)
→ – abbe (abe)
→ – appe (ape)
→ – appen (apen)

Bärlapp
Julklapp
Krapp
Papp
Schwapp
Trapp
berapp
ertapp
kapp
klapp
　klipp-klapp
knapp
papp
papperlapapp
schlapp
schnapp
　schnipp-schnapp
schwapp
　schwipp-schwapp
tapp
　tipp-tapp
trapp
　trapp-trapp
　tripp-trapp

— appa (apa)

= – apa (apa)
→ – a (a:)

Grappa
Kappa
Nappa

— äppchen (äp-chen)

= – eppchen (äp-chen)
→ – appe (ape)
→ – appen (apen)

Häppchen
Käppchen
  Rotkäppchen
Läppchen
  Ohrläppchen
Mäppchen
Schnäppchen

— appe (ape)
→ – app (ap)
→ – appen (apen)

Attrappe
Etappe
Flappe
Grappe
Kappe
  Badekappe
  Narrenkappe
  Radkappe
  Schellenkappe
  Schutzkappe
  Tarnkappe
Klappe
  Achselklappe
  Augenklappe
  Fallklappe
  Fliegenklappe
  Herzklappe
  Hosenklappe
  Kaminklappe
  Lüftungsklappe
  Ofenklappe
  Ohrenklappe
  Scheuklappe
  Schulterklappe
  Ventilklappe
Knappe
  Bergknappe
  Edelknappe
  Schildknappe
Lappe
Mappe
  Aktenmappe
  Briefmappe
  Kollegmappe
  Sammelmappe
  Schreibmappe

Schulmappe
Zeichenmappe
Pappe
  Dachpappe
  Wellpappe
Quappe
  Kaulquappe
Rappe
Roßtrappe
Sappe
Schappe
Schlappe
  Riesenschlappe
Trappe
  Großtrappe
  Zwergtrappe
berappe
ertappe
kappe
pappe
schnappe
schwappe
tappe

— appel (apel)
→ – appeln (apeln)

Getrappel
  Pferdegetrappel
Gezappel
Pappel
  Schwarzpappel
  Silberpappel
  Weißpappel
  Zitterpappel
Rappel
Schappel
trappel
zappel

— app(e)lig (ap(e)li-ch)
→ – ich (i-ch)

rapp(e)lig
zapp(e)lig

— appeln (apeln)
→ – appel (apel)

rappeln
  aufrappeln
  hochrappeln
schwappeln
trappeln
  antrappeln
  herumtrappeln
zappeln
  abzappeln
  herumzappeln

— äppeln (äpeln)
päppeln
  aufpäppeln
  hochpäppeln
veräppeln

— appen (apen)
→ – appe (ape)

Happen
  Anstandshappen
  Appetithappen
Lappen
  Fußlappen
  Jammerlappen
  Putzlappen
  Scheuerlappen
  Topflappen
  Waschlappen
  Wischlappen
Rappen
Schlappen
Wappen
  Adelswappen
  Familienwappen
  Landeswappen
  Stadtwappen
berappen
jappen
kappen
  abkappen
  verkappen
klappen
  abklappen

aufklappen
herunterklappen
hochklappen
umklappen
zuklappen
zusammenklappen
knappen
　abknappen
　verknappen
pappen
　anpappen
　aufpappen
　verpappen
　zupappen
schlappen
schnappen
　abschnappen
　aufschnappen
　einschnappen
　überschnappen
　wegschnappen
　zuschnappen
schrappen
schwappen
　überschwappen
stappen
tappen
　antappen
　ertappen
　herumtappen
　hineintappen
　umhertappen
trappen
überlappen

— **apper (aper)**

→ – appern (apern)

Geklapper
Geplapper
Klapper
　Kinderklapper
Schnapper
Schrapper
　Planschrapper
Trapper
knapper
schlapper

— **apper (äper)**

= – äpper (äper)
= – epper (äper)

Kidnapper

— **äpper (äper)**

= – apper (aper)
= – epper (äper)
→ – äppern (äpern)

Schnäpper
　Fliegenschnäpper

— **apperer (aperer)**

→ – apper (aper)

Klapperer
Plapperer
knapperer
schlapperer

— **app(e)rig (ap(e)ri-ch)**

→ – ich (i-ch)

klapp(e)rig
plapp(e)rig
tapp(e)rig

— **appern (apern)**

→ – apper (aper)

Zähneklappern
klappern
　abklappern
knappern
plappern
　ausplappern
　nachplappern
　verplappern
schlappern
schnappern
schwappern

— **äppern (äpern)**

= – eppern (äpern)

Schnäppern
　Fliegenschnäppern
läppern
　verläppern
schnäppern

— **appernd (apernt)**

→ – appern (apern)

klappernd
　zähneklappernd
plappernd
　ausplappernd

— **appert (apert)**

→ – appern (apern)

klappert
　geklappert
plappert
　geplappert
schlappert
　geschlappert
schwappert
　geschwappert

— **äppi (äpi)**

= – appy (äpi)
= – epi (äpi)

Käppi

— **appig (api-ch)**

→ – ich (i-ch)

happig
lappig
pappig
schlappig
tappig

156

— äppisch (äpisch)

→ – isch (isch)

läppisch
täppisch

— appt (apt)

= – abt (apt)
→ – appen (apen)

berappt
gekappt
gelappt
gepappt
geschnappt
 eingeschnappt
 übergeschnappt
geschwappt
getappt
 herumgetappt
kappt
 verkappt
klappt
 geklappt
lappt
 überlappt
pappt
schnappt
schrappt
 geschrappt
schwappt
tappt
 ertappt
verknappt

— appung (apuŋ)

→ – appen (apen)
→ – ung (uŋ)

Überlappung
Verkappung
Verknappung

— appy (äpi)

= – äppi (äpi)
= – epi (äpi)

happy

— aps (apß)

→ – apsen (apßen)

Flaps
Japs
Klaps
 Herzklaps
Kollaps
 Herzkollaps
 Kreislaufkollaps
Raps
Schnaps
Taps
schwaps

— äpschen (äpß-chen)

Kläpschen
Schnäpschen

— apsel (apßel)

→ – apseln (apßeln)

Kapsel
schnapsel

— apseln (apßeln)

→ – apsel (apßel)

abkapseln
einkapseln
schnapseln
verkapseln

— apsen (apßen)

→ – aps (apß)

flapsen
 anflapsen
grapsen
 aufgrapsen
hapsen
japsen
 anjapsen
klapsen
 verklapsen
knapsen
 abknapsen
rapsen
schnapsen
 verschnapsen
stapsen
tapsen
 antapsen
trapsen

— apsig (apßi-ch)

→ – ich (i-ch)

flapsig
klapsig
tapsig

— apst (a:pßt)

= – abst (a:pßt)

Papst
 Gegenpapst

— apt (äpt)

= – ebbt (äpt)
= – eppt (äpt)
= – ept (äpt)

gehandicapt

— aque (ak)

= – ac (ak)
= – ack (ak)
= – acques (ak)
= – ak (ak)
= – awk (ak)

Claque
Chapeau claque

— ar (a:r)

= – aar (a:r)
= – ahr (a:r)
= – ard (a:r)
= – oir (a:r)
= – oire (a:r)
→ – are (a:re)
→ – aren (a:ren)

Adebar
Adular

Agar-Agar
Aktuar
Alkazar
Altar
  Flügelaltar
  Hausaltar
  Hochaltar
Antiquar
Ar
Archivar
Bar
  Hausbar
  Milchbar
  Nachtbar
  Schallplattenbar
  Snackbar
  Stehbar
  Tanzbar
Barbar
Basar
Bibliothekar
Bojar
Dagmar
Denar
Dietmar
Dollar
Dromedar
Edgar
Evangeliar
Exemplar
  Arbeitsexemplar
  Archivexemplar
  Ausstellungsexemplar
  Belegexemplar
  Besprechungsexemplar
  Freiexemplar
  Handexemplar
  Musterexemplar
  Pflichtexemplar
  Prachtexemplar
  Rezensionsexemplar
  Werbeexemplar
Februar
Formular
  Meldeformular
  Scheckformular

Gibraltar
Glossar
Handschar
Hangar
Hektar
Honorar
  Pauschalhonorar
Husar
Inventar
Jaguar
Janitschar
Januar
Jubilar
Justitiar
Kapitular
  Domkapitular
Kar
Kaspar
  Suppenkaspar
Kasuar
  Helmkasuar
Kaviar
  Keta-Kaviar
Kommentar
  Fernsehkommentar
  Rundfunkkommentar
  Zeitungskommentar
Kommissar
  Hochkommissar
  Kriminalkommissar
  Oberkommissar
  Polizeikommissar
Korsar
Legendar
Lothar
Madagaskar
Millibar
Missionar
Mobiliar
Molar
Nachbar
  Gartennachbar
  Hausnachbar
  Tischnachbar
  Wohnungsnachbar
  Zimmernachbar
Nektar
Notar

Okular
Oskar
Ottokar
Pessar
Radar
Referendar
  Forstreferendar
  Gerichtsreferendar
  Studienreferendar
Reimar
Reinmar
Reliquiar
Samowar
Sansibar
Schar
  Dienerschar
  Engelschar
  Freischar
  Heerschar
  Kinderschar
  Pflugschar
  Pilgerschar
  Reiterschar
  Vogelschar
Scholar
Seminar
  Hauptseminar
  Lehrerseminar
  Priesterseminar
  Proseminar
Singular
Star
  Augenstar
  Bühnenstar
  Fernsehstar
  Filmstar
  Glanzsstar
  Popstar
  Revuestar
  Rosenstar
  Showstar
Talar
Tatar
Ungar
Vikar
Vokabular
Volkmar
Waldemar
Weimar

Wismar
Zar
Zirkular
ableitbar
abschließbar
absehbar
  unabsehbar
absetzbar
abwaschbar
abwendbar
  unabwendbar
achtbar
anfechtbar
  unanfechtbar
angreifbar
  unangreifbar
annehmbar
  unannehmbar
ansprechbar
  unansprechbar
anwendbar
atomar
aufblasbar
auffindbar
  unauffindbar
aufklappbar
auflösbar
  unauflösbar
aufschiebbar
  unaufschiebbar
ausdenkbar
  unausdenkbar
auseinandernehmbar
ausführbar
  unausführbar
ausgleichbar
ausklappbar
auslösbar
aussprechbar
  unaussprechbar
austauschbar
auswechselbar
ausziehbar
bar
  unbar
bebaubar
  unbebaubar
beeinflußbar
  unbeeinflußbar

befahrbar
  unbefahrbar
begehbar
  unbegehbar
begrenzbar
behebbar
beheizbar
  unbeheizbar
beirrbar
  unbeirrbar
belastbar
belehrbar
  unbelehrbar
bemerkbar
  unbemerkbar
benutzbar
  unbenutzbar
berechenbar
  unberechenbar
besiegbar
  unbesiegbar
bestellbar
bestimmbar
  unbestimmbar
bestreitbar
  unbestreitbar
beweisbar
  unbeweisbar
bewohnbar
  unbewohnbar
bezahlbar
  unbezahlbar
bezähmbar
  unbezähmbar
beziehbar
bezwingbar
  unbezwingbar
brauchbar
  unbrauchbar
brennbar
  unbrennbar
  verbrennbar
dankbar
  undankbar
dar
darstellbar
datierbar
  undatierbar

definierbar
  undefinierbar
dehnbar
denkbar
  undenkbar
deutbar
  undeutbar
dienstbar
drehbar
durchdringbar
durchführbar
  undurchführbar
ehrbar
einziehbar
entflammbar
entschuldbar
  unentschuldbar
entwirrbar
  unentwirrbar
entzündbar
erfüllbar
  unerfüllbar
erkennbar
erklärbar
  unerklärbar
erlernbar
erregbar
erreichbar
  unerreichbar
erschließbar
ersetzbar
  unersetzbar
erziehbar
  unerziehbar
eßbar
fahrbar
faßbar
  erfaßbar
  unfaßbar
flößbar
formbar
fruchtbar
  unfruchtbar
fühlbar
furchtbar
gangbar
gar
  halbgar
gebar

genießbar
  ungenießbar
greifbar
haftbar
haltbar
  unhaltbar
heilbar
  unheilbar
heizbar
herstellbar
hörbar
  unhörbar
immerdar
infizierbar
jagdbar
klar
  arschklar
  gefechtsklar
  kristallklar
  seeklar
  sonnenklar
  sternenklar
  unklar
kontrollierbar
  unkontrollierbar
korrigierbar
  unkorrigierbar
kostbar
kündbar
  unkündbar
lapidar
lenkbar
  ablenkbar
  unlenkbar
lesbar
  ablesbar
  unlesbar
lieferbar
linear
lunar
mannbar
meßbar
  ermeßbar
  unermeßbar
mittelbar
  unmittelbar
molekular
nachahmbar
nachweisbar

nuklear
nutzbar
offenbar
passierbar
  unpassierbar
pfändbar
polar
rar
realisierbar
regulierbar
reizbar
ruchbar
schandbar
scheinbar
  unscheinbar
schiffbar
schlagbar
  unschlagbar
schwenkbar
  ausschwenkbar
sichtbar
  unsichtbar
sogar
sonderbar
spaltbar
stellar
  interstellar
stimmbar
strafbar
streckbar
streitbar
teilbar
  unteilbar
tilgbar
  untilgbar
tragbar
  untragbar
trennbar
  abtrennbar
  untrennbar
trinkbar
  untrinkbar
überbrückbar
  unüberbrückbar
überschreitbar
  unüberschreitbar
übersehbar
  unübersehbar

übersetzbar
  unübersetzbar
übersteigbar
  unübersteigbar
übertragbar
  unübertragbar
umsetzbar
unabdingbar
unabweisbar
unantastbar
unaufführbar
unaufschiebbar
unausrottbar
unaustilgbar
unbelegbar
unbemerkbar
unbezweifelbar
unentrinnbar
unfehlbar
unleugbar
unnahbar
unrettbar
unsagbar
unschätzbar
unstillbar
unterdrückbar
  ununterdrückbar
unterscheidbar
unüberhörbar
unvereinbar
unverkennbar
unverlierbar
unversiegbar
unzerstörbar
unzertrennbar
urbar
verfügbar
verführbar
vergleichbar
verifizierbar
vermeidbar
  unvermeidbar
vernehmbar
verrückbar
  unverrückbar
verschiebbar
verschließbar
  unverschließbar
versenkbar

verstellbar
vertauschbar
vertretbar
verwechselbar
　unverwechselbar
verwendbar
　unverwendbar
verwertbar
　unverwertbar
verwundbar
　unverwundbar
verzinsbar
verzollbar
　unverzollbar
vollstreckbar
voraussehbar
vorhersehbar
　unvorhersehbar
vorstellbar
　unvorstellbar
vorzeigbar
wägbar
　unwägbar
wählbar
wahrnehmbar
wandelbar
　abwandelbar
　unwandelbar
war
widerlegbar
wunderbar
zahlbar
　abzahlbar
　rückzahlbar
zählbar
　unzählbar
zähmbar
　unzähmbar
zerlegbar
zerreißbar
　unzerreißbar
zusammenklappbar
zusammenlegbar
zwar
　obzwar

— är (ä:r)

= – ähr (ä:r)
= – air (ä:r)
= – aire (ä:r)
= – er (ä:r)
= – ert (ä:r)
→ – äre (ä:re)
→ – ären (ä:ren)

Aktionär
　Großaktionär
Bär
　Ameisenbär
　Beutelbär
　Braunbär
　Brummbär
　Eisbär
　Grislybär
　Höhlenbär
　Kragenbär
　Nasenbär
　Seebär
　Tanzbär
　Teddybär
　Waschbär
　Zottelbär
Emissär
Funktionär
　Gewerkschafts-
　　funktionär
　Parteifunktionär
　Sportfunktionär
Kommissär
Kommissionär
Legionär
　Fremdenlegionär
Mär
Militär
Milliardär
Millionär
　Multimillionär
Mohär
Parlamentär
Pensionär
Reaktionär
Revolutionär
　Berufsrevolutionär
Sekretär
　Generalsekretär

　Privatsekretär
　Staatssekretär
Solitär
Tertiär
Veterinär
Volontär
autoritär
binär
doktrinär
　indoktrinär
familiär
humanitär
imaginär
komplementär
konträr
legendär
muskulär
　intramuskulär
ordinär
　extraordinär
parasitär
artikulär
pekuniär
populär
　unpopulär
prekär
primär
reaktionär
　erzreaktionär
　stockreaktionär
regulär
　irregulär
revolutionär
rudimentär
sanitär
sekundär
singulär
stationär
temporär
totalitär
visionär
vulgär
wär
zirkulär

— **ara (a:ra)**

= – arah (a:ra)
→ – a (a:)

Ara
Buchara
Carrara
Ferrara
Gradara
Kithara
Klara
Niagara
Sahara
Sara
Solfatara
Tamara
Tara
Tiara

— **arah (a:ra)**

= – ara (a:ra)
→ – a (a:)

Sarah
Zarah

— **arb (arp)**

= – arp (arp)
→ – arbe (arbe)
→ – arben (arben)

darb
  verdarb
starb
  verstarb
warb
  erwarb

— **ärb (ärp)**

= – erb (ärp)
→ – ärben (ärben)

färb
  entfärb
  verfärb

— **arbe (arbe)**

→ – arben (arben)

Barbe
Farbe
  Augenfarbe
  Deckfarbe
  Fehlfarbe
  Gesichtsfarbe
  Grundfarbe
  Haarfarbe
  Hautfarbe
  Klangfarbe
  Komplementärfarbe
  Leimfarbe
  Leuchtfarbe
  Mischfarbe
  Modefarbe
  Ölfarbe
  Schutzfarbe
  Tarnfarbe
  Wasserfarbe
Garbe
  Feuergarbe
  Heugarbe
Narbe
  Grasnarbe
  Impfnarbe
  Operationsnarbe
Schafgarbe
Scharbe
darbe

— **ärbe (ärbe)**

= – erbe (ärbe)
→ – ärben (ärben)

färbe

— **ärbel (ärbel)**

= – erbel (ärbel)

Bärbel

— **arben (arben)**

→ – arbe (arbe)

Farben
  Komplementärfarben
  Landesfarben
  Mischfarben
  Nationalfarben
cremefarben
darben
  abdarben
  verdarben
fleischfarben
khakifarben
lachsfarben
mausfarben
narben
  vernarben
purpurfarben
rosenfarben
scharben
scharlachfarben
schwefelfarben
starben
  abstarben
  dahinstarben
  hinstarben
  verstarben
  wegstarben
warben
  abwarben
  bewarben
  erwarben
  umwarben

— **ärben (ärben)**

= – erben (ärben)

färben
  abfärben
  entfärben
  schönfärben
  umfärben
  verfärben

— **ärbend (ärbent)**

= – erbend (ärbent)
→ – ärben (ärben)

schönfärbend

— **ärber (ärber)**

= – erber (ärber)
→ – ärben (ärben)

Färber
  Schönfärber

— **ärberei (ärberei)**

= – ei (ai)
= – erberei (ärberai)
→ – ärben (ärben)
→ – ärber (ärber)

Färberei
  Schönfärberei

— **arbig (arbi-ch)**

→ – ich (i-ch)

farbig
  einfarbig
  mehrfarbig
  vielfarbig
  vierfarbig
  zweifarbig
narbig
  blatternarbig
  pockennarbig

— **arbige (arbige)**

→ – arbig (arbi-ch)

Farbige
Narbige

— **ärbst (ärpßt)**

= – erbst (ärpßt)
→ – ärben (ärben)

färbst

— **ärbt (ärpt)**

= – erbt (ärpt)
→ – ärben (ärben)

färbt
  verfärbt
gefärbt
  ungefärbt

— **ärbung (ärbuŋ)**

= – erbung (ärbuŋ)
→ – ung (uŋ)

Färbung
  Schutzfärbung
  Verfärbung

— **arch (ar-ch)**

→ – arche (ar-che)

Barch
Exarch
Monarch
Oligarch
Patriarch
Tetrarch
schnarch

— **arche (ar-che)**

Arche
Geschnarche
schnarche

— **arche (arsch)**

= – arsch (arsch)

Demarche

— **ärche (är-che)**

→ – erche (är-che)

Lärche

— **archen (ar-chen)**

→ – arch (ar-ch)

schnarchen

— **ärchen (ä:r-chen)**

= – ährchen (ä:r-chen)
→ – aar (a:r)
→ – är (ä:r)

Bärchen
  Gummibärchen
Härchen
Klärchen
Lärchen
Märchen
  Ammenmärchen
  Kindermärchen
  Lügenmärchen
  Schauermärchen
  Volksmärchen
Pärchen
  Liebespärchen

— **ärchen (är-chen)**

= – ärrchen (är-chen)
= – erchen (är-chen)
= – errchen (är-chen)

Lärchen

— **archisch (ar-chisch)**

→ – isch (isch)

anarchisch
hierarchisch
monarchisch
oligarchisch

— **ard (art)**

= – art (art)
= – arrt (art)
→ – arde (arde)

Bastard
Bernhard
Bernward
Billard
Blizzard
Bussard
  Mäusebussard
Eberhard
Eckard
Edelgard
Eduard
Ekkehard

163

Erhard
Gerhard
Gotthard
Hasard
Hildegard
Irmgard
Irmingard
Leonhard
Luitgard
Luithard
Meinhard
Pard
  Gepard
  Leopard
Reinhard
Richard
Standard
  Lebensstandard
  Leistungsstandard
Steward
ward

— ard (a:r)

= – aar (a:r)
= – ahr (a:r)
= – ar (a:r)
= – oir (a:r)

Boulevard
Clochard

— arda (arda)

→ – a (a:)

Csárda
Ricarda

— arde (arde)

→ – ard (art)

Barde
Billiarde
Bombarde
Garde
  Avantgarde
  Ehrengarde
  Leibgarde
  Nationalgarde
  Prinzengarde
  Schweizergarde
Hellebarde
Karde
Kokarde
Kommunarde
Lombarde
Mansarde
Milliarde
Narde
Poularde
Sarde

— arde (a:rt)

= – aart (a:rt)
= – ahrt (a:rt)
= – art (a:rt)

Avantgarde

— ärde (ä:rde)

= – ährde (ä:rde)

Gebärde
gebärde

— arden (arden)

→ – ard (art)
→ – arde (arde)

Hellebarden
Leoparden
Milliarden
Poularden

— ärden (ä:rden)

= – ährden (ä:rden)

Gebärden
gebärden

— ärdend (ä:rdent)

= – ährdend (ä:rdent)

gebärdend

— arder (arder)

Marder
  Baummarder
  Edelmarder
  Steinmarder
Parder

— ärdest (ä:rdeßt)

= – ährdest (ä:rdeßt)

gebärdest

— ärdet (ä:rdet)

= – ährdet (ä:rdet)

gebärdet

— ardisch (ardisch)

→ – isch (isch)

bardisch
lombardisch
pikardisch
sardisch

— ards (artß)

= – arts (artß)
= – arz (artß)
→ – ard (art)

Bastards
Standards
ward's

— are (a:re)

= – aare (a:re)
= – ahre (a:re)
→ – ar (a:r)
→ – aren (a:ren)

Aware
Bajuware
Bulgare
Fanfare
Gare
  Bodengare

Kandare
Lätare
Ware
  Ausschußware
  Billigware
  Dauerware
  Exportware
  Fabrikware
  Fertigware
  Frischware
  Handelsware
  Importware
  Mangelware
  Markenware
  Massenware
  Qualitätsware
  Ramschware
  Schmuggelware
  Schundware
annehmbare
klare
offenbare
sonderbare
spare

— äre (ä:re)

= — ähre (ä:re)
= — ere (ä:re)
→ — är (ä:r)
→ — ären (ä:ren)

Affäre
  Betrugsaffäre
  Liebesaffäre
  Skandalaffäre
  Spionageaffäre
Altäre
Hetäre
Kläre
Märe
Megäre
Schäre
Schimäre
Schwäre
Sphäre
  Atmosphäre
  Einflußsphäre
  Hemisphäre
  Interessensphäre

Intimsphäre
Privatsphäre
Stratosphäre
gäre
gebäre
imaginäre
kläre
  erkläre
pekuniäre

— aren (a:ren)

= — aaren (a:ren)
= — ahren (a:ren)
→ — ar (a:r)
→ — are (a:re)

Balearen
Bausparen
Gebaren
  Geschäftsgebaren
Laren
Prämiensparen
Scharen
Staren
Waren
  Backwaren
  Eisenwaren
  Fleischwaren
  Gemischtwaren
  Glaswaren
  Gummiwaren
  Haushaltwaren
  Kolonialwaren
  Korbwaren
  Kurzwaren
  Lederwaren
  Papierwaren
  Rauchwaren
  Schreibwaren
  Strickwaren
  Süßwaren
  Teigwaren
  Wurstwaren
garen
  vorgaren
gebaren
klaren
  aufklaren
  verklaren

offenbaren
scharen
  zusammenscharen
sparen
  absparen
  aufsparen
  aussparen
  einsparen
  ersparen
  zusammensparen
vereinbaren
verlautbaren
waren

— ären (ä:ren)

= — ähren (ä:ren)
→ — är (ä:r)
→ — äre (ä:re)

Affären
Aktionären
Millionären
Schwären
Sphären
gären
  ausgären
  vergären
gebären
hären
klären
  abklären
  aufklären
  erklären
  verklären
mären
regulären
  irregulären
schären
schwären
wären

— arend (a:rent)

= — ahrend (a:rent)
→ — aren (a:ren)

aufklarend
geldsparend
raumsparend
zeitsparend

— **ärend (ä:rent)**

= – ährend (ä:rent)
→ – ären (ä:ren)

lebendgebärend
verklärend

— **arer (a:rer)**

= – ahrer (a:rer)
→ – ar (a:r)

Sparer
klarer
wunderbarer

— **ärer (ä:rer)**

→ – ähren (ä:ren)
→ – är (ä:r)

Aufklärer
Erklärer
familiärer
populärer
vulgärer

— **ares (a:reß)**

= – ahres (a:reß)
→ – ar (a:r)

bares
klares
unscheinbares
wunderbares

— **arf (arf)**

→ – arfen (arfen)

Bedarf
  Ärztebedarf
  Bürobedarf
  Energiebedarf
  Futtermittelbedarf
  Geldbedarf
  Grundbedarf
  Kraftfahrzeugbedarf
  Krankenhausbedarf
  Landwirtschafts-
  bedarf
  Massenbedarf

  Mehrbedarf
  Mindestbedarf
  Nahrungsmittel-
  bedarf
  Reisebedarf
Warf
darf
  bedarf
scharf
  haarscharf
  messerscharf
  trennscharf
  überscharf
  unscharf
warf
  abwarf
  einwarf
  entwarf
  herauswarf
  hereinwarf
  hinauswarf
  hineinwarf
  hinwarf
  rauswarf
  überwarf
  wegwarf
  zuwarf

— **ärf (ärf)**

= – erf (ärf)
= – erv (ärf)
→ – ärfe (ärfe)
→ – ärfen (ärfen)

schärf

— **arfe (arfe)**

= – arve (arfe)
→ – arf (arf)
→ – arfen (arfen)

Bedarfe
Harfe
  Äolsharfe
  Windharfe
Schlarfe
scharfe
  haarscharfe
  messerscharfe

— **ärfe (ärfe)**

= – erfe (ärfe)
= – erve (ärfe)
→ – ärfen (ärfen)

Schärfe
  Bildschärfe
  Sehschärfe
  Trennschärfe
schärfe
  verschärfe

— **arfen (arfen)**

= – arven (arfen)
→ – arf (arf)
→ – arfe (arfe)

harfen
scharfen
  haarscharfen
  messerscharfen
  superscharfen
  überscharfen
  unscharfen
warfen
  anwarfen
  auswarfen
  bewarfen
  herabwarfen
  heraufwarfen
  herunterwarfen
  hinabwarfen
  hinaufwarfen
  hinunterwarfen
  verwarfen

— **ärfen (ärfen)**

= – erfen (ärfen)
= – erven (ärfen)
→ – ärfe (ärfe)

Schärfen
  Sehschärfen
  Trennschärfen
schärfen
  anschärfen
  einschärfen
  entschärfen
  verschärfen

166

– ärfend (ärfent)

= – erfend (ärfent)
= – ervend (ärfent)
→ – ärfen (ärfen)

strafverschärfend

– arfst (arfßt)

→ – arf (arf)
→ – arfen (arfen)

darfst
  bedarfst
warfst

– arft (arft)

→ – arf (arf)
→ – arfen (arfen)

Warft
harft
warft

– ärft (ärft)

= – erft (ärft)
= – ervt (ärft)
→ – ärfe (ärfe)
→ – ärfen (ärfen)

schärft
  geschärft

– ärfung (ärfuŋ)

= – erfung (ärfuŋ)
= – ervung (ärfuŋ)
→ – ärfen (ärfen)
→ – ung (uŋ)

Haftverschärfung
Strafverschärfung

– arg (ark)

= – ark (ark)
→ – argen (argen)

Arg
Sarg
arg
  verarg
barg
  verbarg
karg
  wortkarg

– arge (arge)

→ – arg (ark)
→ – argen (argen)

Arge
Zarge
einsarge
karge
verarge

– ärge (ärge)

= – erge (ärge)

Särge

– argen (argen)

→ – arge (arge)

argen
  verargen
bargen
  verbargen
einsargen
kargen
  wortkargen

– ärgen (ärgen)

= – ergen (ärgen)

Särgen

– ärger (ärger)

= – erger (ärger)

Ärger
ärger
  verärger
kärger

– ärglich (ärkli-ch)

= – erklich (ärkli-ch)
→ – ich (i-ch)

kärglich

– argo (argo)

→ – o (o:)

Embargo
Kargo
  Superkargo
Largo

– argt (arkt)

= – arkt (arkt)

eingesargt
kargt
  gekargt
verargt

– argten (arkten)

= – arkten (arkten)

eingesargten
kargten
  abgekargten
verargten

– arheit (a:rhait)

= – ahrheit (a:rhait)
→ – eit (ait)

Klarheit
  Unklarheit

– ari (a:ri)

→ – i (i:)
→ – ie (i:)
→ – ieh (i:)

Askari
Bari
Charivari
Kalahari
Kanari

167

Larifari
Pari
Safari
Sari
Stradivari
larifari
pari

— **aria (a:ria)**

→ – a (a:)

Aria
Bavaria
Gran Canaria
Hungaria
Malaria
Paria

— **arie (a:ri-e)**

Araukarie
Arie
  Konzertarie
  Opernarie
Zinerarie

— **arien (a:ri-en)**

→ – arie (a:ri-e)

Bulgarien
Präliminarien

— **arier (a:ri-er)**

Arier
Agrarier
Parlamentarier
Proletarier
Vegetarier

— **ärig (ä:ri-ch)**

= – ährig (ä:ri-ch)
→ – ich (i-ch)

bärig
obergärig
schwärig
untergärig

— **ario (a:rio)**

→ – o (o:)

Impresario
Mario
Ontario

— **arisch (a:risch)**

→ – isch (isch)

agrarisch
antiquarisch
arisch
awarisch
barbarisch
bajuwarisch
binarisch
bulgarisch
cäsarisch
dinarisch
disziplinarisch
dokumentarisch
exemplarisch
fragmentarisch
kommissarisch
konsularisch
kulinarisch
literarisch
madjarisch
parlamentarisch
  außer-
  parlamentarisch
planetarisch
proletarisch
protokollarisch
solidarisch
statuarisch
summarisch
tabellarisch
tatarisch
testamentarisch
  alttestamentarisch
tumultuarisch
vegetarisch

— **ärisch (ä:risch)**

→ – isch (isch)

militärisch
  unmilitärisch
  vormilitärisch
schimärisch
sphärisch
atmosphärisch

— **arium (a:ri-um)**

= – um (um)

Anniversarium
Antiquarium
Aquarium
Armarium
Barium
Diarium
Glossarium
Herbarium
Kalendarium
Kolumbarium
Nektarium
Ovarium
Planetarium
Polarium
Sanktuarium
Solarium
Szenarium
Terrarium
Urbarium
Zentenarium

— **ark (ark)**

= – arg (ark)
→ – arke (arke)
→ – arken (arken)

Bark
Dänemark
Mark
  Feldmark
  Goldmark
  Grenzmark
  Holundermark
  Knochenmark
  Lebensmark

Ostmark
Reichsmark
Rentenmark
Rückenmark
Tomatenmark
Westmark
Park
  Erholungspark
  Fahrzeugpark
  Fuhrpark
  Nationalpark
  Naturpark
  Schloßpark
  Stadtpark
  Tierpark
  Vergnügungspark
  Wagenpark
  Wildpark
Quark
  Magerquark
  Sahnequark
  Speisequark
Steiermark
Telemark
autark
hark
park
stark
  ausdrucksstark
  bärenstark
  baumstark
  halbstark
  mittelstark
  superstark

— **ärk (ärk)**

= – erg (ärk)
= – erk (ärk)
→ – ärke (ärke)

stärk
  bestärk
  verstärk

— **arke (arke)**

→ – ark (ark)
→ – arken (arken)

Barke
Halbstarke
Harke
Marke
  Automarke
  Beitragsmarke
  Briefmarke
  Erkennungsmarke
  Freimarke
  Handelsmarke
  Hausmarke
  Höhenmarke
  Hundemarke
  Landmarke
  Pfandmarke
  Schutzmarke
  Sondermarke
  Spielmarke
  Steuermarke
  Wassermarke
  Hochwasser-
  marke
  Wertmarke
  Zigarettenmarke
brandmarke
erstarke
harke
parke

— **ärke (ärke)**

= – erke (ärke)
→ – ärken (ärken)

Stärke
  Charakterstärke
  Gesamtstärke
  Iststärke
  Kartoffelstärke
  Kerzenstärke
  Lautstärke
  Pferdestärke
  Riesenstärke
  Sollstärke
  Stromstärke
  Tonstärke
  Wäschestärke
  Willensstärke
  Windstärke

— **arken (arken)**

→ – ark (ark)
→ – arke (arke)

Barken
Halbstarken
Harken
Marken
ausbarken
brandmarken
einbarken
harken
  abharken
  aufharken
  ausharken
  beharken
  zusammenharken
parken
  ausparken
  einparken
quarken
starken
  erstarken
  superstarken

— **ärken (ärken)**

= – erken (ärken)

stärken
  bestärken
  verstärken

— **ärkend (ärkent)**

= – erkend (ärkent)
→ – ärken (ärken)

stärkend
  herzstärkend
  magenstärkend
  nervenstärkend

— **ärker (ärker)**

= – erker (ärker)

Steiermärker
Verstärker
  Vorverstärker
stärker

— ärkern (ärkern)

= – erkern (ärkern)
→ – ärker (ärker)

Steiermärkern
stärkern

— arkig (arki-ch)

→ – ich (i-ch)

markig
quarkig

— arkt (arkt)

= – argt (arkt)
→ – arken (arken)

Infarkt
  Herzinfarkt
Markt
  Absatzmarkt
  Arbeitsmarkt
  Christkindelmarkt
  Fischmarkt
  Flohmarkt
  Freimarkt
  Geldmarkt
  Gemüsemarkt
  Großmarkt
  Jahrmarkt
  Pferdemarkt
  Roßmarkt
  Schwarzmarkt
  Sklavenmarkt
  Supermarkt
  Trödelmarkt
  Viehmarkt
  Weihnachtsmarkt
  Weltmarkt
  Wochenmarkt
gebrandmarkt
erstarkt
harkt
  geharkt
parkt
  geparkt

— ärkt (ärkt)

= – erkt (ärkt)
→ – ärkten (ärkten)

stärkt
  gestärkt

— arkten (arkten)

= – argten (arkten)
→ – arken (arken)
→ – arkt (arkt)

brandmarkten
erstarkten
markten
  abmarkten
  vermarkten
harkten
  geharkten
parkten
  geparkten

— ärkten (ärkten)

= – erkten (ärkten)
→ – arkt (arkt)

Märkten
stärkten
  bestärkten
  gestärkten
  verstärkten

— arkung (arkuŋ)

→ – arken (arken)
→ – ung (uŋ)

Erstarkung
Gemarkung

— ärkung (ärkuŋ)

= – erkung (ärkuŋ)
→ – ärken (ärken)
→ – ung (uŋ)

Stärkung
  Herzstärkung
  Magenstärkung
  Nervenstärkung
  Rückenstärkung
Verstärkung

— ärlich (ä:rli-ch)

= – ährlich (ä:rli-ch)
→ – ich (i-ch)

erklärlich
  unerklärlich
spärlich

— ärlichkeit (ä:rli-chkeit)

= – ährlichkeit (ä:rli-chkait)
→ – ärlich (ä:rli-ch)
→ – eit (ait)

Spärlichkeit
Unerklärlichkeit

— arm (arm)

= – arme (arm)
→ – arme (arme)
→ – armen (armen)

Alarm
  Feueralarm
  Fliegeralarm
  Gasalarm
  Probealarm
Arm
  Fangarm
  Flußarm
  Hebelarm
  Mündungsarm
  Oberarm
  Seitenarm
  Unterarm
  Wandarm
Darm
  Blinddarm
  Dickdarm
  Dünndarm
  Grimmdarm
  Mastdarm
  Zwölffingerdarm
Farm
  Geflügelfarm
  Hühnerfarm
  Pelztierfarm
  Rinderfarm

Gendarm
Harm
Scharm
Schwarm
  Bienenschwarm
  Fliegenschwarm
  Heuschrecken-
  schwarm
  Jugendschwarm
  Mückenschwarm
  Vogelschwarm
arm
  bettelarm
  blutarm
  fettarm
  kalorienarm
  koffeinarm
  nikotinarm
  vitaminarm
  wasserarm
erbarm
umarm
warm
  brühwarm
  feuchtwarm
  handwarm
  kuhwarm
  lauwarm

— ärm (ärm)

= – erm (ärm)
→ – ärme (ärme)
→ – ärmen (ärmen)

Gedärm
Lärm
  Arbeitslärm
  Autolärm
  Baulärm
  Flugzeuglärm
  Heidenlärm
  Höllenlärm
  Mordslärm
  Motorenlärm
  Straßenlärm
  Verkehrslärm
lärm
schwärm
wärm

— arma (arma)

→ – a (a:)

Karma
Parma

— arme (arme)

→ – arm (arm)
→ – armen (armen)

Harme
erbarme
lauwarme
umarme

— arme (arm)

= – arm (arm)

Charme

— ärme (ärme)

= – erme (ärme)
→ – arm (arm)
→ – ärm (ärm)
→ – ärmen (ärmen)

Bärme
Gedärme
Gelärme
Schwärme
Wärme
  Bettwärme
  Blutwärme
  Eigenwärme
  Herzenswärme
  Nestwärme
  Zimmerwärme
härme
lärme
schwärme
wärme

— armen (armen)

→ – arm (arm)

Armen
Carmen
Erbarmen
Farmen
Gendarmen
Karmen
armen
  verarmen
barmen
  erbarmen
umarmen
warmen
  erwarmen

— ärmen (ärmen)

= – ermen (ärmen)
→ – arm (arm)
→ – ärme (ärme)

Därmen
Schwärmen
härmen
  abhärmen
  verhärmen
lärmen
  umlärmen
schwärmen
  anschwärmen
  ausschwärmen
  durchschwärmen
  herumschwärmen
  umschwärmen
  vorschwärmen
wärmen
  anwärmen
  aufwärmen
  auswärmen
  durchwärmen
  erwärmen
  vorwärmen

— armer (armer)

→ – arm (arm)

Allerbarmer
Armer
Farmer
armer
warmer

— ärmer (ärmer)

→ – ärme (ärme)
→ – ärmen (ärmen)

Lärmer
Schwärmer
  Fichtenschwärmer
  Kiefernschwärmer
  Nachtschwärmer
Wärmer
  Bettwärmer
  Bierwärmer
  Fußwärmer
  Kniewärmer
  Pulswärmer
  Speisewärmer
  Vorwärmer
ärmer
wärmer

— ärmlich (ärmli-ch)

= – ärmlig (ärmli-ch)
→ – ich (i-ch)

ärmlich
erbärmlich
  gottserbärmlich

— ärmlichkeit (ärmli-chkait)

= – ärmligkeit (ärmli-chkait)
→ – eit (ait)

Ärmlichkeit
Erbärmlichkeit

— ärmlig (ärmli-ch)

= – ärmlich (ärmli-ch)
→ – ich (i-ch)

engärmlig
kurzärmlig
langärmlig
weitärmlig

— ärmligkeit (ärmli-chkait)

= – ärmlichkeit (ärmli-chkait)
→ – ärmlig (ärmli-ch)
→ – eit (ait)

Hemdsärmligkeit

— armt (armt)

barmt
  erbarmt
  gebarmt
erwarmt
umarmt
verarmt

— ärmt (ärmt)

→ – ärmen (ärmen)

gehärmt
  abgehärmt
geschwärmt
  ausgeschwärmt
  vorgeschwärmt
gewärmt
  angewärmt
  aufgewärmt
lärmt
  gelärmt
schwärmt
verhärmt
wärmt

— armung (armuŋ)

→ – ung (uŋ)

Erbarmung
Umarmung
Verarmung

— arn (arn)

= – arrn (arn)
→ – arne (arne)
→ – arnen (arnen)

Farn
Garn
  Kammgarn
  Nähgarn
  Seemannsgarn
  Stickgarn
  Stopfgarn
  Strickgarn
Harn
Ungarn
nektarn
tarn
warn

— arna (arna)

→ – a (a:)

Amarna
Dalarna
Warna

— arne (arne)

→ – arn (arn)
→ – arnen (arnen)

Farne
Garne
Marne
harne
tarne
umgarne
warne

— arnen (arnen)

→ – arn (arn)

Farnen
harnen
  entharnen
tarnen
  enttarnen
umgarnen
warnen
  entwarnen
  verwarnen
  vorwarnen

— arno (arno)
→ – o (o:)

Arno
Locarno

— arnung (arnuŋ)
→ – arnen (arnen)
→ – ung (uŋ)

Tarnung
Umgarnung
Warnung
  Entwarnung
  Sturmwarnung
  Verwarnung

— aro (a:ro)
→ – o (o:)

Karo
Kilimandscharo

— arp (arp)
= – arb (arp)

Warp

— ärpe (ärpe)
= – erpe (ärpe)

Schärpe

— arr (ar)
= – arrh (ar)
→ – arre (are)
→ – arren (aren)

Geknarr
Gequarr
Gescharr
Geschnarr
Narr
  Büchernarr
  Hansnarr
  Hofnarr
  Modenarr
  Schalksnarr
  Weibernarr

Wirrwarr
bizarr
harr
starr
  totenstarr

— ärr (är)
= – er (är)
= – err (är)
= – erre (är)

Geplärr

— ärrchen (är-chen)
= – ärchen (är-chen)
= – erchen (är-chen)
= – errchen (är-chen)
→ – arr (ar)
→ – arre (are)

Närrchen
Zigärrchen

— arre (are)
→ – arr (ar)
→ – arren (aren)

Barre
Darre
  Getreidedarre
  Obstdarre
Farre
Geknarre
Gescharre
Gitarre
  Baßgitarre
  Elektrogitarre
  Hawaigitarre
  Rhythmusgitarre
  Schlaggitarre
  Sologitarre
Karre
  Handkarre
  Schubkarre
Knarre
Pfarre
Scharre

Schmarre
Schnarre
Sparre
Starre
  Genickstarre
  Leichenstarre
  Totenstarre
Zigarre
bizarre
harre
  ausharre
narre
  vernarre
starre
  erstarre

— ärre (äre)
= – erre (äre)

Geplärre
plärre
  anplärre
  ausplärre

— arren (aren)
→ – arr (ar)
→ – arre (are)

Barren
  Goldbarren
  Stufenbarren
Farren
Karren
  Handkarren
  Mistkarren
  Schäferkarren
  Schubkarren
  Thespiskarren
Sparren
  Dachsparren
bizarren
darren
  abdarren
harren
  ausharren
  beharren
  erharren
  verharren

karren
  abkarren
  wegkarren
knarren
narren
  vernarren
quarren
scharren
  aufscharren
  ausscharren
  einscharren
  verscharren
  zusammenscharren
  zuscharren
schnarren
  anschnarren
starren
  anstarren
  aufstarren
  emporstarren
  erstarren
  hochstarren
  nachstarren

— ärr(e)n (är(e)n)

= – ern (ärn)
= – err(e)n (är(e)n)

plärr(e)n
  anplärr(e)n
  ausplärr(e)n
  vorplärr(e)n

— arrend (arent)

→ – arren (aren)

einscharrend
knarrend
starrend
  erstarrend
  froststarrend
  waffenstarrend
verharrend

— arrer (arer)

→ – arr (ar)

Karrer
  Steinekarrer

Pfarrer
  Dorfpfarrer
  Landpfarrer
bizarrer
starrer

— arrh (ar)

= – arr (ar)

Katarrh
  Bronchialkatarrh
  Darmkatarrh

— arrheit (arhait)

→ – arr (ar)
→ – eit (ait)

Narrheit
  Modenarrheit
Starrheit

— arrig (ari-ch)

→ – ich (i-ch)

halsstarrig
knarrig
quarrig

— errin (ärin)

= – errin (ärin)

Närrin
  Modenärrin

— ärrisch (ärisch)

= – errisch (ärisch)
→ – isch (isch)

närrisch

— arrn (arn)

= – arn (arn)
→ – arre (are)
→ – arren (aren)

Schmarrn
  Kaiserschmarrn

— arrst (arßt)

= – arst (arßt)
→ – arren (aren)

harrst
karrst
knarrst
narrst
scharrst
schnarrst
starrst

— arrsten (arßten)

= – arsten (arßten)

bizarrsten
starrsten

— arrt (art)

= – ard (art)
= – art (art)
→ – arren (aren)

harrt
  geharrt
karrt
  gekarrt
knarrt
  geknarrt
narrt
  genarrt
scharrt
  gescharrt
schnarrt
  geschnarrt
starrt
  gestarrt

— ärrt (ärt)

= – erd (ärt)
= – errt (ärt)
= – ert (ärt)
→ – ärr(e)n (är(e)n)
→ – ärte (ärte)
→ – ärten (ärten)

plärrt
  geplärrt

— arrte (arte)

= – arte (arte)
→ – arren (aren)
→ – arrt (art)

harrte
karrte
knarrte
narrte
scharrte
schnarrte
starrte

— ärrte (ärte)

= – ärte (ärte)
= – errte (ärte)
= – erte (ärte)
→ – ärr(e)n (är(e)n)

plärrte

— arrten (arten)

= – arten (arten)
→ – arren (aren)
→ – arrt (art)

darrten
harrten
 beharrten
 verharrten
karrten
 wegkarrten
knarrten
narrten
 genarrten
 vernarrten
scharrten
 ausgescharrten
schnarrten
starrten
 angestarrten
 schreckerstarrten

— ärrten (ärten)

= – ärten (ärten)
= – errten (ärten)
= – erten (ärten)

plärrten
 anplärrten
 ausplärrten
 vorplärrten

— arrter (arter)

= – arter (arter)
→ – arren (aren)
→ – arrt (art)

abgekarrter
eingescharrter
genarrter
erstarrter
 angsterstarrter
 frosterstarrter
 furchterstarrter
 schreckerstarrter
verscharrter

— arrtet (artet)

= – artet (artet)
→ – arren (aren)
→ – arrten (arten)

erstarrtet
 angsterstarrtet
 frosterstarrtet
 furchterstarrtet
 schreckerstarrtet
harrtet
 verharrtet
karrtet
wegkarrtet
knarrtet
narrtet
 vernarrtet
scharrtet
 aufscharrtet
schnarrtet
starrtet
 nachstarrtet

— ärrts (ärtß)

= – ärts (ärtß)
= – ärz (ärtß)
= – errts (ärtß)
= – erts (ärtß)
= – ertz (ärtß)
= – erz (ärtß)
→ – erd (ärt)

plärrts

— arrung (aruŋ)

→ – arren (aren)
→ – ung (uŋ)

Beharrung
Erstarrung
Verscharrung

— arsam (a:rsa:m)

= – ahrsam (a:rsa:m)
→ – ahm (a:m)
→ – am (a:m)

sparsam

— arsch (arsch)

= – arche (arsch)
→ – arschen (arschen)

Arsch
 Heularsch
 Leckarsch
Barsch
 Buntbarsch
 Goldbarsch
Harsch
Marsch
 Abmarsch
 Anmarsch
 Aufmarsch
 Durchmarsch
 Eilmarsch
 Einmarsch
 Fußmarsch
 Gänsemarsch
 Gewaltmarsch
 Militärmarsch

Nachtmarsch
Parademarsch
Rückmarsch
Tagesmarsch
Triumphmarsch
Vorbeimarsch
Vormarsch
barsch
harsch
marsch

– arsche (arsche)

→ – arsch (arsch)

Barsche
Marsche
verarsche
verharsche

– ärsche (ärsche)

= – erche (ärsche)
= – errsche (ärsche)
→ – arsch (arsch)

Ärsche
Märsche

– arschen (arschen)

→ – arsch (arsch)

Dithmarschen
harschen
 verharschen
verarschen

– ärse (ärse)

= – erse (ärse)

Färse

– arst (arßt)

= – arrst (arßt)

Karst
barst
 zerbarst

– arsten (arßten)

= – arrsten (arßten)

Karsten
barsten
 zerbarsten
verkarsten

– art (a:rt)

= – aart (a:rt)
= – ahrt (a:rt)
= – arde (a:rt)
→ – aren (a:ren)

Art
 Abart
 Affenart
 Ausdrucksart
 Bauart
 Bauernart
 Denkart
 Eigenart
 Fortpflanzungsart
 Gangart
 Gesteinsart
 Hausfrauenart
 Hoffart
 Holzart
 Lebensart
 Lesart
 Machart
 Männerart
 Mundart
 Pflanzenart
 Redensart
 Schriftart
 Sinnesart
 Spielart
 Sportart
 Sprechart
 Tierart
 Todesart
 Tonart
 Weiberart
 Wesensart
 Zubereitungsart

Bart
 Backenbart
 Blaubart
 Bocksbart
 Dummbart
 Flaumbart
 Frauenbart
 Gamsbart
 Grimbart
 Kinnbart
 Knebelbart
 Milchbart
 Rauhbart
 Rauschebart
 Schlüsselbart
 Schnauzbart
 Schnurrbart
 Spitzbart
 Stoppelbart
 Vollbart
 Ziegenbart
Doggart
allerart
aufgeklart
benachbart
derart
gart
geschart
 dichtgeschart
offenbart
 geoffenbart
schart
smart
solcherart
spart
 gespart
vereinbart
welcherart
zart
 hauchzart
 überzart
 unzart

– art (art)

= – ard (art)
= – arrt (art)
→ – arte (arte)
→ – arten (arten)

Eckart
Gegenwart
  Allgegenwart
  Geistesgegenwart
Gerhart
Part
  Gegenpart
  Widerpart
Quart
Reinhart
Start
  Fehlstart
  Frühstart
Stuttgart
Turmwart
  Leuchtturmwart
Wart
  Beiwart
  Forstwart
  Gerätewart
  Hauswart
  Kassenwart
  Notenwart
  Platzwart
  Sportwart
  Tankwart
  Torwart
  Wegewart
  Wetterwart
apart
halbpart
hart
  stahlhart
  steinhart
  winterhart
start
wart

— ärt (ä:rt)

= – ährt (ä:rt)
→ – ären (ä:ren)

aufgeklärt
  unaufgeklärt
erklärt
  unerklärt
gärt
  gegärt

geklärt
  abgeklärt
  ungeklärt
klärt
schwärt
wärt

— arta (arta)

= – artha (arta)
→ – a (a:)

Charta
  Friedenscharta
  Magna Charta
  UN-Charta
Djakarta
Quarta
Sparta

— ärtchen
  (ä:rt-chen)

→ – art (a:rt)
→ – arte (a:rte)

Bärtchen
Schwärtchen

— ärtchen
  (ärt-chen)

= – ertchen (ärt-chen)
→ – arte (arte)
→ – arten (arten)

Gärtchen
  Kräutergärtchen
Kärtchen
  Visitenkärtchen

— arte (a:rte)

= – aarte (a:rte)
= – ahrte (a:rte)
→ – aren (a:ren)
→ – art (a:rt)
→ – arten (a:rten)

Schwarte
  Schweineschwarte
  Speckschwarte

entarte
garte
offenbarte
scharte
sparte
vereinbarte
verlautbarte
zarte

— arte (arte)

= – arrte (arte)
→ – art (art)
→ – arten (arten)

Astarte
Karte
  Ansichtskarte
  Autokarte
  Bahnsteigkarte
  Dauerkarte
  Eintrittskarte
  Fahrkarte
  Freikarte
  Generalstabskarte
  Getränkekarte
  Glückwunschkarte
  Himmelskarte
  Karteikarte
  Kennkarte
  Landkarte
  Lebensmittelkarte
  Lesekarte
  Monatskarte
  Mondkarte
  Netzkarte
  Platzkarte
  Postkarte
  Seekarte
  Speisekarte
  Spielkarte
  Straßenkarte
  Visitenkarte
  Wanderkarte
  Wandkarte
  Weltkarte
  Wetterkarte
  Wochenkarte
  Zahlkarte
  Zeitkarte

Parte
Quarte
Scharte
  Hasenscharte
  Schießscharte
Sparte
  Berufssparte
Standarte
  Feldstandarte
  Leibstandarte
Warte
  Seewarte
  Sternwarte
  Wegwarte
  Wetterwarte
harte
karte
smarte
starte
warte

— ärte (ä:rte)

= – ährte (ä:rte)
→ – ären (ä:ren)
→ – art (a:rt)
→ – ärt (ä:rt)

Bärte
gärte
geklärte
  aufgeklärte
klärte
  erklärte

— ärte (ärte)

= – ärrte (ärte)
= – errte (ärte)
= – erte (ärte)
→ – ärten (ärten)

Härte
Märte
härte
  erhärte

— arten (a:rten)

= – aarten (a:rten)
= – ahrten (a:rten)
→ – aren (a:ren)
→ – art (a:rt)
→ – arte (a:rte)

Arten
  Abarten
Schwarten
arten
  abarten
  ausarten
  entarten
  nacharten
aufklarten
garten
  vorgarten
offenbarten
scharten
  zusammenscharten
schwarten
  abschwarten
sparten
  absparten
  aufsparten
  einsparten
  ersparten
vereinbarten
verlautbarten
zarten
  überzarten

— arten (arten)

= – arrten (arten)
→ – art (art)
→ – arte (arte)

Erwarten
Garten
  Biergarten
  Blumengarten
  Dachgarten
  Gemüsegarten
  Irrgarten
  Kindergarten
  Kleingarten
  Klostergarten
  Lustgarten

  Nutzgarten
  Obstgarten
  Rosengarten
  Schloßgarten
  Schrebergarten
  Steingarten
  Tiergarten
  Vorgarten
  Weingarten
  Wintergarten
aparten
harten
karten
  abkarten
smarten
starten
warten
  abwarten
  aufwarten
  erwarten
  zuwarten

— ärten (ä:rten)

= – ährten (ä:rten)
→ – art (a:rt)
→ – ärt (ä:rt)

Bärten
geklärten
  aufgeklärten
  ungeklärten
klärten
  erklärten
  verklärten
vergärten

— ärten (ärten)

= – ärrten (ärten)
= – errten (ärten)
= – erten (ärten)
→ – arten (arten)

Gärten
härten
  abhärten
  enthärten
  erhärten
  verhärten

— arter (a:rter)

= – ahrter (a:rter)
→ – art (a:rt)

aufgeklarter
benachbarter
gescharter
  dichtgescharter
gesparter
  abgesparter
offenbarter
  geoffenbarter
zarter

— arter (arter)

= – arrter (arter)
→ – art (art)
→ – artern (artern)

Charter
Marter
Starter
harter
  steinharter

— ärter (ärter)

= – errter (ärter)
= – erter (ärter)
→ – art (art)
→ – ärten (ärten)

Anwärter
  Offiziersanwärter
  Titelanwärter
Enthärter
Turmwärter
  Leuchtturmwärter
Wärter
  Aufwärter
  Bahnwärter
  Brückenwärter
  Friedhofswärter
  Gefängniswärter
  Krankenwärter
  Leichenwärter
  Parkwärter
  Schleusenwärter
  Schrankenwärter
  Streckenwärter
  Tierwärter
härter

— artern (artern)

→ – arter (arter)

chartern
martern
  abmartern
  zermartern

— artet (a:rtet)

= – ahrtet (a:rtet)
→ – arte (a:rte)
→ – arten (a:rten)

bebartet
entartet
geartet
  andersgeartet
  gutgeartet
  wohlgeartet
offenbartet
spartet
vereinbartet

— artet (artet)

= – arrtet (artet)
→ – arten (arten)

erwartet
  unerwartet
gekartet
  abgekartet
startet
  gestartet
wartet
  gewartet

— artha (arta)

= – arta (arta)
→ – a (a:)

Martha
Siddhartha
Wartha

— ärtheit (ä:rthait)

= – ährtheit (ä:rthait)
→ – ärt (ä:rt)
→ – eid (ait)
→ – eit (ait)

Abgeklärtheit
Aufgeklärtheit
Verklärtheit

— artig (a:rti-ch)

→ – ich (i-ch)

artig
  abartig
  affenartig
  andersartig
  blitzartig
  bösartig
  derartig
  eigenartig
  einzigartig
  fremdartig
  gleichartig
  großartig
  gutartig
  neuartig
  ruckartig
  schlagartig
  unartig
schwartig

— ärtig (ärti-ch)

= – ertig (ärti-ch)
→ – ich (i-ch)

anderwärtig
auswärtig
gegenwärtig
  allgegenwärtig
gewärtig
hoffärtig
inwärtig
rückwärtig
widerwärtig

— **ärtige (ärtige)**

= – ertige (ärtige)
→ – ärtig (ärti-ch)
→ – ärtigen (ärtigen)

hoffärtige
widerwärtige

— **ärtigen (ärtigen)**

= – ertigen (ärtigen)
→ – ärtig (ärti-ch)

gewärtigen
hoffärtigen
widerwärtigen
vergegenwärtigen

— **ärtigkeit (ärti-chkait)**

= – ertigkeit (ärti-chkait)
→ – ärtig (ärti-ch)
→ – eit (ait)

Widerwärtigkeit

— **ärtigung (ärtiguŋ)**

= – ertigung (ärtiguŋ)
→ – ung (uŋ)

Vergegenwärtigung

— **ärtlein (ärtlain)**

→ – arte (arte)
→ – arten (arten)

Gewürzgärtlein
Lusamgärtlein
Postkärtlein

— **arts (a:rtß)**

= – arz (a:rtß)
→ – art (a:rt)

Barts
zart's

— **arts (artß)**

= – ards (artß)
= – arz (artß)
→ – art (art)

Starts
erwart's

— **ärts (ärtß)**

= – ärrts (ärtß)
= – ärz (ärtß)
= – errts (ärtß)
= – erts (ärtß)
= – ertz (ärtß)
= – erz (ärtß)
→ – erd (ärt)

abwärts
 bergabwärts
 flußabwärts
 stromabwärts
aufwärts
 bergaufwärts
 flußaufwärts
 stromaufwärts
auswärts
 stadtauswärts
bergwärts
einwärts
 feldeinwärts
 landeinwärts
 stadteinwärts
 waldeinwärts
heimwärts
herwärts
hinwärts
landwärts
nordwärts
ostwärts
rückwärts
seitwärts
südwärts
talwärts
unterwärts
 herunterwärts
 hinunterwärts
vorwärts
waldwärts
westwärts

— **arum (a:rum)**

= – um (um)

Palmarum
darum
 ebendarum
summa summarum

— **arung (a:ruŋ)**

= – aarung (a:ruŋ)
= – ahrung (a:ruŋ)
→ – aren (a:ren)
→ – ung (uŋ)

Aufklarung
Einsparung
Offenbarung
Vereinbarung
Verlautbarung

— **ärung (ä:ruŋ)**

= – ährung (ä:ruŋ)
→ – ären (ä:ren)
→ – ung (uŋ)

Aufklärung
 Sexualaufklärung
Erklärung
 Austrittserklärung
 Beitrittserklärung
 Ehrenerklärung
 Grundsatzerklärung
 Kriegserklärung
 Liebeserklärung
 Presseerklärung
 Regierungserklärung
 Steuererklärung
 Unabhängigkeits-
 erklärung
 Willenserklärung
 Zeichenerklärung
Gärung
 Angärung
 Ausgärung
 Flaschengärung
 Vergärung
Klärung
Verklärung

— **arve (arfe)**

= – arfe (arfe)
→ – arven (arfen)

Arve
Larve

— **arve (arwe)**

= – arwe (arwe)

Algarve
Arve
Karve

— **arven (arfen)**

= – arfen (arfen)
→ – arve (arfe)

entlarven
verlarven

— **arwe (arwe)**

= – arve (arwe)

Karwe

— **arz (a:rtß)**

= – arts (a:rtß)
→ – arzen (a:rtßen)

Harz
Quarz

— **arz (artß)**

= – ards (artß)
= – arts (artß)
→ – art (art)

schwarz
 kohlrabenschwarz
 kohlschwarz
 pechschwarz
 tiefschwarz

— **ärz (ärtß)**

= – ärrts (ärtß)
= – ärts (ärtß)
= – errts (ärtß)
= – erts (ärtß)
= – ertz (ärtß)
= – erz (ärtß)
→ – ärze (ärtße)
→ – ärzen (ärtßen)
→ – erd (ärt)

März
 Vormärz

— **arze (a:rtße)**

Harze
Quarze
harze
 verharze

— **arze (artße)**

→ – arz (artß)
→ – arzen (artßen)

Parze
Schwarze
Warze
 Brustwarze

— **ärze (ärtße)**

= – erze (ärtße)
→ – ärzen (ärtßen)

Schwärze
 Druckerschwärze

— **arzen (a:rtßen)**

= – arz (a:rtß)

harzen
 verharzen

— **arzen (artßen)**

→ – arz (artß)
→ – arze (artße)

Schwarzen

Warzen
 Brustwarzen
 Zungenwarzen
verwarzen

— **ärzen (ärtßen)**

= – erzen (ärtßen)
→ – ärz (ärtß)
→ – ärze (ärtße)

Märzen
schwärzen
 anschwärzen
 einschwärzen

— **arzer (artßer)**

→ – arz (artß)

Karzer
Schwarzer

— **arzig (a:rtßi-ch)**

→ – ich (i-ch)

harzig
quarzig

— **ärzlich (ärtßli-ch)**

= – erzlich (ärtßli-ch)
→ – ich (i-ch)

märzlich
 vormärzlich
schwärzlich

— **arzt (a:rtßt)**

→ – arzen (a:rtßen)

Arzt
 Amtsarzt
 Augenarzt
 Badearzt
 Betriebsarzt
 Chefarzt
 Facharzt
 Feldarzt
 Frauenarzt

Halsarzt
Hausarzt
Hautarzt
Hofarzt
Kassenarzt
Kinderarzt
Kurarzt
Landarzt
Leibarzt
Militärarzt
Nervenarzt
Oberarzt
Ohrenarzt
Schiffsarzt
Sportarzt
Stationsarzt
Tierarzt
Vertrauensarzt
Wundarzt
Zahnarzt
harzt
  verharzt
verquarzt

— **ärzt (ärtßt)**

= − erzt (ärtßt)
→ − ärzen (ärtßen)

geschwärzt
  pulvergeschwärzt
schwärzt
  anschwärzt

— **arzten
(a:rtßten)**

verarzten
harzten
  verharzten
verquarzten

— **ärzung (ärtßuŋ)**

= − erzung (ärtßuŋ)
→ − ung (uŋ)

Schwärzung
  Anschwärzung

— **as (a:ß)**

= − aas (a:ß)
= − aß (a:ß)
→ − ase (a:se)
→ − asen (a:sen)

Gas
  Erdgas
  Giftgas
  Grubengas
  Knallgas
  Kohlengas
  Lachgas
  Leuchtgas
  Tränengas
  Vollgas
  Zwischengas
Glas
  Bierglas
  Bleiglas
  Brennglas
  Brillenglas
  Cognacglas
  Einglas
  Einmachglas
  Einweckglas
  Farbglas
  Fensterglas
  Fernglas
  Flaschenglas
  Haftglas
  Hohlglas
  Kristallglas
  Likörglas
  Mattglas
  Meßglas
  Milchglas
  Opernglas
  Plexiglas
  Reagenzglas
  Schnapsglas
  Sektglas
  Spiegelglas
  Stundenglas
  Trinkglas
  Vergrößerungsglas
  Wasserglas
  Weinglas
  Zahnputzglas

Gras
  Futtergras
  Queckengras
  Riedgras
  Rispengras
  Seegras
  Steppengras
  Sumpfgras
  Wollgras
  Zittergras
Klas
Mamas
Papas
Topas
  Goldtopas
  Rauchtopas
blas
las

— **as (aß)**

= − aß (aß)
= − asse (aß)
→ − assen (aßen)

Amazonas
Ananas
As
Trumpfas
Atlas
  Autoatlas
  Geschichtsatlas
  Handatlas
  Sprachatlas
Barrabas
Barras
Boreas
Bramarbas
Caracas
Elias
Fürstprimas
Honduras
Ischias
Judas
Mathias
Messias
Niklas
Nikolas
Pankreas
Satanas

Tobias
Trias
Ukas
alias
das
was
  etwas
  irgendwas

— as (a)

= – a (a)

Fauxpas

— aß (a:ß)

= – aas (a:ß)
= – as (a:ß)
→ – aßen (a:ßen)

Fraß
  Hundefraß
  Mottenfraß
  Schweinefraß
  Vielfraß
  Wurmfraß
Kwaß
Maß
  Augenmaß
  Ausmaß
  Bandmaß
  Bogenmaß
  Ebenmaß
  Eichmaß
  Feldmaß
  Flächenmaß
  Getreidemaß
  Gleichmaß
  Höchstmaß
  Höhenmaß
  Hohlmaß
  Körpermaß
  Längenmaß
  Metermaß
  Mindestmaß
  Mittelmaß
  Raummaß
  Richtmaß
  Strafmaß
  Übermaß

  Unmaß
  Versmaß
  Winkelmaß
  Zeitmaß
Spaß
  Heidenspaß
aß
saß

— aß (aß)

= – as (aß)
= – asse (aß)
→ – assen (aßen)

Ablaß
Aderlaß
Anlaß
Aß
Baß
  Brummbaß
  Generalbaß
  Kontrabaß
Durchlaß
Einlaß
Elsaß
Erlaß
  Gebührenerlaß
  Regierungserlaß
  Schuldenerlaß
  Straferlaß
  Sündenerlaß
Faß
  Bierfaß
  Butterfaß
  Danaidenfaß
  Gurkenfaß
  Krautfaß
  Mehlfaß
  Ölfaß
  Pulverfaß
  Regenfaß
  Rührfaß
  Salzfaß
  Tintenfaß
  Wasserfaß
  Weinfaß
Gelaß
Haraß

Haß
  Kinderhaß
  Klassenhaß
  Männerhaß
  Menschenhaß
  Rassenhaß
  Völkerhaß
  Weiberhaß
Kompaß
  Kreiselkompaß
  Marschkompaß
Küraß
Nachlaß
  Gebührennachlaß
  Preisnachlaß
Naß
Parnaß
Paß
  Alpenpaß
  Bergpaß
  Engpaß
  Gesundheitspaß
  Laufpaß
  Querpaß
  Reisepaß
  Wehrpaß
Unterlaß
Verlaß
baß
  fürbaß
blaß
  kreideblaß
  leichenblaß
  todblaß
  totenblaß
daß
faß
kraß
laß
naß
  klatschnaß
  klitschnaß
  patschnaß
  pitschnaß
  pudelnaß
  triefnaß
  tropfnaß
verpaß
zupaß

— äß (ä:ß)

→ – äse (ä:se)
→ – äße (ä:ße)
→ – äßen (ä:ßen)

Gefäß
  Milchgefäß
  Trinkgefäß
Gesäß
äß
gemäß
  artgemäß
  auftragsgemäß
  befehlsgemäß
  bestimmungsgemäß
  demgemäß
  erfahrungsgemäß
  fachgemäß
  fristgemäß
  gewohnheitsgemäß
  ordnungsgemäß
  pflichtgemäß
  plangemäß
  programmgemäß
  sachgemäß
  satzungsgemäß
  sinngemäß
  standesgemäß
  stilgemäß
  stimmungsgemäß
  termingemäß
  textgemäß
  traditionsgemäß
  überlieferungsgemäß
  verabredungsgemäß
  verstandesgemäß
  vertragsgemäß
  wahrheitsgemäß
  wunschgemäß
  zweckgemäß
säß
vergäß
zeitgemäß
  unzeitgemäß

— asa (a:sa)

= – aza (a:sa)
→ – a (a:)

Lhasa
Mombasa
Tabula rasa
NASA

— asch (a:sch)

Drasch
Guasch

— asch (asch)

→ – allasch (alasch)
→ – aschen (aschen)

Abwasch
Asch
Aufwasch
Gulasch
Hallimasch
Hasch
Panasch
Pasch
Tschardasch
Wischwasch
lasch
nasch
rasch
wasch

— äsch (äsch)

= – esch (äsch)

Gewäsch
  Weibergewäsch

— ascha (ascha)

→ – a (a:)

Kascha
Natascha
Pascha
  Familienpascha
Sascha

— äschchen (äsch-chen)

→ – asche (asche)

Fläschchen
  Riechfläschchen
Täschchen
  Abendtäschchen
  Gelenktäschchen

— asche (asche)

→ – asch (asch)
→ – aschen (aschen)

Asche
  Flugasche
  Kohlenasche
  Pottasche
  Vulkanasche
  Zigarettenasche
  Zigarrenasche
Fasche
Flasche
  Bettflasche
  Bierflasche
  Feldflasche
  Gasflasche
  Glasflasche
  Korbflasche
  Milchflasche
  Plastikflasche
  Sauerstoffflasche
  Schnapsflasche
  Sektflasche
  Thermosflasche
  Wärmflasche
  Weinflasche
Gamasche
  Wickelgamasche
Ganasche
Kalasche
Lasche
  Schuhlasche
Masche
  Laufmasche
Schmasche
Tasche
  Aktentasche

Backentasche
Brieftasche
Brusttasche
Einkaufstasche
Geldtasche
Gesäßtasche
Handtasche
Hosentasche
Innentasche
Jackentasche
Jagdtasche
Manteltasche
Maultasche
Plaudertasche
Reisetasche
Rocktasche
Satteltasche
Schultasche
Schultertasche
Seitentasche
Tragtasche
Uhrtasche
Westentasche
hasche
lasche
nasche
pasche
rasche
 überrasche
wasche

– äsche (äsche)

= – esche (äsche)

Äsche
 Meeräsche
Wäsche
 Babywäsche
 Bettwäsche
 Bügelwäsche
 Buntwäsche
 Katzenwäsche
 Kochwäsche
 Leibwäsche
 Plättwäsche
 Unterwäsche

– aschen (aschen)

→ – asch (asch)
→ – asche (asche)

Flaschen
Gamaschen
Händewaschen
gewaschen
 ungewaschen
haschen
 erhaschen
kaschen
laschen
 anlaschen
 verlaschen
naschen
 vernaschen
paschen
raschen
 überraschen
waschen
 abwaschen
 aufwaschen
 auswaschen
 durchwaschen
 reinwaschen
 verwaschen
 vorwaschen
 wegwaschen
 weißwaschen

– äschen (ä:ß-chen)

= – äßchen (ä:ß-chen)
→ – as (a:ß)
→ – ase (a:se)

Bäschen
Bläschen
 Fieberbläschen
 Schaumbläschen
 Lungenbläschen
Gläschen
Gräschen
Häschen
 Osterhäschen
Näschen
 Stupsnäschen
Väschen

– äßchen (ä:ß-chen)

= – äschen (ä:ß-chen)
→ – aß (a:ß)

Späßchen

– äßchen (äß-chen)

= – eßchen (äß-chen)
→ – aß (aß)
→ – asse (aße)

Fäßchen
Gäßchen
Täßchen

– aschend (ascht)

→ – aschen (aschen)

naschend
überraschend

– ascher (ascher)

→ – aschen (aschen)

Ascher
 Zigarettenascher
Hascher
 Effekthascher
Nascher
Pascher
lascher
rascher

– äscher (äscher)

= – escher (äscher)

Häscher
Wäscher
 Goldwäscher
 Tellerwäscher

– **ascherei
(ascherai)**

= – ei (ai)
→ – aschen (aschen)
→ – ascher (ascher)

Hascherei
  Effekthascherei
  Erfolgshascherei
Nascherei
  Vernascherei

– **äscherei
(äscherai)**

= – ei (ai)
= – escherei
  (äscherai)
→ – äscher (äscher)

Näscherei
Wäscherei
  Goldwäscherei

– **aschheit
(aschhait)**

→ – eit (ait)

Laschheit
Raschheit

– **aschig
(aschi-ch)**

→ – ich (i-ch)

aschig
maschig
  engmaschig
  feinmaschig
  weitmaschig
zweilaschig

– **aschung
(aschuŋ)**

→ – aschen (aschen)
→ – ung (uŋ)

Überraschung
Waschung
  Fußwaschung

– **asco (aßko)**

= – asko (aßko)
→ – o (o:)

Tabasco

– **ase (a:se)**

= – aze (a:se)
→ – as (a:ß)
→ – asen (a:sen)

Abgase
Ase
Base
  Klatschbase
Blase
  Blutblase
  Brandblase
  Fischblase
  Gallenblase
  Harnblase
  Luftblase
  Seifenblase
  Schwimmblase
  Sprechblase
  Wasserblase
Ekstase
Emphase
Fase
Geblase
Hase
  Angsthase
  Betthase
  Dachhase
  Feldhase
  Osterhase
  Schihase
  Schneehase
  Setzhase
  Stallhase
Nase
  Hakennase
  Himmelfahrtsnase
  Rotznase
  Schnapsnase
  Spürnase
  Stupsnase
Oase

Phase
  Endphase
  Entwicklungsphase
  Mondphase
  Schlußphase
Phrase
  Paraphrase
Vase
  Blumenvase
  Bodenvase
  Glasvase
  Keramikvase
  Kristallvase
  Porzellanvase
  Tonvase
Zase
blase
rase

– **äse (ä:se)**

= – aise (ä:se)
→ – as (a:ß)
→ – äsen (ä:sen)

Fräse
Geäse
Gebläse
  Sandstrahlgebläse
Käse
  Fettkäse
  Handkäse
  Hartkäse
  Kochkäse
  Kräuterkäse
  Leberkäse
  Magerkäse
  Parmesankäse
  Schafkäse
  Schmelzkäse
  Schnittkäse
  Streichkäse
  Weichkäse
  Weißkäse
  Ziegenkäse
Majonäse
Polonäse
äse
fräse
läse

— aße (a:ße)

→ – aß (a:ß)
→ – aßen (a:ßen)

Fraße
Maße
  Gliedmaße
Spaße
Straße
  Alpenstraße
  Ausfallstraße
  Autostraße
  Bergstraße
  Bundesstraße
  Dorfstraße
  Einbahnstraße
  Einkaufsstraße
  Geschäftsstraße
  Handelsstraße
  Hauptstraße
  Heerstraße
  Landstraße
  Meeresstraße
  Milchstraße
  Nebenstraße
  Parallelstraße
  Querstraße
  Schnellstraße
  Spielstraße
  Uferstraße
  Umgehungsstraße
  Walzstraße
  Wasserstraße
anmaße
spaße

— äße (ä:ße)

→ – aß (a:ß)
→ – äß (ä:ß)
→ – äßen (ä:ßen)

Gefäße
  Blutgefäße
  Staubgefäße
  Trinkgefäße
Späße
fräße
gemäße
  sachgemäße
  genäße
säße
vergäße
zeitgemäße
  unzeitgemäße

— asel (a:ßel)

→ – aseln (a:ßeln)

Basel
Gasel
Gefasel
Hasel
  Baumhasel
  Hexenhasel
Zasel

— aseln (a:ßeln)

→ – asel (a:ßel)

Haseln
faseln

— asen (a:sen)

= – aasen (a:sen)
→ – as (a:ß)
→ – ase (a:se)

Gasen
  Abgasen
Hasen
Rasen
  Blumenrasen
  Zierrasen
Wasen
Wrasen
geblasen
blasen
  abblasen
  anblasen
  aufblasen
  ausblasen
  durchblasen
  einblasen
  fortblasen
  umblasen
  vorblasen
  wegblasen
  zusammenblasen

fasen
  abfasen
gasen
  ausgasen
  entgasen
  vergasen
glasen
  beglasen
  einglasen
  überglasen
  verglasen
grasen
  abgrasen
  vergrasen
quasen
  verquasen
rasen
  anrasen
  dahinrasen
  davonrasen
  durchrasen
  hineinrasen

— äsen (ä:sen)

→ – äse (ä:se)

Gebläsen
äsen
  abäsen
fräsen
  vorfräsen
jäsen
käsen
  verkäsen
läsen

— aßen (a:ßen)

→ – aße (a:ße)

Maßen
  Gliedmaßen
Straßen
aßen
  aufaßen
  mitaßen
  wegaßen
fraßen
  abfraßen
  anfraßen

auffraßen
wegfraßen
maßen
  abmaßen
  anerkanntermaßen
  anmaßen
  beimaßen
  bekanntermaßen
  dermaßen
  eingestandener-
  maßen
  einigermaßen
  erwiesenermaßen
  folgendermaßen
  gewissermaßen
  gezwungenermaßen
  gleichermaßen
  mutmaßen
  solchermaßen
  verabredetermaßen
  zumaßen
saßen
  absaßen
  aufsaßen
  besaßen
  festsaßen
spaßen
verdientermaßen
  unverdientermaßen
vergaßen

— äßen (ä:ßen)

→ – aß (a:ß)
→ – äß (ä:ß)
→ – äße (ä:ße)
→ – aßen (a:ßen)

Gefäßen
Späßen
äßen
säßen
  besäßen
vergäßen

— asend (a:sent)

→ – asen (a:sen)

blasend
rasend

— äsend (ä:sent)

→ – äsen (ä:sen)

äsend
fräsend

— aßend (a:ßent)

→ – aßen (a:ßen)

anmaßend
spaßend

— aser (a:ser)

→ – asen (a:sen)
→ – asern (a:sern)

Faser
  Baumwollfaser
  Glasfaser
  Holzfaser
  Kunstfaser
  Muskelfaser
  Pflanzenfaser
  Wollfaser
Gefaser
Glaser
Graser
Maser
Raser
Vergaser

— äser (ä:ser)

→ – as (a:ß)
→ – asen (a:sen)
→ – äsen (ä:sen)

Bläser
  Glasbläser
Fräser
Gläser
Gräser
Käser

— aserei (a:serai)

= – ei (ai)
→ – asen (a:sen)
→ – aser (a:ser)

Glaserei
Raserei
  Liebesraserei

— äserei (ä:serai)

= – ei (ai)
→ – äsen (ä:sen)
→ – äser (ä:ser)

Fräserei
Glasbläserei
Käserei

— aserig
(a:seri-ch)

→ – ich (i-ch)

faserig
maserig

— asern (a:sern)

→ – aser (a:ser)

Fasern
Glasern
Masern
Vergasern
fasern
  ausfasern
  zerfasern
glasern
masern

— asert (a:sert)

→ – asern (a:sern)

gemasert
zerfasert

— asi (a:si)

→ – i (i:)
→ – ie (i:)
→ – ieh (i:)

Hasi
Stasi
Swasi
quasi

— asig (a:si-ch)

= – aasig (a:si-ch)
→ – ich (i-ch)

blasig
breitnasig
dreiphasig
einphasig
gasig
glasig
grasig
mehrphasig
plattnasig
rotnasig
stumpfnasig
zweiphasig

— äsig (ä:si-ch)

→ – ich (i-ch)

hochnäsig
käsig
rotznäsig

— äßig (ä:ßi-ch)

→ – ich (i-ch)

gefräßig
gleichmäßig
　ungleichmäßig
mäßig
　anteilmäßig
　behelfsmäßig
　ebenmäßig
　erfahrungsmäßig
　fahrplanmäßig
　gefühlsmäßig
　geschäftsmäßig
　gesetzmäßig
　gewerbsmäßig
　gewohnheits-
　mäßig
　marschmäßig
　mittelmäßig
　mordsmäßig
　planmäßig
　saumäßig
　serienmäßig
　übermäßig
　unbotmäßig
　unmäßig
　verstandesmäßig
　rechtmäßig
　unrechtmäßig
　regelmäßig
　unregelmäßig
　verhältnismäßig
　unverhältnismäßig
　vorschriftsmäßig
　unvorschriftsmäßig
　zweckmäßig
　unzweckmäßig

— äßigen (ä:ßigen)

→ – äßig (ä:ßi-ch)

mäßigen
　ermäßigen
gefräßigen

— äßigkeit (ä:ßi-chkait)

→ – äßig (ä:ßi-ch)
→ – eit (ait)

Gefräßigkeit
Mäßigkeit

— aska (aßka)

→ – a (a:)

Alaska
Nebraska

— aske (aßke)

Baske
Bergamaske
Maske
　Gasmaske
　Gesichtsmaske
　Totenmaske

— askisch (aßkisch)

→ – isch (isch)

baskisch
bergamaskisch

— asko (aßko)

= – asco (aßko)
→ – o (o:)

Fiasko
Kasko
　Vollkasko

— äslein (ä:ßlain)

= – äßlein (ä:ßlain)
= – ein (ain)
→ – as (a:ß)
→ – ase (a:se)

Gläslein
Gräslein
Häslein
Näslein

— äßlein (ä:ßlain)

= – äslein (ä:ßlain)
= – ein (ain)
→ – aß (a:ß)
→ – aße (a:ße)

Späßlein
Sträßlein

— aßlich (aßli-ch)

→ – ich

faßlich
　unfaßlich
paßlich

— äßlich (äßli-ch)

= – eßlich (äßli-ch)
→ – ich (i-ch)

anläßlich
bläßlich

erläßlich
  unerläßlich
gräßlich
häßlich
läßlich
näßlich
unpäßlich
verläßlich
  unverläßlich

— äßlichkeit (äßli-chkait)

= – eßlichkeit (äßli-chkait)
→ – äßlich (äßli-ch)
→ – eit (ait)

Häßlichkeit
Unpäßlichkeit

— asma (aßma)

→ – a (a:)

Miasma
Phantasma
Plasma
  Protoplasma

— asmen (aßmen)

Miasmen
Phantasmen
Pleonasmen
Sarkasmen
Spasmen

— asmus (aßmuß)

Enthusiasmus
Erasmus
Marasmus
  Altersmarasmus
Orgasmus
Pleonasmus
Sarkasmus
Spasmus

— aspe (aßpe)

Aspe
Haspe
Raspe

— aspel (aßpel)

→ – aspeln (aßpeln)

Gehaspel
Geraspel
Haspel
  Garnhaspel
  Motorhaspel
Paspel
Raspel
  Abfeilraspel
  Kokosraspel
Zaspel

— aspeln (aßpeln)

→ – aspel (aßpel)

haspeln
  abhaspeln
  aufhaspeln
  verhaspeln
raspeln
  abraspeln
  beraspeln
zaspeln

— aspern (aßpern)

Aspern
kaspern
  herumkaspern

— assa (aßa)

= – assah (aßa)
→ – a (a:)

Kassa
Passa
Tausendsassa

— assah (aßa)

= – assa (aßa)
→ – a (a:)

Passah

— asse (aße)

→ – as (aß)
→ – aß (aß)
→ – assen (aßen)

Barkasse
Beisasse
Brasse
  Goldbrasse
  Rotbrasse
Brasse
  Fockbrasse
Freisasse
Galeasse
Gasse
  Brandgasse
  Sackgasse
Grimasse
Hintersasse
Insasse
Kalebasse
Karkasse
Kasse
  Abendkasse
  Betriebskasse
  Gemeindekasse
  Krankenkasse
  Kriegskasse
  Ladenkasse
  Portokasse
  Registrierkasse
  Sammelkasse
  Sparkasse
  Sterbekasse
  Tageskasse
Klasse
  Altersklasse
  Arbeiterklasse
  Gehaltsklasse
  Gesellschaftsklasse
  Gewichtsklasse
  Güteklasse
  Meisterklasse
  Mittelklasse
  Schulklasse
  Sonderklasse
  Spitzenklasse
  Wagenklasse
Klobasse

Madagasse
Masse
  Erbmasse
  Hirnmasse
  Konkursmasse
  Menschenmasse
  Unmasse
  Volksmasse
Melasse
Molasse
Monegasse
Passe
Pinasse
Rasse
  Herrenrasse
  Zuchtrasse
Tasse
  Henkeltasse
  Kaffeetasse
  Mokkatasse
  Obertasse
  Ohrentasse
  Sammeltasse
  Schnabeltasse
  Suppentasse
  Teetasse
  Untertasse
Terrasse
  Aussichtsterrasse
  Sonnenterrasse
Trasse
brasse
erblasse
fasse
hasse
lasse
passe
prasse
schasse

— asse (aß)

= – as (aß)
= – aß (aß)

en masse

— ässe (äße)

= – esse (äße)
→ – aß (aß)
→ – ässen (äßen)

Bässe
  Kontrabässe
Blässe
  Leichenblässe
  Totenblässe
Nässe
Pässe
nässe
  benässe

— assel (aßel)

→ – asseln (aßeln)

Assel
  Erdassel
  Kellerassel
  Krabbenassel
  Mauerassel
  Wasserassel
Dassel
Gemassel
Geprassel
  Flammengeprassel
Gequassel
Gerassel
  Säbelgerassel
  Wagengerassel
Massel
Rassel
  Kinderrassel
Schlamassel
quassel
vermassel

— asseln (aßeln)

→ – assel (aßel)

Säbelrasseln
masseln
  vermasseln
prasseln
  aufprasseln
  niederprasseln

quasseln
  anquasseln
  bequasseln
  verquasseln
rasseln
  anrasseln
  durchrasseln
  herunterrasseln
  hineinrasseln
  vorbeirasseln

— assen (aßen)

→ – asse (aße)

Brassen
Gassen
Kassen
Tassen
anlassen
  veranlassen
blassen
  abblassen
  ausblassen
  erblassen
  verblassen
brassen
  abbrassen
  anbrassen
entlassen
  schulentlassen
fassen
  abfassen
  anfassen
  auffassen
  befassen
  einfassen
  erfassen
  umfassen
  unterfassen
  verfassen
  zufassen
  zusammenfassen
gelassen
  ausgelassen
hassen
jassen
lassen
  ablassen
  auflassen

auslassen
belassen
durchlassen
einlassen
erlassen
fahrenlassen
fortlassen
freilassen
herablassen
herauslassen
herbeilassen
hereinlassen
herlassen
herüberlassen
herunterlassen
hinablassen
hinauslassen
hineinlassen
hinlassen
hinterlassen
hinüberlassen
hinunterlassen
liegenlassen
lockerlassen
loslassen
nachlassen
niederlassen
offenlassen
sitzenlassen
steckenlassen
stehenlassen
überlassen
übriglassen
unterlassen
verlassen
vorbeilassen
vorlassen
weglassen
weiterlassen
zerlassen
zulassen
zurücklassen
passen
  abpassen
  anpassen
  aufpassen
  einpassen
  hineinpassen
  hinpassen
  verpassen
  zusammenpassen
prassen
  verprassen
schassen
verlassen
  gottverlassen
vermassen

— ässen (äßen)

= – azzen (äßen)
= – essen (äßen)
→ – ässe (äße)

Anlässen
Bässen
Pässen
Bettnässen
nässen
  annässen
  benässen
  durchnässen

— assend (aßent)

→ – assen (aßen)

unpassend
weltumfassend

— ässend (äßent)

= – essend (äßent)
→ – ässen (äßen)

nässend

— asser (aßer)

→ – aß (aß)

Anlasser
Aufpasser
Erblasser
Hasser
  Menschenhasser
  Frauenhasser
  Weiberhasser
Passer
Prasser
Veranlasser

Verfasser
  Alleinverfasser
  Mitverfasser
Wasser
  Abwasser
  Altwasser
  Augenwasser
  Badewasser
  Birkenwasser
  Bitterwasser
  Brackwasser
  Brunnenwasser
  Duftwasser
  Eiswasser
  Fahrwasser
  Feuerwasser
  Frischwasser
  Fruchtwasser
  Gesichtswasser
  Goldwasser
  Grundwasser
  Haarwasser
  Heißwasser
  Hochwasser
  Kaltwasser
  Kielwasser
  Kirschwasser
  Kölnischwasser
  Kondenswasser
  Kühlwasser
  Lavendelwasser
  Leitungswasser
  Mineralwasser
  Moorwasser
  Mundwasser
  Oberwasser
  Obstwasser
  Quellwasser
  Rasierwasser
  Regenwasser
  Rosenwasser
  Salzwasser
  Schmelzwasser
  Schmutzwasser
  Schwefelwasser
  Seifenwasser
  Selterwasser
  Sickerwasser
  Sodawasser

Spülwasser
Süßwasser
Teewasser
Trinkwasser
Unterwasser
Warmwasser
Waschwasser
Weihwasser
Zitronenwasser
Zwetschgenwasser
blasser
krasser
nasser

— **ässer (äßer)**

= – esser (äßer)
→ – aß (aß)
→ – ässern (äßern)

Abwässer
  Industrieabwässer
Bettnässer
Elsässer
Fässer
Gewässer
  Binnengewässer
Wässer
blässer
nässer

— **assern (aßern)**

→ – asser (aßer)

wassern
  notwassern

— **ässern (äßern)**

= – essern (äßern)
→ – aß (aß)
→ – ässer (äßer)

Fässern
Gewässern
wässern
  bewässern
  einwässern
  entwässern
  verwässern

— **ässert (äßert)**

= – essert (äßert)
→ – ässern (äßern)

wässert
  gewässert

— **ässerung (äßeruŋ)**

= – esserung (äßeruŋ)
→ – ässern (äßern)
→ – ung (uŋ)

Bewässerung
  Bodenbewässerung

— **assig (aßi-ch)**

→ – ich (i-ch)

drittklassig
erstklassig
massig
rassig
  reinrassig
zweitklassig

— **ässig (äßi-ch)**

= – essig (äßi-ch)
→ – ich (i-ch)

ansässig
aufsässig
durchlässig
  undurchlässig
gehässig
lässig
  fahrlässig
  nachlässig
  unablässig
zulässig
  unzulässig
zuverlässig
  unzuverlässig

— **ässigen (äßigen)**

→ – ässig (äßi-ch)

aufsässigen
gehässigen
vernachlässigen
zuverlässigen

— **ässigkeit (äßi-chkait)**

→ – ässig (äßi-ch)
→ – eit (ait)

Aufsässigkeit
Fahrlässigkeit
Gehässigkeit

— **assisch (aßisch)**

→ – isch (isch)

klassisch
madagassisch
monegassisch
parnassisch
rassisch

— **asso (aßo)**

→ – o (o:)

Chimborasso
Gran Sasso
Hasso
Inkasso
Lasso

— **assung (aßuŋ)**

→ – assen (aßen)
→ – ung (uŋ)

Auffassung
  Arbeitsauffassung
  Lebensauffassung
Entlassung
  Haftentlassung
  Schulentlassung
Fassung
  Beschlußfassung
  Originalfassung
Niederlassung
  Zweigniederlassung
Unterlassung
Verfassung
  Gemütsverfassung
  Staatsverfassung
Vermassung

— **ässung (äßuŋ)**

= – essung (äßuŋ)
→ – ässen (äßen)
→ – ung (uŋ)

Benässung
Durchnässung

— **ast (a:ßt)**

= – aast (a:ßt)
= – ahst (a:ßt)
= – aßt (a:ßt)
→ – asen (a:sen)

blast
gast
  vergast
gegast
  abgegast
gegrast
  abgegrast
grast
  begrast
  vergrast
last
verglast

— **ast (aßt)**

= – aßt (aßt)
→ – assen (aßen)
→ – asten (aßten)

Ast
  Holzast
  Seitenast
Ballast
Bast
Bombast
Damast
Enthusiast
Gast
  Badegast
  Dauergast
  Ehrengast
  Fahrgast
  Fluggast
  Hochzeitsgast
  Hotelgast
  Kurgast
  Logiergast
  Messegast
  Mittagsgast
  Schlafgast
  Sommergast
  Stammgast
  Tischgast
  Zaungast
Glast
Gymnasiast
Hast
Knast
Kontrast
  Farbkontrast
Last
  Schuldenlast
  Sorgenlast
  Sündenlast
  Traglast
  Zentnerlast
Mast
  Antennenmast
  Beleuchtungsmast
  Besanmast
  Fahnenmast
  Flaggenmast
  Fockmast
  Frühmast
  Geflügelmast
  Großmast
  Halbmast
  Klettermast
  Leitungsmast
  Schweinemast
  Signalmast
  Telegraphenmast
  Toppmast
  Viehmast
  Vollmast
  Vordermast
Morast
Päderast
Palast
  Justizpalast
  Sportpalast
  Winterpalast
Phantast
Quast
Rast
  Bergrast
  Mittagsrast
  Unrast
Scholast
fast
hast
rast
tast

— **äst (ä:ßt)**

= – ähst (ä:ßt)
= – äßt (ä:ßt)
→ – asen (a:sen)
→ – äsen (ä:sen)

äst
  abäst
  geäst
bläst
fräst
säst
  aussäst
  besäst

— **äst (äßt)**

= – äßt (äßt)
= – est (äßt)
= – eßt (äßt)
→ – äste (äßte)
→ – ästen (äßten)

Geäst
mäst

— **aßt (a:ßt)**

= – aast (a:ßt)
= – ahst (a:ßt)
= – ast (a:ßt)
→ – aßen (a:ßen)

angemaßt
maßt
saßt
spaßt
vergaßt

− aßt (aßt)

= − ast (aßt)
→ − assen (aßen)
→ − asten (aßten)

angepaßt
  unangepaßt
erblaßt
erfaßt
  unerfaßt
faßt
gefaßt
  angefaßt
  eingefaßt
  kurzgefaßt
  ungefaßt
  vorgefaßt
gehaßt
  bestgehaßt
gepaßt
  abgepaßt
  aufgepaßt
gepraßt
geschaßt
haßt
laßt
paßt
praßt
verfaßt
  selbstverfaßt
verhaßt
verpaßt
verpraßt

− äßt (ä:ßt)

= − ähst (ä:ßt)
= − äst (ä:ßt)
→ − äsen (ä:sen)

äßt
vergäßt

− äßt (äßt)

= − äst (äßt)
= − est (äßt)
= − eßt (äßt)
→ − assen (aßen)
→ − ässen (äßen)

läßt
  verläßt
näßt
  genäßt

− asta (aßta)

→ − a (a:)

ASTA
Asta
Canasta
Pasta
basta

− astbar (aßtba:r)

→ − ar (a:r)
→ − asten (aßten)

belastbar
  unbelastbar
unantastbar

− ästchen (äßt-chen)

= − estchen (äßt-chen)
→ − ast (aßt)
→ − asten (aßten)

Ästchen
Kästchen
  Schmuckkästchen
Palästchen

− aste (a:ßte)

= − aaste (a:ßte)
= − aßte (a:ßte)
→ − ast (a:ßt)
→ − asten (a:ßten)

gaste
  entgaste
  vergaste
geglaste
  eingeglaste
geraste
  davongeraste

glaste
  beglaste
  einglaste
  überglaste
  verglaste
graste
  abgraste
  begraste
  vergraste
quaste
  verquaste
raste
  anraste

− aste (aßte)

= − aßte (aßte)
→ − ast (aßt)
→ − asten (aßten)

Kaste
Paste
  Sardellenpaste
  Zahnpaste
Quaste
  Puderquaste
  Schwanzquaste
Raste
Taste
  Klaviertaste
  Fußtaste
  Ruftaste
faste
haste
  überhaste
laste
  belaste
  überlaste
raste
taste
  betaste

− äste (ä:ßte)

abgeäste
äste
  beäste
fräste

gefräste
  eingefräste
  vorgefräste
käste
  verkäste

— äste (äßte)

= – äßte (äßte)
= – este (äßte)
= – eßte (äßte)
→ – ast (aßt)
→ – ästen (äßten)

Äste
Gäste
  Festgäste
  Partygäste
  Trauergäste
  Zaungäste
Geäste
Paläste
mäste

— aßte (a:ßte)

= – aste (a:ßte)

anmaßte
angemaßte
mutmaßte
spaßte

— aßte (aßte)

= – aste (aßte)
→ – assen (aßen)
→ – aßt (aßt)

erblaßte
faßte
  gefaßte
gehaßte
  meistgehaßte
haßte
  verhaßte
paßte
  unangepaßte
praßte
  verpraßte
schaßte
  geschaßte

verfaßte
  mitverfaßte
  selbstverfaßte

— äßte (äßte)

= – äste (äßte)
= – este (äßte)
= – eßte (äßte)

genäßte
  angenäßte
näßte
  benäßte
  durchnäßte

— ästel (äßtel)

= – estel (äßtel)
→ – ästeln (äßteln)

Ästel
  Geästel
Kästel
  Nähkästel
  Schmuckkästel

— asteln (aßteln)

basteln
  zusammenbasteln
einkasteln

— ästeln (äßteln)

= – esteln (äßteln)
→ – ästel (äßtel)

einkästeln
verästeln
verkästeln

— asten (a:ßten)

= – aßten (a:ßten)
→ – aast (a:ßt)
→ – ast (a:ßt)
→ – aste (a:ßte)
→ – asen (a:sen)

entgasten
glasten
  beglasten

geglasten
überglasten
verglasten
grasten
  begrasten
  vergrasten
quasten
  verquasten
rasten
  abrasten
  anrasten
  dahinrasten
  davonrasten
  durchrasten
  entlangrasten
  hineinrasten
  vorbeirasten
vergasten
vorübergerasten

— asten (aßten)

= – aßten (aßten)
→ – ast (aßt)
→ – aste (aßte)

Fasten
Kasten
  Baukasten
  Briefkasen
  Brutkasten
  Farbkasten
  Geigenkasten
  Hirnkasten
  Klapperkasten
  Klimperkasten
  Leierkasten
  Malkasten
  Müllkasten
  Nähkasten
  Schubkasten
  Schwitzkasten
  Souffleurkasten
  Starkasten
  Tuschkasten
  Verbandskasten
  Verstandskasten
  Werkzeugkasten

Lasten
  Kriegslasten
  Traglasten
Masten
Pasten
Quasten
asten
  abasten
  hochasten
basten
belasten
  überbelasten
bemasten
damasten
entbasten
fasten
glasten
hasten
  abhasten
  überhasten
lasten
  anlasten
  auflasten
  auslasten
  entlasten
  überlasten
rasten
  ausrasten
  einrasten
tasten
  abtasten
  antasten
  betasten
  herantasten
  herumtasten
verknasten

— ästen (ä:ßten)

→ – äsen (ä:sen)

abgeästen
ästen
  beästen
frästen
gefrästen
  eingefrästen
  vorgefrästen
kästen
  verkästen

— ästen (äßten)

= – äßten (äßten)
= – esten (äßten)
= – eßten (äßten)
→ – ast (aßt)
→ – asten (aßten)

Ästen
Gästen
ästen
  abästen
  entästen
glästen
mästen
  anmästen

— aßten (a:ßten)

= – asten (a:ßten)
→ – aßt (a:ßt)

anmaßten
mutmaßten
spaßten

— aßten (aßten)

= – asten (aßten)
→ – aßt (aßt)
→ – aßte (aßte)

angepaßten
erblaßten
faßten
  befaßten
  erfaßten
  verfaßten
gefaßten
  ungefaßten
gehaßten
  meistgehaßten
haßten
  verhaßten
praßten
  verpraßten
schaßten
  geschaßten
verblaßten

— äßten (äßten)

= – ästen (äßten)
= – esten (äßten)
= – eßten (äßten)

genäßten
  angenäßten
näßten
  benäßten
  durchnäßten

— aster (aßter)

= – aßter (aßter)
→ – ast (aßt)
→ – astern (aßtern)

Alabaster
Aster
  Gartenaster
  Herbstaster
Desaster
Dreimaster
Einmaster
Kataster
Knaster
Kritikaster
Laster
  Fernlaster
Pflaster
  Brandpflaster
  Heftpflaster
  Hühneraugen-
    pflaster
  Senfpflaster
  Straßenpflaster
  Wundpflaster
  Zugpflaster
Piaster
Pilaster
Raster
  Feinraster
  Fußraster
  Grobraster
Steinpflaster
  Kopfsteinpflaster
Taster
  Abtaster
Zaster
Zweimaster

– äster (äßter)

= – äßter (äßter)
= – ester (äßter)
= – eßter (äßter)

Geläster
Mäster
  Schweinemäster

– aßter (aßter)

= – aster (aßter)
→ – aßt (aßt)
→ – aßte (aßte)

angepaßter
erblaßter
erfaßter
gefaßter
gehaßter
geschaßter
verhaßter
verpraßter

– äßter (äßter)

= – äster (äßter)
= – ester (äßter)
= – eßter (äßter)

benäßter
durchnäßter

– asterei (aßterai)

= – ei (ai)
→ – asten (aßten)
→ – aster (aßter)

Fasterei
Gasterei
Kritikasterei
Phantasterei

– ästerlich (äßterli-ch)

= – esterlich (äßterli-ch)
→ – ich (i-ch)

lästerlich
  gotteslästerlich

– astern (aßtern)

→ – aster (aßter)

Astern
Lastern
alabastern
klabastern
knastern
pflastern
  auspflastern
  bepflastern
  zupflastern
rastern

– ästern (äßtern)

= – estern (äßtern)

lästern
  verlästern

– astert (aßtert)

→ – astern (aßtern)

gepflastert
  ungepflastert
  vollgepflastert
klabastert

– astig (aßti-ch)

→ – ich (i-ch)

astig
einmastig
dreimastig
hastig
hinterlastig
kopflastig
mastig
morastig
schwanzlastig
viermastig
vorderlastig
zweimastig

– ästig (äßti-ch)

→ – ich (i-ch)

ästig
lästig

– ästigen (äßtigen)

= – estigen (äßtigen)

belästigen

– astigkeit (aßti-chkait)

→ – astig (aßti-ch)
→ – eit (ait)

Hastigkeit
Kopflastigkeit

– ästigkeit (äßti-chkait)

= – estigkeit (äßti-chkait)
→ – ästig (äßti-ch)
→ – eit (ait)

Lästigkeit

– ästigt (äßti-cht)

= – estigt (äßti-cht)

belästigt
  unbelästigt

– ästigung (äßtiguŋ)

= – estigung (äßtiguŋ)
→ – ung (uŋ)

Belästigung
  Lärmbelästigung

– astik (aßtik)

→ – ick (ik)

Drastik
Gymnastik
  Atemgymnastik
  Bodengymnastik
  Heilgymnastik
  Krankengymnastik

Phantastik
Plastik
Scholastik

— astisch (aßtisch)

→ – isch (isch)

bombastisch
chiliastisch
drastisch
dynastisch
elastisch
enthusiastisch
gymnastisch
orgiastisch
phantastisch
plastisch
pleonastisch
sarkastisch
scholastisch

— ästlein (äßtlain)

= – estlein (äßtlain)
= – ein (ain)
→ – ast (aßt)
→ – asten (aßten)

Ästlein
Kästlein
  Nähkästlein
  Schatzkästlein
  Schmuckkästlein

— astlos (aßtlo:ß)

= – oos (o:ß)
= – os (o:ß)
= – oß (o:ß)

astlos
mastlos
rastlos

— ästra (äßtra)

= – estra (äßtra)
→ – a (a:)

Palästra

— astung (aßtuŋ)

→ – asten (aßten)
→ – ung (uŋ)

Belastung
  Dauerbelastung
  Höchstbelastung
  Nervenbelastung
  Steuerbelastung
Bemastung
Entlastung
Mastung
Überhastung
Überlastung
  Arbeitsüberlastung

— ästung (äßtuŋ)

= – estung (äßtuŋ)
→ – ästen (äßten)
→ – ung (uŋ)

Mästung

— asung (a:suŋ)

= – aasung (a:ßuŋ)
→ – asen (a:sen)
→ – ung (uŋ)

Entgasung
Vergasung
Verglasung
Vergrasung

— aßung (a:ßuŋ)

→ – aßen (a:ßen)
→ – ung (uŋ)

Anmaßung
  Amtsanmaßung
Mutmaßung

— at (a:t)

= – aat (a:t)
= – ad (a:t)
= – ahd (a:t)
= – aht (a:t)
= – ath (a:t)
→ – ate (a:te)
→ – aten (a:ten)

Achat
Adressat
Advokat
  Winkeladvokat
Aggregat
  Notstromaggregat
Agnat
Akrobat
Aluminat
Antiquariat
Apostat
Apparat
  Beamtenapparat
  Fernsehapparat
  Flugapparat
  Fotoapparat
  Justizapparat
  Militärapparat
  Polizeiapparat
  Rasierapparat
  Verdauungsapparat
  Verwaltungsapparat
Aristokrat
Asiat
Assignat
Attentat
Autokrat
Automat
Azetat
Bakkarat
Banat
Baronat
Beirat
  Elternbeirat
Benefiziat
Brokat
  Seidenbrokat
Bürokrat
Championat
Dechanat
Dekanat
Demokrat
  Christdemokrat
  Liberaldemokrat
  Sozialdemokrat
Deputat
Derivat
Desiderat
Destillat

Dezernat
Diktat
Diplomat
Doktorat
Duplikat
Elaborat
Episkopat
Fabrikat
Format
  Bogenformat
  Buchformat
  DIN-Format
  Großformat
  Kleinformat
  Querformat
  Taschenformat
Girat
Granat
Grat
  Berggrat
  Gebirgsgrat
Hanseat
Hausrat
Heimat
Heirat
  Einheirat
  Geldheirat
  Liebesheirat
  Vernunftheirat
Illuminat
Inserat
  Zeitungsinserat
Internat
Kalifat
Kandidat
  Gegenkandidat
  Heiratskandidat
  Todeskandidat
Karat
Karbonat
Kastrat
Khanat
Kohlenhydrat
Kombinat
Komitat
Kommissariat
Kondensat
Konglomerat
Konkordat

Konkubinat
Konsulat
Konzentrat
Korrelat
Laktat
Laureat
Legat
Lektorat
Literat
  Asphaltliterat
Lizentiat
Magistrat
Magnat
  Großmagnat
Majorat
Mandat
Matriarchat
Minorat
Moritat
Muskat
Nitrat
Notariat
Noviziat
Opiat
Orangeat
Ordinariat
Ornat
Pagat
Passat
Patriarchat
Patriziat
Patronat
Pensionat
  Mädchenpensionat
Phosphat
Pirat
  Flußpirat
  Luftpirat
  Seepirat
Plagiat
Plakat
  Filmplakat
  Werbeplakat
Plutokrat
Pontifikat
Postulat
Potentat
Prädikat
  Adelsprädikat

Prälat
Präparat
Primat
Proletariat
  Halbproletariat
  Lumpenproletariat
Protektorat
Quadrat
  Planquadrat
Rabat
Rat
  Ältestenrat
  Arbeiterrat
  Aufsichtsrat
  Baurat
  Bergrat
  Betriebsrat
  Bundesrat
  Elternrat
  Familienrat
  Forstrat
  Freundschaftsrat
  Geheimrat
  Gemeinderat
  Hofrat
  Justizrat
  Kommerzienrat
  Kontrollrat
  Kreisrat
  Kriegsrat
  Kronrat
  Landrat
  Medizinalrat
  Ministerialrat
  Ministerrat
  Nationalrat
  Präsidialrat
  Rechnungsrat
  Regierungsrat
  Reichsrat
  Sanitätsrat
  Schulrat
  Sicherheitsrat
  Soldatenrat
  Staatsrat
  Stadtrat
  Studentenrat
  Studienrat
  Verwaltungsrat

Weltfriedensrat
Weltsicherheitsrat
Wirtschaftsrat
Zentralrat
Referat
  Korreferat
Rektorat
  Direktorat
  Prorektorat
Renegat
Reservat
  Indianerreservat
  Wildreservat
Resultat
  Endresultat
  Gesamtresultat
Rückgrat
Salat
  Ackersalat
  Bandsalat
  Eiersalat
  Eissalat
  Endiviensalat
  Feldsalat
  Fleischsalat
  Gartensalat
  Geflügelsalat
  Gemüsesalat
  Gurkensalat
  Heringssalat
  Karottensalat
  Kartoffelsalat
  Kopfsalat
  Krautsalat
  Nudelsalat
  Obstsalat
  Ochsenmaul-
  salat
  Paprikasalat
  Rapunzelsalat
  Reissalat
  Selleriesalat
  Tomatensalat
  Wellensalat
  Wortsalat
  Wurstsalat
Schnat
Schrat
Sekretariat

Senat
  Strafsenat
Silikat
Skat
  Dauerskat
  Preisskat
Soldat
  Berufssoldat
  Bleisoldat
  Zinnsoldat
Spagat
Spat
  Feldspat
Spinat
  Blattspinat
  Feldspinat
  Rahmspinat
Stipendiat
Sublimat
Substrat
Sulfat
Surrogat
Syndikat
Tat
  Bluttat
  Freveltat
  Gewalttat
  Greueltat
  Großtat
  Guttat
  Heldentat
  Missetat
  Mordtat
  Ruhmestat
  Schandtat
  Straftat
  Übeltat
  Untat
  Verzweiflungstat
  Wohltat
  Wundertat
Telephonat
Theokrat
Thermostat
Traktat
Triumvirat
Unflat
Unikat
Unrat

Vakat
Verrat
  Hochverrat
  Landesverrat
Vikariat
Vorrat
  Brennstoffvorrat
  Geldvorrat
  Getreidevorrat
  Goldvorrat
  Kohlenvorrat
  Lebensmittelvorrat
  Materialvorrat
  Mundvorrat
  Nahrungsmittel-
  vorrat
  Warenvorrat
  Wasservorrat
  Weinvorrat
  Wintervorrat
Zertifikat
Zierat
Zitat
Zitronat
Zölibat
Zutat
adäquat
  inadäquat
akkurat
bat
  erbat
delikat
desolat
desperat
obligat
obstinat
parat
privat
probat
rabiat
separat
spat
tat
  abtat
trat
  abtrat
  antrat
  austrat
  beitrat

eintrat
hinzutrat
vertrat
wegtrat
zusammentrat
vakat
verrat

— at (at)

= — ad (at)
= — adt (at)
= — ath (at)
= — att (at)

Kattegat
Nugat
Sabbat
  Hexensabbat
hat
vivat

— at (a:)

= — a (a:)
= — ah (a:)

Bakkarat
Eklat
Etat

— ät (ä:t)

= — ädt (ä:t)
= — äht (ä:t)
= — ête (ä:t)
→ — aten (a:ten)
→ — äten (ä:ten)

Abnormität
Admiralität
Affinität
Aggressivität
Aktivität
  Radioaktivität
Aktualität
Animosität
Anonymität
Antiquität
Authentizität
Autorität
Banalität

Bestialität
Bonität
Brutalität
Burschikosität
Diät
Duplizität
Elastizität
Elektrizität
Eventualität
Exklusivität
Extremität
Fakultät
Festivität
Formalität
Frigidität
Frivolität
Generalität
Generosität
Genialität
  Kongenialität
Geodät
Gerät
  Ackergerät
  Angelgerät
  Arbeitsgerät
  Aufnahmegerät
  Baugerät
  Bildgerät
  Bohrgerät
  Destilliergerät
  Diktiergerät
  Elektrogerät
  Empfangsgerät
  Fernsehgerät
  Feuerlöschgerät
  Funkgerät
  Gartengerät
  Haushaltsgerät
  Hörgerät
  Küchengerät
  Meßgerät
  Morsegerät
  Peilgerät
  Prüfgerät
  Radiogerät
  Sauerstoffgerät
  Schneidgerät
  Schreibgerät
  Schweißgerät

  Sendegerät
  Sortiergerät
  Tonbandgerät
  Turngerät
  Vervielfältigungs-
  gerät
  Zeichengerät
Homogenität
Humanität
  Inhumanität
Identität
Immunität
Impulsivität
Individualität
Integrität
Intensität
Intimität
Jovialität
Kalamität
Kapazität
Kausalität
Kollegialität
  Unkollegialität
Konformität
Kontinuität
Kriminalität
  Jugendkriminalität
Kuriosität
Labilität
Laszivität
Legalität
  Illegalität
Liberalität
Liquidität
  Illiquidität
Lokalität
Loyalität
  Illoyalität
Majestät
Majorität
Mentalität
Minorität
Mobilität
  Immobilität
Modalität
Modernität
Monstrosität
Monumentalität
Morbidität

Musikalität
Naivität
Nationalität
Nervosität
Neutralität
Novität
Objektivität
Obszönität
Originalität
Parallelität
Parität
Passivität
Personalität
Perversität
Pietät
Polarität
Popularität
  Unpopularität
Primitivität
Priorität
Produktivität
Prosperität
Pubertät
Publizität
Qualität
  Durchschnitts-
  qualität
  Spitzenqualität
Quantität
Rarität
Realität
  Irrealität
Relativität
Religiosität
Rentabilität
  Unrentabilität
Rivalität
Schwulität
Sensibilität
Sentimentalität
Sexualität
  Bisexualität
  Heterosexualität
  Homosexualität
Simplizität
Solidarität
Souveränität
Sozietät
Spezialität

Spontaneität
Stabilität
  Instabilität
Sterilität
Stupidität
Subjektivität
Subtilität
Tonalität
  Atonalität
Trivialität
Uniformität
Universalität
Universität
Urbanität
Variabilität
Virtuosität
Vitalität
besät
  unbesät
gerät
gesät
rät
  berät
  verrät
sät
spät
trät
tät

— ät (ä:)

= – ä (ä:)
= – äh (ä:)

Porträt
  Selbstporträt

— ata (a:ta)

→ – a (a:)

Balata
Ballata
Camerata
Cassata
Entrata
Errata
Illata
Marmolata
Renata
Serenata

Tokkata
Vulgata
Persona grata

— atch (ätsch)

= – ätsch (ätsch)
= – etsch (ätsch)

Catch
Match
  Fußballmatch
  Tennismatch

— ätchen (ä:t-chen)

= – ädchen (ä:t-chen)
= – ädtchen (ä:t-chen)
= – ähtchen (ä:t-chen)
= – äthchen (ä:t-chen)
→ – at (a:t)
→ – äte (ä:te)
→ – aten (a:ten)

Brätchen
Grätchen
Hofrätchen
Traktätchen

— atcher (ätscher)

= – ätscher (ätscher)
= – etscher (ätscher)

Catcher
Dispatcher

— ate (a:te)

= – aate (a:te)
= – ahte (a:te)
= – athe (a:te)
→ – at (a:t)
→ – aten (a:ten)

Abate
Asiate
Assignate

203

Batate
Beate
Fermate
Granate
  Handgranate
Jubilate
Kantate
Kate
Kemenate
Kroate
Lemniskate
Oblate
Ordinate
  Koordinate
Pate
  Firmpate
  Taufpate
Rate
  Abzahlungsrate
  Monatsrate
  Tilgungsrate
  Wachstumsrate
  Zuwachsrate
Renate
Schnate
Sonate
  Klaviersonate
  Violinsonate
Tomate
brate
gerate
obligate
rate
wate

— äte (ä:te)

= — ädte (ä:te)
= — ähte (ä:te)
= — äthe (ä:te)
→ — at (a:t)
→ — ät (ä:t)
→ — äten (ä:ten)

Geräte
Gräte
  Fischgräte
Räte
Spirochäte
jäte

säte
späte
täte
  wohltäte

— atem (a:tem)

→ — at (a:t)

Atem
akkuratem
privatem

— aten (a:ten)

→ — at (a:t)
→ — ate (a:te)

Advokaten
Asiaten
Braten
  Gänsebraten
  Hackbraten
  Hammelbraten
  Hasenbraten
  Kalbsbraten
  Kalbsnierenbraten
  Lammbraten
  Rehbraten
  Rinderbraten
  Rollbraten
  Rostbraten
  Satansbraten
  Sauerbraten
  Schmorbraten
  Schweinebraten
  Teufelsbraten
  Wildbraten
Daten
  Geburtsdaten
  Lebensdaten
  Todesdaten
Dukaten
  Golddukaten
Illaten
Illuminaten
Kandidaten
Karpaten
Koordinaten
Paten

Penaten
Präparaten
Rätselraten
Salaten
Spaten
Taten
  Untaten
Tomaten
Zutaten
abgraten
baten
  erbaten
beheimaten
beraten
  schlechtberaten
  übelberaten
  wohlberaten
braten
  anbraten
  aufbraten
  durchbraten
  überbraten
  verbraten
delikaten
gebraten
geraten
  aneinandergeraten
  hineingeraten
  hingeraten
  nachgeraten
  ungeraten
  wohlgeraten
  zusammengeraten
heiraten
  anheiraten
  einheiraten
  erheiraten
  verheiraten
rabiaten
raten
  abraten
  anraten
  entraten
  erraten
  mißraten
  mitraten
  verraten
  widerraten
  zuraten

skaten
taten
  abtaten
  antaten
  dazutaten
  vertaten
  wegtaten
traten
  abtraten
  antraten
  auftraten
  austraten
  beiseitetraten
  beitraten
  betraten
  ertraten
  heraustraten
  hereintraten
  hervortraten
  hinaustraten
  hineintraten
  hintraten
  hinzutraten
  übertraten
  vertraten
  vortraten
  wegtraten
  zertraten
  zurücktraten
  zusammentraten
waten
  durchwaten
  herauswaten
  hineinwaten

— äten (ä:ten)

= – ähten (ä:ten)
→ – ät (ä:t)
→ – äte (ä:te)
→ – aten (a:ten)

Aktivitäten
Banalitäten
Diäten
Extremitäten
Formalitäten
Gräten
Intimitäten
Nationalitäten
Perversitäten
Realitäten
Spezialitäten
ausgräten
besäten
  unbesäten
entgräten
jäten
  ausjäten
säten
  gesäten
  übersäten
späten
  verspäten
täten
  antäten
  wohltäten
träten
  beträten
  zurückträten

— atentum (a:tentu:m)

→ – um (u:m)

Literatentum
Mäzenatentum
Piratentum
Renegatentum
Soldatentum

— ater (a:ter)

→ – at (a:t)
→ – atern (a:tern)

Alma mater
Berater
  Fachberater
  Finanzberater
  Militärberater
  Rechtsberater
  Sachberater
  Steuerberater
  Wirtschaftsberater
Brater
Frater
Kater
  Eichkater
  Wildkater
Krater
Mater
Muskelkater
Pater
Prater
Psychiater
Rater
Skater
Theater
  Affentheater
  Amphitheater
  Bauerntheater
  Filmtheater
  Kasperletheater
  Kindertheater
  Landestheater
  Lichtspieltheater
  Marionetten-
theater
  Musiktheater
  Nationaltheater
  Puppentheater
  Staatstheater
  Stadttheater
  Volkstheater
Vater
  Adoptivvater
  Allvater
  Beichtvater
  Doktorvater
  Großvater
  Hausvater
  Kindesvater
  Landesvater
  Pflegevater
  Rabenvater
  Schwiegervater
  Stammvater
  Stiefvater
  Urgroßvater
  Ziehvater
obstinater
privater
rabiater

— äter (ä:ter)

= – ädter (ä:ter)
= – ähter (ä:ter)
= – äther (ä:ter)

Sanitäter
Täter
  Attentäter
  Gewalttäter
  Missetäter
  Mittäter
  Übeltäter
  Wohltäter
  Wundertäter
Verräter
  Hochverräter
  Landesverräter
  Vaterlandsverräter
  Volksverräter
Väter
  Stadtväter
später

— äterisch (ä:terisch)

→ – isch (isch)

altväterisch
verräterisch

— atern (a:tern)

→ – ater (a:ter)

Beratern
Katern
Matern
Skatern
Theatern
kalfatern
matern
verkatern

— atert (a:tert)

gematert
kalfatert
verkatert

— atet (a:tet)

= – ahtet (a:tet)
→ – aten (a:ten)

batet
  erbatet
  verbatet
beheimatet
beratet
bratet
geheiratet
  angeheiratet
ratet
  erratet
skatet
  geskatet
tatet
tratet
  eintratet
verheiratet
  unverheiratet
watet
  gewatet

— ath (a:t)

= – aat (a:t)
= – ad (a:t)
= – ahd (a:t)
= – aht (a:t)
= – at (a:t)

Homöopath
Psychopath

— ath (at)

= – ad (at)
= – adt (at)
= – at (at)
= – att (at)

Goliath

— äthchen (ä:t-chen)

= – ädchen (ä:t-chen)
= – ädtchen (ä:t-chen)
= – ähtchen (ä:t-chen)
= – ätchen (ä:t-chen)

Käthchen

— athe (a:te)

= – aate (a:te)
= – ahte (a:te)
= – ate (a:te)

Agathe

— äthe (ä:te)

= – ädte (ä:te)
= – ähte (ä:te)
= – äte (ä:te)

Käthe

— äther (ä:ter)

= – ädter (ä:ter)
= – ähter (ä:ter)
= – äter (ä:ter)

Äther

— athie (ati:)

= – atie (ati:)
→ – i (i:)
→ – ie (i:)
→ – ieh (i:)

Allopathie
Antipathie
Apathie
Homöopathie
Psychopathie
Sympathie
Telepathie

— **athisch (a:tisch)**

= – atisch (a:tisch)
→ – isch (isch)

apathisch
homöopathisch
psychopathisch
sympathisch
  unsympathisch
telepathisch

— **atie (ati:)**

= – athie (ati:)
→ – i (i:)
→ – ie (i:)
→ – ieh (i:)

Aristokratie
  Geldaristokratie
Autokratie
Bürokratie
Demokratie
  Sozialdemokratie
  Volksdemokratie
Diplomatie
  Geheimdiplomatie

— **atien (a:tßi-en)**

= – azien (a:tßi-en)

Dalmatien
Kroatien

— **atig (a:ti-ch)**

= – ahtig (a:ti-ch)
→ – ich (i-ch)

spatig

— **ätig (ä:ti-ch)**

→ – ich (i-ch)

grätig
hochkarätig
tätig
  berufstätig
  erwerbstätig
  gewalttätig
  mildtätig
  selbsttätig
  untätig
  werktätig
  wohltätig
unflätig
vorrätig

— **ätige (ä:tige)**

→ – ätig (ä:ti-ch)
→ – ätigen (ä:tigen)

bestätige
grätige
gewalttätige
unflätige

— **ätigen (ä:tigen)**

→ – ätig (ä:ti-ch)
→ – ätige (ä:tige)

Werktätigen
bestätigen
hochkarätigen
tätigen
  betätigen
unflätigen
vorrätigen

— **ätigkeit (ä:ti-chkait)**

→ – ätig (ä:ti-ch)
→ – eit (ait)

Tätigkeit
  Amtstätigkeit
  Bürotätigkeit
  Geschäftstätigkeit
  Lehrtätigkeit
  Verwaltungstätigkeit
Unflätigkeit

— **ätigung (ä:tiguŋ)**

→ – ung (uŋ)

Bestätigung
  Auftragsbestätigung
  Empfangsbestätigung
Betätigung

— **atik (a:tik)**

→ – ick (ik)

Akrobatik
Automatik
Batik
Chromatik
Dogmatik
Dramatik
Idiomatik
Numismatik
Pneumatik
Pragmatik
Problematik
Statik
Systematik
Thematik

— **atiker (a:tiker)**

→ – icker (iker)

Asthmatiker
Dogmatiker
Dramatiker
Ekstatiker
Epigrammatiker
Fanatiker
Grammatiker
Mathematiker
Numismatiker
Phlegmatiker
Pragmatiker
Schismatiker
Statiker
Systematiker

— **atin (a:tin)**

= – in (in)
= – inn (in)
→ – at (a:t)

Adressatin
Akrobatin
Asiatin
Demokratin
Kandidatin
Patin

— ation (atßio:n)

= – ohn (o:n)
= – on (o:n)

Administration
Agitation
Akklamation
Akzeleration
Alliteration
Amortisation
Amputation
Animation
Antizipation
Applikation
Approbation
Argumentation
Artikulation
Assimilation
Assoziation
  Gedanken-
  assoziation
  Ideenassoziation
Automation
Autorisation
Defloration
Deformation
Degeneration
Deklamation
Deklaration
  Warendeklaration
  Zolldeklaration
Deklination
Dekoration
  Festdekoration
Delegation
Demobilisation
Demonstration
  Frauen-
  demonstration
  Friedens-
  demonstration
  Massen-
  demonstration
  Protest-
  demonstration
  Studenten-
  demonstration
Demoralisation
Denunziation

Deportation
Deputation
Designation
Destillation
Detonation
Diskrimination
Disputation
Dissertation
Dokumentation
Dotation
Ejakulation
Emanzipation
Emigration
Exaltation
Exemplifikation
Exmatrikulation
Fabrikation
  Massenfabrikation
  Serienfabrikation
Flagellation
Föderation
  Konföderation
Formation
Frustration
Funkstation
  Rundfunkstation
Galvanisation
Generation
Gestikulation
Granulation
Gratifikation
Gratulation
Gravitation
Habilitation
  Rehabilitation
Halluzination
Identifikation
Illumination
Illustration
  Textillustration
Imagination
Imitation
Immatrikulation
Indikation
Individuation
Infiltration
Inflation
Information
Inhalation

Inkarnation
  Reinkarnation
Inklination
Inkubation
Innervation
Inspiration
Installation
Instrumentation
Integration
Interpretation
Inthronisation
Intonation
Kalkulation
  Preiskalkulation
Kanalisation
Kapitulation
Kastration
Klassifikation
Kollaboration
Kolonisation
Kombination
Kommunikation
Kompensation
Komplikation
Konfirmation
Konfiskation
  Vermögens-
  konfiskation
Konfrontation
Kongregation
Konjugation
Konspiration
Konstellation
Konsultation
Kontemplation
Konversation
Konzentration
Kooperation
Koordination
Kopulation
Korporation
Kreation
Kristallisation
Kulmination
Kumulation
  Akkumulation
Lamentation
Legitimation
Liquidation

Machination
Manifestation
Manipulation
Masturbation
Materialisation
Meditation
Menstruation
Moderation
Modifikation
Modulation
Multiplikation
Mumifikation
Mutation
Mystifikation
Nation
Naturalisation
Navigation
Negation
Notation
Obligation
Observation
Okkupation
Operation
Organisation
  Arbeitsorganisation
  Desorganisation
  Frauenorganisation
  Geheimorganisation
  Gesellschafts-
  organisation
  Heeresorganisation
  Massenorganisation
  Sportorganisation
  Studenten-
  organisation
  Wirtschafts-
  organisation
Ovation
Oxydation
Perforation
Personifikation
Polarisation
Polymerisation
Population
Prädestination
Präsentation
  Repräsentation
Proklamation
Provokation

Publikation
Punktation
Qualifikation
  Disqualifikation
Ratifikation
Ration
  Brotration
  Butterration
  Fettration
  Fleischration
  Hungerration
  Lebensmittelration
Reformation
  Gegenreformation
Regeneration
Rekapitulation
Reklamation
Relation
Reparation
Reputation
Reservation
Resignation
Restauration
Rezitation
Rotation
Säkularisation
Sensation
Situation
  Lebenssituation
  Übergangssituation
Spekulation
  Bauspekulation
  Fehlspekulation
Stabilisation
Stagnation
Station
  Ausgangsstation
  Bahnstation
  Beobachtungsstation
  Durchgangsstation
  Empfangsstation
  Endstation
  Gipfelstation
  Grenzstation
  Hilfsstation
  Kontrollstation
  Krankenstation
  Poststation
  Pumpstation

  Rettungsstation
  Sendestation
  Unfallstation
  Verbindungsstation
  Versuchsstation
  Wasserstation
  Zwischenstation
Sterilisation
Stimulation
Strangulation
Subordination
Synchronisation
Transformation
Transpiration
Transplantation
Trepanation
Variation
Vegetation
Ventilation
Verifikation
Vibration
Visitation
  Leibesvisitation
Vulkanisation
Zentralisation
  Dezentralisation
Zirkulation
  Blutzirkulation
  Geldzirkulation
  Luftzirkulation
Zivilisation

— atisch (a:tisch)

= — athisch (a:tisch)
→ — isch (isch)

akrobatisch
aristokratisch
aromatisch
asiatisch
asthmatisch
autokratisch
automatisch
  vollautomatisch
axiomatisch
bürokratisch
  unbürokratisch
chromatisch
dalmatisch

demokratisch
  undemokratisch
diplomatisch
  undiplomatisch
dogmatisch
dramatisch
  melodramatisch
ekstatisch
emphatisch
epigrammatisch
erratisch
fanatisch
hanseatisch
ideomatisch
klimatisch
  heilklimatisch
kroatisch
  serbokroatisch
mathematisch
paradigmatisch
phlegmatisch
pneumatisch
pragmatisch
problematisch
  unproblematisch
programmatisch
quadratisch
rheumatisch
schematisch
schismatisch
soldatisch
somatisch
  psychosomatisch
statisch
  antistatisch
symptomatisch
systematisch
  unsystematisch
thematisch
traumatisch

— ätisch (ä:tisch)

→ – isch (isch)

geodätisch
gravitätisch
majestätisch
paritätisch
rätisch

— ativ (ati:f)

= – eef (i:f)
= – ief (i:f)
= – if (i:f)
= – iv (i:f)
= – ive (i:f)
→ – ieve (i:fe)

Ablativ
Akkusativ
Appellativ
Dativ
Fixativ
  Haarfixativ
Imperativ
Komperativ
Negativ
Nominativ
Normativ
Präservativ
Regulativ
Rezitativ
Sedativ
Stativ
  Kamerastativ
  Photostativ
Superlativ
Vokativ
administrativ
alternativ
autoritativ
dekorativ
demonstrativ
fakultativ
föderativ
formativ
illustrativ
informativ
karitativ
konservativ
konspirativ
kontemplativ
korporativ
lukrativ
negativ
operativ
  kooperativ
ostentativ
qualitativ
quantitativ
relativ
repräsentativ
spekulativ
ultimativ
vegetativ

— ätlich (ä:tli-ch)

→ – ich (i-ch)

rätlich
tätlich

— atlos (a:tlo:ß)

= – ahtlos (a:tloß)
= – oos (o:ß)
= – os (o:ß)
= – oß (o:ß)

ratlos
resultatlos
tatlos

— ato (a:to)

→ – o (o:)
→ – oh (o:)

Erato
Legato
Moscato
Pizzikato
Prato
Stakkato
Vibrato
dato
legato
pizzicato
staccato
vibrato
NATO
SEATO

— ator (a:tor)

= – ohr (o:r)
= – oor (o:r)
= – or (o:r)
= – ore (o:r)
= – orps (o:r)
= – ort (o:r)

Administrator
Agitator
Akkumulator
Alligator
Äquator
  Himmelsäquator
Auktionator
Deklamator
Diktator
Duplikator
Examinator
Explorator
Generator
Gladiator
Illustrator
Imitator
Imperator
Improvisator
Indikator
Inhalator
Irrigator
Isolator
Kalkulator
Katalysator
Kommentator
Kompensator
Kondensator
Kurator
Liquidator
Moderator
Multiplikator
Organisator
Plagiator
Präparator
  Tierpräparator
Reformator
Regulator
Restaurator
Rezitator
Senator
Tabulator
Taxator
Totalisator
Transformator
Triumphator
Usurpator
Ventilator

— **atrium
(a:tri-um)**

= — um (um)
= — umm (um)

Atrium
Natrium

— **ats (atß)**

= — ads (atß)
= — atz (atß)
= — azz (atß)
→ — at (at)
→ — ath (at)
→ — att (at)

Nugats
Sabbats
hats

— **atsch (a:tsch)**

→ — atsche (a:tsche)
→ — atschen (a:tschen)

Kladderadatsch
Latsch
  Filzlatsch
  Lulatsch
Ratsch
Tratsch

— **atsch (atsch)**

→ — atsche (atsche)
→ — atschen (atschen)

Ballawatsch
Kladderadatsch
Klatsch
  Abklatsch
  Hausklatsch
  Kaffeeklatsch
  Stadtklatsch
Klumpatsch
Lulatsch
Matsch
  Schneematsch
Patsch
Pflatsch
Quatsch
Tolpatsch
patsch
  pitsch-patsch
platsch
ratsch
  ritsch-ratsch
tritsch-tratsch

— **ätsch (ä:tsch)**

→ — ätsche (ä:tsche)
→ — ätschen (ä:tschen)

ätsch

— **ätsch (ätsch)**

= — atch (ätsch)
= — etsch (ätsch)
→ — ätschen (ätschen)

kätsch

— **atsche (a:tsche)**

→ — atsch (a:tsch)
→ — atschen (a:tschen)

Bratsche
Flatsche
Gelatsche
Geratsche
Getratsche
Karbatsche
Latsche
Ratsche
Watsche

— **atsche (atsche)**

→ — atsch (atsch)
→ — atschen
  (atschen)

Datsche
Flatsche
Gequatsche
Klatsche
  Fliegenklatsche
  Geklatsche
Matsche
Patsche
Tatsche

— ätsche (ä:tsche)
→ – ätschen (ä:tschen)

Grätsche
Kardätsche
Kartätsche
Rätsche

— ätsche (ätsche)
= – etsche ((ätsche)
→ – ätschen (ätschen)

Gekätsche
kätsche
plätsche

— ätscheln (ä:tscheln)
hätscheln
  verhätscheln
tätscheln

— atschen (a:tschen)
→ – atsch (a:tsch)
→ – atsche (a:tsche)

Flatschen
Latschen
  Filzlatschen
  Hauslatschen
  Quadratlatschen
Ratschen
Watschen
hatschen
  herumhatschen
karbatschen
knatschen
latschen
  ablatschen
  auslatschen
ratschen
  ausratschen
  beratschen
  verratschen
tratschen
  austratschen
  herumtratschen
zatschen

— atschen (atschen)
→ – atsch (atsch)
→ – atsche (atsche)

Beifallklatschen
Händeklatschen
Flatschen
Pflatschen
katschen
klatschen
  abklatschen
  aufklatschen
  ausklatschen
  beklatschen
  verklatschen
  zuklatschen
matschen
  vermatschen
  zermatschen
patschen
platschen
  aufplatschen
tatschen
  antatschen
  betatschen

— ätschen (ä:tschen)
→ – ätsche (ä:tsche)

ätschen
  ausätschen
grätschen
kardätschen
kartätschen
  niederkartätschen
rätschen
zätschen

— ätschen (ätschen)
= – etschen (ätschen)

kätschen
  zerkätschen
plätschen
  aufplätschen

— atscher (a:tscher)
→ – atschen (a:tschen)

Bratscher
Latscher
  Fußlatscher
Ratscher

— atscher (atscher)
→ – atschen (atschen)

Gratscher
Klatscher
  Bauchklatscher
Patscher
Platscher
Quatscher

— ätscher (ätscher)
= – atcher (ätscher)
= – etscher (ätscher)
→ – ätschern (ätschern)

Bauchplätscher
Geplätscher
Kätscher

— ätschern (ätschern)
= – etschern (ätschern)
→ – ätscher (ätscher)

plätschern

— atschig (atschi-ch)
→ – ich (i-ch)

klatschig
matschig
platschig
quatschig
tolpatschig

— att (at)

= − ad (at)
= − adt (at)
= − at (at)
= − ath (at)
→ − atte (ate)
→ − atten (aten)

Blatt
  Abendblatt
  Anzeigenblatt
  Axtblatt
  Baumblatt
  Beiblatt
  Blumenblatt
  Blütenblatt
  Börsenblatt
  Deckblatt
  Eichenblatt
  Extrablatt
  Fachblatt
  Feigenblatt
  Fließblatt
  Flugblatt
  Formblatt
  Geißblatt
  Goldblatt
  Herzblatt
  Käseblatt
  Keimblatt
  Kleeblatt
  Krautblatt
  Laubblatt
  Lindenblatt
  Lokalblatt
  Lorbeerblatt
  Löschblatt
  Morgenblatt
  Notenblatt
  Papierblatt
  Provinzblatt
  Revolverblatt
  Rosenblatt
  Sägeblatt
  Salatblatt
  Schaufelblatt
  Schmuckblatt
  Schulterblatt
  Schweißblatt
  Sonntagsblatt
  Stichblatt
  Tageblatt
  Titelblatt
  Weinblatt
  Werbeblatt
  Witzblatt
  Wochenblatt
  Wurstblatt
  Zifferblatt
Gatt
Matt
Nimmersatt
Patt
  Schildpatt
Platt
Rabatt
Statt
  Bettstatt
  Freistatt
  Hofstatt
  Lagerstatt
  Richtstatt
  Wahlstatt
  Walstatt
Watt
  Kilowatt
  Megawatt
Werkstatt
  Autowerkstatt
  Lehrwerkstatt
  Reparaturwerkstatt
glatt
  aalglatt
  marmorglatt
  spiegelglatt
hatt
matt
  schachmatt
  sterbensmatt
  todmatt
patt
platt
satt
  übersatt
statt
  anstatt

— ätt (ät)

= − et (ät)
= − ett (ät)
= − ette (ät)
→ − ätte (äte)
→ − ätten (äten)

glätt
hätt
plätt

— ättchen (ät-chen)

= − ettchen (ät-chen)
→ − att (at)

Blättchen
  Goldblättchen
  Knallblättchen
  Zündblättchen
Plättchen
  Blutplättchen
  Zündplättchen

— atte (ate)

→ − att (at)
→ − atten (aten)

Debatte
  Parlamentsdebatte
Fregatte
Gatte
  Ehegatte
Kasematte
Krawatte
Latte
  Dachlatte
  Meßlatte
  Zaunlatte
Matte
  Bademette
  Bastmatte
  Binsenmatte
  Fußmatte
  Gummimatte
  Hängematte
  Kokosmatte
  Strohmatte

Matte
  Wiesenmatte
Mulatte
Patte
Platte
  Abdeckplatte
  Bildplatte
  Bodenplatte
  Dachplatte
  Glasplatte
  Goldplatte
  Grabplatte
  Herdplatte
  Käseplatte
  Kochplatte
  Langspielplatte
  Marmorplatte
  Panzerplatte
  Probeplatte
  Schallplatte
  Schellackplatte
  Schreibplatte
  Schwedenplatte
  Seenplatte
  Spanplatte
  Steinplatte
  Tischplatte
  Tischtennisplatte
  Wurstplatte
Rabatte
  Blumenrabatte
Ratte
  Ballettratte
  Beutelratte
  Bisamratte
  Hausratte
  Landratte
  Leseratte
  Seeratte
  Wanderratte
Satte
Schratte
Tratte
  Ritratte
Watte
  Glaswatte
  Verbandwatte
  Zellstoffwatte
  Zuckerwatte

begatte
beschatte
ermatte
erstatte
gestatte
hatte
satte

— ätte (äte)

= – ette (äte)
→ – ätten (äten)

Glätte
  Eisglätte
  Schneeglätte
Plätte
Stätte
  Arbeitsstätte
  Brandstätte
  Brutstätte
  Fundstätte
  Futterstätte
  Gaststätte
  Gedenkstätte
  Grabstätte
  Heimstätte
  Lagerstätte
  Raststätte
  Richtstätte
  Ruhestätte
  Unfallstätte
  Werkstätte
  Wohnstätte
glätte
hätte
plätte

— attel (atel)
→ – atteln (ateln)

Dattel
Sattel
  Bergsattel
  Damensattel
  Gebirgssattel
  Geigensattel
  Packsattel
  Reitsattel
  Tragsattel

— ättel (ätel)

= – ettel (ätel)
→ – attel (atel)

Sättel

— atteln (ateln)

Datteln
platteln
  schuhplatteln
satteln
  absatteln
  aufsatteln
  besatteln
  entsatteln
  umsatteln

— ätteln (äteln)

= – etteln (äteln)
→ – atteln (ateln)

Sätteln

— atten (aten)

→ – att (at)
→ – atte (ate)

Regatten
Schatten
  Halbschatten
  Kurschatten
  Lidschatten
  Nachtschatten
  Schlagschatten
  Windschatten
Schratten
abschatten
abstatten
ausstatten
beschatten
bestatten
  feuerbestatten
blatten
  abblatten
  aufblatten
ermatten

erstatten
  wiedererstatten
  zurückerstatten
gatten
  begatten
gestatten
glatten
  aalglatten
hatten
matten
platten
  abplatten
  beplatten
  verplatten
satten
umschatten
verstatten
vonstatten
zustatten

– ätten (äten)

= – etten (äten)
→ – att (at)
→ – ätte (äte)

Stätten
glätten
  abglätten
  ausglätten
hätten
plätten
  aufplätten
  ausplätten
  überplätten

– atter (ater)

→ – att (at)
→ – atten (aten)
→ – attern (atern)

Berichterstatter
  Bildberichterstatter
  Frontberichterstatter
  Kriegsbericht-
    erstatter
Blatter
  Fiepblatter
  Hitzblatter

Gatter
  Fallgatter
  Schutzgatter
  Wildgatter
Geflatter
Geknatter
Geratter
Geschnatter
  Gänsegeschnatter
Gevatter
Leichenbestatter
Natter
  Ringelnatter
glatter
matter
platter
satter

– ätter (äter)

= – etter (äter)
→ – att (at)
→ – ätten (äten)
→ – ättern (ätern)

Blätter
Geblätter
Plätter
glätter

– attere (atere)

→ – att (at)
→ – attern (atern)

flattere
glattere
mattere
plattere
sattere
schnattere

– atterich (ateri-ch)

= – att(e)rig
  (at(e)ri-ch)
→ – ich (i-ch)

Gatterich
  Begatterich
Tatterich

– att(e)rig (at(e)ri-ch)

= – atterich (ateri-ch)
→ – ich (i-ch)

blatt(e)rig
flatt(e)rig
schnatt(e)rig
tatt(e)rig

– ätterin (äterin)

= – etterin (äterin)
= – in (in)
= – inn (in)

Plätterin

– attern (atern)

→ – att (at)
→ – atter (ater)
→ – attere (atere)

Berichterstattern
Blattern
Gevattern
Nattern
flattern
  anflattern
  aufflattern
  ausflattern
  davonflattern
  entflattern
  herumflattern
  umflattern
  umherflattern
  zuflattern
gattern
  aufgattern
  ausgattern
  ergattern
  vergattern
glattern
knattern
mattern
plattern
rattern
  losrattern
sattern
schnattern

— ättern (ätern)

= – ettern (ätern)
→ – att (at)
→ – ätter (äter)

Plättern
blättern
  abblättern
  anblättern
  aufblättern
  beblättern
  durchblättern
  entblättern
  herumblättern
  nachblättern
  überblättern
  umblättern
  verblättern
  zublättern

— attert (atert)

→ – atter (ater)
→ – attern (atern)

ergattert
flattert
  geflattert
rattert
  gerattert
schnattert
  geschnattert
verdattert
vergattert

— ättert (ätert)

= – ettert (ätert)
→ – ättern (ätern)

beblättert
blättert
  geblättert

— ätterung (äteruŋ)

= – etterung (äteruŋ)
→ – ättern (ätern)
→ – ung (uŋ)

Abblätterung
Entblätterung

— attet (atet)

→ – atten (aten)

abgeplattet
begattet
ermattet
umschattet

— ättet (ätet)

= – ettet (ätet)
→ – ätten (äten)

glättet
  geglättet
plättet
  geplättet

— attheit (athait)

→ – att (at)
→ – eid (ait)
→ – eit (ait)

Mattheit
Plattheit

— attich (ati-ch)

= – attig (ati-ch)
→ – ich (i-ch)

Attich
Lattich
  Huflattich
  Meerlattich

— attig (ati-ch)

= – attich (ati-ch)
→ – ich (i-ch)

plattig
schattig

— ättigen (ätigen)

= – ettigen (ätigen)

sättigen
  übersättigen

— attler (atler)

Plattler
  Schuhplattler
Rattler
Sattler

— attung (atuŋ)

→ – atten (aten)
→ – ung (uŋ)

Ausstattung
  Babyausstattung
Begattung
Beschattung
Bestattung
  Erdbestattung
  Feuerbestattung
Ermattung
Erstattung
  Berichterstattung
  Kostenerstattung
  Rückerstattung
Gattung
  Kunstgattung
  Pflanzengattung
  Tiergattung
  Truppengattung
  Waffengattung

— ättung (ätuŋ)

= – ettung (ätuŋ)
→ – ätten (äten)
→ – ung (uŋ)

Glättung

— atum (a:tum)

= – um (um)
= – umm (um)

Balatum
Datum
  Eingangsdatum
  Geburtsdatum
  Geschichtsdatum
  Haltbarkeitsdatum
  Herstellungsdatum
  Hochzeitsdatum

Sterbedatum
Verfalldatum
Desideratum
Erratum
Fatum
Ultimatum

— **atus (a:tuß)**

→ – us (uß)
→ – uß (uß)

Adlatus
Pilatus
Status

— **atz (a:tß)**

= – az (a:tß)

Ratz

— **atz (atß)**

= – ads (atß)
= – ats (atß)
= – azz (atß)
→ – ath (at)
→ – att (at)
→ – atze (atße)
→ – atzen (atßen)

Absatz
　Gummiabsatz
　Mauerabsatz
　Pfennigabsatz
　Schuhabsatz
　Stiefelabsatz
　Stöckelabsatz
　Treppenabsatz
　Warenabsatz
Ankratz
Ansatz
　Bauchansatz
　Blattansatz
　Denkansatz
　Fettansatz
　Haaransatz
Aufsatz
　Hausaufsatz
　Schulaufsatz
　Tafelaufsatz

Besatz
　Lederbesatz
　Pelzbesatz
　Perlenbesatz
Einsatz
　Arbeitseinsatz
　Ernteeinsatz
　Großeinsatz
　Sondereinsatz
Ersatz
　Schadenersatz
　Zahnersatz
Fatz
Fratz
Hatz
　Bärenhatz
　Sauhatz
　Wolfshatz
Latz
　Brustlatz
　Hosenlatz
　Sabberlatz
Matz
　Hemdenmatz
　Hosenmatz
　Piepmatz
　Starmatz
Oschatz
Platz
　Allgemeinplatz
　Ankerplatz
　Anlegeplatz
　Arbeitsplatz
　Bauplatz
　Dorfplatz
　Ehrenplatz
　Fensterplatz
　Ferienplatz
　Festplatz
　Flugplatz
　Freiplatz
　Fußballplatz
　Golfplatz
　Landeplatz
　Lieblingsplatz
　Liegeplatz
　Logenplatz
　Marktplatz
　Parkplatz

　Rastplatz
　Rennplatz
　Ruheplatz
　Rummelplatz
　Sammelplatz
　Schießplatz
　Schuttabladeplatz
　Sitzplatz
　Spielplatz
　Sportplatz
　Startplatz
　Stehplatz
　Tennisplatz
　Tummelplatz
　Turnplatz
　Umschlagplatz
　Verbandplatz
　Vorplatz
Rabatz
Ratz
Satz
　Aufforderungssatz
　Ausrufesatz
　Aussagesatz
　Aussatz
　Beitragssatz
　Bleisatz
　Bodensatz
　Brandsatz
　Chorsatz
　Computersatz
　Dreisatz
　Entsatz
　Erfahrungssatz
　Finalsatz
　Fingersatz
　Frachtsatz
　Fragesatz
　Gebührensatz
　Gegensatz
　Glaubenssatz
　Grundsatz
　Handsatz
　Hauptsatz
　Instrumentalsatz
　Interrogativsatz
　Kaffeesatz
　Kausalsatz
　Konditionalsatz

217

Konjunktionalsatz
Konsekutivsatz
Konzessivsatz
Lehrsatz
Leitsatz
Maschinensatz
Merksatz
Mindestsatz
Modalsatz
Nachsatz
Nebensatz
Notensatz
Pflegesatz
Relativsatz
Richtsatz
Schaltsatz
Schlußsatz
Schriftsatz
Temporalsatz
Tonsatz
Untersatz
Verpflegungssatz
Versatz
Vokalsatz
Vorsatz
Zinssatz
Zündsatz
Zwischensatz
Schatz
  Brautschatz
  Domschatz
  Goldschatz
  Herzensschatz
  Kirchenschatz
  Kriegsschatz
  Kronschatz
  Kunstschatz
  Liederschatz
  Münzschatz
  Silberschatz
  Sprachschatz
  Staatsschatz
  Wortschatz
  Zitatenschatz
Schauplatz
  Kriegsschauplatz
Schmatz
Schnatz
Schwatz

Spatz
  Rohrspatz
Tratz
Umsatz
  Geldumsatz
  Gesamtumsatz
  Grundumsatz
  Jahresumsatz
  Warenumsatz
Zusatz
  Badezusatz
kratz
platz
plitz-platz
schmatz
schwatz

— ätz (ä:tß)

= — äz (ä:tß)
→ — ät (ä:t)

Königgrätz

— ätz (ätß)

= — etz (ätß)
→ — ätt (ät)
→ — ätze (ätße)
→ — ätzen (ätßen)
→ — et (ät)
→ — ett (ät)

Gekrätz
Geschwätz
  Weibergeschwätz

— ätzbar (ätßba:r)

= — etzbar (ätßba:r)
→ — ar (a:r)
→ — ätzen (ätßen)

ätzbar
  verätzbar
schätzbar
  unschätzbar

— ätzbarkeit (ätßba:rkait)

= — etzbarkeit (ätßba:rkait)
→ — ätzbar (ätßba:r)
→ — eit (ait)

Unschätzbarkeit

— ätzchen (ätß-chen)

= — etzchen (ätß-chen)
→ — atz (atß)
→ — atze (atße)

Kätzchen
  Eichkätzchen
  Kammerkätzchen
  Palmkätzchen
  Schmeichelkätzchen
  Weidenkätzchen
Mätzchen
  Hosenmätzchen
Plätzchen
  Anisplätzchen
  Pfefferminz-
    plätzchen
  Schokoladen-
    plätzchen
  Weihnachsplätzchen
  Zuckerplätzchen
Schätzchen
Schmätzchen
Schwätzchen

— atze (atße)

→ — atz (atß)
→ — atzen (atßen)

Atze
Fratze
Geschmatze
Geschwatze
Glatze
Katze
  Angorakatze
  Eichkatze

Geldkatze
Großkatze
Hauskatze
Meerkatze
Naschkatze
Pantherkatze
Perserkatze
Raubkatze
Schmeichelkatze
Siamkatze
Tigerkatze
Wildkatze
Kratze
Matratze
  Luftmatratze
Platze
Pratze
Ratze
Schmatze
Tatze
  Bärentatze
  Wildtatze
kratze
patze
platze
schmatze
schwatze

— ätze (ätße)

= – etze (ätße)
→ – atz (atß)
→ – ätzen (ätßen)

Geschwätze
Krätze
Plätze
Sätze
Schätze
ätze
schätze
schwätze

— atzel (atßel)

→ – atz (atß)

Platzel
Schatzel
Spatzel

— ätzel (ätßel)

= – etzel (ätßel)
→ – atz (atß)

Plätzel
Sätzel
Schätzel

— atzen (atßen)

= – azzen (atßen)
→ – atz (atß)
→ – atze (atße)

Batzen
atzen
brandschatzen
fatzen
kratzen
  abkratzen
  ankratzen
  aufkratzen
  auskratzen
  einkratzen
  herauskratzen
  wegkratzen
  zerkratzen
  zusammenkratzen
patzen
  verpatzen
platzen
  abplatzen
  aufplatzen
  auseinanderplatzen
  herausplatzen
  hereinplatzen
  zerplatzen
schmatzen
  abschmatzen
schwatzen
  abschwatzen
  anschwatzen
  aufschwatzen
  ausschwatzen
  beschwatzen
  einschwatzen
  nachschwatzen
  verschwatzen
  vorschwatzen
tratzen

— ätzen (ätßen)

= – etzen (ätßen)
→ – atz (atß)
→ – ätze (ätße)

Plätzen
ätzen
  abätzen
  einätzen
  verätzen
  wegätzen
schätzen
  abschätzen
  einschätzen
  geringschätzen
  hochschätzen
  überschätzen
  unterschätzen
  verschätzen
  wertschätzen
schwätzen
  anschwätzen
  ausschwätzen
  beschwätzen
  verschwätzen
vergrätzen

— atzer (atßer)

→ – atzen (atßen)

Abkratzer
  Fußabkratzer
Besatzer
Kratzer
  Topfkratzer
  Wolkenkratzer
Patzer

— ätzer (ätßer)

= – etzer (ätßer)
→ – ätzen (ätßen)

Ätzer
Krätzer
Schätzer
Schmätzer
  Steinschmätzer
  Wiesenschmätzer
Schwätzer

— ätzerisch (ätßerisch)

= – etzerisch (ätßerisch)
→ – isch (isch)

schwätzerisch

— atzig (atßi-ch)

→ – ich (i-ch)

glatzig
kratzig
patzig
schnatzig

— ätzig (ätßi-ch)

= – etzig (ätßi-ch)
→ – ich (i-ch)

abschätzig
aussätzig
dreisätzig
geringschätzig
geschwätzig
krätzig
viersätzig

— ätzlich (ätßli-ch)

= – etzlich (ätßli-ch)
→ – ich (i-ch)

gegensätzlich
grundsätzlich
vorsätzlich
zusätzlich

— ätzlichkeit (ätßli-chkait)

= – etzlichkeit (ätßli-chkait)
→ – ätzlich (ätßli-ch)
→ – eit (ait)

Gegensätzlichkeit

— atzt (atßt)

→ – atzen (atßen)

brandschatzt
 gebrandschatzt
kratzt
 gekratzt
patzt
 gepatzt
platzt
 geplatzt
schmatzt
 geschmatzt
schwatzt
 geschwatzt
verratzt

— ätzt (ätßt)

= – etzt (ätßt)
→ – ätzen (ätßen)

ätzt
 geätzt
schätzt
 geschätzt
schwätzt
 geschwätzt
verkrätzt

— atzte (atßte)

→ – atzen (atßen)
→ – atzt (atßt)

brandschatzte
kratzte
patzte
platzte
schmatzte
schwatzte

— ätzte (ätßte)

= – etzte (ätßte)
→ – ätzen (ätßen)
→ – ätzt (ätßt)

ätzte
schätzte
schwätzte

— atzung (atßuŋ)

→ – atzen (atßen)
→ – ung (uŋ)

Atzung
Auskratzung
Besatzung
 Bootsbesatzung
 Flugzeugbesatzung
 Panzerbesatzung
 Schiffsbesatzung
Brandschatzung
Satzung

— ätzung (ätßuŋ)

= – etzung (ätßuŋ)
→ – ätzen (ätßen)
→ – ung (uŋ)

Ätzung
 Strichätzung
 Verätzung
Schätzung
 Geringschätzung
 Hochschätzung
 Wertschätzung

— au (au)

= – ao (au)
= – auh (au)
= – ow (au)
→ – aue (au-e)
→ – auen (au-en)

Anbau
 Baumwollanbau
 Futteranbau
 Gemüseanbau
 Getreideanbau
 Kartoffelanbau
 Maisanbau
 Obstanbau
 Reisanbau
 Tabakanbau
 Weinanbau
 Zuckerrübenanbau
Aufbau
 Wiederaufbau
Au

Bärenklau
Bau
  Abbau
  Ackerbau
  Ausbau
  Altbau
  Backsteinbau
  Bergbau
  Betonbau
  Brückenbau
  Brunnenbau
  Dachsbau
  Eigenbau
  Einbau
  Fachwerkbau
  Fahrzeugbau
  Festungsbau
  Flugzeugbau
  Fuchsbau
  Gartenbau
  Gliederbau
  Großbau
  Hauptbau
  Hausbau
  Hochbau
  Holzbau
  Kirchenbau
  Klinkerbau
  Körperbau
  Kuppelbau
  Maschinenbau
  Mittelbau
  Museumsbau
  Nebenbau
  Nestbau
  Neubau
  Pfahlbau
  Prachtbau
  Profanbau
  Raubbau
  Rohbau
  Rundbau
  Saalbau
  Sakralbau
  Satzbau
  Schiffbau
  Schloßbau
  Seitenbau
  Serienbau
  Städtebau
  Stahlbau
  Straßenbau
  Tagebau
  Tempelbau
  Theaterbau
  Tiefbau
  Tunnelbau
  Turmbau
  Überbau
  Umbau
  Unterbau
  Versbau
  Verwaltungsbau
  Vorbau
  Wegebau
  Wehrbau
  Wohnungsbau
  Ziegelbau
  Zweckbau
Beschau
  Fleischbeschau
Blau
  Bayrischblau
  Indigoblau
  Preußischblau
  Waschblau
Breslau
Czenstochau
Dachau
Dau
Dessau
Dirschau
Donau
Drau
Esau
Frau
  Ahnfrau
  Aufwartefrau
  Ehefrau
  Freifrau
  Garderobenfrau
  Hausfrau
  Lieblingsfrau
  Marktfrau
  Nebenfrau
  Putzfrau
  Reinemachefrau
  Toilettenfrau
  Waschfrau
  Zeitungsfrau
Gau
  Breisgau
  Rheingau
  Sundgau
  Wasgau
Hallertau
Hanau
Hau
Holledau
Jungfrau
  Ehrenjungfrau
  Meerjungfrau
Kabeljau
Kotau
Krakau
Landau
Lindau
Mainau
Mau-Mau
Moldau
Moskau
Pfau
Pippau
Radau
Sau
  Drecksau
  Wildsau
  Zuchtsau
Schau
  Ausschau
  Abendschau
  Brautschau
  Bücherschau
  Gartenschau
  Heerschau
  Lehrschau
  Leichenschau
  Leistungsschau
  Modenschau
  Nabelschau
  Presseschau
  Rückschau
  Rundschau
  Tagesschau
  Tierschau
  Umschau
  Vogelschau

Wochenschau
Zeitungsschau
Sinau
Soltau
Stau
  Autostau
  Rückstau
  Verkehrsstau
Tau
  Abendtau
  Frühtau
  Mehltau
  Morgentau
  Sonnentau
Tau
  Ankertau
  Hanftau
  Klettertau
  Schiffstau
  Schlepptau
Verhau
  Drahtverhau
Vorschau
  Programmvorschau
Warschau
Wau
Wauwau
  Anstandswauwau
Zwickau
au
bau
blau
  dunkelblau
  graublau
  hellblau
  himmelblau
  kobaltblau
  kornblumenblau
  lichtblau
  marineblau
  stahlblau
  tiefblau
  veilchenblau
  zartblau
flau
genau
  allzugenau
  übergenau
  ungenau

grau
  blaugrau
  feldgrau
  lichtgrau
  mausgrau
  nebelgrau
  perlgrau
  taubengrau
  weißgrau
helau
kau
klau
k.v.
lau
mau
miau
schau
schlau
  bauernschlau
trau
tschau
verdau
wau
  wau-wau

— äu (oi)

= – eu (oi)
= – oi (oi)
= – oy (oi)
→ – äue (oi-e)
→ – äuen (oi-en)

Allgäu
Bräu
  Gebräu
Gäu
Säu
  Wildsäu

— aub (aup)

→ – aube (aube)
→ – auben (auben)
→ – aupe (aupe)

Kaub
Laub
  Eichenlaub
  Espenlaub
  Herbstlaub

Raub
  Bankraub
  Mundraub
Staub
  Aktenstaub
  Blütenstaub
  Goldstaub
  Kohlenstaub
Urlaub
  Erholungs-
   urlaub
  Genesungs-
   urlaub
  Jahresurlaub
  Skiurlaub
  Sommerurlaub
  Winterurlaub
Verlaub
glaub
schraub
taub
  stocktaub

— äubchen (oip-chen)

= – äupchen
  (oip-chen)
→ – aube (aube)

Häubchen
Läubchen
Schräubchen
Stäubchen
Täubchen
Träubchen

— aube (aube)

→ – aub (aup)
→ – auben (auben)

Daube
  Faßdaube
Gaube
  Dachgaube
Glaube
  Aberglaube
  Gespensterglaube
  Irrglaube

Kinderglaube
Unglaube
Volksglaube
Wunderglaube
Haube
　Backhaube
　Badehaube
　Dachhaube
　Flügelhaube
　Geierhaube
　Kopfhaube
　Kühlerhaube
　Nachthaube
　Schlafhaube
　Pickelhaube
　Trockenhaube
　Windhaube
Laube
　Gartenlaube
　Rebenlaube
　Weinlaube
Schaube
Schlaube
Schraube
　Daumenschraube
　Flügelschraube
　Luftschraube
　Preisschraube
　Schiffsschraube
　Steuerschraube
Straube
Taube
　Brieftaube
　Felsentaube
　Friedenstaube
　Haustaube
　Hohltaube
　Lachtaube
　Ringeltaube
　Tontaube
　Turteltaube
　Wildtaube
Traube
　Weintraube
erlaube
glaube
schraube
taube
　ertaube

— äube (oibe)
→ – äuben (oiben)

betäube
stäube
　bestäube
sträube

— auben (auben)
→ – aube (aube)

Glauben
　Aberglauben
　Irrglauben
　Unglauben
belauben
beurlauben
entlauben
erlauben
ertauben
glauben
klauben
　abklauben
　aufklauben
　ausklauben
　zusammenklauben
rauben
　ausrauben
　berauben
schnauben
　anschnauben
　ausschnauben
schrauben
　abschrauben
　anschrauben
　aufschrauben
　einschrauben
　festschrauben
　hochschrauben
　verschrauben
　zuschrauben
stauben
　abstauben
　anstauben
　ausstauben
　bestauben
　einstauben
　entstauben

verstauben
vollstauben
tauben
　stocktauben

— äuben (oiben)
betäuben
stäuben
　abstäuben
　anstäuben
　aufstäuben
　ausstäuben
　bestäuben
　einstäuben
　überstäuben
　verstäuben
　zerstäuben
sträuben
übertäuben

— aubend (aubent)
→ – auben (auben)

atemberaubend
racheschnaubend
wutschnaubend
zeitraubend

— äubend (oibent)
→ – äuben (oiben)

haarsträubend
ohrenbetäubend
zerstäubend

— auber (auber)
→ – auben (auben)
→ – aubern (aubern)

Entstauber
Hubschrauber
Tauber
Urlauber
Wortklauber

223

Zauber
 Budenzauber
 Feuerzauber
sauber
 blitzsauber
 unsauber
tauber
 stocktauber

— äuber (oiber)

→ – äuben (oiben)
→ – äubern (oibern)

Entstäuber
Räuber
 Bankräuber
 Landräuber
 Mädchenräuber
 Seeräuber
 Straßenräuber
Täuber
Zerstäuber

— auberei (auberai)

= – ei (ai)
→ – auben (auben)
→ – auber (auber)

Abstauberei
Wortklauberei
Zauberei

— auberer (auberer)

→ – auber (auber)

Zauberer
sauberer

— aubern (aubern)

→ – auber (auber)

Hubschraubern
Wortklaubern
blitzsaubern

zaubern
 bezaubern
 entzaubern
 hervorzaubern
 verzaubern
 wegzaubern
 zurückzaubern

— äubern (oibern)

→ – äuber (oiber)

Räubern
Zerstäubern
räubern
 ausräubern
säubern

— aubig (aubi-ch)

→ – ich (i-ch)

laubig
schraubig
staubig
straubig
traubig

— äublein (oiblain)

→ – aube (aube)

Häublein
Schräublein
Stäublein
Täublein
Träublein

— aubt (aupt)

= – aupt (aupt)
→ – auben (auben)

belaubt
 dichtbelaubt
 grünbelaubt
 unbelaubt
beurlaubt
erlaubt
 unerlaubt

gestaubt
 angestaubt
 eingestaubt
glaubt
 geglaubt
raubt
 geraubt
schraubt
 geschraubt
staubt
 verstaubt

— äubt (oipt)

= – äupt (oipt)
→ – äuben (oiben)

betäubt
stäubt
 gestäubt
sträubt
 gesträubt

— aubte (aupte)

= – aupte (aupte)
→ – auben (auben)
→ – aubt (aupt)

angestaubte
ausgeraubte
beurlaubte
dichtbelaubte
hochgeschraubte
totgeglaubte

— äubte (oipte)

→ – äuben (oiben)
→ – äubt (oipt)
→ – äupt (oipt)

betäubte
stäubte
 zerstäubte
sträubte
 gesträubte

− aubten (aupten)

= − aupten (aupten)
→ − auben (auben)
→ − aubt (aupt)

belaubten
glaubten
klaubten
raubten
schnaubten
schraubten
staubten

− äubten (oipten)

= − äupten (oipten)
→ − äuben (oiben)

betäubten
stäubten
sträubten

− aubter (aupter)

→ − auben (auben)
→ − aubt (aupt)

angestaubter
belaubter
geraubter
totgeglaubter
verschraubter

− äubter (oipter)

= − äupter (oipter)
→ − äuben (oiben)

betäubter
gesträubter
zerstäubter

− aubung (aubuŋ)

→ − auben (auben)
→ − ung (uŋ)

Belaubung
Beurlaubung
Beraubung
  Freiheitsberaubung
Ertaubung
Verschraubung
Verstaubung

− äubung (oibuŋ)

→ − äuben (oiben)
→ − ung (uŋ)

Bestäubung
  Windbestäubung
Betäubung
  Selbstbetäubung

− auch (auch)

→ − auche (auche)
→ − auchen (auchen)

Bauch
  Bierbauch
  Hängebauch
  Schmerbauch
Brauch
  Landesbrauch
  Mißbrauch
  Volksbrauch
Gauch
Gebrauch
  Hausgebrauch
  Sprachgebrauch
Hauch
  Gifthauch
  Lufthauch
  Pesthauch
  Windhauch
Lauch
  Knoblauch
  Schnittlauch
Rauch
  Pulverrauch
  Tabakrauch
  Weihrauch
Schlauch
  Fahrradschlauch
  Gartenschlauch
  Gummischlauch
  Wasserschlauch
  Weinschlauch
Schmauch
Strauch
Verbrauch
  Benzinverbrauch
  Energieverbrauch
  Stromverbrauch
auch
brauch
fauch
hauch
krauch
rauch
stauch
tauch

− äuch (oi-ch)

= − euch (oi-ch)
→ − äuche (oi-che)
→ − äuchen (oi-chen)

Gesträuch

− auche (auche)

→ − auch (auch)
→ − auchen (auchen)

Bauche
Gefauche
Gehauche
Jauche
Schlauche
Strauche
brauche
  gebrauche
fauche
  anfauche
hauche
  einhauche
krauche
  herumkrauche
rauche
  aufrauche
stauche
  verstauche
tauche
  untertauche

225

– äuche (oi-che)

= – euche (oi-che)
→ – auch (auch)

Bäuche
Bräuche
  Gebräuche
Gesträuche
Schläuche

– auchen (auchen)

→ – auch (auch)
→ – auche (auche)

bauchen
  ausbauchen
brauchen
  aufbrauchen
  gebrauchen
  mißbrauchen
  verbrauchen
fauchen
  anfauchen
hauchen
  anhauchen
  aushauchen
  behauchen
  einhauchen
  verhauchen
jauchen
krauchen
  herumkrauchen
rauchen
  anrauchen
  aufrauchen
  ausrauchen
  verrauchen
schlauchen
schmauchen
  anschmauchen
  verschmauchen
stauchen
  anstauchen
  verstauchen
  zurechtstauchen
tauchen
  auftauchen
  eintauchen
  emportauchen
  untertauchen
  wegtauchen

– äuchen (oi-chen)

= – euchen (oi-chen)
→ – auch (auch)
→ – äuche (oi-che)

Bäuchen
Bräuchen
Gesträuchen

– aucher (aucher)

→ – auchen (auchen)

Kraucher
Raucher
  Kettenraucher
  Nichtraucher
  Pfeifenraucher
  Sonntagsraucher
  Zigarettenraucher
  Zigarrenraucher
Schmaucher
Taucher
  Haubentaucher
  Korallentaucher
  Lappentaucher
  Tiefseetaucher
Verbraucher
  Normalverbraucher

– äucher (oi-cher)

→ – äuchern (oi-chern)

Sträucher
räucher

– äuchern (oi-chern)

→ – äucher (oi-cher)

Sträuchern
räuchern
  anräuchern
  ausräuchern
  beweihräuchern
  verräuchern

– auchig (auchi-ch)

→ – ich (i-ch)

bauchig
  dickbauchig
jauchig
rauchig
strauchig

– aucht (aucht)

→ – auchen (auchen)

Durchlaucht
Erlaucht
baucht
  bebaucht
  gebaucht
braucht
erlaucht
gebraucht
  aufgebraucht
  ungebraucht
gefaucht
  angefaucht
gehaucht
  angehaucht
  ausgehaucht
geraucht
  angeraucht
  ausgeraucht
  zugeraucht
gestaucht
  zusammengestaucht
getaucht
  abgetaucht
  aufgetaucht
  eingetaucht
  untergetaucht
  weggetaucht
haucht
  behaucht
  verhaucht
kraucht

raucht
  verraucht
schlaucht
  geschlaucht
schmaucht
  geschmaucht
  verschmaucht
staucht
taucht
verbraucht
  unverbraucht

— äuchte (oi-chte)

= – euchte (oi-chte)

bräuchte

— auchung (auchuŋ)

→ – auchen (auchen)
→ – ung (uŋ)

Bauchung
  Ausbauchung
Behauchung
Einhauchung
Tauchung
  Eintauchung
Verstauchung

— aud (aut)

= – aut (aut)
= – out (aut)

Edeltraud
Ehrentraud
Gertraud
Rotraud
Waltraud

— aud (o:)

→ – o (o:)
→ – oh (o:)

Rechaud

— aude (aude)

→ – aud (aut)
→ – auden (auden)

Baude
Gertraude
Staude
  Bananenstaude
  Baumwollstaude
  Haselstaude
  Papyrusstaude
Traude
summa cum laude

— äude (oide)

= – eude (oide)

Gebäude
  Amtsgebäude
  Hauptgebäude
  Lehrgebäude
  Nebengebäude
  Wirtschaftsgebäude
Räude

— auden (auden)

→ – aud (aut)
→ – aude (aude)

Bauden
Stauden

— auder (auder)

→ – audern (audern)

Geplauder
Gezauder
Schauder
Schlauder
zauder

— auderei (auderai)

= – ei (ai)
→ – auder (auder)
→ – audern (audern)

Plauderei
Zauderei

— audern (audern)

plaudern
  ausplaudern
  verplaudern
schaudern
  erschaudern
  zurückschaudern
schlaudern
zaudern

— auderer (auderer)

→ – auder (auder)
→ – audern (audern)

Plauderer
Zauderer

— audi (audi)

= – owdy (audi)

Gaudi
Saudi

— äudig (oidi-ch)

= – eudig (oidi-ch)
→ – ich (i-ch)

räudig

— äudigkeit (oidi-chkait)

= – eudigkeit (oidi-chkait)
→ – eit (ait)

Räudigkeit

— aue (au-e)

= – auhe (au-e)
→ – au (au)
→ – auen (au-en)

Aue
Blaue

Braue
  Augenbraue
Gaue
Haue
Kaue
Klaue
  Vogelklaue
Radaue
Taue
baue
  erbaue
blaue
flaue
genaue
  übergenaue
graue
  nebelgraue
kaue
  zerkaue
klaue
  beklaue
laue
  halblaue
schaue
  anschaue
schlaue
  überschlaue
taue
  abtaue
traue
  vertraue
verdaue

— äue (oi-e)

= – eue (oi-e)
→ – äu (oi)
→ – äuen (oi-en)

Bläue
Säue
Schläue
  Bauernschläue
dräue
vertäue
wiederkäue

— äuel (oi-el)

= – euel (oi-el)
→ – äueln (oi-eln)

Knäuel
  Wollknäuel
knäuel

— äueln (oi-eln)

= – eueln (oi-eln)
→ – äuel (oi-el)

Knäueln
knäueln
  entknäueln
  verknäueln

— auen (au-en)

→ – au (au)
→ – aue (au-e)

Augenbrauen
Grauen
  Kriegsgrauen
  Morgengrauen
  Tagesgrauen
  Todesgrauen
Litauen
Mißtrauen
Plauen
Schlepptauen
Verkehrsstauen
Vertrauen
  Gottvertrauen
  Selbstvertrauen
Vogelklauen
Zutrauen
aufbauen
  wiederaufbauen
bauen
  abbauen
  anbauen
  ausbauen
  bebauen
  einbauen
  erbauen
  nachbauen
  überbauen
  umbauen
  unterbauen
  verbauen
  vorbauen
  zubauen
  zusammenbauen
behauen
  unbehauen
blauen
brauen
  ausbrauen
  zusammenbrauen
flauen
  abflauen
grauen
  angrauen
  ergrauen
hauen
  abhauen
  anhauen
  aufhauen
  aushauen
  danebenhauen
  dazwischenhauen
  draufhauen
  durchhauen
  einhauen
  heraushauen
  herunterhauen
  hinhauen
  niederhauen
  reinhauen
  umhauen
  verhauen
  vorbeihauen
  zerhauen
  zuhauen
  zusammenhauen
kauen
  abkauen
  durchkauen
  vorkauen
  zerkauen
klauen
  beklauen
  zusammenklauen
krauen
loshauen
  draufloshauen

228

miauen
sauen
 einsauen
 versauen
 vollsauen
schauen
 anschauen
 abschauen
 aufschauen
 ausschauen
 beschauen
 dreinschauen
 durchschauen
 emporschauen
 erschauen
 herabschauen
 heraufschauen
 herausschauen
 hereinschauen
 herschauen
 herumschauen
 herunterschauen
 hinabschauen
 hinaufschauen
 hinausschauen
 hindurchschauen
 hineinschauen
 hinschauen
 hinunterschauen
 nachschauen
 niederschauen
 überschauen
 umschauen
 vorausschauen
 zurückschauen
 zuschauen
stauen
 anstauen
 aufstauen
 verstauen
tauen
 abtauen
 auftauen
 betauen
 wegtauen
trauen
 antrauen
 betrauen
 getrauen

mißtrauen
zutrauen
verdauen
vertrauen
 anvertrauen
wahrschauen

— äuen (oi-en)

= – euen (oi-en)
= – oyen (oi-en)
→ – äu (oi)
→ – äue (oi-e)

bläuen
bräuen
 ausbräuen
dräuen
 bedräuen
käuen
 wiederkäuen
vertäuen

— auend (au-ent)

→ – auen (au-en)

abtauend
bierbrauend
dazwischenhauend
gottvertrauend
miauend
mißtrauend
umbauend
versauend
verstauend
vorausschauend
vorkauend
zusammenklauend

— äuend (oi-ent)

= – euend (oi-ent)
→ – äuen (oi-en)

dräuend
vertäuend
wiederkäuend

— auer (au-er)

= – auher (au-er)
= – ower (au-er)
→ – au (au)
→ – auen (au-en)

Bauer
 Ackerbauer
 Altbauer
 Bergbauer
 Brunnenbauer
 Erbhofbauer
 Geigenbauer
 Gemüsebauer
 Großbauer
 Instrumentenbauer
 Jungbauer
 Klavierbauer
 Kleinbauer
 Neubauer
 Orgelbauer
 Städtebauer
 Vogelbauer
 Waldbauer
 Weinbauer
Beschauer
 Fleischbeschauer
 Leichenbeschauer
Brauer
 Bierbrauer
Dauer
 Ausbildungsdauer
 Ausdauer
 Fortdauer
 Kriegsdauer
 Lebensdauer
Gassenhauer
Hauer
 Bildhauer
 Fleischhauer
 Holzhauer
Kalauer
Klauer
Landauer
Lauer
Litauer
Mauer
 Außenmauer
 Betonmauer

Brandmauer
Burgmauer
Festungsmauer
Friedhofsmauer
Grundmauer
Lehmmauer
Quermauer
Ringmauer
Schutzmauer
Stadtmauer
Staumauer
Ufermauer
Ziegelmauer
Moskauer
Nassauer
Schauer
　Fieberschauer
　Gewitterschauer
　Hagelschauer
　Regenschauer
　Schneeschauer
　Todesschauer
Tauer
Trauer
　Hoftrauer
　Landestrauer
　Staatstrauer
Warschauer
Zuschauer
blauer
flauer
genauer
grauer
lauer
sauer
　essigsauer
　stocksauer
　süßsauer
schlauer
　überschlauer

– äuer (oi-er)

= – euer (oi-er)
= – oyer (oi-er)
→ – äuen (oi-en)

Gemäuer
Häuer
Wiederkäuer

– auerei (au-erai)

= – ei (ai)
→ – auen (au-en)
→ – auer (au-er)

Bauerei
Bildhauerei
Brauerei
　Bierbrauerei
Sauerei

– auerlich (au-erli-ch)

→ – ich (i-ch)

bedauerlich
schauerlich

– äuerlich (oi-erli-ch)

= – euerlich (oi-erli-ch)
→ – ich (i-ch)

bäuerlich
säuerlich

– äuerlichkeit (oi-erli-chkait)

= – euerlichkeit (oi-erli-chkait)
→ – eit (ait)

Bäuerlichkeit
Säuerlichkeit

– auern (au-ern)

→ – auen (au-en)
→ – auer (au-er)

Bauern
Beschauern
Brauern
Zuschauern

dauern
　andauern
　fortdauern
　überdauern
dauern
　bedauern
hauern
kalauern
kauern
　hinkauern
　niederkauern
　zusammenkauern
lauern
　auflauern
　belauern
　umlauern
mauern
　aufmauern
　ausmauern
　einmauern
　festmauern
　ummauern
　untermauern
　vermauern
　zumauern
nassauern
sauern
　aussauern
　versauern
schauern
　durchschauern
　erschauern
　zusammenschauern
trauern
　betrauern
　vertrauern
verbauern

– äuern (oi-ern)

= – euern (oi-ern)
→ – äuer (oi-er)

Allgäuern
Gemäuern
Wiederkäuern
säuern
　einsäuern
　übersäuern

— auernd
(au-ernt)

→ – auer (au-er)
→ – auern (au-ern)

auflauernd
ausdauernd
erschauernd
kalauernd
nassauernd
vertrauernd

— äuert (oi-ert)

= – euert (oi-ert)
→ – äuern (oi-ern)

gesäuert
 ungesäuert

— auerung
(au-eruŋ)

→ – auern (au-ern)
→ – ung (uŋ)

Auflauerung
Betrauerung
Einmauerung
Ummauerung
Untermauerung
Versauerung

— äuerung
(oi-eruŋ)

= – euerung (oi-eruŋ)
→ – äuen (oi-en)
→ – äuern (oi-ern)
→ – ung (uŋ)

Säuerung
 Übersäuerung

— auf (auf)

→ – aufe (aufe)
→ – aufen (aufen)

Auflauf
 Massenauflauf
 Reisauflauf
 Volksauflauf
Glückauf
Kauf
 Ankauf
 Einkauf
 Gelegenheitskauf
 Hauskauf
 Rückkauf
Knauf
 Degenknauf
 Klingelknauf
 Säbelknauf
 Stockknauf
 Türknauf
Kreislauf
 Blutkreislauf
 Stromkreislauf
Lauf
 Abfahrtslauf
 Ablauf
 Anlauf
 Auslauf
 Dauerlauf
 Doppellauf
 Durchlauf
 Einlauf
 Eislauf
 Flintenlauf
 Flußlauf
 Geländelauf
 Gewehrlauf
 Hindernislauf
 Hinterlauf
 Hürdenlauf
 Kurzstreckenlauf
 Langlauf
 Langstreckenlauf
 Lebenslauf
 Marathonlauf
 Oberlauf
 Paarlauf
 Probelauf
 Rücklauf
 Rundlauf
 Siegeslauf
 Skilauf
 Slalomlauf
 Sprunglauf
 Staffellauf
 Stafettenlauf
 Stapellauf
 Umlauf
 Unterlauf
 Vorderlauf
 Vorlauf
 Waldlauf
 Wasserlauf
 Wettlauf
 Zulauf
Schluckauf
Verkauf
 Abverkauf
 Ausverkauf
 Sommerschluß-
   verkauf
 Vorverkauf
 Winterschlußverkauf
Verlauf
 Jahresverlauf
 Krankheitsverlauf
 Prozeßverlauf
 Spielverlauf
auf
 bergauf
 darauf
 drauf
 flußauf
 frischauf
 frühauf
 herauf
 hierauf
 hinauf
 hellauf
 landauf
 obenauf
 stromauf
 treppauf
 vollauf
 wohlauf
 worauf
kauf
lauf
rauf
sauf
schnauf
tauf
zuhauf

231

— **äuf (oif)**

= – euf (oif)
→ – äufe (oife)
→ – äufen (oifen)

Geläuf
ersäuf
häuf
träuf

— **aufe (aufe)**

→ – auf (auf)
→ – aufen (aufen)

Gelaufe
Geraufe
Geschnaufe
Haufe
Raufe
  Futterraufe
Schlaufe
Taufe
  Äquatortaufe
  Feuertaufe
  Kindstaufe
  Nottaufe
Traufe
  Dachtraufe
kaufe
laufe
raufe
saufe
schnaufe
taufe

— **äufe (oife)**

= – eufe (oife)
→ – auf (auf)
→ – äuf (oif)
→ – äufen (oifen)

Käufe
Läufe
  Hinterläufe
  Vorderläufe
ersäufe
häufe
  überhäufe
träufe

— **äufel (oifel)**

= – eufel (oifel)
→ – äufeln (oifeln)

Gehäufel
Geträufel
Häufel
häufel
träufel

— **äufeln (oifeln)**

= – eufeln (oifeln)

häufeln
  anhäufeln
  aufhäufeln
träufeln
  abträufeln
  beträufeln
  einträufeln

— **aufen (aufen)**

→ – auf (auf)
→ – aufe (aufe)

Haufen
  Abfallhaufen
  Ameisenhaufen
  Erdhaufen
  Heerhaufen
  Heuhaufen
  Holzhaufen
  Komposthaufen
  Maulwurfshaufen
  Menschenhaufen
  Misthaufen
  Sandhaufen
  Sauhaufen
  Scheißhaufen
  Scheiterhaufen
  Scherbenhaufen
  Schneehaufen
  Schutthaufen
  Steinhaufen
  Trümmerhaufen
Laufen
  Amoklaufen
  Eislaufen

  Männleinlaufen
  Rollschuhlaufen
  Schaulaufen
  Schlittschuhlaufen
  Skilaufen
  Spießrutenlaufen
  Wettlaufen
blutunterlaufen
gelaufen
  leergelaufen
  totgelaufen
kaufen
  abkaufen
  ankaufen
  aufkaufen
  einkaufen
  erkaufen
  loskaufen
  verkaufen
  zurückkaufen
  zusammenkaufen
laufen
  ablaufen
  anlaufen
  auflaufen
  auseinanderlaufen
  auslaufen
  belaufen
  davonlaufen
  einlaufen
  eislaufen
  entgegenlaufen
  entlaufen
  erlaufen
  fortlaufen
  herauslaufen
  herbeilaufen
  herlaufen
  herumlaufen
  hinauslaufen
  hinlaufen
  hinterherlaufen
  leerlaufen
  loslaufen
  mitlaufen
  nachlaufen
  totlaufen
  überlaufen
  umherlaufen

umlaufen
unterlaufen
verlaufen
vollaufen
vorbeilaufen
vorlaufen
warmlaufen
weglaufen
zerlaufen
zulaufen
zurücklaufen
zusammenlaufen
raufen
  ausraufen
  zerraufen
  zusammenraufen
saufen
  absaufen
  ansaufen
  aussaufen
  besaufen
  ersaufen
  totsaufen
  versaufen
  vollsaufen
schnaufen
  ausschnaufen
  verschnaufen
taufen
  nottaufen
  umtaufen
traufen

— äufen (oifen)

= – eufen (oifen)
→ – auf (auf)
→ – äuf (oif)
→ – äufe (oife)

ersäufen
häufen
  anhäufen
  aufeinanderhäufen
  aufhäufen
  überhäufen
träufen
  beträufen

— aufend (aufent)

→ – aufen (aufen)

einkaufend
ersaufend
gleichlaufend
haareraufend
spießrutenlaufend
umtaufend
verschnaufend

— aufer (aufer)

→ – aufen (aufen)

Raufer
Schnaufer

— äufer (oifer)

→ – auf (auf)
→ – aufen (aufen)

Käufer
  Aufkäufer
  Einkäufer
Läufer
  Amokläufer
  Ausläufer
  Baumläufer
  Dauerläufer
  Eiskunstläufer
  Irrläufer
  Kampfläufer
  Kurzstreckenläufer
  Langstreckenläufer
  Marathonläufer
  Mauerläufer
  Mitläufer
  Mittelstreckenläufer
  Nachläufer
  Rollschuhläufer
  Schlittschuhläufer
  Schnelläufer
  Skiläufer
  Stelzenläufer
  Strandläufer
  Treppenläufer
  Überläufer
  Vorläufer
  Waldläufer
  Wasserläufer
Säufer
  Quartalsäufer
Täufer
  Wiedertäufer
Verkäufer
  Wiederverkäufer

— auferei (auferai)

= – ei (ai)
→ – aufen (aufen)
→ – aufer (aufer)
→ – äufer (oifer)

Lauferei
Rauferei
Sauferei
Schnauferei

— äufig (oifi-ch)

→ – ich (i-ch)

häufig
läufig
  beiläufig
  doppelläufig
  dreiläufig
  gegenläufig
  geläufig
  landläufig
  rückläufig
  vorläufig
  weitläufig
  zwangsläufig
  zweiläufig

— äufigkeit (oifi-chkait)

→ – äufig (oifi-ch)
→ – eit (ait)

Geläufigkeit
Häufigkeit
Läufigkeit

— aufst (aufßt)

→ – aufen (aufen)

kaufst
raufst
schnaufst
taufst

— äufst (oifßt)

= – eufst (oifßt)
→ – aufen (aufen)
→ – äufen (oifen)

häufst
läufst
säufst

— auft (auft)

→ – aufen (aufen)

getauft
  ungetauft
kauft
  gekauft
lauft
rauft
  gerauft
schnauft
  geschnauft
tauft
verkauft
  unverkauft

— äuft (oift)

= – euft (oift)
→ – aufen (aufen)
→ – äufen (oifen)

häuft
  gehäuft
läuft
säuft
  ersäuft

— aufte (aufte)

→ – aufen (aufen)
→ – auft (auft)

gekaufte
  ungekaufte
getaufte
  ungetaufte
kaufte
raufte
schnaufte
taufte
verkaufte
  unverkaufte

— äufte (oifte)

= – eufte (oifte)
→ – äufen (oifen)
→ – äuft (oift)

Kriegsläufte
Zeitläufte
gehäufte
  angehäufte
häufte
ersäufte

— äufung (oifuŋ)

→ – äufen (oifen)
→ – ung (uŋ)

Ersäufung
Häufung
  Anhäufung
  Überhäufung

— aug (auk)

= – auk (auk)
→ – auge (auge)
→ – augen (augen)

Aug
saug
taug

— äug (oik)

= – eug (oik)
→ – äuge (oige)
→ – äugen (oigen)

äug
säug

— auge (auge)

→ – augen (augen)

Auge
  Bullauge
  Glasauge
  Glotzauge
  Holzauge
  Hühnerauge
  Triefauge
Lauge
  Seifenlauge
  Waschlauge
Pfauenauge
sauge
tauge

— äuge (oige)

= – euge (oige)
→ – äugen (oigen)

Geäuge
Gesäuge
äuge
säuge

— augen (augen)

→ – auge (auge)

Augen
  Argusaugen
  Glupschaugen
  Röntgenaugen
  Schlitzaugen
  Stielaugen
saugen
  absaugen
  ansaugen
  aufsaugen
  aussaugen
  besaugen
  einsaugen
  entsaugen
  festsaugen
laugen
  ablaugen
  auslaugen
  einlaugen
taugen

— äugen (oigen)

= – eugen (oigen)
→ – äuge (oige)

äugen
 beäugen
säugen

— äugt (oikt)

= – eugt (oikt)

äugt
 beäugt
 geäugt
säugt
 gesäugt

— augung (auguŋ)

→ – augen (augen)
→ – ung (uŋ)

Absaugung
Aufsaugung
Auslaugung
Aussaugung
Einsaugung

— auh (au)

= – au (au)

rauh

— auhe (au-e)

= – aue (au-e)
→ – auhen (au-en)

rauhe

— auheit (auhait)

→ – au (au)
→ – eit (ait)

Flauheit
Lauheit
Rauheit
Schlauheit

— auhen (au-en)

= – auen (au-en)

rauhen
 anrauhen
 abrauhen
 aufrauhen

— auher (au-er)

= – auer (au-er)
= – ower (au-er)

rauher

— auig (au-i-ch)

→ – ich (i-ch)

scharfklauig
tauig

— auigkeit (au-i-chkait)

→ – au (au)
→ – eit (ait)

Genauigkeit
Lauigkeit
Schlauigkeit

— auisch (au-isch)

→ – isch (isch)

litauisch
mißtrauisch

— äuisch (oi-isch)

= – oyisch (oi-isch)
→ – isch (isch)

säuisch

— auk (auk)

= – aug (auk)
→ – auke (auke)
→ – auken (auken)

Klamauk
pauk

— auke (auke)

→ – auken (auken)

Frauke
Mauke
Pauke
 Kesselpauke
 Standpauke
Rabauke
Rauke

— aukel (aukel)

→ – aukeln (aukeln)

Gegaukel
Geschaukel
Schaukel
 Affenschaukel
 Kinderschaukel
 Luftschaukel
 Schiffsschaukel
gaukel

— aukeln (aukeln)

→ – aukel (aukel)

gaukeln
 umgaukeln
 vorgaukeln
schaukeln
 verschaukeln

— auken (auken)

→ – auk (auk)
→ – auke (auke)

Pauken
Rabauken
pauken
 einpauken

— aukler (aukler)

→ – aukel (aukel)
→ – aukeln (aukeln)

Gaukler
Schaukler

— aul (aul)

= – oul (aul)
= – oule (aule)
→ – aulen (aulen)

Gaul
  Ackergaul
  Droschkengaul
  Karrengaul
Knaul
  Wollknaul
Maul
  Fischmaul
  Froschmaul
  Großmaul
  Klatschmaul
  Lästermaul
  Leckermaul
  Löwenmaul
  Lügenmaul
  Naschmaul
  Ochsenmaul
  Plappermaul
  Schandmaul
  Schleckermaul
Paul
Saul
faul
  denkfaul
  erzfaul
  kernfaul
  maulfaul
  mundfaul
  oberfaul
  schreibfaul
  stinkfaul
jaul
kraul

— aula (aula)

→ – a (a:)

Aula
Paula

— äulchen (oil-chen)

= – eulchen (oil-chen)
→ – aul (aul)

Gäulchen
Knäulchen
Mäulchen
  Kußmäulchen
  Schleckermäulchen
  Zuckermäulchen
Säulchen

— aule (aule)

= – oule (aule)
→ – aul (aul)
→ – aulen (aulen)

Gaule
Kaule
Maule
faule
jaule

— äule (oile)

= – eule (oile)
→ – aul (aul)

Gäule
Fäule
  Mundfäule
  Zahnfäule
Säule
  Bildsäule
  Feuersäule
  Flammensäule
  Gedenksäule
  Litfaßsäule
  Plakatsäule
  Rauchsäule
  Salzsäule
  Siegessäule
  Wassersäule

— aulen (aulen)

= – oulen (aulen)
→ – aul (aul)

faulen
  abfaulen
  anfaulen
  verfaulen
graulen
  vergraulen
jaulen
  anjaulen
  aufjaulen
kraulen
maulen
  nachmaulen

— äulen (oilen)

= – eulen (oilen)
→ – aul (aul)
→ – äule (oile)

Gäulen
Säulen

— aulich (auli-ch)

= – aulig (auli-ch)
→ – ich (i-ch)

anschaulich
  weltanschaulich
baulich
  erbaulich
beschaulich
fraulich
laulich
traulich
  vertraulich
  zutraulich
verdaulich
  leichtverdaulich
  schwerverdaulich
  unverdaulich

— äulich (oili-ch)

= – äulig (oili-ch)
= – eulich (oili-ch)
= – eulig (oili-ch)
→ – ich (i-ch)

bläulich
gräulich
jungfräulich

− aulichkeit (auli-chkait)

→ − aulich (auli-ch)
→ − aulig (auli-ch)
→ − eit (ait)

Baulichkeit
Beschaulichkeit
Fraulichkeit
Unverdaulichkeit
Vertraulichkeit

− aulig (auli-ch)

= − aulich (auli-ch)
→ − ich (i-ch)

faulig

− äulig (oili-ch)

= − äulich (oili-ch)
= − eulich (oili-ch)
= − eulig (oili-ch)
→ − aul (aul)
→ − ich (i-ch)

breitmäulig
doppelsäulig
fischmäulig
großmäulig
mehrsäulig
vielsäulig

− aulus (auluß)

→ − us (uß)
→ − uß (uß)

Paulus
Saulus

− aulust (aulußt)

= − ust (ußt)
= − ußt (ußt)

Baulust
Schaulust

− aum (aum)

→ − aume (aume)
→ − aumen (aumen)

Baum
  Buchsbaum
  Christbaum
  Einbaum
  Faulbaum
  Gummibaum
  Hebebaum
  Laubbaum
  Lebensbaum
  Lichterbaum
  Maibaum
  Mastbaum
  Nadelbaum
  Ölbaum
  Obstbaum
  Purzelbaum
  Schlagbaum
  Schellenbaum
  Stammbaum
  Tannenbaum
  Tulpenbaum
  Weihnachtsbaum
Flaum
Raum
  Abraum
  Abstellraum
  Aufenthaltsraum
  Ballungsraum
  Dienstraum
  Erdenraum
  Erfrischungsraum
  Heizraum
  Himmelsraum
  Hohlraum
  Hubraum
  Kofferraum
  Kühlraum
  Laderaum
  Lagerraum
  Lebensraum
  Luftraum
  Luftschutzraum
  Maschinenraum
  Nebenraum
  Packraum
  Schaltraum
  Schiffsraum
  Senderaum
  Speiseraum
  Spielraum
  Vorraum
  Warteraum
  Waschraum
  Weltraum
  Wohnraum
  Zeitraum
  Zuschauerraum
  Zwischenraum
Saum
  Hohlsaum
  Küstensaum
  Rocksaum
  Waldsaum
Schaum
  Abschaum
  Eierschaum
  Meerschaum
  Seifenschaum
Traum
  Alptraum
  Angsttraum
  Lebenstraum
  Liebestraum
  Tagtraum
  Wachtraum
  Wunschtraum
Zaum
geraum
kaum

− äum (ä:-um)

= − um (um)
= − umm (um)

Athenäum
Jubiläum
Nymphäum

— äumchen (oim-chen)

→ – aum (aum)
→ – aume (aume)
→ – aumen (aumen)

Bäumchen
Däumchen
Pfläumchen
Räumchen
Säumchen
Träumchen
Zäumchen

— aume (aume)

→ – aum (aum)
→ – aumen (aumen)

Pflaume
  Backpflaume
geraume

— äume (oime)

→ – aum (aum)
→ – äumen (oimen)

Bäume
Räume
Säume
Träume
räume
säume
schäume
träume
zäume

— aumel (aumel)

→ – aumeln (aumeln)

Gebaumel
Getaumel
Taumel
  Begeisterungstaumel
  Freudentaumel
  Siegestaumel

— aumeln (aumeln)

→ – aumel (aumel)

baumeln
  aufbaumeln
taumeln
  antaumeln
  austaumeln
  herumtaumeln
  umhertaumeln
  zurücktaumeln

— aumen (aumen)

→ – aume (aume)

Daumen
Flaumen
Gaumen
abbaumen
abschaumen
anberaumen
aufbaumen
buchsbaumen
geraumen
pflaumen
  anpflaumen
  verpflaumen

— äumen (oimen)

→ – aum (aum)

Bäumen
Träumen
bäumen
  aufbäumen
räumen
  abräumen
  aufräumen
  ausräumen
  einräumen
  forträumen
  nachräumen
  umräumen
  wegräumen
säumen
  besäumen
  einsäumen
  umsäumen

säumen
  verabsäumen
  versäumen
schäumen
  abschäumen
  aufschäumen
  entschäumen
  überschäumen
  umschäumen
  verschäumen
träumen
  austräumen
  erträumen
  verträumen
zäumen
  abzäumen
  aufzäumen

— äumend (oiment)

→ – äumen (oimen)

aufräumend
aufzäumend
träumend
versäumend
wutschäumend

— äumer (oimer)

Entschäumer
Räumer
  Minenräumer
  Schneeräumer
Träumer
  Tagträumer

— aumig (aumi-ch)

→ – ich (i-ch)

flaumig
schaumig

— äumig (oimi-ch)

→ – ich (i-ch)

dreiräumig
geräumig

großräumig
säumig
weiträumig
zweiräumig

— äumigkeit (oimi-chkait)

→ – äumig (oimi-ch)
→ – eit (ait)

Geräumigkeit
Säumigkeit

— äumlein (oimlain)

= – ein (ain)
→ – aum (aum)

Bäumlein
Däumlein
Pfläumlein
Räumlein
Träumlein

— äumt (oimt)

→ – äumen (oimen)

aufgeräumt
  unaufgeräumt
bäumt
gebäumt
  aufgebäumt
geräumt
  abgeräumt
gesäumt
  ungesäumt
geschäumt
  übergeschäumt
gezäumt
  ungezäumt
räumt
säumt
schäumt
träumt
  geträumt

— äumte (oimte)

→ – äumen (oimen)
→ – äumt (oimt)

bäumte
räumte
säumte
schäumte
träumte
zäumte

— äumung (oimuŋ)

→ – äumen (oimen)
→ – ung (uŋ)

Abschäumung
Entschäumung
Räumung
  Aufräumung
  Ausräumung
  Einräumung
  Umräumung
  Zwangsräumung
Umsäumung
Versäumung
  Terminversäumung
Zäumung
  Aufzäumung

— aun (aun)

= – own (aun)
→ – auen (au-en)
→ – aune (aune)
→ – aunen (aunen)

Alaun
Alraun
Faun
Fraun
Kapaun
Zaun
  Bretterzaun
  Drahtzaun
  Gartenzaun
  Grenzzaun
  Lattenzaun
baun

braun
  dunkelbraun
  gelbbraun
  hellbraun
  kaffeebraun
  kastanienbraun
  rehbraun
  rostbraun
  rotbraun
  schokoladenbraun
haun
kaun
schaun
staun
traun
vertraun

— äun (oin)

= – eun (oin)
→ – äuen (oi-en)
→ – äunen (oinen)

bräun
dräun
umzäun
vertäun
wiederkäun

— auna (auna)

→ – a (a:)

Fauna
  Höhlenfauna
  Meeresfauna
Sauna

— aune (aune)

→ – aun (aun)
→ – aunen (aunen)

Alraune
Braune
Daune
  Eiderdaune
Geraune
Kaldaune
Kartaune
Laune
  Geberlaune
  Weinlaune

Posaune
braune
raune
staune

– äune (oine)

= – eune (oine)
→ – aun (aun)
→ – äunen (oinen)

Bräune
  Sonnenbräune
Zäune
bräune
umzäune

– aunen (aunen)

→ – aun (aun)
→ – aune (aune)

Daunen
Erstaunen
Kaldaunen
braunen
kapaunen
posaunen
  ausposaunen
  hinausposaunen
raunen
  zuraunen
staunen
  anstaunen
  bestaunen
  erstaunen

– äunen (oinen)

= – eunen (oinen)
→ – aun (aun)

Zäunen
bräunen
  anbräunen
zäunen
  abzäunen
  einzäunen
  umzäunen

– auner (auner)

→ – aun (aun)
→ – aunen (aunen)

Brauner
Gauner
  Erzgauner
Rauner
brauner

– aunisch (aunisch)

→ – isch (isch)

faunisch
launisch

– aunt (aunt)

→ – aunen (aunen)

gelaunt
  frohgelaunt
  gutgelaunt
  mißgelaunt
  schlechtgelaunt
  übelgelaunt
posaunt
  ausposaunt
  herumposaunt
raunt
  geraunt
staunt
  gestaunt

– äunt (oint)

= – eund (oint)
= – eunt (oint)
= – oint (oint)
→ – äunen (oinen)

bräunt
eingezäunt
gebräunt
  sonnengebräunt
umzäunt

– äunte (ointe)

= – eunte (ointe)
→ – äunen (oinen)
→ – äunt (oint)

bräunte
  gebräunte
eingezäunte
umzäunte

– äunung (oinuŋ)

→ – äunen (oinen)
→ – ung (uŋ)

Bräunung
Einzäunung
Umzäunung

– aunzen (auntßen)

maunzen
raunzen
  anraunzen

– äupchen (oip-chen)

= – äubchen (oip-chen)
→ – aupe (aupe)

Gräupchen
Räupchen

– aupe (aupe)

Gaupe
  Dachgaupe
Graupe
Raupe
  Planierraupe
  Seidenraupe
Staupe

– aupel (aupel)

→ – aupeln (aupeln)

Graupel
knaupel

— **aupeln (aupeln)**

→ – aupel (aupel)

graupeln
knaupeln
 abknaupeln

— **aupen (aupen)**

→ – aupe (aupe)

Graupen
 Perlgraupen
Raupen
 Seidenraupen

— **aupt (aupt)**

= – aubt (aupt)
→ – aupte (aupte)

Haupt
 Betthaupt
 Felsenhaupt
 Gorgonenhaupt
 Hinterhaupt
 Medusenhaupt
Oberhaupt
 Familienoberhaupt
 Kirchenoberhaupt
 Staatsoberhaupt
barhaupt
überhaupt

— **äupt (oipt)**

= – äubt (oipt)

stäupt
 gestäupt

— **aupte (aupte)**

= – aubte (aupte)
→ – aupt (aupt)

Haupte
Oberhaupte
behaupte
enthaupte

— **aupten (aupten)**

= – aubten (aupten)

behaupten
enthaupten

— **äupten (oipten)**

= – äubten (oipten)

Häupten
gestäupten
stäupten

— **äupter (oipter)**

= – äubter (oipter)
→ – aupt (aupt)

Häupter
Oberhäupter
gestäupter

— **aura (aura)**

→ – a (a:)

Aura
Laura

— **aure (aure)**

→ – auer (au-er)
→ – auern (au-ern)

Maure
bedaure
erschaure
laure
versaure

— **äure (oire)**

= – eu(e)re (oi[e]re)

Säure
 Ameisensäure
 Blausäure
 Essigsäure
 Fettsäure
 Fruchtsäure
 Gerbsäure
 Harnsäure
 Kieselsäure
 Kohlensäure
 Magensäure
 Milchsäure
 Obstsäure
 Salpetersäure
 Salzsäure
 Weinsäure
säure
 einsäure
 übersäure

— **aurer (aurer)**

→ – auer (au-er)
→ – auern (au-ern)

Freimaurer
Maurer
saurer

— **aurig (auri-ch)**

→ – ich (i-ch)

schaurig
traurig

— **aurigkeit (auri-chkait)**

→ – eit (ait)

Schaurigkeit
Traurigkeit

— **aus (auß)**

= – auß (auß)
→ – au (au)
→ – auen (au-en)

Applaus
Braus
 Sausebraus
Daus
Flaus
Garaus
Gaus
Gebraus
 Sturmgebraus

Graus
Haus
  Affenhaus
  Armenhaus
  Backhaus
  Badehaus
  Ballhaus
  Bankhaus
  Bauernhaus
  Bauhaus
  Bienenhaus
  Blockhaus
  Bootshaus
  Brauhaus
  Bräuhaus
  Caféhaus
  Eckhaus
  Einfamilienhaus
  Elternhaus
  Fachwerkhaus
  Fahrerhaus
  Festspielhaus
  Findelhaus
  Försterhaus
  Forsthaus
  Frauenhaus
  Freudenhaus
  Funkhaus
  Fürstenhaus
  Gartenhaus
  Gasthaus
  Geburtshaus
  Gemeindehaus
  Geschäftshaus
  Gesindehaus
  Gewandhaus
  Gewächshaus
  Glashaus
  Gotteshaus
  Handelshaus
  Herrscherhaus
  Hexenhaus
  Hinterhaus
  Hochhaus
  Irrenhaus
  Kaffeehaus
  Kartenhaus
  Kaufhaus
  Kesselhaus
  Klubhaus
  Konzerthaus
  Krankenhaus
  Kühlhaus
  Kurhaus
  Landhaus
  Leihhaus
  Lichtspielhaus
  Mietshaus
  Modehaus
  Nachbarhaus
  Narrenhaus
  Nebenhaus
  Oberhaus
  Opernhaus
  Palmenhaus
  Pfandhaus
  Pfarrhaus
  Rathaus
  Raubtierhaus
  Reformhaus
  Reihenhaus
  Schauspielhaus
  Scheißhaus
  Schlachthaus
  Schneckenhaus
  Schützenhaus
  Siechenhaus
  Sommerhaus
  Speisehaus
  Spritzenhaus
  Stiegenhaus
  Teehaus
  Tollhaus
  Trauerhaus
  Treibhaus
  Treppenhaus
  Unterhaus
  Vaterhaus
  Versandhaus
  Vogelhaus
  Vorderhaus
  Waisenhaus
  Warenhaus
  Waschhaus
  Wirtshaus
  Wochenendhaus
  Wohnhaus
  Zeughaus
  Zuchthaus
  Zweifamilienhaus
Kehraus
Klaus
Laus
  Blattlaus
  Filzlaus
  Kleiderlaus
  Kopflaus
  Reblaus
  Schildlaus
Lugaus
Maus
  Beutelmaus
  Brandmaus
  Feldmaus
  Fledermaus
  Haselmaus
  Kirchenmaus
  Mickymaus
  Rennmaus
  Scharrmaus
  Spitzmaus
  Springmaus
  Tanzmaus
  Waldmaus
  Wollmaus
  Wühlmaus
  Zwergmaus
Nikolaus
Reißaus
Saufaus
Saus
Schmaus
  Abendschmaus
  Augenschmaus
  Festschmaus
  Gaumenschmaus
  Leichenschmaus
  Ohrenschmaus
  Richtschmaus
Stanislaus
aus
  daraus
  draus
  durchaus
  geradeaus
  hieraus
  jahraus

landaus
obenaus
raus
tagaus
überaus
voraus
weitaus
woraus
heraus
  freiheraus
  geradeheraus
  rundheraus
hinaus
  dahinaus
  dorthinaus
  obenhinaus
  weithinaus
  wohinaus
kraus
zuhaus

— auß (auß)

= – aus (auß)

Strauß
  Blumenstrauß
  Fliederstrauß
  Rosenstrauß
  Veilchenstrauß
drauß

— ausch (ausch)

→ – auschen (auschen)

Abtausch
  Schlagabtausch
Alm(en)rausch
Austausch
  Erfahrungsaustausch
  Gedankenaustausch
  Meinungsaustausch
  Schüleraustausch
  Studentenaustausch
Bausch
  Wattebausch
Flausch
Plausch

Rausch
  Alkoholrausch
  Blutrausch
  Drogenrausch
  Geschwindigkeitsrausch
  Höhenrausch
  Koffeinrausch
  Liebesrausch
  Siegesrausch
Tausch
  Partnertausch
  Ringtausch
  Wohnungstausch
Umtausch
  Geldumtausch
  Warenumtausch
aufbausch
lausch
plausch
rausch
tausch

— äusch (oisch)

= – eusch (oisch)
→ – äusche (oische)
→ – äuschen (oischen)

Geräusch
  Fremdgeräusch
  Nebengeräusch
  Störgeräusch
täusch

— ausche (ausche)

→ – ausch (ausch)
→ – auschen (auschen)

Brausche
Karausche
Pausche
aufbausche
lausche
plausche
rausche
tausche

— äusche (oische)

= – eusche (oische)
→ – ausch (ausch)
→ – äusch (oisch)
→ – äuschen (oischen)

Geräusche
Räusche
Wattebäusche
täusche

— auschen (auschen)

→ – ausch (ausch)
→ – ausche (ausche)

Rauschen
  Frühlingsrauschen
  Waldesrauschen
bauschen
  aufbauschen
  ausbauschen
lauschen
  ablauschen
  belauschen
  erlauschen
plauschen
  ausplauschen
  verplauschen
rauschen
  abrauschen
  anrauschen
  aufrauschen
  berauschen
  durchrauschen
  umrauschen
  verrauschen
  zurauschen
tauschen
  austauschen
  eintauschen
  umtauschen
  vertauschen

— äuschen (oischen)

= – euschen (oischen)
→ – ausch (ausch)
→ – äusch (oisch)
→ – äusche (oische)

Geräuschen
Räuschen
täuschen
  enttäuschen
  vortäuschen

— äuschen (oiß-chen)

= – äußchen (oiß-chen)
→ – aus (auß)
→ – ause (ause)

Häuschen
  Bremserhäuschen
  Futterhäuschen
  Gartenhäuschen
  Hexenhäuschen
  Knusperhäuschen
  Pfefferkuchen-
  häuschen
  Schneckenhäuschen
  Vogelhäuschen
  Wetterhäuschen
  Wochenend-
  häuschen
Kläuschen
Läuschen
Mäuschen
  Spitzmäuschen
Päuschen

— äußchen (oiß-chen)

= – äuschen (oiß-chen)
→ – auß (auß)

Sträußchen
  Biedermeier-
  sträußchen
  Veilchensträußchen

— auschend (auschent)

→ – auschen (auschen)

lauschend
rauschend
  berauschend
vertauschend

— auscher (auscher)

→ – auschen (auschen)

Lauscher
Tauscher

— äuscher (oischer)

= – euscher (oischer)
→ – äuschen (oischen)

Roßtäuscher

— auschig (auschi-ch)

→ – ich (i-ch)

bauschig
flauschig
lauschig

— auscht (auscht)

→ – auschen (auschen)

bauscht
  aufgebauscht
lauscht
  gelauscht
plauscht
  geplauscht
rauscht
  gerauscht
  meerumrauscht
tauscht
  getauscht

— auschung (auschuŋ)

→ – auschen (auschen)
→ – ung (uŋ)

Aufbauschung
Vertauschung

— ause (ause)

→ – aus (auß)
→ – ausen (ausen)

Banause
  Kunstbanause
Brause
Flause
Gebrause
Gesause
Geschmause
Jause
Kartause
Klause
Krause
  Haarkrause
  Halskrause
Pause
  Blaupause
  Lichtpause
Pause
  Arbeitspause
  Atempause
  Denkpause
  Feuerpause
  Frühstückspause
  Generalpause
  Kunstpause
  Menopause
  Mittagspause
  Ruhepause
  Sendepause
  Unterrichtspause
  Verschnaufpause
  Zigarettenpause
Sause
Zuhause
hause
krause

lause
sause
schmause
zause

— äuse (oise)

= – euse (oise)
→ – aus (auß)

Gehäuse
  Kerngehäuse
  Uhrgehäuse
Gesäuse
Läuse
Mäuse

— äuße (oiße)

= – euße (oiße)
→ – auß (auß)

Sträuße
  Blumensträuße

— äusel (oisel)

= – eusel (oisel)
→ – aus (auß)
→ – äuschen
  (oiß-chen)
→ – äuseln (oiseln)

Gesäusel
Häusel
Kräusel
  Gekräusel
Mäusel
kräusel
säusel

— äuseln (oiseln)

= – euseln (oiseln)
→ – äusel (oisel)

kräuseln
säuseln
  ansäuseln
  besäuseln
  umsäuseln

— äuselt (oiselt)

→ – äuseln (oiseln)

gesäuselt
  angesäuselt
kräuselt
  gekräuselt
säuselt

— ausen (ausen)

→ – aus (auß)
→ – ause (ause)

Brausen
  Meeresbrausen
  Sturmesbrausen
Flausen
Grausen
Klausen
Mühlhausen
Münchhausen
Nordhausen
Ohrensausen
Sangerhausen
brausen
  abbrausen
  anbrausen
  aufbrausen
  daherbrausen
  dahinbrausen
  durchbrausen
  erbrausen
  umbrausen
grausen
hausen
  behausen
jausen
krausen
  ankrausen
lausen
  ablausen
  entlausen
  verlausen
mausen
  ausmausen
  bemausen
pausen
  abpausen
  durchpausen

sausen
  absausen
  ansausen
  durchsausen
  hinsausen
  umsausen
  wegsausen
schmausen
  verschmausen
zausen
  zerzausen

— äusen (oisen)

= – eusen (oisen)
→ – aus (auß)
→ – äuse (oise)

Gehäusen
Läusen
Mäusen

— außen (außen)

Straußen
außen
  linksaußen
  rechtsaußen
draußen

— äußen (oißen)

= – eußen (oißen)
→ – auß (auß)

Sträußen
  Blumensträußen

— ausend (ausent)

→ – ausen (ausen)

Jahrtausend
brausend
jausend
lausend
mausend
sausend
schmausend
tausend
  potztausend
zausend

245

— auser (auser)
→ – ausen (ausen)

Geknauser
Knauser
Lauser
Mauser
Sauser
knauser
krauser

— äuser (oiser)
= – euser (oiser)
→ – aus (auß)
→ – ausen (ausen)

Däuser
Duckmäuser
Häuser
Kartäuser
Nordhäuser

— auserei (auserai)
= – ei (ai)
→ – ausen (ausen)
→ – auser (auser)

Hauserei
Knauserei
Lauserei
Mauserei
Sauserei
Schmauserei

— ausern (ausern)
→ – auser (auser)

knausern
mausern

— ausig (ausi-ch)
→ – ich (i-ch)

grausig
lausig
mausig

— äuslein (oißlain)
= – äußlein (oißlain)
= – ein (ain)
→ – aus (auß)
→ – ause (ause)

Häuslein
Mäuslein
Päuslein

— äußlein (oißlain)
= – äuslein (oißlain)
= – ein (ain)
→ – auß (auß)

Sträußlein

— äusler (oißler)
→ – äuseln (oiseln)

Häusler
  Armenhäusler
  Kleinhäusler
  Tollhäusler
  Zuchthäusler
Kräusler
  Haarkräusler
Säusler

— äuslich (oißli-ch)
= – eußlich (oißli-ch)
→ – ich (i-ch)

häuslich

— äuslichkeit (oißli-chkait)
= – eußlichkeit (oißli-chkait)
→ – eit (ait)

Häuslichkeit

— aust (außt)
→ – auen (au-en)
→ – ausen (ausen)

Faust
  Panzerfaust
baust
behaust
  unbehaust
graust
  gegraust
haust
klaust
laust
  gelaust
maust
  gemaust
miaust
schaust
schmaust
  geschmaust
staust
taust
zaust
  gezaust

— auste (außte)
→ – ausen (ausen)

behauste
  unbehauste
fauste
hauste
grauste
lauste
mauste
sauste
schmauste
zauste

— austen (außten)
→ – ausen (ausen)

behausten
  unbehausten
brausten
fausten
hausten

246

lausten
mausten
sausten
schmausten
zausten

— austisch (außtisch)

→ – isch (isch)

faustisch
kaustisch

— ausung (ausuŋ)

→ – ausen (ausen)
→ – ung (uŋ)

Behausung
Entlausung
Zerzausung

— aut (aut)

= – out (aut)
→ – auen (au-en)

Argonaut
Astronaut
Braut
  Gottesbraut
  Himmelsbraut
  Silberbraut
  Windsbraut
Haut
  Bindehaut
  Bärenhaut
  Elefantenhaut
  Fetthaut
  Fruchthaut
  Gänsehaut
  Hirnhaut
  Hornhaut
  Kopfhaut
  Kuhhaut
  Lederhaut
  Milchhaut
  Netzhaut
  Rothaut
  Schleimhaut
  Schwimmhaut
  Vorhaut
  Zellhaut
Kosmonaut
Kraut
  Bilsenkraut
  Bohnenkraut
  Futterkraut
  Heidekraut
  Heilkraut
  Maikraut
  Rotkraut
  Sauerkraut
  Schleierkraut
  Unkraut
  Weißkraut
Laut
  Ablaut
  Brummlaut
  Gleichlaut
  Kehllaut
  Mitlaut
  Nasallaut
  Selbstlaut
  Tierlaut
  Umlaut
  Urlaut
  Wohllaut
  Wortlaut
  Zischlaut
Maut
abgeflaut
ausgebaut
  unausgebaut
bebaut
  unbebaut
blaut
erbaut
  neuerbaut
gebaut
  abgebaut
  wohlgebaut
gegraut
  angegraut
gekaut
  ungekaut
geschaut
  aufgeschaut
gestaut
  angestaut
getraut
  angetraut
graut
  begraut
  ergraut
kaut
  zerkaut
laut
  halblaut
  kleinlaut
  überlaut
  vorlaut
saut
  versaut
schaut
  durchschaut
  verschaut
taut
  getaut
traut
  betraut
verdaut
  unverdaut
vertraut
  altvertraut
  unvertraut
  wohlvertraut

— äut (oit)

= – eud (oit)
= – eut (oit)
= – oid (oit)
→ – äuen (oi-en)
→ – äuten (oiten)

Geläut
bläut
  gebläut
dräut
  gedräut
vertäut

— **äutchen
(oit-chen)**

= – eutchen
  (oit-chen)
→ – aut (aut)

Bräutchen
Häutchen
  Jungfernhäutchen

— **aute (aute)**

→ – auen (au-en)
→ – aut (aut)
→ – auten (auten)

Angetraute
Argonaute
Flaute
Laute
Raute
Traute
Vertraute
baute
  gebaute
haute
kaute
  gekaute
klaute
  geklaute
laute
schaute
staute
  gestaute
taute
  gestaute
traute
  getraute

— **äute (oite)**

= – eute (oite)
→ – äuen (oi-en)
→ – aut (aut)
→ – äut (oit)
→ – äuten (oiten)

Bräute
Geläute
  Festgeläute
  Glockengeläute
  Grabgeläute
  Schellengeläute
  Sturmgeläute
  Totengeläute
Häute
bläute
dräute
häute
läute
vertäute
wiederkäute

— **auten (auten)**

→ – auen (au-en)
→ – aut (aut)
→ – aute (aute)

Angetrauten
Argonauten
Astronauten
Bauten
  Anbauten
  Aufbauten
  Großbauten
  Kirchenbauten
  Neubauten
  Prachtbauten
  Profanbauten
  Sakralbauten
  Wehrbauten
  Zweckbauten
Getrauten
Vertrauten
bauten
blauten
brauten
hauten
kauten
klauten
krauten
  abkrauten
  auskrauten
  verkrauten
lauten
  ablauten
  anlauten
  auslauten
  umlauten
  verlauten
miauten
sauten
schauten
stauten
tauten
trauten
verunkrauten

— **äuten (oiten)**

= – euten (oiten)
→ – äuen (oi-en)
→ – aut (aut)

Bräuten
Häuten
Läuten
  Abendläuten
  Glockenläuten
dräuten
häuten
  abhäuten
  enthäuten
läuten
  abläuten
  anläuten
  ausläuten
  einläuten
vertäuten
wiederkäuten

— **autend
(autent)**

anderslautend
gleichlautend
verkrautend
  verunkrautend
wohllautend

— **äutend
(oitent)**

= – eutend (oitent)
→ – äuten (oiten)

häutend
läutend

— auter (auter)

→ – aut (aut)

Getrauter
  Angetrauter
Kauter
Krauter
Vertrauter
abgeflauter
angestauter
aufgetauter
ausgebauter
beklauter
durchschauter
ergrauter
gekauter
lauter
  kleinlauter
unverdauter
versauter

— äuter (oiter)

= – euter (oiter)
→ – äuten (oiten)

Bärenhäuter
Dickhäuter
Kräuter
  Alpenkräuter
  Gewürzkräuter
  Heilkräuter
  Küchenkräuter
  Waldkräuter
  Wiesenkräuter
bedräuter
erläuter
gebläuter
läuter
vertäuter

— äutern (oitern)

= – eutern (oitern)
→ – äuter (oiter)

Dickhäutern
Kräutern
läutern
  erläutern

— äutig (oiti-ch)

= – eutig (oiti-ch)
→ – ich (i-ch)

häutig
  dickhäutig
  dunkelhäutig
  dünnhäutig

— äutlich (oitli-ch)

= – eutlich (oitli-ch)
→ – ich (i-ch)

bräutlich

— auts (autß)

= – auz (autß)
→ – aud (aut)
→ – aut (aut)

Krauts
  Unkrauts
Wortlauts
bauts
blauts
grauts
kauts
klauts
schauts
stauts
tauts
trauts
verdauts

— autschen (autschen)

gautschen
knautschen
  verknautschen

— äutung (oituŋ)

= – eutung (oituŋ)
→ – äuten (oiten)
→ – ung (uŋ)

Einläutung
Häutung
  Enthäutung

— autzen (autßen)

= – auzen (autßen)

Bautzen

— auung (au-uŋ)

→ – auen (au-en)
→ – ung (uŋ)

Anschauung
  Lebensanschauung
  Weltanschauung
Bebauung
Fleischbeschauung
Stauung
  Verkehrsstauung
  Verstauung
Trauung
  Kriegstrauung
  Ziviltrauung
Verdauung
Versauung

— äuung (oi-uŋ)

= – euung (oi-uŋ)
→ – äuen (oi-en)
→ – ung (uŋ)

Vertäuung

— auz (autß)

= – auts (autß)
→ – aud (aut)
→ – aut (aut)
→ – auze (autße)
→ – auzen (autßen)

Kauz
  Schneekauz
  Steinkauz
  Waldkauz
  Zwergkauz
Plauz
Rauhbauz
Schnauz
bardauz
bauz
pardauz
pladauz
plauz

— äuz (oitß)

= – euz (oitß)
→ – äut (oit)
→ – auz (autß)
→ – eud (oit)
→ – eut (oit)

Käuz
 Waldkäuz
käuz

— äuzchen (oitß-chen)

= – euzchen
  (oitß-chen)
→ – auz (autß)
→ – auze (autße)

Käuzchen
Schnäuzchen

— auze (autße)

→ – auz (autß)
→ – auzen (autßen)

Plauze
Schnauze
 Hundeschnauze
 Kodderschnauze
 Revolverschnauze

— äuze (oitße)

= – euze (oitße)
→ – auz (autß)

Käuze
 Waldkäuze
käuze

— auzen (autßen)

= – autzen (autßen)
→ – auz (autß)
→ – auze (autße)

kauzen
 hinkauzen
 niederkauzen

mauzen
plauzen
 zuplauzen
schnauzen
 anschnauzen

— äuzen (oitßen)

= – euzen (oitßen)
→ – auz (autß)

Käuzen
 Steinkäuzen
käuzen

— auzig (autßi-ch)

→ – ich (i-ch)

großschnauzig
kauzig
rauhbauzig

— av (a:f)

= – af (a:f)

Architrav
Oktav
brav
 kreuzbrav
konkav

— av (af)

= – aff (af)
= – aw (af)

Gustav

— ava (a:wa)

= – awa (a:wa)
→ – a (a:)

Bratislava
Costa brava
Java
Lava

— ave (a:we)

= – awe (a:we)

Agave
Ave
Drave
Enklave
Exklave
Konklave
Oktave
Save
Skandinave
Sklave
 Galeerensklave
Zuave
versklave

— aven (a:fen)

= – afen (a:fen)
= – aphen (a:fen)

Bremerhaven
Cuxhaven
Sklaven
 Galeerensklaven
versklaven

— aver (a:wer)

Bataver
Kadaver
 Tierkadaver
Palaver
Xaver
braver

— avisch (a:wisch)

→ – isch (isch)

skandinavisch
sklavisch

— aw (af)

= – aff (af)
= – av (af)

Boleslaw
Pilaw
Stanislaw
Wladislaw

— **awa (a:wa)**

= – ava (a:wa)
→ – a (a:)

Okinawa
Poltawa

— **awe (a:we)**

= – ave (a:we)

Slawe
Jugoslawe

— **awk (ak)**

= – ac (ak)
= – ack (ak)
= – acques (ak)
= – ak (ak)
= – aque (ak)

Tomahawk

— **ax (akß)**

= – achs (akß)
= – acks (akß)
→ – axe (akße)

Klimax
Max
Pax
  Ohropax
Skribifax
Syntax
Thorax
lax

— **äxchen (äkß-chen)**

= – ächschen (äkß-chen)
= – echschen (äkß-chen)
= – eckschen (äkß-chen)
= – exchen (äkß-chen)
→ – ax (akß)

Mäxchen

— **axe (akße)**

= – achse (akße)
= – ackse (akße)
→ – ax (akß)

Faxe
Haxe
  Kalbshaxe
  Schweinshaxe
Klettermaxe
Kraxe
Parallaxe
Prophylaxe
Taxe
  Kurtaxe

— **axel (akßel)**

= – achsel (akßel)

Maxel
kraxel

— **axeln (akßeln)**

= – achseln (akßeln)

kraxeln

— **axis (akßiß)**

→ – is (iß)

Galaxis
Praxis
  Alltagspraxis
  Arztpraxis
  Berufspraxis

— **axt (akßt)**

= – achst (akßt)
= – ackst (akßt)

Axt
  Streitaxt

— **äxte (äkßte)**

= – exte (äkßte)

Äxte
  Streitäxte

— **ay (ai)**

= – ei (ai)

Paraguay
Uruguay

— **ay (e:)**

= – e (e:)

Broadway
Cutaway
Essay
Fair play
Gangway
Speedway
Spray
  Haarspray
Tramway
okay

— **aya (a:ja)**

= – aia (a:ja)
= – aja (a:ja)
→ – a (a:)

Biskaya
Maya

— **ayen (e:-en)**

= – ehen (e:-en)

sprayen

— **ayer (ai-er)**

= – aier (ai-er)
= – eier (ai-er)
= – eiher (ai-er)

Bayer
  Altbayer
  Niederbayer
  Oberbayer

— **ay(e)risch
(ai(e)risch)**

= – ei(e)risch
 (ai(e)risch)
→ – ayern (ai-ern)
→ – isch (isch)

bay(e)risch

— **ayern (ai-ern)**

= – eiern (ai-ern)
= – eihern (ai-ern)

Bayern
 Altbayern
 Niederbayern
 Oberbayern

— **az (a:tß)**

= – atz (a:tß)
→ – aat (a:t)
→ – ad (a:t)
→ – aht (a:t)
→ – at (a:t)

Graz
Kontumaz
Schwaz

— **äz (ä:tß)**

= – ätz (ä:tß)
→ – äht (ä:t)
→ – ät (ä:t)

Fläz

— **aza (a:sa)**

= – asa (a:sa)
→ – a (a:)

Gaza

— **aze (a:se)**

= – ase (a:se)

Gaze
 Verbandgaze

— **azie (a:tßi-e)**

Akazie
Grazie
Pistazie

— **azien (a:tßi-en)**

= – atien (a:tßi-en)

Akazien
Dazien
Grazien
Pistazien
Thrazien

— **azz (atß/äß)**

= – ads (atß)
= – ats (atß)
= – atz (atß)
= – es (äß)
= – eß (äß)
= – ess (äß)
→ – at (at)
→ – ath (at)
→ – att (at)

Jazz
 Cool Jazz
 Free Jazz
 Modern Jazz
 Traditional Jazz

— **azzen (atßen/
äßen)**

= – atzen (atßen)
= – ässen (äßen)
= – essen (äßen)

jazzen
 verjazzen

— **azzo (atßo)**

→ – o (o:)

Bajazzo
Palazzo
Terrazzo

Reimgruppen mit der Endreimsilbe
e

— e (e:)

= – aie (e:)
= – ay (e:)
= – é (e:)
= – ee (e:)
= – ée (e:)
= – eh (e:)
= – er (e:)
= – et (e:)
= – ey (e:)
= – ez (e:)
= – ier (e:)
= – iner (ine:)
= – oe (oe:)
= – oyer (oaje:)

Abece
Aloe
Danae
Extempore
Faksimile
Gethsemane
Niobe
Penelope
Re
Salome
Terpsichore
Udine
ade
he
  juchhe
in spe
je
  herrjeh
  oje
jemine
  herrjemine
  ojemine
ne

— é (e:)

= – e (e:)

Abbé
André
Attaché
Autodafé
Bébé
Café
  Konzertcafé
  Tanzcafé
Charité
Chassé
Coupé
Dekolleté
Ekarté
Exposé
Kommuniqué
Makoré
Moiré
Mouliné
Negligé
Praliné
Protegé
Rommé
Rosé
Roué
Soufflé
Varieté
Bal paré
Santa Fé
olé
passé
rosé

— ea (e:a)

→ – a (a:)

Amathea
Dorothea
Dulcinea
Eritrea
Galatea
Guinea
  Neuguinea
Korea
  Nordkorea
  Südkorea
Lea
Medea
Morea
Nemea
Rhea
Thea
BEA

— eak (e:k)

= – eg (e:k)
= – ek (e:k)

Steak
  Beefsteak

— eal (i:l)

= – iehl (i:l)
= – iel (i:l)
= – ihl (i:l)
= – il (i:l)

Seal
Sex appeal
deal

— eale (i:le)

= – iele (i:le)
= – ile (i:le)

Seale
deale

— ealen (i:len)

= – ielen (i:len)
= – ilen (i:len)

Sealen
dealen

— ealer (i:ler)

= – ieler (i:ler)
= – iler (i:ler)

Dealer

— ealte (i:lte)

= – ielte (i:lte)

dealte

— eam (i:m)

= – iem (i:m)
= – ihm (i:m)
= – im (i:m)
= – ime (i:m)

Team

— eamer (i:mer)

= – iemer (i:mer)
= – imer (i:mer)

Steamer

— eau (o:)

= – o (o:)
= – oh (o:)

Beau
Chapeau
Château
Frikandeau
Niveau
  Bildungsniveau
  Durchschnittsniveau
  Kulturniveau
  Preisniveau
  Weltniveau
Plateau
  Gebirgsplateau
  Hochplateau
Plumeau
Rondeau
Rouleau
Tableau

— eaux (o:)

= – o (o:)
= – oh (o:)

Bordeaux

— eb (e:p)

= – ape (e:p)
= – eep (e:p)
→ – ebe (e:be)
→ – eben (e:ben)

Spinnweb
beb
geb
heb
kleb
leb
  erleb
schweb
streb
web

— ebbe (äbe)

→ – ebben (äben)

Ebbe
Flebbe

— ebben (äben)

→ – ebbe (äbe)

ebben
  abebben
  verebben

— ebbt (äpt)

= – apt (äpt)
= – eppt (äpt)
= – ept (äpt)

ebbt
  abebbt
  verebbt

— ebe (e:be)

→ – eben (e:ben)

Ephebe
Fettlebe
Gewebe
  Baumwollgewebe
  Bindegewebe
  Lügegewebe
  Spinngewebe
Hebe
Rebe
  Weinrebe
Schwebe
Spinnwebe
Strebe
Zibebe
bebe
gebe
hebe
klebe
lebe
  erlebe
schwebe
strebe

— ebel (e:bel)

→ – ebeln (e:beln)

Feldwebel
Hebel
Knebel
Nebel
  Abendnebel
  Bodennebel
  Frühnebel
  Herbstnebel
  Hochnebel

— ebeln (e:beln)

→ – ebel (e:bel)

knebeln
nebeln
  benebeln
  einnebeln
  umnebeln
  vernebeln
rebeln

— eben (e:ben)

→ – ebe (e:be)

Beben
  Angstbeben
  Erdbeben
  Seebeben
  Weltbeben
Leben
  Ableben
  Doppelleben
  Erdenleben
  Erleben
  Familienleben
  Gefühlsleben
  Geistesleben
  Geschäftsleben
  Großstadtleben
  Hundeleben
  Innenleben
  Junggesellenleben
  Kleinstadtleben
  Künstlerleben
  Lagerleben

Landleben
Liebesleben
Lotterleben
Luderleben
Menschenleben
Nachleben
Nachtleben
Pflanzenleben
Privatleben
Scheinleben
Schlaraffenleben
Seelenleben
Sexualleben
Soldatenleben
Stadtleben
Stilleben
Tierleben
Traumleben
Triebleben
Vereinsleben
Volksleben
Vorleben
Wirtschaftsleben
Wohlleben
Zigeunerleben
Zusammenleben
Streben
  Besitzstreben
  Bestreben
  Gewinnstreben
Theben
Weben
  Waldweben
aufleben
  wiederaufleben
beben
  durchbeben
  erbeben
begeben
  fortbegeben
  heimbegeben
  herabbegeben
  herbegeben
  hinabbegeben
  hinbegeben
  hineinbegeben
  wegbegeben
  weiterbegeben
  zurückbegeben

beleben
  wiederbeleben
eben
  soeben
  uneben
ergeben
  gottergeben
  treuergeben
erleben
  miterleben
  nacherleben
geben
  abgeben
  achtgeben
  angeben
  anheimgeben
  aufgeben
  ausgeben
  beigeben
  bekanntgeben
  eingeben
  freigeben
  gefangengeben
  herausgeben
  hergeben
  hingeben
  kundgeben
  nachgeben
  preisgeben
  stattgeben
  übergeben
  umgeben
  untergeben
  vergeben
  vorgeben
  weggeben
  wiedergeben
  zugeben
  zurückgeben
gegeben
  stattgegeben
heben
  abheben
  anheben
  aufheben
  ausheben
  beheben
  emporheben
  entheben

erheben
hervorheben
hochheben
überheben
verheben
kleben
  ankleben
  aufkleben
  bekleben
  einkleben
  festkleben
  überkleben
  verkleben
  zukleben
  zusammenkleben
leben
  ableben
  ausleben
  dahinleben
  durchleben
  einleben
  fortleben
  hochleben
  nachleben
  überleben
  verleben
  vorleben
neben
  daneben
schweben
  emporschweben
  entschweben
  herabschweben
  umschweben
streben
  anstreben
  aufstreben
  auseinanderstreben
  bestreben
  emporstreben
  entgegenstreben
  erstreben
  nachstreben
  vorwärtsstreben
  widerstreben
  zustreben
weben
  durchweben
  verweben

— ebend (e:bent)

→ – eben (e:ben)

bebend
  erbebend
erhebend
  herzerhebend
gebend
  ausschlaggebend
  gastgebend
  gesetzgebend
  maßgebend
  richtunggebend
  tonangebend
  verfassunggebend
klebend
  selbstklebend
lebend
  belebend
  wildlebend
schwebend
  entschwebend
  freischwebend
strebend
  widerstrebend

— ebende (e:bende)

→ – eben (e:ben)
→ – ebend (e:bent)

gebende
  maßgebende
klebende
  selbstklebende
lebende
  belebende
  überlebende
strebende
  widerstrebende

— ebene (e:bene)

→ – eben (e:ben)

Ebene
  Hochebene
  Tiefebene
Untergebene
gegebene
  hingegebene
  preisgegebene
vergebene

— ebenen (e:benen)

→ – eben (e:ben)
→ – ebene (e:bene)

Ebenen
Untergebenen
ebenen
gegebenen

— ebenheit (e:benhait)

→ – eben (e:ben)
→ – eit (ait)

Begebenheit
Ergebenheit
Gegebenheit
Unebenheit

— ebens (e:benß)

→ – eben (e:ben)

Aufhebens
Lebens
Strebens
vergebens
zeitlebens

— eber (e:ber)

→ – eben (e:ben)

Eber
  Waldeber
  Zuchteber
Geber
  Angeber
  Arbeitgeber
  Auftraggeber
  Brotgeber
  Brötchengeber
  Gastgeber
  Geldgeber
  Gesetzgeber
  Ratgeber
Heber
  Gewichtheber
  Urheber
  Wagenheber
Herausgeber
  Mitherausgeber
Kleber
  Alleskleber
  Aufkleber
  Selbstkleber
Leber
  Gänseleber
  Kalbsleber
  Rindsleber
  Säuferleber
  Schweinsleber
Steuererheber
Streber
Treber
  Biertreber
  Weintreber
Weber
  Baumweber
  Leineweber
  Seidenweber
  Strumpfweber
  Teppichweber
  Tuchweber

— eberei (e:berai)

= – ei (ai)
→ – eben (e:ben)
→ – eber (e:ber)

Angeberei
Streberei
Weberei

— ebern (e:bern)

→ – eber (e:ber)

Ebern
Lebern
Strebern
Webern
aushebern
strebern

— ebig (e:bi-ch)

→ — ich (i-ch)

freigebig
kurzlebig
langlebig
leichtlebig
raschlebig
zählebig
zielstrebig

— ebigkeit (e:bi-chkait)

→ — ebig (e:bi-ch)
→ — eit (ait)

Freigebigkeit
Langlebigkeit
Zielstrebigkeit

— eblich (e:pli-ch)

→ — ich (i-ch)

angeblich
erheblich
  unerheblich
maßgeblich
  unmaßgeblich
überheblich
vergeblich
vorgeblich

— eblichkeit (e:pli-chkait)

→ — eblich (e:pli-ch)
→ — eit (ait)

Überheblichkeit
Unerheblichkeit
Vergeblichkeit

— ebne (e:bne)

→ — eben (e:ben)
→ — ebene (e:bene)

Ebne
Untergebne
ebne
  einebne
gegebne
  abgegebne

— ebnen (e:bnen)

→ — eben (e:ben)
→ — ebenen (e:benen)

Untergebnen
ebnen
  einebnen
gegebnen
  ausgegebnen
vergebnen

— ebnis (e:bniß)

Begebnis
Ergebnis
  Abstimmungs-
    ergebnis
  Arbeitsergebnis
  Denkergebnis
  Endergebnis
  Ernteergebnis
  Forschungsergebnis
  Gesamtergebnis
  Rekordergebnis
  Spielergebnis
  Versuchsergebnis
  Wahlergebnis
Erlebnis
  Ferienerlebnis
  Filmerlebnis
  Kriegserlebnis
  Kunsterlebnis
  Liebeserlebnis
  Reiseerlebnis
  Theatererlebnis

— ebra (e:bra)

→ — a (a:)

Bebra
Zebra

— ebs (e:pß)

→ — ebe (e:be)
→ — eben (e:ben)

Gewebs
Krebs
  Blutkrebs
  Brustkrebs
  Darmkrebs
  Gebärmutterkrebs
  Hautkrebs
  Kehlkopfkrebs
  Knochenkrebs
  Lungenkrebs
  Magenkrebs
  Unterleibskrebs
Krebs
  Einsiedlerkrebs
  Flußkrebs
  Taschenkrebs
Plebs
erstreb's
geb's
heb's
kleb's
leb's
  erleb's
web's

— ebs (äpß)

→ — ap (äp)
→ — ep (äp)
→ — epp (äp)

Plebs

— ebse (e:pße)

→ — ebs (e:pß)

Kebse
Krebse
krebse
verkrebse

— ebsen (e:pßen)

→ — ebs (e:pß)

krebsen
verkrebsen

— ebst (e:pßt)

→ – eben (e:ben)

bebst
hebst
klebst
krebst
  gekrebst
lebst
nebst
schwebst
strebst
verkrebst
webst

— ebt (e:pt)

→ – eben (e:ben)

bebt
  gebebt
belebt
  unbelebt
erlebt
  selbsterlebt
gewebt
  dichtgewebt
  handgewebt
hebt
klebt
  geklebt
lebt
  gelebt
schwebt
  geschwebt
strebt
  gestrebt
webt

— ebten (e:pten)

→ – eben (e:ben)
→ – ebt (e:pt)

bebten
belebten
  unbelebten
klebten
  beklebten
lebten
  erlebten
schwebten
  entschwebten
strebten
  angestrebten
webten
  verwebten

— ebung (e:buŋ)

→ – eben (e:ben)
→ – ung (uŋ)

Amtsenthebung
Belebung
  Neubelebung
  Wiederbelebung
Bestrebung
Erhebung
  Bodenerhebung
  Volkserhebung
Farbgebung
Formgebung
Gesetzgebung
Kundgebung
  Großkundgebung
  Massenkundgebung
  Protestkundgebung
  Sympathiekund-
  gebung
Sinngebung
Tongebung
Umgebung
Vergebung
  Sündenvergebung
Verstrebung

— ech (ä-ch)

= – äch (ä-ch)
→ – eche (ä-che)
→ – echen (ä-chen)

Blech
  Kuchenblech
  Ofenblech
  Schutzblech
  Weißblech
  Wellblech
Pech
Sech
Steinbrech
brech
frech
stech
zech

— eche (ä-che)

= – äche (ä-che)
→ – ech (ä-ch)
→ – echen (ä-chen)

Breche
  Mauerbreche
Tscheche
Zeche
breche
freche
  erfreche
steche
zeche

— echel (ä-chel)

= – ächel (ä-chel)
→ – echeln (ä-cheln)

Hechel
  Flachshechel
  Hanfhechel

— echeln (ä-cheln)

= – ächeln (ä-cheln)
→ – echel (ä-chel)

hecheln
  durchhecheln

— echen (ä-chen)

= – ächen (ä-chen)
→ – ech (ä-ch)
→ – eche (ä-che)

Erbrechen
Gebrechen
Kopfzerbrechen
Rechen
Stechen
  Fischerstechen
  Herzstechen
  Milzstechen
  Ringelstechen
  Seitenstechen

Verbrechen
  Kapitalverbrechen
  Kriegsverbrechen
  Sexualverbrechen
Versprechen
  Eheversprechen
  Heiratsversprechen
blechen
  beblechen
brechen
  abbrechen
  anbrechen
  aufbrechen
  ausbrechen
  auseinanderbrechen
  durchbrechen
  ehebrechen
  einbrechen
  entzweibrechen
  erbrechen
  gebrechen
  herausbrechen
  herunterbrechen
  hindurchbrechen
  losbrechen
  radebrechen
  umbrechen
  unterbrechen
  verbrechen
  zerbrechen
  zusammenbrechen
erfrechen
pechen
  verpechen
rechen
sprechen
  absprechen
  ansprechen
  aussprechen
  besprechen
  durchsprechen
  entsprechen
  fernsprechen
  freisprechen
  fürsprechen
  heiligsprechen
  herumsprechen
  hohnsprechen
  lossprechen

  nachsprechen
  mitsprechen
  seligsprechen
  übersprechen
  versprechen
  vorbesprechen
  vorsprechen
  widersprechen
  zusprechen
stechen
  abstechen
  anstechen
  aufstechen
  ausstechen
  bestechen
  durchstechen
  einstechen
  erstechen
  hervorstechen
  niederstechen
  totstechen
  umstechen
  zerstechen
  zustechen
zechen
  bezechen
  durchzechen
  mitzechen
  verzechen

— echend (ä-chent)

→ – ächen (ä-chen)
→ – echen (ä-chen)

brechend
  bahnbrechend
  halsbrechend
  herzbrechend
entsprechend
  dementsprechend
  zweckentsprechend
hervorstechend
versprechend
  erfolgversprechend
  vielversprechend
zechend

— echer (ächer)

= – ächer (ächer)
→ – echen (ä-chen)

Becher
  Aschenbecher
  Eierbecher
  Eisbecher
  Freudenbecher
  Fruchtbecher
  Giftbecher
  Knobelbecher
  Märzenbecher
  Schierlingsbecher
  Trinkbecher
  Würfelbecher
Brecher
  Ausbrecher
  Bahnbrecher
  Ehebrecher
  Einbrecher
  Eisbrecher
  Herzensbrecher
  Mauerbrecher
  Sorgenbrecher
  Streikbrecher
  Wellenbrecher
Fernsprecher
  Münzfernsprecher
Sprecher
  Fernsehsprecher
  Fürsprecher
  Großsprecher
  Klassensprecher
  Lautsprecher
  Nachrichtensprecher
  Pressesprecher
  Rundfunksprecher
  Schulsprecher
  Versprecher
Stecher
  Abstecher
  Blattstecher
  Blütenstecher
  Feldstecher
  Kupferstecher
  Messerstecher
  Notenstecher
  Stahlstecher

Verbrecher
　Kriegsverbrecher
　Schwerverbrecher
　Sittlichkeits-
　　verbrecher
Zecher
becher
frecher

— **echerei**
(ä-cherai)

= – ei (ai)
→ – echen (ä-chen)
→ – echer (ä-cher)

Becherei
Großsprecherei
Stecherei
　Messerstecherei
　Silbenstecherei
Zecherei

— **echerisch**
(ä-cherisch)

→ – isch (isch)

ehebrecherisch
halsbrecherisch
sprecherisch
　großsprecherisch
verbrecherisch

— **echern**
(ä-chern)

= – ächern (ä-chern)
→ – echer (ä-cher)

Bechern
Fernsprechern
Sprechern
Stechern
Verbrechern
Zechern
bechern
blechern
frechern

— **echlich**
(ä-chli-ch)

= – ächlich (ä-chli-ch)
→ – ich (i-ch)

bestechlich
　unbestechlich
gebrechlich
unaussprechlich
zerbrechlich
　unzerbrechlich

— **echlichkeit**
(ä-chli-chkait)

= – ächlichkeit
　(ä-chli-chkait)
→ – echlich (ä-chli-ch)
→ – eit (ait)

Bestechlichkeit
Gebrechlichkeit

— **echling**
(ä-chliŋ)

= – ächling (ä-chliŋ)
= – ing (iŋ)

Frechling

— **echs (äkß)**

= – ächs (äkß)
= – ecks (äkß)
= – ex (äkß)
→ – ack (äk)
→ – äck (äk)
→ – echse (äkße)

sechs

— **echschen**
(äkß-chen)

= – ächschen
　(äkß-chen)
= – äxchen (äkß-chen)
= – eckschen
　(äkß-chen)
= – exchen (äkß-chen)
→ – echse (äkße)

Eidechschen

— **echse (äkße)**

= – ächse (äkße)
= – eckse (äkße)
= – exe (äkße)

Echse
　Brückenechse
　Flugechse
　Kragenechse
　Krustenechse
　Meerechse
　Wühlechse
Eidechse
　Flugeidechse
　Mauereidechse
　Smaragdeidechse
　Zauneidechse
Flechse
sechse

— **echsel (äkßel)**

= – ächsel (äkßel)
= – äcksel (äkßel)
→ – echseln (äkßeln)

Gedrechsel
　Wortgedrechsel
Wechsel
　Blankowechsel
Wechsel
　Aufenthaltswechsel
　Ballwechsel
　Berufswechsel
　Briefwechsel
　Farbwechsel
　Federwechsel
　Generationswechsel
　Jahreswechsel
　Klimawechsel
　Kurswechsel
　Mondwechsel
　Namenswechsel
　Notenwechsel
　Personalwechsel
　Platzwechsel
　Positionswechsel
　Regierungswechsel
　Richtungswechsel
　Schichtwechsel

Schriftwechsel
Schrittwechsel
Seitenwechsel
Stellenwechsel
Stimmwechsel
Stoffwechsel
Szenenwechsel
Thronwechsel
Witterungswechsel
Wohnungswechsel
Wortwechsel
Zahnwechsel
drechsel
wechsel

— echseln (äkßeln)

= – ächseln (äkseln)
= – äcksen (äkßeln)
→ – echsel (äkßel)

drechseln
  abdrechseln
wechseln
  abwechseln
  auswechseln
  einwechseln
  hinüberwechseln
  überwechseln
  umwechseln
  verwechseln

— echsen (äkßen)

= – ächsen (äkßen)
= – ecksen (äkßen)
= – exen (äkßen)
→ – echse (äkße)

Eidechsen
Flechsen
sechsen

— echser (äkßer)

= – eckser (äkßer)
= – exer (äkßer)

Sechser

— echsler (äkßler)

→ – echseln (äkßeln)

Drechsler
  Versdrechsler
  Wortdrechsler
Wechsler
  Geldwechsler

— echst (äkßt)

= – ächst (äkßt)
= – äckst (äkßt)
= – eckst (äkßt)
= – ext (äkßt)

sechst

— echste (äkßte)

= – äxte (äkßte)
= – eckste (äkßte)
= – exte (äkßte)
→ – ächst (äkßt)
→ – äckst (äkßt)

Sechste
sechste

— echsten (äkßten)

= – ecksten (äkßten)
= – exten (äkßten)
→ – äxte (äkßte)

sechsten

— echster (äkßter)

= – eckster (äkßter)
= – exter (äkßter)

Sechster

— echt (ä-cht)

= – ächt (ä-cht)
→ – echte (ä-chte)
→ – echten (ä-chten)

Albrecht

Gefecht
  Feuergefecht
  Handgefecht
  Infanteriegefecht
  Luftgefecht
  Nachtgefecht
  Seegefecht
  Wortgefecht
Geflecht
  Drahtgeflecht
  Korbgeflecht
  Strohgeflecht
  Weidengeflecht
  Wurzelgeflecht
Geschlecht
  Adelsgeschlecht
  Fürstengeschlecht
  Heldengeschlecht
  Menschengeschlecht
  Riesengeschlecht
Hecht
  Hornhecht
  Knochenhecht
  Pfeilhecht
  Seehecht
Knecht
  Ackerknecht
  Bauernknecht
  Folterknecht
  Großknecht
  Hausknecht
  Henkersknecht
  Landsknecht
  Pferdeknecht
  Reitknecht
  Roßknecht
  Schuhknecht
  Stallknecht
  Stiefelknecht
  Weberknecht
Recht
  Anrecht
  Arbeitsrecht
  Armenrecht
  Aufführungsrecht
  Baurecht
  Demonstrationsrecht
  Ehrecht
  Einspruchsrecht

Ellbogenrecht
Erbrecht
Erstgeburtsrecht
Existenzrecht
Familienrecht
Faustrecht
Gastrecht
Gewohnheitsrecht
Grundrecht
Handelsrecht
Hausrecht
Jagdrecht
Kirchenrecht
Kriegsrecht
Lebensrecht
Marktrecht
Münzrecht
Patentrecht
Privatrecht
Rücktrittsrecht
Schiffahrtsrecht
Schürfrecht
Sorgerecht
Stadtrecht
Standrecht
Stimmrecht
Strafrecht
Streikrecht
Unrecht
Urheberrecht
Vereinsrecht
Verkehrsrecht
Verlagsrecht
Versammlungsrecht
Völkerrecht
Vorrecht
Wahlrecht
Wegerecht
Weiderecht
Zivilrecht
Ruprecht
Specht
  Buntspecht
  Grünspecht
  Schwarzspecht
bezecht
blecht
echt
  kußecht

lichtecht
unecht
waschecht
fecht
flecht
gerecht
  fachgerecht
  formgerecht
  handgerecht
  jagdgerecht
  kunstgerecht
  mundgerecht
  schußgerecht
  selbstgerecht
  stilgerecht
  termingerecht
  ungerecht
  weidgerecht
pecht
  verpecht
radebrecht
recht
  aufrecht
  folgerecht
  regelrecht
  senkrecht
  unrecht
  waagrecht
  zurecht
schlecht
  grundschlecht
zecht

— echte (ä-chte)

= − ächte (ä-chte)
→ − echt (ä-cht)
→ − echten (ä-chten)

Flechte
  Bartflechte
  Schuppenflechte
Rechte
  Aufführungsrechte
  Bürgerrechte
  Ehrenrechte
  Grundrechte
  Hoheitsrechte
  Menschenrechte

  Nutzungsrechte
  Verfassungsrechte
Rechte
  Halbrechte
blechte
fechte
flechte
schlechte
verpechte
zechte

— echten (ä-chten)

= − ächten (ä-chten)
→ − echt (ä-cht)
→ − echte (ä-chte)

Degenfechten
Florettfechten
Säbelfechten
Sportfechten
bevorrechten
blechten
fechten
  anfechten
  ausfechten
  durchfechten
  erfechten
  verfechten
flechten
  anflechten
  aufflechten
  durchflechten
  einflechten
  entflechten
  hineinflechten
  ineinanderflechten
  umflechten
  verflechten
  zuflechten
  zusammenflechten
hechten
knechten
  verknechten
rechten
  entrechten
schlechten
verpechten
zechten

– **echtens
(ä-chtenß)**

= – ächtens
 (ä-chtenß)
→ – echten (ä-chten)

rechtens

– **echter (ä-chter)**

= – ächter (ä-chter)
→ – echt (ä-cht)

Bezechter
Fechter
 Degenfechter
 Florettfechter
 Säbelfechter
 Spiegelfechter
Flechter
 Korbflechter
 Mattenflechter
Gerechter
 Ungerechter
Geschlechter
Verfechter
schlechter

– **echterei
(ä-chterai)**

= – ächterei
 (ä-chterai)
= – ei (ai)
→ – echten (ä-chten)
→ – echter (ä-chter)

Fechterei
 Spiegelfechterei

– **echtern
(ä-chtern)**

= – ächtern (ä-chtern)
→ – echter (ä-chter)

Fechtern
Geschlechtern
gerechtern
verschlechtern

– **echtig
(ä-chti-ch)**

= – ächtig (ä-chti-ch)
→ – ich (i-ch)

eingeschlechtig
zweigeschlechtig

– **echtige
(ä-chtige)**

= – ächtige (ä-chtige)
→ – echtigen
 (ä-chtigen)

berechtige

– **echtigen
(ä-chtigen)**

= – ächtigen
 (ä-chtigen)

berechtigen
bevorrechtigen

– **echtigkeit
(ä-chti-chkait)**

= – ächtigkeit
 (ä-chti-chkait)
→ – echtig (ä-chti-ch)
→ – eit (ait)

Gerechtigkeit
 Selbstgerechtigkeit
 Ungerechtigkeit
Schlechtigkeit

– **echtigt
(ä-chti-cht)**

= – ächtigt (ä-chti-cht)

berechtigt
 bevorberechtigt
 bezugsberechtigt
 daseinsberechtigt
 empfangsberechtigt
 erbberechtigt
 gleichberechtigt
 pensionsberechtigt
 rentenberechtigt
 stimmberechtigt
 teilnahmeberechtigt
 unberechtigt
 unterhaltsberechtigt
 unterschrifts-
 berechtigt
 versorgungs-
 berechtigt
 wahlberechtigt
 zeichnungs-
 berechtigt

– **echtigte
(ä-chti-chte)**

= – ächtigte
 (ä-chti-chte)
→ – echtigt (ä-chti-cht)

Berechtigte
 Empfangsberechtigte
 Teilnahme-
 berechtigte
 Versorgungs-
 berechtigte

– **echtigung
(ä-chtiguŋ)**

= – ächtigung
 (ä-chtiguŋ)
→ – echtigt (ä-chti-cht)
→ – ung (uŋ)

Berechtigung
 Daseinsberechtigung
 Empfangs-
 berechtigung
 Existenz-
 berechtigung
 Gleichberechtigung
 Pensions-
 berechtigung
 Teilnahme-
 berechtigung
 Versorgungs-
 berechtigung

— **echtlich
(ä-chtli-ch)**

= – ächtlich
(ä-chtli-ch)
→ – ich (i-ch)

geschlechtlich
 gleichgeschlechtlich
 ungeschlechtlich
rechtlich
 standrechtlich
 strafrechtlich
 völkerrechtlich
 widerrechtlich
 zivilrechtlich

— **echtlichkeit
(ä-chtli-chkait)**

= – ächtlichkeit
(ä-chtli-chkait)
→ – echtlich
(ä-chtli-ch)
→ – eit (ait)

Rechtlichkeit

— **echts (ä-chtß)**

= – ächz (ä-chtß)
= – echz (ä-chtß)
→ – ächt (ä-cht)
→ – echt (ä-cht)

rechts
 halbrechts

— **echtung
(ä-chtuŋ)**

= – ächtung (ä-chtuŋ)
→ – echten (ä-chten)
→ – ung (uŋ)

Anfechtung
Entflechtung
Entrechtung
Knechtung
 Verknechtung
Verflechtung

— **echung
(ä-chuŋ)**

= – ächung (ä-chuŋ)
→ – echen (ä-chen)
→ – ung (uŋ)

Besprechung
 Buchbesprechung
 Lagebesprechung
Bestechung
 Beamtenbestechung
Brechung
 Lichtbrechung
Rechtsprechung
Unterbrechung
 Fahrtunterbrechung
 Schwangerschafts-
 unterbrechung

— **echz (ä-chtß)**

= – ächz (ä-chtß)
= – echts (ä-chtß)

lechz

— **echze (ä-chtße)**

= – ächze (ä-chtße)

lechze

— **echzen
(ä-chtßen)**

= – ächzen (ä-chtßen)

lechzen

— **eck (äk)**

= – ack (äk)
= – äck (äk)
= – ag (äk)
= – eg (äk)
→ – ecke (äke)
→ – ecken (äken)

Besteck
 Ärztebesteck
 Eßbesteck
 Fischbesteck
 Reisebesteck
 Silberbesteck
 Tafelbesteck
Deck
 Achterdeck
 Bootsdeck
 Brückendeck
 Hauptdeck
 Hinterdeck
 Mitteldeck
 Oberdeck
 Promenadendeck
 Schiffsdeck
 Sonnendeck
 Unterdeck
 Verdeck
 Vordeck
 Zwischendeck
Dreck
 Bärendreck
 Fliegendreck
 Heidendreck
 Scheißdreck
Dreieck
 Bermuda-Dreieck
Eck
 Achteck
 Fünfeck
 Rechteck
 Sechseck
 Siebeneck
 Viereck
Fleck
 Blutfleck
 Brandfleck
 Farbfleck
 Faulfleck
 Fettfleck
 Grasfleck
 Knutschfleck
 Leberfleck
 Ölfleck
 Rostfleck
 Schandfleck
 Schmutzfleck
 Stockfleck
Geck
 Modegeck

265

Gedeck
  Tischgedeck
Geheck
Geleck
Geschleck
Heck
Heckmeck
Heuschreck
Leck
Reck
  Hochreck
  Schwebereck
Scheck
  Bankscheck
  Barscheck
  Blankoscheck
  Euroscheck
  Postscheck
  Reisescheck
  Verrechnungsscheck
Schneck
Schreck
Speck
  Bauchspeck
  Kummerspeck
  Rückenspeck
  Schinkenspeck
  Schweinespeck
Treck
Versteck
Zeck
Zweck
  Daseinszweck
  Endzweck
  Hauptzweck
  Lebenszweck
  Mehrzweck
  Nebenzweck
  Selbstzweck
deck
keck
leck
meck-meck
neck
queck
schleck
steck
streck
übereck

weck
zweck
  bezweck

— eckchen
  (äk-chen)

= — äckchen
     (äk-chen)
→ — eck (äk)
→ — ecke (äke)

Deckchen
Eckchen
Fleckchen
Schneckchen
Streckchen

— ecke (äke)

= — äcke (äke)
→ — eck (äk)
→ — ecken (äken)

Decke
  Balkendecke
  Bettdecke
  Daunendecke
  Eisdecke
  Fahrraddecke
  Holzdecke
  Kamelhaardecke
  Pferdedecke
  Reisedecke
  Satteldecke
  Schneedecke
  Steppdecke
  Tischdecke
  Wolkendecke
  Wolldecke
  Zimmerdecke
  Zudecke
Ecke
  Eßecke
  Hausecke
  Schmollecke
  Spielecke
  Straßenecke
  Zimmerecke
Flecke
Hecke
  Dornenhecke

  Gartenhecke
  Rosenhecke
  Taxushecke
Quecke
Recke
  Salzlecke
Schecke
Schnecke
  Nacktschnecke
  Förderschnecke
  Purpurschnecke
  Wasserschnecke
  Wegschnecke
  Weinbergschnecke
Schrecke
  Blattschrecke
  Heuschrecke
  Stabschrecke
Strecke
  Abfahrtsstrecke
  Anschlußstrecke
  Bahnstrecke
  Fahrstrecke
  Flugstrecke
  Förderstrecke
  Hauptstrecke
  Kurzstrecke
  Mittelstrecke
  Nebenstrecke
  Rennstrecke
  Teilstrecke
  Wegstrecke
Wecke
Zecke
Zwecke
  Heftzwecke
  Reißzwecke
decke
drecke
flecke
lecke
necke
recke
schmecke
schrecke
stecke
strecke
wecke
zwecke

— **eckel (äkel)**

= – äckel (äkel)
→ – eckeln (äkeln)

Deckel
  Abortdeckel
  Augendeckel
  Blechdeckel
  Brunnendeckel
  Buchdeckel
  Kanaldeckel
  Klosettdeckel
  Pappdeckel
  Pfeifendeckel
  Raddeckel
  Sargdeckel
  Topfdeckel
Teckel

— **eckeln (äkeln)**

= – äckeln (äkeln)
→ – eckel (äkel)

deckeln
dreckeln

— **ecken (äken)**

= – äcken (äken)
→ – eck (äk)
→ – ecke (äke)

Becken
  Planschbecken
  Sammelbecken
  Schwimmbecken
  Taufbecken
  Waschbecken
  Wasserbecken
Flecken
  Marktflecken
Geheimratsecken
Schrecken
Stecken
Wecken
  Butterwecken
anecken
blecken
  anblecken
  derblecken
decken
  abdecken
  aufdecken
  bedecken
  eindecken
  entdecken
  überdecken
  umdecken
  verdecken
  zudecken
drecken
  verdrecken
erkecken
erwecken
  auferwecken
  wiedererwecken
flecken
  beflecken
  entflecken
hecken
  aushecken
klecken
  beklecken
lecken
  ablecken
  anlecken
  auflecken
  auslecken
  belecken
necken
recken
  aufrecken
  ausrecken
  verrecken
  vorrecken
schlecken
  abschlecken
  aufschlecken
  ausschlecken
  beschlecken
  verschlecken
schmecken
  abschmecken
  nachschmecken
  vorschmecken
schrecken
  abschrecken
  aufschrecken
  erschrecken
  hochschrecken
  verschrecken
  zurückschrecken
stecken
  abstecken
  anstecken
  aufstecken
  ausstecken
  bestecken
  durchstecken
  einstecken
  fortstecken
  hineinstecken
  umstecken
  verstecken
  wegstecken
  zurückstecken
  zustecken
strecken
  abstrecken
  ausstrecken
  durchstrecken
  entgegenstrecken
  erstrecken
  herausstrecken
  hervorstrecken
  hinstrecken
  niederstrecken
  vollstrecken
  vorstrecken
trecken
wecken
  aufwecken
  einwecken
zwecken
  anzwecken
  bezwecken
  festzwecken

— **eckend (äkent)**

→ – ecken (äken)

ansteckend
befleckend
beleckend
bezweckend
entdeckend
erschreckend

neckend
verdreckend
verreckend
vertrauenerweckend
vollstreckend
wohlschmeckend

— ecker (äker)

= – äcker (äker)
→ – eck (äk)
→ – eckern (äkern)

Decker
  Abdecker
  Dachdecker
  Doppeldecker
  Eindecker
  Hochdecker
  Schieferdecker
  Tiefdecker
Ecker
  Buchecker
  Eichelecker
Entdecker
Feinschmecker
Geklecker
Gemecker
Geschlecker
Schlecker
Speichellecker
Stecker
  Bananenstecker
  Mehrfachstecker
  Schukostecker
Tellerlecker
Trecker
Vollstrecker
  Testamentsvoll-
  strecker
  Zwangsvollstrecker
Wecker
kecker
klecker
  beklecker
lecker

— eckerei (äkerai)

= – äckerei (äkerai)
= – ei (ai)
→ – ecken (äken)
→ – ecker (äker)

Abdeckerei
Leckerei
  Speichelleckerei
Neckerei
Schleckerei

— eckerer (äkerer)

Kleckerer
Meckerer
Schleckerer
keckerer
leckerer

— eckern (äkern)

= – äckern (äkern)
→ – ecker (äker)

dreckern
keckern
kleckern
  bekleckern
leckern
meckern
  anmeckern
  herummeckern
schleckern

— eckig (äki-ch)

= – äckig (äki-ch)
→ – ich (i-ch)

dreckig
eckig
  achteckig
  dreieckig
  fünfeckig
  rechteckig
  sechseckig
  vieleckig
  viereckig

fleckig
  stockfleckig
queckig
scheckig
  buntscheckig
speckig

— eckigkeit (äki-chkait)

= – äckigkeit (äki-chkait)
→ – eckig (äki-ch)
→ – eit (ait)

Buntscheckigkeit
Dreckigkeit
Fleckigkeit

— ecklich (äkli-ch)

= – ich (i-ch)

erklecklich
schrecklich
  erschrecklich

— ecklos (äklo:ß)

= – oos (oß)
= – os (o:ß)
= – oß (o:ß)
→ – eck (äk)

flecklos
zwecklos

— ecks (äkß)

= –ächs (äkß)
= – echs (äkß)
= – ex (äkß)
→ – ack (äk)
→ – äck (äk)
→ – eck (äk)

Flecks
Gedecks
Klecks
  Tintenklecks
zwecks

— **eckschen
(äkß-chen)**

= – ächschen
(äkß-chen)
= – äxchen
(äkß-chen)
= – echschen
(äkß-chen)
= – exchen
(äkß-chen)
→ – ecks (äkß)

Kleckschen

— **eckse (äkße)**

= – ächse (äkße)
= – echse (äkße)
= – exe (äkße)
→ – ecks (äkß)
→ – ecksen (äkßen)

kleckse

— **ecksen (äkßen)**

= – ächsen (äkßen)
= – echsen (äkßen)
= – exen (äkßen)
→ – ecks (äkß)

klecksen
 beklecksen
 verklecksen

— **eckser (äkßer)**

= – echser (äkßer)
= – exer (äkßer)
→ – ecks (äkß)
→ – ecksen (äkßen)

Kleckser

— **eckst (äkßt)**

= – ächst (äkßt)
= – äckst (äkßt)
= – echst (äkßt)
= – ext (äkßt)
→ – ecken (äken)

befleckst
deckst
dreckst
erkeckst
heckst
kleckst
 bekleckst
 gekleckst
 verkleckst
leckst
neckst
reckst
schleckst
schmeckst
schreckst
steckst
streckst
weckst
zweckst

— **eckste (äkßte)**

= – äxte (äkßte)
= – echste (äkßte)
= – exte (äkßte)
→ – ächst (äkßt)
→ – äckst (äkßt)
→ – ecksen (äkßen)

kleckste

— **ecksten
(äkßten)**

= – echsten (äkßten)
= – exten (äkßten)
→ – äxte (äkßte)

kleecksten
 bekleecksten
 verkleecksten

— **eckster (äkßter)**

= – echster (äkßter)
= – exter (äkßter)

bekleckster
verkleckster

— **eckt (äkt)**

= – äckt (äkt)
= – eggt (äkt)
= – ekt (äkt)
→ – ecken (äken)

bedeckt
 eisbedeckt
 halbbedeckt
 moosbedeckt
 rasenbedeckt
 ruhmbedeckt
 schaumbedeckt
 schmachbedeckt
 schmutzbedeckt
 schneebedeckt
 schweißbedeckt
 staubbedeckt
 unbedeckt
 waldbedeckt
befleckt
 blutbefleckt
 unbefleckt
deckt
dreckt
 gedreckt
entdeckt
 neuentdeckt
 unentdeckt
 wiederentdeckt
erkeckt
erschreckt
erweckt
 neuerweckt
gedeckt
 ungedeckt
gefleckt
 braungefleckt
 buntgefleckt
 goldgefleckt
 schwarzgefleckt
 weißgefleckt
gescheckt
heckt
 geheckt
leckt
 geleckt
neckt
 geneckt
reckt
 gereckt
schleckt
 geschleckt
schmeckt
 geschmeckt

269

schreckt
  abgeschreckt
steckt
  gesteckt
streckt
  gestreckt
zweckt
  gezweckt

– eckte (äkte)

= – ekte (äkte)
→ – ecken (äken)
→ – eggt (äkt)
→ – ekt (äkt)

abgeschleckte
abgeschmeckte
aufgeweckte
bezweckte
gescheckte
glattgeleckte
hochgeschreckte
langgestreckte
schwarzgefleckte
schweißbedeckte
unbefleckte
unentdeckte
verdreckte

– eckten (äkten)

= – ekten (äkten)
→ – ecken (äken)
→ – eckt (äkt)
→ – eggt (äkt)

deckten
heckten
leckten
neckten
reckten
schleckten
schmeckten
schreckten
steckten
streckten
weckten
zweckten

– ecktheit (äkthait)

= – ektheit (äkthait)
→ – eckt (äkt)
→ – eit (ait)

Aufgewecktheit
Gelecktheit
Verdrecktheit

– eckung (äkuŋ)

→ – ecken (äken)
→ – ung (uŋ)

Abschreckung
Bedeckung
  Kopfbedeckung
Befleckung
  Selbstbefleckung
Deckung
  Flankendeckung
  Kostendeckung
  Raumdeckung
  Rückendeckung
  Seitendeckung
Entdeckung
  Neuentdeckung
  Wiederentdeckung
Vollstreckung
  Zwangsvollstreckung

– ector (äkto:r)

= – ektor (äkto:r)
= – ohr (o:r)
= – oor (o:r)
= – or (o:r)

Hector
Spiritus rector

– ed (e:t)

= – eet (e:t)
= – eht (e:t)
= – et (e:t)
= – eth (e:t)
→ – ede (e:de)
→ – eden (e:den)

red

– eda (e:da)

→ – a (a:)

Leda
Reseda
Rheda
Weda
  Rigweda
heda

– eddern (ädern)

fleddern
verheddern

– eddie (ädi)

= – addy (ädi)
= – eddy (ädi)

Eddie

– eddy (ädi)

= – addy (ädi)
= – eddie (ädi)

Freddy
Teddy

– ede (e:de)

= – eede (e:de)
= – ehde (e:de)
→ – eden (e:den)

Ede
Hede
Rede
  Abrede
  Abschiedsrede
  Anrede
  Antrittsrede
  Ausrede
  Brandrede
  Festrede
  Gerede
  Gegenrede
  Grabrede
  Jungfernrede

Leichenrede
Lobrede
Nachrede
Thronrede
Tischrede
Vorrede
Wahlrede
Wechselrede
Widerrede
Schwede
jede
jedwede
rede
stante pede

— edel (e:del)

→ — edeln (e:deln)

Gewedel
Wedel
  Fliegenwedel
  Palmwedel
  Staubwedel
edel
  unedel

— edeln (e:deln)

→ — edel (e:del)

Edeln
veredeln
wedeln
  schwanzwedeln
  schweifwedeln

— eden (e:den)

= — ehden (e:den)
→ — ede (e:de)
→ — eede (e:de)

Eden
Schweden
jeden
jedweden
reden
  abreden
  anreden
  ausreden
  bauchreden
  bereden
  daherreden
  dawiderreden
  dazwischenreden
  dreinreden
  einreden
  herausreden
  herumreden
  hineinreden
  irrereden
  klugreden
  mitreden
  nachreden
  schönreden
  überreden
  unterreden
  verabreden
  verreden
  vorbeireden
  vorreden
  widerreden
  zerreden
  zureden

— edend (e:dent)

= — ehdend (e:dent)
→ — eden (e:den)

selbstredend

— eder (e:der)

= — eeder (e:der)
→ — edern (e:dern)

Dekaeder
Feder
  Bettfeder
  Deckfeder
  Flaumfeder
  Gänsefeder
  Pfauenfeder
  Reiherfeder
  Schreibfeder
  Schwanzfeder
  Schwungfeder
  Spannfeder
  Sprungfeder
  Stahlfeder
  Stoßfeder
  Straußenfeder
  Triebfeder
  Vogelfeder
  Wagenfeder
  Zugfeder
Heptaeder
Hexaeder
Katheder
Leder
  Chagrinleder
  Chromleder
  Fensterleder
  Glanzleder
  Hirschleder
  Juchtenleder
  Kalbsleder
  Kernleder
  Krokodilleder
  Kunstleder
  Nappaleder
  Oberleder
  Putzleder
  Rauhleder
  Rindsleder
  Schafsleder
  Schildkrötenleder
  Schlangenleder
  Schuhleder
  Schweinsleder
  Sohlenleder
  Wildleder
  Ziegenleder
Meder
Oktaeder
Pentaeder
Polyeder
Schönreder
Tetraeder
Vielreder
Zeder
  Libanonzeder
jeder
weder
  entweder
  jedweder

— edern (e:dern)

→ — eder (e:der)
→ — eeder (e:der)

abledern
federn
  abfedern
ledern
  hirschledern
  kalbsledern
  kunstledern
  rindsledern
  schweinsledern
  wildledern
verledern
zedern

— edert (e:dert)

→ — edern (e:dern)

geledert
  abgeledert
federt
gefedert
  abgefedert
  ungefedert
verledert

— edes (e:deß)

jedes
per pedes

— edi (e:di)

= — ady (e:di)

Hedi

— edig (e:di-ch)

→ — edigen (e:digen)
→ — ich (i-ch)

Venedig
ledig
ruhmredig

— edigen (e:digen)

→ — edig (e:di-ch)

entledigen
erledigen
predigen
  anpredigen
  einpredigen
  vorpredigen

— edigt (e:di-cht)

→ — edigen (e:digen)

Predigt
  Bergpredigt
  Gardinenpredigt
  Moralpredigt
  Sonntagspredigt
  Strafpredigt
entledigt
erledigt
  unerledigt
predigt

— edisch (e:disch)

→ — isch (isch)

archimedisch
schwedisch

— edo (e:do)

→ — o (o:)

Credo
Edo
Toledo
Torpedo
Yedo

— edung (e:duŋ)

= — ehdung (e:duŋ)
→ — eden (e:den)
→ — ung (uŋ)

Überredung
Unterredung
Verabredung

— ee (e:)

= — aie (e:)
= — ay (e:)
= — é (e:)
= — ée (e:)
= — eh (e:)
= — er (e:)
= — et (e:)
= — ey (e:)
= — ez (e:)
= — ier (e:)
= — iner (ine:)
= — oe (oe:)
= — oyer (oaje:)

Allee
Armee
  Heilsarmee
  Rote Armee
Azalee
Chaussee
Defilee
Dublee
  Golddublee
Entree
Fee
  Glücksfee
  Küchenfee
  Märchenfee
  Puppenfee
Frikassee
  Kalbsfrikassee
Frottee
Galathee
Gelee
Haschee
  Lungenhaschee
Hautevolee
Idee
  Grundidee
  Leitidee
  Schnapsidee
Kaffee
  Blümchenkaffee
  Bohnenkaffee
  Eiskaffee
  Malzkaffee
  Milchkaffee
Kaktee

Kamee
Kanapee
Kapee
Karree
  Schweinskarree
Klee
  Glücksklee
Klischee
Komitee
  Hilfskomitee
  Parteikomitee
  Sonderkomitee
  Streikkomitee
  Zentralkomitee
Kupee
  Schlafkupee
  Sportkupee
Lee
Livree
Matinee
  Filmmatinee
  Konzertmatinee
  Sonntagsmatinee
Moschee
Odyssee
Orchidee
Panaschee
Panazee
Pikee
Plissee
Porree
Portepee
Pralinee
Püree
  Erbspüree
  Kartoffelpüree
  Tomatenpüree
Renommee
Resümee
Schnee
  Eierschnee
  Firnschnee
  Neuschnee
  Pappschnee
  Pulverschnee
See
  Aralsee
  Baikalsee
  Bärensee
  Bergsee
  Binnensee
  Bodensee
  Buenos-Aires-See
  Chiemsee
  Erie-See
  Federsee
  Gardasee
  Genfer See
  Hochsee
  Huron-See
  Inari-See
  Kaspisee
  Königssee
  Ladogasee
  Malavi-See
  Michigan-See
  Moorsee
  Nicaragua-See
  Njassa-See
  Nordsee
  Onega-See
  Ontario-See
  Ostsee
  Peipus-See
  Plattensee
  Salzsee
  Sklavensee
  Skutari-See
  Stadtsee
  Stausee
  Sturzsee
  Südsee
  Tanganjika-See
  Tegernsee
  Tiefsee
  Titicacasee
  Titisee
  Tschad-See
  Vänersee
  Victoriasee
  Walchensee
  Waldsee
Soiree
Spree
Tee
  Abführtee
  Brusttee
  Fünfuhrtee
  Kamillentee
  Kräutertee
  Pfefferminztee
  Schwarztee
  Tanztee
Tournee
  Auslandstournee
  Konzerttournee
  Wettournee
nee

— ée (e:)

= — e (e:)
= — ee (e:)
= — eh (e:)

Chicorée
Dragée
Separée
  Chambre separée
Jeunesse dorée

— eede (e:de)

= — ede (e:de)
= — ehde (e:de)

Reede

— eeder (e:der)

= — eder (e:der)

Reeder

— eef (i:f)

= — ativ (ati:f)
= — ief (i:f)
= — if (i:f)
= — iv (i:f)
= — ive (i:f)
→ — ieve (i:fe)

Corned beef
Roastbeef

273

— eel (e:l)

= – ail (e:l)
= – ehl (e:l)
= – el (e:l)
→ – eele (e:le)
→ – eelen (e:len)

Kaneel
Kardeel
Krakeel
Paneel
Seel
scheel

— eelchen (e:l-chen)

= – ehlchen (e:l-chen)
= – elchen (e:l-chen)
→ – eel (e:l)
→ – eele (e:le)

Paneelchen
Seelchen

— eele (e:le)

= – ehle (e:le)
= – ele (e:le)
→ – eel (e:l)
→ – eelen (e:len)

Seele
 Krämerseele
 Volksseele
krakeele
scheele

— eelen (e:len)

= – ehlen (e:len)
= – elen (e:len)
→ – eel (e:l)
→ – eele (e:le)

Allerseelen
beseelen
entseelen
krakeelen
scheelen

— eelend (e:lent)

= – ehlend (e:lent)
= – elend (e:lent)
→ – eelen (e:len)

beseelend
krakeelend

— eeler (e:ler)

= – ehler (e:ler)
= – eler (e:ler)

Krakeeler

— eelt (e:lt)

= – ehlt (e:lt)
= – elt (e:lt)
→ – eelen (e:len)

beseelt
krakeelt

— eelung (e:luŋ)

= – ehlung (e:luŋ)
→ – eelen (e:len)
→ – ung (uŋ)

Beseelung

— een (i:n)

= – iehn (i:n)
= – ien (i:n)
= – ihn (i:n)
= – in (i:n)
= – ine (i:n)

Aberdeen
Evergreen
Gretna Green
Queen
Spleen

— eenig (i:ni-ch)

= – inig (i:ni-ch)
→ – ich (i-ch)

spleenig

— eep (e:p)

= – ape (e:p)
= – eb (e:p)

Reep
 Fallreep
 Lackreep

— eep (i:p)

= – ib (i:p)
= – ieb (i:p)
= – iep (i:p)
= – ip (i:p)

Jeep

— eer (e:r)

= – ehr (e:r)
= – er (e:r)
→ – eere (e:re)
→ – eeren (e:ren)

Heer
 Bauernheer
 Kriegsheer
 Landheer
 Sternenheer
 Volksheer
 Wildes Heer
Lorbeer
Meer
 Eismeer
 Fahnenmeer
 Flaggenmeer
 Flammenmeer
 Häusermeer
 Lichtermeer
 Marmarameer
 Mittelmeer
 Nordmeer
 Polarmeer
 Rotes Meer
 Sandmeer
 Schwarzes Meer
 Sternenmeer
 Totes Meer
 Wattenmeer
 Weltmeer
Neer

Ritterheer
  Kreuzritterheer
Speer
  Wurfspeer
Teer
leer
  blutleer
  halbleer
  liebeleer
  luftleer
  menschenleer
  wasserleer
  wolkenleer

— eer (e:-er)

= – eher (e:-er)

Dahomeer
Epikureer
Guineer
Hyperboreer
Pythagoreer

— eere (e:re)

= – ehre (e:re)
= – ere (e:re)
→ – eer (e:r)
→ – eeren (e:ren)

Beere
  Bickbeere
  Blaubeere
  Brombeere
  Erdbeere
  Heidelbeere
  Himbeere
  Holunderbeere
  Johannisbeere
  Kratzbeere
  Maulbeere
  Preißelbeere
  Stachelbeere
  Vogelbeere
  Wacholderbeere
  Weinbeere
Galeere
Leere

leere
  entleere
teere
verheere

— eeren (e:ren)

= – ehren (e:ren)
= – eren (e:ren)
→ – eer (e:r)
→ – eere (e:re)

Vorschußlorbeeren
beeren
  abbeeren
leeren
  ausleeren
  entleeren
teeren
  austeeren
  einteeren
verheeren

— eerer (e:rer)

= – ehrer (e:rer)
= – erer (e:rer)
→ – eeren (e:ren)

Entleerer
leerer

— eerere (e:rere)

= – ehrere (e:rere)
= – erere (e:rere)
→ – eer (e:r)

leerere

— eerheit (e:rhait)

= – ehrheit (e:rhait)
→ – eer (e:r)
→ – eit (ait)

Leerheit

— eerig (e:ri-ch)

= – ehrig (e:ri-ch)
= – erich (e:ri-ch)
= – erig (e:ri-ch)
→ – ich (i-ch)

teerig

— eerste (e:rßte)

= – ehrste (e:rßte)
= – erste (e:rßte)
→ – eer (e:r)

leerste

— eert (e:rt)

= – ehrt (e:rt)
= – ert (e:rt)
→ – eeren (e:ren)

abbeert
  abgebeert
geleert
  ausgeleert
geteert
  ausgeteert
  eingeteert
leert
  entleert
teert
  austeert
verheert

— eerte (e:rte)

= – ehrte (e:rte)
= – erte (e:rte)
→ – eeren (e:ren)
→ – eert (e:rt)

leerte
  geleerte
teerte
  geteerte
verheerte

— eerten (e:rten)

= – ehrten (e:rten)
= – erten (e:rten)

beerten
  abbeerten
gebeerten
  abgebeerten
geleerten
  ausgeleerten
geteerten
  ausgeteerten
  eingeteerten
leerten
  ausleerten
  entleerten
teerten
  austeerten
  einteerten
verheerten

— eerter (e:rter)

= – ehrter (e:rter)
= – erter (e:rter)
→ – eert (e:rt)
→ – eerten (e:rten)

entleerter
geteerter
verheerter

— eerts (e:rtß)

= – ehrts (e:rtß)
= – erds (e:rtß)
= – erts (e:rtß)
= – erz (e:rtß)
→ – eeren (e:ren)
→ – eert (e:rt)

leerts
teerts
verheerts

— eerung (e:ruŋ)

= – ehrung (e:ruŋ)
= – erung (e-ruŋ)
→ – eeren (e:ren)
→ – ung (uŋ)

Leerung
  Entleerung
Verheerung
  Kriegsverheerung

— ees (e:ß)

= – es (e:ß)
→ – e (e:)
→ – ee (e:)
→ – eh (e:)

Kees

— eest (e:ßt)

= – ehst (e:ßt)
= – est (e:ßt)

Geest

— eet (e:t)

= – ed (e:t)
= – eht (e:t)
= – et (e:t)
= – eth (e:t)

Beet
  Blumenbeet
  Erdbeerbeet
  Frühbeet
  Gartenbeet
  Gemüsebeet
  Kartoffelbeet
  Kräuterbeet
  Mistbeet
  Salatbeet
  Spargelbeet
Fleet

— eete (e:te)

= – ehte (e:te)
= – ete (e:te)
= – ethe (e:te)
→ – eet (e:t)
→ – eeten (e:ten)

Beete
beete

— eeten (e:ten)

= – ehten (e:ten)
= – eten (e:ten)
→ – eet (e:t)

beeten
  einbeeten

— eetisch (e:tisch)

= – ethisch (e:tisch)
= – etisch (e:tisch)
→ – isch (isch)

Teetisch

— eets (e:tß)

= – aids (e:tß)
= – eez (e:tß)
= – ehts (e:tß)
= – ets (e:tß)
= – ez (e:tß)
→ – eet (e:t)
→ – eth (e:t)

Blumenbeets

— eez (e:tß)

= – aids (e:tß)
= – eets (e:tß)
= – ehts (e:tß)
= – ets (e:tß)
= – ez (e:tß)
→ – eth (e:t)

Deez
Feez

— ef (äf)

= – äff (äf)
= – eff (äf)
= – eph (äf)
= – ev (äf)
= – ew (äf)

Chef
  Empfangschef
  Firmenchef

Kompaniechef
Küchenchef
Personalchef
Polizeichef
Pressechef
Regierungschef
Werbechef
Detlef
Honnef
Josef
Relief
 Basrelief
 Flachrelief
 Halbrelief
 Hochrelief
Tinnef

— efa (e:fa)

= – eva (e:fa)
→ – a (a:)

DEFA
REFA
UEFA

— efe (äfe)

= – äffe (äfe)
= – effe (äfe)
→ – ef (äf)

Reliefe

— efel (e:fel)

= – evel (e:fel)
→ – efeln (e:feln)

Schwefel

— efeln (e:feln)

= – eveln (e:feln)

schwefeln
 ausschwefeln
 einschwefeln
 entschwefeln

— efen (äfen)

= – äffen (äfen)
= – effen (äfen)
→ – ef (äf)

Reliefen

— eff (äf)

= – äff (äf)
= – ef (äf)
= – eph (äf)
= – ev (äf)
= – ew (äf)
→ – effe (äfe)
→ – effen (äfen)

Effeff
Ganeff
Reff
Treff
 Betreff
 Künstlertreff

— effchen (äf-chen)

= – äffchen (äf-chen)

Beffchen

— effe (äfe)

= – äffe (äfe)
= – efe (äfe)
→ – eff (äf)
→ – effen (äfen)

Neffe
reffe
treffe

— effel (äfel)

Scheffel
Steffel

— effen (äfen)

= – äffen (äfen)
= – efen (äfen)

Neffen

Treffen
 Hintertreffen
 Klassentreffen
 Zusammentreffen
reffen
treffen
 antreffen
 aufeinandertreffen
 auftreffen
 betreffen
 eintreffen
 fehltreffen
 übertreffen
 zusammentreffen
 zutreffen

— effend (äfent)

→ – äffen (äfen)
→ – effen (äfen)

unzutreffend

— effer (äfer)

= – äffer (äfer)

Pfeffer
 Cayenne-Pfeffer
 Hasenpfeffer
Treffer
 Volltreffer
 Zufallstreffer

— effs (efß)

→ – äff (äf)
→ – ef (äf)
→ – eff (äf)
→ – eph (äf)
→ – ev (äf)
→ – ew (äf)

betreffs

— efft (äft)

= – äfft (äft)
= – äft (äft)
= – eft (äft)

refft

— effte (äfte)

= – äffte (äfte)
= – äfte (äfte)
= – efte (äfte)

reffte

— efften (äften)

= – äfften (äften)
= – äften (äften)
= – eften (äften)

refften

— efftet (äftet)

= – äfftet (äftet)
= – äftet (äftet)
= – eftet (äftet)

refftet

— efir (e:fir)

= – ephir (e:fir)
= – ier (i:r)
= – ihr (i:r)
= – ir (i:r)

Kefir

— eft (äft)

= – äfft (äft)
= – äft (äft)
= – efft (äft)
→ – efte (äfte)
→ – eften (äften)

Heft
 Aufgabenheft
 Aufsatzheft
 Fahrscheinheft
 Groschenheft
 Monatsheft
 Notenheft
 Probeheft
 Programmheft
 Rechenheft
 Schreibheft
 Schulheft
 Vokabelheft
Messerheft

— eftchen (äft-chen)

= – äftchen (äft-chen)
→ – eft (äft)

Heftchen
 Adressenheftchen
 Merkheftchen

— efte (äfte)

= – äffte (äfte)
= – äfte (äfte)
= – effte (äfte)
→ – eft (äft)
→ – eften (äften)

Hefte
 Monatshefte
 Pornohefte
hefte

— eften (äften)

= – äfften (äften)
= – äften (äften)
= – efften (äften)
→ – eft (äft)
→ – efte (äfte)

heften
 abheften
 anheften
 einheften
 verheften
 zuheften
 zusammenheften

— efter (äfter)

= – äffter (äfter)

Hefter
 Schnellhefter

— eftet (äftet)

= – äfftet (äftet)
= – äftet (äftet)
= – efftet (äftet)
→ – eften (äften)

geheftet
 abgeheftet
 zusammengeheftet
heftet

— eftig (äfti-ch)

= – äftig (äfti-ch)
→ – ich (i-ch)

deftig
heftig

— eftige (äftige)

= – äftige (äftige)
→ – eftig (äfti-ch)

heftige

— eftigen (äftigen)

= – äftigen (äftigen)
→ – eftig (äfti-ch)

heftigen

— eftigkeit (äfti-chkait)

= – äftigkeit (äfti-chkait)
→ – eit (ait)

Deftigkeit
Heftigkeit

— eg (e:k)

= – eak (e:k)
= – ek (e:k)
→ – ege (e:ge)
→ – egen (e:gen)

Beleg
 Rechnungsbeleg
 Zahlungsbeleg
Kolleg
 Abendkolleg
 Studienkolleg
Privileg
 Adelsprivileg
 Bildungsprivileg
Sakrileg

Steg
 Bootssteg
 Brückensteg
 Fußsteg
 Landungssteg
 Laufsteg
 Seesteg
Weg
 Abweg
 Anmarschweg
 Ausweg
 Beschwerdeweg
 Bremsweg
 Dienstweg
 Feldweg
 Fluchtweg
 Gartenweg
 Gehweg
 Gnadenweg
 Heimweg
 Herweg
 Hinweg
 Hohlweg
 Holzweg
 Instanzenweg
 Irrweg
 Lebensweg
 Leidensweg
 Luftweg
 Mittelweg
 Nachhauseweg
 Nebenweg
 Parkweg
 Radfahrweg
 Rechtsweg
 Reitweg
 Rückweg
 Scheideweg
 Schleichweg
 Spazierweg
 Umweg
 Verhandlungsweg
 Waldweg
 Wasserweg
feg
heg
leg
pfleg
reg

— eg (äk)

= — ack (äk)
= — äck (äk)
= — ag (äk)
= — eck (äk)

weg
 durchweg
 flottweg
 freiweg
 frischweg
 glattweg
 hinweg
 kurzweg
 reineweg
 reinweg
 rundweg
 schlankweg
 schlechtweg
 vorneweg
 vornweg
 vorweg

— egbar (e:kba:r)

→ — ar (a:r)
→ — egen (e:gen)

belegbar
 unbelegbar
bewegbar
 unbewegbar
erregbar
widerlegbar
 unwiderlegbar
zerlegbar
 unzerlegbar
zusammenlegbar

— ege (e:ge)

→ — eg (e:k)
→ — egen (e:gen)

Atemwege
Fege
 Gefege
Gelege
Hege
 Gehege

Kollege
 Arbeitskollege
 Berufskollege
 Betriebskollege
 Schulkollege
 Studienkollege
Pflege
 Denkmalpflege
 Fußpflege
 Körperpflege
 Krankenpflege
 Mundpflege
 Rechtspflege
 Säuglingspflege
 Schönheitspflege
 Sprachpflege
 Zahnpflege
Stratege
allerwege
allewege
bewege
fege
halbwege
hege
lege
pflege
rege
zuwege

— egel (e:gel)

→ — egeln (e:geln)

Egel
 Blutegel
 Swinegel
Flegel
 Bauernflegel
 Dreschflegel
Kegel
 Bergkegel
 Lichtkegel
Maßregel
 Schutzmaßregel
 Vorsichtsmaßregel
Pegel
 Störpegel
 Wasserpegel

279

Regel
  Anstandsregel
  Bauernregel
  Faustregel
  Grundregel
  Hauptregel
  Ordensregel
  Spielregel
Schlegel
  Kalbsschlegel
  Lammschlegel
  Paukenschlegel
  Rehschlegel
  Rindsschlegel
  Schweineschlegel
  Trommelschlegel
Segel
  Beisegel
  Besansegel
  Bramsegel
  Focksegel
  Gaffelsegel
  Großsegel
  Hauptsegel
  Marssegel
  Rahsegel
  Sturmsegel
  Toppsegel
kregel

— egeln (e:geln)

→ – egel (e:gel)

Sportsegeln
Wettsegeln
flegeln
  herumflegeln
  hinflegeln
kegeln
pegeln
  einpegeln
regeln
  maßregeln
schlegeln
segeln
  absegeln
  ansegeln
  aussegeln

herumsegeln
hinsegeln
reinsegeln
umsegeln
vorbeisegeln
vorübersegeln

— eg(e)lung (e:gelʊŋ)

→ – egeln (e:geln)
→ – ung (ʊŋ)

Erdumsegelung
Regelung
  Geburtenregelung
  Maßregelung
  Neuregelung
  Sonderregelung
  Übergangsregelung
  Verkehrsregelung
Weltumsegelung

— egen (e:gen)

→ – eg (e:k)
→ – ege (e:ge)

Bauernlegen
Bregen
  Kalbsbregen
Degen
  Haudegen
Eierlegen
Gardelegen
Kartenlegen
Nimwegen
Norwegen
Regen
  Aschenregen
  Dauerregen
  Eisregen
  Feuerregen
  Geldregen
  Gewitterregen
  Goldregen
  Kugelregen
  Landregen
  Mairegen
  Monsunregen

  Nieselregen
  Platzregen
  Schneeregen
  Schnürlregen
  Sommerregen
  Sprühregen
  Strichregen
  Tropenregen
Segen
  Abendsegen
  Haussegen
  Unsegen
allerwegen
bewegen
  fortbewegen
  wegbewegen
entlegen
erlegen
  auferlegen
fegen
  abfegen
  auffegen
  ausfegen
  durchfegen
  wegfegen
  zusammenfegen
gegen
  dahingegen
  dagegen
  dementgegen
  entgegen
  hiergegen
  hingegen
  wogegen
  wohingegen
gelegen
  hochgelegen
  nächstgelegen
  ungelegen
hegen
  einhegen
  umhegen
legen
  ablegen
  anlegen
  aufeinanderlegen
  auflegen
  auseinanderlegen
  auslegen

beilegen
belegen
bereitlegen
bloßlegen
brachlegen
darlegen
darüberlegen
darunterlegen
drunterlegen
einlegen
festlegen
fortlegen
freilegen
geradelegen
hereinlegen
hinlegen
hinterlegen
klarlegen
lahmlegen
loslegen
nachlegen
nahelegen
niederlegen
offenlegen
querlegen
stillegen
trockenlegen
übereinanderlegen
überlegen
umlegen
unterlegen
vorlegen
weglegen
widerlegen
zerlegen
zulegen
zurechtlegen
zurücklegen
pflegen
 gesundpflegen
 verpflegen
regen
 abregen
 anregen
 aufregen
 erregen
verlegen
 vorverlegen
verwegen

wegen
 deinetwegen
 derentwegen
 dessentwegen
 deswegen
 ebendeswegen
 ihretwegen
 meinetwegen
 euertwegen
 euretwegen
 seinetwegen
 unsertwegen
 weswegen
zugegen

— **egend (e:gent)**

→ – egen (e:gen)

Gegend
 Berggegend
 Gebirgsgegend
 Geschäftsgegend
 Herzgegend
 Himmelsgegend
 Magengegend
 Moorgegend
 Polargegend
 Schamgegend
 Steppengegend
 Sumpfgegend
 Tropengegend
 Umgegend
 Waldgegend
 Weingegend
 Wohngegend
 Wüstengegend
anregend
 appetitanregend
 kreislaufanregend
bewegend
 herzbewegend
 weltbewegend
erregend
 abscheuerregend
 aufsehenerregend
 besorgniserregend
 ekelerregend
 entsetzenerregend

 grauenerregend
 krankheitserregend
 krebserregend
 mitleiderregend
 schreckenerregend
 schwindelerregend
 verdachterregend
grundlegend

— **egenheit (e:genhait)**

→ – egen (e:gen)
→ – eit (ait)

Angelegenheit
 Berufsangelegenheit
 Dienstangelegenheit
 Familienangelegenheit
 Geldangelegenheit
 Geschäftsangelegenheit
 Privatangelegenheit
 Rechtsangelegenheit
Fahrgelegenheit
 Mitfahrgelegenheit
Gelegenheit
Überlegenheit
Verlegenheit
 Geldverlegenheit
Verwegenheit

— **eger (e:ger)**

→ – egen (e:gen)

Ableger
Anleger
Ausleger
Eger
Erreger
 Fäulniserreger
 Krankheitserreger
Feger
 Handfeger
 Kaminfeger
 Schlotfeger
 Schornsteinfeger
 Straßenfeger

Fliesenleger
Heger
Kartenleger
Minenleger
Neger
Norweger
Pfleger
 Armenpfleger
 Krankenpfleger
 Landpfleger
 Tierpfleger
Rohrleger
Verleger
 Bierverleger
 Buchverleger
 Zeitungsverleger
Vorleger
 Bettvorleger
integer
reger

— egerin (e:gerin)

= – in (in)
= – inn (in)
→ – eger (e:ger)

Kartenlegerin
Negerin
Norwegerin
Pflegerin
 Raumpflegerin
 Säuglingspflegerin

— egern (e:gern)

→ – egen (e:gen)
→ – eger (e:ger)

Fließenlegern
Krankheitserregern
Schornsteinfegern
Negern
Norwegern
Tierpflegern
regern

— egge (äge)

Egge
Segge

— eggt (äkt)

= – äckt (äkt)
= – eckt (äkt)
= – ekt (äkt)

eggt
 abeggt
 auseggt
 eineggt

— egisch (e:gisch)

→ – isch (isch)

elegisch
strategisch

— egler (e:gler)

→ – egeln (e:geln)
→ – eg(e)lung (e:gelUŋ)

Kegler
Regler
 Drehzahlregler
 Druckregler
 Umlaufregler
 Spannungsregler
Segler
 Mauersegler
 Motorsegler
 Schnellsegler
 Sportsegler

— eglich (e:kli-ch)

= – eklig (e:kli-ch)
→ – ich (i-ch)

beweglich
 unbeweglich
jeglich
pfleglich
widerleglich
 unwiderleglich

— egnen (e:gnen)

→ – egen (e:gen)

begegnen
entgegnen

regnen
 abregnen
 ausregnen
 durchregnen
 einregnen
 herabregnen
 hereinregnen
segnen
 einsegnen
 aussegnen

— egner (e:gner)

→ – egen (e:gen)

Gegner
entlegner
unterlegner
verwegner

— egnerisch (e:gnerisch)

→ – isch (isch)

gegnerisch
regnerisch

— egnung (e:gnuŋ)

→ – egnen (e:gnen)
→ – ung (uŋ)

Begegnung
Entgegnung
Segnung
 Aussegnung
 Einsegnung

— egro (e:gro)

→ – o (o:)
→ – oh (o:)

Allegro
Montenegro
Rio Negro
allegro

— egs (e:kß)

→ – eak (e:k)
→ – eg (e:k)
→ – egen (e:gen)

Kollegs
Stegs
Wegs
allerwegs
geradenwegs
geradewegs
halbwegs
keineswegs
legs
pflegs
unterwegs

— egsam (e:ksa:m)

→ – am (a:m)

pflegsam
regsam
wegsam
  unwegsam

— egt (e:kt)

→ – egen (e:gen)

angeregt
aufgelegt
aufgeregt
belegt
  überbelegt
  unbelegt
bewegt
  buntbewegt
  schmerzbewegt
  sturmbewegt
  tiefbewegt
  unbewegt
erregt
gefegt
  ungefegt
gelegt
  ungelegt
gepflegt
  bestgepflegt
  ungepflegt
  wohlgepflegt
hegt
  gehegt
legt
pflegt
überlegt
  unüberlegt
  wohlüberlegt
unentwegt
widerlegt
  unwiderlegt

— egtheit (e:kthait)

→ – egt (e:kt)
→ – eit (ait)

Angeregtheit
Aufgeregtheit
Bewegtheit
Erregtheit
Gepflegtheit
  Ungepflegtheit
Unüberlegtheit

— egung (e:guŋ)

→ – egen (e:gen)
→ – ung (uŋ)

Auslegung
  Bibelauslegung
Bewegung
  Arbeiterbewegung
  Erdbewegung
  Fortbewegung
  Friedensbewegung
  Gemütsbewegung
  Handbewegung
  Jugendbewegung
  Kopfbewegung
  Körperbewegung
  Kreisbewegung
  Protestbewegung
  Reflexbewegung
  Studentenbewegung
  Truppenbewegung
  Volksbewegung
  Wellenbewegung
  Widerstands-
    bewegung
Darlegung
Drucklegung
Grablegung
Grundsteinlegung
Niederlegung
  Arbeitsniederlegung
  Kranzniederlegung
Regung
  Anregung
  Aufregung
  Erregung
  Herzensregung
  Seelenregung
Überlegung
Umhegung
Verpflegung
  Marschverpflegung
Widerlegung

— eh (e:)

= – aie (e:)
= – ay (e:)
= – e (e:)
= – é (e:)
= – ee (e:)
= – ée (e:)
= – er (e:)
= – et (e:)
= – ey (e:)
= – ez (e:)
= – ier (e:)
= – iner (ine:)
= – oe (oe:)
= – oyer (oaje:)
→ – ehe (e:-e)
→ – ehen (e:-en)

Dreh
Feh
Reh
  Schmalreh
Weh
  Bauchweh
  Fernweh

Halsweh
Heimweh
Herzweh
Kopfweh
Kreuzweh
Magenweh
Zahnweh
Zeh
  Fußzeh
eh
weh
  auweh

— ehbar (e:ba:r)

→ – ar (a:r)
→ – ehen (e:-en)

Stehbar
begehbar
  unbegehbar
überdrehbar
unabsehbar
unübersehbar
unvorhersehbar

— ehde (e:de)

= – ede (e:de)

Fehde
  Familienfehde
  Pressefehde
  Stammesfehde
  Urfehde
Lehde
befehde

— ehden (e:den)

= – eden (e:den)
→ – ehde (e:de)

befehden

— ehdend (e:dent)

= – edend (e:dent)

befehdend

— ehdung (e:duŋ)

= – edung (e:duŋ)
→ – ung (uŋ)

Befehdung

— ehe (e:-e)

→ – eh (e:)
→ – ehen (e:-en)

Drehe
Ehe
  Doppelehe
  Kebsehe
  Mischehe
  Neigungsehe
  Onkelehe
  Vernunftehe
Fehe
Schlehe
Sprehe
Wehe
  Schneewehe
Zehe
  Fußzehe
  Knoblauchzehe
drehe
ehe
flehe
gehe
sehe
stehe
wehe

— ehen (e:-en)

= – ayen (e:-en)
→ – eh (e:)
→ – ehe (e:-e)

Ansehen
Aufsehen
Aussehen
Einsehen
Fernsehen
  Farbfernsehen
Geschehen
  Kriegsgeschehen
  Zeitgeschehen
  Weltgeschehen

Handumdrehen
Kopfstehen
Lehen
  Darlehen
Nachsehen
Schlafengehen
Vergehen
Versehen
Wehen
  Geburtswehen
  Nachwehen
  Schneewehen
Wiedersehen
  Nimmerwiedersehen
Wohlergehen
Zubettgehen
Zugrundegehen
angesehen
  unangesehen
ansehen
  mitansehen
ausersehen
besehen
  unbesehen
bestehen
  fortbestehen
  weiterbestehen
drehen
  abdrehen
  andrehen
  aufdrehen
  ausdrehen
  beidrehen
  durchdrehen
  eindrehen
  festdrehen
  herumdrehen
  losdrehen
  nachdrehen
  überdrehen
  umdrehen
  verdrehen
  zudrehen
  zurückdrehen
erstehen
  auferstehen
flehen
  anflehen
  erflehen

gehen
  abgehen
  angehen
  aufgehen
  auseinandergehen
  ausgehen
  begehen
  dahingehen
  danebengehen
  darangehen
  davongehen
  draufgehen
  drauflosgehen
  durchgehen
  eingehen
  einiggehen
  entgegengehen
  entgehen
  entzweigehen
  ergehen
  fehlgehen
  flötengehen
  fortgehen
  heimgehen
  heraufgehen
  herausgehen
  hereingehen
  hergehen
  herumgehen
  heruntergehen
  hervorgehen
  hinaufgehen
  hinausgehen
  hindurchgehen
  hineingehen
  hingehen
  hintergehen
  hinübergehen
  hinuntergehen
  hochgehen
  irregehen
  kaputtgehen
  losgehen
  mitgehen
  nachgehen
  nahegehen
  schiefgehen
  sichergehen
  spazierengehen

übergehen
umgehen
umhergehen
untergehen
vergehen
verlorengehen
verschüttgehen
vorangehen
vorausgehen
vorbeigehen
vorgehen
vorübergehen
vorwärtsgehen
weggehen
weitergehen
zergehen
zugehen
zurückgehen
geschehen
  ungeschehen
gesehen
  gerngesehen
  ungesehen
  unvorhergesehen
gestehen
  eingestehen
  zugestehen
sehen
  absehen
  aufsehen
  aussehen
  dreinsehen
  durchsehen
  einsehen
  emporsehen
  entgegensehen
  ersehen
  fernsehen
  gleichsehen
  hellsehen
  herabsehen
  heraussehen
  hereinsehen
  hersehen
  heruntersehen
  hervorsehen
  hinabsehen
  hinaussehen
  hindurchsehen

  hineinsehen
  hinsehen
  hinwegsehen
  klarsehen
  nachsehen
  schwarzsehen
  übersehen
  umsehen
  versehen
  voraussehen
  vorbeisehen
  vorhersehen
  vorsehen
  wegsehen
  weitersehen
  wiedersehen
  zusehen
stehen
  abstehen
  anstehen
  aufstehen
  ausstehen
  beisammenstehen
  beistehen
  bereitstehen
  bevorstehen
  dabeistehen
  darüberstehen
  dastehen
  davorstehen
  dazwischenstehen
  einstehen
  entgegenstehen
  entstehen
  fernstehen
  feststehen
  freistehen
  gegenüberstehen
  geradestehen
  gleichstehen
  herumstehen
  kopfstehen
  nachstehen
  näherstehen
  nahestehen
  offenstehen
  stillstehen
  strammstehen
  überstehen

umstehen
unterstehen
vorstehen
widerstehen
zurückstehen
zusammenstehen
zustehen
verstehen
  mißverstehen
wehen
  anwehen
  durchwehen
  fortwehen
  umwehen
  verwehen
  wegwehen
  zuwehen

— ehend (e:-ent)

→ – ehen (e:-en)

flehend
  hilfeflehend
gehend
  gutgehend
  richtiggehend
  tiefgehend
  vorhergehend
  weitgehend
sehend
  hellsehend
stehend
  alleinstehend
  außenstehend
  hochstehend
  leerstehend
  nebenstehend
  niedrigstehend
  obenstehend
  tiefstehend
  wachestehend
wehend
  verwehend

— ehends (e:-entß)

durchgehends
zusehends

— ehentlich (e:-entli-ch)

→ – ich (i-ch)

flehentlich
versehentlich

— eher (e:-er)

= – eer (e:-er)
→ – ehen (e:-en)

Dreher
  Daumendreher
  Pillendreher
  Revolverdreher
Geher
Paarzeher
  Unpaarzeher
Rechtsverdreher
Seher
  Aufseher
  Fernseher
  Geisterseher
  Gespensterseher
  Hellseher
  Schwarzseher
Steher
  Eckensteher
  Frühaufsteher
  Türsteher
Vorsteher
  Amtsvorsteher
  Bahnhofsvorsteher
  Bürovorsteher
  Ortsvorsteher
Wortverdreher
eher
weher

— eherei (e:-erai)

= – ei (ai)
→ – ehen (e:-en)
→ – eher (e:-er)

Dreherei
Gespenstersehereí
Hellseherei

— eherin (e:-erin)

= – in (in)
= – inn (in)
→ – eer (e:-er)
→ – eher (e:-er)

Bürovorsteherin
Frühaufsteherin
Hellseherin
Zugeherin

— ehern (e:-ern)

→ – eer (e:-er)
→ – eher (e:-er)

Aufsehern
Vorstehern
ehern

— ehig (e:-i-ch)

→ – ich (i-ch)

einehig
einzehig
fünfzehig
vielehig
zweizehig

— ehl (e:l)

= – ail (e:l)
= – eel (e:l)
= – el (e:l)
→ – ehle (e:le)
→ – ehlen (e:len)

Befehl
  Angriffsbefehl
  Fahrbefehl
  Gestellungsbefehl
  Haftbefehl
  Hausdurchsuchungs-
    befehl
  Oberbefehl
  Rückzugsbefehl
  Schießbefehl
  Strafbefehl
  Zahlungsbefehl

Fehl
Hehl
Mehl
  Backmehl
  Fischmehl
  Futtermehl
  Kartoffelmehl
  Knochenmehl
  Maismehl
  Reismehl
  Roggenmehl
  Stärkemehl
  Sägemehl
  Weizenmehl
befehl
empfehl
stehl
verfehl
verhehl

— **ehlchen
(e:l-chen)**

= – eelchen
   (e:l-chen)
= – elchen
   (e:l-chen)
→ – ehl (e:l)
→ – ehle (e:le)

Blaukehlchen
Rotkehlchen

— **ehle (e:le)**

= – eele (e:le)
= – ele (e:le)
→ – ehl (e:l)
→ – ehlen (e:len)

Fehle
Kehle
  Kniekehle
befehle
empfehle
fehle
hehle
stehle

— **ehlen (e:len)**

= – eelen (e:len)
= – elen (e:len)
→ – ehl (e:l)
→ – ehle (e:le)

befehlen
  anbefehlen
empfehlen
  anempfehlen
fehlen
  verfehlen
hehlen
  verhehlen
kehlen
  auskehlen
stehlen
  bestehlen
  durchstehlen
  einstehlen
  fortstehlen
  herausstehlen
  hereinstehlen
  hinausstehlen
  hineinstehlen
  wegstehlen

— **ehlend (e:lent)**

= – eelend (e:lent)
= – elend (e:lent)
→ – ehlen (e:len)

befehlend
empfehlend
fehlend
stehlend
verhehlend

— **ehler (e:ler)**

= – eeler (e:ler)
= – eler (e:ler)

Fehler
  Denkfehler
  Druckfehler
  Erbfehler
  Fabrikationsfehler
  Flüchtigkeitsfehler
  Formfehler
  Geburtsfehler
  Grundfehler
  Gußfehler
  Herzfehler
  Konstruktionsfehler
  Leichtsinnsfehler
  Materialfehler
  Rechenfehler
  Regiefehler
  Schreibfehler
  Schönheitsfehler
  Sprachfehler
  Zungenfehler
Hehler

— **ehlich (e:li-ch)**

= – ehlig (e:li-ch)
= – elig (e:li-ch)
→ – ich (i-ch)

unausstehlich
unwiderstehlich

— **ehlichkeit
(e:li-chkait)**

= – eligkeit
   (e:li-chkait)
→ – ehlich (e:li-ch)
→ – eit (ait)

Unwiderstehlichkeit

— **ehlig (e:li-ch)**

= – ehlich (e:li-ch)
= – elig (e:li-ch)
→ – ich (i-ch)

kehlig
mehlig

— **ehligen (e:ligen)**

= – eligen (e:ligen)

befehligen
kehligen
mehligen

– ehlt (e:lt)

= – eelt (e:lt)
= – elt (e:lt)
→ – ehlen (e:len)

bemehlt
fehlt
　gefehlt
　verfehlt
kehlt
　gekehlt

– ehlung (e:luŋ)

= – eelung (e:luŋ)
→ – ehlen (e:len)
→ – ung (uŋ)

Empfehlung
Verfehlung
Verhehlung

– ehm (e:m)

= – em (e:m)
→ – ehmen (e:men)

Lehm
angenehm
　unangenehm
genehm
vornehm

– ehme (e:me)

= – eme (e:me)
→ – ehm (e:m)
→ – ehmen (e:men)

genehme
lehme
nehme

– ehmen (e:men)

= – emen (e:men)
→ – ehm (e:m)

Benehmen
Unternehmen
　Bauunternehmen
　Familien-
　　unternehmen
　Finanzunternehmen
　Fuhrunternehmen
　Großunternehmen
　Handels-
　　unternehmen
　Industrie-
　　unternehmen
　Kleinunternehmen
　Konkurrenz-
　　unternehmen
　Privatunternehmen
　Staatsunternehmen
　Theater-
　　unternehmen
　Transport-
　　unternehmen
　Verkehrs-
　　unternehmen
　Verlagsunternehmen
　Wirtschafts-
　　unternehmen
Vernehmen
　Einvernehmen
lehmen
nehmen
　abnehmen
　annehmen
　aufnehmen
　auseinandernehmen
　ausnehmen
　benehmen
　durchnehmen
　einnehmen
　entgegennehmen
　entnehmen
　festnehmen
　fortnehmen
　fürliebnehmen
　gefangennehmen
　herabnehmen
　herausnehmen
　hernehmen
　herunternehmen
　hinnehmen
　hochnehmen
　krummnehmen
　leichtnehmen
　malnehmen
　mitnehmen
　nachnehmen
　schwernehmen
　teilnehmen
　übelnehmen
　überhandnehmen
　übernehmen
　umnehmen
　unternehmen
　vernehmen
　vorliebnehmen
　vornehmen
　vorwegnehmen
　wahrnehmen
　wegnehmen
　wundernehmen
　zunehmen
　zurücknehmen
　zusammennehmen

– ehmend (e:ment)

= – emend (e:ment)
→ – ehmen (e:men)

nehmend
　benehmend
　unternehmend
vernehmend
　einvernehmend

– ehmer (e:mer)

= – emer (e:mer)
→ – ehm (e:m)
→ – ehmen (e:men)

Abnehmer
Arbeitnehmer
Ausnehmer
Kreditnehmer
Steuereinnehmer
Teilnehmer
　Fernsprech-
　　teilnehmer
Unternehmer
　Bauunternehmer
　Fuhrunternehmer

Großunternehmer
Kleinunternehmer
Privatunternehmer
Theaterunternehmer
Versicherungsnehmer
Zeilnehmer
angenehmer
vornehmer

**— ehmigen
(e:migen)**

= – emigen (e:migen)

genehmigen

**— ehmlich
(e:mli-ch)**

= – emlich (e:mli-ch)
→ – ich (i-ch)

annehmlich
 unannehmlich
vernehmlich

**— ehmlichkeit
(e:mli-chkait)**

= – emlichkeit
  (e:mli-chkait)
→ – eit (ait)

Annehmlichkeit
 Unannehmlichkeit

**— ehmung
(e:muŋ)**

= – emung (e:muŋ)
→ – ehmen (e:men)
→ – ung (uŋ)

Unternehmung
Vernehmung
 Zeugenvernehmung
Wahrnehmung
 Sinneswahrnehmung

— ehmut (e:mut)

= – emut (e:mut)
= – ut (u:t)

Wehmut

— ehn (e:n)

= – en (e:n)
→ – ehen (e:-en)
→ – ehne (e:ne)
→ – ehnen (e:nen)

drehn
flehn
gehn
lehn
sehn
stehn
vergehn
versehn
verstehn
wehn
zehn
 achtzehn
 dreizehn
 fünfzehn
 neunzehn
 sechzehn
 siebzehn
 vierzehn

— ehne (e:ne)

= – ene (e:ne)
→ – ehnen (e:nen)

Lehne
 Armlehne
 Brustlehne
 Fensterlehne
 Rückenlehne
 Seitenlehne
 Stuhllehne
 Sessellehne
Sehne
 Achillessehne
 Bogensehne
belehne

dehne
entlehne
lehne
sehne

— ehnen (e:nen)

= – enen (e:nen)
→ – ehne (e:ne)

Lehnen
Sehnen
Trakehnen
dehnen
 ausdehnen
lehnen
 ablehnen
 anlehnen
 auflehnen
 hinauslehnen
 zurücklehnen
lehnen
 belehnen
 entlehnen
sehnen
 ersehnen
 zurücksehnen

— ehner (e:ner)

= – ainer (e:ner)
= – ener (e:ner)
→ – ehn (e:n)

Trakehner
Zehner

— ehnig (e:ni-ch)

= – enig (i-ch)
→ – ich (i-ch)

sehnig

— ehnige (e:nige)

= – enige (e:nige)

sehnige

— **ehnigen
(e:nigen)**

= – enigen (e:nigen)

sehnigen

— **ehniger
(e:niger)**

= – eniger (e:niger)

sehniger

— **ehnt (e:nt)**

→ – ehn (e:n)
→ – ehnen (e:nen)

Jahrzehnt
dehnt
gedehnt
 ausgedehnt
gelehnt
 angelehnt
gesehnt
 heimgesehnt
heißersehnt
lehnt
sehnt
zehnt

— **ehnte (e:nte)**

→ – ehn (e:n)
→ – ehnen (e:nen)
→ – ehnt (e:nt)

Zehnte
dehnte
lehnte
sehnte

— **ehnung (e:nuŋ)**

→ – ehnen (e:nen)
→ – ung (uŋ)

Ablehnung
Anlehnung
Auflehnung
Ausdehnung
 Wärmeausdehnung
Belehnung
Dehnung
Entlehnung

— **ehr (e:r)**

= – eer (e:r)
= – er (e:r)
→ – ehre (e:re)
→ – ehren (e:ren)

Abkehr
Abwehr
 Spionageabwehr
Begehr
Einkehr
Gewehr
 Jagdgewehr
 Luftgewehr
 Maschinengewehr
 Repetiergewehr
 Schießgewehr
 Schnellfeuergewehr
 Seitengewehr
 Zündnadelgewehr
Heimkehr
Lehr
Rückkehr
Umkehr
Verkehr
 Autoverkehr
 Bahnkverkehr
 Barverkehr
 Berufsverkehr
 Briefverkehr
 Durchgangsverkehr
 Fernsprechverkehr
 Fernverkehr
 Flugverkehr
 Frachtverkehr
 Fremdenverkehr
 Funkverkehr
 Geschäftsverkehr
 Geschlechtsverkehr
 Grenzverkehr
 Güterverkehr
 Kreisverkehr
 Linienverkehr
 Luftverkehr
 Nahverkehr
 Parteienverkehr
 Personenverkehr
 Postverkehr
 Reiseverkehr
 Scheckverkehr
 Schnellverkehr
 Schriftverkehr
 Seeverkehr
 Straßenverkehr
 Telefonverkehr
 Warenverkehr
 Zahlungsverkehr
 Zugverkehr
Verzehr
Vorkehr
Wehr
 Abwehr
 Brustwehr
 Brückenwehr
 Bundeswehr
 Bürgerwehr
 Feuerwehr
 Gegenwehr
 Heimwehr
 Landwehr
 Mühlwehr
 Notwehr
 Reichswehr
 Schleusenwehr
 Schutzwehr
 Schützenwehr
 Stauwehr
 Wasserwehr
Wiederkehr
 Nimmerwiederkehr
begehr
hehr
kehr
lehr
mehr
 nimmermehr
 nunmehr
 vielmehr
sehr
 ebensosehr
 sosehr

verehr
verzehr
wehr
zehr
zusehr
　allzusehr
　vielzusehr

— ehrbar (e:rba:r)

= – erbar (e:rba:r)
→ – ar (a:r)
→ – ehren (e:ren)

abwehrbar
begehrbar
bekehrbar
　unbekehrbar
belehrbar
　unbelehrbar
ehrbar
entbehrbar
lehrbar
　unlehrbar
verehrbar
vermehrbar
versehrbar
verwehrbar
verzehrbar

— ehrbarkeit (e:rba:rkait)

→ – ehrbar (e:rba:r)
→ – eit (ait)
→ – erbar (e:rba:r)

Ehrbarkeit
Unbelehrbarkeit

— ehre (e:re)

= – eere (e:re)
= – ere (e:re)
→ – ehr (e:r)
→ – ehren (e:ren)

Ehre
　Berufsehre
　Ganovenehre
　Standesehre
　Unehre

Kehre
Lehre
　Abstammungslehre
　Betriebswirtschafts-
　lehre
　Christenlehre
　Denklehre
　Erblehre
　Farbenlehre
　Formenlehre
　Geheimlehre
　Glaubenslehre
　Handwerkslehre
　Harmonielehre
　Haushaltslehre
　Heilslehre
　Irrlehre
　Mengenlehre
　Raumlehre
　Satzlehre
　Schieblehre
　Schublehre
　Sittenlehre
　Sprachlehre
　Stillehre
　Vererbungslehre
　Verslehre
　Volkswirtschafts-
　lehre
　Wärmelehre
begehre
ehre
entbehre
kehre
lehre
mehre
verkehre
wehre
zehre

— ehren (e:ren)

= – eeren (e:ren)
= – eren (e:ren)
→ – ehr (e:r)
→ – ehre (e:re)

Begehren
　Volksbegehren

ehren
　beehren
　entehren
　verehren
entbehren
gehren
kehren
　aufkehren
　auskehren
　fortkehren
　wegkehren
　zusammenkehren
kehren
　abkehren
　bekehren
　einkehren
　herauskehren
　hervorkehren
　umkehren
　verkehren
　vorkehren
　wiederkehren
　zurückkehren
lehren
　belehren
mehren
　vermehren
sehren
　versehren
verunehren
wehren
　abwehren
　bewehren
　erwehren
　verwehren
zehren
　abzehren
　aufzehren
　auszehren
　verzehren

— ehrer (e:rer)

= – eerer (e:rer)
= – erer (e:rer)
→ – ehren (e:ren)

Bekehrer
　Heidenbekehrer

291

Heimkehrer
  Spätheimkehrer
Lehrer
  Fachlehrer
  Fahrlehrer
  Fluglehrer
  Gesangslehrer
  Hauslehrer
  Klassenlehrer
  Musiklehrer
  Reitlehrer
  Schwimmlehrer
  Skilehrer
  Sportlehrer
  Sprachlehrer
  Tanzlehrer
  Turnlehrer
  Zeichenlehrer
Mehrer
Rauchfangkehrer
Schullehrer
  Berufsschullehrer
  Dorfschullehrer
  Hochschullehrer
Straßenkehrer
Verehrer
Verzehrer
  Rauchverzehrer

— ehrere (e:rere)

= – eerere (e:rere)
= – erere (e:rere)
→ – ehr (e:r)

mehrere

— ehrerin (e:rerin)

= – in (in)
= – inn (in)
→ – ehrer (e:rer)

Lehrerin
Verehrerin

— ehrheit (e:rhait)

= – eerheit (e:rhait)
→ – ehr (e:r)
→ – eit (ait)

Mehrheit
  Aktienmehrheit
  Stimmenmehrheit

— ehrig (e:ri-ch)

= – eerig (e:ri-ch)
= – erich (e:ri-ch)
= – erig (e:ri-ch)
→ – ich (i-ch)

gelehrig
  ungelehrig
nunmehrig

— ehrlich (e:rli-ch)

= – erlich (e:rli-ch)
→ – ich (i-ch)

begehrlich
ehrlich
  grundehrlich
  unehrlich
  verehrlich
entbehrlich
  unentbehrlich

— ehrlichkeit (e:rli-chkait)

= – erlichkeit (e:rli-chkait)
→ – ehrlich (e:rli-ch)
→ – eit (ait)

Begehrlichkeit
Ehrlichkeit
Entbehrlichkeit

— ehrlos (e:rlo:ß)

= – os (o:ß)

ehrlos
wehrlos

— ehrlosigkeit (e:rlo:si-chkait)

→ – eit (ait)

Ehrlosigkeit
Wehrlosigkeit

— ehrsam (e:rsa:m)

→ – am (a:m)

ehrsam
gelehrsam

— ehrsamkeit (e:rsa:mkait)

→ – eit (ait)

Ehrsamkeit
Gelehrsamkeit

— ehrste (e:rßte)

= – eerste (e:rßte)
= – erste (e:rßte)

hehrste

— ehrt (e:rt)

= – eert (e:rt)
= – erd (e:rt)
= – ert (e:rt)
→ – ehren (e:ren)

begehrt
ehrt
geehrt
  hochgeehrt
gelehrt
  hochgelehrt
  ungelehrt
gezehrt
  abgezehrt
kehrt
  gekehrt
lehrt
mehrt
  gemehrt
umgekehrt

verehrt
  hochverehrt
versehrt
  kriegsversehrt
  unversehrt
verwehrt
  unverwehrt
wehrt
  gewehrt
zehrt
  gezehrt

— ehrte (e:rte)

= – eerte (e:rte)
= – erte (e:rte)
→ – ehren (e:ren)
→ – ehrt (e:rt)

Gelehrte
  Privatgelehrte
  Schriftgelehrte
  Stubengelehrte
Versehrte
  Kriegsversehrte

— ehrten (e:rten)

= – eerten (e:rten)
= – erten (e:rten)
→ – ehrt (e:rt)
→ – ehrte (e:rte)

Gelehrten
Versehrten
begehrten
ehrten
kehrten
lehrten
mehrten
wehrten
zehrten

— ehrter (e:rter)

= – eerter (e:rter)
= – erter (e:rter)
→ – ehrt (e:rt)
→ – ehrte (e:rte)

Gelehrter
Kriegsversehrter

begehrter
geehrter
verehrter
vermehrter
verwehrter

— ehrteste (e:rteßte)

= – erteste (e:rteßte)
→ – eert (e:rt)
→ – ehrt (e:rt)

Verehrteste

— ehrtheit (e:rthait)

= – ertheit (e:rthait)
→ – ehrt (e:rt)
→ – eit (ait)

Begehrtheit
Gelehrtheit
Unversehrtheit

— ehrts (e:rtß)

= – eerts (e:rtß)
= – erds (e:rtß)
= – erts (e:rtß)
= – erz (e:rtß)
→ – ehren (e:ren)
→ – ehrt (e:rt)

ehrts
lehrts
vermehrts
verwehrts

— ehrung (e:ruŋ)

= – eerung (e:ruŋ)
= – erung (e:ruŋ)
→ – ehren (e:ren)
→ – ung (uŋ)

Auszehrung
Bekehrung
  Heidenbekehrung

Belehrung
  Rechtsbelehrung
Entbehrung
Nehrung
  Frische Nehrung
  Kurische Nehrung
Verehrung
  Heiligenverehrung
  Heldenverehrung
  Marienverehrung
Vermehrung
Verwehrung
Vorkehrung
  Schutzvorkehrung
Wegzehrung

— ehst (e:ßt)

= – eest (e:ßt)
= – est (e:ßt)
→ – ehen (e:-en)

drehst
flehst
gehst
gestehst
stehst
verstehst
wehst

— eht (e:t)

= – ed (e:t)
= – eet (e:t)
= – et (e:t)
= – eth (e:t)
→ – ehen (e:-en)

dreht
  gedreht
fleht
  gefleht
geht
gesteht
heißerfleht
seht
steht
versteht
weht
  geweht

293

– ehte (e:te)

= – eete (e:te)
= – ete (e:te)
= – ethe (e:te)
→ – ehen (e:-en)
→ – eht (e:t)

drehte
flehte
wehte

– ehten (e:ten)

= – eeten (e:ten)
= – eten (e:ten)
→ – ehen (e:-en)
→ – eht (e:t)

drehten
flehten
wehten

– ehter (e:ter)

= – eter (e:ter)
→ – ehen (e:-en)

erflehter
  heißerflehter
gedrehter
hergewehter
verdrehter

– ehts (e:tß)

= – aids (e:tß)
= – eets (e:tß)
= – eez (e:tß)
= – ets (e:tß)
= – ez (e:tß)
→ – eht (e:t)
→ – eth (e:t)

gehts
sehts
stehts
wehts

– ehung (e:-uŋ)

→ – ehen (e:-en)
→ – ung (uŋ)

Auferstehung
Begehung
  Flurbegehung
Drehung
Entstehung
Verdrehung
  Tatsachen-
  verdrehung
Verwehung
  Schneeverwehung
Vorsehung

– ei (ai)

= – ai (ai)
= – ay (ai)
= – eih (ai)
= – ey (ai)
= – igh (ai)
= – ye (ai)
→ – eie (ai-e)
→ – eien (ai-en)

Abdeckerei
Abgötterei
Abtei
Afferei
Äfferei
  Nachäfferei
Akelei
Alberei
Alfanzerei
Allerlei
  Leipziger Allerlei
Altertümelei
Angeberei
Angelei
Anstellerei
Anstreicherei
Arznei
Aufwiegelei
Augenwischerei
Ausbeuterei
Auskunftei
Ausländerei

Bäckerei
Bahnmeisterei
Balgerei
  Katzbalgerei
Ballei
Barbarei
Bastei
Bastelei
Bauerei
Bauernfängerei
Beckmesserei
Bei
Berberei
Besserwisserei
Betrügerei
Bettelei
Bilderstürmerei
Bildhauerei
Bildnerei
Bimmelei
Binderei
  Buchbinderei
  Blumenbinderei
Blei
  Senkblei
Blödelei
Böttcherei
Brauerei
  Bierbrauerei
Brei
  Erbsbrei
  Grießbrei
  Hirsebrei
  Kartoffelbrei
  Maisbrei
  Mehlbrei
  Reisbrei
Brennerei
  Schnapsbrennerei
Büberei
  Lausbüberei
  Spitzbüberei
Bücherei
  Handbücherei
  Jugendbücherei
  Leihbücherei
  Stadtbücherei
  Volksbücherei
Buddelei

Büffelei
Buhlerei
Bummelei
Bündelei
  Geheimbündelei
Bürgermeisterei
Dechanei
Detektei
Deutelei
Deuterei
  Sterndeuterei
  Traumdeuterei
Deutschtümelei
Dieberei
  Wilddieberei
Drahrerei
Drängelei
Drängerei
Drechselei
Drechslerei
Druckerei
Dudelei
Duselei
  Gefühlsduselei
Effekthascherei
Ei
  Brutei
  Entenei
  Frühstücksei
  Gackei
  Gänseei
  Gipsei
  Hühnerei
  Kiebitzei
  Kuckucksei
  Nestei
  Osterei
  Rührei
  Setzei
  Solei
  Spiegelei
  Straußenei
  Taubenei
  Tee-Ei
  Tonei
  Trinkei
  Vogelei
  Wachtelei
  Windei

Eifersüchtelei
Eigenbrötelei
Eigenbrötlerei
Einerlei
Einsiedelei
Erfolgshascherei
Eselei
Esserei
Eulenspiegelei
Fabelei
Fachsimpelei
Fahrerei
Faktorei
Falknerei
Falschmünzerei
Färberei
  Schönfärberei
Faselei
Faulenzerei
Ferkelei
Fickfackerei
Firlefanzerei
Fischerei
  Hochseefischerei
  Perlenfischerei
Flegelei
Fleischerei
Flennerei
Flickerei
Fliegerei
Flunkerei
Fopperei
Formerei
Försterei
Fragerei
Freibeuterei
Freigeisterei
Fresserei
Frömmelei
Fuschelei
Gackelei
Gafferei
Gängelei
Gärtnerei
Gasterei
Gaukelei
Gauklerei
Gaunerei
Gerberei

Geschäftemacherei
Geschrei
  Kindergeschrei
  Kriegsgeschrei
  Wehgeschrei
Gießerei
Glasbläserei
Glaserei
Gleichmacherei
Grölerei
Grübelei
Haarspalterei
Hafnerei
Hahnrei
Häkelei
Hamsterei
Hänselei
Hanswursterei
Hechelei
Hehlerei
Hellseherei
Hetzerei
Heuchelei
Heulerei
Hexerei
Hochstapelei
Holzerei
Hudelei
  Lobhudelei
Humpelei
Hurerei
Jägerei
Juristerei
Kabbelei
Kämmerei
Kantorei
Kanzlei
  Anwaltskanzlei
  Staatskanzlei
Karawanserei
Kartei
  Kundenkartei
Käserei
Keiferei
Keilerei
Kellerei
  Sektkellerei
  Weinkellerei
Ketzerei

Kinderei
Klatscherei
Klauberei
  Silbenklauberei
  Wortklauberei
Kleckserei
Klei
Kleinstaaterei
Klempnerei
Klerisei
Kletterei
Klimperei
Klöppelei
Klügelei
Knaupelei
Knauserei
Kneiperei
Knickerei
Kniffelei
Knutscherei
Komturei
Konditorei
Konterfei
Krabbelei
Krakelei
Kramerei
Krämerei
  Geheimniskrämerei
Kraxelei
Kriecherei
Krittelei
Kritzelei
Küferei
Kumpanei
Künstelei
Kunststopferei
Kuppelei
Kürschnerei
Küsserei
Lackiererei
Landstreicherei
Lapperei
Läpperei
Lauferei
Lauserei
Leckerei
  Speichelleckerei
Lei
Leisetreterei

Lorelei
Leierei
Liebedienerei
Liebelei
Litanei
Lombardei
Lotterei
Lümmelei
Lumperei
Mäkelei
Malerei
  Glasmalerei
  Lautmalerei
  Porzellanmalerei
  Schwarzweißmalerei
Mälzerei
Mandschurei
Manscherei
Maschinenstürmerei
Mauerei
Maurerei
  Freimaurerei
Mauschelei
Mauserei
Meierei
  Kraftmeierei
  Vereinsmeierei
Messerstecherei
Metzelei
Metzgerei
Meuterei
Miesmacherei
Mogelei
Molkerei
Mongolei
Munkelei
Nackedei
Näherei
Narretei
Näscherei
Näscherei
Neckerei
Nörgelei
Osterluzei
Packerei
Papagei
Partei
  Arbeiterpartei
  Gegenpartei

  Massenpartei
  Oppositionspartei
  Regierungspartei
  Splitterpartei
  Volkspartei
Patzerei
Paukerei
Pfarrei
Pfennigfuchserei
Pfuscherei
  Kurpfuscherei
Phantasterei
Phrasendrescherei
Pimpelei
Pinselei
Plackerei
Plänkelei
Plapperei
Plätterei
Plauderei
Polizei
  Bahnpolizei
  Geheimpolizei
  Grenzpolizei
  Hafenpolizei
  Kriminalpolizei
  Landespolizei
  Militärpolizei
  Schutzpolizei
  Sicherheitspolizei
  Sittenpolizei
  Verkehrspolizei
  Volkspolizei
  Wasserpolizei
Posthalterei
Prahlerei
Prasserei
Prellerei
  Zechprellerei
Propstei
Protzerei
Prügelei
Putzerei
Quackelei
Quacksalberei
Quälerei
  Tierquälerei
Quasselei
Quatscherei

Quengelei
Rackerei
Rammelei
Raserei
Räuberei
Räucherei
   Fischräucherei
Rauferei
Rechnerei
Rechthaberei
Rederei
Reederei
Reiberei
Reimerei
Reiterei
   Wechselreiterei
Rekordhascherei
Rempelei
Rennerei
Rösterei
   Kaffeerösterei
Rüpelei
Sakristei
Salbaderei
Salbei
Sattlerei
Sauerei
Sauferei
Schäferei
Schäkerei
Schalmei
Schaukelei
Scheißerei
Schelmerei
Schererei
Schieberei
Schießerei
Schimpferei
Schinderei
Schlabberei
Schlachterei
Schlächterei
Schlägerei
   Schaumschlägerei
Schlamperei
Schleckerei
Schlei
Schleicherei
   Erbschleicherei
Schleiferei
   Diamantschleiferei
Schlemmerei
Schlepperei
Schlosserei
   Bauschlosserei
Schmauserei
Schmeichelei
Schmiererei
Schmuddelei
Schmuggelei
Schnäbelei
Schneiderei
   Aufschneiderei
Schnitzelei
Schnitzerei
   Elfenbeinschnitzerei
   Holzschnitzerei
   Kunstschnitzerei
Schnörkelei
Schnüffelei
Schöngeisterei
Schönrederei
Schönrednerei
Schrei
   Aufschrei
   Freudenschrei
   Notschrei
   Schmerzensschrei
Schreiberei
Schreierei
Schreinerei
   Modellschreinerei
Schufterei
Schumacherei
Schurigelei
Schurkerei
Schusterei
Schwabbelei
Schwänzelei
Schwärmerei
Schwarzseherei
Schwätzerei
Schweinemästerei
Schweinerei
Schweißerei
Schwelgerei
Schwindelei
Seilerei
Selcherei
Sennerei
Setzerei
Siederei
Silbenstecherei
Singerei
Sklaverei
Slowakei
   Tschechoslowakei
Sophisterei
Spenglerei
Spezerei
Spiegelfechterei
Spielerei
Spinnerei
Spioniererei
Spöttelei
Spötterei
Spukerei
Staffelei
Stänkerei
Stanzerei
Stellmacherei
Stichelei
Stickerei
Stöberei
Stotterei
Straßenmeisterei
Streberei
Streiterei
Strickerei
Stubenhockerei
Stümperei
Sucherei
Sudelei
Tändelei
Tatarei
Tauscherei
Teufelei
Tippelei
Tischlerei
   Bautischlerei
   Kunsttischlerei
   Möbeltischlerei
   Modelltischlerei
Titelei
Tollerei
Tölpelei
Töpferei

Tratscherei
Träumerei
Treiberei
  Kriegstreiberei
  Preistreiberei
  Quertreiberei
Trödelei
Trommelei
Tuerei
  Dicktuerei
  Geheimnistuerei
  Geheimtuerei
  Großtuerei
  Heimlichtuerei
  Schöntuerei
  Vornehmtuerei
  Wichtigtuerei
Tüftelei
Türkei
Turnerei
Tyrannei
Ulkerei
Uzerei
Vernünftelei
Verräterei
Viecherei
Vielgötterei
Vielweiberei
Vogtei
Volkstümelei
Völlerei
Wahrsagerei
Walachei
Wäscherei
Weberei
Windbeutelei
Windmacherei
Winselei
Wirkerei
Witzelei
Wühlerei
Wurstelei
Wüstenei
Zankerei
Zänkerei
Zauberei
Zauderei
Zecherei
Ziegelei

Ziererei
Zimmerei
Zischelei
Zuträgerei
achterlei
allerlei
anderlei
bei
  anbei
  dabei
  herbei
  hierbei
  nahebei
  nebenbei
  vorbei
  wobei
beiderlei
derlei
dideldumdei
drei
dreierlei
dudeldumdei
ei
einerlei
entzwei
frei
  akzentfrei
  alkoholfrei
  blockfrei
  bügelfrei
  dienstfrei
  einwandfrei
  eisfrei
  fehlerfrei
  feindfrei
  fieberfrei
  gastfrei
  gebührenfrei
  hitzefrei
  holzfrei
  jugendfrei
  keimfrei
  kniefrei
  knitterfrei
  kostenfrei
  mietfrei
  niederschlagsfrei
  portofrei
  reichsfrei

  rostfrei
  schmerzfrei
  schuldenfrei
  schuldfrei
  schulfrei
  schwindelfrei
  sorgenfrei
  steuerfrei
  straffrei
  unfrei
  vogelfrei
  vorurteilsfrei
  vorwurfsfrei
  zollfrei
  zweifelsfrei
fünferlei
hei
  juchhei
hunderterlei
jederlei
keinerlei
mancherlei
mehrerlei
sei
solcherlei
tandaradei
tausenderlei
verschiedenerlei
vielerlei
welcherlei
zehnerlei
zwei
zweierlei

— eia (aia)

→ — a (a:)

Freia
Heia
auweia
eia
eiapopeia
heiapopeia

— eib (aip)

= — aib (aip)
= — eip (aip)
→ — eibe (aibe)
→ — eiben (aiben)

Keib
Leib
　Astralleib
　Hinterleib
　Mutterleib
　Oberleib
　Unterleib
　Vorderleib
Verbleib
Weib
　Eheweib
　Kebsweib
　Klageweib
　Mannweib
　Marktweib
　Prachtweib
　Teufelsweib
　Waschweib
Zeitvertreib
bleib
reib
schreib
treib

— eibchen (aip-chen)

→ – eib (aip)
→ – eibe (aibe)

Leibchen
Scheibchen
Weibchen

— eibe (aibe)

= – aibe (aibe)
→ – eib (aip)
→ – eiben (aiben)

Bleibe
Eibe
Reibe
Scheibe
　Bremsscheibe
　Brotscheibe
　Butzenscheibe
　Drehscheibe
　Fensterscheibe
　Glasscheibe
　Käsescheibe
　Kniescheibe
　Mattscheibe
　Mondscheibe
　Schießscheibe
　Schinkenscheibe
　Sonnenscheibe
　Windschutzscheibe
　Wurstscheibe
　Zielscheibe
Schreibe
　Geschreibe
beileibe
bleibe
reibe
schreibe
treibe

— eibel (aibel)

Deibel
Leibel
Weibel
　Feldweibel
　Hurenweibel

— eiben (aiben)

→ – aib (aip)
→ – eib (aip)
→ – eibe (aibe)

Schreiben
　Abschiedsschreiben
　Anerkennungs-
　　schreiben
　Antwortschreiben
　Beglaubigungs-
　　schreiben
　Begleitschreiben
　Bewerbungs-
　　schreiben
　Bittschreiben
　Dankschreiben
　Einladungsschreiben
　Einschreiben
　Empfehlungs-
　　schreiben
　Entlassungsschreiben
　Fernschreiben
　Glückwunsch-
　　schreiben
　Gratulations-
　　schreiben
　Handschreiben
　Kondolenzschreiben
　Kündigungs-
　　schreiben
　Maschineschreiben
　Preisausschreiben
　Protestschreiben
　Rundschreiben
　Sendschreiben
Treiben
　Betreiben
　Faschingstreiben
　Karnevalstreiben
　Kesseltreiben
　Markttreiben
　Schneetreiben
　Volkstreiben
beweiben
bleiben
　abbleiben
　aufbleiben
　ausbleiben
　beieinanderbleiben
　beisammenbleiben
　dabeibleiben
　dableiben
　fernbleiben
　festbleiben
　fortbleiben
　gleichbleiben
　haftenbleiben
　hängenbleiben
　hierbleiben
　hinterbleiben
　klebenbleiben
　liegenbleiben
　offenbleiben
　sitzenbleiben
　steckenbleiben
　stehenbleiben
　überbleiben
　übrigbleiben
　unterbleiben
　verbleiben

299

wegbleiben
zurückbleiben
zusammenbleiben
einverleiben
entleiben
kleiben
  verkleiben
reiben
  abreiben
  anreiben
  aufreiben
  ausreiben
  einreiben
  verreiben
  zerreiben
schreiben
  abschreiben
  anschreiben
  aufschreiben
  ausschreiben
  beschreiben
  dazuschreiben
  dazwischen-
  schreiben
  durchschreiben
  einschreiben
  gutschreiben
  hineinschreiben
  krankschreiben
  maschineschreiben
  mitschreiben
  nachschreiben
  niederschreiben
  schönschreiben
  überschreiben
  umschreiben
  unterschreiben
  verschreiben
  vollschreiben
  vorschreiben
  zusammenschreiben
  zurückschreiben
  zuschreiben
treiben
  abtreiben
  antreiben
  auftreiben
  austreiben
  beitreiben
  betreiben
  dahintreiben
  durchtreiben
  eintreiben
  entgegentreiben
  forttreiben
  heimtreiben
  herauftreiben
  heraustreiben
  hereintreiben
  herumtreiben
  hinauftreiben
  hinaustreiben
  hineintreiben
  hintertreiben
  hinuntertreiben
  hochtreiben
  quertreiben
  übertreiben
  umhertreiben
  umtreiben
  untertreiben
  vertreiben
  vorantreiben
  vortreiben
  vorwärtstreiben
  wegtreiben
  zurücktreiben
  zusammentreiben
  zutreiben

— eibend (aibent)

→ — eiben (aiben)

aufreibend
  nervenaufreibend
bleibend
  freibleibend
  gleichbleibend
  steckenbleibend
  einverleibend
reibend
  händereibend
schreibend
  beschreibend
  unterschreibend
treibend
  gewerbetreibend
  harntreibend
  preistreibend
  schweißtreibend
  sporttreibend

— eiber (aiber)

→ — eib (aip)
→ — eiben (aiben)

Farbenreiber
Kleiber
Leiber
Schreiber
  Abschreiber
  Amtsschreiber
  Fernschreiber
  Gerichtsschreiber
  Geschichtsschreiber
  Kanzleischreiber
  Kugelschreiber
  Memoirenschreiber
  Notenschreiber
  Stadtschreiber
  Vielschreiber
  Zeitschreiber
Sitzenbleiber
Treiber
  Antreiber
  Eseltreiber
  Herumtreiber
  Kameltreiber
  Preistreiber
  Quertreiber
  Viehtreiber
Weiber
  Klatschweiber

— eiberei (aiberai)

= — ei (ai)
→ — eiben (aiben)
→ — eiber (aiber)

Kriegstreiberei
Preistreiberei
Reiberei
Schreiberei
Vielweiberei

— eibern (aibern)

→ – eiber (aiber)

Weibern
Schreibern
seibern

— eibig (aibi-ch)

→ – ich (i-ch)

dickleibig
fettleibig
hartleibig
scheibig
starkleibig
volleibig

— eibisch (aibisch)

→ – isch (isch)

Eibisch
weibisch

— eiblein (aiplain)

= – ain (ain)
= – ein (ain)
→ – eib (aip)
→ – eibe (aibe)

Leiblein
Scheiblein
Weiblein

— eiblich (aipli-ch)

→ – ich (i-ch)

leiblich
unausbleiblich
unbeschreiblich
weiblich
 unweiblich

— eiblichen (aipli-chen)

→ – eiblich (aipli-ch)

verleiblichen
verweiblichen

— eiblichkeit (aipli-chkait)

→ – eiblich (aipli-ch)
→ – eit (ait)

Leiblichkeit
Unbeschreiblichkeit
Weiblichkeit

— eibsel (aipßel)

Geschreibsel
Rückbleibsel
Überbleibsel

— eibt (aipt)

→ – eiben (aiben)

beleibt
 wohlbeleibt
betreibt
bleibt
 verbleibt
beweibt
 unbeweibt
einverleibt
entleibt
reibt
schreibt
treibt

— eibung (aibuŋ)

→ – eiben (aiben)
→ – ung (uŋ)

Abtreibung
Ausschreibung
 Stellenausschreibung
Austreibung
 Teufelsaustreibung

Beschreibung
 Bildbeschreibung
 Personenbe-
 schreibung
 Reisebeschreibung
Beweibung
Einschreibung
Einverleibung
Entleibung
 Selbstentleibung
Großschreibung
Kleinschreibung
Krankschreibung
Rechtschreibung
Reibung
 Abreibung
 Einreibung
Übertreibung
Umschreibung
Verschreibung
 Schuldverschreibung
Vertreibung

— eica (aika)

= – aica (aika)
= – aika (aika)
= – eika (aika)
→ – a (a:)

Leica

— eich (ai-ch)

= – aich (ai-ch)
→ – eiche (ai-che)
→ – eichen (ai-chen)

Ausgleich
 Lastenausgleich
 Lohnausgleich
 Wärmeausgleich
 Zwangsausgleich
Bereich
 Aufgabenbereich
 Geltungsbereich
 Grenzbereich
 Teilbereich
 Wirkungsbereich

301

Deich
　Flußdeich
　Seedeich
　Sturmdeich
Frankreich
Leich
Norddeich
Österreich
　Niederösterreich
　Oberösterreich
Reich
　Erdreich
　Fabelreich
　Feenreich
　Geisterreich
　Gottesreich
　Himmelreich
　Inselreich
　Kaiserreich
　Kolonialreich
　Königreich
　Ostreich
　Pflanzenreich
　Sagenreich
　Schattenreich
　Tierreich
　Totenreich
　Weltreich
　Westreich
　Zarenreich
Scheich
　Ölscheich
Seich
　Geseich
Streich
　Backenstreich
　Bubenstreich
　Dumme(r)jungen-
　streich
　Gaunerstreich
　Geniestreich
　Gewaltstreich
　Handstreich
　Husarenstreich
　Jugendstreich
　Jungenstreich
　Lausbubenstreich
　Narrenstreich
　Schelmenstreich

　Schildbürgerstreich
　Schurkenstreich
　Schwabenstreich
　Staatsstreich
　Zapfenstreich
Teich
　Dorfteich
　Ententeich
　Fischteich
　Karpfenteich
　Löschteich
Vergleich
　Zwangsvergleich
bleich
　aschbleich
　geisterbleich
　käsebleich
　kreidebleich
　schreckensbleich
　todbleich
　totenbleich
　wachsbleich
gleich
　alsogleich
　artgleich
　deckungsgleich
　engel(s)gleich
　göttergleich
　obgleich
　punktgleich
　sogleich
　ungleich
　wenngleich
　wesensgleich
　zeitgleich
　zugleich
reich
　abwechslungsreich
　artenreich
　aufschlußreich
　aussichtsreich
　bilderreich
　ehrenreich
　einfallsreich
　einflußreich
　ereignisreich
　erfindungsreich
　erfolgreich
　ergebnisreich

　ertragreich
　farbenreich
　fischreich
　folgenreich
　freudenreich
　früchtereich
　fruchtreich
　gedankenreich
　geistreich
　genußreich
　gewinnreich
　glorreich
　gnadenreich
　hilfreich
　huldreich
　ideenreich
　inhaltsreich
　kalorienreich
　kenntnisreich
　kinderreich
　kunstreich
　lehrreich
　liebreich
　listenreich
　neureich
　ruhmreich
　schmerzen(s)reich
　segensreich
　siegreich
　sinnreich
　sorgenreich
　steinreich
　tränenreich
　trostreich
　tugendreich
　überreich
　umfangreich
　verkehrsreich
　verlustreich
　vitaminreich
　waldreich
　wildreich
　wortreich
　zahlreich
schleich
seich
streich
weich
　butterweich

daunenweich
flaumweich
knieweich
pflaum(en)weich
samtweich
seidenweich
wachsweich
windelweich

— eichbar (ai-chba:r)

→ – ar (a:r)

ausgleichbar
  unausgleichbar
erreichbar
  unerreichbar
unausweichbar
vergleichbar
  unvergleichbar

— eiche (ai-che)

= – aiche (ai-che)
→ – eich (ai-ch)
→ – eichen (ai-chen)

Bleiche
Eiche
  Korkeiche
  Steineiche
Geseiche
Gleiche
  Tagundnachtgleiche
Leiche
  Bierleiche
  Moorleiche
  Schnapsleiche
  Wasserleiche
Schleiche
  Blindschleiche
Speiche
  Fahrradspeiche
Weiche
bleiche
deiche
eiche
gleiche

reiche
schleiche
seiche
streiche
weiche

— eichel (ai-chel)

→ – eicheln (ai-cheln)

Eichel
Geschmeichel
Gestreichel
Speichel
schmeichel
streichel

— eicheln (ai-cheln)

→ – eichel (ai-chel)

geistreicheln
schmeicheln
  abschmeicheln
  anschmeicheln
  einschmeicheln
  erschmeicheln
  umschmeicheln
speicheln
  einspeicheln
streicheln

— eichen (ai-chen)

= – aichen (ai-chen)
→ – eich (ai-ch)
→ – eiche (ai-che)

Steinerweichen
Zeichen
  Abzeichen
  Aktenzeichen
  Anführungszeichen
  Anzeichen
  Ausführungszeichen
  Ausrufezeichen
  Brandzeichen
  Ehrenzeichen
  Erkennungszeichen

  Feldzeichen
  Firmenzeichen
  Flammenzeichen
  Fragezeichen
  Handzeichen
  Himmelszeichen
  Hoheitszeichen
  Kainszeichen
  Kennzeichen
  Klingelzeichen
  Klopfzeichen
  Korrekturzeichen
  Krankheitszeichen
  Kreuzzeichen
  Lebenszeichen
  Lesezeichen
  Liebeszeichen
  Markenzeichen
  Morsezeichen
  Pausenzeichen
  Postwertzeichen
  Satzzeichen
  Schriftzeichen
  Seezeichen
  Sendezeichen
  Siegeszeichen
  Sternzeichen
  Tierkreiszeichen
  Verkehrszeichen
  Vorzeichen
  Wahrzeichen
  Wasserzeichen
  Zeitzeichen
bleichen
  ausbleichen
  erbleichen
  verbleichen
deichen
  abdeichen
  eindeichen
  zudeichen
eichen
gleichen
  abgleichen
  angleichen
  ausgleichen
  begleichen
  deinesgleichen
  dergleichen

desgleichen
euersgleichen
euresgleichen
ihresgleichen
meinesgleichen
ohnegleichen
seinesgleichen
sondergleichen
unseresgleichen
unsersgleichen
unsresgleichen
vergleichen
reichen
  ausreichen
  darreichen
  einreichen
  erreichen
  gereichen
  herabreichen
  heranreichen
  herausreichen
  hereinreichen
  herreichen
  herüberreichen
  herumreichen
  hinaufreichen
  hinausreichen
  hineinreichen
  hinreichen
  hinüberreichen
  überreichen
  verabreichen
  zureichen
  zurückreichen
schleichen
  anschleichen
  beschleichen
  daherschleichen
  davonschleichen
  einschleichen
  erschleichen
  hereinschleichen
  herumschleichen
  hineinschleichen
  hinschleichen
  nachschleichen
  umherschleichen
  umschleichen
  wegschleichen

seichen
speichen
streichen
  abstreichen
  anstreichen
  aufstreichen
  ausstreichen
  bestreichen
  durchstreichen
  einstreichen
  herausstreichen
  hinstreichen
  nachstreichen
  überstreichen
  unterstreichen
  verstreichen
  vorstreichen
  vorüberstreichen
  wegstreichen
weichen
  abweichen
  aufweichen
  ausweichen
  durchweichen
  einweichen
  entweichen
  erweichen
  zurückweichen

— eichend (ai-chent)

→ – eichen (ai-chen)

abweichend
ausgleichend
erbleichend
erschleichend
überreichend
unterreichend
unzureichend
weitreichend

— eicher (ai-cher)

→ – eich (ai-ch)
→ – eichen (ai-chen)
→ – eichern (ai-chern)

Abstreicher
  Fußabstreicher
Bleicher
Eicher
Gleicher
Österreicher
Reicher
Schleicher
  Erbschleicher
Seicher
Speicher
  Getreidespeicher
  Kornspeicher
  Warenspeicher
Streicher
  Anstreicher
  Herumstreicher
  Landstreicher
Wasserspeicher
  Warmwasserspeicher
bleicher
gleicher
reicher

— eicherei (ai-cherai)

= – ei (ai)
→ – eichen (ai-chen)
→ – eicher (ai-cher)

Bleicherei
Schleicherei
  Erbschleicherei
Streicherei
  Anstreicherei
  Landstreicherei

— eichern (ai-chern)

→ – eicher (ai-cher)

Erbschleichern
Österreichern
anreichern
bereichern
speichern
  aufspeichern
  einspeichern

– eicherung (ai-cheruŋ)

→ – eicher (ai-cher)
→ – eichern (ai-chern)
→ – ung (uŋ)

Anreicherung
Bereicherung
Speicherung

– eichheit (ai-chhait)

→ – eich (ai-ch)
→ – eit (ait)

Gleichheit
  Stimmengleichheit
  Ungleichheit
Weichheit

– eichler (ai-chler)

→ – eicheln (ai-cheln)

Abweichler
Schmeichler
Streichler

– eichlich (ai-chli-ch)

→ – ich (i-ch)

reichlich
  überreichlich
unausweichlich
unvergleichlich
weichlich

– eichlichen (ai-chli-chen)

→ – eichlich (ai-chli-ch)

verweichlichen

– eichlichkeit (ai-chli-chkait)

→ – eichlich (ai-chli-ch)
→ – eit (ait)

Unausweichlichkeit
Unvergleichlichkeit
Reichlichkeit

– eichnis (ai-chniß)

→ – is (iß)
→ – iß (iß)

Gleichnis
Verzeichnis
  Abkürzungs-
  verzeichnis
  Bücherverzeichnis
  Inhaltsverzeichnis
  Literaturverzeichnis
  Namenverzeichnis
  Nummern-
  verzeichnis
  Personenverzeichnis
  Warenverzeichnis

– eichs (ai-chß)

→ – eich (ai-ch)

Ausgleichs
Österreichs
Streichs
Teichs
reichs
spornstreichs
weich's

– eichsel (aikßel)

Deichsel
  Gabeldeichsel
  Wagendeichsel
Steinweichsel
Weichsel
Zwergweichsel
deichsel

– eichseln (aikßeln)

→ – eichsel (aikßel)

Weichseln
deichseln

– eicht (ai-cht)

= – aicht (ai-cht)
→ – eichen (ai-chen)

bleicht
eicht
  geeicht
eingedeicht
erreicht
  unerreicht
gebleicht
  ungebleicht
geseicht
gleicht
leicht
  federleicht
  kinderleicht
reicht
  gereicht
schleicht
seicht
streicht
vielleicht
weicht
  geweicht

– eichte (ai-chte)

= – aichte (ai-chte)
→ – eichen (ai-chen)
→ – eicht (ai-cht)

Beichte
  Generalbeichte
  Ohrenbeichte
bleichte
eichte
deichte
erreichte
leichte
reichte
seichte
weichte

305

– eichten (ai-chten)

= – aichten (ai-chten)
→ – eichen (ai-chen)
→ – eicht (ai-cht)

beichten
bleichten
 gebleichten
eichten
 geeichten
erreichten
 unerreichten
gedeichten
 eingedeichten
gereichten
 dargereichten
geweichten
 eingeweichten
leichten
 kinderleichten
reichten
seichten
weichten

– eichtern (ai-chtern)

→ – eichen (ai-chen)
→ – eichten (ai-chten)

aufgeweichtern
gebleichtern
erleichtern
seichtern

– eichung (ai-chuŋ)

→ – aichen (ai-chen)
→ – eichen (ai-chen)
→ – ung (uŋ)

Abweichung
Angleichung
 Gehaltsangleichung
 Rentenangleichung
Aufweichung
Bleichung
Darreichung
Eichung
Eindeichung
Erreichung
Erweichung
Gleichung
 Ausgleichung
 Begleichung
Handreichung
Streichung
 Unterstreichung
Überreichung
Verabreichung
Vergleichung
 Sprachvergleichung

– eid (ait)

= – aid (ait)
= – eiht (ait)
= – eit (ait)
= – ight (ait)
→ – eide (aide)
→ – eiden (aiden)

Adelheid
Ausscheid
 Endausscheid
Bescheid
 Steuerbescheid
 Zwischenbescheid
Eid
 Amtseid
 Diensteid
 Fahneneid
 Krönungseid
 Lehnseid
 Meineid
 Reinigungseid
 Treueeid
 Verfassungseid
Entscheid
 Volksentscheid
Kleid
 Abendkleid
 Ballkleid
 Beinkleid
 Brautkleid
 Cocktailkleid
 Dirndlkleid
 Flügelkleid
 Hauskleid
 Hochzeitskleid
 Kinderkleid
 Matrosenkleid
 Morgenkleid
 Ordenskleid
 Seidenkleid
 Sommerkleid
 Sonntagskleid
 Spitzenkleid
 Straßenkleid
 Totenkleid
 Trauerkleid
 Umstandskleid
 Unterkleid
 Winterkleid
Leid
 Beileid
 Herzeleid
 Liebesleid
 Mitleid
Neid
 Brotneid
 Futterneid
Schneid
leid
seid
vermeid

– eidbar (aitba:r)

= – eitbar (aitba:r)
→ – ar (a:r)
→ – eiden (aiden)

beeidbar
beschneidbar
 unbeschneidbar
schneidbar
 aufschneidbar
unterscheidbar
 ununterscheidbar
vermeidbar
 unvermeidbar

— **eidbarkeit
(aitba:rkait)**

→ – eitbarkeit
(aitba:rkait)
→ – eidbar (aitba:r)
→ – eit (ait)

Unterscheidbarkeit
Vermeidbarkeit
 Unvermeidbarkeit

— **eide (aide)**

→ – eid (ait)
→ – eiden (aiden)

Augenweide
Eingeweide
Gescheide
Geschmeide
 Brautgeschmeide
 Goldgeschmeide
 Halsgeschmeide
Getreide
Heide
 Glockenheide
Kleide
Kreide
 Schlämmkreide
 Tafelkreide
Neide
Scheide
 Grenzscheide
 Sehnenscheide
 Wasserscheide
 Wegscheide
 Wetterscheide
Schneide
 Messerschneide
 Säbelschneide
Seide
 Fallschirmseide
 Glanzseide
 Halbseide
 Kunstseide
 Nähseide
 Rohseide
Viehweide

Weide
 Kopfweide
 Korbweide
 Salweide
 Silberweide
 Trauerweide
beide
leide
 zuleide
meide
 vermeide

— **eidel (aidel)**

Seidel
 Bierseidel
Treidel
treidel
zeidel

— **eideln (aideln)**

→ – eidel (aidel)

treideln
zeideln

— **eiden (aiden)**

= – aiden (aiden)
→ – eid (ait)
→ – eide (aide)

Leibschneiden
Leiden
 Augenleiden
 Gallenleiden
 Herzleiden
 Kriegsleiden
 Leberleiden
 Magenleiden
 Mitleiden
 Nervenleiden
 Nierenleiden
Scheiden
ankreiden
beeiden
bescheiden
 unbescheiden

kleiden
 ankleiden
 auskleiden
 bekleiden
 einkleiden
 entkleiden
 überkleiden
 umkleiden
 verkleiden
leiden
 ausleiden
 bemitleiden
 erleiden
 mitleiden
 verleiden
meiden
 vermeiden
neiden
 beneiden
scheiden
 abscheiden
 ausscheiden
 bescheiden
 entscheiden
 hinscheiden
 unterscheiden
 verscheiden
 vorentscheiden
schneiden
 abschneiden
 anschneiden
 aufschneiden
 ausschneiden
 beschneiden
 durchschneiden
 einschneiden
 kleinschneiden
 überschneiden
 verschneiden
 wegschneiden
 zerschneiden
 zuschneiden
vereiden
weiden
 abweiden
 ausweiden
seiden
 halbseiden
 reinseiden

307

— eidend (aident)

→ – eiden (aiden)

abweidend
beneidend
einschneidend
entkleidend
leidend
  herzleidend
  magenleidend
  notleidend
unterscheidend
vermeidend

— eidende (aidende)

→ – eiden (aiden)

Leidende
  Notleidende
Scheidende
einschneidende

— eider (aider)

= – ider (aider)
→ – eid (ait)

Abschneider
  Halsabschneider
Eider
Hungerleider
Kleider
Neider
Schneider
  Aufschneider
  Beutelschneider
  Damenschneider
  Fratzenschneider
  Glasschneider
  Haarschneider
  Herrenschneider
  Holzschneider
  Maßschneider
  Steinschneider
  Zuschneider
beider
leider
schneider

— eidern (aidern)

→ – eider (aider)

Kleidern
Neidern
schneidern

— eidig (aidi-ch)

→ – ich (i-ch)

geschmeidig
  ungeschmeidig
kreidig
leidig
  mitleidig
  wehleidig
meineidig
neidig
schneidig
  zweischneidig
seidig

— eidige (aidige)

→ – eidig (aidi-ch)
→ – eidigen (aidigen)

Meineidige
Mitleidige
schneidige
  scharfschneidige
verteidige

— eidigen (aidigen)

→ – eidig (aidi-ch)
→ – eidige (aidige)

beeidigen
beleidigen
geschmeidigen
kreidigen
leidigen
meineidigen
neidigen
schneidigen
seidigen
vereidigen
verteidigen

— eidiger (aidiger)

→ – eidig (aidi-ch)

Beleidiger
Verteidiger
  Pflichtverteidiger
  Strafverteidiger
  Titelverteidiger
  Vaterlandsverteidiger
kreidiger
schneidiger
seidiger

— eidigkeit (aidi-chkait)

→ – eidig (aidi-ch)
→ – eit (ait)

Geschmeidigkeit
Schneidigkeit
Wehleidigkeit

— eidigt (aidi-cht)

→ – icht (i-cht)

beeidigt
beleidigt
vereidigt
verteidigt

— eidigung (aidiguŋ)

→ – ung (uŋ)

Beleidigung
  Beamtenbeleidigung
  Majestätsbeleidigung
Vereidigung
Verteidigung
  Selbstverteidigung

— eidlich (aitli-ch)

= – eitlich (aitli-ch)
→ – ich (i-ch)

eidlich
  meineidlich

leidlich
　unleidlich
vermeidlich
　unvermeidlich
weidlich

— eidlichkeit (aitli-chkait)

= – eitlichkeit (aitli-chkait)
→ – eidlich (aitli-ch)
→ – eit (ait)

Unvermeidlichkeit

— eids (aitß)

= – eits (aitß)
= – eiz (aitß)
→ – eid (ait)

Eids
Entscheids
Kleids
Neids
seid's
vermeid's

— eidung (aiduŋ)

→ – eiden (aiden)
→ – ung (uŋ)

Bekleidung
　Damenbekleidung
　Herrenbekleidung
　Oberbekleidung
　Unterbekleidung
Entscheidung
　Vorentscheidung
Kleidung
　Arbeitskleidung
　Berufskleidung
　Damenkleidung
　Herrenkleidung
　Kinderkleidung
　Sportkleidung
Scheidung
　Ausscheidung
　Ehescheidung

Verkleidung
　Deckenverkleidung
　Türverkleidung
　Wandverkleidung
Vermeidung

— eie (ai-e)

= – aie (ai-e)
= – eihe (ai-e)
→ – ei (ai)
→ – eien (ai-en)

Freie
　Unfreie
Kleie
　Futterkleie
　Mandelkleie
Schleie
Schreie
　Geschreie
befreie
entzweie
kasteie
prophezeie
schreie
speie

— eien (ai-en)

= – aien (ai-en)
= – eihen (ai-en)
→ – ei (ai)
→ – eie (ai-e)

Innereien
Ländereien
Sämereien
Schnurrpfeifereien
Zänkereien
befreien
benedeien
bleien
　verbleien
entzweien
feien
freien
kasteien
konterfeien
　abkonterfeien

maledeien
　vermaledeien
prophezeien
schneien
　beschneien
　einschneien
　hereinschneien
　überschneien
　verschneien
　zuschneien
schreien
　anschreien
　aufschreien
　ausschreien
　beschreien
　nachschreien
　niederschreien
　überschreien
　verschreien
speien
　anspeien
　ausspeien
　bespeien
stapeien

— eiend (ai-ent)

= – eihend (ai-ent)
→ – aien (ai-en)
→ – eien (ai-en)

feuerspeiend
himmelschreiend

— eier (ai-er)

= – aier (ai-er)
= – ayer (ai-er)
= – eiher (ai-er)
→ – ei (ai)
→ – eiern (ai-ern)

Befreier
Dreier
Eier
　Fischeier
Feier
　Abschiedsfeier
　Abschlußfeier

309

Begrüßungsfeier
Einweihungsfeier
Eröffnungsfeier
Geburtstagsfeier
Gedächtnisfeier
Gründungsfeier
Hochzeitsfeier
Jubiläumsfeier
Maifeier
Nachfeier
Osterfeier
Pfingstfeier
Schulfeier
Sonnwendfeier
Totenfeier
Trauerfeier
Verlobungsfeier
Vorfeier
Weihnachtsfeier
Freier
Geier
  Aasgeier
  Bartgeier
  Gänsegeier
  Kuttengeier
  Königsgeier
  Lämmergeier
  Mönchsgeier
  Schmutzgeier
  Schopfgeier
Leier
  Drehleier
  Geleier
Meier
  Angstmeier
  Biedermeier
  Hausmeier
  Kraftmeier
  Schlaumeier
  Schwindelmeier
  Vereinsmeier
Schleier
  Brautschleier
  Dunstschleier
  Luftschleier
  Nebelschleier
  Nonnenschleier
  Rauchschleier
  Witwenschleier

Schreier
  Ausschreier
  Marktschreier
Wasserspeier
Zweier
freier

— eierei (ai-erai)

= — ei (ai)
→ — eier (ai-er)

Feierei
Meierei
  Kraftmeierei
  Vereinsmeierei
Schreierei

— ei(e)risch (ai(e)risch)

= — ay(e)risch (ai(e)risch)
→ — isch (isch)

kraftmeierisch
marktschreierisch
stei(e)risch

— eiern (ai-ern)

= — ayern (ai-ern)
= — eihern (ai-ern)
→ — eier (ai-er)

eiern
entschleiern
feiern
  krankfeiern
leiern
  ableiern
  anleiern
  ausleiern
  herleiern
  herunterleiern
lackmeiern
meiern
  abmeiern
  anmeiern
umschleiern
verschleiern
bleiern

— ei(e)rer (ai-erer)

→ — eiern (ai-ern)

Leierer
Steierer

— eiert (ai-ert)

→ — eiern (ai-ern)
→ — eihern (ai-ern)

eiert
  geeiert
geleiert
  ausgeleiert
feiert
  gefeiert
leiert
gelackmeiert
verschleiert
  unverschleiert

— eif (aif)

→ — eife (aife)
→ — eifen (aifen)

Geschleif
Greif
Kneif
Reif
  Armreif
  Rauhreif
Schweif
  Kometenschweif
  Roßschweif
Stegreif
Streif
  Nebelstreif
Unterschleif
reif
  abbruchreif
  druckreif
  frühreif
  geschlechtsreif
  halbreif
  spruchreif
  überreif
  unreif
steif
  stocksteif

— eifchen (aif-chen)

→ – eif (aif)
→ – eife (aife)
→ – eifen (aifen)

Pfeifchen
Reifchen
Schleifchen
Schweifchen
Streifchen

— eife (aife)

→ – eif (aif)
→ – eifen (aifen)

Gekeife
Pfeife
  Backpfeife
  Dampfpfeife
  Friedenspfeife
  Gepfeife
  Meerschaumpfeife
  Orgelpfeife
  Querpfeife
  Rohrpfeife
  Shagpfeife
  Stummelpfeife
  Tabakpfeife
  Tonpfeife
  Trillerpfeife
  Wasserpfeife
Reife
  Frühreife
  Geschlechtsreife
  Hochschulreife
  Unreife
Schleife
  Atlasschleife
  Haarschleife
  Hutschleife
  Kehrschleife
  Kranzschleife
Seife
  Badeseife
  Kernseife
  Rasierseife
  Schmierseife
  Toilettenseife
Steife
  Wäschesteife
Streife
  Polizeistreife
Umschweife
Weife
greife
keife
kneife
pfeife
reife
schleife
schweife
seife
streife

— eifel (aifel)

→ – eifeln (aifeln)

Eifel
Pfeifel
Schleifel
Zweifel

— eifeln (aifeln)

→ – eifel (aifel)

reifeln
zweifeln
  anzweifeln
  bezweifeln
  verzweifeln

— eifen (aifen)

→ – eif (aif)
→ – eife (aife)

Reifen
  Autoreifen
  Ballonreifen
  Fahrradreifen
  Gummireifen
  Hula-hup-Reifen
  Kinderreifen
  Luftreifen
  Sommerreifen
  Turnreifen
  Winterreifen
Streifen
  Ärmelstreifen
  Bildstreifen
  Filmstreifen
  Grünstreifen
  Kondensstreifen
  Landstreifen
  Lochstreifen
  Nadelstreifen
  Papierstreifen
  Querstreifen
  Silberstreifen
  Uniformstreifen
  Waldstreifen
  Zebrastreifen
Umsichgreifen
bereifen
greifen
  abgreifen
  angreifen
  aufgreifen
  ausgreifen
  begreifen
  durchgreifen
  eingreifen
  ergreifen
  ineinandergreifen
  übergreifen
  umgreifen
  vergreifen
  vorgreifen
  zugreifen
keifen
  ankeifen
kneifen
  abkneifen
  auskneifen
  einkneifen
  verkneifen
  zukneifen
  zusammenkneifen
pfeifen
  abpfeifen
  anpfeifen
  auspfeifen
  backpfeifen
  verpfeifen
  vorpfeifen
  zurückpfeifen

reifen
  ausreifen
  frühreifen
  heranreifen
  nachreifen
  überreifen
  vollreifen
schleifen
  abschleifen
  ausschleifen
  einschleifen
  fortschleifen
  nachschleifen
  verschleifen
  wegschleifen
schweifen
  abschweifen
  ausschweifen
  durchschweifen
  umherschweifen
seifen
  abseifen
  einseifen
steifen
  absteifen
  versteifen
streifen
  abstreifen
  aufstreifen
  durchstreifen
  überstreifen
weifen

— eifend (aifent)

→ — eifen (aifen)

ergreifend
  herzergreifend
greifend
  tiefgreifend
  weitgreifend
pfeifend
  auspfeifend
schleifend
  abschleifend
schweifend
  ausschweifend
verkneifend

— eifer (aifer)

→ — eif (aif)
→ — eifen (aifen)
→ — eifern (aifern)

Abstreifer
  Fußabstreifer
Angreifer
Eifer
  Arbeitseifer
  Diensteifer
  Feuereifer
  Glaubenseifer
  Jagdeifer
  Lerneifer
  Pflichteifer
  Übereifer
  Wetteifer
Geifer
Greifer
Keifer
Kneifer
Pfeifer
  Querpfeifer
  Stadtpfeifer
Regenpfeifer
  Goldregenpfeifer
Schleifer
  Diamantschleifer
  Glasschleifer
  Kunstschleifer
  Messerschleifer
  Scherenschleifer
  Steinschleifer
reifer
  vollreifer
steifer
  stocksteifer

— eiferei (aiferei)

= — ei (ai)
→ — eifen (aifen)
→ — eifer (aifer)

Keiferei
Pfeiferei
  Stadtpfeiferei
Schleiferei
Seiferei

— eiferer (aiferer)

→ — eifen (aifen)
→ — eifer (aifer)
→ — eifern (aifern)

Eiferer
Geiferer
reiferer
steiferer

— eifern (aifern)

→ — eifer (aifer)

eifern
  beeifern
  ereifern
  nacheifern
  wetteifern
geifern
  angeifern
  begeifern
seifern

— eifes (aifeß)

→ — eif (aif)

Kometenschweifes
Nebelstreifes
reifes
  druckreifes
steifes
  stocksteifes

— eifig (aifi-ch)

→ — ich (i-ch)

seifig
streifig
weitschweifig

— eiflich (aifli-ch)

→ — ich (i-ch)

begreiflich
  unbegreiflich
handgreiflich
reiflich

— **eifstes (aifßteß)**
→ – eif (aif)

reifstes
steifstes

— **eift (aift)**
→ – eifen (aifen)

geschweift
  ausgeschweift
geseift
  eingeseift
gestreift
  buntgestreift
  grobgestreift
  längsgestreift
  quergestreift
  schwarzgestreift
  weißgestreift
keift
  gekeift
reift
  bereift
  gereift
schweift
  beschweift
seift
streift
versteift

— **eifung (aifuŋ)**
→ – eifen (aifen)
→ – ung (uŋ)

Abschweifung
Ausschweifung
Bereifung
  Autobereifung
Einseifung
Ergreifung
  Besitzergreifung
  Machtergreifung
Schleifung
  Abschleifung
Versteifung
  Gliedversteifung

— **eig (aik)**
= – eik (aik)
= – ike (aik)
→ – eige (aige)
→ – eigen (aigen)

Fingerzeig
Steig
  Bahnsteig
  Bürgersteig
  Fußsteig
  Gehsteig
Teig
  Bierteig
  Blätterteig
  Brotteig
  Hefeteig
  Kuchenteig
  Mürbteig
  Nudelteig
  Sauerteig
Zweig
  Abzweig
  Gezweig
  Palm(en)zweig
feig

— **eigbar (eikba:r)**
→ – ar (a:r)
→ – eigen (aigen)

abzweigbar
besteigbar
  unbesteigbar
übersteigbar
  unübersteigbar
vorzeigbar

— **eige (aige)**
= – aige (aige)
→ – eig (aik)
→ – eigen (eigen)

Anzeige
  Geburtsanzeige
  Fehlanzeige
  Geschäftsanzeige
  Heiratsanzeige
  Strafanzeige
  Todesanzeige
  Verlustanzeige
  Vermißtenanzeige
Feige
  Kaktusfeige
  Ohrfeige
Geige
  Baßgeige
  Gegeige
  Heugeige
  Kniegeige
  Primgeige
  Zupfgeige
Neige
Seige
Steige
  Hühnersteige
  Obststeige
feige
geschweige

— **eigen (aigen)**
→ – eig (aik)
→ – eige (aige)

Bergsteigen
Drachensteigen
Eigen
Reigen
  Kuhreigen
  Ringelreigen
Schweigen
  Stillschweigen
Treppensteigen
abzweigen
eigen
  arteigen
  erbeigen
  höchsteigen
  leibeigen
  reichseigen
  staatseigen
  ureigen
  volkseigen
geigen
  aufgeigen
  ausgeigen

313

heimgeigen
vorgeigen
neigen
  abneigen
  hinneigen
  verneigen
  vorneigen
  zuneigen
ohrfeigen
reigen
schweigen
  ausschweigen
  stillschweigen
  totschweigen
  verschweigen
steigen
  absteigen
  ansteigen
  aufsteigen
  aussteigen
  besteigen
  einsteigen
  emporsteigen
  entsteigen
  ersteigen
  herabsteigen
  heraufsteigen
  heraussteigen
  hereinsteigen
  heruntersteigen
  hinabsteigen
  hinaufsteigen
  hochsteigen
  nachsteigen
  übersteigen
  umsteigen
  versteigen
  zusteigen
verzweigen
zeigen
  anzeigen
  aufzeigen
  bezeigen
  erzeigen
  hinzeigen
  vorzeigen

— eigend (aigent)

→ – eigen (aigen)

abzweigend
aussteigend
besteigend
geigend
stillschweigend
verneigend
vorzeigend

— eiger (aiger)

→ – eige (aige)
→ – eigen (aigen)
→ – eigern (aigern)

Abzweiger
Anzeiger
  Lokalanzeiger
Eiger
Geiger
  Baßgeiger
  Stehgeiger
Schweiger
Seiger
Steiger
  Aufsteiger
  Aussteiger
  Bergsteiger
  Obersteiger
  Umsteiger
Zeiger
  Minutenzeiger
  Sekundenzeiger
  Stundenzeiger
  Uhrzeiger
feiger

— eigerer (aigerer)

→ – eigern (aigern)

Dienstverweigerer
  Kriegsdienst-
    verweigerer
  Wehrdienst-
    verweigerer
Versteigerer
Verweigerer
feigerer

— eigern (aigern)

→ – eiger (aiger)

Aussteigern
Geigern
Zeigern
seigern
steigern
  ersteigern
  übersteigern
  versteigern
weigern
  verweigern

— eigert (aigert)

steigert
  ersteigert
  gesteigert
  übersteigert
  versteigert
weigert
  geweigert
  verweigert

— eigerung (aigeruŋ)

→ – eigern (aigern)
→ – ung (uŋ)

Steigerung
  Leistungssteigerung
  Preissteigerung
  Produktionssteigerung
Versteigerung
  Zwangsversteigerung
Verweigerung
  Arbeitsverweigerung
  Aussage-
    verweigerung
  Befehlsverweigerung
  Kriegsdienst-
    verweigerung
  Nahrungs-
    verweigerung
  Zahlungs-
    verweigerung
Weigerung

— eigt (aikt)

= – eikt (aikt)
→ – eigen (aigen)

abgezweigt
angezeigt
  unangezeigt
geigt
  gegeigt
geneigt
  abgeneigt
  wohlgeneigt
  zugeneigt
gezeigt
  vorgezeigt
schweigt
steigt
zeigt
zweigt

— eigung (aiguŋ)

→ – eigen (aigen)
→ – ung (uŋ)

Abzweigung
Beileidsbezeigung
Besteigung
  Bergbesteigung
  Erstbesteigung
  Thronbesteigung
Dankesbezeigung
Ehrenbezeigung
Gunstbezeigung
Höflichkeitsbezeigung
Liebesbezeigung
Neigung
  Abneigung
  Verneigung
  Zuneigung
Steigung
  Ersteigung
Verzweigung

— eih (ai)

= – ai (ai)
= – ei (ai)
→ – eihe (ai-e)
→ – eihen (ai-en)

Gedeih
Geweih
  Hirschgeweih
Kirchweih
Verleih
  Filmverleih
  Kostümverleih
Weih
verzeih

— eihbar (aiba:r)

→ – ar (a:r)
→ – eihen (ai-en)

verleihbar
verzeihbar
  unverzeihbar

— eihe (ai-e)

= – aie (ai-e)
= – eie (ai-e)
→ – eih (ai)
→ – eihen (ai-en)

Anleihe
  Kriegsanleihe
Leihe
  Ausleihe
  Pfandleihe
Reihe
Seihe
Weihe
  Gabelweihe
  Kornweihe
Weihe
  Fahnenweihe
  Jugendweihe
  Priesterweihe
gedeihe
leihe
seihe
verzeihe
weihe

— eihen (ai-en)

= – aien (ai-en)
= – eien (ai-en)
→ – eih (ai)
→ – eihe (ai-e)

Anleihen
Gedeihen
Kuhreihen
Ringelreihen
gedeihen
  angedeihen
leihen
  ausleihen
  beleihen
  entleihen
  verleihen
reihen
  aneinanderreihen
  anreihen
  aufreihen
  einreihen
seihen
  abseihen
  ausseihen
  durchseihen
weihen
  einweihen
  entweihen
zeihen
  verzeihen

— eihend (ai-ent)

= – eiend (ai-ent)
→ – aien (ai-en)
→ – eihen (ai-en)

abseihend
einreihend
entweihend
gedeihend
verleihend
verzeihend

— eiher (ai-er)

= – aier (ai-er)
= – ayer (ai-er)
= – eier (ai-er)
→ – eih (ai)

Einreiher
Entweiher
Leiher
  Entleiher
  Geldverleiher
  Pfandverleiher

Reiher
　Fischreiher
　Löffelreiher
　Nachtreiher
　Purpurreiher
　Seidenreiher
　Silberreiher
Seiher
　Teeseiher
Weiher
　Dorfweiher
　Fischweiher
　Stadtweiher
　Waldweiher
Zweireiher

— eihern (ai-ern)

= – ayern (ai-ern)
= – eiern (ai-ern)
→ – eiher (ai-er)

Reihern
Weihern
reihern

— eihig (ai-i-ch)

= – eiig (ai-i-ch)
→ – ich (i-ch)

doppelreihig
einreihig
zweireihig

— eihlich (aili-ch)

= – ailich (aili-ch)
= – eilich (aili-ch)
= – eilig (aili-ch)
→ – ich (i-ch)

gedeihlich
verzeihlich
　unverzeihlich

— eihlichkeit (aili-chkait)

= – eilichkeit (aili-chkait)
= – eiligkeit (aili-chkait)
→ – eihlich (aili-ch)
→ – eit (ait)

Unverzeihlichkeit

— eihlichste (aili-chßte)

= – eilichste (aili-chßte)
= – eiligste (aili-chßte)

gedeihlichste
verzeihlichste
　unverzeihlichste

— eith (ait)

= – aid (ait)
= – eid (ait)
= – eit (ait)
= – ight (ait)
→ – eihen (ai-en)

eingeweiht
　uneingeweiht
gedeiht
　angedeiht
gereiht
　eingereiht
geweiht
　gottgeweiht
　todgeweiht
　ungeweiht
leiht
reiht
weiht
zeiht
　verzeiht

— eihte (aite)

= – aite (aite)
= – eite (aite)
→ – eihen (ai-en)
→ – eiht (ait)

geweihte
　ungeweihte
eingereihte

— eihung (ai-uŋ)

= – eiung (ai-uŋ)
→ – eihe (ai-e)
→ – eihen (ai-en)
→ – ung (uŋ)

Beleihung
Einreihung
Einweihung
Entweihung
Verleihung
　Medaillenverleihung
　Ordensverleihung
　Titelverleihung
Verzeihung
Weihung
　Fahnenweihung
　Priesterweihung

— eiig (ai-i-ch)

= – eihig (ai-i-ch)
→ – ich (i-ch)

breiig
eiig
　eineiig
　zweieiig

— eiin (ai-in)

= – aiin (ai-in)
= – in (in)
= – inn (in)

Freiin

— **eik (aik)**

= – eig (aik)
= – ike (aik)

Scheik
Streik
  Generalstreik
  Hungerstreik
  Lohnstreik
  Proteststreik
  Sitzstreik
  Solidaritätsstreik
  Studentenstreik
  Sympathiestreik
  Warnstreik

— **eika (aika)**

= – aica (aika)
= – aika (aika)
= – eica (aika)
→ – a (a:)

Suleika

— **eikt (aikt)**

= – eigt (aikt)

streikt
  bestreikt
  gestreikt

— **eil (ail)**

= – ail (ail)
→ – eile (aile)
→ – eilen (ailen)

Abteil
  Dienstabteil
  Nichtraucherabteil
  Raucherabteil
Anteil
  Geschäftsanteil
  Gewinnanteil
  Löwenanteil
  Pflichtanteil
Beil
  Fallbeil
  Fleischbeil
  Hack(e)beil
  Handbeil
  Kriegsbeil
  Schlachtbeil
  Zimmermannsbeil
Bestandteil
  Grundbestandteil
  Hauptbestandteil
Biebergeil
Eil
Heil
  Petriheil
  Seelenheil
  Weidmannsheil
Keil
  Donnerkeil
  Faustkeil
  Federkeil
  Holzkeil
  Sprengkeil
Kurzweil
Peil
Pfeil
  Brandpfeil
  Giftpfeil
  Liebespfeil
Schleppseil
  Abschleppseil
Seil
  Absperrseil
  Ankerseil
  Drahtseil
  Hanfseil
  Kletterseil
  Leitseil
  Narrenseil
  Schwungseil
  Spannseil
  Springseil
  Stahlseil
  Tragseil
  Zugseil
Teil
  Altenteil
  Anzeigenteil
  Bauteil
  Bruchteil
  Einzelteil
  Erbteil
  Erdteil
  Ergänzungsteil
  Ersatzteil
  Fertigteil
  Gegenteil
  Geschlechtsteil
  Großteil
  Hauptteil
  Hinterteil
  Körperteil
  Landesteil
  Maschinenteil
  Nachteil
  Oberteil
  Pflichtteil
  Satzteil
  Schlußteil
  Seitenteil
  Stadtteil
  Truppenteil
  Unterteil
  Vorderteil
  Weltteil
  Zubehörteil
Unheil
Urteil
  Fehlurteil
  Gerichtsurteil
  Gottesurteil
  Todesurteil
  Werturteil
Vorteil
  Platzvorteil
Vorurteil
  Rassenvorurteil
  Standesvorurteil
Wagenabteil
  Schlafwagenabteil
feil
  wohlfeil
geil
heil
steil
verweil
weil
  alldieweil
  alleweil
  derweil
  dieweil
zuteil

— eila (i:la)

= – ila (i:la)
→ – a (a:)

Sheila

— eiland (ailant)

= – ailand (ailant)
= – and (ant)
= – annt (ant)
= – ant (ant)

Eiland
Freiland
Heiland
weiland

— eilbar (ailba:r)

→ – ar (a:r)
→ – eilen (ailen)

abfeilbar
heilbar
  unheilbar
mitteilbar
teilbar
  unteilbar

— eilbarkeit (ailba:rkait)

→ – eilbar (ailba:r)
→ – eit (ait)

Heilbarkeit
Teilbarkeit

— eilchen (ail-chen)

→ – eil (ail)
→ – eile (aile)

Beilchen
Keilchen
Pfeilchen
Teilchen
  Abteilchen

Anteilchen
Bestandteilchen
Elementarteilchen
Veilchen
  Alpenveilchen
  Hundsveilchen
  Parmaveilchen
Weilchen

— eile (aile)

→ – eil (ail)
→ – eilen (ailen)

Eile
  Windeseile
Feile
  Eisenfeile
  Nagelfeile
Geile
Keile
Meile
  Bannmeile
  Quadratmeile
  Seemeile
Steile
Teile
  Bestandteile
  Körperteile
  Weichteile
Weile
  Langeweile
Zeile
  Häuserzeile
  Schlagzeile
  Straßenzeile
alleweile
derweile
eile
feile
geile
heile
keile
peile
teile
urteile
weile
  mittlerweile
  nächtlicherweile

— eilen (ailen)

→ – eil (ail)
→ – eile (aile)

beilen
eilen
  beeilen
  davoneilen
  durcheilen
  enteilen
  entgegeneilen
  ereilen
  forteilen
  herbeieilen
  hineilen
  hinwegeilen
  nacheilen
  übereilen
  voraneilen
  vorauseilen
  vorbeieilen
  wegeilen
  zusammeneilen
feilen
  abfeilen
  anfeilen
  ausfeilen
  befeilen
  durchfeilen
  nachfeilen
geilen
  aufgeilen
  begeilen
heilen
  abheilen
  anheilen
  ausheilen
  verheilen
  zuheilen
keilen
  einkeilen
  festkeilen
  verkeilen
peilen
  anpeilen
seilen
  abseilen
  anseilen
  losseilen

steilen
teilen
  abteilen
  aufteilen
  austeilen
  durchteilen
  einteilen
  erteilen
  mitteilen
  unterteilen
  verteilen
  vierteilen
  zerteilen
  zuteilen
übervorteilen
urteilen
  aburteilen
  beurteilen
  verurteilen
weilen
  bisweilen
  einstweilen
  langweilen
  verweilen
  zuweilen

— eilend (ailent)

→ – eilen (ailen)

anseilend
aufgeilend
eilend
  beeilend
feilend
  ausfeilend
heilend
  selbstheilend
langweilend
peilend
teilend
verkeilend
verurteilend
verweilend

— eiler (ailer)

→ – eilen (ailen)

Heiler
  Wunderheiler
Keiler
Langweiler
Meiler
  Atommeiler
  Holzkohlemeier
Peiler
Pfeiler
  Brückenpfeiler
  Eckpfeiler
  Grundpfeiler
  Hauptpfeiler
  Mauerpfeiler
  Mittelpfeiler
  Strebepfeiler
  Stützpfeiler
  Tragpfeiler
  Wandpfeiler
Seiler
Teiler
  Verteiler
  Zerteiler
Vierzeiler
Weiler
Zweizeiler
feiler
  wohlfeiler
geiler
steiler

— eilerei (ailerai)

= – ei (ai)
→ – eilen (ailen)
→ – eiler (ailer)

Keilerei
Seilerei

— eil(e)s (ail(e)ß)

→ – eil (ail)
→ – eils (ailß)

Abteiles
Beiles
Pfeiles
Seiles
Teiles
feiles
  wohlfeiles

geiles
heiles
steiles

— eilheit (ailhait)

→ – eil (ail)
→ – eit (ait)

Geilheit
Steilheit

— eilich (aili-ch)

= – ailich (aili-ch)
= – eihlich (aili-ch)
= – eilig (aili-ch)
→ – ich (i-ch)

parteilich
  innerparteilich
  überparteilich
  unparteilich
polizeilich
  baupolizeilich
freilich

— eilichkeit (aili-chkait)

= – eihlichkeit (aili-chkait)
= – eiligkeit (aili-chkait)
→ – eilich (aili-ch)
→ – eit (ait)

Parteilichkeit

— eilichste (aili-chßte)

= – eihlichste (aili-chßte)
= – eiligste (aili-chßte)
→ – eilich (aili-ch)

parteilichste
  überparteilichste
  unparteilichste

– eilig (aili-ch)

= – ailich (aili-ch)
= – eihlich (aili-ch)
= – eilich (aili-ch)
→ – ich (i-ch)

anteilig
dreiteilig
dreizeilig
eilig
  brandeilig
  voreilig
einstweilig
einteilig
einzeilig
gegenteilig
heilig
  scheinheilig
jeweilig
kurzweilig
langweilig
  sterbenslangweilig
mehrteilig
mehrzeilig
nachteilig
zeitweilig
zweiteilig
zweizeilig

– eilige (ailige)

→ – eilig (aili-ch)
→ – eiligen (ailigen)

Heilige
  Brückenheilige
  Säulenheilige
  Schutzheilige
anteilige
eilige
einstweilige
langweilige
zweizeilige

– eiligen (ailigen)

→ – eilig (aili-ch)
→ – eilige (ailige)

Allerheiligen
Eisheiligen

benachteiligen
beteiligen
eiligen
gegenteiligen
heiligen
  entheiligen
jeweiligen
mehrteiligen
zweizeiligen

– eiligkeit (aili-chkait)

= – eihlichkeit (aili-chkait)
= – eilichkeit (aili-chkait)
→ – eilig (aili-ch)
→ – eit (ait)

Eiligkeit
Heiligkeit
Langweiligkeit

– eiligste (aili-chßte)

= – eihlichste (aili-chßte)
= – eilichste (aili-chßte)
→ – eilig (aili-ch)

Allerheiligste
eiligste
langweiligste

– eiligt (aili-cht)

benachteiligt
beteiligt
  meistbeteiligt
  mitbeteiligt
  unbeteiligt
heiligt
  entheiligt
  geheiligt

– eiligung (ailiguŋ)

→ – ung (uŋ)

Benachteiligung
Beteiligung
  Geschäftsbeteiligung
  Gewinnbeteiligung
  Wahlbeteiligung
Heiligung
  Entheiligung

– eils (ailß)

→ – eil (ail)
→ – eilen (ailen)
→ – eil(e)s (ail(e)ß)

Heils
Pfeils
Teils
feils
heils
jeweils
teils
  andernteils
  einesteils
  größerenteils
  größtenteils
  meistenteils

– eilsam (ailßa:m)

→ – am (a:m)
→ – eilen (ailen)

heilsam
  unheilsam
mitteilsam

– eilt (ailt)

→ – eilen (ailen)

eilt
  geeilt
eingekeilt
geheilt
  ungeheilt

geteilt
  ungeteilt
  zweigeteilt
heilt
teilt
verkeilt
verteilt
  unverteilt
verweilt
  unverweilt
weilt

— eilung (ailuŋ)

→ – eilen (ailen)
→ – ung (uŋ)

Abteilung
  Lebensmittel-
  abteilung
  Personalabteilung
Auskeilung
Beeilung
Erteilung
  Auftragserteilung
Peilung
  Funkpeilung
Teilung
  Arbeitsteilung
  Kernteilung
  Zellteilung
Verkeilung
Verteilung
  Kostenverteilung
  Rollenverteilung

— eim (aim)

→ – eimen (aimen)

Feim
Heim
  Altersheim
  Blindenheim
  Daheim
  Eigenheim
  Erholungsheim
  Ferienheim
  Fremdenheim
  Jugendheim
  Kinderheim
  Kurheim
  Lehrlingsheim
  Säuglingsheim
  Seemannsheim
  Studentenheim
  Wohnheim
Keim
  Krankheitskeim
  Todeskeim
  Urkeim
  Weizenkeim
Leim
  Fliegenleim
  Kaltleim
  Tafelleim
  Tapetenleim
  Vogelleim
Mannheim
Mindelheim
Mülheim
Reim
  Abzählreim
  Binnenreim
  Endreim
  Kehrreim
  Kreuzreim
  Schlagreim
  Schüttelreim
  Stabreim
Rosenheim
Schleim
  Haferschleim
  Urschleim
Seim
  Honigseim
anheim
beim
daheim
geheim
  insgeheim

— eimchen (aim-chen)

→ – eim (aim)

Heimchen
Keimchen
Reimchen

— eime (aime)

→ – eim (aim)
→ – eimen (aimen)

Feime
feime
keime
leime
reime
schleime

— eimen (aimen)

→ – eim (aim)

Feimen
auffeimen
keimen
  aufkeimen
  auskeimen
  entkeimen
leimen
  anleimen
  aufleimen
  verleimen
  zusammenleimen
reimen
  zurechtreimen
  zusammenreimen
schleimen
  entschleimen
  verschleimen

— eimer (aimer)

= – imer (aimer)
→ – eimen (aimen)

Eimer
  Abfalleimer
  Handeimer
  Löscheimer
  Milcheimer
  Mülleimer
  Schöpfeimer
  Wassereimer
Leimer
Pappenheimer
Reimer
Schleimer
geheimer

— eim(e)s (aim(e)ß)

→ – eim (aim)

Heimes
Keimes
Leimes
Reimes
Schleimes
geheimes

— eimig (aimi-ch)

→ – ich (i-ch)

leimig
schleimig
seimig

— eimst (aimßt)

→ – eimen (aimen)

eingeheimst
einheimst
keimst
leimst
reimst
schleimst

— eimt (aimt)

→ – eimen (aimen)

abgefeimt
ausgefeimt
geleimt
 ungeleimt
gereimt
 ungereimt
keimt
 gekeimt
leimt
reimt
schleimt
 geschleimt
trockenverleimt

— eimtheit (aimthait)

→ – eimt (aimt)
→ – eit (ait)

Abgefeimtheit
Ungereimtheit
Verschleimtheit

— eimung (aimuŋ)

→ – eimen (aimen)
→ – ung (uŋ)

Keimung
Verleimung
Verschleimung

— ein (ain)

= – ain (ain)
= – ine (ain)
→ – eine (aine)
→ – einen (ainen)

Äuglein
Badgastein
Bahrein
Bäuerlein
Baustein
 Glasbaustein
Bein
 Brustbein
 Eisbein
 Elfenbein
 Falzbein
 Fischbein
 Hinkebein
 Holzbein
 Hosenbein
 Huckebein
 Klapperbein
 Knickebein
 Krummbein
 Langbein
 Nasenbein
 Rauhbein
 Raucherbein
 Schambein
 Schienbein
 Schlüsselbein
 Spielbein
 Sprungbein
 Standbein
 Steißbein
 Stelzbein
 Stuhlbein
 Tischbein
 Überbein
Bewußtsein
 Klassenbewußtsein
 Nationalbewußtsein
 Pflichtbewußtsein
 Schuldbewußtsein
 Selbstbewußtsein
 Standesbewußtsein
 Unterbewußtsein
 Verantwortungs-
  bewußtsein
Branntwein
 Franzbranntwein
 Trinkbranntwein
Brüderlein
Brünnlein
Bürschlein
Dachstein
Dasein
 Erdendasein
 Schattendasein
 Sklavendasein
Dorfgastein
Dürnstein
Edelstein
 Halbedelstein
Ehrenbreitstein
Gebein
 Totengebein
Gedenkemein
Gestein
 Eruptivgestein
 Felsgestein
 Mondgestein
 Urgestein
 Vulkangestein
Häuflein
Hein
Hilpoltstein
Hofgastein
Idar-Oberstein

Iwein
Kathrein
Kinderlein
Kindlein
  Christkindlein
Klein
  Gänseklein
  Hasenklein
Königstein
Krüglein
Latein
  Anglerlatein
  Jägerlatein
  Küchenlatein
Lein
Lichterlein
Lichtlein
Liechtenstein
Liedlein
Mägdelein
Mägdlein
Mäntelein
Mütterlein
Nein
Nierstein
Pein
  Erdenpein
  Herzenspein
  Höllenpein
  Liebespein
  Seelenpein
Rein
Rhein
  Niederrhein
  Oberrhein
Sandstein
  Buntsandstein
Schätzlein
Schein
  Abendschein
  Angelschein
  Anschein
  Augenschein
  Bezugschein
  Dämmerschein
  Entlassungsschein
  Erbschein
  Fackelschein
  Fahrschein

Feuerschein
Führerschein
Garantieschein
Geldschein
Gepäckschein
Gewerbeschein
Glorienschein
Gutschein
Heiligenschein
Himmelsschein
Impfschein
Jagdschein
Kerzenschein
Krankenschein
Lampenschein
Laternenschein
Lichtschein
Lieferschein
Lottoschein
Mondenschein
Mondschein
Passierschein
Persilschein
Pfandschein
Schuldschein
Silberschein
Sonnenschein
Taufschein
Totenschein
Totoschein
Trauschein
Vorschein
Waffenschein
Widerschein
Scherflein
Schneiderlein
Schornstein
Schrein
  Dreikönigenschrein
  Geldschrein
  Heiligenschrein
  Reliquienschrein
  Totenschrein
Schühlein
Schwein
  Dreckschwein
  Frontschwein
  Glücksschwein
  Hausschwein

  Landschwein
  Marzipanschwein
  Stachelschwein
  Wasserschwein
  Warzenschwein
  Wildschwein
Sein
  Alleinsein
  Anderssein
  Beisammensein
  Ergriffensein
  Glücklichsein
  Hiersein
  Irresein
  Übelsein
  Vorhandensein
  Zusammensein
Stein
  Bernstein
  Bimsstein
  Bordstein
  Dominostein
  Eckstein
  Feldstein
  Feuerstein
  Gallenstein
  Gedenkstein
  Glücksstein
  Grabstein
  Grenzstein
  Grundstein
  Hinkelstein
  Kalkstein
  Kesselstein
  Kieselstein
  Kilometerstein
  Leichenstein
  Mahlstein
  Marmorstein
  Mauerstein
  Meilenstein
  Mondstein
  Mühlstein
  Nierenstein
  Opferstein
  Pflasterstein
  Prellstein
  Prüfstein
  Randstein

Rinnstein
Runenstein
Schleifstein
Schmuckstein
Speckstein
Taufstein
Tropfstein
Tuffstein
Wackerstein
Weinstein
Wetzstein
Zahnstein
Ziegelstein
Stelldichein
Töchterlein
Verein
  Alpenverein
  Frauenverein
  Fußballverein
  Gesangverein
  Künstlerverein
  Kunstverein
  Mieterverein
  Musikverein
  Schützenverein
  Sportverein
  Tierschutzverein
  Turnverein
  Verkehrsverein
  Wanderverein
  Weltpostverein
  Zollverein
Verslein
Vögelein
Vöglein
Weiblein
  Kräuterweiblein
Wein
  Apfelwein
  Dattelwein
  Dessertwein
  Eiswein
  Flaschenwein
  Frankenwein
  Gänsewein
  Glühwein
  Honigwein
  Landwein
  Maiwein
  Moselwein
  Nahewein
  Obstwein
  Palmwein
  Portwein
  Reiswein
  Rheinwein
  Rotwein
  Schaumwein
  Süßwein
  Tischwein
  Ungarwein
  Weißwein
  Wermutwein
Wohlsein
  Unwohlsein
Zicklein
Zipperlein
allein
  mutterseelenallein
dein
drein
  hintendrein
  hinterdrein
  mittendrein
  obendrein
  zwischendrein
ein
  darein
  hierein
  irgendein
  jahrein
  landein
  tagein
  türein
  waldein
  worein
fein
  extrafein
  haarfein
  hauchfein
  hochfein
  landfein
  mittelfein
  piekfein
  stadtfein
  superfein
  überfein
  unfein
feldein
  querfeldein
gemein
  allgemein
  handgemein
  hundsgemein
  insgemein
  ungemein
herein
  vorneherein
  vornherein
hinein
  dahinein
  dorthinein
  vorhinein
  vornhinein
  zwischenhinein
kein
klein
  haarklein
  klimperklein
  klitzeklein
mein
nein
rein
  astrein
  besenrein
  engelrein
  glockenrein
  hasenrein
  lupenrein
  naturrein
  rasserein
  stubenrein
  unrein
sein
  absein
  ansein
  aufsein
  aussein
  dabeisein
  heruntersein
  hinsein
  innesein
  umsein
  zusein
überein

— einbar (ainba:r)

→ – ar (a:r)
→ – einen (ainen)

beweinbar
scheinbar
  unscheinbar
vereinbar
  unvereinbar
verneinbar

— einbarkeit (ainba:rkait)

→ – einbar (ainba:r)
→ – eit (ait)

Unscheinbarkeit
Unvereinbarkeit

— einbau (ainbau)

= – au (au)

Einbau
Feinbau
Steinbau
Weinbau

— einbruch (ainbruch)

= – uch (uch)

Beinbruch
Einbruch
  Bankeinbruch
  Fronteinbruch
  Frosteinbruch
  Kälteeinbruch
  Schlechtwetter-
   einbruch
Steinbruch

— einchen (ain-chen)

→ – ein (ain)

Beinchen
Kleinchen
Scheinchen
Schweinchen
  Glücksschweinchen
  Marzipan-
   schweinchen
  Meerschweinchen
Steinchen
Weinchen

— eind (aint)

= – eint (aint)

Feind
  Erbfeind
  Erzfeind
  Menschenfeind
  Staatsfeind
  Todfeind
  Weiberfeind
feind
  spinnefeind
  todfeind

— einde (ainde)

→ – eind (aint)
→ – einen (ainen)

Feinde
Gemeinde
  Kultusgemeinde
  Landgemeinde
  Pfarrgemeinde
  Urgemeinde

— einden (ainden)

→ – eind (aint)
→ – einde (ainde)

Feinden
Gemeinden
anfeinden
befeinden
eingemeinden
verfeinden

— eindlich (aintli-ch)

= – eintlich (aintli-ch)
→ – ich (i-ch)

feindlich
  kinderfeindlich
gemeindlich

— einds (aintß)

= – ainz (aintß)
= – eints (aintß)
= – einz (aintß)
→ – eind (aint)

Feinds

— eine (aine)

= – aine (aine)
→ – ein (ain)
→ – einen (ainen)

Gemeine
Geweine
Hammelbeine
Hinterbeine
Kleine
Leine
  Angelleine
  Hundeleine
  Notleine
  Pferdeleine
  Reißleine
  Wäscheleine
  Wurfleine
  Zeltleine
O-Beine
Peine
Reine
Säbelbeine
Spitzbeine
Vorderbeine
X-Beine
greine
meine
scheine
verneine
versteine
weine

— einen (ainen)

= – ainen (ainen)
→ – ein (ain)
→ – eine (aine)

Leinen
  Halbleinen
  Steifleinen
anleinen
bernsteinen
einen
  vereinen
entsteinen
greinen
leinen
meinen
  vermeinen
scheinen
  anscheinen
  bescheinen
  durchscheinen
  erscheinen
  hereinscheinen
  widerscheinen
verneinen
versteinen
weinen
  ausweinen
  beweinen
  durchweinen
  nachweinen
  vorweinen

— einend (ainent)

→ – einen (ainen)

anscheinend
beweinend
verneinend
wohlmeinend

— einer (ainer)

= – ainer (ainer)
→ – ein (ain)
→ – einern (ainern)

Bahreiner
Einer
Greiner
Heiner
Lateiner
Liechtensteiner
Reiner
Schreiner
  Bauschreiner
  Möbelschreiner
Verneiner
Vierbeiner
Zweibeiner
deiner
einer
  unsereiner
feiner
gemeiner
keiner
kleiner
meiner
reiner
seiner

— einerei (ainerai)

= – ei (ai)
→ – einen (ainen)
→ – einer (ainer)

Schreinerei
  Bauschreinerei
  Möbelschreinerei
  Modellschreinerei
Schweinerei
  Mordsschweinerei
  Riesenschweinerei

— einern (ainern)

→ – einer (ainer)

Lateinern
Liechtensteinern
Schreinern
beinern
  elfenbeinern
  fischbeinern
feinern
  verfeinern

gemeinern
kleinern
  verkleinern
  zerkleinern
reinern
  unreinern
schreinern
schweinern
steinern
  bernsteinern
  versteinern
verallgemeinern

— einert (ainert)

schreinert
  geschreinert
verallgemeinert
verfeinert
verkleinert
versteinert
zerkleinert

— einerung (aineruŋ)

→ – ung (uŋ)

Verallgemeinerung
Verfeinerung
  Sittenverfeinerung
Verkleinerung
Versteinerung
Zerkleinerung

— eine(e)s (ain(e)ß)

→ – ain (ain)
→ – ein (ain)
→ – eins (ainß)

Beines
Gesteines
Kleines
Scheines
Schreines
Schweines
Steines
Weines
allgemeines

eines
  irgendeines
feines
  haarfeines
gemeines
  hundsgemeines
keines
kleines
  klitzekleines
meines
reines
  unreines
seines
ungemeines

— einheit (ainhait)

→ – ein (ain)
→ – eit (ait)

Allgemeinheit
Einheit
  Flotteneinheit
  Grundeinheit
  Maßeinheit
  Tateinheit
  Truppeneinheit
  Währungseinheit
  Wärmeeinheit
  Zeiteinheit
Gemeinheit
Reinheit
  Formenreinheit
  Sprachreinheit
  Unreinheit

— einig (aini-ch)

→ – einigen (ainigen)
→ – ich (i-ch)

alleinig
beinig
  bockbeinig
  breitbeinig
  dreibeinig
  hochbeinig
  krummbeinig
  langbeinig
  o-beinig
  rauhbeinig
  säbelbeinig
  vierbeinig
  x-beinig
  zweibeinig
einig
  handelseinig
  uneinig
fadenscheinig
steinig
weinig

— einige (ainige)

→ – einig (aini-ch)
→ – einigen (ainigen)

bockbeinige
deinige
einige
meinige
peinige
reinige
seinige
steinige
weinige

— einigen (ainigen)

→ – einig (aini-ch)
→ – einige (ainige)

bescheinigen
einigen
  vereinigen
  veruneinigen
  wiedervereinigen
fadenscheinigen
peinigen
reinigen
  bereinigen
  verunreinigen
rauhbeinigen
steinigen
weinigen

— einigend (ainigent)

→ – einigen (ainigen)

bescheinigend
einigend
  vereinigend
peinigend
reinigend
  blutreinigend
  luftreinigend
steinigend

— einigkeit (aini-chkait)

→ – einig (aini-ch)
→ – eit (ait)

Bockbeinigkeit
Einigkeit
  Dreieinigkeit
Kleinigkeit

— einigung (ainiguŋ)

→ – einigen (ainigen)
→ – ung (uŋ)

Bereinigung
  Flurbereinigung
Bescheinigung
  Empfangsbescheinigung
Einigung
  Vereinigung
Reinigung
  Blutreinigung
  Luftreinigung
Steinigung

— einisch (ainisch)

→ – ein (ain)
→ – isch (isch)

lateinisch
rheinisch
schweinisch

— einlich (ainli-ch)

→ – ich (i-ch)

augenscheinlich
kleinlich
peinlich
 hochnotpeinlich
reinlich
 unreinlich
wahrscheinlich
 höchstwahr-
 scheinlich
 unwahrscheinlich

— einlichkeit (ainli-chkait)

→ – einlich (ainli-ch)
→ – eit (ait)

Kleinlichkeit
Peinlichkeit
Reinlichkeit
Wahrscheinlichkeit

— eins (ainß)

→ – ain (ain)
→ – ein (ain)
→ – ein(e)s (ain(e)ß)

Einmaleins
eins
 handelseins
 irgendeins
 uneins
 unsereins
keins
kleins
reins
seins
vereins
verneins

— einsam (ainsa:m)

→ – am (a:m)

einsam
gemeinsam

— einsamkeit (ainsa:mkait)

→ – eit (ait)

Einsamkeit
Gemeinsamkeit

— einst (ainßt)

→ – einen (ainen)

anleinst
einst
 dereinst
 dermaleinst
entsteinst
greinst
meinst
 vermeinst
scheinst
vereinst
verneinst
weinst

— eint (aint)

= – eind (aint)
→ – einen (ainen)

anleint
beweint
 unbeweint
eint
 geeint
entsteint
gemeint
 bestgemeint
 bösgemeint
 ernstgemeint
 gutgemeint
 wohlgemeint
greint
 gegreint
meint
scheint
vereint
 unvereint
vermeint
 unvermeint
verneint
versteint
weint
 geweint
 verweint

— eint (äŋ)

= – ain (äŋ)
= – in (äŋ)

Teint

— eintlich (aintli-ch)

= – eindlich (aintli-ch)
→ – ich (i-ch)

vermeintlich

— eints (aintß)

= – ainz (aintß)
= – einds (aintß)
= – einz (aintß)
→ – eint (aint)

beweint's
scheint's
vereint's
verneint's

— einung (ainuŋ)

→ – einen (ainen)
→ – ung (uŋ)

Beweinung
Erscheinung
 Alterserscheinung
 Ausnahme-
 erscheinung
 Begleiterscheinung
 Ermüdungs-
 erscheinung
 Geistererscheinung
 Gespenster-
 erscheinung
 Himmels-
 erscheinung

Mangelerscheinung
Neuerscheinung
Zeiterscheinung
Meinung
Volksmeinung
Verneinung

— einwand (ainwant)

= – and (ant)
= – annt (ant)
= – ant (ant)

Einwand
Gegeneinwand
Leinwand
Kinoleinwand

— einwurf (ainwurf)

= – urf (urf)

Einwurf
Steinwurf

— einz (aintß)

= – ainz (aintß)
→ – einds (aintß)
→ – eints (aintß)

Heinz
Karlheinz

— eip (aip)

= – aib (aip)
= – eib (aip)
= – eipp (aip)

kneip
bekneip
verkneip

— eipp (aip)

= – aib (aip)
= – eib (aip)
= – eip (aip)

kneipp

— eira (e:ra)

= – era (e:ra)
→ – a (a:)

Madeira

— eirad (aira:t)

= – eirat (eira:t)
= – ad (a:t)
= – at (a:t)

Dreirad
Zweirad

— eirat (aira:t)

= – eirad (aira:t)
= – ad (a:t)
= – at (a:t)

Beirat
Elternbeirat
Heirat
Einheirat
Geldheirat
Liebesheirat
Vernunftheirat
Kanzleirat

— eiro (e:ro)

= – ero (e:ro)
→ – o (o:)
→ – oh (o:)

Rio de Janeiro

— eis (aiß)

= – ais (aiß)
= – eiß (aiß)
→ – ei (ai)
→ – eise (aise)
→ – eisen (aisen)

Ausweis
Dienstausweis
Personalausweis
Schwerbeschädigten-
ausweis
Beweis
Gegenbeweis
Liebesbeweis
Schuldbeweis
Budweis
Ehrenpreis
Eis
Firneis
Fruchteis
Glatteis
Gletschereis
Kunsteis
Milcheis
Packeis
Polareis
Softeis
Speiseeis
Treibeis
Gleis
Abstellgleis
Bahngleis
Nebengleis
Parallelgleis
Rangiergleis
Gneis
Greis
Mummelgreis
Tapergreis
Tattergreis
Zittergreis
Hinweis
Kreis
Arbeitskreis
Aufgabenkreis
Bannkreis
Bekanntenkreis
Dunstkreis
Empfängerkreis
Erdkreis
Fachkreis
Familienkreis
Freundeskreis
Gesichtskreis
Halbkreis
Himmelskreis
Interessenkreis
Kollegenkreis
Kundenkreis
Landkreis

329

Leserkreis
Lichtkreis
Personenkreis
Sagenkreis
Sehkreis
Stadtkreis
Stern(en)kreis
Stromkreis
Studienkreis
Teilnehmerkreis
Tierkreis
Umkreis
Verbraucherkreis
Wahlkreis
Wendekreis
Wirkungskreis
Zauberkreis
Leis
Nachweis
  Ariernachweis
  Leistungsnachweis
  Quellennachweis
  Vermögensnachweis
Naseweis
Preis
  Durchschnittspreis
  Einheitspreis
  Einkaufspreis
  Eintrittspreis
  Einzelhandelspreis
  Erzeugerpreis
  Fahrpreis
  Festpreis
  Freundschaftspreis
  Friedenspreis
  Geldpreis
  Großhandelspreis
  Grundstückspreis
  Hauptpreis
  Höchstpreis
  Kaufpreis
  Kunstpreis
  Ladenpreis
  Liebhaberpreis
  Lieferpreis
  Mietpreis
  Nationalpreis
  Nettopreis
  Nobelpreis

Schandpreis
Schleuderpreis
Schwarzmarktpreis
Selbstkostenpreis
Siegerpreis
Siegespreis
Spottpreis
Staatspreis
Stückpreis
Subskriptionspreis
Trostpreis
Verkaufspreis
Vorzugspreis
Wucherpreis
Reis
  Kochreis
  Milchreis
Reis
  Birkenreis
  Tannenreis
Speis
Verweis
kreis
leis
preis
reis
speis
weis

— eiß (aiß)

= – ais (aiß)
= – eis (aiß)
→ – eiße (aiße)
→ – eißen (aißen)

Bleiweiß
Edelweiß
Eiweiß
  Fleischeiweiß
  Milcheiweiß
Fleiß
  Bienenfleiß
  Erwerbsfleiß
  Gewerbefleiß
Geheiß
Geiß
  Damgeiß
  Gemsgeiß

Habergeiß
Rehgeiß
Geschmeiß
Gleiß
Gneiß
Scheiß
Schultheiß
  Dorfschultheiß
Schweiß
  Angstschweiß
  Nachtschweiß
  Todesschweiß
Spleiß
Steiß
  Fettsteiß
Theiß
Verschleiß
Weiß
beiß
heiß
  brühheiß
  feuchtheiß
  fieberheiß
  glühheiß
  siedeheiß
reiß
scheiß
schmeiß
weiß
  blendendweiß
  blütenweiß
  kreideweiß
  mattweiß
  schlohweiß
  schneeweiß
  schwarzweiß
  silberweiß

— eisch (aisch)

= – aisch (aisch)
→ – eischen (aischen)

Fleisch
  Beinfleisch
  Büchsenfleisch
  Dosenfleisch
  Fruchtfleisch
  Geflügelfleisch

Gefrierfleisch
Hackfleisch
Hammelfleisch
Kalbfleisch
Lammfleisch
Menschenfleisch
Ochsenfleisch
Pferdefleisch
Rindfleisch
Schweinefleisch
Sitzfleisch
Tellerfleisch
Zahnfleisch
Ziegenfleisch
Gekreisch
Gleisch
heisch
kreisch

— eisch (e:-isch)

→ – isch (isch)

augusteisch
dahommeisch
epikureisch
guineisch
mediceisch
perikleisch

— eische (aische)

= – aishe (aische)
→ – eisch (aisch)
→ – eischen (aischen)

Gekreische
heische
kreische

— eischen (aischen)

= – aischen (aischen)
→ – eisch (aisch)

heischen
　erheischen
kreischen
　aufkreischen
zerfleischen

— eischen (aiß-chen)

= – eißchen
　(aiß-chen)
→ – eis (aiß)
→ – eise (aise)

Ameischen
Meischen
Naseweischen
Trostpreischen
Zeischen

— eißchen (aiß-chen)

= – eischen
　(aiß-chen)
→ – eiß (aiß)

Geißchen

— eischig (aischi-ch)

→ – ich (i-ch)

fleischig
anheischig

— eischt (aischt)

→ – eischen (aischen)

eingefleischt
heischt
　geheischt
kreischt
　gekreischt
zerfleischt

— eise (aise)

= – aise (aise)
→ – eis (aiß)
→ – eisen (aisen)

Ameise
　Waldameise
　Riesenameise

Geleise
Meise
　Blaumeise
　Haubenmeise
　Kohlmeise
Reise
　Abreise
　Anreise
　Auslandsreise
　Ausreise
　Autoreise
　Badereise
　Bildungsreise
　Dienstreise
　Durchreise
　Einreise
　Entdeckungsreise
　Erholungsreise
　Ferienreise
　Flugreise
　Forschungsreise
　Fußreise
　Geschäftsreise
　Gesellschaftsreise
　Gruppenreise
　Heimreise
　Hinreise
　Hochzeitsreise
　Inspektionsreise
　Rückreise
　Rundreise
　Schiffsreise
　Seereise
　Studienreise
　Tagesreise
　Urlaubsreise
　Vergnügungsreise
　Vortragsreise
　Weltreise
Schneise
　Einflugschneise
　Waldschneise
Speise
　Eierspeise
　Glockenspeise
　Götterspeise
　Leibspeise
　Lieblingsspeise
　Mehlspeise

Nachspeise
Quarkspeise
Süßspeise
Vorspeise
Weise
  Arbeitsweise
  Ausdrucksweise
  Bauweise
  Denkweise
  Handlungsweise
  Kampfweise
  Lebensweise
  Redeweise
  Schreibweise
  Singweise
  Sprechweise
  Spielweise
  Verfahrensweise
  Verhaltensweise
  Volksweise
  Vortragsweise
  Wirkungsweise
  Zahlungsweise
leise
weise
  abschnittsweise
  andeutungsweise
  anfallsweise
  anständigerweise
  aushilfsweise
  ausnahmsweise
  bedauerlicherweise
  begreiflicherweise
  beispielsweise
  betrüblicherweise
  bezeichnenderweise
  beziehungsweise
  bezirksweise
  billigerweise
  brockenweise
  bündelweise
  büschelweise
  dummerweise
  dutzendweise
  eimerweise
  entgegenkommen-
    derweise
  erfreulicherweise
  erklärlicherweise

fälschlicherweise
faßweise
folgenderweise
fuderweise
gebietsweise
gebührenderweise
gerüchtweise
gesprächsweise
gleicherweise
gliedweise
glücklicherweise
gruppenweise
haufenweise
herdenweise
irrtümlicherweise
klugerweise
kreuzweise
lächerlicherweise
leihweise
liebenswürdiger-
  weise
listigerweise
literweise
löffelweise
massenweise
merkwürdigerweise
meterweise
möglicherweise
monatsweise
natürlicherweise
notwendigerweise
paarweise
pfennigweise
pfundweise
portionsweise
probeweise
quartalsweise
ratenweise
reihenweise
ruckweise
rudelweise
scharenweise
schätzungsweise
scheffelweise
scherzhafterweise
scherzweise
schlauerweise
schluckweise
schrittweise

schubweise
seltsamerweise
serienweise
sinnigerweise
sonderbarerweise
stellenweise
stoßweise
strafweise
streckenweise
streifenweise
strichweise
stückweise
stufenweise
stundenweise
tageweise
teilweise
tonnenweise
törichterweise
tropfenweise
überflüssigerweise
unbegreiflicherweise
unbekannterweise
unglücklicherweise
unnötigerweise
unnützerweise
unschuldigerweise
unverdienterweise
verdienterweise
vergleichsweise
vernünftigerweise
versuchsweise
vertretungsweise
vorzugsweise
wechselweise
wochenweise
zeitweise
zentnerweise
zufälligerweise
zwangsweise

— eiße (aiße)

→ – eiß (aiß)
→ – eißen (aißen)

Gleiße
Neiße
Pleiße
Scheiße
Spleiße

— eisel (aisel)

→ – eiseln (aiseln)

Beisel
Geisel
Kreisel
  Brummkreisel
Weisel
Zeisel

— eißel (aißel)

→ – eißeln (aißeln)

Beißel
Geißel
  Gottesgeißel
Meißel
Spreißel

— eiseln (aiseln)

→ – eisel (aisel)

kreiseln

— eißeln (aißeln)

→ – eißel (aißel)

geißeln
meißeln
  abmeißeln
  aufmeißeln
  ausmeißeln
  einmeißeln
schweißeln
weißeln

— eisen (aisen)

= – aisen (aisen)
→ – eis (aiß)
→ – eise (aise)

Eisen
  Brecheisen
  Brenneisen
  Bügeleisen
  Fangeisen
  Felleisen
  Gußeisen
  Hufeisen
  Klettereisen
  Plätteisen
  Reibeisen
  Roheisen
  Schmiedeeisen
  Schüreisen
  Steigeisen
  Stemmeisen
  Tellereisen
  Waffeleisen
eisen
  eineisen
  enteisen
  loseisen
  vereisen
entgleisen
kreisen
  einkreisen
  umkreisen
preisen
  anpreisen
  auspreisen
  hochpreisen
  lobpreisen
  seligpreisen
reisen
  abreisen
  anreisen
  ausreisen
  bereisen
  durchreisen
  einreisen
  entgegenreisen
  fortreisen
  herumreisen
  hinreisen
  mitreisen
  nachreisen
  umherreisen
  umreisen
  verreisen
  wegreisen
  weiterreisen
  zurückreisen
speisen
  abspeisen
  aufspeisen
  verspeisen
vergreisen

weisen
  abweisen
  anweisen
  aufweisen
  ausweisen
  beweisen
  einweisen
  erweisen
  fortweisen
  hinausweisen
  hinweisen
  nachweisen
  überweisen
  unterweisen
  verweisen
  vorweisen
  wegweisen
  zurechtweisen
  zurückweisen
  zuweisen

— eißen (aißen)

→ – eiß (aiß)
→ – eiße (aiße)

Meißen
Reißen
befleißen
beißen
  abbeißen
  anbeißen
  aufbeißen
  ausbeißen
  durchbeißen
  herausbeißen
  hineinbeißen
  verbeißen
  wegbeißen
  zerbeißen
  zubeißen
  zusammenbeißen
entsteißen
geheißen
  ungeheißen
gleißen
heißen
  gutheißen
  verheißen
kreißen

reißen
　abreißen
　anreißen
　aufreißen
　ausreißen
　durchreißen
　einreißen
　entreißen
　fortreißen
　herabreisen
　herausreißen
　hereinreißen
　herumreißen
　herunterreißen
　hineinreißen
　hinreißen
　losreißen
　mitreißen
　niederreißen
　umreißen
　verreißen
　wegreißen
　zerreißen
　zusammenreißen
scheißen
　anscheißen
　ausscheißen
　bescheißen
　hinscheißen
　verscheißen
　vollscheißen
schleißen
　verschleißen
　zerschleißen
schmeißen
　abschmeißen
　anschmeißen
　beschmeißen
　einschmeißen
　fortschmeißen
　hinausschmeißen
　hinschmeißen
　umschmeißen
　verschmeißen
　wegschmeißen
　zerschmeißen
　zusammen-
　　schmeißen
　zuschmeißen

schweißen
　anschweißen
　aufschweißen
　verschweißen
　zusammen-
　　schweißen
spleißen
　verspleißen
　zerspleißen
weißen
　ausweißen
　überweißen

— eisend (aisent)

→ – eisen (aisen)

einkreisend
entgleisend
lobpreisend
richtungweisend
unterweisend
verspeisend
wegweisend
zukunftweisend

— eißend (aißent)

→ – eißen (aißen)

abbeißend
bescheißend
gleißend
glückverheißend
herzzerreißend
hinschmeißend
überweißend
verschleißend
verschweißend
vielverheißend

— eisende (aisende)

→ – eise (aise)
→ – eisen (aisen)
→ – eisend (aisent)

Reisende
entgleisende
kreisende

preisende
reisende
speisende
vergreisende
zukunftsweisende

— eißende (aißende)

→ – eißen (aißen)
→ – eißend (aißent)

beißende
gleißende
reißende
scheißende
schmeißende
schweißende

— eiser (aiser)

= – aiser (aiser)
→ – eise (aise)
→ – eisen (aisen)

Anpreiser
Budweiser
Entgleiser
Geiser
Platzanweiser
Reiser
　Birkenreiser
Speiser
Wegweiser
Weiser
greiser
heiser
　stockheiser
leiser
naseweiser
weiser

— eißer (aißer)

→ – eiß (aiß)
→ – eißen (aißen)

Anpreißer
Aufreißer
　Maulaufreißer

Beißer
  Bullenbeißer
  Kernbeißer
  Schlammbeißer
  Steinbeißer
Federweißer
Reißer
  Abreißer
  Ausreißer
  Kassenreißer
  Possenreißer
  Witzereißer
  Zotenreißer
Scheißer
  Dukatenscheißer
  Hosenscheißer
  Klugscheißer
Schweißer
  Elektroschweißer
  Punktschweißer
Verschleißer
Weißer
heißer
weißer

— eißerchen (aißer-chen)

→ − eißer (aißer)

Beißerchen
Scheißerchen

— eißerei (aißerai)

= − ei (ai)
→ − eißen (aißen)
→ − eißer (aißer)

Beißerei
Possenreißerei
Scheißerei
  Klugscheißerei
Schweißerei

— eisern (aisern)

→ − eiser (aiser)

Platzanweisern
Reisern
Wegweisern
eisern
  gußeisern
  schmiedeeisern
reisern

— eißern (aißern)

→ − eiß (aiß)
→ − eißer (aißer)

Bescheißern
Possenreißern
Schweißern
heißern
weißern

— eises (aiseß)

→ − eis (aiß)

Ausweises
Beweises
Eises
Kreises
Preises
leises
weises

— eißes (aißeß)

→ − eiß (aiß)
→ − eiße (aiße)

Eiweißes
Fleißes
Verschleißes
heißes
weißes

— eisig (aisi-ch)

→ − ich (i-ch)

Reisig
Zeisig
deisig
doppelgleisig
eingleisig
eisig
gneisig
zweigleisig

— eißig (aißi-ch)

→ − ich (i-ch)

bärbeißig
dreißig
fleißig
schweißig

— eisige (aisige)

→ − eisig (aisi-ch)

Reisige

— eißigen (aißigen)

→ − eißig (aißi-ch)

befleißigen

— eislein (aißlain)

= − ein (ain)
= − eißlein (aißlain)
→ − eis (aiß)
→ − eise (aise)

Ameislein
Meislein
Preislein
Reislein
Zeislein

— eißlein (aißlain)

= − ein (ain)
= − eislein (aißlain)
→ − eiß (aiß)

Geißlein

— eißler (aißler)

→ − eißeln (aißeln)

Geißler
Meißler

− eislich (aißli-ch)

= − eißlich (aißli-ch)
→ − ich (i-ch)

erweislich
  unerweislich
preislich
unabweislich
weislich
  nachweislich
  wohlweislich

− eißlich (aißli-ch)

= − eislich (aißli-ch)
→ − eiß (aiß)
→ − ich (i-ch)

weißlich
  mattweißlich
zerreißlich
  unzerreißlich

− eißner (aißner)

→ − eißen (aißen)

Meißner
Gleißner
verheißner

− eist (aißt)

= − aist (aißt)
= − eißt (aißt)
→ − eie (ai-e)
→ − eien (ai-en)
→ − eihen (ai-en)
→ − eisen (aisen)

Geist
  Berggeist
  Erdgeist
  Erfindergeist
  Feuergeist
  Flattergeist
  Freigeist
  Hausgeist
  Heiligergeist
  Kampfgeist
  Kastengeist
  Korpsgeist
  Plagegeist
  Poltergeist
  Quälgeist
  Schöngeist
  Unternehmungs-
  geist
  Waldgeist
  Widerspruchsgeist
  Zeitgeist
Gneist
Melissengeist
Weingeist
ausgepreist
befreist
dreist
  dummdreist
  tolldreist
enteist
entgleist
entzweist
feist
freist
gereist
  vielgereist
  weitgereist
  zugereist
gespeist
  aufgespeist
kasteist
kreist
  gekreist
meist
  allermeist
  zumeist
preist
prophezeist
reist
  bereist
schreist
seist
speist
vereist
vergreist
weist
  verweist

− eißt (aißt)

= − aißt (aißt)
= − eist (aißt)
→ − eihen (ai-en)
→ − eiß (aiß)
→ − eißen (aißen)

beißt
entsteißt
heißt
reißt
scheißt
schmeißt
schweißt
  geschweißt
verheißt
verschleißt

− eiste (aißte)

= − aiste (aißte)
= − eißte (aißte)
→ − eisen (aisen)
→ − eist (aißt)
→ − eisten (aißten)

Feiste
Leiste
  Bodenleiste
  Goldleiste
  Holzleiste
  Scheuerleiste
  Zierleiste
Zugereiste
dreiste
  tolldreiste
eingekreiste
enteiste
entgleiste
feiste
geiste
kreiste
leiste
meiste
  allermeiste
reiste
speiste
umkreiste
vereiste

vergreiste
verreiste
vielgereiste
weitgereiste

— eißte (aißte)

= – aiste (aißte)
= – eiste (aißte)
→ – eißen (aißen)

entsteißte
gleißte
schweißte
  geschweißte
  verschweißte

— eisten (aißten)

= – aisten (aißten)
= – eißten (aißten)
→ – eisen (aisen)
→ – eist (aißt)
→ – eiste (aißte)

Leisten
  Schuhleisten
dreisten
  dummdreisten
erdreisten
geisten
  aufgeisten
leisten
  ableisten
  gewährleisten
meisten
  allermeisten
reisten
  weitgereisten
  zugereisten
speisten

— eißten (aißten)

= – aisten (aißten)
= – eisten (aißten)
→ – eißen (aißen)
→ – eißte (aißte)

entsteißten
gleißten
schweißten

— eistend (aißtent)

→ – eisten (aißten)

erdreistend
leistend
  dienstleistend
  gewährleistend

— eister (aißter)

= – eißter (aißter)
→ – eisen (aisen)
→ – eist (aißt)
→ – eistern (aißtern)

Deister
Geister
  Lebensgeister
  Schwarmgeister
Heister
Kleister
Meister
  Altmeister
  Bademeister
  Bahnmeister
  Ballettmeister
  Baumeister
  Bezirksmeister
  Brandmeister
  Braumeister
  Bürgermeister
  Eichmeister
  Europameister
  Forstmeister
  Großmeister
  Handwerksmeister
  Hausmeister
  Hexenmeister
  Hoch- und
  Deutschmeister
  Hofmeister
  Jugendmeister
  Kapellmeister
  Kellermeister
  Konzertmeister
  Landesmeister
  Lehrmeister
  Maschinenmeister

  Postmeister
  Rittmeister
  Schulmeister
  Schützenmeister
  Stallmeister
  Wachtmeister
  Weltmeister
  Werkmeister
  Zahlmeister
  Zuchtmeister
Waldmeister
eingekreister
entgleister
feister
gereister
  vielgereister
  weitgereister
  zugereister
koppheister
umkreister
vergreister
verspeister

— eißter (aißter)

= – eister (aißter)
→ – eißte (aißte)

geweißter
verschweißter

— eistern (aißtern)

→ – eister (aißter)

geistern
  begeistern
  herumgeistern
kleistern
  ankleistern
  bekleistern
  verkleistern
  zukleistern
  zusammenkleistern
meistern
  bemeistern
  schulmeistern

– eistert (aißtert)

→ – eistern (aißtern)

geistert
 entgeistert
 gegeistert
kleistert
 gekleistert
meistert
 gemeistert

– eisterung (aißteruŋ)

→ – eistern (aißtern)
→ – ung (uŋ)

Begeisterung
 Kunstbegeisterung
 Literatur-
 begeisterung
 Musikbegeisterung
 Sportbegeisterung
 Theaterbegeisterung
Meisterung
 Bemeisterung
Verkleisterung

– eistes (aißteß)

= – eißtes (aißteß)
→ – aist (aißt)
→ – eist (aißt)

Erfindergeistes
dreistes
enteistes
entgleistes
feistes
verspeistes
weitgereistes

– eißtes (aißteß)

= – eistes (aißteß)
→ – aist (aißt)
→ – eißt (aißt)

entsteißtes
geweißtes
verschweißtes

– eistigkeit (aißti-chkait)

→ – eist (aißt)
→ – eit (ait)

Dreistigkeit
Feistigkeit
Geistigkeit

– eisung (aisuŋ)

→ – eisen (aisen)
→ – ung (uŋ)

Anweisung
 Bankanweisung
 Gebrauchs-
 anweisung
 Geldanweisung
 Postanweisung
 Zahlungs-
 anweisung
Einkreisung
Enteisung
Entgleisung
Lobpreisung
Speisung
 Armenspeisung
 Schulspeisung
Überweisung
 Banküberweisung
 Geldüberweisung
Vereisung
Weisung
 Abweisung
 Einweisung
 Zurückweisung

– eißung (aißuŋ)

→ – eißen (aißen)
→ – ung (uŋ)

Bescheißung
Schweißung
Verheißung
Verschleißung
Zerreißung

– eit (ait)
– (h)eit (ait)
– (k)eit (ait)

= – aid (ait)
= – eid (ait)
= – eiht (ait)
= – ight (ait)
→ – eite (aite)
→ – eiten (aiten)

Arbeit
 Akkordarbeit
 Bastelarbeit
 Bauarbeit
 Bohrarbeit
 Büroarbeit
 Diplomarbeit
 Doktorarbeit
 Einlegearbeit
 Erdarbeit
 Examensarbeit
 Fabrikarbeit
 Facharbeit
 Feldarbeit
 Frauenarbeit
 Fronarbeit
 Gartenarbeit
 Gelegenheitsarbeit
 Glasarbeit
 Goldarbeit
 Gruppenarbeit
 Häkelarbeit
 Handarbeit
 Hauptarbeit
 Hausarbeit
 Heimarbeit
 Hundearbeit
 Kinderarbeit
 Klassenarbeit
 Kleinarbeit
 Kopfarbeit
 Kurzarbeit
 Landarbeit
 Lederarbeit
 Lohnarbeit
 Löscharbeit
 Maschinenarbeit
 Maßarbeit
 Meisterarbeit

Metallarbeit
Mitarbeit
Nachtarbeit
Pfuscharbeit
Probearbeit
Präzisionsarbeit
Prüfungsarbeit
Putzarbeit
Renovierungsarbeit
Riesenarbeit
Saisonarbeit
Sauarbeit
Schichtarbeit
Schluderarbeit
Schnitzarbeit
Schularbeit
Schwarzarbeit
Schwerarbeit
Sisyphusarbeit
Sklavenarbeit
Stickarbeit
Strafarbeit
Tagesarbeit
Terminarbeit
Verwaltungsarbeit
Waldarbeit
Zusammenarbeit
Zwangsarbeit
Bauzeit
  Abbauzeit
Eiszeit
  Zwischeneiszeit
Fußbreit
Gebreit
Geleit
  Ehrengeleit
  Schutzgeleit
  Sicherheitsgeleit
  Totengeleit
  Trauergeleit
Handbreit
Hochzeit
  Bauernhochzeit
  Doppelhochzeit
  Silberhochzeit
Kriegszeit
  Nachkriegszeit
  Vorkriegszeit
Kuweit

Laufzeit
  Anlaufzeit
  Umlaufzeit
Mahlzeit
  Hauptmahlzeit
  Henkersmahlzeit
  Mittagsmahlzeit
  Zwischenmahlzeit
Mittagszeit
  Nachmittagszeit
  Vormittagszeit
Scheit
  Grabscheit
  Holzscheit
  Richtscheit
  Waagscheit
Streit
  Ehestreit
  Grenzstreit
  Kompetenzstreit
  Rechtsstreit
  Wettstreit
  Wortstreit
Wegbreit
Weihnachtszeit
  Vorweihnachtszeit
Zeit
  Abendzeit
  Abfahrtszeit
  Abmarschzeit
  Adventszeit
  Amtszeit
  Anfangszeit
  Ankunftszeit
  Anpassungszeit
  Arbeitszeit
  Aufenthaltszeit
  Ausbildungszeit
  Badezeit
  Balzzeit
  Bearbeitungszeit
  Bedenkzeit
  Beerenzeit
  Belichtungszeit
  Besuchszeit
  Betriebszeit
  Bewährungszeit
  Blütezeit
  Bronzezeit

  Brotzeit
  Brunftzeit
  Dienstzeit
  Einkaufszeit
  Entwicklungszeit
  Erholungszeit
  Erntezeit
  Essenszeit
  Fahrzeit
  Faschingszeit
  Fastenzeit
  Ferienzeit
  Fertigungszeit
  Festzeit
  Flugzeit
  Folgezeit
  Freizeit
  Friedenszeit
  Frühstückszeit
  Frühlingszeit
  Fütterungszeit
  Geschäftszeit
  Gesellenzeit
  Glanzzeit
  Gnadenzeit
  Gründerzeit
  Halbzeit
  Heidenzeit
  Heldenzeit
  Inkubationszeit
  Jagdzeit
  Jahreszeit
  Jetztzeit
  Jugendzeit
  Kinderzeit
  Krisenzeit
  Ladenzeit
  Laichzeit
  Lebenszeit
  Legezeit
  Lehrzeit
  Lieferzeit
  Militärzeit
  Nachtzeit
  Neuzeit
  Normalzeit
  Notzeit
  Öffnungszeit
  Ortszeit

Osterzeit
Paarungszeit
Probezeit
Prüfzeit
Regenzeit
Regierungszeit
Reifezeit
Reisezeit
Rekordzeit
Ritterzeit
Ruhezeit
Sauregurkenzeit
Schlafenszeit
Schonzeit
Schreckenszeit
Schulzeit
Sendezeit
Sommerzeit
Sperrzeit
Sprechzeit
Steinzeit
Strafzeit
Studentenzeit
Studienzeit
Tageszeit
Tischzeit
Überbrückungszeit
Übergangszeit
Uhrzeit
Umlaufzeit
Unzeit
Urlaubszeit
Urzeit
Verfallzeit
Vesperzeit
Vorbereitungszeit
Vorgabezeit
Vorzeit
Wartezeit
Wartungszeit
Winterzeit
Zwischenzeit
allezeit
allzeit
befreit
bereit
  abfahrbereit
  abfahrtbereit
  abnahmebereit
  alarmbereit
  angriffsbereit
  aufbruchsbereit
  aufnahmebereit
  dienstbereit
  einsatzbereit
  entschlußbereit
  feuerbereit
  gefechtsbereit
  hilfsbereit
  kampfbereit
  opferbereit
  schußbereit
  sprungbereit
  startbereit
  versandbereit
  verständigungsbereit
breit
  daumenbreit
  fingerbreit
  fußbreit
  handbreit
  wegbreit
  zollbreit
derzeit
gebenedeit
gefeit
gefreit
gescheit
  blitzgescheit
  grundgescheit
hergeschneit
insonderheit
jederzeit
kasteit
marschbereit
  abmarschbereit
schneit
  geschneit
seinerzeit
seit
soweit
  ebensoweit
  insoweit
vermaledeit
weit
  anderweit
  gleichweit
  himmelweit
  kilometerweit
  meilenweit
  sperrangelweit
  stundenweit
  unweit
  weltweit
wieweit
  inwieweit
zweit
  entzwei

— (h)eit (ait)

= – eit (ait)
= – (k)eit (ait)

Abgebrühtheit
Abgeklärtheit
Abgeschlagenheit
Abgestumpftheit
Albernheit
Aufgeblasenheit
Aufgeräumtheit
Ausgeglichenheit
  Unausgeglichenheit
Barschheit
Bedingtheit
  Unbedingtheit
Begrenztheit
  Unbegrenztheit
Beherrschtheit
  Unbeherrschtheit
Beherztheit
Belebtheit
Beleibtheit
  Wohlbeleibtheit
Beliebtheit
  Unbeliebtheit ·
Beschaffenheit
  Bodenbeschaffenheit
  Geistes-
  beschaffenheit
  Gelände-
  beschaffenheit
  Grundbeschaffenheit
  Körper-
  beschaffenheit
  Material-
  beschaffenheit

Bescheidenheit
  Unbescheidenheit
Beschlagenheit
Beseeltheit
Besonnenheit
  Unbesonnenheit
Besorgtheit
Bestimmtheit
Bewußtheit
Blödheit
Bosheit
Bravheit
Buntheit
Christenheit
Dunkelheit
Durchtriebenheit
Echtheit
  Farbechtheit
  Lichtechtheit
  Waschechtheit
Eigenheit
  Spracheigenheit
Einfachheit
Einzelheit
Erbostheit
Ergriffenheit
Erhabenheit
Fahrenheit
Falschheit
Faulheit
  Denkfaulheit
  Schreibfaulheit
Feigheit
Forschheit
Freiheit
  Bewegungsfreiheit
  Demonstrations-
  freiheit
  Ellbogenfreiheit
  Gedankenfreiheit
  Geistesfreiheit
  Gewerbefreiheit
  Glaubensfreiheit
  Handlungsfreiheit
  Lehrfreiheit
  Meinungsfreiheit
  Narrenfreiheit
  Pressefreiheit
  Redefreiheit

Religionsfreiheit
Straffreiheit
Versammlungs-
freiheit
Willensfreiheit
Zollfreiheit
Fremdheit
  Lebensfremdheit
Ganzheit
Geborgenheit
Gebrochenheit
Gebundenheit
  Erdgebundenheit
  Ungebundenheit
  Zeitgebundenheit
Gefaßtheit
Geistesgestörtheit
Geneigtheit
  Abgeneigtheit
Gesamtheit
Gescheitheit
Geschraubtheit
Gesundheit
  Bärengesundheit
  Volksgesundheit
Gewißheit
  Siegesgewißheit
  Ungewißheit
Gewohnheit
  Angewohnheit
  Denkgewohnheit
  Lebensgewohnheit
Gottheit
Grobheit
Halbheit
Hohlheit
Kargheit
  Wortkargheit
Keckheit
Keuschheit
  Unkeuschheit
Klugheit
  Lebensklugheit
  Superklugheit
Knappheit
  Geldknappheit
  Lebensmittel-
  knappheit
Kraßheit

Kühnheit
  Tollkühnheit
Laxheit
Lockerheit
Menschheit
Minderheit
Niedergeschlagenheit
Plattheit
Plumpheit
Sanftheit
Schlichtheit
Schönheit
  Ballschönheit
  Formschönheit
  Naturschönheit
Schroffheit
Seichtheit
Seltenheit
Sicherheit
  Betriebssicherheit
  Lebenssicherheit
  Selbstsicherheit
  Treffsicherheit
  Unsicherheit
  Verkehrssicherheit
  Zielsicherheit
Sonderheit
Steifheit
Strammheit
Taubheit
Tollheit
  Mannstollheit
  Weibstollheit
Torheit
Unbeholfenheit
Unbekümmertheit
Unberührtheit
Unbescholtenheit
Unerfahrenheit
Verblüfftheit
Verborgenheit
Verbundenheit
  Volksverbundenheit
Verderbtheit
Verdorbenheit
  Unverdorbenheit
Verdrehtheit
Verdutztheit
Verhaltenheit

341

Verliebtheit
Verruchtheit
Verrücktheit
Verschämtheit
  Unverschämtheit
Verschlagenheit
Verschmitztheit
Verschrobenheit
Verspieltheit
Verstocktheit
Verstörtheit
Vertrautheit
Verwaschenheit
Verworfenheit
Verworrenheit
Verzagtheit
  Unverzagtheit
Verzwicktheit
Vielheit
Vornehmheit
Weisheit
  Altersweisheit
  Bauernweisheit
  Binsenweisheit
  Lebensweisheit
  Schulweisheit
  Weltweisheit
Wohlhabenheit
Zartheit
Zerfahrenheit
Zerknirschtheit
Zerstreutheit

— (k)eit (ait)
— (amk)eit (ait)
— (ark)eit (ait)
— (ichk)eit (ait)
— (eiflichk)eit
— (ichtlichk)eit
— (ümlichk)eit
— (igk)eit (ait)
— (artigk)eit
— (eligk)eit
— (eutigk)eit
— (osigk)eit

= — eit (ait)
= — (h)eit (ait)

Biederkeit
Bitterkeit
Eitelkeit
Hagerkeit
Heiserkeit
Heiterkeit
Lauterkeit
Magerkeit
Munterkeit
Sauberkeit
  Unsauberkeit
Tapferkeit
Übelkeit

— (amk)eit
  (a:mkait)
→ — am (a:m)
→ — (k)eit (ait)

Heilsamkeit
Lenksamkeit
Mitteilsamkeit
Sparsamkeit

— (ark)eit
  (a:rkait)
→ — ar (a:r)
→ — (k)eit (ait)

Ermüdbarkeit
Gerichtsbarkeit
Lustbarkeit

— (ichk)eit
  (i-chkait)
→ — ich (i-ch)
→ — (k)eit (ait)

Abkömmlichkeit
  Unabkömmlichkeit
Abscheulichkeit
Absonderlichkeit
Ähnlichkeit
  Unähnlichkeit
Ängstlichkeit
Ansehnlichkeit
  Unansehnlichkeit

Appetitlichkeit
  Unappetitlichkeit
Ärgerlichkeit
Äußerlichkeit
Beharrlichkeit
Beweglichkeit
  Unbeweglichkeit
Brüderlichkeit
Bürgerlichkeit
  Kleinbürgerlichkeit
  Spießbürgerlichkeit
Deutlichkeit
  Undeutlichkeit
Erkenntlichkeit
Faßlichkeit
  Leichtfaßlichkeit
Feierlichkeit
  Begrüßungs-
  feierlichkeit
  Jubiläums-
  feierlichkeit
  Trauerfeierlichkeit
Feindlichkeit
  Menschen-
  feindlichkeit
Festlichkeit
Fleischlichkeit
Förmlichkeit
Freundlichkeit
  Gastfreundlichkeit
  Unfreundlichkeit
Fröhlichkeit
Fürsorglichkeit
Fürstlichkeit
Gastlichkeit
  Ungastlichkeit
Gebräuchlichkeit
  Ungebräuchlichkeit
Gefährlichkeit
  Feuergefährlichkeit
  Ungefährlichkeit
Geistlichkeit
Gemächlichkeit
Gemeinschaftlichkeit
Gemütlichkeit
  Ungemütlichkeit
  Urgemütlichkeit
Göttlichkeit
Gründlichkeit

Handlichkeit
  Unhandlichkeit
Heimlichkeit
Herrlichkeit
  Selbstherrlichkeit
Herzlichkeit
Höflichkeit
  Unhöflichkeit
Innerlichkeit
Jämmerlichkeit
Jugendlichkeit
Jungfräulichkeit
Kameradschaftlichkeit
  Unkameradschaftlichkeit
Käuflichkeit
Körperlichkeit
Köstlichkeit
Kümmerlichkeit
Künstlichkeit
Lächerlichkeit
Leidenschaftlichkeit
Leserlichkeit
  Unleserlichkeit
Lieblichkeit
Löblichkeit
Löslichkeit
  Unlöslichkeit
Menschlichkeit
  Übermenschlichkeit
  Unmenschlichkeit
Mißlichkeit
Möglichkeit
  Anwendungsmöglichkeit
  Arbeitsmöglichkeit
  Auftiegsmöglichkeit
  Ausbreitungsmöglichkeit
  Ausweichmöglichkeit
  Entfaltungsmöglichkeit
  Entwicklungsmöglichkeit
  Lebensmöglichkeit
  Schaffensmöglichkeit
  Unmöglichkeit

Nützlichkeit
Öffentlichkeit
Ordentlichkeit
  Unordentlichkeit
Örtlichkeit
Pünktlichkeit
  Unpünktlichkeit
Räumlichkeit
Redlichkeit
  Unredlichkeit
Ritterlichkeit
Sachlichkeit
  Unsachlichkeit
Schädlichkeit
  Unschädlichkeit
Schauerlichkeit
Schicklichkeit
Schimpflichkeit
Schmählichkeit
Sinnlichkeit
  Übersinnlichkeit
Sportlichkeit
  Unsportlichkeit
Staatlichkeit
Stattlichkeit
Tätlichkeit
Tauglichkeit
  Untauglichkeit
Trefflichkeit
  Vortrefflichkeit
Unergründlichkeit
Unermüdlichkeit
Unerschöpflichkeit
Unersättlichkeit
Unkenntlichkeit
Unrühmlichkeit
Unumstößlichkeit
Unveräußerlichkeit
Unverbesserlichkeit
Unverbrüchlichkeit
Unverwüstlichkeit
Unwirtlichkeit
Unziemlichkeit
Ursprünglichkeit
Veränderlichkeit
  Unveränderlichkeit
Verwerflichkeit
Vorbildlichkeit
Weinerlichkeit

Weltlichkeit
Wirklichkeit
  Unwirklichkeit
Wirtschaftlichkeit
  Unwirtschaftlichkeit
Wissenschaftlichkeit
  Pseudowissenschaftlichkeit
Wohnlichkeit
Wunderlichkeit
Zärtlichkeit
Zimperlichkeit
Zweckdienlichkeit

— **(eiflichk)eit
(aifli-chkait)**

→ – eiflich (aifli-ch)
→ – (k)eit (ait)

Handgreiflichkeit

— **(ichtlichk)eit
(i-chtli-chkait)**

→ – ichtlich (i-chtli-ch)
→ – (k)eit (ait)

Absichtlichkeit

— **(ümlichk)eit
(ü:mli-chkait)**

→ – (k)eit (ait)
→ – ümlich (ü:mli-ch)

Urtümlichkeit
Volkstümlichkeit

— **(igk)eit
(i-chkait)**

→ – (k)eit (ait)

Abtrünnigkeit
Abwegigkeit
Affigkeit
Anstößigkeit
Bangigkeit
Bärbeißigkeit

343

Barmherzigkeit
  Unbarmherzigkeit
Bärtigkeit
Bedürftigkeit
  Hilfsbedürftigkeit
  Schutzbedürftigkeit
Behendigkeit
Bissigkeit
Blutrünstigkeit
Dickköpfigkeit
Dickleibigkeit
Diesigkeit
Doppelzüngigkeit
Drolligkeit
Dürftigkeit
Ebenbürtigkeit
Eifrigkeit
Einförmigkeit
Einmaligkeit
Einsilbigkeit
Eintönigkeit
Emsigkeit
Engstirnigkeit
Ergiebigkeit
  Unergiebigkeit
Ewigkeit
Farbigkeit
  Vielfarbigkeit
Feinfühligkeit
Fettleibigkeit
Feuchtigkeit
  Bodenfeuchtigkeit
  Luftfeuchtigkeit
Fixigkeit
Flatterigkeit
Freigiebigkeit
Frömmigkeit
Frostigkeit
Galligkeit
Garstigkeit
Gelehrigkeit
  Ungelehrigkeit
Gelenkigkeit
  Ungelenkigkeit
Geschwätzigkeit
Gesprächigkeit
Gläubigkeit
  Gottläubigkeit
  Gutgläubigkeit

Kleinkläubigkeit
Leichtgläubigkeit
Rechtgläubigkeit
Strenggläubigkeit
Glaubwürdigkeit
  Unglaubwürdigkeit
Gleichförmigkeit
  Ungleichförmigkeit
Gleichnamigkeit
Gleichwertigkeit
  Ungleichwertigkeit
Gradlinigkeit
Großherzigkeit
Großmäuligkeit
Großwüchsigkeit
Gültigkeit
  Allgemeingültigkeit
  Gleichgültigkeit
  Mustergültigkeit
  Ungültigkeit
  Vollgültigkeit
Gutherzigkeit
Halsstarrigkeit
Hartherzigkeit
Hartnäckigkeit
Hochnäsigkeit
Hörigkeit
  Schwerhörigkeit
Hurtigkeit
Kaltschnäuzigkeit
Kernigkeit
Kitz(e)ligkeit
Klebrigkeit
Kleinwüchsigkeit
Kratzbürstigkeit
Kurzatmigkeit
Leichtigkeit
Lumpigkeit
Lustigkeit
Mattigkeit
Mehrbasigkeit
Müdigkeit
  Kriegsmüdigkeit
  Lebensmüdigkeit
Nachgiebigkeit
  Unnachgiebigkeit
Neuigkeit
Obrigkeit
Offenherzigkeit

Paarigkeit
Patzigkeit
Pfiffigkeit
Rauhigkeit
Ruhmredigkeit
Rührigkeit
  Ehrenrührigkeit
Rüstigkeit
Schläfrigkeit
Schlüpfrigkeit
Schnellwüchsigkeit
Schuftigkeit
Schuldigkeit
Schwammigkeit
Schweratmigkeit
Schwülstigkeit
Spaßigkeit
Staatsangehörigkeit
Starrköpfigkeit
Stetigkeit
  Unstetigkeit
Störrigkeit
Treuherzigkeit
Trotzigkeit
Übellaunigkeit
Unförmigkeit
Ungebärdigkeit
Ungehörigkeit
Untertänigkeit
Unterwürfigkeit
Üppigkeit
Urwüchsigkeit
Vernünftigkeit
  Unvernünftigkeit
Vielförmigkeit
Volleibigkeit
Vollzähligkeit
Waghalsigkeit
Weitschweifigkeit
Wenigkeit
Wertigkeit
  Minderwertigkeit
Widerspenstigkeit
Winzigkeit
Wohligkeit
Würdigkeit
  Denkwürdigkeit
  Liebenswürdigkeit
  Merkwürdigkeit

Sehenswürdigkeit
Strafwürdigkeit
Verehrungs-
würdigkeit
Zackigkeit
Zopfigkeit
Zugehörigkeit
  Betriebs-
zugehörigkeit
  Stammes-
zugehörigkeit
  Volkszugehörigkeit
Zusammengehörigkeit

**— (artigk)eit
(a:rti-chkait)**

→ − artig (a:rti-ch)
→ − (k)eit (ait)

Verschiedenartigkeit
Ungleichartigkeit

**— (eligk)eit
(e:li-chkait)**

→ − elig (e:li-ch)
→ − (k)eit (ait)

Seligkeit

**— (eutigk)eit
(oiti-chkait)**

→ − eutig (oiti-ch)
→ − (k)eit (ait)

Vieldeutigkeit

**— (osigk)eit
(o:si-chkait)**

→ − (k)eit (ait)
→ − os (o:ß)

Beschäftigungslosigkeit
Ehelosigkeit
Gesetzlosigkeit
Gestaltlosigkeit
Klanglosigkeit
Prinzipienlosigkeit
Vermögenslosigkeit

— eitbar (aitba:r)

= − eidbar (aitba:r)
→ − ar (a:r)
→ − eiten (aiten)

bestreitbar
  unbestreitbar
leitbar
  ableitbar
  unleitbar
streitbar
überschreitbar
  unüberschreitbar
weitbar
  ausweitbar

**— eitbarkeit
(aitba:rkait)**

= − eidbarkeit
  (aitba:rkait)
→ − eitbar (aitba:r)
→ − eit (ait)

Leitbarkeit
Streitbarkeit
Unbestreitbarkeit

— eite (aite)

= − aite (aite)
= − eihte (aite)
→ − eien (ai-en)
→ − eit (ait)
→ − eiten (aiten)

Breite
  Bandbreite
  Bildbreite
  Haaresbreite
Freite
Gefreite
  Obergefreite
  Stabsgefreite
Geleite
Gestreite
Leite
Pleite
Schleite
Schwertleite

Seite
  Breitseite
  Butterseite
  Druckseite
  Gegenseite
  Kehrseite
  Nachtseite
  Rückseite
  Schattenseite
  Schlagseite
  Sonnenseite
  Speckseite
  Vorderseite
  Wetterseite
Spreite
Weite
  Brennweite
  Brustweite
  Halsweite
  Hörweite
  Kopfweite
  Kragenweite
  Oberweite
  Reichweite
  Rufweite
  Schußweite
  Sichtweite
  Spannweite
  Sprungweite
  Tragweite
Zweite
arbeite
befreite
begleite
beiseite
benedeite
bereite
entzweite
freite
geleite
gleite
kasteite
konterfeite
leite
pleite
prophezeite
reite
schneite
schreite

streite
verbleite
vermaledeite
weite

— eitel (aitel)

→ — eiteln (aiteln)

Beitel
Reitel
Scheitel
  Bergscheitel
  Haarscheitel
  Mittelscheitel
  Seitenscheitel
eitel

— eiteln (aiteln)

→ — eitel (aitel)

beschneiteln
scheiteln
vereiteln

— eiten (aiten)

= — aiten (aiten)
→ — eiht (ait)
→ — eit (ait)
→ — eite (aite)

Arbeiten
  Bauarbeiten
  Dacharbeiten
  Schularbeiten
  Straßenarbeiten
  Vermessungs-
  arbeiten
Feierlichkeiten
Gezeiten
Habseligkeiten
Reiten
  Dressurreiten
  Schulreiten
  Wellenreiten
Schwierigkeiten
  Geldschwierigkeiten
  Sprachschwierig-
  keiten
  Versorgungs-
  schwierigkeiten
  Verständigungs-
  schwierigkeiten
Zeiten
  Lebzeiten
arbeiten
  abarbeiten
  aufarbeiten
  ausarbeiten
  bearbeiten
  durcharbeiten
  einarbeiten
  erarbeiten
  herausarbeiten
  hocharbeiten
  kurzarbeiten
  mitarbeiten
  nacharbeiten
  schwarzarbeiten
  totarbeiten
  überarbeiten
  umarbeiten
  vorarbeiten
  wegarbeiten
  weiterarbeiten
  zusammenarbeiten
begleiten
  heimbegleiten
  hinausbegleiten
  hineinbegleiten
  zurückbegleiten
beizeiten
bereiten
  aufbereiten
  nachbereiten
  vorbereiten
  zubereiten
bewahrheiten
breiten
  ausbreiten
  unterbreiten
  verbreiten
geleiten
  heimgeleiten
  hergeleiten
  hingeleiten
  hinübergeleiten
  zurückgeleiten
gleiten
  abgleiten
  ausgleiten
  dahingleiten
  entgleiten
  hinabgleiten
  hingleiten
  niedergleiten
  vorübergleiten
leiten
  ableiten
  anleiten
  einleiten
  fehlleiten
  herleiten
  hinleiten
  irreleiten
  mißleiten
  überleiten
  umleiten
  verleiten
  weiterleiten
  zuleiten
reiten
  abreiten
  anreiten
  ausreiten
  einreiten
  entgegenreiten
  fortreiten
  hineinreiten
  nachreiten
  niederreiten
  überreiten
  umreiten
  voranreiten
  vorausreiten
  vorbeireiten
  vorreiten
  wegreiten
  zureiten
  zurückreiten
schreiten
  abschreiten
  ausschreiten
  beschreiten
  durchschreiten
  einschreiten
  fortschreiten

überschreiten
umschreiten
unterschreiten
vorwärtsschreiten
weiterschreiten
zurückschreiten
spreiten
  ausspreiten
streiten
  abstreiten
  bestreiten
  erstreiten
  herumstreiten
  widerstreiten
verarbeiten
  weiterverarbeiten
vorzeiten
weiten
  ausweiten
zuzeiten

— eitend (aitent)

→ – aiten (aiten)
→ – eiten (aiten)

ausbreitend
entgleitend
heimgeleitend
hinausbegleitend
niederreitend
überschreitend
verarbeitend
  holzverarbeitend
  lederverarbeitend
  metallverarbeitend
  papierverarbeitend
wärmeleitend
widerstreitend
zubereitend

— eiter (aiter)

→ – eit (ait)
→ – eitern (aitern)

Arbeiter
  Bauarbeiter
  Bergarbeiter
  Fabrikarbeiter
  Facharbeiter
  Fremdarbeiter
  Gastarbeiter
  Hafenarbeiter
  Handarbeiter
  Heimarbeiter
  Hilfsarbeiter
  Landarbeiter
  Mitarbeiter
  Saisonarbeiter
  Schwerarbeiter
  Vorarbeiter
  Waldarbeiter
Außenseiter
Bearbeiter
  Sachbearbeiter
Begleiter
  Reisebegleiter
  Wegbegleiter
Bereiter
Blitzableiter
Eiter
Gefreiter
Gleiter
Hochzeiter
Kuweiter
Leiter
  Ableiter
  Abteilungsleiter
  Amtsleiter
  Anstaltsleiter
  Aufnahmeleiter
  Ausbildungsleiter
  Ausziehleiter
  Bauleiter
  Betriebsleiter
  Dienstleiter
  Eileiter
  Feuerleiter
  Feuerwehrleiter
  Filialleiter
  Gruppenleiter
  Halbleiter
  Harnleiter
  Heimleiter
  Himmelsleiter
  Hühnerleiter
  Kursusleiter
  Lehrgangsleiter
  Nulleiter
  Schriftleiter
  Schulleiter
  Sendeleiter
  Standleiter
  Strickleiter
  Stufenleiter
  Sturmleiter
  Tonleiter
  Treppenleiter
  Wärmeleiter
  Werbeleiter
  Werkleiter
Reiter
  Dachreiter
  Herrenreiter
  Kunstreiter
  Lanzenreiter
  Meldereiter
  Paragraphenreiter
  Postreiter
  Prinzipienreiter
  Schulreiter
  Spitzenreiter
  Turnierreiter
  Vorreiter
  Zureiter
Streiter
  Glaubensstreiter
  Gottesstreiter
  Mitstreiter
Warmwasserbereiter
breiter
gescheiter
heiter
hilfsbereiter
vermaledeiter
weiter
zweiter

— eiterei (aiterai)

= – ei (ai)
→ – eiten (aiten)
→ – eiter (aiter)

Reiterei
Streiterei

— **eitern (aitern)**

→ – eiter (aiter)

aufheitern
eitern
  vereitern
erheitern
scheitern
verbreitern
weitern
  erweitern

— **eitert (aitert)**

→ – eitern (aitern)

angeheitert
aufgeheitert
eitert
  geeitert
erheitert
erweitert
scheitert
  gescheitert
verbreitert

— **eiterung (aiteruŋ)**

→ – eitern (aitern)
→ – ung (uŋ)

Erweiterung
  Gebietserweiterung
  Gefäßerweiterung
  Herzerweiterung
  Horizonterweiterung
  Magenerweiterung
Verbreiterung
Vereiterung
  Stirnhöhlenver-
  eiterung
Weiterung

— **eites (aiteß)**

→ – eit (ait)

Ehestreites
Ehrengeleites

Holzscheites
befreites
bereites
breites
gescheites
kasteites
marschbereites
vermaledeites
weites

— **eit(e)ste (ait(e)ßte)**

= – eizte (aitßte)
→ – eit (ait)

bereit(e)ste
breit(e)ste
  allerbreit(e)ste
gescheit(e)ste
weit(e)ste

— **eitet (aitet)**

= – aitet (aitet)
→ – eiten (aiten)

arbeitet
  überarbeitet
  verarbeitet
  zerarbeitet
ausgebreitet
bearbeitet
  neubearbeitet
  unbearbeitet
begleitet
  unbegleitet
bereitet
  zubereitet
breitet
gearbeitet
  abgearbeitet
  ausgearbeitet
  eingearbeitet
geleitet
  abgeleitet
  ungeleitet
  zentralgeleitet
  zugeleitet
geweitet
  ausgeweitet

gleitet
hingebreitet
leitet
  verleitet
schreitet
streitet
verbreitet
  weitverbreitet
vorbereitet
  unvorbereitet

— **eitig (aiti-ch)**

= – aitig (aiti-ch)
→ – ich (i-ch)

abseitig
achtseitig
allseitig
anderweitig
beid(er)seitig
diesseitig
doppelseitig
dreiseitig
einseitig
fünfseitig
gegenseitig
gleichseitig
halbseitig
jenseitig
linksseitig
rechtsseitig
rücksseitig
umseitig
streitig
  unstreitig
vielseitig
vierseitig
wechselseitig
zeitig
  derzeitig
  frühzeitig
  gleichzeitig
  rechtzeitig
  unzeitig
  vorzeitig
zweiseitig

— eitige (aitige)

→ – eitig (aiti-ch)

abseitige
anderweitige
beseitige

— eitigen (aitigen)

→ – eitig (aiti-ch)
→ – eitige (aitige)

beseitigen
zeitigen

— eitigkeit (aiti-chkait)

→ – eit (ait)
→ – eitig (aiti-ch)

Abseitigkeit
Gleichzeitigkeit
Streitigkeit
  Grenzstreitigkeit
  Thronstreitigkeit
Vielseitigkeit

— eitlich (aitli-ch)

= – eidlich (aitli-ch)
→ – ich (i-ch)

einheitlich
  uneinheitlich
obrigkeitlich
seitlich
zeitlich
  eiszeitlich
  jahreszeitlich
  vorzeitlich
  zwischenzeitlich

— eitlichkeit (aitli-chkait)

= – eidlichkeit
    (aitli-chkait)
→ – eit (ait)
→ – eitlich (aitli-ch)

Einheitlichkeit
Zeitlichkeit

— eitling (aitliŋ)

= – aitling (aitliŋ)
= – ing (iŋ)

Breitling

— eits (aitß)

= – eids (aitß)
= – eiz (aitß)
→ – eid (ait)
→ – eit (ait)

Abseits
Diesseits
Ehestreits
Ehrengeleits
Holzscheits
Jenseits
abseits
allerseits
allseits
andererseits
anderseits
andrerseits
ärztlicherseits
behördlicherseits
beiderseits
beidseits
bereits
deinerseits
diesseits
einerseits
euerseits
ihrerseits
jenseits
keinerseits
längsseits
meinerseits
mütterlicherseits
seinerseits
unsererseits
unserseits
väterlicherseits

— eitung (aituŋ)

→ – aiten (aiten)
→ – eiten (aiten)
→ – ung (uŋ)

Anleitung
  Bedienungs-
  anleitung
Ausarbeitung
Ausbreitung
Ausschreitung
Ausweitung
Bearbeitung
Begleitung
  Klavierbegleitung
  Orchester-
  begleitung
Einarbeitung
Leitung
  Ableitung
  Bauleitung
  Betriebsleitung
  Einleitung
  Fernsprechleitung
  Gasleitung
  Geschäftsleitung
  Lichtleitung
  Oberleitung
  Schriftleitung
  Spielleitung
  Stromleitung
  Telefonleitung
  Überlandleitung
  Überleitung
  Umleitung
  Wasserleitung
Überarbeitung
Überschreitung
  Amtsüberschreitung
  Grenzüber-
  schreitung
Umarbeitung
Verbreitung
Vorbereitung
  Reisevorbereitung
Warmwasserbereitung
Zeitung
  Abendzeitung
  Bierzeitung
  Boulevardzeitung
  Schülerzeitung
  Tageszeitung
  Wandzeitung
Zubereitung

— eitz (aitß)

= – eiz (aitß)

Zeitz

— eiung (ai-uŋ)

= – eihung (ai-uŋ)
→ – eien (ai-en)
→ – ung (uŋ)

Befreiung
  Selbstbefreiung
Entzweiung
Freiung
Kasteiung
  Selbstkasteiung
Parteiung
Prophezeiung

— eiz (aitß)

= – eids (aitß)
= – eits (aitß)
= – eitz (aitß)
→ – eize (aitße)
→ – eizen (aitßen)

Geiz
  Ehrgeiz
Greiz
Reiz
  Anreiz
  Brechreiz
  Hustenreiz
  Juckreiz
  Liebreiz
  Sinnenreiz
  Sinnesreiz
Schleiz
Schweiz
  Fränkische Schweiz
  Holsteinische Schweiz
  Kaschubische Schweiz
  Sächsische Schweiz
beiz
geiz
heiz
reiz
spreiz

— eizbar (aitßba:r)

→ – ar (a:r)
→ – eizen (aitßen)

beizbar
beheizbar
  unbeheizbar
heizbar
reizbar
  überreizbar
spreizbar

— eizbarkeit (aitßba:rkait)

→ – eit (ait)
→ – eizbar (aitßba:r)

Beheizbarkeit
Reizbarkeit

— eize (aitße)

→ – eiz (aitß)
→ – eizen (aitßen)

Beize
  Ätzbeize
  Falkenbeize
  Färbereibeize
  Fleischbeize
  Getreidebeize
  Vogelbeize
Spreize
beize
geize
heize
reize
spreize

— eizen (aitßen)

→ – eiz (aitß)
→ – eize (aitße)

Weizen
  Buchweizen
  Sommerweizen
  Winterweizen
beizen
  abbeizen
  aufbeizen
  ausbeizen
  einbeizen
geizen
  ausgeizen
  vergeizen
heizen
  anheizen
  aufheizen
  beheizen
  durchheizen
  einheizen
  überheizen
  verheizen
reizen
  anreizen
  aufreizen
  überreizen
spreizen
  abspreizen
  aufspreizen
  auseinanderspreizen
  ausspreizen

— eizend (aitßent)

→ – eizen (aitßen)

beizend
geizend
heizend
reizend
  liebreizend
spreizend

— eizer (aitßer)

→ – eizen (aitßen)

Beizer
Greizer
Heizer
Schleizer
Schweizer
  Deutschschweizer
  Welschschweizer

— eizt (aitßt)

→ — eizen (aitßen)

beizt
  gebeizt
geheizt
  ungeheizt
geizt
  gegeizt
heizt
  beheizt
reizt
  gereizt
spreizt
  gespreizt

— eizte (aitßte)

= — eit(e)ste (ait(e)ßte)
→ — eizen (aitßen)
→ — eizt (aitßt)

beizte
geizte
heizte
reizte
spreizte

— eiztheit (aitßthait)

→ — eit (ait)
→ — eizen (aitßen)
→ — eizt (aitßt)

Gereiztheit
Gespreiztheit

— eizung (aitßuŋ)

→ — eizen (aitßen)
→ — ung (uŋ)

Beizung
Heizung
  Bodenheizung
  Dampfheizung
  Elektroheizung
  Etagenheizung
  Fernheizung
  Gasheizung
  Kohlenheizung
  Ofenheizung
  Ölheizung
  Zentralheizung
Reizung
  Blinddarmreizung
  Überreizung
Spreizung
Vergeizung

— ek (e:k)

= — eak (e:k)
→ — eg (e:k)
→ — eke (e:ke)

Bibliothek
  Leihbibliothek
  Privatbibliothek
Discothek
Glyptothek
Hypothek
Kartothek
Photothek
Pinakothek

— eka (äka)

= — ekka (äka)
→ — a (a:)

Deka
Rijeka
Tscheka

— eke (e:ke)

→ — ek (e:k)

Apotheke
  Hausapotheke
Azteke
Guatemalteke
Kopeke
Parteke
Scharteke
Toltheke
Usbeke
Theke

— ekel (e:kel)

→ — ekeln (e:keln)

Ekel
Menetekel
Molekel
Rekel

— ekeln (e:keln)

→ — ekel (e:kel)

ekeln
anekeln
hinausekeln
verekeln
rekeln

— eken (e:ken)

→ — ek (e:k)
→ — eke (e:ke)

Azteken
Bibliotheken
Hypotheken
Scharteken
Tolteken
Usbeken

— ekisch (e:kisch)

→ — isch (isch)

aztekisch
guatemaltekisch
toltekisch
usbekisch

— ekka (äka)

= — eka (äka)
→ — a (a:)

Mekka
Rebekka

— eklig (e:kli-ch)

= — eglich (e:kli-ch)
→ — ich (i-ch)

eklig

— eks (e:kß)

= – egs (e:kß)
→ – eak (e:k)
→ – eg (e:k)
→ – ek (e:k)

Keks
　Butterkeks

— ekt (äkt)

= – äckt (äkt)
= – eckt (äkt)
= – eggt (äkt)

Affekt
Architekt
　Innenarchitekt
Aspekt
Defekt
　Maschinendefekt
　Motordefekt
Dialekt
Effekt
　Bühneneffekt
　Dopplereffekt
　Endeffekt
　Farbeffekt
　Knalleffekt
　Lichteffekt
　Nutzeffekt
　Schlußeffekt
　Wärmeeffekt
Insekt
　Fluginsekt
Intellekt
Konfekt
Objekt
　Ausstellungsobjekt
　Bauobjekt
　Streitobjekt
　Versuchsobjekt
　Zielobjekt
Perfekt
　Imperfekt
　Plusquamperfekt
Präfekt
Projekt
　Bauprojekt

Prospekt
　Bühnenprospekt
　Reiseprospekt
　Verlagsprospekt
　Werbeprospekt
Respekt
Sekt
　Krimsekt
　Obstsekt
Subjekt
Trajekt
direkt
　indirekt
korrekt
　unkorrekt
perfekt
suspekt

— ekte (äkte)

= – eckte (äkte)
→ – eggt (äkt)
→ – ekt (äkt)

Kollekte
Sekte
　Geheimsekte
defekte
direkte
korrekte
perfekte
suspekte

— ekten (äkten)

= – eckten (äkten)
→ – eggt (äkt)
→ – ekt (äkt)
→ – ekte (äkte)

Analekten
Effekten
Insekten
Kollekten
Pandekten
Sekten
defekten
direkten
korrekten
perfekten
suspekten

— ektheit (äkthaıt)

= – ecktheit (äkthaıt)
→ – eit (aıt)
→ – ekt (äkt)

Direktheit
Korrektheit

— ektik (äktik)

→ – ik (ik)

Dialektik
Hektik

— ektiker (äktiker)

→ – icker (iker)

Apoplektiker
Dialektiker
Eklektiker
Hektiker

— ektisch (äktisch)

→ – isch (isch)

apoplektisch
dialektisch
eklektisch
hektisch

— ektor (äkto:r)

= – ector (äkto:r)
= – ohr (o:r)
= – oor (o:r)
= – or (o:r)

Deflektor
Desinfektor
Detektor
　Lügendetektor
Direktor
　Generaldirektor
　Generalmusik-
　direktor
Hektor
Inspektor

Korrektor
Lektor
　Verlagslektor
Projektor
　Filmprojektor
Prospektor
Protektor
Reflektor
Rektor
　Konrektor
Sektor
　Privatsektor
Vektor

— el (e:l)

= – ail (e:l)
= – eel (e:l)
= – ehl (e:l)
→ – ele (e:le)
→ – elen (e:len)

Archipel
Epithel
Gasel
Hel
Israel
Juwel
Kamel
Kautel
Kuratel
fidel
　kreuzfidel
　mopsfidel
　urfidel
parallel

— el (äl)

= – äl (äl)
= – ell (äl)
= – elle (äl)

Daniel
Hotel
Karamel
Kolonel
Kuratel
Michael
Motel
Raffael

— ela (e:la)

→ – a (a:)

Daniela
Hela
Manuela
Michaela
Pamela
Raphaela
Venezuela
Zarzuela

— elb (älp)

→ – elbe (älbe)

Gelb
　Eigelb
Selb
gelb
　buttergelb
　dottergelb
　dunkelgelb
　goldgelb
　grüngelb
　hellgelb
　ockergelb
　quittegelb
　safrangelb
　schwefelgelb
　vanillegelb
　zitronengelb

— elba (älba)

→ – a (a:)

Elba
Pfirsich Melba

— elbe (älbe)

→ – elb (älp)

Elbe
Gelbe
dasselbe
derselbe
dieselbe

— elben (älben)

→ – elb (älp)

demselben
denselben
derselben
dieselben
gelben

— elber (älber)

= – älber (älber)

gelber
selber

— elch (äl-ch)

→ – elche (äl-che)
→ – elchen (äl-chen)

Elch
Kelch
　Abendmahlskelch
　Blütenkelch
　Weinkelch
welch

— elche (äl-che)

→ – elch (äl-ch)
→ – elchen (äl-chen)

welche
　etwelche
　irgendwelche

— elchen (e:l-chen)

= – eelchen (e:l-chen)
= – ehlchen (e:l-chen)
→ – el (e:l)
→ – ele (e:le)

Garnelchen
Juwelchen
Kamelchen
Makrelchen

353

— **elchen (äl-chen)**

= – ällchen (äl-chen)
= – ellchen (äl-chen)
→ – elch (äl-ch)
→ – elche (äl-che)

Felchen
  Bodenseefelchen
selchen
welchen
  irgendwelchen

— **elcher (älcher)**

Selcher
welcher

— **eld (ält)**

= – ällt (ält)
= – ält (ält)
= – ellt (ält)
= – elt (ält)
→ – elden (älden)

Bitterfeld
Elberfeld
Feld
  Ährenfeld
  Arbeitsfeld
  Betätigungsfeld
  Blickfeld
  Brachfeld
  Gesichtsfeld
  Getreidefeld
  Kohlfeld
  Kornfeld
  Kraftfeld
  Lechfeld
  Minenfeld
  Rollfeld
  Rübenfeld
  Schlachtfeld
  Schneefeld
  Schußfeld
  Sportfeld
  Springinsfeld
  Stoppelfeld
  Tätigkeitsfeld
  Trümmerfeld
  Umfeld
  Wirkungsfeld
Geld
  Aufgeld
  Bargeld
  Bestechungsgeld
  Bußgeld
  Draufgeld
  Eintrittsgeld
  Fahrgeld
  Fersengeld
  Handgeld
  Hartgeld
  Haushaltsgeld
  Heidengeld
  Kilometergeld
  Kindergeld
  Kirchgeld
  Kleingeld
  Kopfgeld
  Kostgeld
  Krankengeld
  Lehrgeld
  Lösegeld
  Martergeld
  Mietgeld
  Nadelgeld
  Papiergeld
  Schmerzensgeld
  Schmiergeld
  Schulgeld
  Silbergeld
  Spielgeld
  Spottgeld
  Sündengeld
  Tagegeld
  Taschengeld
  Trinkgeld
  Urlaubsgeld
  Wechselgeld
  Weihnachtsgeld
  Wirtschaftsgeld
  Wohnungsgeld
  Zehrgeld
Held
  Filmheld
  Freiheitsheld
  Kriegsheld
  Maulheld
  Messerheld
  Pantoffelheld
  Revolverheld
  Romanheld
  Volksheld
  Weiberheld
Saalfeld

— **elde (älde)**

= – älde (älde)
→ – eld (ält)
→ – elden (älden)

Melde
  Gartenmelde
Schelde

— **elden (älden)**

→ – eld (ält)
→ – elde (älde)

melden
  abmelden
  anmelden
  krankmelden
  vermelden
  zurückmelden

— **elder (älder)**

= – älder (älder)
→ – eld (ält)

Felder
Gelder
  Mündelgelder
  Sammelgelder
  Spendengelder
Melder
  Fernmelder
  Feuermelder

— **eldlich (ältli-ch)**

= – ältlich (ältli-ch)
= – eltlich (ältli-ch)
→ – ich (i-ch)

geldlich

— elds (ältß)

= – älz (ältß)
= – elts (ältß)
= – eltz (ältß)
= – elz (ältß)
→ – eld (ält)

Ährenfelds
Krankengelds

— ele (e:le)

= – eele (e:le)
= – ehle (e:le)
→ – el (e:l)
→ – elen (e:len)

Adele
Garnele
Gasele
Makrele
Parallele
Querele
Stele
Ukulele
schwele

— elen (e:len)

= – eelen (e:len)
= – ehlen (e:len)
→ – el (e:l)
→ – ele (e:le)

Elen
Juwelen
 Kronjuwelen
Parallelen
fidelen
schwelen
 verschwelen

— elend (e:lent)

= – eelend (e:lent)
= – ehlend (e:lent)

Elend
elend
 hundeelend
schwelend
 verschwelend

— eler (e:ler)

= – eeler (e:ler)
= – ehler (e:ler)
→ – el (e:l)

fideler

— elf (älf)

→ – elfen (älfen)

Behelf
 Notbehelf
 Rechtsbehelf
Elf
 Fußballelf
Gotthelf
Schelf
Welf
elf

— elfe (älfe)

→ – elf (älf)
→ – elfen (älfen)

Elfe
Helfe
Schelfe
helfe

— elfen (älfen)

→ – elf (älf)
→ – elfe (älfe)

Elfen
helfen
 abhelfen
 aufhelfen
 aushelfen
 behelfen
 draufhelfen
 durchhelfen
 einhelfen
 emporhelfen
 forthelfen
 herabhelfen
 heraufhelfen
 heraushelfen
 hineinhelfen
 mithelfen
 nachhelfen
 verhelfen
 weiterhelfen
schelfen

— elfer (älfer)

→ – elfern (älfern)

Elfer
Helfer
 Aushelfer
 Geburtshelfer
 Helfershelfer
 Nothelfer
 Steuerhelfer

— elfern (älfern)

→ – elfer (älfer)

belfern
 anbelfern
gelfern
schelfern

— elfisch (älfisch)

= – ellfisch (älfisch)
= – elphisch (älfisch)
→ – isch (isch)

elfisch

— elfte (älfte)

= – älfte (älfte)

Elfte
elfte

— elge (älge)

= – älge (älge)
→ – elgen (älgen)

Felge
 Radfelge
 Riesenfelge
Helge
schwelge

— elgen (älgen)

= – älgen (älgen)
→ – elge (älge)

Helgen
felgen
schwelgen
  durchschwelgen

— elhi (e:li)

= – eli (e:li)
→ – i (i:)
→ – ie (i:)

Neu-Delhi

— eli (e:li)

= – elhi (e:li)
→ – i (i:)
→ – ie (i:)

Eli
Israeli
Kisuaheli
Michaeli

— elia (e:lia)

→ – a (a:)

Amelia
Aurelia
Coppelia
Delia
Kordelia
Kornelia
Ophelia

— elig (e:li-ch)

= – ehlich (e:li-ch)
= – ehlig (e:li-ch)

glückselig
  unglückselig
selig
  armselig
  feindselig
  friedselig
  gefühlsselig

gottselig
hochselig
holdselig
leutselig
mühselig
redselig
rührselig
saumselig
trübselig
unselig
vertrauensselig

— eligen (e:ligen)

= – ehligen (e:ligen)
→ – elig (e:li-ch)

beseligen

— eligkeit (e:li-chkait)

= – ehlichkeit (e:li-chkait)
→ – ehlig (e:li-ch)
→ – eit (ait)
→ – elig (e:li-ch)

Seligkeit

— elim (e:lim)

→ – im (im)
→ – imm (im)

Kelim
Selim

— elisch (e:lisch)

→ – isch (isch)

aristotelisch
evangelisch
israelisch
karelisch
mephistophelisch

— elium (e:li-um)

= – um (um)

Evangelium
Helium

— elk (älk)

= – älk (älk)
→ – elke (älke)
→ – elken (älken)

Elk
Melk
melk
welk

— elke (älke)

= – älke (älke)
→ – elken (älken)

Elke
Nelke
  Bartnelke
  Edelnelke
  Federnelke
  Gartennelke
  Gewürznelke
  Karthäusernelke
  Pechnelke
  Steinnelke
Welke
melke
welke

— elken (älken)

= – älken (älken)
→ – elk (älk)
→ – elke (älke)

melken
  abmelken
  ausmelken
welken
  dahinwelken
  verwelken

— ell (äl)

= – äl (äl)
= – el (äl)
= – elle (äl)
→ – elle (äle)
→ – ellen (älen)

Appell
  Fahnenappell

Aquarell
Bibernell
Bordell
Drell
Duell
  Rededuell
Fell
  Bauchfell
  Brustfell
  Kalbfell
  Katzenfell
  Lammfell
  Rippenfell
  Trommelfell
  Zwerchfell
Flanell
Gebell
  Hundegebell
Gesell
  Altgesell
Gestell
  Bettgestell
  Brillengestell
  Büchergestell
  Fahrgestell
  Hintergestell
  Holzgestell
  Obergestell
  Pfeifengestell
  Tischgestell
  Uhrgestell
  Untergestell
  Vordergestell
  Wagengestell
  Wandgestell
Kapitell
Kartell
Karussell
  Kettenkarussell
  Kinderkarussell
Kastell
Mamsell
  Küchenmamsell
  Probiermamsell
  Tippmamsell
Modell
  Aktmodel
  Lehrmodel
Naturell

Pastell
Pedell
Pimpernell
Pulcinell
Quell
  Brunnenquell
  Springquell
  Urquell
Rebell
Ritornell
Rondell
Schrapnell
Skalpell
Zeremoniell
  Hofzeremoniell
aktuell
artifiziell
bakteriell
essentiell
eventuell
existentiell
experimentell
exzeptionell
finanziell
formell
gell
generell
graduell
grell
hell
  glockenhell
  mondhell
  silberhell
  sonnenhell
  sternhell
  taghell
  wasserhell
ideell
individuell
industriell
intellektuell
kommerziell
konfessionell
konjunkturell
konstitutionell
konventionell
kriminell
kulturell
manuell

maschinell
materiell
  immateriell
ministeriell
nominell
notariell
offiziell
  inoffiziell
oppositionell
originell
partiell
pastell
personell
potentiell
prinzipiell
professionell
provinziell
rationell
  unrationell
redaktionell
reell
  unreell
rituell
schell
schnell
  blitzschnell
  gedankenschnell
  pfeilschnell
sensationell
sexuell
  bisexuell
  heterosexuell
  homosexuell
speziell
spirituell
substantiell
traditionell
universell
visuell
zeremoniell

— ella (äla)

→ – a (a:)

Anabella
Arabella
Bella
Brighella

Cella
Ella
Fustanella
Hella
Isabella
Isola Bella
La Bostella
Majella
Mortadella
Mosella
Mozzarella
Predella
Probstzella
Pulcinella
Stella
Tarantella
a cappella

— ellchen (äl-chen)

= – ällchen (äl-chen)
= – elchen (äl-chen)
→ – ell (äl)
→ – elle (äle)

Duellchen
Fellchen
Forellchen
Frikadellchen
Gestellchen
Kapellchen
Karussellchen
Mamsellchen
Pimpernellchen

— elle (äle)

= – älle (äle)
→ – ell (äl)
→ – ellen (älen)

Amarelle
Bagatelle
Belle
Braunelle
Brunelle
Celle
Delle
Elle
Fontanelle
Forelle
  Bachforelle
  Lachsforelle
  Regenbogen-
  forelle
  Seeforelle
Frikadelle
Frikandelle
Gazelle
Gebelle
Geselle
  Altgeselle
  Handwerksgeselle
  Junggeselle
  Mordgeselle
  Spießgeselle
  Wandergeselle
Helle
Immortelle
Kamelle
Kapelle
  Bergkapelle
  Burgkapelle
  Friedhofskapelle
  Hauskapelle
  Hofkapelle
  Militärkapelle
  Musikkapelle
  Schloßkapelle
  Tanzkapelle
Karamelle
Karavelle
Kelle
  Maurerkelle
  Schaumkelle
  Schöpfkelle
  Suppenkelle
Kurzwelle
  Ultrakurzwelle
Lamelle
Libelle
Marelle
Mirabelle
Miszelle
Morelle
  Schattenmorelle
Novelle
Parzelle
Pelle
  Kartoffelpelle
  Wurstpelle
Pimpinelle
Prünelle
Quelle
  Einkaufsquelle
  Einnahmequelle
  Erwerbsquelle
  Fehlerquelle
  Gefahrenquelle
  Geldquelle
  Heilquelle
  Hilfsquelle
  Informationsquelle
  Lichtquelle
  Mineralquelle
  Rohstoffquelle
Sardelle
Schelle
  Handschelle
  Küchenschelle
  Kuhschelle
  Maulschelle
  Türschelle
Schnelle
  Stromschnelle
Schwelle
  Bahnschwelle
  Bordschwelle
  Reizschwelle
  Torschwelle
  Türschwelle
Stelle
  Anlegestelle
  Annahmestelle
  Außenstelle
  Baustelle
  Bettstelle
  Bibelstelle
  Brandstelle
  Brennstelle
  Bruchstelle
  Dienststelle
  Freistelle
  Geschäftsstelle
  Haltestelle
  Meldestelle
  Nahtstelle

Nebenstelle
Planstelle
Prüfstelle
Sammelstelle
Schlafstelle
Tankstelle
Unglücksstelle
Zapfstelle
Zweigstelle
Tabelle
Welle
  Antriebswelle
  Bauchwelle
  Bodenwelle
  Brandungswelle
  Bugwelle
  Dauerwelle
  Flutwelle
  Hitzewelle
  Kältewelle
  Kardanwelle
  Kurbelwelle
  Langwelle
  Mittelwelle
  Nockenwelle
  Nostalgiewelle
  Riesenwelle
  Sturzwelle
  Triebwelle
  Wasserwelle
Zelle
  Duschzelle
  Einzelzelle
  Gefängniszelle
  Gummizelle
  Keimzelle
  Naßzelle
  Nervenzelle
  Samenzelle
  Sanitärzelle
  Telefonzelle
Zitadelle
belle
bestelle
gelle
geselle
helle
pelle
prelle
quelle
schelle
schnelle
schwelle
stelle

— elle (äl)

= – äl (äl)
= – el (äl)
= – ell (äl)

Madmoiselle

— ellen (älen)

= – ällen (älen)
→ – ell (äl)
→ – elle (äle)

Dardanellen
Ellen
Fuchsprellen
Meereswellen
Mikrowellen
Salmonellen
Seychellen
Stromschnellen
Tschinellen
Zechprellen
bellen
  anbellen
  aufbellen
  nachbellen
  verbellen
bestellen
  abbestellen
  herbestellen
  hereinbestellen
  hinbestellen
  nachbestellen
  vorausbestellen
  vorbestellen
eindellen
einstellen
  wiedereinstellen
flanellen
gellen
  aufgellen
gesellen
  beigesellen
  hinzugesellen
  zugesellen
  zusammen-
   gesellen
hellen
  aufhellen
  erhellen
herstellen
  wiederherstellen
kellen
pellen
  abpellen
  auspellen
prellen
  abprellen
  anprellen
  aufprellen
  verprellen
  zurückprellen
quellen
  aufquellen
  einquellen
  entquellen
  herausquellen
  hervorquellen
  überquellen
  verquellen
schellen
  anschellen
  ausschellen
  zerschellen
schnellen
  abschnellen
  aufschnellen
  emporschnellen
  herausschnellen
  hervorschnellen
  hochschnellen
  vorschnellen
  zurückschnellen
schwellen
  abschwellen
  anschwellen
  aufschwellen
  überschwellen
  umschwellen
  verschwellen

stellen
  abstellen
  anheimstellen
  anstellen
  aufstellen
  ausstellen
  beistellen
  bereitstellen
  bloßstellen
  darstellen
  darüberstellen
  dazwischenstellen
  entgegenstellen
  entstellen
  erstellen
  fertigstellen
  feststellen
  fortstellen
  freistellen
  gegenüberstellen
  geradestellen
  gleichstellen
  herausstellen
  hinstellen
  hintanstellen
  hochstellen
  kaltstellen
  klarstellen
  nachstellen
  nebeneinander-
    stellen
  richtigstellen
  ruhigstellen
  sicherstellen
  totstellen
  überstellen
  umstellen
  unterstellen
  verstellen
  voranstellen
  vorstellen
  wegstellen
  zufriedenstellen
  zurechtstellen
  zurückstellen
  zusammenstellen
  zustellen
wellen
zerspellen

— eller (äler)

= – äller (äler)
→ – ell (äl)
→ – ellen (älen)
→ – ellern (älern)

Antragsteller
Aussteller
Beller
Besteller
Bestseller
Bittsteller
Briefsteller
Darsteller
  Charakterdarsteller
  Hauptdarsteller
Einzeller
Eller
Fallensteller
Fragesteller
Heller
Hersteller
Keller
  Kartoffelkeller
  Kohlenkeller
  Luftschutzkeller
  Obstkeller
  Ratskeller
  Weinkeller
Muskateller
Preller
  Zechpreller
Propeller
  Schraubenpropeller
Schausteller
Schlingensteller
Schneller
Schriftsteller
Teller
  Brotteller
  Dessertteller
  Handteller
  Präsentierteller
  Suppenteller
  Unterteller
  Wandteller
  Weihnachtsteller
  Zinnteller
Vielzeller
Vogelsteller
Weichensteller
Zusteller
greller
heller
reeller
schneller

— ellerei (älerei)

= – ei (ai)
→ – ellen (älen)
→ – eller (äler)

Anstellerei
Bellerei
Kellerei
  Sektkellerei
  Weinkellerei
Prellerei
  Zechprellerei
Schriftstellerei

— ellern (älern)

= – ällern (älern)
→ – eller (äler)

Bestellern
Bestsellern
Propellern
Tellern
einkellern
schriftstellern
unterkellern

— ellfisch (älfisch)

= – elfisch (älfisch)
= – elphisch (älfisch)
→ – isch (isch)

Schellfisch
  Angelschellfisch

— elli (äli)

= – allye (äli)
= – elly (äli)

Elli
Nelli

— **ellig (äli-ch)**

= – ällig (äli-ch)
→ – ich (i-ch)

anstellig
dickfellig
einhellig
einstellig
gesellig
  ungesellig
mehrstellig
mißhellig
quellig
unterschwellig
vorstellig
wellig
zellig
  einzellig
  mehrzellig

— **ellige (älige)**

= – ällige (älige)
→ – ellig (äli-ch)
→ – elligen (äligen)

anstellige
behellige
dickfellige
gesellige
wellige

— **elligen (äligen)**

→ – ällig (äli-ch)
→ – ellig (äli-ch)
→ – ellige (älige)

behelligen
bewerkstelligen
dickfelligen
einhelligen
geselligen
  ungeselligen
mehrstelligen
unterschwelligen
vielstelligen
welligen

— **elligkeit (äli-chkait)**

= – älligkeit (äli-chkait)
→ – eit (ait)
→ – ellig (äli-ch)

Dickfelligkeit
Helligkeit
Schnelligkeit

— **ells (älß)**

= – els (älß)
→ – äl (äl)
→ – ell (äl)

Aquarells
Duells
Fels
Gestells
Quells

— **ellster (älßter)**

= – elster (älßter)
→ – ell (äl)

grellster
hellster
konventionellster
reellster
schnellster

— **ellt (ält)**

= – ällt (ält)
= – ält (ält)
= – eld (ält)
= – elt (ält)
→ – ellen (älen)
→ – ellte (älte)

aufgehellt
bestellt
  unbestellt
  wohlbestellt
erhellt
gedellt
gellt
geprellt
  abgeprellt
gesellt
  beigesellt
  zugesellt
gestellt
  angestellt
  hochgestellt
  höchstgestellt
gewellt
  dauergewellt
hergestellt
prellt
stellt
  entstellt
stolzgeschwellt
verstellt
  unverstellt

— **ellte (älte)**

= – ällte (älte)
= – älte (älte)
= – elte (älte)
→ – ellen (älen)
→ – ellt (ält)

Angestellte
  Bankangestellte
  Büroangestellte
  Hausangestellte
  Versicherungs-
  angestellte
bestellte
  unbestellte
erhellte
  unerhellte
gedellte
gellte
geprellte
  ungeprellte
gesellte
gestellte
  ungestellte
gewellte
herstellte
  hergestellte
prellte
stellte

— ellten (älten)

= – ällten (älten)
= – älten (älten)
= – elten (älten)
→ – ellen (älen)
→ – ellt (ält)
→ – ellte (älte)

gellten
prellten
stellten

— ellter (älter)

= – ällter (älter)
= – älter (älter)
= – elter (älter)
→ – ellen (älen)
→ – ellt (ält)

aufgehellter
bloßgestellter
geprellter
hochgeschnellter
stolzgeschwellter
vorbestellter

— elltet (ältet)

= – älltet (ältet)
= – ältet (ältet)
= – eltet (ältet)
→ – ellen (älen)

bestelltet
geselltet
pelltet
prelltet
stelltet

— ellung (älung)

= – ällung (älung)
→ – ellen (älen)
→ – ung (ung)

Ausstellung
  Gemäldeausstellung
  Kunstausstellung
Bestellung
  Feldbestellung
  Frühjahrsbestellung
  Herbstbestellung
  Sammelbestellung
Erhellung
Prellung
Schwellung
  Anschwellung
  Leberschwellung
Stellung
  Abwehrstellung
  Ausgangsstellung
  Aushilfsstellung
  Dauerstellung
  Fragestellung
  Gefechtsstellung
  Großmachtstellung
  Grundstellung
  Hilfestellung
  Lebensstellung
  Mundstellung
  Problemstellung
  Ruhestellung
  Schlüsselstellung
  Sonderstellung
  Vertrauensstellung
  Weichenstellung
Vorstellung
  Abendvorstellung
  Abschieds-
  vorstellung
  Galavorstellung
  Nachmittags-
  vorstellung
  Nachtvorstellung
  Wahnvorstellung
  Zwangsvorstellung
Zurschaustellung
Zustellung
  Eilzustellung
  Paketzustellung
  Postzustellung
  Telegramm-
  zustellung

— elly (äli)

= – allye (äli)
= – elli (äli)

Nelly

— elm (älm)

→ – elmen (älmen)

Anselm
Friedhelm
Helm
  Feuerwehrhelm
  Schutzhelm
  Stahlhelm
  Sturzhelm
  Topfhelm
  Tropenhelm
Schelm
  Erzschelm
Schwelm
Wilhelm

— elma (älma)

→ – a (a:)

Helma
Selma
Wilhelma

— elme (älme)

→ – elm (älm)
→ – elmen (älmen)

Helme
Schelme

— elmen (älmen)

→ – elm (älm)

behelmen

— elphisch (älfisch)

= – elfisch (älfisch)
= – ellfisch (älfisch)
→ – isch (isch)

delphisch

— **els (älß)**

= – ells (älß)
→ – äl (äl)
→ – el (äl)

Fels
Wels
  Harnischwels
  Panzerwels
  Saugwels
  Stachelwels
  Zitterwels
  Zwergwels

— **elsch (älsch)**

= – älsch (älsch)
→ – elsche (älsche)

Kauderwelsch
Rotwelsch
welsch

— **elsche (älsche)**

= – älsche (älsche)
→ – elsch (älsch)

Welsche
kauderwelsche
verwelsche

— **elschen (älschen)**

= – älschen (älschen)
→ – elsch (älsch)
→ – elsche (älsche)

Welschen
welschen
  verwelschen

— **elschen (älß-chen)**

= – älschen (älß-chen)

Elschen
Felschen

— **elscher (älscher)**

= – älscher (älscher)
→ – elsche (älsche)

Welscher

— **elschst (älschßt)**

= – älschst (älschßt)
→ – elsch (älsch)

welschst
  kauderwelschst
  verwelschst

— **elschung (älschuŋ)**

= – älschung (älschuŋ)
→ – ung (uŋ)

Verwelschung

— **else (älse)**

= – älse (älse)
→ – els (älß)

Else
Gelse
Welse

— **elsen (älsen)**

→ – els (älß)
→ – else (älse)

Felsen

— **elster (älßter)**

= – ellster (älßter)

Elster

— **elt (e:lt)**

= – eelt (e:lt)
= – ehlt (e:lt)
→ – elen (e:len)

schwelt
  geschwelt

— **elt (ält)**

= – ällt (ält)
= – ält (ält)
= – eld (ält)
= – ellt (ält)
→ – elten (älten)

Belt
Entgelt
Spelt
Welt
  Alpenwelt
  Außenwelt
  Damenwelt
  Fachwelt
  Filmwelt
  Finanzwelt
  Gedankenwelt
  Gefühlswelt
  Geisterwelt
  Götterwelt
  Guckindiewelt
  Halbwelt
  Idealwelt
  Innenwelt
  Inselwelt
  Kinderwelt
  Lebewelt
  Märchenwelt
  Mitwelt
  Modewelt
  Musikwelt
  Nachwelt
  Oberwelt
  Pflanzenwelt
  Scheinwelt
  Sportwelt
  Theaterwelt
  Tierwelt
  Traumwelt
  Umwelt
  Unterwelt
  Urwelt
  Vogelwelt
  Wunderwelt
  Zauberwelt
Zelt
  Bierzelt
  Campingzelt

Gezelt
Hauszelt
Himmelszelt
Lebzelt
Mannschaftszelt
Rundzelt
Sanitätszelt
Sauerstoffzelt
Sonnenzelt
Sternenzelt
Zirkuszelt
gelt
schelt

— elte (älte)

= – ällte (älte)
= – älte (älte)
= – ellte (älte)
→ – elt (ält)
→ – elten (älten)

Gelte
Kelte
Schelte

— elten (älten)

= – ällten (älten)
= – älten (älten)
= – ellten (älten)
→ – elt (ält)
→ – elte (älte)

gelten
  abgelten
  entgelten
  vergelten
schelten
  ausschelten
selten
zelten

— eltend (ältent)

= – ältend (ältent)
→ – elten (älten)

geltend
  vergeltend
scheltend
zeltend

— elter (älter)

= – ällter (älter)
= – älter (älter)
= – ellter (älter)

Kelter
Lebzelter
Vergelter
Zelter
kelter

— eltern (ältern)

→ – elter (älter)

Eltern
  Adoptiveltern
  Pflegeeltern
  Rabeneltern
  Schwiegereltern
  Stammeltern
  Stiefeltern
  Zieheltern
  Großeltern
  Urgroßeltern
keltern

— eltet (ältet)

= – älltet (ältet)
= – ältet (ältet)
= – elltet (ältet)
→ – elten (älten)

scheltet
zeltet

— eltlich (ältli-ch)

= – ältlich (ältli-ch)
= – eldlich (ältli-ch)
→ – ich (i-ch)

unentgeltlich
weltlich
  überweltlich
  unterweltlich
  urweltlich
  vorweltlich

— eltlichen (ältli-chen)

= – ältlichen (ältli-chen)
→ – eltlich (ältli-ch)

unentgeltlichen
verweltlichen

— elts (ältß)

= – älz (ältß)
= – elds (ältß)
= – eltz (ältß)
= – elz (ältß)
→ – ellt (ält)
→ – elt (ält)

Entgelts
Zelts
vergelts

— eltung (ältuŋ)

= – ältung (ältuŋ)
→ – elten (älten)
→ – ung (uŋ)

Vergeltung
  Wiedervergeltung
Weltgeltung

— eltz (ältß)

= – älz (ältß)
= – elds (ältß)
= – elts (ältß)
= – elz (ältß)

Burg Eltz

— elz (ältß)

= – älz (ältß)
= – elds (ältß)
= – elts (ältß)
= – eltz (ältß)
→ – elze (ältße)
→ – elzen (ältßen)

Elz

Pelz
   Faulpelz
   Fuchspelz
   Kuppelpelz
   Schafpelz
   Sommerpelz
   Winterpelz
   Zobelpelz
Schmelz
   Emailleschmelz
   Glasschmelz
   Metallschmelz
   Zahnschmelz
Spelz
schmelz
stelz

— elze (ältße)

= – älze (ältße)
→ – elz (ältß)
→ – elzen (ältßen)

Gelze
Schmelze
   Schneeschmelze
Spelze
Stelze
   Bachstelze
schmelze
stelze

— elzen (ältßen)

= – älzen (ältßen)
→ – elz (ältß)
→ – elze (ältße)

Stelzen
belzen
   einbelzen
gelzen
pelzen
   einpelzen
schmelzen
   abschmelzen
   ausschmelzen
   dahinschmelzen
   einschmelzen
   umschmelzen
   verschmelzen
   zerschmelzen
   zusammen-
    schmelzen
stelzen

— elzer (ältßer)

= – älzer (ältßer)
→ – elz (ältß)
→ – elzen (ältßen)

Schmelzer
Stelzer

— elzig (ältßi-ch)

→ – ich (i-ch)

pelzig
schmelzig
spelzig
stelzig

— elzung (ältßuŋ)

= – älzung (ältßuŋ)
→ – elzen (ältßen)
→ – ung (uŋ)

Verschmelzung

— em (e:m)

= – ehm (e:m)
= – eme (e:m)
→ – eme (e:me)
→ – emen (e:men)

Diadem
Ekzem
Emblem
Emphysem
   Lungenemphysem
Extrem
Krem
Ödem
   Hungerödem
   Lungenödem
Poem
Polyphem
Problem
   Arbeitslosenproblem
   Generationsproblem
   Rassenproblem
   Umweltproblem
   Wohnungsproblem
System
   Bewässerungssystem
   Dezimalsystem
   Einkammersystem
   Gesellschaftssystem
   Kanalsystem
   Koordinatensystem
   Nervensystem
   Notensystem
   Planetensystem
   Punktsystem
   Schneeballsystem
   Schulsystem
   Sonnensystem
   Staatssystem
   Steuersystem
   Wahlsystem
   Wirtschaftssystem
   Zahlensystem
   Zweikammersystem
Theorem
bequem
   unbequem
dem
   all(e)dem
   außerdem
   ehedem
   indem
   nachdem
   nächstdem
   ohnedem
   seitdem
   trotzdem
   überdem
   vordem
   währenddem
   zudem
extrem
wem

— em (äm)

= – am (äm)
= – ämm (äm)
= – emm (äm)
= – ethlehem (e:tlehäm)
= – usalem (u:saläm)

Harem
Moslem
Requiem
Tandem
Totem
plemplem
item

— ema (e:ma)

→ – a (a:)

Adrema
Schema
Thema
  Aufsatzthema
  Gesprächsthema
  Hauptthema
  Nebenthema
  Prüfungsthema
GEMA

— ember (ämber)

Dezember
Quatember
September
November

— emd (ämt)

= – ämmt (ämt)
= – emmt (ämt)
→ – emden (ämden)

Hemd
  Nachthemd
  Netzhemd
  Oberhemd
  Smokinghemd
  Sporthemd
  Totenhemd
  Unterhemd

fremd
  landfremd
  lebensfremd
  weltfremd
  wesensfremd
  wildfremd
  zeitfremd

— emde (ämde)

→ – emd (ämt)
→ – emden (ämden)

Fremde

— emden (ämden)

→ – emd (ämt)
→ – emde (ämde)

Befremden
Emden
befremden
entfremden
überfremden
verfremden

— emdheit (ämthait)

= – emmtheit (ämthait)
→ – eit (ait)

Fremdheit

— eme (e:me)

= – ehme (e:me)
→ – em (e:)
→ – emen (e:men)

Bireme
Boheme
Breme
Chrysantheme
Feme
Tantieme

— eme (ä:me)

= – äme (ä:me)

Boheme
Tantieme

— eme (e:m)

= – em (e:m)

Boheme
Creme

— eme (ä:m)

= – äm (ä:m)

Boheme
Creme

— emel (e:mel)

Femel
Memel
Schemel
  Arbeitsschemel
  Betschemel
  Drehschemel
  Fußschemel
  Melkschemel

— emen (e:men)

= – ehmen (e:men)
→ – em (e:m)
→ – eme (e:me)

Bremen
Jemen
  Südjemen
Schemen
bequemen
  anbequemen
einkremen
verfemen

— emend (e:ment)

= – ehmend (e:ment)
→ – emen (e:men)

bequemend

— emer (e:mer)

= – ehmer (e:mer)
→ – em (e:)
→ – emen (e:men)

Bremer
bequemer
extremer

— emigen (e:migen)

= – ehmigen (e:migen)

kremigen

— emiker (e:miker)

→ – icker (iker)

Akademiker
Chemiker
Polemiker

— emisch (e:misch)

→ – isch (isch)

akademisch
chemisch
epidemisch
polemisch

— emlich (e:mli-ch)

= – ehmlich (e:mli-ch)
→ – ich (i-ch)

bequemlich
 unbequemlich

— emlichkeit (e:mli-chkait)

= – ehmlichkeit (e:mli-chkait)
→ – eit (ait)

Bequemlichkeit
 Unbequemlichkeit

— emm (äm)

= – am (äm)
= – ämm (äm)
= – em (äm)
= – ethlehem (e:tlehäm)
= – usalem (u:saläm)
→ – emme (äme)
→ – emmen (ämen)

klemm
schlemm
schwemm
stemm

— emma (äma)

→ – a (a:)

Dilemma
Emma

— emmchen (äm-chen)

= – ämmchen (äm-chen)
→ – emme (äme)

Bemmchen
 Fettbemmchen
Emmchen
Klemmchen

— emme (äme)

= – ämme (äme)
→ – emmen (ämen)

Bemme
 Butterbemme
 Fettbemme
Emme
 Kleine Emme
Gemme
Kaschemme
Klemme
 Geldklemme
 Haarklemme
Memme

Schwemme
 Bierschwemme
 Pferdeschwemme
Stemme
klemme
schlemme
schwemme
stemme

— emmen (ämen)

= – ämmen (ämen)
→ – emme (äme)

hemmen
 enthemmen
klemmen
 abklemmen
 anklemmen
 beklemmen
 einklemmen
 festklemmen
 verklemmen
schlemmen
 aufschlemmen
 verschlemmen
schwemmen
 abschwemmen
 anschwemmen
 aufschwemmen
 ausschwemmen
 fortschwemmen
 überschwemmen
 wegschwemmen
stemmen
 abstemmen
 anstemmen
 aufstemmen
 ausstemmen
 einstemmen
 hochstemmen

— emmend (ämend)

= – ämmend (ämend)
→ – emmen (ämen)

entzündungs-
 hemmend
herzbeklemmend

— emmer (ämer)

= – ämmer (ämer)
→ – emmen (ämen)
→ – emmern (ämern)

Emmer
Klemmer
Schlemmer

— emmern (ämern)

= – ämmern (ämern)
→ – emmer (ämer)

belemmern
schlemmern

— emmert (ämert)

= – ämmert (ämert)

belemmert
schlemmert
　geschlemmert

— emmig (ämi-ch)

= – ämmig (ämi-ch)
→ – ich (i-ch)

klemmig

— emmst (ämßt)

= – ämmst (ämßt)
= – emst (ämßt)
→ – emmen (ämen)

hemmst
klemmst
schlemmst
schwemmst
stemmst

— emmt (ämt)

= – ämmt (ämt)
= – emd (ämt)
→ – emmen (ämen)

gehemmt
　ungehemmt
hemmt
klemmt
　geklemmt
schlemmt
　geschlemmt
schwemmt
　geschwemmt

— emmter (ämter)

= – ämmter (ämter)
= – ämter (ämter)
= – emter (ämter)
→ – emmt (ämt)

gehemmter
verklemmter

— emmtheit (ämthait)

= – emdheit (ämthait)
→ – eit (ait)
→ – emmen (ämen)

Gehemmtheit
Verklemmtheit

— emmung (ämuŋ)

= – ämmung (ämuŋ)
→ – emmen (ämen)
→ – ung (uŋ)

Beklemmung
　Herzbeklemmung
Hemmung
　Enthemmung
　Ladehemmung
Verklemmung

— empe (ämpe)

= – ampe (ämpe)
= – ämpe (ämpe)
→ – empen (ämpen)

Krempe
　Hutkrempe
Plempe
Rempe
Schlempe

— empel (ämpel)

→ – empeln (ämpeln)

Drempel
Exempel
　Rechenexempel
Gerempel
Krempel
Stempel
　Dienststempel
　Druckstempel
　Kontrollstempel
　Poststempel
　Prägestempel
　Sonderstempel
　Tagesstempel
　Zollstempel
Tempel
　Felsentempel
　Götzentempel
　Rundtempel
　Säulentempel

— empeln (ämpeln)

→ – empel (ämpel)

krempeln
　aufkrempeln
　hochkrempeln
　umkrempeln
rempeln
　anrempeln
stempeln
　abstempeln
　bestempeln
　überstempeln

— empen (ämpen)

= – ampen (ämpen)
→ – empe (ämpe)

krempen
　aufkrempen
　umkrempen

368

— **empern
(ämpern)**

klempern
plempern
  verplempern
tempern

— **emse (ämse)**

→ – emsen (ämsen)

Bremse
  Backenbremse
  Druckluftbremse
  Felgenbremse
  Fußbremse
  Handbremse
  Motorbremse
  Notbremse
  Radbremse
  Rücktrittbremse
  Scheibenbremse
  Schienenbremse
Bremse
  Rinderbremse
Gemse
Themse

— **emsen (ämsen)**

→ – emse (ämse)

Gemsen
bremsen
  abbremsen

— **emser (ämser)**

= – ämser (ämser)

Bremser
Kremser

— **emst (ämßt)**

= – ämmst (ämßt)
= – emmst (ämßt)
→ – emsen (ämsen)

bremst
  gebremst

— **emt (ä:mt)**

= – ähmt (ä:mt)
= – ämt (ä:mt)

gekremt
  eingekremt
kremt

— **emter (ämter)**

= – ämmter (ämter)
= – ämter (ämter)
= – emmter (ämter)

Remter

— **emung (e:muŋ)**

= – ehmung (e:muŋ)
→ – emen (e:men)
→ – ung (uŋ)

Anbequemung
Verfemung

— **emut (e:mu:t)**

= – ehmut (e:mu:t)
= – ut (u:t)

Demut

— **en (e:n)**

= – ehn (e:n)
→ – ene (e:ne)

Arsen
Athen
Eugen
Gen
Halogen
Kren
Mäzen
Östrogen
Phänomen
Selen
Silen
autogen
den
endogen

exogen
heterogen
homogen
karzinogen
photogen
psychogen
schizophren
telegen
wen
  irgendwen

— **en (än)**

= – an (än)
= – änn (än)
= – enn (än)

Ben
  Big Ben
Ren
Sven
Twen

— **ena (e:na)**

→ – a (a:)

Arena
  Sportarena
  Stierkampfarena
  Zirkusarena
Athena
Jena
Lena
Magdalena
Philomena
Rena
Siena
Verena

— **ence (ã:ß)**

= – ance (ã:ß)
= – ense (ã:ß)

Conférence
Fayence
Patience
par excellence

— encia (äntßia)

= – entia (äntßia)
→ – a (a:)

Valencia

— end (änt)

= – and (änt)
= – änd (änt)
= – ennt (änt)
= – ent (änt)
→ – ende (ände)
→ – enden (änden)

Happy-End
Marend
Reverend
Trend
  Mode-Trend
Weekend
Westend
Wochenend
behend
horrend
stupend

— enda (ända)

→ – a (a:)

Addenda
Agenda
Hazienda
Korrigenda

— endbar (äntba:r)

→ – ar (a:r)
→ – enden (änden)

abwendbar
  unabwendbar
anwendbar
  unanwendbar
versendbar
verwendbar
  unverwendbar
vollendbar
  unvollendbar

— endchen (änt-chen)

= – ändchen (änt-chen)
= – entchen (änt-chen)
→ – ende (ände)

Endchen
Lendchen

— ende (ände)

= – ände (ände)
→ – end (änt)
→ – enden (änden)

Agende
Allmende
Blende
  Augenblende
  Fensterblende
  Pechblende
  Sonnenblende
Dividende
Ende
  Fußende
  Jahresende
  Kopfende
  Lebensende
  Wochenende
Kurrende
Legende
  Bildlegende
  Dolchstoßlegende
  Heiligenlegende
Lende
  Kalbslende
Marende
Schwende
Spende
  Geldspende
  Blumenspende
  Kranzspende
  Sachspende
Wende
  Jahreswende
  Schicksalswende
  Sonnenwende
  Zeitenwende

blende
ende
sende
spende
wende

— endel (ändel)

= – ändel (ändel)
→ – endeln (ändeln)

Bendel
Lavendel
Pendel
  Uhrpendel
Quendel
Stendel
Wendel

— endeln (ändeln)

= – ändeln (ändeln)
→ – endel (ändel)

pendeln
  auspendeln
  einpendeln
trendeln

— endelt (ändelt)

= – ändelt (ändelt)
→ – endeln (ändeln)

pendelt
  gependelt

— enden (änden)

= – änden (änden)
→ – end (änt)
→ – ende (ände)

Bewenden
Blutspenden
allerenden
blenden
  abblenden
  aufblenden
  ausblenden
  einblenden
  verblenden

enden
  beenden
  verenden
  vollenden
senden
  absenden
  aussenden
  einsenden
  entsenden
  herabsenden
  hinsenden
  nachsenden
  übersenden
  versenden
  weitersenden
  zurücksenden
  zusenden
spenden
verelenden
verschwenden
wenden
  abwenden
  anwenden
  aufwenden
  bewenden
  einwenden
  entwenden
  hinwenden
  umwenden
  verwenden
  wegwenden
  zurückwenden
  zuwenden

— **endend
  (ändent)**

= – ändend (ändent)
→ – enden (änden)

postwendend
spendend
  glückspendend
  lebenspendend
  segenspendend
verschwendend

— **ender (änder)**

= – änder (änder)
→ – enden (änden)
→ – endern (ändern)

Achtender
Anwender
Blender
Gabelwender
Heuwender
Kalender
  Abreißkalender
  Adventskalender
  Bauernkalender
  Kunstkalender
  Schreibtischkalender
  Taschenkalender
  Terminkalender
  Umlegekalender
  Vormerkkalender
  Wandkalender
Marketender
Schlender
  Geschlender
Sechsender
Sechzehnender
Sender
  Absender
  Auslandssender
  Einsender
  Fernsehsender
  Geheimsender
  Privatsender
  Rundfunksender
  Störsender
  Übersender
Spender
  Blutspender
  Freudenspender
Tender
Verschwender
  Energie-
    verschwender
  Erzverschwender
  Geldverschwender
Vierzehnender
Vollender
Zehnender
Zwölfender

behender
horrender
stupender

— **enderin
  (änderin)**

= – in (in)
= – inn (in)
→ – änder (änder)
→ – ender (ender)

Marketenderin
Blutspenderin
Verschwenderin

— **enderisch
  (änderisch)**

= – änderisch
    (änderisch)
→ – isch (isch)

verschwenderisch

— **endern
  (ändern)**

= – ändern (ändern)
→ – ender (änder)

Kalendern
Sendern
Verschwendern
schlendern
  anschlendern
  fortschlendern
  herumschlendern
  vorbeischlendern

— **endert (ändert)**

= – ändert (ändert)
→ – endern (ändern)

schlendert
  geschlendert

371

— endet (ändet)

= – ändet (ändet)
→ – enden (änden)

blendet
  geblendet
endet
  geendet
gesendet
  ungesendet
sendet
spendet
  gespendet
verblendet
  unverblendet
vollendet
  formvollendet
  unvollendet
wendet
  gewendet

— endi (ändi)

= – andy (ändi)

Efendi

— endig (ändi-ch)

= – ändig (ändi-ch)
→ – ich (i-ch)

lebendig
  quicklebendig
  springlebendig
notwendig
  lebensnotwendig
wendig
  aufwendig
  auswendig
  inwendig

— endige (ändige)

= – ändige (ändige)
→ – endig (ändi-ch)
→ – endigen (ändigen)

lebendige
notwendige

— endigen (ändigen)

= – ändigen (ändigen)
→ – endig (ändi-ch)

endigen
  beendigen
  verlebendigen

— endiger (ändiger)

= – ändiger (ändiger)
→ – endig (ändi-ch)

lebendiger
notwendiger

— endigkeit (ändi-chkait)

= – ändigkeit (ändi-chkait)
→ – eit (ait)
→ – endig (ändi-ch)

Lebendigkeit
Notwendigkeit
Wendigkeit

— endigung (ändiguŋ)

= – ändigung (ändiguŋ)
→ – ung (uŋ)

Endigung
  Beendigung

— endisch (ändisch)

= – ändisch (ändisch)
→ – isch (isch)

wendisch
wetterwendisch

— endler (äntler)

= – äntler (äntler)

Pendler

— endlich (äntli-ch)

= – ändlich (äntli-ch)
= – enntlich (äntli-ch)
= – entlich (äntli-ch)
→ – ich (i-ch)

endlich
  unendlich

— endlichkeit (äntli-chkait)

= – ändlichkeit (äntli-chkait)
= – enntlichkeit (äntli-chkait)
= – entlichkeit (äntli-chkait)
→ – eit (ait)
→ – endlich (äntli-ch)

Unendlichkeit

— ends (äntß)

= – änz (äntß)
= – ennts (äntß)
= – ents (äntß)
= – enz (äntß)
→ – end (änt)

Modetrends
Wochenends
vollends

— endung (änduŋ)

= – ändung (änduŋ)
→ – enden (änden)
→ – ung (uŋ)

Anwendung
  Kuranwendung
  Nutzanwendung

Endung
Sendung
　Fernsehsendung
　Geldsendung
　Geschenksendung
　Life-Sendung
　Nachnahmesendung
　Postwurfsendung
　Probesendung
　Rücksendung
　Rundfunksendung
　Warensendung
Verschwendung
　Geldverschwendung
　Zeitverschwendung
Versendung
Verwendung
Wendung
　Kehrtwendung
　Redewendung

— ene (e:ne)

= – ehne (e:ne)
→ – en (e:n)

Alkmene
Chilene
Helene
Hellene
　Philhellene
Hygiene
Irene
Kantilene
Katechumene
Kyrene
Lene
Lisene
Magdalene
Marlene
Ruthene
Sarazene
Selene
Sirene
　Dampfsirene
　Fabriksirene
　Lochsirene
　Schiffssirene
Slowene

Szene
　Abschiedsszene
　Drogenszene
　Filmszene
　Liebesszene
　Massenszene
　Musikszene
　Popszene
　Rockszene
　Sterbeszene
Turkmene
Vene
jene
notabene

— enen (e:nen)

= – ehnen (e:nen)
→ – en (e:n)
→ – ene (e:ne)

denen
jenen

— ener (e:ner)

= – ainer (e:ner)
= – ehner (e:ner)
→ – en (e:n)

Athener
Damaszener
Italiener
Nazarener
jener
schizophrener

— enf (änf)

Genf
Senf
　Ackersenf

— eng (äŋ)

= – ang (äŋ)
= – äng (äŋ)
→ – enge (äŋe)
→ – engen (äŋen)

eng
　hauteng

gestreng
peng
　peng-peng
schnedderengteng
　schnedde-
　rengtengteng
streng
　sittenstreng
　überstreng

— enge (äŋe)

= – änge (äŋe)
→ – eng (äŋ)
→ – engen (äŋen)

Enge
　Felsenge
　Landenge
　Meerenge
　Stromenge
　Talenge
Gemenge
　Handgemenge
Gesprenge
Menge
　Menschenmenge
　Niederschlagsmenge
　Teilmenge
　Unmenge
　Volksmenge
Schlenge
Senge
Strenge
　Sittenstrenge

— engel (äŋel)

= – ängel (äŋel)
→ – engeln (äŋeln)

Bengel
　Bauernbengel
　Lausebengel
　Rotzbengel
Dengel
　Gedengel
Engel
　Erzengel
　Friedensengel

Racheengel
Schutzengel
Todesengel
Gequengel
Krengel
Schwengel
  Brunnenschwengel
  Galgenschwengel
  Glockenschwengel
  Pumpenschwengel
Sprengel
  Kirchsprengel
Stengel
  Blumenstengel
  Glimmstengel
dengel
quengel

— engelchen (äŋel-chen)

= – ängelchen (äŋel-chen)
→ – engel (äŋel)

Bengelchen
Engelchen
Stengelchen

— eng(e)lig (äŋ(e)li-ch)

= – änglich (äŋli-ch)
= – englich (äŋli-ch)
→ – ich (i-ch)

kurzstenglig
langstenglig
quenglig

— eng(e)ligkeit (äŋ(e)li-chkait)

= – änglichkeit (äŋli-chkait)
= – englichkeit (äŋli-chkait)
→ – eit (ait)
→ – eng(e)lig (äŋ(e)li-ch)

Quengligkeit

— engeln (äŋeln)

= – ängeln (äŋeln)
→ – engel (äŋel)

dengeln
  abdengeln
entstengeln
krengeln
quengeln

— engen (äŋen)

= – ängen (äŋen)
→ – eng (äŋ)
→ – enge (äŋe)

engen
  beengen
  einengen
  verengen
gestrengen
krengen
mengen
  anmengen
  beimengen
  daruntermengen
  einmengen
  hineinmengen
  untermengen
  vermengen
sengen
  absengen
  ansengen
  besengen
  versengen
sprengen
  absprengen
  ansprengen
  aufsprengen
  aussprengen
  auseinander-
    sprengen
  besprengen
  durchsprengen
  einsprengen
  fortsprengen
  heransprengen
  heraussprengen
  lossprengen
  nachsprengen
  versprengen
  vorsprengen
  zersprengen
  zurücksprengen
strengen
  anstrengen
  überanstrengen

— engend (äŋent)

= – ängend (äŋent)
→ – engen (äŋen)

anstrengend
beimengend
sengend
sprengend
verengend

— engende (äŋende)

= – ängende (äŋende)
→ – engen (äŋen)

einengende
untermengende
versengende
wassersprengende

— enger (äŋer)

= – änger (äŋer)
→ – eng (äŋ)
→ – engen (äŋen)

Rasensprenger
enger
strenger
  gestrenger

— engern (äŋern)

= – ängern (äŋern)
→ – engen (äŋen)
→ – enger (äŋer)

engern
  verengern
strengern
  gestrengern

— **engerung
(äŋeruŋ)**

= – ängerung
(äŋeruŋ)
→ – ung (uŋ)

Verengerung

— **engigkeit
(äŋi-chkait)**

= – ängigkeit
(äŋi-chkait)
→ – eit (ait)

Engigkeit
Strengigkeit

— **englein
(äŋlain)**

= – änglein (äŋlain)
= – ein (ain)
→ – engel (äŋel)

Englein
Stenglein

— **englich
(äŋli-ch)**

= – änglich (äŋli-ch)
= – eng(e)lig
(äŋ(e)li-ch)
→ – ich (i-ch)

überschwenglich

— **englichkeit
(äŋli-chkait)**

= – änglichkeit
(äŋli-chkait)
= – eng(e)ligkeit
(äŋ(e)li-chkait)
→ – eit (ait

Überschwenglichkeit

— **engsel (äŋsel)**

= – ängsel (äŋsel)

Mengsel
  Gemengsel
Sprengsel
  Absprengsel
  Einsprengsel

— **engst (äŋßt)**

= – ängst (äŋßt)
→ – engen (äŋen)

Hengst
  Streithengst
  Zuchthengst
mengst
sprengst

— **engt (äŋt)**

= – ängt (äŋt)
→ – engen (äŋen)

angestrengt
beengt
eingeengt
mengt
  gemengt
sengt
  gesengt
sprengt
  gesprengt
überanstrengt
vermengt
  unvermengt

— **engte (äŋte)**

= – ängte (äŋte)
→ – engen (äŋen)
→ – engt (äŋt)

Versprengte
angestrengte
unvermengte

— **engten (äŋten)**

= – ängten (äŋten)
→ – engen (äŋen)
→ – engt (äŋt)

Versprengten
angesengten
überanstrengten
unvermengten
verengten

— **engtheit
(äŋthait)**

= – ängtheit (äŋthait)
→ – eit (ait)
→ – engen (äŋen)
→ – engt (äŋt)

Angestrengtheit
Beengtheit

— **engung (äŋuŋ)**

= – ängung (äŋuŋ)
→ – engen (äŋen)
→ – ung (uŋ)

Anstrengung
  Kraftanstrengung
  Willensanstrengung
Sprengung
Verengung
  Fahrbahnverengung
Vermengung

— **enie (e:ni-e)**

Eugenie
Gardenie
Iphigenie
Xenie

— **enien (e:ni-en)**

→ – enie (e:ni-e)

Armenien
Genien
Slowenien

— **enig (e:ni-ch)**

= – ehnig (e:ni-ch)
→ – ich (i-ch)

arsenig
wenig
 blutwenig
 ebensowenig
 mordswenig

— **enige (e:nige)**

= – ehnige (e:nige)

dasjenige
derjenige
diejenige
wenige

— **enigen (e:nigen)**

= – ehnigen (e:nigen)

demjenigen
denjenigen
derjenigen
desjenigen
diejenigen
wenigen

— **eniger (e:niger)**

= – ehniger (e:niger)

weniger
 nichtsdestoweniger

— **enisch (e:nisch)**

→ – isch (isch)

armenisch
athenisch
chilenisch
hellenisch
hygienisch
 unhygienisch
italienisch
neurasthenisch
ökumenisch
sarazenisch
slowenisch
szenisch
turkmenisch
tyrrhenisch

— **enium (e:ni-um)**

= – um (um)

Ingenium
Oxygenium
Proszenium

— **enk (äŋk)**

= – änk (äŋk)
→ – enke (äŋke)
→ – enken (äŋken)

Gehenk
 Wehrgehenk
Gelenk
 Fußgelenk
 Handgelenk
 Hüftgelenk
 Kniegelenk
 Schultergelenk
 Sprunggelenk
Geschenk
 Abschiedsgeschenk
 Danaergeschenk
 Gastgeschenk
 Geburtstags-
  geschenk
 Gegengeschenk
 Hochzeitsgeschenk
 Patengeschenk
 Taufgeschenk
 Verlobungsgeschenk
 Weihnachts-
  geschenk
Gesenk
Schenk
 Mundschenk
denk
 gedenk
 eingedenk
  uneingedenk
lenk
schwenk
senk
ungelenk

— **enkbar (äŋkba:r)**

→ – ar (a:r)
→ – enken (äŋken)

ausdenkbar
 unausdenkbar
denkbar
 undenkbar
lenkbar
 unlenkbar
schwenkbar
versenkbar

— **enkchen (äŋk-chen)**

= – änkchen (äŋk-chen)
→ – enk (äŋk)

Gelenkchen
Geschenkchen

— **enke (äŋke)**

= – änke (äŋke)
→ – enk (äŋk)
→ – enken (äŋken)

Gesenke
Menkenke
Renke
Schenke
 Bauernschenke
 Bierschenke
 Dorfschenke
 Gassenschenke
 Hafenschenke
 Klosterschenke
 Waldschenke
 Weinschenke
Senke
 Bodensenke
 Talsenke

376

denke
lenke
schenke
schwenke
senke

— enkel (äŋkel)

= – änkel (äŋkel)
→ – enkeln (äŋkeln)

Enkel
　Urenkel
Henkel
Schenkel
　Froschschenkel
　Oberschenkel
　Unterschenkel
Senkel
　Schnürsenkel
Sprenkel
　Gesprenkel

— enk(e)lig (äŋk(e)li-ch)

= – änklich (äŋkli-ch)
= – enklich (äŋkli-ch)
→ – ich (i-ch)

einhenklig
gleichschenklig
sprenklig
zweihenklig

— enkeln (äŋkeln)

= – änkeln (äŋkeln)
→ – enkel (äŋkel)

Henkeln
Schnürsenkeln
einhenkeln
sprenkeln
　besprenkeln

— enkelt (äŋkelt)

= – änkelt (äŋkelt)
→ – enkeln (äŋkeln)

gehenkelt
　eingehenkelt
gesprenkelt
　buntgesprenkelt

— enken (äŋken)

= – änken (äŋken)
→ – enk (äŋk)
→ – enke (äŋke)

Denken
　Andenken
　Nützlichkeitsdenken
　Zweckdenken
Bedenken
Gedenken
　Angedenken
　Menschengedenken
denken
　ausdenken
　bedenken
　durchdenken
　erdenken
　gedenken
　hineindenken
　nachdenken
　überdenken
　umdenken
　verdenken
　wegdenken
　zudenken
　zurückdenken
henken
lenken
　ablenken
　einlenken
　hinlenken
　umlenken
　zurücklenken
renken
　ausrenken
　einrenken
　verrenken
schenken
　ausschenken
　beschenken
　einschenken
　herschenken
　nachschenken

verschenken
vollschenken
schwenken
　abschwenken
　ausschwenken
　einschwenken
　umschwenken
senken
　absenken
　einsenken
　niedersenken
　versenken

— enkend (äŋkent)

= – änkend (äŋkent)
→ – enken (äŋken)

ausrenkend
blutdrucksenkend
denkend
　andersdenkend
　edeldenkend
　großdenkend
　klardenkend
einlenkend
fahnenschwenkend
verschenkend

— enker (äŋker)

= – änker (äŋker)
→ – enken (äŋken)
→ – enkern (äŋkern)

Denker
　Freidenker
Henker
Lenker
　Autolenker
　Rosselenker
　Schlachtenlenker
　Staatenlenker
　Wagenlenker
Schwenker
　Cognacschwenker
Senker
　Absenker
ungelenker

— **enkerei
(äŋkerai)**

= – änkerei (äŋkerai)
= – ei (ai)
→ – enker (äŋker)
→ – enkern (äŋkern)

Schlenkerei

— **enkern (äŋkern)**

= – änkern (äŋkern)
→ – enker (äŋker)

Denkern
Henkern
schlenkern

— **enklich
(äŋkli-ch)**

= – änklich (äŋkli-ch)
= – enk(e)lig
(äŋk(e)li-ch)
→ – ich (i-ch)

bedenklich
　unbedenklich
erdenklich
nachdenklich
undenklich
unvordenklich

— **enklichkeit
(äŋkli-chkait)**

= – änklichkeit
(äŋkli-chkait)
→ – eit (ait)
→ – enklich (äŋkli-ch)

Nachdenklichkeit

— **enksam
(äŋkßa:m)**

→ – am (a:m)
→ – enken (äŋken)

bedenksam
lenksam
　unlenksam

— **enkst (äŋkßt)**

= – änkst (äŋkßt)
→ – enken (äŋken)

denkst
lenkst
schenkst
schwenkst
senkst

— **enkt (äŋkt)**

= – änkt (äŋkt)
→ – enken (äŋken)

denkt
　gedenkt
gelenkt
　ferngelenkt
henkt
　gehenkt
lenkt
renkt
schenkt
　geschenkt
schwenkt
　geschwenkt
senkt
　gesenkt

— **enkte (äŋkte)**

= – änkte (äŋkte)
→ – enken (äŋken)

Gehenkte
ferngelenkte
schwenkte
　geschwenkte

— **enkung (äŋkuŋ)**

= – änkung (äŋkuŋ)
→ – enken (äŋken)
→ – ung (uŋ)

Lenkung
　Fernlenkung
　Servolenkung
Schenkung

Senkung
　Bodensenkung
　Blutsenkung
　Magensenkung
　Preissenkung
　Steuersenkung
Versenkung

— **enn (än)**

= – an (än)
= – änn (än)
= – en (än)
→ – enne (äne)
→ – ennen (änen)

Senn
Venn
　Hohes Venn
brenn
denn
flenn
kenn
majorenn
minorenn
nenn
penn
renn
solenn
trenn
wenn

— **enna (äna)**

→ – a (a:)

Henna
Ravenna
Vienna

— **ennbar (änba:r)**

→ – ar (a:r)
→ – ennen (änen)

brennbar
　unbrennbar
erkennbar
　unerkennbar

trennbar
　untrennbar
unnennbar
unverbrennbar
unverkennbar

**— ennbarkeit
(änba:rkait)**

→ – eit (ait)
→ – ennbar (änba:r)
→ – ennen (änen)

Brennbarkeit
Erkennbarkeit
Trennbarkeit
　Untrennbarkeit

— enne (äne)

= – änne (äne)
→ – enn (än)
→ – ennen (änen)

Antenne
　Außenantenne
　Fernsehantenne
　Gemeinschafts-
　antenne
　Hochantenne
　Richtantenne
　Zimmerantenne
Einbrenne
Geflenne
Gerenne
Henne
　Gluckhenne
　Legehenne
Penne
Senne
Tenne
brenne
flenne
kenne
nenne
penne
renne
trenne

— ennen (änen)

= – ännen (änen)
→ – enn (än)
→ – enne (äne)

Ardennen
Rennen
　Autorennen
　Galopprennen
　Motorradrennen
　Pferderennen
　Querfeldeinrennen
　Radrennen
　Sechstagerennen
　Straßenrennen
　Trabrennen
　Wettrennen
Sodbrennen
benennen
　umbenennen
brennen
　abbrennen
　anbrennen
　aufbrennen
　ausbrennen
　durchbrennen
　einbrennen
　entbrennen
　niederbrennen
　verbrennen
erkennen
　anerkennen
　aberkennen
　wiedererkennen
　zuerkennen
flennen
kennen
　auskennen
　bekennen
　verkennen
nennen
　ernennen
pennen
　auspennen
　einpennen
　verpennen
rennen
　anrennen
　berennen

einrennen
fortrennen
herausrennen
herumrennen
nachrennen
niederrennen
überrennen
umherrennen
umrennen
verrennen
wegrennen
trennen
　abtrennen
　auftrennen
　lostrennen
　zertrennen

— enner (äner)

= – änner (äner)
→ – ennen (änen)

Brenner
　Bunsenbrenner
　Dauerbrenner
　Gasbrenner
　Mordbrenner
　Schnapsbrenner
　Schneidbrenner
　Schweißbrenner
　Ziegelbrenner
Flenner
Kenner
　Bekenner
　Bibelkenner
　Kräuterkenner
　Kunstkenner
　Literaturkenner
　Menschenkenner
　Musikkenner
　Pferdekenner
　Pflanzenkenner
　Pilzkenner
　Sachkenner
　Weinkenner
Nenner
　Generalnenner
　Hauptnenner
Penner
Renner

379

— ennerei (änerai)

= – ei (ai)
→ – ennen (änen)
→ – enner (äner)

Brennerei
  Mordbrennerei
  Schnapsbrennerei
  Ziegelbrennerei
Flennerei
Rennerei

— enni (äni)

= – änni (äni)
= – enny (äni)

Henni

— ennig (äni-ch)

= – ännig (äni-ch)
→ – ich (i-ch)

Ackermennig
Odermennig
Pfennig
  Glückspfennig
  Heckpfennig
  Notpfennig
  Peterspfennig
  Sparpfennig
  Zehrpfennig

— ennige (änige)

= – ännige (änige)
→ – ennig (äni-ch)

Mennige
Pfennige

— ennlein (änlain)

= – ännlein (änlain)
= – ein (ain)
→ – enne (äne)

Hennlein
Sennlein

— ennlich (änli-ch)

= – ännlich (änli-ch)
→ – ich (i-ch)

unverbrennlich
unzertrennlich

— ennlichkeit (änli-chkait)

= – ännlichkeit (änli-chkait)
→ – eit (ait)
→ – ennlich (änli-ch)

Unzertrennlichkeit

— enno (äno)

→ – o (o:)

Benno
Tenno

— ennst (änßt)

= – ännst (änßt)
= – enst (änßt)
→ – ennen (änen)

brennst
flennst
kennst
nennst
pennst
rennst
trennst

— ennt (änt)

= – and (änt)
= – änd (änt)
= – end (änt)
= – ent (änt)
→ – ennen (änen)

brennt
flennt
  geflennt
kennt

nennt
pennt
  gepennt
rennt
trennt
  getrennt

— ennte (änte)

= – ente (änte)
→ – ennen (änen)

flennte
pennte
trennte

— enntlich (äntli-ch)

= – ändlich (äntli-ch)
= – endlich (äntli-ch)
= – entlich (äntli-ch)
→ – ich (i-ch)

kenntlich
  erkenntlich
  unkenntlich

— enntlichkeit (äntli-chkait)

= – ändlichkeit (äntli-chkait)
= – endlichkeit (äntli-chkait)
= – entlichkeit (äntli-chkait)
→ – eit (ait)
→ – enntlich (äntli-ch)

Unkenntlichkeit

— enntnis (äntniß)

= – ändnis (äntniß)

Bekenntnis
  Freundschaftsbe-
    kenntnis
  Glaubensbekenntnis
  Lippenbekenntnis
  Schuldbekenntnis

Sündenbekenntnis
Treuebekenntnis
Erkenntnis
  Anerkenntnis
  Selbsterkenntnis
Kenntnis
  Branchenkenntnis
  Fachkenntnis
  Menschenkenntnis
  Ortskenntnis
  Sachkenntnis
  Sprachkenntnis
  Unkenntnis
  Weltkenntnis

— **ennts (äntß)**

= – änz (äntß)
= – ends (äntß)
= – ents (äntß)
= – enz (äntß)
→ – ennen (änen)
→ – ennt (änt)

brennt's
nennt's
trennt's

— **ennung (änuŋ)**

→   ennen (änen)
→ – ung (uŋ)

Benennung
Erkennung
  Früherkennung
Nennung
  Namensnennung
Trennung
  Gütertrennung
  Silbentrennung
Verbrennung
  Bücherverbrennung
  Leichenverbrennung
  Witwenverbrennung

— **enny (äni)**

= – änni (äni)
= – enni (äni)

Benny
Henny
Jenny
Penny

— **ens (änß)**

Akzidens
Dispens
  Ehedispens
Ingrediens
Konsens
Präzedens
Reagens
Solvens
immens

— **ense (änse)**

= – änse (änse)
→ – ens (änß)

Sense
Trense

— **ense (ā:ß)**

= – ance (ā:ß)
= – ence (ā:ß)

Hortense

— **ensisch (änsisch)**

→ – isch (isch)

albigensisch
forensisch
zirzensisch

— **enst (änßt)**

= – ännst (änßt)
= – ennst (änßt)

Gespenst
  Kriegsgespenst
  Nachtgespenst
  Schreckgespenst

— **enster (änßter)**

→ – enst (änßt)
→ – enstern (änßtern)

Fenster
  Blumenfenster
  Dachfenster
  Doppelfenster
  Fliegenfenster
  Kellerfenster
  Kirchenfenster
  Rückfenster
  Schaufenster
  Wagenfenster
Gespenster

— **enstern (änßtern)**

→ – enster (änßter)

fenstern
  ausfenstern
gespenstern

— **ent (änt)**

= – and (änt)
= – änd (änt)
= – end (änt)
= – ennt (änt)
→ – ente (änte)
→ – enten (änten)

Abiturient
Abonnent
  Zeitungsabonnent
Absolvent
  Hochschulabsolvent
Advent
Agend
  Geheimagent
Akzent
Äquivalent
Argument
  Gegenargument
  Hauptargument
  Pseudoargument
  Scheinargument
Assistent

Aszendent
Cent
Delinquent
Deszendent
Dezernent
Dirigent
  Chefdirigent
Disponent
Dissident
Dokument
  Bilddokument
  Filmdokument
Dozent
  Privatdozent
Element
  Bauelement
  Formelement
  Grundelement
  Spurenelement
  Urelement
Exkrement
Expedient
Experiment
Exponent
Falliment
Ferment
Firmament
Fragment
Fundament
Gent
Gradient
Inserent
Inspizient
Instrument
  Begleitinstrument
  Blasinstrument
  Blechinstrument
  Folterinstrument
  Machtinstrument
  Meßinstrument
  Mordinstrument
  Musikinstrument
  Saiteninstrument
  Schlaginstrument
  Streichinstrument
Insurgent
Interessent
Klient
Koeffizient

Komment
Kompliment
Konfident
Konkurrent
Konsument
Kontinent
Kontingent
Kontokorrent
Kontrahent
Konvent
Korrespondent
  Auslands-
  korrespondent
Medikament
Moment
  Verdachtsmoment
Monument
  Grabmonument
Okzident
Opponent
Orient
Ornament
Parlament
  Rumpfparlament
Patent
  Kapitänspatent
  Offizierspatent
Patient
  Kassenpatient
  Privatpatient
Pergament
Pigment
Postament
Präsent
Präsident
  Bundespräsident
  Ehrenpräsident
  Landtagspräsident
  Ministerpräsident
  Reichspräsident
  Staatspräsident
  Vizepräsident
Prätendent
  Thronprätendent
Produzent
  Filmproduzent
  Theaterproduzent
Prozent
Quent

Quotient
Referent
  Fachreferent
  Hauptreferent
  Korreferent
  Personalreferent
  Pressereferent
Regent
  Mitregent
  Prinzregent
Regiment
  Garderegiment
  Hausregiment
  Infanterieregiment
  Kavallerieregiment
  Leibregiment
  Weiberregiment
Rekonvaleszent
Resident
Rezensent
Rudiment
Sakrament
Sediment
Segment
Skribent
  Subskribent
Sortiment
Student
  Austauschstudent
  Korpsstudent
  Werkstudent
Superintendent
Supplement
Talent
  Organisationstalent
  Sprachtalent
Temperament
Testament
Transparent
Zement
  Mischzement
abstinent
ambivalent
äquivalent
dekadent
dezent
  indezent
different
  indifferent

divergent
eloquent
eminent
evident
existent
exzellent
immanent
impertinent
indolent
indulgent
inhärent
insolvent
intelligent
  hochintelligent
  unintelligent
justament
kohärent
kompetent
  inkompetent
  unkompetent
kongruent
  inkongruent
konsequent
  inkonsequent
konsistent
  inkonsistent
konvergent
korpulent
latent
opulent
patent
permanent
potent
  impotent
prominent
renitent
resistent
sapperment
solvent
suffizient
  insuffizient
transparent
transzendent
turbulent
urgent
vehement
virulent

— ent (ā:)

= – an (ā:)
= – anc (ā:)
= – and (ā:)
= – ant (ā:)

Abonnement
Amüsement
Appartement
Arrangement
Avancement
Bombardement
Departement
Engagement
Etablissement
Gouvernement
Paravent
Raffinement
Reglement
Revirement
Sentiment
  Ressentiment

— enta (änta)

→ – a (a:)

Brenta
Irredenta
Plazenta
Polenta
Senta

— entchen (änt-chen)

= – ändchen (änt-chen)
= – endchen (änt-chen)
→ – ent (änt)
→ – ente (änte)

Entchen
Momentchen
Quentchen
Studentchen

— ente (änte)

= – ennte (änte)
→ – ent (änt)

Alimente
Dolcefarniente
Ente
  Brandente
  Eiderente
  Kolbenente
  Krickente
  Lockente
  Löffelente
  Pekingente
  Pfeifente
  Spießente
  Stockente
  Tafelente
  Tauchente
  Wildente
  Zwergente
Ente
  Zeitungsente
Komponente
Malente
Polente
Posamente
Prominente
Rente
  Altersrente
  Grundrente
  Invalidenrente
  Leibrente
  Sozialrente
  Unfallrente
  Waisenrente
Sterbesakramente
Sukkulente
Tangente

— enten (änten)

→ – ent (änt)
→ – ente (änte)

Fisimatenten
pergamenten

— enter (änter)

→ – ent (änt)
→ – entern (äntern)

Enter
Posamenter
Regimenter
Sortimenter
intelligenter
patenter
renitenter

— entern (äntern)

→ – ent (änt)
→ – enter (änter)

entern
kentern
plentern

— enti (änti)

= – anty (änti)

Dementi

— entia (äntßia)

= – encia (äntßia)
→ – a (a:)

in absentia

— entisch (äntisch)

→ – isch (isch)

authentisch
identisch
studentisch

— entlein (äntlain)

= – ändlein (äntlain)
= – äntlein (äntlain)
= – ein (ain)
→ – ent (änt)
→ – ente (änte)

Entlein
Quentlein
Studentlein

— entlich (äntli-ch)

= – ändlich (äntli-ch)
= – endlich (äntli-ch)
= – enntlich (äntli-ch)
→ – ent (änt)
→ – ich (i-ch)

adventlich
alttestamentlich
neutestamentlich

— entlichkeit (äntli-chkait)

= – ändlichkeit (äntli-chkait)
= – endlichkeit (äntli-chkait)
= – enntlichkeit (äntli-chkait)
→ – eit (ait)
→ – entlich (äntli-ch)

Adventlichkeit

— entner (äntner)

Rentner
  Frührentner
Zentner
  Doppelzentner

— ento (änto)

→ – o (o:)

Busento
Divertimento
Lamento
Lento
Memento
Sacramento
Trento
lento

— entor (änto:r)

= – ohr (o:r)
= – or (o:r)

Mentor
Stentor

— ents (äntß)

= – änz (äntß)
= – ends (äntß)
= – ennts (äntß)
= – enz (äntß)
→ – ent (änt)

Advents
Dokuments
Instruments
Parlaments
Talents
Zements

— enus (e:nuß)

→ – us (uß)
→ – uß (uß)

Genus
Venus

— enz (äntß)

= – änz (äntß)
= – ends (äntß)
= – ennts (äntß)
= – ents (äntß)
→ – enze (äntße)
→ – enzen (äntßen)

Absenz
Abstinenz
Akzidenz
Ambivalenz
Äquivalenz
Assistenz
Aszendenz
Audienz
  Abschiedsaudienz
  Papstaudienz
Bludenz
Bregenz
Brenz
Dekadenz
Deszendenz
Dezenz
  Indezenz
Differenz
  Höhendifferenz

Kursdifferenz
Preisdifferenz
Wertdifferenz
Divergenz
Eloquenz
Eminenz
Erkelenz
Essenz
  Essigessenz
  Kräuteressenz
  Quintessenz
Evidenz
Existenz
  Koexistenz
Exzellenz
Fenz
Fischenz
Florenz
Fluoreszenz
Frequenz
Graudenz
Immanenz
Impertinenz
Indifferenz
Indolenz
Indulgenz
Ingredienz
Inhärenz
Innozenz
Insolenz
Intelligenz
Interferenz
Jurisprudenz
Kadenz
Karenz
Koblenz
Kompetenz
  Inkompetenz
Kondolenz
Konferenz
  Abrüstungs-
  konferenz
  Delegierten-
  konferenz
  Friedenskonferenz
  Pressekonferenz
Konfidenz
Kongruenz
  Inkongruenz

Konkurrenz
  Höhenkonkurrenz
  Schönheits-
  konkurrenz
Konsequenz
  Inkonsequenz
Konsistenz
Konvaleszenz
  Rekonvaleszenz
Konvergenz
Korpulenz
Korrespondenz
Kredenz
Kreszenz
Latenz
Lenz
Lizenz
Lorenz
Magnifizenz
Opulenz
Permanenz
Pestilenz
Potenz
  Impotenz
  Omnipotenz
  Präpotenz
Präsenz
Prominenz
Provenienz
Referenz
Reminiszenz
Renitenz
Residenz
  Sommerresidenz
  Winterresidenz
Resistenz
Reverenz
Sentenz
Sequenz
Solvenz
  Insolvenz
Sprenz
Stenz
Suffizienz
  Insuffizienz
Tendenz
  Entwicklungs-
  tendenz
  Grundtendenz

Transparenz
Transzendenz
Turbulenz
Valenz
Vehemenz
Vinzenz
Virulenz

— enza (äntßa)

→ – a (a:)

Faenza
Influenza
Potenza

— enzchen (äntß-chen)

= – änzchen (äntß-chen)
→ – enz (äntß)
→ – enze (äntße)

Konferenzchen
Residenzchen
Sperenzchen

— enze (äntße)

= – änze (äntße)
→ – enz (äntß)
→ – enzen (äntßen)

Firenze
Grenze
  Altersgrenze
  Baumgrenze
  Landesgrenze
  Schneegrenze
  Sektorengrenze
  Sprachgrenze
  Staatsgrenze
  Zahlgrenze
  Zollgrenze
  Zonengrenze
Sprenze
Strenze

— enzel (äntßel)

= – änzel (äntßel)
→ – enzeln (äntßeln)

Wenzel

— enzeln (äntßeln)

= – änzeln (äntßeln)
→ – enzel (äntßel)

brenzeln
scharwenzeln
  herumscharwenzeln

— enzen (äntßen)

= – änzen (äntßen)
→ – enz (äntß)
→ – enze (äntße)

faulenzen
grenzen
  abgrenzen
  angrenzen
  ausgrenzen
  begrenzen
  eingrenzen
  umgrenzen
kredenzen
lenzen
sprenzen

— enzend (äntßent)

= – änzend (äntßent)
→ – enzen (äntßen)

begrenzend
faulenzend
kredenzend

— enzer (äntßer)

= – änzer (äntßer)

Faulenzer
Grenzer
  Angrenzer
Spenzer

— enzlein (äntßlain)

= – änzlein (äntßlain)
= – ein (ain)
→ – enz (äntß)
→ – enze (äntße)

Konferenzlein
Kredenzlein
Residenzlein

— enzlig (äntßli-ch)

= – änzlich (äntßli-ch)
→ – ich (i-ch)

brenzlig

— enzt (äntßt)

= – änzt (äntßt)
→ – enzen (äntßen)

begrenzt
  engbegrenzt
  unbegrenzt
grenzt
  gegrenzt
kredenzt
unumgrenzt

— enzung (äntßuŋ)

= – änzung (äntßuŋ)
→ – enzen (äntßen)
→ – ung (uŋ)

Abgrenzung
Ausgrenzung
Begrenzung
Eingrenzung
Umgrenzung

— eo (e:o)

→ – o (o:)

Leo
Montevideo
Rodeo
Theo

— ep (äp)

= – ap (äp)
= – epp (äp)
→ – ebben (äben)

Pep
Step
  Onestep
  Quickstep

— epfe (äpfe)

= – äpfe (äpfe)

Schnepfe

— eph (äf)

= – äff (äf)
= – ef (äf)
= – eff (äf)
= – ev (äf)
= – ew (äf)

Joseph
Saleph

— ephir (e:fir)

= – efir (e:fir)
= – ier (i:r)
= – ihr (i:r)
= – ir (i:r)

Zephir

— epi (äpi)

= – äppi (äpi)
= – appy (äpi)

Pepi

— epp (äp)

= – ap (äp)
= – ep (äp)
→ – ebben (äben)

Depp
Krepp
Nepp
Schlepp
Sepp
hepp

— eppchen
(äp-chen)

= – äppchen
(äp-chen)
→ – eppe (äpe)

Schleppchen
Treppchen

— eppe (äpe)

→ – eppen (äpen)

Fleppe
Geschleppe
Schleppe
Schneppe
Steppe
  Grassteppe
  Salzsteppe
Treppe
  Bodentreppe
  Freitreppe
  Hintertreppe
  Kellertreppe
  Rolltreppe
  Wendeltreppe
neppe
schleppe
steppe

— eppen (äpen)

→ – epp (äp)
→ – eppe (äpe)

kreppen
neppen
schleppen
  abschleppen
  anschleppen
  einschleppen
  fortschleppen
  herausschleppen
  herbeischleppen
  hereinschleppen
  hinaufschleppen
  hinausschleppen
  hinschleppen
  mitschleppen
  nachschleppen
  verschleppen
  wegschleppen
  zurückschleppen
steppen
  absteppen
  aussteppen
  versteppen

— epper (äper)

= – apper (äper)
= – äpper (äper)
→ – eppen (äpen)
→ – eppern (äpern)

Geschepper
Klepper
  Buschklepper
Nepper
Schlepper
Schnepper
Stepper

— epperei (äperai)

= – ei (ai)
→ – eppen (äpen)
→ – epper (äper)

Nepperei
Schlepperei

— eppern (äpern)

= – äppern (äpern)
→ – epper (äper)

kleppern
scheppern
schneppern
zerteppern

— eppert (äpert)

→ – äppern (äpern)
→ – eppern (äpern)

bedeppert
deppert

— eppich (äpi-ch)

= – eppig (äpi-ch)
→ – ich (i-ch)

Eppich
Teppich
  Berberteppich
  Boucléteppich
  Brüsseler-Teppich
  Druckteppich
  Flechtteppich
  Gebetsteppich
  Haargarnteppich
  Kelim-Teppich
  Knüpfteppich
  Orientteppich
  Perserteppich
  Seidenteppich
  Smyrna-Teppich
  Sumak-Teppich
  Tournayteppich
  Wandteppich
  Webteppich

— eppig (äpi-ch)

= – eppich (äpi-ch)
→ – ich (i-ch)

kreppig

— eppo (äpo)

→ – o (o:)

Aleppo
Beppo

— eppt (äpt)

= – apt (äpt)
= – ebbt (äpt)
= – ept (äpt)
→ – eppen (äpen)

kreppt
  gekreppt
neppt
  geneppt
schleppt
  geschleppt
steppt
  gesteppt

— eppter (äpter)

= – epter (äpter)
→ – eppen (äpen)
→ – eppt (äpt)

abgesteppter
gekreppter
geneppter
verschleppter

— eppung (äpuŋ)

→ – eppen (äpen)
→ – ung (uŋ)

Abschleppung
Verschleppung
Versteppung

— epsis (äpßiß)

→ – is (iß)
→ – iß (iß)

Sepsis
Skepsis

— ept (äpt)

= – apt (äpt)
= – ebbt (äpt)
= – eppt (äpt)

Adept
Akzept
Konzept
Rezept
  Arztrezept
  Backrezept
  Kochrezept

— epter (äpter)

= – eppter (äpter)

Zepter

— eptiker (äptiker)

→ – icker (iker)

Epileptiker
Skeptiker

— eptisch (äptisch)

→ – isch (isch)

epileptisch
septisch
  antiseptisch
  aseptisch
skeptisch

— er (e:r)

= – eer (e:r)
= – ehr (e:r)
→ – ere (e:re)
→ – eren (e:ren)

Ger
Scher
Schmer
Ster
der
  ebender
er
her
  bisher
  daher
  dorther
  fernher
  hierher
  hinterher
  jeher
  langher
  nachher
  nebenher
  obenher
  seither
  überallher
  zwischenher
quer
  verquer
schwer
  folgenschwer
  inhaltschwer
  regenschwer
  sorgenschwer
  tränenschwer
  unschwer
umher
  ringsumher
wer
woher
  anderswoher

— er (ä:r)

= – ähr (ä:r)
= – air (ä:r)
= – aire (ä:r)
= – är (ä:r)
= – ert (ä:r)

leger

— er (är)

= – ärr (är)
= – err (är)
= – erre (är)

per

— er (e:)

= – e (e:)

Souper

— era (e:ra)

= – eira (e:ra)
→ – a (a:)

Abdera
Bordighera
Gera
Habanera
Hera
Kythera
Riviera
Vera

— erb (ärp)

= – ärb (ärp)
→ – erbe (ärbe)
→ – erben (ärben)

Erwerb
  Broterwerb
  Gelderwerb
  Nebenerwerb

Verb
  Adverb
Verderb
Wettbewerb
derb
herb
süperb

— erbar (e:rba:r)

= − ehrbar (e:rba:r)
→ − ar (a:r)
→ − eren (e:ren)

beschwerbar
überquerbar
  unüberquerbar

— erbe (ärbe)

= − ärbe (ärbe)
→ − erb (ärp)
→ − erben (ärben)

Erbe
  Alleinerbe
  Kulturerbe
  Leibeserbe
  Miterbe
  Thronerbe
  Universalerbe
Gerbe
Gewerbe
  Bankgewerbe
  Baugewerbe
  Buchgewerbe
  Gaststättengewerbe
  Hotelgewerbe
  Kunstgewerbe
  Modegewerbe
Herbe
Kerbe
Scherbe
  Glasscherbe
  Tonscherbe
Serbe
Sterbe
Zerbe
erbe
gerbe
kerbe
sterbe
verderbe
werbe

— erbel (ärbel)

= − ärbel (ärbel)
→ − erbeln (ärbeln)

Hyperbel
Kerbel
Scherbel
scherbel

— erbeln (ärbeln)

→ − erbel (ärbel)

scherbeln
serbeln
verscherbeln

— erben (ärben)

= − ärben (ärben)
→ − erb (ärp)
→ − erbe (ärbe)

Scherben
Verderben
erben
  beerben
  enterben
  ererben
  forterben
  vererben
gerben
  ausgerben
  vergerben
kerben
  auskerben
  einkerben
sterben
  absterben
  aussterben
  dahinsterben
  ersterben
  hinsterben
  versterben
  wegsterben
verderben
werben
  abwerben
  anwerben
  bewerben
  erwerben
  umwerben

— erbend (ärbent)

= − ärbend (ärbent)
→ − erben (ärben)

sittenverderbend

— erber (ärber)

= − ärber (ärber)
→ − erben (ärben)

Berber
Bewerber
  Mitbewerber
Gerber
  Lohgerber
Spaßverderber
Sperber
Spielverderber
Werber
  Brautwerber
derber
herber

— erberei (ärberai)

= − ärberei (ärberai)
= − ei (ai)
→ − erben (ärben)
→ − erber (ärber)

Berberei
Gerberei

— erbert (ärbert)

Gerbert
Herbert

— erbheit (ärphait)

→ – eit (ait)

Derbheit
Herbheit

— erblich (ärpli-ch)

→ – ich (i-ch)

erblich
  vererblich
gewerblich
  kunstgewerblich
sterblich
  unsterblich
verderblich
  leichtverderblich
  unverderblich

— erblichkeit (ärpli-chkait)

→ – eit (ait)
→ – erblich (ärpli-ch)

Sterblichkeit
  Unsterblichkeit
Verderblichkeit
Vererblichkeit

— erbst (ärpßt)

= – ärbst (ärpßt)
→ – erben (ärben)

Herbst
  Frühherbst
  Nachherbst
  Spätherbst
  Vorherbst
Zerbst
erbst
gerbst

— erbt (ärpt)

= – ärbt (ärpt)
→ – erben (ärben)

erbt
  geerbt
gegerbt
  ungegerbt
gekerbt
  feingekerbt
gerbt
kerbt
sterbt
verderbt
  unverderbt
werbt

— erbung (ärbuŋ)

= – ärbung (ärbuŋ)
→ – erben (ärben)
→ – ung (uŋ)

Einkerbung
Vererbung
Werbung
  Brautwerbung
  Fernsehwerbung
  Filmwerbung
  Plakatwerbung
  Rundfunkwerbung
  Zeitungswerbung

— erch (är-ch)

→ – erche (är-che)
→ – erschen (är-chen)

Ferch
Pferch
zwerch
  überzwerch

— erche (är-che)

= – ärche (är-che)
→ – erch (är-ch)
→ – erchen (är-chen)

Lerche
  Feldlerche
  Haubenlerche
  Heidelerche

— erche (ärsche)

= – ärsche (ärsche)
= – errsche (ärsche)

Recherche

— erchen (är-chen)

= – ärchen (är-chen)
= – ärrchen (är-chen)
= – errchen (är-chen)
→ – erch (är-ch)
→ – erche (är-che)

pferchen
  einpferchen
  zusammenpferchen

— erd (e:rt)

= – eert (e:rt)
= – ehrt (e:rt)
= – ert (e:rt)
→ – erde (e:rde)
→ – erden (e:rden)

Herd
  Brandherd
  Elektroherd
  Gasherd
  Kochherd
  Krankheitsherd
  Mikrowellenherd
  Umsturzherd
  Unruheherd
  Vogelherd
Pferd
  Ackerpferd
  Arbeitspferd
  Droschkenpferd
  Flußpferd
  Heupferd
  Kaltblutpferd
  Nilpferd
  Reitpferd
  Rennpferd
  Schaukelpferd
  Seepferd
  Steckenpferd
  Vollblutpferd

Warmblutpferd
Wildpferd
Zirkuspferd
Zugpferd

— erd (ärt)

= – ärrt (ärt)
= – errt (ärt)
= – ert (ärt)
→ – ärte (ärte)
→ – ärten (ärten)

Gerd

— erde (e:rde)

→ – erd (e:rt)
→ – erden (e:rden)

Beschwerde
Erde
  Heimaterde
  Muttererde
  Porzellanerde
Herde
  Hammelherde
  Kuhherde
  Pferdeherde
  Rinderherde
  Schafherde
  Viehherde
werde

— erden (e:rden)

→ – erd (e:rt)
→ – erde (e:rde)

Beschwerden
  Altersbeschwerden
  Atembeschwerden
  Magenbeschwerden
  Schluck-
  beschwerden
Verden
Werden
erden
werden
  innewerden
  klarwerden
  kundwerden
  loswerden

— erds (e:rtß)

= – eerts (e:rtß)
= – ehrts (e:rtß)
= – erts (e:rtß)
= – erz (e:rtß)
→ – erd (e:rt)

Herds
Pferds

— erdung (e:rduŋ)

→ – ung (uŋ)

Erdung
Fleischwerdung
Gestaltwerdung
Menschwerdung

— ere (e:re)

= – eere (e:re)
= – ehre (e:re)
→ – er (e:r)
→ – eren (e:ren)

Bajadere
Belvedere
Gondoliere
Kondottiere
Konifere
Misere
Miserere
Quere
Schere
  Baumschere
  Blechschere
  Brennschere
  Drahtschere
  Gartenschere
  Geflügelschere
  Haarschere
  Heckenschere
  Lichtputzschere
  Nagelschere
  Papierschere
  Schneiderschere
Schwere
  Bettschwere
  Erdenschwere

quere
schere
schwere

— ere (ä:re)

= – ähre (ä:re)
= – äre (ä:re)
→ – er (ä:r)

Barriere
Bonbonniere
Etagere
Garderobiere
Gondoliere
Karriere
Kondottiere
Portiere
Premiere
Sauciere
Tabatiere
Voliere

— eren (e:ren)

= – eeren (e:ren)
= – ehren (e:ren)
→ – er (e:r)
→ – ere (e:re)

Koniferen
Kordilleren
bescheren
deren
queren
  durchqueren
  überqueren
scheren
  abscheren
  ausscheren
  einscheren
  fortscheren
  hinausscheren
  wegscheren
schweren
  beschweren
  erschweren
  überschweren

— **erer (e:rer)**

= – eerer (e:rer)
= – ehrer (e:rer)
→ – er (e:r)
→ – eren (e:ren)

Briefbeschwerer
Iberer
Scherer
　Bartscherer
Sumerer
derer
schwerer

— **erere (e:rere)**

= – eerere (e:rere)
= – ehrere (e:rere)
→ – er (e:r)

schwerere

— **eres (e:reß)**

→ – eer (e:r)
→ – ehr (e:r)
→ – er (e:r)

Ceres
schweres

— **erf (ärf)**

= – ärf (ärf)
= – erv (ärf)
→ – erfen (ärfen)

Kerf
werf

— **erfe (ärfe)**

= – ärfe (ärfe)
= – erve (ärfe)
→ – erfen (ärfen)

Kerfe
werfe

— **erfen (ärfen)**

= – ärfen (ärfen)
= – erven (ärfen)
→ – erfe (ärfe)

Diskuswerfen
Hammerwerfen
Speerwerfen
werfen
　abwerfen
　anwerfen
　aufwerfen
　bewerfen
　einwerfen
　entwerfen
　fortwerfen
　hinauswerfen
　hinwerfen
　nachwerfen
　niederwerfen
　überwerfen
　übereinanderwerfen
　umwerfen
　unterwerfen
　verwerfen
　vorwerfen
　wegwerfen
　zerwerfen
　zurückwerfen
　zuwerfen

— **erfend (ärfent)**

= – ärfend (ärfent)
= – ervend (ärfent)
→ – erfen (ärfen)

entwerfend
wegwerfend

— **erfer (ärfer)**

→ – ärfen (ärfen)
→ – erfen (ärfen)
→ – erven (ärfen)

Bildwerfer
Bombenwerfer
Diskuswerfer
Flammenwerfer

Granatwerfer
Hammerwerfer
Minenwerfer
Scheinwerfer
　Nebelscheinwerfer
Speerwerfer
Wasserwerfer

— **erft (ärft)**

= – ärft (ärft)
= – ervt (ärft)
→ – erfen (ärfen)

Werft
　Schiffswerft
werft

— **erfung (ärfuŋ)**

= – ärfung (ärfuŋ)
= – ervung (ärfuŋ)
→ – erfen (ärfen)
→ – ung (uŋ)

Unterwerfung
Verwerfung

— **erg (ärk)**

= – ärk (ärk)
= – erk (ärk)
→ – erge (ärge)
→ – ergen (ärgen)

Berg
　Blocksberg
　Butterberg
　Eisberg
　Feldberg
　Hausberg
　Inselsberg
　Kalvarienberg
　Magnetberg
　Ölberg
　Schloßberg
　Schuttberg
　Tafelberg
　Venusberg
　Vogelsberg
　Weinberg
　Wellenberg

Erg
Flamberg
Werg
Wimperg
Zwerg
  Gartenzwerg
  Giftzwerg

– erge (ärge)

= – ärge (ärge)
→ – erg (ärk)
→ – ergen (ärgen)

Ferge
Herberge
  Jugendherberge
Latwerge
Scherge
Wimperge

– ergen (ärgen)

= – ärgen (ärgen)
→ – erg (ärk)
→ – erge (ärge)

Bergen
Spitzbergen
bergen
  verbergen
herbergen
  beherbergen

– erger (ärger)

= – ärger (ärger)

Drückeberger
Schlauberger
Württemberger

– ergig (ärgi-ch)

→ – ich (i-ch)

bergig
zwergig

– ergisch (ärgisch)

→ – isch (isch)

allergisch
bergisch
energisch
württembergisch

– eria (e:ria)

→ – a (a:)

Liberia
Nigeria
Opera seria

– erich (e:ri-ch)

= – eerig (e:ri-ch)
= – ehrig (e:ri-ch)
= – erig (e:ri-ch)
→ – ich (i-ch)

Erich

– erie (e:ri-e)

Arterie
Bakterie
Materie
Serie
  Artikelserie
  Aufführungsserie
  Fernsehserie

– erien (e:ri-en)

→ – erie (e:ri-e)

Algerien
Ferien
  Osterferien
  Pfingstferien
  Schulferien
  Semesterferien
  Sommerferien
  Weihnachtsferien
  Winterferien

– erig (e:ri-ch)

= – eerig (e:ri-ch)
= – ehrig (e:ri-ch)
= – erich (e:ri-ch)
→ – ich (i-ch)

bisherig
nachherig
seitherig
vorherig

– erika (e:rika)

→ – a (a:)

Amerika
  Iberoamerika
  Lateinamerika
  Mittelamerika
  Nordamerika
  Südamerika
  Zentralamerika
Erika

– eriker (e:riker)

→ – icker (iker)

Choleriker
Esoteriker
Hysteriker
Kleriker

– erisch (e:risch)

→ – isch (isch)

algerisch
ätherisch
cholerisch
esoterisch
homerisch
hysterisch
iberisch
numerisch
  alphanumerisch
peripherisch
siderisch
sumerisch
venerisch

— erium (e:ri-um)

= – um (um)

Bakterium
Baptisterium
Imperium
Klimakterium
Kriterium
Ministerium
  Außenministerium
  Finanzministerium
  Innenministerium
  Justizministerium
  Kultusministerium
  Verkehrsministerium
  Verteidigungs-
    ministerium
  Volksbildungs-
    ministerium
  Wirtschafts-
    ministerium
Mysterium
Philisterium
Presbyterium

— erk (ärk)

= – ärk (ärk)
= – erg (ärk)
→ – erke (ärke)
→ – erken (ärken)

Augenmerk
Handwerk
  Kunsthandwerk
Kraftwerk
  Atomkraftwerk
  Wasserkraftwerk
Vermerk
  Aktenvermerk
  Sichtvermerk
Werk
  Alterswerk
  Astwerk
  Backwerk
  Balkenwerk
  Bauwerk
  Beiwerk
  Bergwerk
  Bildwerk
  Blattwerk
  Blendwerk
  Blockwerk
  Bollwerk
  Bühnenwerk
  Buschwerk
  Dachwerk
  Druckwerk
  Elektrizitätswerk
  Erstlingswerk
  Fachwerk
  Fahrwerk
  Farbwerk
  Feuerwerk
  Flickwerk
  Fuhrwerk
  Gangwerk
  Gaswerk
  Gesamtwerk
  Geschichtswerk
  Hauptwerk
  Heizwerk
  Hilfswerk
  Industriewerk
  Jugendwerk
  Kunstwerk
  Laubwerk
  Laufwerk
  Lebenswerk
  Leitwerk
  Machwerk
  Mauerwerk
  Maulwerk
  Meisterwerk
  Menschenwerk
  Musikwerk
  Nachschlagewerk
  Pelzwerk
  Prachtwerk
  Räderwerk
  Rettungswerk
  Sägewerk
  Schaltwerk
  Schlagwerk
  Schriftwerk
  Schuhwerk
  Spielwerk
  Stahlwerk
  Standardwerk
  Stellwerk
  Stockwerk
  Strauchwerk
  Stückwerk
  Tagewerk
  Takelwerk
  Teufelswerk
  Triebwerk
  Trugwerk
  Uhrwerk
  Walzwerk
  Wasserwerk
  Wurzelwerk
  Zählwerk
  Zerstörungswerk
  Zuckerwerk
  Zweigwerk
merk

— erke (ärke)

= – ärke (ärke)
→ – erk (ärk)
→ – erken (ärken)

Gewerke
Sterke
fuhrwerke
merke

— erkel (ärkel)

→ – erkeln (ärkeln)

Ferkel
  Erdferkel
  Spanferkel
Tuberkel

— erkeln (ärkeln)

→ – erkel (ärkel)

ferkeln
werkeln
  auswerkeln
  herumwerkeln

— erken (ärken)

= – ärken (ärken)
→ – erk (ärk)
→ – erke (ärke)

merken
  anmerken
  aufmerken
  bemerken
  vermerken
  vormerken
werken
  feuerwerken
  fuhrwerken

— erkend (ärkent)

= – ärkend (ärkent)
→ – erken (ärken)

anmerkend
fuhrwerkend

— erker (ärker)

= – ärker (ärker)
→ – erkern (ärkern)

Berserker
Erker
Handwerker
Heimwerker
Merker

— erkern (ärkern)

= – ärkern (ärkern)
→ – erker (ärker)

handwerkern
einkerkern

— erklich (ärkli-ch)

= – ärglich (ärkli-ch)
→ – ich (i-ch)

handwerklich
merklich
  bemerklich
  unmerklich

— erkt (ärkt)

= – ärkt (ärkt)
→ – erken (ärken)

bemerkt
  nachbemerkt
  unbemerkt
gemerkt
  wohlgemerkt
merkt
unvermerkt

— erkten (ärkten)

= – ärkten (ärkten)
→ – erken (ärken)
→ – erkt (ärkt)

merkten
  bemerkten

— erkung (ärkuŋ)

= – ärkung (ärkuŋ)
→ – erken (ärken)
→ – ung (uŋ)

Bemerkung
  Randbemerkung
  Schlußbemerkung
  Vorbemerkung
  Zwischenbemerkung
Vormerkung

— erl (ärl)

→ – erle (ärle)
→ – erlen (ärlen)

Kerl
  Dreckskerl
  Mordskerl
  Pfundskerl
  Prachtkerl
  Saukerl
  Teufelskerl
Perl

— erlchen (ärl-chen)

→ – erl (ärl)
→ – erle (ärle)

Kerlchen
Perlchen

— erle (ärle)

→ – erl (ärl)
→ – erlen (ärlen)

Erle
Merle
Perle
  Glasperle
  Tauperle
  Tränenperle
  Zuchtperle
Schmerle

— erlen (ärlen)

→ – erl (ärl)
→ – erle (ärle)

Liebesperlen
perlen
  verperlen
  zerperlen

— erlich (e:rli-ch)

= – ehrlich (e:rli-ch)
→ – ich (i-ch)

beschwerlich
schwerlich

— erlichkeit (e:rli-chkait)

= – ehrlichkeit (e:rli-chkait)
→ – eit (ait)

Beschwerlichkeit

— erling (ärliŋ)

= – ing (iŋ)

Sperling
Sterling

– **erm (ärm)**

= – ärm (ärm)

Germ
Perm
ferm

– **erme (ärme)**

= – ärme (ärme)

Herme
Therme

– **ermen (ärmen)**

= – ärmen (ärmen)

Spermen
Thermen

– **ern (ärn)**

= – ärr(e)n (är(e)n)
= – err(e)n (är(e)n)
→ – erne (ärne)
→ – ernen (ärnen)

Bern
Kern
  Atomkern
  Dattelkern
  Grünkern
  Kirschkern
  Kürbiskern
  Mandelkern
  Pfirsichkern
  Pflaumenkern
  Samenkern
  Stadtkern
  Zellkern
Komintern
Konzern
Luzern
Möchtegern
Stern
  Abendstern
  Augenstern
  Davidstern
  Fixstern
  Glücksstern
  Hundsstern
  Leitstern
  Morgenstern
  Ordensstern
  Polarstern
  Seestern
  Unstern
  Wandelstern
  Weihnachtsstern
extern
fern
  erdfern
  inwiefern
  unfern
  weltenfern
  weltfern
  wofern
gern
  allzugern
  ungern
intern
modern
  hochmodern
  supermodern
  unmodern
sofern
  insofern
subaltern

– **erna (ärna)**

→ – a (a:)

Erna
Interna
Roma aeterna

– **erne (ärne)**

→ – ern (ärn)
→ – ernen (ärnen)

Ferne
Herne
Kaserne
  Mietskaserne
Kaverne
Laterne
  Blendlaterne
  Focklaterne
  Gaslaterne
  Handlaterne
  Papierlaterne
  Signallaterne
  Straßenlaterne
  Sturmlaterne
Luzerne
Moderne
Taverne
Terne
Zisterne
ferne
gerne
lerne

– **ernen (ärnen)**

→ – ern (ärn)
→ – erne (ärne)

besternen
entfernen
kernen
  auskernen
  entkernen
lernen
  anlernen
  auslernen
  erlernen
  kennenlernen
  umlernen
  verlernen

– **erner (ärner)**

→ – ern (ärn)

Berner
Falerner
Fleckenentferner
Haarentferner
Kesselsteinentferner
Luzerner
Werner
ferner
moderner
subalterner

– **erno (ärno)**

→ – o (o:)

Inferno
Salerno

— ernst (ärnßt)

→ – ernen (ärnen)

Ernst
entfernst
ernst
  bitterernst
  tiefernst
  todernst
  unernst
lernst

— ernt (ärnt)

→ – ernen (ärnen)
→ – ernten (ärnten)

besternt
entfernt
  weitentfernt
entkernt
gelernt
  ungelernt
lernt

— ernte (ärnte)

→ – ernen (ärnen)
→ – ernt (ärnt)
→ – ernten (ärnten)

Ernte
  Baumwollernte
  Getreideernte
  Kartoffelernte
  Mißernte
  Obsternte
  Rekorderrnte
  Rübenernte
entfernte
entkernte
gelernte
  ungelernte
lernte

— ernten (ärnten)

→ – ernen (ärnen)
→ – ernt (ärnt)
→ – ernte (ärnte)

entfernten
entkernten
ernten
  abernten
  einernten
lernten

— ernung (ärnuŋ)

→ – ernen (ärnen)
→ – ung (uŋ)

Entfernung
Entkernung
Erlernung

— ero (e:ro)

= – eiro (e:ro)
→ – o (o:)
→ – oh (o:)

Banderillero
Bolero
Guerrillero
Herero
Trocadero
Torero
Zero
dero

— eros (e:roß)

= – os (oß)
= – oß (oß)

Eros
Heros

— erpe (ärpe)

= – ärpe (ärpe)

Euterpe

— err (är)

= – ärr (är)
= – er (är)
= – erre (är)
→ – erre (äre)
→ – err(e)n (är(e)n)

Freiherr
  Reichsfreiherr
Gezerr
Herr
  Ahnherr
  Bauherr
  Burgherr
  Dienstherr
  Domherr
  Feldherr
  Grundherr
  Gutsherr
  Handelsherr
  Hausherr
  Kammerherr
  Kaufherr
  Lehnsherr
  Ratsherr
  Schirmherr
  Schloßherr
  Stiftsherr
  Tempelherr
  Zimmerherr

— errchen (är-chen)

= – ärchen (är-chen)
= – ärrchen (är-chen)
= – erchen (är-chen)
→ – err (är)

Herrchen

— erre (äre)

= – ärre (äre)
→ – err (är)
→ – err(e)n (är(e)n)

Gezerre
Parterre
Sperre
  Ausgangssperre
  Maulsperre
  Minensperre
  Mundsperre
  Netzsperre
  Panzersperre
  Straßensperre

Stromsperre
Talsperre
Urlaubssperre
Werre
parterre
sperre
zerre

— erre (är)

= – ärr (är)
= – er (är)
→ – err (är)

Parterre
  Hochparterre
parterre

— err(e)n (är(e)n)

= – ärr(e)n (är(e)n)
= – ern (ärn)
→ – err (är)
→ – erre (äre)

Herr(e)n
sperr(e)n
  absperr(e)n
  aufsperr(e)n
  aussperr(e)n
  einsperr(e)n
  versperr(e)n
  zusperr(e)n
zerr(e)n
  aufzerr(e)n
  herauszerr(e)n
  herumzerr(e)n
  wegzerr(e)n
  verzerr(e)n
  zuzerr(e)n
  zurückzerr(e)n

— errin (ärin)

= – ärrin (ärin)
= – in (in)
= – inn (in)
→ – err (är)

Herrin
  Hausherrin

— errich (ärisch)

= – ärrisch (ärisch)
→ – isch (isch)

herrisch

— errsche (ärsche)

= – ärsche (ärsche)
= – erche (ärsche)
→ – errschen (ärschen)

herrsche
beherrsche

— errschen (ärschen)

→ – ärsche (ärsche)
→ – erche (ärsche)

herrschen
anherrschen
beherrschen
vorherrschen

— errt (ärt)

= – ärrt (ärt)
= – erd (ärt)
= – ert (ärt)
→ – err(e)n (är(e)n)

sperrt
  gesperrt
verzerrt
  angstverzerrt
  wutverzerrt
zerrt
  gezerrt

— errte (ärte)

= – ärrte (ärte)
= – ärte (ärte)
= – erte (ärte)
→ – err(e)n (är(e)n)
→ – errten (ärten)

sperrte
  gesperrte
zerrte
  gezerrte

— errten (ärten)

= – ärrten (ärten)
= – ärten (ärten)
= – erten (ärten)
→ – err(e)n (är(e)n)

gesperrten
  abgesperrten
  ausgesperrten
  eingesperrten
  zugesperrten
gezerrten
  hochgezerrten
  mitgezerrten
  niedergezerrten
sperrten
  aufsperrten
versperrten
  unversperrten
verzerrten
  angstverzerrten
  schreckverzerrten
  wutverzerrten
zerrten
  wegzerrten

— errter (ärter)

= – ärter (ärter)
= – erter (ärter)
→ – errten (ärten)

angstverzerrter
eingesperrter

— errts (ärtß)

= – ärrts (ärtß)
= – ärts (ärtß)
= – ärz (ärtß)
= – erts (ärtß)
= – ertz (ärtß)
= – erz (ärtß)
→ – erd (ärt)
→ – err(e)n (är(e)n)

sperrt's
zerrt's

— **errung (ärʊŋ)**

→ – err(e)n (är(e)n)
→ – ung (ʊŋ)

Absperrung
Aussperrung
Muskelzerrung
Sehnenzerrung
Verzerrung

— **erry (äri)**

Jerry
Sherry

— **ers (ärß)**

Vers
divers
kontrovers
pervers
travers

— **erse (ärse)**

= – ärse (ärse)
→ – ers (ärß)

Ferse
  Achillesferse
Kontroverse
Traverse

— **erst (e:rßt)**

→ – eren (e:ren)

bescherst
beschwerst
erschwerst
erst
  vorerst
  zuerst
querst
  überquerst
scherst

— **erste (e:rßte)**

= – eerste (e:rßte)
= – ehrste (e:rßte)
→ – er (e:r)

Erste
  Allererste
schwerste
  allerschwerste

— **erste (ärßte)**

→ – ersten (ärßten)

Gerste
  Perlgerste
  Rollgerste
  Wintergerste
berste

— **ersten (e:rßten)**

→ – eerste (e:rßte)
→ – ehrste (e:rßte)

ersten
  allerersten
schwersten
  allerschwersten

— **ersten (ärßten)**

→ – erste (ärßte)

Kersten
bersten
  aufbersten
  zerbersten

— **erster (e:rßter)**

→ – eerste (e:rßte)
→ – ehrste (e:rßte)
→ – ersten (e:rßten)

erster
schwerster

— **ert (e:rt)**

= – eert (e:rt)
= – ehrt (e:rt)
= – erd (e:rt)
→ – eren (e:ren)
→ – erten (e:rten)

Schwert
  Damoklesschwert
  Richtschwert

Stert
  Wippstert
Wert
  Anschaffungswert
  Aussagewert
  Durchschnittswert
  Eigenwert
  Einheitswert
  Gebrauchswert
  Gefühlswert
  Gegenwert
  Geldwert
  Gesamtwert
  Goldwert
  Grenzwert
  Grundwert
  Höchstwert
  Idealwert
  Kaufwert
  Kunstwert
  Kurswert
  Marktwert
  Maximalwert
  Mehrwert
  Minimalwert
  Mittelwert
  Nährwert
  Nennwert
  Neuwert
  Normalwert
  Realwert
  Sachwert
  Schätzungswert
  Stellenwert
  Streitwert
  Tageswert
  Tauschwert
  Umrechnungswert
  Unwert
  Zeitwert
achtenswert
  beachtenswert
  verachtenswert
beschert
beschwert
  unbeschwert
geschert
wert
  anerkennenswert

399

anmerkenswert
anstrebenswert
bedauernswert
befolgenswert
begehrenswert
begrüßenswert
bejammernswert
beklagenswert
belachenswert
belohnenswert
bemerkenswert
beneidenswert
bewundernswert
dankenswert
ehrenwert
emfpehlenswert
erbarmenswert
erhaltenswert
erstrebenswert
erwägenswert
erwähnenswert
erzählenswert
hörenswert
lebenswert
lesenswert
liebenswert
liebwert
lobenswert
nachahmenswert
nennenswert
preiswert
rühmenswert
sehenswert
staunenswert
tadelnswert
unwert
verabscheuenswert
verdammenswert
verehrenswert
wissenswert
wünschenswert

— ert (ärt)

= – ärrt (ärt)
= – erd (ärt)
= – errt (ärt)
→ – ärte (ärte)
→ – ärten (ärten)

Bert
Engelbert
Konzert
  Blaskonzert
  Cellokonzert
  Estradenkonzert
  Froschkonzert
  Hauskonzert
  Kammerkonzert
  Klavierkonzert
  Kurkonzert
  Operettenkonzert
  Opernkonzert
  Pfeifkonzert
  Popkonzert
  Sinfoniekonzert
  Streichkonzert
  Unterhaltungs-
  konzert
  Violinkonzert
  Wunschkonzert
Kuvert
  Briefkuvert
alert
expert
inert

— ert (ä:r)

= – ähr (ä:r)
= – air (ä:r)
= – aire (ä:r)
= – är (ä:r)
= – er (ä:r)

Camenbert
Dessert
Expert
Gilbert
Kuvert

— erta (ärta)

→ – a (a:)

Berta
Biserta
Caserta
Herta
Roberta

— ertchen
(ärt-chen)

= – ärtchen (ärt-chen)
→ – ert (ärt)
→ – erte (ärte)

Bertchen
Konzertchen
Offertchen

— erte (e:rte)

= – eerte (e:rte)
= – ehrte (e:rte)
→ – eren (e:ren)
→ – ert (e:rt)
→ – erten (e:rten)

bescherte
erschwerte
querte
  überquerte
scherte
  ausscherte
verachtenswerte

— erte (ärte)

= – ärrte (ärte)
= – ärte (ärte)
= – errte (ärte)
→ – ert (ärt)

Experte
Gerte
  Reitgerte
Lazerte
Offerte

— erten (e:rten)

= – eerten (e:rten)
= – ehrten (e:rten)
→ – eren (e:ren)
→ – ert (e:rt)

bescherten
bewerten
  überbewerten
  unterbewerten
erschwerten

querten
  überquerten
scherten
  ausscherten
werten
  abwerten
  aufwerten
  auswerten
  entwerten
  umwerten
  verwerten

— erten (ärten)

= – ärrten (ärten)
= – ärten (ärten)
= – errten (ärten)
→ – ert (ärt)
→ – erte (ärte)

Experten
Gerten
Konzerten
Offerten

— erter (e:rter)

= – eerter (e:rter)
= – ehrter (e:rter)
→ – ert (e:rt)
→ – erten (e:rten)

Entwerter
Schwerter
nennenswerter

— erter (ärter)

= – ärter (ärter)
= – errter (ärter)

Konverter
alerter

— erteste (e:rteßte)

= – ehrteste (e:rteßte)
→ – eert (e:rt)
→ – ert (e:rt)

Allerwerteste

— ertheit (e:rthait)

= – ehrtheit (e:rthait)
→ – eit (ait)
→ – ert (e:rt)

Unbeschwertheit

— ertig (ärti-ch)

= – ärtig (ärti-ch)
→ – ertigen (ärtigen)
→ – ich (i-ch)

fertig
  betriebsfertig
  bußfertig
  druckfertig
  eilfertig
  fingerfertig
  friedfertig
  kunstfertig
  leichtfertig
  reisefertig
  schlagfertig
  schlüsselfertig
  unfertig
  versandfertig
  zungenfertig
gallertig
gertig

— ertige (ärtige)

= – ärtige (ärtige)
→ – ertig (ärti-ch)
→ – ertigen (ärtigen)

fertige
  anfertige
  friedfertige

— ertigen (ärtigen)

= – ärtigen (ärtigen)
→ – ertig (ärti-ch)

fertigen
  abfertigen
  anfertigen
  ausfertigen
  rechtfertigen
  unterfertigen
  verfertigen

— ertigkeit (ärti-chkait)

= – ärtigkeit (ärti-chkait)
→ – eit (ait)
→ – ertig (ärti-ch)

Schlagfertigkeit

— ertigung (ärtiguŋ)

= – ärtigung (ärtiguŋ)
→ – ertigen (ärtigen)
→ – ung (uŋ)

Abfertigung
  Gepäckabfertigung
  Güterabfertigung
  Zollabfertigung
  Zugabfertigung
Anfertigung
  Sonderanfertigung
Fertigung
  Rechtfertigung
  Serienfertigung

— erts (e:rtß)

= – eerts (e:rtß)
= – ehrts (e:rtß)
= – erds (e:rtß)
= – erz (e:rtß)
→ – ert (e:rt)

Schwerts
Werts
  Unwerts

— erts (ärtß)

= – ärrts (ärtß)
= – ärts (ärtß)
= – ärz (ärtß)
= – errts (ärtß)
= – ertz (ärtß)
= – erz (ärtß)
→ – erd (ärt)
→ – ert (ärt)

Konzerts
Kuverts

— ertz (ärtß)

= – ärrts (ärtß)
= – ärts (ärtß)
= – ärz (ärtß)
= – errts (ärtß)
= – erts (ärtß)
= – erz (ärtß)
→ – erd (ärt)

Hertz
 Kilohertz
 Megahertz

— erung (e:ruŋ)

= – eerung (e:ruŋ)
= – ehrung (e:ruŋ)
→ – eren (e:ren)
→ – ung (uŋ)

Bescherung
 Weihnachts-
 bescherung
Erschwerung
Überquerung

— erv (ärf)

= – ärf (ärf)
= – erf (ärf)
→ – erven (ärfen)

Nerv
 Ischiasnerv
 Lebensnerv
 Sehnerv

— erve (ärfe)

= – ärfe (ärfe)
= – erfe (ärfe)

nerve
 entnerve

— erve (ärwe)

Erve
Konserve
 Blutkonserve
 Fischkonserve
 Fleischkonserve
 Gemüsekonserve
 Obstkonserve
Präserve
Reserve
 Geldreserve
 Goldreserve
 Kraftreserve
Verve

— erven (ärfen)

= – ärfen (ärfen)
→ – erfen (ärfen)

Nerven
nerven
 entnerven

— ervend (ärfent)

= – ärfend (ärfent)
= – erfend (ärfent)

nervend
 entnervend

— ervt (ärft)

= – ärft (ärft)
= – erft (ärft)

nervt
 entnervt
 genervt

— ervung (ärfuŋ)

= – ärfung (ärfuŋ)
= – erfung (ärfuŋ)
→ – ung (uŋ)

Entnervung

— erz (e:rtß)

= – eerts (e:rtß)
= – ehrts (e:rtß)
= – erds (e:rtß)
= – erts (e:rtß)

Erz
 Eisenerz

— erz (ärtß)

= – ärrts (ärtß)
= – ärts (ärtß)
= – ärz (ärtß)
= – errts (ärtß)
= – erts (ärtß)
= – ertz (ärtß)
→ – erd (ärt)
→ – erze (ärtße)
→ – erzen (ärtßen)

Herz
 Bruderherz
 Frauenherz
 Hasenherz
 Kalbsherz
 Lebkuchenherz
 Mädchenherz
 Marzipanherz
 Mutterherz
 Ochsensherz
 Pfefferkuchenherz
 Rinderherz
 Schokoladenherz
 Schweinsherz
 Vaterherz
Nerz
Scherz
 Aprilscherz
 Faschingsscherz
Schmerz
 Weltschmerz
Sesterz
Sterz
 Pflugsterz
Terz

— erze (ärtße)

= – ärze (ärtße)
→ – erz (ärtß)
→ – erzen (ärtßen)

Kerze
 Adventkerze
 Haushaltskerze
 Königskerze
 Räucherkerze
 Wachskerze

402

Weihnachtskerze
Wunderkerze
Zündkerze
herze
scherze
verschmerze

– erzen (ärtßen)

= – ärzen (ärtßen)
→ – erz (ärtß)
→ – erze (ärtße)

Schmerzen
  Bauchschmerzen
  Halsschmerzen
  Herzschmerzen
  Kopfschmerzen
  Kreuzschmerzen
  Leibschmerzen
  Magenschmerzen
  Nervenschmerzen
  Ohrenschmerzen
  Zahnschmerzen
ausmerzen
herzen
  abherzen
scherzen
  verscherzen
schmerzen
  verschmerzen

– erzhaft (ärtßhaft)

= – aft (aft)

herzhaft
scherzhaft
schmerzhaft

– erzhaftigkeit (ärtßhafti-ch-kait)

→ – eit (ait)

Herzhaftigkeit
Scherzhaftigkeit
Schmerzhaftigkeit

– erzlich (ärtßli-ch)

= – ärzlich (ärtßli-ch)
→ – ich (i-ch)

herzlich
schmerzlich

– erzlos (ärtßlo:ß)

= – os (o:ß)
= – oß (o:ß)
→ – erz (ärtß)

herzlos
schmerzlos

– erzlosigkeit (ärtßlo:ßi-ch-kait)

→ – eit (ait)

Herzlosigkeit
Schmerzlosigkeit

– erzt (ärtßt)

= – ärzt (ärtßt)
→ – erzen (ärtßen)

ausmerzt
  ausgemerzt
beherzt
  unbeherzt
herzt
  geherzt
scherzt
  gescherzt
schmerzt
  geschmerzt

– erzung (ärtßuŋ)

= – ärzung (ärtßuŋ)
→ – ung (uŋ)

Ausmerzung

– es (e:ß)

= – ees (e:ß)
→ – e (e:)
→ – ee (e:)
→ – eh (e:)
→ – ese (e:se)
→ – esen (e:sen)

Fes

– es (äß)

= – azz (äß)
= – eß (äß)
= – ess (äß)

Es
Ges
Herkules
des
  indes
  unterdes
einiges
es
etliches
wes

– eß (äß)

= – azz (äß)
= – es (äß)
= – ess (äß)
→ – esse (äße)
→ – essen (äßen)

Abszeß
Baroneß
Dreß
  Sportdreß
Expreß
Exzeß
  Alkoholexzeß
  Drogenexzeß
Komteß
Kongreß
Prinzeß
Profeß
Progreß
Prozeß
  Arbeitsprozeß
  Denkprozeß

Entwicklungsprozeß
Erbschaftsprozeß
Heilungsprozeß
Hexenprozeß
Plagiatsprozeß
Scheidungsprozeß
Strafprozeß
Verwesungsprozeß
Zersetzungsprozeß
Zivilprozeß
Regreß
Stewardeß
Streß
Truchseß
eß
keß
meß
preß
vergeß

— esa (e:sa)

→ – a (a:)

Gesa
Marchesa
Stresa
Teresa

— eßbar (äßba:r)

→ – ar (a:r)
→ – essen (äßen)

erpreßbar
eßbar
meßbar
  unermeßbar

— esca (äßka)

= – eska (äßka)
→ – a (a:)

Francesca

— esch (äsch)

= – äsch (äsch)
→ – esche (äsche)
→ – eschen (äschen)

fesch
resch

— esche (äsche)

= – äsche (äsche)
→ – esch (äsch)
→ – eschen (äschen)

Bresche
Depesche
Dresche
Eberesche
Esche
Kalesche
dresche
presche

— eschen (äschen)

→ – esch (äsch)
→ – esche (äsche)

Teschen
dreschen
  ausdreschen
  durchdreschen
  verdreschen
preschen
  anpreschen
  durchpreschen
  umpreschen
  vorbeipreschen

— eßchen (äß-chen)

= – äßchen (äß-chen)
→ – eß (äß)

Baroneßchen
Komteßchen
Prinzeßchen

— escher (äscher)

= – äscher (äscher)
→ – eschen (äschen)

Drescher
  Mähdrescher
  Phrasendrescher
  Scheunendrescher
Kescher
fescher
rescher

— escherei (äscherai)

= – äscherei (äscherai)
= – ei (ai)
→ – eschen (äschen)
→ – escher (äscher)

Drescherei

— esco (äßko)

= – esko (äßko)
→ – o (o:)

UNESCO
a(l) fresco

— ese (e:se)

→ – esen (e:sen)

Anamnese
Aragonese
Askese
Balinese
Bolognese
Bordelese
Chinese
Diözese
Exegese
Genese
Genuese
Gewese
Irokese
Katechese
Kongolese
Lese
  Ährenlese
  Auslese
  Beerenlese
  Blütenlese
  Nachlese
  Spätlese
  Traubenlese
  Weinlese
Libanese
Marchese
Milanese

Nepalese
Prothese
Quese
Siamese
Singhalese
Sudanese
Therese
These
  Antithese
  Hypothese
  Parenthese
  Synthese
Tscherokese
Veronese
Vietnamese
genese
lese
verwese

— esel (e:sel)

Esel
  Maulesel
  Packesel
  Saumesel
  Wildesel
Pesel
Wesel

— esen (e:sen)

→ – es (e:ß)
→ – ese (e:se)

Besen
  Kehrbesen
  Küchenbesen
  Reisigbesen
  Schneebesen
  Teppichbesen
  Tischbesen
Federlesen
Gedankenlesen
Korrekturlesen
Spesen
  Reisespesen
Tresen
Vogesen

Wesen
  Anwesen
  Fabelwesen
  Geisterwesen
  Gemeinwesen
  Hauswesen
  Lebewesen
  Leidwesen
  Unwesen
belesen
  unbelesen
erlesen
  auserlesen
gelesen
  ungelesen
genesen
gewesen
lesen
  ablesen
  anlesen
  auflesen
  auslesen
  durchlesen
  einlesen
  herauslesen
  hineinlesen
  mitlesen
  nachlesen
  überlesen
  verlesen
  vorlesen
  weiterlesen
  zerlesen
  zusammenlesen
pesen
quesen
schesen
verwesen

— esend (e:sent)

→ – esen (e:sen)

abwesend
  geistesabwesend
anwesend
genesend
lesend
verwesend

— esenheit (e:senhait)

→ – eit (ait)
→ – esen (e:sen)

Abwesenheit
  Geistesabwesenheit
Anwesenheit
Belesenheit
Wesenheit

— eser (e:ser)

→ – ese (e:se)
→ – esen (e:sen)

Genueser
Kalabreser
Leser
  Ährenleser
  Gedankenleser
  Vorleser
  Zeitungsleser
Malteser
Veroneser
Verweser
  Reichsverweser
Weser

— esi (e:si)

= – aisy (e:si)
→ – i (i:)
→ – ie (i:)

Resi
Sambesi

— esia (e:si-a)

→ – a (a:)

Ekklesia
Magnesia
Theresia

— esien (e:si-en)

Indonesien
Polynesien
Rhodesien
Schlesien
Tunesien

405

— esier (e:si-er)

Indonesier
Polynesier
Schlesier
  Niederschlesier
  Oberschlesier
Tunesier

— esisch (e:sisch)

→ – isch (isch)

artesisch
bolognesisch
ceylonesisch
chinesisch
genuesisch
indonesisch
kongolesisch
libanesisch
maltesisch
polynesisch
rhodesisch
schlesisch
senegalesisch
siamesisch
sudanesisch
tunesisch
veronesisch
vietnamesisch

— esk (äßk)

balladesk
burlesk
chevaleresk
grotesk
pittoresk

— eska (äßka)

= – esca (äßka)
→ – a (a:)

Soldateska
Valeska

— eske (äßke)

→ – esk (äßk)

Arabeske
Burleske
Freske
Groteske
Humoreske

— esken (äßken)

→ – esk (äßk)
→ – eske (äßke)

Arabesken
Fresken
Grotesken
Humoresken

— esko (äßko)

= – esco (äßko)
→ – o (o:)

Fresko

— eßlich (äßli-ch)

= – äßlich (äßli-ch)
→ – ich (i-ch)

unermeßlich
vergeßlich
  unvergeßlich

— eßlichkeit (äßli-chkait)

= – äßlichkeit (äßli-chkait)
→ – eit (ait)

Unermeßlichkeit
Vergeßlichkeit

— esner (äßner)

= – eßner (äßner)

Mesner

— eßner (äßner)

= – esner (äßner)
→ – essen (äßen)

Beseßner
abgemeßner
alteingeseßner
ehrgeizzerfreßner
vergeßner
vermeßner
vollgefreßner

— espe (äßpe)

Espe
  Zitterespe
Trespe
Wespe

— espern (äßpern)

espern
vespern

— ess (äß)

= – azz (äß)
= – es (äß)
= – eß (äß)

Hostess
Loch Ness

— esse (äße)

= – äsee (äße)
→ – eß (äß)
→ – essen (äßen)

Adresse
  Dankadresse
  Deckadresse
  Geschäftsadresse
  Grußadresse
  Privatadresse
Akkuratesse
Baronesse
Blesse
Delikatesse
Esse
Finesse

Fresse
Hesse
Interesse
Kompresse
Komtesse
Kresse
  Brunnenkresse
  Gartenkresse
  Kapuzinerkresse
Mätresse
Messe
Noblesse
Politesse
Presse
  Boulevardpresse
  Fachpresse
  Fruchtpresse
  Handpresse
  Kartoffelpresse
  Lokalpresse
  Regenbogenpresse
  Revolverpresse
  Saftpresse
  Tagespresse
  Zitronenpresse
Raffinesse
Tresse
Tscherkesse
Zypresse
esse
fresse
kesse
messe
presse
vergesse

— **essel (äßel)**

→ – esseln (äßeln)

Fessel
  Fußfessel
  Handfessel
Kessel
  Bergkessel
  Braukessel
  Dampfkessel
  Heizungskessel
  Hexenkessel
  Talkessel
  Teekessel
  Wasserkessel
Nessel
  Brennessel
  Taubnessel
Sessel
  Armsessel
  Fernsehsessel
  Klubsessel
  Korbsessel
  Ledersessel
  Lehnsessel
  Ohrensessel
  Polstersessel
  Tragsessel

— **esseln (äßeln)**

→ – essel (äßel)

dresseln
fesseln
  entfesseln
kesseln
  einkesseln

— **essen (äßen)**

= – ässen (äßen)
= – azzen (äßen)
→ – esse (äße)

Ermessen
Essen
  Abendessen
  Abschiedsessen
  Festessen
  Mittagessen
  Nachtessen
Fressen
Hessen
angemessen
  unangemessen
besessen
betressen
dessen
  indessen
  infolgedessen
  unterdessen
  währenddessen
essen
  anessen
  aufessen
  ausessen
  mitessen
  überessen
  vollessen
  wegessen
fressen
  abfressen
  anfressen
  auffressen
  ausfressen
  durchfressen
  einfressen
  festfressen
  gefressen
  hineinfressen
  überfressen
  verfressen
  vollfressen
  wegfressen
  zerfressen
gegessen
  ungegessen
gemessen
  ungemessen
gesessen
  eingesessen
messen
  anmessen
  abmessen
  ausmessen
  beimessen
  bemessen
  durchmessen
  ermessen
  nachmessen
  vermessen
  zumessen
pressen
  abpressen
  anpressen
  aufpressen
  auspressen
  durchpressen
  einpressen
  entpressen
  erpressen

herauspressen
hineinpressen
zerpressen
zupressen
zusammenpressen
vergessen
 ehrvergessen
 pflichtvergessen
 selbstvergessen
 unvergessen
 weltvergessen
versessen
wessen

— essend (äßent)

= – ässend (äßent)
→ – essen (äßen)

essend
fressend
 aasfressend
 fleischfressend
 pflanzenfressend
messend
pressend
vergessend

— essenheit (äßenhait)

→ – eit (ait)
→ – essen (äßen)

Besessenheit
Verfressenheit
Vergessenheit
 Pflichtvergessenheit
 Selbstvergessenheit
Vermessenheit
Versessenheit

— esser (äßer)

= – ässer (äßer)
→ – essern (äßern)

Erpresser
Esser
 Mitesser

Fresser
 Aasfresser
 Allesfresser
 Eisenfresser
 Fleischfresser
 Körnerfresser
 Menschenfresser
 Pfefferfresser
 Pflanzenfresser
 Vielfresser
Messer
 Beckmesser
 Belichtungsmesser
 Bowiemesser
 Brotmesser
 Buschmesser
 Buttermesser
 Durchmesser
 Federmesser
 Feldmesser
 Fischmesser
 Fleischermesser
 Gradmesser
 Höhenmesser
 Käsemesser
 Klappmesser
 Küchenmesser
 Landmesser
 Luftdruckmesser
 Obstmesser
 Papiermesser
 Rasiermesser
 Schermesser
 Schnappmesser
 Schnitzmesser
 Tafelmesser
 Taschenmesser
 Tranchiermesser
 Wiegemesser
 Winkelmesser
Vermesser
besser

— esserei (äßerai)

= – ei (ai)
→ – essen (äßen)

Beckmesserei
Esserei

Fresserei
 Menschenfresserei
 Vielfresserei

— essern (äßern)

= – ässern (äßern)
→ – esser (äßer)

beckmessern
bessern
 aufbessern
 ausbessern
 herumbessern
 nachbessern
 verbessern
 verschlimmbessern

— essert (äßert)

= – ässert (äßert)
→ – essern (äßern)

Dessert
bessert
 gebessert

— esserung (äßeruŋ)

= – ässerung (äßeruŋ)
→ – essern (äßern)
→ – ung (uŋ)

Aufbesserung
 Gehalts-
 aufbesserung
Besserung
 Wetterbesserung
Verbesserung

— essie (äßi)

→ – i (i:)
→ – ie (i:)

Bessie
Nessie

– **essig (äßi-ch)**

= – ässig (äßi-ch)
→ – ich (i-ch)

Essig
　Kräuteressig
　Obstessig
　Weinessig

– **essin (äßin)**

= – in (in)
= – inn (in)

Hessin
Prinzessin
　Faschingsprinzessin
　Kronprinzessin
　Märchenprinzessin
Tscherkessin

– **essing (äßiŋ)**

= – ing (iŋ)

Dressing
Messing

– **essisch (äßisch)**

→ – isch (isch)

hessisch
tscherkessisch

– **essor (äßor)**

= – ohr (o:r)
= – or (o:r)

Agressor
Assessor
Kompressor
Professor

– **essung (äßuŋ)**

= – ässung (äßuŋ)
→ – essen (äßen)
→ – ung (uŋ)

Messung
　Vermessung
　Zeitmessung

Pressung
　Erpressung
Strafzumessung

– **est (e:ßt)**

= – eest (e:ßt)
= – ehst (e:ßt)
→ – esen (e:sen)

genest
lest
verwest

– **est (äßt)**

= – äst (äßt)
= – äßt (äßt)
= – eßt (äßt)
→ – este (äßte)
→ – esten (äßten)

Arrest
　Dunkelarrest
　Einzelarrest
　Hausarrest
　Schularrest
　Strafarrest
　Stubenarrest
Asbest
Attest
Budapest
Bukarest
Fest
　Erntedankfest
　Erntefest
　Freudenfest
　Gartenfest
　Hochzeitsfest
　Kinderfest
　Kirchenfest
　Laubhüttenfest
　Osterfest
　Pfingstfest
　Richtfest
　Schlachtfest
　Schulfest
　Schützenfest
　Sommerfest
　Stadtfest
　Straßenfest

　Trachtenfest
　Turnerfest
　Verlobungsfest
　Volksfest
　Weihnachtsfest
　Wiegenfest
Gebrest
Gest
Inzest
Manifest
Nest
　Felsennest
　Kuckucksnest
　Liebesnest
　Räubernest
　Storchennest
　Vogelnest
Pest
　Wasserpest
Podest
Protest
Rest
　Stoffrest
　Überrest
Test
　Atomtest
　Eignungstest
　Intelligenztest
Triest
West
　Nordwest
　Südwest
fest
　bibelfest
　bombenfest
　charakterfest
　dingfest
　felsenfest
　feuerfest
　glaubensfest
　handfest
　hiebfest
　kernfest
　krisenfest
　niet- und nagelfest
　sattelfest
　standfest
　stichfest
　taktfest

trinkfest
wetterfest
winterfest
modest
nächstbest
wildwest

— eßt (äßt)

= – äst (äßt)
= – äßt (äßt)
= – est (äßt)
→ – essen (äßen)

betreßt
eßt
freßt
meßt
preßt
 gepreßt
streßt
 gestreßt
vergeßt

— esta (äßta)

→ – a (a:)

Celesta
Segesta
Siesta
Vesta

— estchen (äßt-chen)

= – ästchen (äßt-chen)
→ – est (äßt)

Festchen
Nestchen
Podestchen
Restchen
Testchen

— este (äßte)

= – äste (äßte)
= – äßte (äßte)
= – eßte (äßte)
→ – est (äßt)
→ – esten (äßten)

Beste
 Drittbeste
 Erstbeste
 Nächstbeste
 Zweitbeste
Este
Feste
 Bergfeste
Geste
Meste
Weste
 Pelzweste
 Schwimmweste
 Strickweste
 Wollweste
beste
 allerbeste

— eßte (äßte)

= – äste (äßte)
= – äßte (äßte)
= – este (äßte)
→ – eßt (äßt)
→ – essen (äßen)

betreßte
preßte
streßte

— estel (äßtel)

= – ästel (äßtel)
→ – esteln (äßteln)

Festel
Nestel
Podestel
Restel

— esteln (äßteln)

= – ästeln (äßteln)
→ – estel (äßtel)

nesteln
 annesteln
 aufnesteln

— esten (äßten)

= – ästen (äßten)
= – äßten (äßten)
= – eßten (äßten)
→ – est (äßt)
→ – este (äßte)

Digesten
Gebresten
Molesten
Regesten
Westen
 Nordwesten
 Südwesten
 Wilder Westen
besten
testen
verpesten

— eßten (äßten)

= – ästen (äßten)
= – äßten (äßten)
= – esten (äßten)
→ – eßt (äßt)
→ – essen (äßen)

betreßten
preßten
streßten

— ester (äßter)

= – äster (äßter)
= – äßter (äßter)
= – eßter (äßter)
→ – est (äßt)

Bester
Budapester
Chester
Ester
Nester
Orchester
 Blasorchester
 Jazzorchester
 Kammerorchester
 Rundfunkorchester
 Showorchester
 Sinfonieorchester

Streichorchester
Tanzorchester
Unterhaltungs-
orchester
Schwester
　Gemeindeschwester
　Halbschwester
　Krankenschwester
　Laienschwester
　Lernschwester
　Nachtschwester
　Namensschwester
　Oberschwester
　Ordensschwester
　Säuglingsschwester
　Stationsschwester
　Stiefschwester
　Vollschwester
Semester
　Sommersemester
　Wintersemester
Sequester
Silvester
Südwester
Sylvester
Trester
Triester
Trimester
bester
fester

— eßter (äßter)

= – äster (äßter)
= – äßter (äßter)
= – ester (äßter)
→ – eßt (äßt)
→ – essen (äßen)

betreßter
erpreßter
gestreßter

— esterlich (äßterli-ch)

= – äßterlich (äßterli-ch)
→ – ich (i-ch)

schwesterlich

— estern (äßtern)

= – ästern (äßtern)
→ – ester (äßter)

gestern
　vorgestern
　vorvorgestern
verestern

— estigen (äßtigen)

= – ästigen (äßtigen)

festigen
　befestigen
　verfestigen

— estigkeit (äßti-chkait)

= – ästigkait (äßti-chkait)
→ – eit (ait)
→ – est (äßt)

Festigkeit

— estigt (äßti-cht)

= – ästigt (äßti-cht)

befestigt
　unbefestigt

— estigung (äßtiguŋ)

= – ästigung (äßtiguŋ)
→ – estigen (äßtigen)
→ – ung (uŋ)

Befestigung
　Grenzbefestigung
　Uferbefestigung

— estlein (äßtlain)

= – ästlein (äßtlain)
= – ein (ain)
→ – est (äßt)

Festlein
Nestlein
Restlein
Testlein

— estlich (äßtli-ch)

→ – ich (i-ch)

festlich
restlich
westlich
　nordwestlich
　südwestlich

— estra (äßtra)

= – ästra (äßtra)
→ – a (a:)

Klytämnestra
Minestra

— estrich (äßtri-ch)

= – estrig (äßtri-ch)
→ – ich (i-ch)

Estrich

— estrig (äßtri-ch)

= – estrich (äßtri-ch)
→ – ich (i-ch)

gestrig
　vorgestrig

— estung (äßtuŋ)

= – ästung (äßtuŋ)
→ – esten (äßten)
→ – ung (uŋ)

Festung
　Bergfestung
　Grenzfestung
Verpestung
　Luftverpestung

— esung (e:suŋ)

→ – esen (e:sen)
→ – ung (uŋ)

Genesung
Lesung
  Dichterlesung
  Vorlesung
Verwesung

— et (e:t)

= – ed (e:t)
= – eet (e:t)
= – eht (e:t)
= – eth (e:t)
→ – ete (e:te)
→ – eten (e:ten)

Alphabet
  Analphabet
  Morsealphabet
Anachoret
Apologet
Asket
Ästhet
Athlet
  Leichtathlet
  Schwerathlet
Dekret
Exeget
Gamet
Gebet
  Abendgebet
  Dankgebet
  Morgengebet
  Stoßgebet
  Tischgebet
Interpret
Katechet
Komet
Magnet
  Elektromagnet
Met
Packet
  Aktienpacket
  Bücherpacket
  Carepacket
  Freßpacket
  Geschenkpacket
  Postpacket
  Schnellpacket
  Wertpacket
Pamphlet
Planet
Poet
  Hofpoet
Prolet
Prophet
  Wetterprophet
Sekret
Staket
Tapet
Valet
bet
diskret
  indiskret
knet
konkret
  unkonkret
stet
  unstet
tret

— et (ät)

= – ätt (ät)
= – ett (ät)
= – ette (ät)

Bobinet
Buffet
Jet
Jet-set
Set
Wildbret
valet

— et (e:)

= – e (e:)

Bidet
Bobinet
Budget
Büffet
Cabaret
Chalet
Couplet
Effet
Filet
  Fischfilet
  Kalbsfilet
Gilet
Gourmet
Sujet
Toupet

— eta (e:ta)

→ – a (a:)

Greta
Kreta
Margareta
Meta
Peseta
Vineta

— etchen (e:t-chen)

→ – ete (e:te)

Gretchen
Pastetchen
Trompetchen

— ete (e:te)

= – eete (e:te)
= – ehte (e:te)
= – ethe (e:te)
→ – et (e:t)
→ – eten (e:ten)

Bete
Fete
Grete
Karrete
Kathete
Lamprete
Margarete
Muskete
Pastete
  Fleischpastete
  Gänseleberpastete
Rakete
Tapete
Trompete

bete
etepetete
knete
trete
trompete

— ête (ä:t)

= – ädt (ä:t)
= – äht (ä:t)
= – ät (ä:t)

Tête-à-tête

— eten (e:ten)

= – eeten (e:ten)
= – ehten (e:ten)
→ – et (e:t)
→ – ete (e:te)

Inkrafttreten
Moneten
Sudeten
Wassertreten
auftreten
  wiederauftreten
beten
  abbeten
  anbeten
  gesundbeten
  herbeten
  nachbeten
  vorbeten
gebeten
  ungebeten
getreten
  ausgetreten
  weggetreten
kneten
  auskneten
  durchkneten
  einkneten
  verkneten
treten
  abtreten
  antreten
  austreten
  beitreten
  betreten

breittreten
dazutreten
dazwischentreten
durchtreten
eintreten
entgegentreten
ertreten
fehltreten
festtreten
gegenübertreten
herantreten
heraustreten
hereintreten
hertreten
hervortreten
hineintreten
hintreten
hinzutreten
nahetreten
nähertreten
niedertreten
schieftreten
tottreten
übertreten
vertreten
vortreten
wegtreten
zertreten
zurücktreten
zusammentreten
zutreten
trompeten

— etend (e:tent)

→ – eeten (e:ten)
→ – eten (e:ten)

betend
knetend
tretend
  stellvertretend

— eter (e:ter)

= – ehter (e:ter)

Anbeter
  Feueranbeter
  Gottesanbeter
  Sonnenanbeter

Beter
  Gesundbeter
  Nachbeter
  Vorbeter
Katheter
Kneter
  Teigkneter
Kreter
Meter
  Barometer
  Chronometer
  Dezimeter
  Elfmeter
  Festmeter
  Geometer
  Hexameter
  Hygrometer
  Kilometer
  Mikrometer
  Millimeter
  Parameter
  Tachometer
  Taxameter
  Zentimeter
Peter
  Hackepeter
  Miesepeter
  Struwelpeter
  Ziegenpeter
Salpeter
Thermometer
  Badethermometer
  Fieberthermometer
Tibeter
Treter
  Fußabtreter
  Leisetreter
  Pflastertreter
Trompeter
  Stabstrompeter
Vertreter
  Alleinvertreter
  Generalvertreter
  Handelsvertreter
  Interessenvertreter
  Stellvertreter
Zeter
  Gezeter
zeter

— **eterei (e:terai)**

= – ei (ai)
→ – eter (e:ter)

Beterei
Treterei
  Leisetreterei
Trompeterei

— **etern (e:tern)**

→ – eter (e:ter)

zetern

— **etes (e:teß)**

→ – eet (e:t)
→ – eht (e:t)
→ – et (e:t)

Dekretes
Diabetes
Paketes

— **eth (e:t)**

= – ed (e:t)
= – eet (e:t)
= – eht (e:t)
= – et (e:t)

Elisabeth

— **ethe (e:te)**

= – eete (e:te)
= – ehte (e:te)
= – ete (e:te)

Lethe

— **ethi (e:ti)**

→ – i (i:)
→ – ie (i:)

Krethi
Plethi

— **ethik (e:tik)**

= – etik (e:tik)
→ – ick (ik)
→ – ik (ik)

Ethik

— **ethisch (e:tisch)**

= – eetisch (e:tisch)
= – etisch (e:tisch)
→ – isch (isch)

ethisch

— **ethlehem (e:thlehäm)**

= – am (äm)
= – ämm (äm)
= – em (äm)
= – emm (äm)
= – usalem (u:saläm)

Bethlehem

— **etia (e:tßia)**

= – ezia (e:tßia)
→ – a (a:)

Helvetia
Lukretia
Lutetia

— **etik (e:tik)**

= – ethik (e:tik)
→ – ick (ik)
→ – ik (ik)

Apologetik
Arithmetik
Ästhetik
Athletik
  Leichtathletik
  Schwerathletik
Diätetik
Energetik
Genetik
Eugenetik
Kinetik
Kosmetik
Kybernetik
Phonetik
Poetik

— **etiker (e:tiker)**

→ – icker (iker)

Ästhetiker
Diabetiker
Eidetiker
Häretiker
Kosmetiker
Peripatetiker
Theoretiker

— **etikum (e:tikum)**

= – um (um)

Analgetikum
Kosmetikum

— **etisch (e:tisch)**

= – eetisch (e:tisch)
= – ethisch (e:tisch)
→ – isch (isch)

Fetisch
alphabetisch
arithmetisch
asketisch
ästhetisch
  unästhetisch
athletisch
eidetisch
frenetisch
genetisch
  biogenetisch
häretisch
helvetisch
hermetisch
hypothetisch
kinetisch
kosmetisch
kretisch
magnetisch
  elektromagnetisch

pathetisch
phonetisch
poetisch
  unpoetisch
prophetisch
sympathetisch
synthetisch
theoretisch
tibetisch

— **etisch (ätisch)**

= – ettisch (ätisch)
→ – isch (isch)

sowjetisch

— **ets (e:tß)**

= – aids (e:tß)
= – eets (e:tß)
= – eez (e:tß)
= – ehts (e:tß)
= – ez (e:tß)
→ – et (e:t)
→ – eth (e:t)

Gebets
stets

— **etsch (ätsch)**

= – atch (ätsch)
= – ätsch (ätsch)
→ – etschen (ätschen)

Borretsch
Dolmetsch
Etsch
Ketsch
Sketsch

— **etsche (ätsche)**

= – ätsche (ätsche)
→ – etsch (ätsch)
→ – etschen (ätschen)

Quetsche
Zwetsche
dolmetsche
fletsche
quetsche

— **etschen (ätschen)**

= – ätschen (ätschen)
→ – etsch (ätsch)
→ – etsche (ätsche)

Zähnefletschen
dolmetschen
  verdolmetschen
fletschen
  anfletschen
ketschen
quetschen
  abquetschen
  ausquetschen
  einquetschen
  zerquetschen

— **etscher (ätscher)**

= – atcher (ätscher)
= – ätscher (ätscher)
→ – etschern (ätschern)

Dolmetscher
Gletscher
  Gebirgsgletscher
Ketscher
Quetscher
Zähnefletscher

— **etschern (ätschern)**

= – ätschern (ätschern)
→ – etscher (ätscher)

fletschern
vergletschern

— **etschung (ätschuŋ)**

→ – etschen (ätschen)
→ – ung (uŋ)

Dolmetschung
Quetschung

— **ett (ät)**

= – ätt (ät)
= – et (ät)
= – ette (ät)
→ – ette (äte)
→ – etten (äten)

Amulett
Anisett
Bajonett
Ballett
Bankett
  Festbankett
Barett
  Federbarett
Bett
  Bachbett
  Bauernbett
  Brautbett
  Daunenbett
  Deckbett
  Ehebett
  Faulbett
  Federbett
  Feldbett
  Flußbett
  Gitterbett
  Himmelbett
  Kindbett
  Kinderbett
  Klappbett
  Krankenbett
  Lotterbett
  Oberbett
  Paradebett
  Prachtbett
  Prokrustesbett
  Sandbett
  Schrankbett
  Siechbett
  Sterbebett
  Streckbett
  Totenbett
  Unterbett
  Wasserbett
  Wochenbett
  Wundbett
Billett
  Freibillett

Blankett
Boskett
Brett
  Armaturenbrett
  Blumenbrett
  Bügelbrett
  Fensterbrett
  Griffbrett
  Hackbrett
  Nudelbrett
  Plättbrett
  Reißbrett
  Schachbrett
  Schlüsselbrett
  Servierbrett
  Spielbrett
  Sprungbrett
  Trittbrett
  Wandbrett
  Waschbrett
  Würfelbrett
Brikett
  Eierbrikett
Bukett
Chemisett
Duett
Etikett
Falsett
Fett
  Pflanzenfett
  Schweinefett
  Stauferfett
Flageolett
Florett
Gefrett
Inlett
Jackett
Jett
Kabarett
Kabinett
  Kupferstich-
  kabinett
  Münzkabinett
  Raritätenkabinett
  Wachsfiguren-
  kabinett
Kabriolett
Kadett
  Seekadett

Klosett
  Plumpsklosett
  Wasserklosett
Kornett
Korsett
  Stützkorsett
Kotelett
Lazarett
  Feldlazarett
Menuett
Minarett
Oktett
Parkett
Quartett
  Streichquartett
Quintett
Rakett
Roulett
Sextett
Skelett
Sonett
Spinett
Stilett
Tablett
Taburett
Terzett
Tezett
adrett
brünett
fett
  halbfett
honett
kokett
komplett
nett
rett
violett
  ultraviolett
wett

— etta (äta)

→ – a (a:)

Antonietta
Cabaletta
Fiametta
Lametta
Lauretta
Marietta

Piazzetta
Rosetta
Silvretta
Stretta
Valletta
Vendetta

— ettchen
(ät-chen)

= – ättchen (ät-chen)
→ – ett (ät)
→ – ette (äte)

Bettchen
Brettchen
Frettchen
Kettchen
Serviettchen
Stiefelettchen
Tablettchen
Zigarettchen

— ette (äte)

= – ätte (äte)
→ – ett (ät)
→ – etten (äten)

Aigrette
Amorette
Annette
Antoinette
Babette
Brisolette
Bulette
Bürette
Buvette
Chansonette
Chemisette
Dublette
Epaulette
Esparsette
Etikette
Facette
Gazette
Gloriette
Grisette
Henriette

Kanzonette
Kassette
  Geldkassette
  Musikkassette
Kastagnette
Kette
  Alpenkette
  Ankerkette
  Bergkette
  Bernsteinkette
  Blumenkette
  Eimerkette
  Fahrradkette
  Gebirgskette
  Gedankenkette
  Gliederkette
  Goldkette
  Halskette
  Korallenkette
  Perlenkette
  Radkette
  Schneekette
  Schützenkette
  Silberkette
  Uhrkette
Klarinette
Klette
Korvette
Krevette
Krokette
Künette
Kurbette
Kürette
Küvette
Lafette
  Doppellafette
  Geschützlafette
Lanzette
Lette
Lorgnette
Lünette
Manschette
Marionette
Mette
  Christmette
Minette
Molette
Motette
Nannette

Operette
  Filmoperette
Palette
Palmette
Pfette
Pierrette
Pinzette
Pipette
Pirouette
  Sitzpirouette
Plakette
Reinette
Renette
Rosette
Sandalette
Serviette
  Papierserviette
Silhouette
Soubrette
Stafette
  Estafette
Statuette
Stiefelette
Suffragette
Tablette
  Kopfschmerztablette
  Schlaftablette
  Schmerztablette
  Vitamintablette
Tazette
Toilette
Vedette
Vignette
Wette
Zigarette
  Filterzigarette

— ette (ät)
= – ätt (ät)
= – et (ät)
= – ett (ät)

Antoinette
Babette
Gloriette
Jeanette
Midinette
Nannette
Roulette

— ettel (ätel)
= – ättel (ätel)
→ – etteln (äteln)

Bettel
  Gebettel
Brettel
Kettel
Vettel
Zettel
  Ablaßzettel
  Denkzettel
  Entschuldigungs-
  zettel
  Handzettel
  Notizzettel
  Schmierzettel
  Speisezettel
  Spickzettel
  Stimmzettel
  Waschzettel

— etteln (äteln)
= – ätteln (äteln)
→ – ettel (ätel)

betteln
  abbetteln
  anbetteln
  durchbetteln
  erbetteln
  herumbetteln
  zusammenbetteln
ketteln
  abketteln
zetteln
  anzetteln
  verzetteln

— etten (äten)
= – ätten (äten)
→ – ett (ät)
→ – ette (äte)

Koteletten
Letten
Manschetten

betten
  abbetten
  aufbetten
  ausbetten
  einbetten
  umbetten
  zubetten
fetten
  abfetten
  anfetten
  ausfetten
  befetten
  einfetten
  entfetten
  verfetten
ketten
  abketten
  anketten
  entketten
  losketten
  verketten
  zusammenketten
netten
retten
  erretten
wetten
  verwetten

– etter (äter)

= – ätter (äter)
→ – ett (ät)
→ – etten (äten)
→ – ettern (ätern)

Bretter
Donnerwetter
  Himmeldonner-
    wetter
  Kreuzdonner-
    wetter
Gekletter
Geschmetter
Ketter
Letter
Retter
  Erretter
  Lebensretter
Setter

Vetter
  Allerweltsvetter
  Namensvetter
Wetter
  Aprilwetter
  Badewetter
  Dreckwetter
  Erntewetter
  Ferienwetter
  Frostwetter
  Frühlingswetter
  Herbstwetter
  Hundewetter
  Mistwetter
  Regenwetter
  Reisewetter
  Sauwetter
  Schlagwetter
  Schlechtwetter
  Schneewetter
  Sommerwetter
  Tauwetter
  Unwetter
  Urlaubswetter
  Winterwetter
bevetter
honetter
netter
fetter
schmetter
  zerschmetter
violetter

– etterer (äterer)

→ – ett (ät)

Kletterer
  Fassadenkletterer
fetterer
netterer

– etterin (äterin)

= – ätterin (äterin)
= – in (in)
= – inn (in)

Kindbetterin
Retterin
  Lebensretterin

– ettern (ätern)

= – ättern (ätern)
→ – ett (ät)
→ – etten (äten)
→ – etter (äter)

anvettern
bevettern
brettern
fettern
klettern
  emporklettern
  erklettern
  herabklettern
  heraufklettern
  herausklettern
  hereinklettern
  herüberklettern
  herunterklettern
  hinabklettern
  hinaufklettern
  hinausklettern
  hineinklettern
  hinüberklettern
  hinunterklettern
  hochklettern
  überklettern
schmettern
  abschmettern
  niederschmettern
  zerschmettern
  zurückschmettern
wettern
  anwettern
  auswettern

– ettert (ätert)

= – ättert (ätert)
→ – ettern (ätern)

angevettert
klettert
  geklettert
schmettert
  geschmettert
wettert
  gewettert

— etterung (äterun)

= – ätterung (äterun)
→ – ettern (ätern)
→ – ung (un)

Erkletterung
Zerschmetterung

— ettet (ätet)

= – ättet (ätet)
→ – etten (äten)

bettet
 gebettet
fettet
 gefettet
kettet
 gekettet
rettet
 gerettet
wettet
 gewettet

— etti (äti)

= – etty (äti)
→ – i (i:)
→ – ie (i:)

Betti
Konfetti
Spaghetti

— ettich (äti-ch)

= – ettig (äti-ch)
→ – ich (i-ch)

Rettich
Meerrettich

— ettig (äti-ch)

= – ettich (äti-ch)
→ – ich (i-ch)

fettig
lettig

— ettigen (ätigen)

= – ättigen (ätigen)

fettigen

— ettigkeit (äti-chkait)

→ – eit (ait)

Fettigkeit
Nettigkeit

— ettisch (ätisch)

= – etisch (ätisch)
→ – isch (isch)

lettisch

— etto (äto)

→ – o (o:)

Allegretto
G(h)etto
Larghetto
Libretto
allegretto
larghetto
detto
netto
in petto

— ettung (ätun)

= – ättung (ätun)
→ – etten (äten)
→ – ung (un)

Rettung
 Ehrenrettung
 Lebensrettung
Umbettung
Verfettung
 Herzverfettung
Verkettung

— etty (äti)

= – etti (äti)
→ – i (i:)
→ – ie (i:)

Betty

— etung (e:tun)

→ – eten (e:ten)
→ – ung (un)

Abtretung
 Gebietsabtretung
Anbetung
 Götzenanbetung
Übertretung
 Gesetzesübertretung
Vertretung
 Alleinvertretung
 Generalvertretung
 Handelsvertretung
 Interessenvertretung
 Rechtsvertretung
 Stellvertretung
 Volksvertretung

— etz (ätß)

= – ätz (ätß)
→ – ätt (ät)
→ – et (ät)
→ – ett (ät)
→ – etze (ätße)
→ – etzen (ätßen)

Gesetz
 Arbeitsgesetz
 Baugesetz
 Grundgesetz
 Jugendschutzgesetz
 Naturgesetz
 Naturschutzgesetz
 Pressegesetz
 Strafgesetz
 Tierschutzgesetz
Hetz
Metz
Netz
 Ballnetz
 Einkaufsnetz
 Eisenbahnnetz
 Fangnetz
 Fernsprechnetz
 Fischernetz
 Fischnetz
 Flugnetz

Gepäcknetz
Haarnetz
Kartennetz
Leitungsnetz
Lügennetz
Moskitonetz
Ortsnetz
Schienennetz
Schleppnetz
Schmetterlingsnetz
Sicherheitsnetz
Sozialnetz
Spinnennetz
Spionagenetz
Straßennetz
Stromnetz
Telefonnetz
Verkehrsnetz
Versorgungsnetz
Vogelnetz
Petz
Steinmetz

— etzbar (ätßba:r)

= − ätzbar (ätßba:r)
→ − ar (a:r)
→ − etzen (ätßen)

absetzbar
auswetzbar
ersetzbar
 unersetzbar
übersetzbar
 unübersetzbar
verletzbar
 unverletzbar

— etzbarkeit (ätßba:rkait)

= − ätzbarkeit (ätßba:rkait)
→ − eit (ait)
→ − etzbar (ätßba:r)

Ersetzbarkeit
Verletzbarkeit

— etzchen (ätß-chen)

= − ätzchen (ätß-chen)
→ − etz (ätß)
→ − etzen (ätßen)

Fetzchen
Netzchen

— etze (ätße)

= − ätze (ätße)
→ − etz (ätß)
→ − etzen (ätßen)

Hetze
 Gehetze
 Kriegshetze
 Rassenhetze
Metze
Petze
benetze
fetze
hetze
petze
setze
verletze
versetze
wetze

— etzel (ätßel)

= − ätzel (ätßel)
→ − etzeln (ätßeln)

Gemetzel

— etzeln (ätßeln)

→ − etzel (ätßel)

metzeln
 niedermetzeln
schnetzeln

— etzen (ätßen)

= − ätzen (ätßen)
→ − etz (ätß)
→ − etze (ätße)

Entsetzen
Fetzen
 Gesprächsfetzen
 Papierfetzen
 Schmachtfetzen
 Stoffetzen
 Wortfetzen
Instandsetzen
Metzen
fetzen
 abfetzen
 zerfetzen
hetzen
 abhetzen
 anhetzen
 aufhetzen
 tothetzen
 verhetzen
letzen
netzen
 benetzen
petzen
 verpetzen
pfetzen
setzen
 absetzen
 ansetzen
 aufsetzen
 auseinandersetzen
 aussetzen
 beisetzen
 besetzen
 daransetzen
 durchsetzen
 einsetzen
 entgegensetzen
 entsetzen
 ersetzen
 festsetzen
 fortsetzen
 freisetzen
 gefangensetzen
 gleichsetzen
 herabsetzen
 hinsetzen
 hintansetzen
 hinwegsetzen
 nachsetzen
 niedersetzen

übersetzen
umsetzen
untersetzen
voraussetzen
vorsetzen
wegsetzen
widersetzen
zersetzen
zurücksetzen
zusammensetzen
zusetzen
verletzen
versetzen
  strafversetzen
wetzen
  abwetzen
  anwetzen
  auswetzen

— etzer (ätßer)

= – ätzer (ätßer)
→ – etzen (ätßen)
→ – etzern (ätßern)

Hausbesetzer
Hetzer
  Aufhetzer
  Kriegshetzer
Ketzer
Petzer
Setzer
  Krippensetzer
  Ofensetzer
  Schriftsetzer
  Steinsetzer
  Tonsetzer
  Übersetzer
  Untersetzer

— etzerei (ätßerai)

= – ei (ai)
→ – etzer (ätßer)

Hetzerei
Ketzerei
Petzerei
Setzerei

— etzerisch (ätßerisch)

= – ätzerisch (ätßerisch)
→ – isch (isch)

hetzerisch
ketzerisch

— etzern (ätßern)

→ – etzer (ätßer)

ketzern
  verketzern

— etzig (ätßi-ch)

= – ätzig (ätßi-ch)
→ – ich (i-ch)

jetzig

— etzlich (ätßli-ch)

= – ätzlich (ätßli-ch)
→ – ich (i-ch)

entsetzlich
ersetzlich
  unersetzlich
gesetzlich
  eigengesetzlich
  ungesetzlich
verletzlich
  unverletzlich
widersetzlich

— etzlichkait (ätßli-chkait)

= – ätzlichkeit (ätßli-chkait)
→ – eit (ait)
→ – etzlich (ätßli-ch)

Entsetzlichkeit
Ungesetzlichkeit
Verletzlichkeit

— etzo (ätßo)

= – ezzo (ätßo)
→ – o (o:)

jetzo

— etzt (ätßt)

= – ätzt (ätßt)
→ – etzen (ätßen)
→ – etzte (ätßte)

allerletzt
  zuallerletzt
ausgesetzt
  unausgesetzt
benetzt
  taubenetzt
  tränenbenetzt
besetzt
  neubesetzt
  pelzbesetzt
  perlenbesetzt
  überbesetzt
  unbesetzt
  unterbesetzt
  vollbesetzt
fetzt
  gefetzt
gesetzt
  entgegengesetzt
  wohlgesetzt
hetzt
  gehetzt
jetzt
netzt
  genetzt
petzt
  gepetzt
setzt
  entsetzt
  untersetzt
verletzt
  leichtverletzt
  schwerverletzt
  tiefverletzt
  unverletzt
wetzt
  gewetzt
zuletzt

— etzte (ätßte)

= – ätzte (ätßte)
→ – etzen (ätßen)
→ – etzt (ätßt)

Verletzte
Vorgesetzte
besetzte
fetzte
hetzte
letzte
  allerletzte
  drittletzte
  vorletzte
netzte
  benetzte
petzte
setzte
wetzte

— etzung (ätßuŋ)

= – ätzung (ätßuŋ)
→ – etzen (ätßen)
→ – ung (uŋ)

Außerkraftsetzung
Außerkurssetzung
Beisetzung
Besetzung
  Fehlbesetzung
  Hausbesetzung
  Rollenbesetzung
  Starbesetzung
Einsetzung
  Amtseinsetzung
Festsetzung
  Preisfestsetzung
Fortsetzung
  Romanfortsetzung
Herabsetzung
  Preisherabsetzung
Ingangsetzung
Inkraftsetzung
Instandsetzung
Übersetzung
  Bibelübersetzung
  Radübersetzung
  Rohübersetzung

Verhetzung
  Völkerverhetzung
  Volksverhetzung
Verletzung
  Armverletzung
  Beinverletzung
  Fußverletzung
  Grenzverletzung
  Handverletzung
  Kopfverletzung
  Körperverletzung
  Kriegsverletzung
  Pflichtverletzung
  Rechtsverletzung
  Schußverletzung
Versetzung
  Strafversetzung
Voraussetzung
  Grundvoraussetzung
Zeichensetzung
Zerfetzung
Zersetzung
  Wehrkraftzersetzung
Zielsetzung

— eu (oi)

= – äu (oi)
= – oi (oi)
= – oy (oi)
→ – eue (oi-e)
→ – euen (oi-en)

Efeu
Heu
Leu
Männertreu
Pneu
Scheu
  Abscheu
Spreu
Streu
  Gestreu
getreu
  maßstabgetreu
  naturgetreu
  wahrheitsgetreu
  wortgetreu
ungetreu

nagelneu
  funkelnagelneu
neu
  brandneu
  fabrikneu
scheu
  arbeitsscheu
  kopfscheu
  leutescheu
  lichtscheu
  menschenscheu
  wasserscheu
treu
  linientreu
  pflichttreu
  prinzipientreu
  untreu

— eu (ö:)

= – ö (ö:)

Adieu
Milieu
  Arbeitermilieu
  Armeleutemilieu
  Juste-milieu
  Künstlermilieu
Pot-au-feu
adieu
bleu
parbleu
peu à peu

— euch (oi-ch)

= – äuch (oi-ch)
→ – euche (oi-che)
→ – euchen (oi-chen)

Pentateuch
euch
fleuch
  entfleuch
keuch
kreuch
scheuch
verseuch

— euche (oi-che)

= – äuche (oi-che)
→ – euchen (oi-chen)

Gekeuche
Seuche
Vogelscheuche
fleuche
  entfleuche
keuche
kreuche
scheuche

— eucheln (oi-cheln)

heucheln
  erheucheln
  vorheucheln
meucheln

— euchen (oi-chen)

= – äuchen (oi-chen)
→ – euche (oi-che)

durchseuchen
entseuchen
fleuchen
  entfleuchen
keuchen
  ankeuchen
  auskeuchen
kreuchen
scheuchen
  aufscheuchen
  fortscheuchen
  verscheuchen
  wegscheuchen
  zurückscheuchen
verseuchen

— euchler (oi-chler)

Heuchler
  Erzheuchler
Meuchler

— euchlerisch (oi-chlerisch)

→ – isch (isch)

heuchlerisch
meuchlerisch

— euchst (oi-chßt)

→ – euchen (oi-chen)

fleuchst
keuchst
kreuchst
scheuchst
verseuchst

— eucht (oi-cht)

→ – euchen (oi-chen)
→ – euchten (oi-chten)

Geleucht
deucht
feucht
  nebelfeucht
  taufeucht
  tränenfeucht
fleucht
keucht
  gekeucht
kreucht
leucht
scheucht
  gescheucht
verseucht

— euchte (oi-chte)

= – äuchte (oi-chte)
→ – euchen (oi-chen)
→ – euchten (oi-chten)

Feuchte
Geleuchte
Leuchte
  Straßenleuchte
deuchte
entseuchte
feuchte
fleuchte
  entfleuchte
keuchte
kreuchte
leuchte
scheuchte
  gescheuchte
verseuchte

— euchten (oi-chten)

→ – äuchte (oi-chte)
→ – euchen (oi-chen)
→ – euchte (oi-chte)

Leuchten
  Meeresleuchten
  Wetterleuchten
feuchten
  anfeuchten
  befeuchten
  durchfeuchten
  einfeuchten
keuchten
leuchten
  ableuchten
  anleuchten
  aufleuchten
  ausleuchten
  beleuchten
  durchleuchten
  einleuchten
  erleuchten
  heimleuchten
  hereinleuchten
  hineinleuchten
scheuchten
verseuchten

— euchtend (oi-chtent)

→ – euchten (oi-chten)

befeuchtend
einleuchtend
helleuchtend

— euchter (oi-chter)

→ – euchen (oi-chen)
→ – eucht (oi-cht)
→ – euchten (oi-chten)

Beleuchter
Leuchter
  Altarleuchter
  Armleuchter
  Handleuchter
  Kerzenleuchter
  Kronleuchter
  Standleuchter
  Wandleuchter
Luftbefeuchter
feuchter
gescheuchter
verseuchter

— euchtung (oi-chtuŋ)

→ – euchten (oi-chten)
→ – ung (uŋ)

Befeuchtung
  Luftbefeuchtung
Beleuchtung
  Festbeleuchtung
  Gasbeleuchtung
  Kerzenbeleuchtung
  Notbeleuchtung
  Straßen-
  beleuchtung

— euchung (oi-chuŋ)

→ – euchen (oi-chen)
→ – ung (uŋ)

Entseuchung
Verscheuchung
Verseuchung

— eud (oit)

= – äut (oit)
= – eut (oit)
= – oid (oit)
→ – eude (oide)
→ – euden (oiden)

Freud
vergeud

— eude (oide)

= – äude (oide)

Freude
  Arbeitsfreude
  Daseinsfreude
  Entdeckerfreude
  Festfreude
  Geberfreude
  Herzensfreude
  Lebensfreude
  Mutterfreude
  Schadenfreude
  Schaffensfreude
  Siegesfreude
  Vorfreude
vergeude

— euden (oiden)

→ – äude (oide)
→ – eude (oide)

Freuden
  Mutterfreuden
vergeuden

— euder (oider)

Schleuder
  Dreckschleuder
  Honigschleuder
  Steinschleuder
  Trockenschleuder
  Wäscheschleuder
Vergeuder
schleuder

— eudig (oidi-ch)

= – äudig (oidi-ch)
→ – ich (i-ch)

freudig
  arbeitsfreudig
  diskussionsfreudig
  farbenfreudig
  gebefreudig
  genußfreudig
  opferfreudig
  sangesfreudig
  spendenfreudig
  trinkfreudig
  zukunftsfreudig

— eudigkeit (oidi-chkait)

= – äudigkeit (oidi-chkait)
→ – eit (ait)
→ – eudig (oidi-ch)

Freudigkeit

— eue (oi-e)

= – äue (oi-e)
→ – eu (oi)
→ – euen (oi-en)

Reue
Treue
  Gesetzestreue
  Pflichttreue
  Untreue
bereue
einbleue
freue
heue
neue
scheue
streue
treue
  getreue

— eue (ö:)

= – ö (ö:)

Queue

— euel (oi-el)

= – äuel (oi-el)
→ – eueln (oi-eln)

Bleuel
  Waschbleuel
Greuel
  Kriegsgreuel
Pleuel
Scheuel

— eueln (oi-eln)

= – äueln (oi-eln)
→ – euel (oi-el)

Greueln
bleueln

— euen (oi-en)

= – äuen (oi-en)
= – oyen (oi-en)
→ – eu (oi)
→ – eue (oi-e)

Getreuen
betreuen
bleuen
  durchbleuen
  einbleuen
  verbleuen
  zerbleuen
erneuen
freuen
  erfreuen
heuen
neuen
reuen
  bereuen
  gereuen
scheuen
  zurückscheuen
streuen
  aufstreuen
  ausstreuen
  bestreuen
  einstreuen
  überstreuen
  verstreuen
  zerstreuen

treuen
  untreuen
verabscheuen
veruntreuen

— euend (oi-ent)

= – äuend (oi-ent)
→ – euen (oi-en)

bereuend
betreuend
einbleuend
herzerfreuend
verstreuend

— euer (oi-er)

= – äuer (oi-er)
= – oyer (oi-er)
→ – eu (oi)

Abenteuer
  Kriegsabenteuer
  Liebesabenteuer
  Reiseabenteuer
Betreuer
Feuer
  Artilleriefeuer
  Bergfeuer
  Blinkfeuer
  Dauerfeuer
  Elmsfeuer
  Fegefeuer
  Freudenfeuer
  Geschützfeuer
  Großfeuer
  Herdfeuer
  Hirtenfeuer
  Johannisfeuer
  Kaminfeuer
  Kohlenfeuer
  Kreuzfeuer
  Lagerfeuer
  Lauffeuer
  Leuchtfeuer
  Mündungsfeuer
  Schmiedefeuer
  Schnellfeuer
  Sonnwendfeuer
  Sperrfeuer
  Strohfeuer
  Trommelfeuer
  Wachfeuer
Gewehrfeuer
  Maschinengewehr-
  feuer
Heuer
Scheuer
Steuer
  Höhensteuer
  Knüppelsteuer
  Seitensteuer
Steuer
  Alkoholsteuer
  Aussteuer
  Beisteuer
  Einkommensteuer
  Erbschaftssteuer
  Gewerbesteuer
  Grundsteuer
  Hundesteuer
  Kirchensteuer
  Körperschafts-
  steuer
  Kraftfahrzeugsteuer
  Lohnsteuer
  Mehrwertsteuer
  Tabaksteuer
  Umsatzsteuer
  Vergnügungssteuer
  Vermögenssteuer
Ungeheuer
  Meerungeheuer
  Seeungeheuer
Ungetreuer
Veruntreuer
euer
geheuer
  ungeheuer
heuer
neuer
scheuer
teuer
  sauteuer
  überteuer
treuer
  getreuer

— eu(e)re (oi(e)re)

= – äure (oi-re)
→ – euern (oi-ern)

eure
feure
scheure
steure
teure
ungeheure
versteure

— eu(e)rer (oi(e)rer)

→ – euer (oi-er)

Abenteu(e)rer
Neu(e)rer
 Erneu(e)rer
eu(e)rer
teu(e)rer
ungeheu(e)rer

— euerlich (oi-erli-ch)

= – äuerlich
 (oi-erli-ch)
→ – ich (i-ch)

abenteuerlich
neuerlich
steuerlich
ungeheuerlich

— euerlichkeit (oi-erli-chkait)

= – äuerlichkeit
 (oi-erli-chkait)
→ – eit (ait)

Abenteuerlichkeit
Ungeheuerlichkeit

— euern (oi-ern)

= – äuern (oi-ern)
→ – euer (oi-er)

abenteuern
aussteuern
beisteuern
besteuern
beteuern
feuern
 abfeuern
 anfeuern
 befeuern
 nachfeuern
 wegfeuern
heuern
 abheuern
 anheuern
neuern
 erneuern
scheuern
 abscheuern
 aufscheuern
 durchscheuern
steuern
 ansteuern
 hinsteuern
 übersteuern
 zusteuern
überteuern
versteuern
verteuern

— euert (oi-ert)

= – äuert (oi-ert)
→ – euern (oi-ern)

angeheuert
besteuert
 hochbesteuert
beteuert
erneuert
feuert
 gefeuert
gescheuert
 blankgescheuert
 glattgescheuert
 wundgescheuert
gesteuert
 ferngesteuert
scheuert
steuert
versteuert
 unversteuert
verteuert

— euerung (oi-eruŋ)

= – äuerung (oi-eruŋ)
→ – euern (oi-ern)
→ – ung (uŋ)

Besteuerung
Beteuerung
 Freundschafts-
 beteuerung
 Liebesbeteuerung
 Unschulds-
 beteuerung
Feuerung
 Anfeuerung
 Gasfeuerung
 Holzfeuerung
 Kohlenfeuerung
 Ölfeuerung
Neuerung
 Erneuerung
Steuerung
 Fernsteuerung
Teuerung
 Verteuerung
Versteuerung

— euf (oif)

= – äuf (oif)
→ – eufen (oifen)

teuf

— eufe (oife)

= – äufe (oife)
→ – eufen (oifen)

Teufe
teufe

— eufel (oifel)

= – äufel (oifel)
→ – eufeln (oifeln)

Teufel
 Druckfehlerteufel
 Reißteufel
 Seeteufel

Spielteufel
  Sprühteufel
  Weibsteufel
  Zankteufel

— eufeln (oifeln)

= – äufeln (oifeln)
→ – eufel (oifel)

verteufeln

— eufen (oifen)

= – äufen (oifen)

teufen
  abteufen

— eufst (oifßt)

= – äufst (oifßt)

teufst
  abteufst

— euft (oift)

= – äuft (oift)

geteuft
  abgeteuft
teuft
  abteuft

— eufte (oifte)

= – äufte (oifte)
→ – euft (oift)

teufte

— eug (oik)

= – äug (oik)
→ – euge (oige)
→ – eugen (oigen)

Fahrzeug
  Amphibienfahrzeug
  Kraftfahrzeug
  Luftfahrzeug
  Wasserfahrzeug

Flugzeug
  Aufklärungsflugzeug
  Bombenflugzeug
  Düsenflugzeug
  Jagdflugzeug
  Kampfflugzeug
  Militärflugzeug
  Modellflugzeug
  Motorflugzeug
  Passagierflugzeug
  Privatflugzeug
  Raketenflugzeug
  Segelflugzeug
  Sportflugzeug
  Transportflugzeug
  Verkehrsflugzeug
  Wasserflugzeug
Spielzeug
  Kinderspielzeug
  Kriegsspielzeug
Zeug
  Arbeitszeug
  Badezeug
  Feuerzeug
  Grobzeug
  Grünzeug
  Handwerkszeug
  Kroppzeug
  Nähzeug
  Rasierzeug
  Raubzeug
  Sattelzeug
  Schlagzeug
  Schreibzeug
  Schulzeug
  Strickzeug
  Unterzeug
  Verbandszeug
  Viehzeug
  Waschzeug
  Werkzeug
  Zaumzeug

— eugbar (oikba:r)

→ – ar (a:r)
→ – eugen (oigen)

bezeugbar
unbeugbar
unleugbar

— euge (oige)

= – äuge (oige)
→ – eug (oik)
→ – eugen (oigen)

Beuge
  Armbeuge
  Kniebeuge
  Rumpfbeuge
Zeuge
  Augenzeuge
  Belastungszeuge
  Entlastungszeuge
  Kronzeuge
  Ohrenzeuge
beuge
zeuge

— eugen (oigen)

= – äugen (oigen)
→ – eug (oik)
→ – euge (oige)

beugen
  abbeugen
  ausbeugen
  einbeugen
  herabbeugen
  herüberbeugen
  herunterbeugen
  hinabbeugen
  hinüberbeugen
  hinunterbeugen
  niederbeugen
  überbeugen
  verbeugen
  vorbeugen
  zurückbeugen
zeugen
  bezeugen
  erzeugen
  überzeugen

427

— **euger (oiger)**

→ – eugen (oigen)

Beuger
Erzeuger
  Gaserzeuger
  Stromerzeuger
Rechtsbeuger

— **eugt (oikt)**

= – äugt (oikt)
→ – eugen (oigen)

beugt
erzeugt
  selbsterzeugt
fleugt
gebeugt
  gramgebeugt
  schmerzgebeugt
  tiefgebeugt
  ungebeugt
zeugt
  gezeugt

— **eugung (oiguŋ)**

→ – eugen (oigen)
→ – ung (uŋ)

Beugung
  Rechtsbeugung
  Verbeugung
Bezeugung
  Beileidsbezeugung
Zeugung
  Erzeugung
  Jungfernzeugung
  Überzeugung
  Urzeugung

— **euheit (oihait)**

→ – eit (ait)
→ – eu (oi)

Neuheit
  Modeneuheit
Scheuheit
  Menschenscheuheit
Wortgetreuheit

— **euig (oi-i-ch)**

→ – ich (i-ch)

reuig
spreuig

— **eul (oil)**

→ – äule (oile)
→ – eule (oile)
→ – eulen (oilen)

Geheul
  Wolfsgeheul

— **eulchen (oil-chen)**

= – äulchen (oil-chen)
→ – eule (oile)

Beulchen
Eulchen
Keulchen
Quarkkeulchen

— **eule (oile)**

= – äule (oile)
→ – eulen (oilen)

Beule
  Eiterbeule
  Frostbeule
  Pestbeule
Eule
  Goldeule
  Kiefereule
  Mönchseule
  Ohreule
  Schleiereule
Geheule
Keule
  Gänsekeule
  Hammelkeule
  Hasenkeule
  Lammkeule
  Putenkeule
  Wurfkeule
beule
heule

— **eulen (oilen)**

= – äulen (oilen)
→ – eule (oile)

beulen
  ausbeulen
  einbeulen
  verbeulen
heulen
  anheulen
  aufheulen
  ausheulen
  überheulen
  vorheulen

— **euler (oiler)**

= – oiler (oiler)
→ – eulen (oilen)

Beuler
Heuler

— **eulich (oili-ch)**

= – äulich (oili-ch)
= – äulig (oili-ch)
= – eulig (oili-ch)
→ – ich (i-ch)

abscheulich
erfreulich
  unerfreulich
greulich
neulich
treulich
  getreulich

— **eulig (oili-ch)**

= – äulich (oili-ch)
= – äulig (oili-ch)
= – eulich (oili-ch)
→ – ich (i-ch)

beulig
keulig

— eulos (oilo:ß)

= – os (o:ß)
= – oß (o:ß)

reulos
treulos

— eult (oilt)

→ – eulen (oilen)

beult
  gebeult
heult
  geheult

— eum (e:-um)

= – um (um)
= – umm (um)

Kolosseum
Lyzeum
Mausoleum
Museum
  Altertumsmuseum
  Gewerbemuseum
  Heimatmuseum
  Kunstgewerbe-
  museum
  Kunstmuseum
  Naturkundemuseum
  Völkerkunde-
  museum
Orpheum
Tedeum

— eun (oin)

= – äun (oin)
→ – euen (oi-en)

ausstreun
bereun
erfreun
neun
verabscheun
veruntreun

— eund (oint)

= – äunt (oint)
= – eunt (oint)
= – oint (oint)

Freund
  Bücherfreund
  Busenfreund
  Duzfreund
  Geschäftsfreund
  Hausfreund
  Jugendfreund
  Kinderfreund
  Kunstfreund
  Musikfreund
  Naturfreund
  Schulfreund
  Sportfreund
  Studienfreund
  Tierfreund
freund

— eune (oine)

= – äune (oine)

Scheune
neune
streune
  umherstreune

— eunen (oinen)

= – äunen (oinen)

Scheunen
neunen
streunen
  umherstreunen

— euner (oiner)

→ – eunern (oinern)

Neuner
Streuner
Zigeuner

— eunern (oinern)

→ – euner (oiner)

zigeunern
  herumzigeunern

— eunt (oint)

= – äunt (oint)
= – eund (oint)
= – oint (oint)
→ – eunen (oinen)

neunt
streunt
  gestreunt

— eunte (ointe)

= – äunte (ointe)
→ – eunen (oinen)

Neunte
neunte
streunte

— eur (ö:r)

= – öhr (ö:r)
= – ör (ö:r)

Akquisiteur
Akteur
Amateur
Arrangeur
Bankrotteur
Causeur
Chauffeur
  Taxichauffeur
Coeur
Coiffeur
Couleur
  Zuckercouleur
Dekorateur
Deserteur
Dompteur
Exporteur
Exterieur
Fixateur
Flaneur
Franktireur
Friseur
Gouverneur
Graveur
Hasardeur
Honneur
Hypnotiseur

Importeur
Ingenieur
Inspekteur
Installateur
  Elektro-
  installateur
Instrukteur
Interieur
Jongleur
Kollaborateur
Kommandeur
Kondukteur
Konstrukteur
Kontrolleur
Magnetiseur
Malheur
Marodeur
Masseur
Medailleur
Monteur
  Elektromonteur
Provokateur
Redakteur
  Bildredakteur
  Chefredakteur
  Fachredakteur
  Sportredakteur
  Zeitungsredakteur
Regisseur
  Fernsehregisseur
  Filmregisseur
  Opernregisseur
  Schauspiel-
  regisseur
Requisiteur
Retuscheur
Saboteur
Schwadroneur
Seigneur
  Grandseigneur
  Monseigneur
Souffleur
Spediteur
Transporteur
Valeur
Vaporisateur
Voltigeur
Voyageur
Ziseleur

— eur (ö:)

= – ö (ö:)

Monsieur

— eurig (oiri-ch)

→ – ich (i-ch)

feurig
heurig

— eurige (oirige)

→ – eurig (oiri-ch)

Heurige
eurige

— eus (oiß)

→ – äu (oi)
→ – äuse (oise)
→ – äuße (oiße)
→ – eu (oi)
→ – euse (oise)
→ – euße (oiße)
→ – eusen (oisen)
→ – oy (oi)

Morpheus
Nereus
Odysseus
Orpheus
Prometheus
Proteus
Zeus

— eusch (oisch)

= – äusch (oisch)

keusch
  unkeusch

— eusche (oische)

= – äusche (oische)
→ – eusch (oisch)

Keusche

— euschen (oischen)

= – äuschen (oischen)
→ – eusch (oisch)

Keuschen

— euscher (oischer)

= – äuscher (oischer)
→ – eusch (oisch)

Keuscher

— euse (oise)

= – äuse (oise)
→ – eusen (oisen)

Geuse
Reuse
  Aalreuse
  Fischreuse
Schleuse
  Luftschleuse

— euse (ö:se)

= – öse (ö:se)

Balletteuse
Chartreuse
Diseuse
Dompteuse
Friseuse
Masseuse
Pleureuse
Souffleuse

— euße (oiße)

= – äuße (oiße)

Preuße
  Ostpreuße
  Westpreuße

— eusel (oisel)

= – äusel (oisel)

Streusel
  Schokoladenstreusel
  Zuckerstreusel

— euseln (oiseln)

= – äuseln (oiseln)

Streuseln

— eusen (oisen)

= – äusen (oisen)
→ – euse (oise)

schleusen
  durchschleusen
  einschleusen

— eußen (oißen)

= – äußen (oisen)

Preußen
  Altpreußen
  Ostpreußen
  Westpreußen

— euser (oiser)

= – äuser (oiser)

Reuser
Schleuser

— eußlich (oißli-ch)

= – äuslich (oißli-ch)
→ – ich (i-ch)

scheußlich

— eußlichkeit (oißli-chkait)

= – äuslichkeit (oißli-chkait)
→ – eit (ait)

Scheußlichkeit

— eut (oit)

= – äut (oit)
= – eud (oit)
= – oid (oit)
→ – euen (oi-en)
→ – eute (oite)
→ – euten (oiten)

Deut
Pharmazeut
Therapeut
  Psychotherapeut
betreut
beut
  gebeut
erfreut
  hocherfreut
erneut
freut
  gefreut
gescheut
  ungescheut
gestreut
  ungestreut
heut
reut
  gereut
scheut
streut

— eutchen (oit-chen)

= – äutchen (oit-chen)
→ – eute (oite)

Leutchen

— eute (oite)

= – äute (oite)
→ – euen (oi-en)
→ – eut (oit)
→ – euten (oiten)

Beute
  Ausbeute
  Diebesbeute
  Jagdbeute
Heute
Leute
  Bauersleute
  Brautleute
  Edelleute
  Eheleute
  Geschäftsleute
  Hofleute
  Landleute
  Liebesleute
  Nachbarsleute
  Wirtsleute
Meute
  Hundemeute
Reute
deute
erbeute
erneute
freute
heute
reute
  bereute
scheute
streute
verbleute

— eutel (oitel)

→ – euteln (oiteln)

Beutel
  Bocksbeutel
  Brotbeutel
  Brustbeutel
  Campingbeutel
  Einkaufsbeutel
  Eisbeutel
  Frischhaltebeutel
  Futterbeutel
  Geldbeutel
  Haarbeutel
  Herzbeutel
  Klingelbeutel
  Schleimbeutel
  Sportbeutel
  Staubbeutel
  Strickbeutel
  Tabakbeutel
  Tränenbeutel
  Windbeutel
Gedeutel

— euteln (oiteln)

→ – eutel (oitel)

beuteln
  abbeuteln
  ausbeuteln
  durchbeuteln
  verbeuteln
deuteln
  herumdeuteln

— euten (oiten)

= – äuten (oiten)
→ – euen (oi-en)
→ – eut (oit)
→ – eute (oite)

ausbeuten
deuten
  andeuten
  ausdeuten
  bedeuten
  hindeuten
  hineindeuten
  mißdeuten
  umdeuten
erbeuten
erneuten
freuten
reuten
scheuten
streuten
verbleuten

— eutend (oitent)

= – äutend (oitent)
→ – euten (oiten)

ausbeutend
bedeutend
  gleichbedeutend
  hochbedeutend
  nichtsbedeutend
  unbedeutend
erbeutend

— euter (oiter)

= – äuter (oiter)
→ – eut (oit)
→ – euten (oiten)
→ – eutern (oitern)

Ausbeuter
Deuter
  Handliniendeuter
  Handschriftendeuter
  Sterndeuter
  Traumdeuter
Euter
Freibeuter
Reuter
bestreuter
betreuter
erfreuter
erneuter
verbleuter
zerstreuter

— euterei (oiterai)

= – ei (ai)

Ausbeuterei
Deuterei
  Sterndeuterei
  Traumdeuterei
Freibeuterei
Meuterei

— euterer (oiterer)

→ – äuter (oiter)
→ – euter (oiter)

Meuterer
erfreuterer
zerstreuterer

— eutern (oitern)

= – äutern (oitern)
→ – euter (oiter)

meutern

— eutig (oiti-ch)

= – äutig (oiti-ch)
→ – ich (i-ch)

doppeldeutig
eindeutig
heutig
mehrdeutig
vieldeutig
zweideutig
  unzweideutig

— eutik (oitik)

→ – ic (ik)
→ – ick (ik)
→ – ig (ik)
→ – igg (ik)
→ – ik (ik)

Hermeneutik
Mäeutik
Pharmazeutik
Propädeutik
Therapeutik

— eutisch (oitisch)

→ – isch (isch)

hermeneutisch
pharmazeutisch
propädeutisch
therapeutisch

— eutlich (oitli-ch)

= – äutlich (oitli-ch)
→ – ich (i-ch)

deutlich
  überdeutlich
  undeutlich

— eutung (oituŋ)

= – äutung (oituŋ)
→ – euten (oiten)
→ – ung (uŋ)

Ausbeutung

432

Bedeutung
　Grundbedeutung
　Nebenbedeutung
　Vorbedeutung
　Weltbedeutung
　Wortbedeutung
Deutung
　Schriftdeutung
　Sterndeutung
　Traumdeutung
　Zeichendeutung
Erbeutung

— euung (oi-uŋ)

= — äuung (oi-uŋ)
→ — euen (oi-en)
→ — ung (uŋ)

Betreuung
　Altenbetreuung
　Krankenbetreuung
　Kundenbetreuung
Streuung
　Zerstreuung
Verabscheuung
Veruntreuung

— euz (oitß)

= — äuz (oitß)
→ — äut (oit)
→ — eud (oit)
→ — eut (oit)
→ — euzen (oitßen)

Kreuz
　Achsenkreuz
　Altarkreuz
　Doppelkreuz
　Drehkreuz
　Ehekreuz
　Fadenkreuz
　Fensterkreuz
　Gelbkreuz
　Hakenkreuz
　Hauskreuz
　Koordinatenkreuz
　Malteserkreuz
　Ordenskreuz
　Passionskreuz
　Ritterkreuz
　Totenkreuz
　Wegkreuz
kreuz
　überkreuz
schneuz

— euzchen (oitß-chen)

= — äuzchen (oitß-chen)
→ — euz (oitß)

Kreuzchen

— euze (oitße)

= — äuze (oitße)
→ — euz (oitß)
→ — euzen (oitßen)

kreuze
schneuze

— euzen (oitßen)

= — äuzen (oitßen)
→ — euz (oitß)

kreuzen
　ankreuzen
　aufkreuzen
　durchkreuzen
　überkreuzen
schneuzen
　ausschneuzen

— ev (äf)

= — äff (äf)
= — ef (äf)
= — eff (äf)
= — eph (äf)
= — ew (äf)

Negev

— eva (e:fa/e:wa)

= — efa (e:fa)
= — ewa (e:wa)
→ — a (a:)

Eva
Genoveva

— eve (e:we)

Breve
Eleve

— evel (e:fel)

= — efel (e:fel)
→ — eveln (e:feln)

Frevel
　Baumfrevel
　Feldfrevel
　Fischereifrevel
　Forstfrevel
　Jagdfrevel
　Naturfrevel
　Waldfrevel
　Wildfrevel

— eveln (e:feln)

= — efeln (e:feln)
→ — evel (e:fel)

freveln

— ever (äwer)

clever
forever
never

— evka (äfka)

= — ewka (äfka)
→ — a (a:)

Anatevka

433

— ew (äf)

= – äff (äf)
= – ef (äf)
= – eff (äf)
= – eph (äf)
= – ev (äf)

Kiew

— ew (u:)

= – u (u:)

Andrew
Crew
Interview
  Exklusivinterview
  Fernsehinterview
  Rundfunkinterview
  Zeitungsinterview

— ewa (e:wa)

= – eva (e:wa)
→ – a (a:)

Newa

— ewen (u:-en)

= – uhen (u:-en)

interviewen

— ewka (äfka)

= – evka (äfka)
→ – a (a:)

Litewka

— ex (äkß)

= – ächs (äkß)
= – echs (äkß)
= – ecks (äkß)
= – odex (o:däkß)
→ – ack (äk)
→ – äck (äk)
→ – exe (äkße)
→ – exen (äkßen)

Annex
Direx

Fex
  Bergfex
Index
Komplex
  Fragenkomplex
  Gebäudekomplex
  Minderwertigkeits-
  komplex
  Ödipuskomplex
Konnex
Latex
Lex
Pontifex
Rex
Sex
  Gruppensex
Simplex
Zirkumflex
komplex
konvex
perplex
ex

— exchen (äkß-chen)

= – ächschen (äkß-chen)
= – äxchen (äkß-chen)
= – echschen (äkß-chen)
= – eckschen (äkß-chen)
→ – exe (äkße)

Hexchen

— exe (äkße)

= – ächse (äkße)
= – echse (äkße)
= – eckse (äkße)
→ – ex (äkß)
→ – exen (äkßen)

Hexe
  Knusperhexe
  Kräuterhexe
  Wetterhexe

— exen (äkßen)

= – ächsen (äkßen)
= – echsen (äkßen)
= – ecksen (äkßen)
→ – ex (äkß)
→ – exe (äkße)

hexen
  anhexen
  behexen
  verhexen

— exer (äkßer)

= – echser (äkßer)
= – eckser (äkßer)
→ – ex (äkß)
→ – exen (äkßen)

Hexer
komplexer
perplexer

— ext (äkßt)

= – ächst (äkßt)
= – äckst (äkßt)
= – echst (äkßt)
= – eckst (äkßt)
→ – exen (äkßen)
→ – exten (äkßten)

Text
  Begleittext
  Grundtext
  Klartext
  Kontext
  Originaltext
  Urtext
hext
  gehext

— exte (äkßte)

= – äxte (äkßte)
= – echste (äkßte)
= – eckste (äkßte)
→ – exen (äkßen)
→ – ext (äkßt)
→ – exten (äkßten)

Sexte
hexte
texte

— exten (äkßten)

= – echsten (äkßten)
= – ecksten (äkßten)
→ – äxte (äkßte)
→ – exen (äkßen)
→ – ext (äkßt)
→ – exte (äkßte)

hexten
texten
  betexten
  vertexten

— exter (äkßter)

= – echster (äkßter)
= – eckster (äkßter)

Texter
  Schlagertexter
angehexter
behexter
verhexter

— ey (ai)

= – ei (ai)

Bey
Loreley
Norderney

— ey (e:)

= – e (e:)

Hockey
  Eishockey
  Feldhockey

— ez (e:tß)

= – aids (e:tß)
= – eets (e:tß)
= – eez (e:tß)
= – ehts (e:tß)
= – ets (e:tß)
→ – eth (e:t)

Duodez
Fez
Sedez
Trapez

— ez (e:)

= – e (e:)
= – ee (e:)

Cachenez
Gardez
Saint-Tropez
allez

— ezia (e:tßia)

= – etia (e:tßia)
→ – a (a:)

La Spezia
Lukrezia
Venezia

— ezzo (ätßo)

= – etzo (ätßo)
→ – o (o:)
→ – oh (o:)

Arezzo
Intermezzo

Reimgruppen
mit der Endreimsilbe
i

— i (i:)

= – ie (i:)
= – ieh (i:)
= – is (i:)
= – it (i:)
= – ix (i:)
= – y (i:)

Alibi
Bel ami
Brokkoli
Dernier cri
Etui
  Brillenetui
  Zigarettenetui
  Zigarrenetui
Flammeri
  Grießflammeri
Gemini
Helsinki
Hotel garni
Kikeriki
Kolibri
Krambambuli
Lapislazuli
Mausi
Napoli
Paroli
Patschuli
Pipi
Pli
  Minipli
Potpourri
PSI
Rimini
Sanssouci
Ski
  Wasserski
Stasi
Stromboli
Tirili
hatschi
heidi
hi
  hihi
kikeriki
tirili

— ia (i:a)

→ – a (a:)

Abbazia
Cafeteria
Dia
Fantasia
Lia
Lucia
  Santa Lucia
Maria
  Ave Maria
Mia
Nikosia
Osteria
Pavia
Pia
Pizzeria
Ria
Schickeria
Sophia
  Hagia Sophia
Tansania
Thalia
Trattoria
Via

— ib (i:p)

= – eep (i:p)
= – ieb (i:p)
= – iep (i:p)
= – ip (i:p)

gib
  vergib

— ib (ip)

= – ip (ip)
= – ipp (ip)

Sahib
Wittib

— ibbeln (ibeln)

dibbeln
dribbeln
knibbeln
kribbeln
nibbeln
  abnibbeln
ribbeln
  aufribbeln

— ibbern (ibern)

bibbern
dibbern

— ibe (i:be)

= – iebe (i:be)

Karibe

— ibel (i:bel)

= – iebel (i:bel)
→ – ibeln (i:beln)

Bibel
  Bilderbibel
Fibel
  Bilderfibel
  Lesefibel
disponibel
  indisponibel
flexibel
  inflexibel
horribel
kompatibel
  inkompatibel
penibel
plausibel
possibel
  impossibel
reversibel
  irreversibel
sensibel
suggestibel

— ibeln (i:beln)

= – iebeln (i:beln)
→ – ibel (i:bel)

nibeln

— iber (i:ber)

= — ieber (i:ber)

Biber
  Sumpfbiber
Fiber
  Glasfiber
  Vulkanfiber
Kaliber
  Kleinkaliber
Kassiber
Tiber

— ib(e)rig (i:b(e)ri-ch)

= — ieb(e)rig (i:b(e)ri-ch)
→ — ich (i-ch)

großkalib(e)rig
kleinkalib(e)rig

— ibisch (i:bisch)

= — iebisch (i:bisch)
→ — isch (isch)

Ibisch
amphibisch
karibisch

— ibst (i:pßt)

= — iebst (i:pßt)
= — iepst (i:pßt)

gibst
  vergibst

— ibt (i:pt)

= — iebt (i:pt)
= — iept (i:pt)

gibt
  vergibt

— ic (ik)

= — ick (ik)
= — ig (ik)
= — igg (ik)
= — ik (ik)

Flic
Tic
chic
sic

— ice (i:ße)

= — ieße (i:ße)

Alice
Direktrice
Kaprice
Komplice
Malice
Police
  Versicherungspolice

— ice (i:ß)

= — ies (i:ß)
= — ieß (i:ß)
= — is (i:ß)
→ — i (i:)

Alice
Police
  Versicherungspolice
Service
  Kaffeeservice
  Speiseservice

— ice (i:tße)

= — ietze (i:tße)
= — ieze (i:tße)
= — ize (i:tße)

Komplice

— ice (iß)

= — is (iß)
= — iß (iß)

Office
Service
  Kundenservice

— ich (i-ch)

→ — ichen (i-chen)

Aufstrich
  Brotaufstrich
Dietrich
Enterich
Fähnrich
Gänserich
Hederich
Heinrich
Ich
Knöterich
Lüttich
Mostrich
Pfirsich
Schlich
Stich
  Abstich
  Anstich
  Bienenstich
  Dolchstich
  Durchstich
  Einstich
  Flohstich
  Herzstich
  Kreuzstich
  Kupferstich
  Messerstich
  Mückenstich
  Nadelstich
  Sonnenstich
  Spatenstich
  Stahlstich
  Wespenstich
Strich
  Abstrich
  Anstrich
  Beistrich
  Bindestrich
  Bogenstrich
  Bruchstrich
  Dohlenstrich
  Eichstrich
  Erdstrich
  Federstrich
  Gedankenstrich
  Himmelsstrich
  Küstenstrich

Landstrich
Pinselstrich
Querstrich
Schlußstrich
Schnepfenstrich
Täuberich
Tischleindeckdich
Ulrich
Wegerich
Weiderich
Wuppdich
Wüterich
abendlich
  allabendlich
abkömmlich
  unabkömmlich
ähnlich
  unähnlich
amtlich
  ehrenamtlich
ängstlich
ansehnlich
  unansehnlich
ärgerlich
ärztlich
äußerlich
beachtlich
beharrlich
behilflich
  unbehilflich
bekömmlich
  unbekömmlich
beruflich
betulich
bildlich
  vorbildlich
brich
  zerbrich
brieflich
  steckbrieflich
brüderlich
buchstäblich
bürgerlich
  kleinbürgerlich
  spießbürgerlich
charakterlich
christlich
  unchristlich
dich

dienlich
  zweckdienlich
dienstlich
  verdienstlich
ehelich
  außerehelich
  unehelich
  vorehelich
eigentlich
erforderlich
erinnerlich
ernstlich
erstaunlich
fälschlich
feierlich
folglich
förmlich
freiheitlich
freundlich
  unfreundlich
freundschaftlich
freventlich
fürchterlich
fürsorglich
fürstlich
gastlich
  ungastlich
gebräuchlich
  ungebräuchlich
gedanklich
gelblich
gelegentlich
  angelegentlich
gemeinschaftlich
geschäftlich
gesellschaftlich
gesundheitlich
glaublich
  unglaublich
glich
  verglich
göttlich
handgreiflich
heimlich
  klammheimlich
  unheimlich
heimatlich
herbstlich
herkömmlich

herrlich
  selbstherrlich
herrschaftlich
hinderlich
hoffentlich
höflich
  unhöflich
ich
innerlich
jämmerlich
  gottsjämmerlich
jüngferlich
  altjüngferlich
kaiserlich
kameradschaftlich
  unkameradschaftlich
käuflich
königlich
körperlich
kümmerlich
künstlich
kürzlich
lächerlich
lediglich
leidenschaftlich
leserlich
  unleserlich
letztlich
meisterlich
menschlich
  übermenschlich
  unmenschlich
mich
mißbräuchlich
mittelalterlich
möglich
  unmöglich
  womöglich
monatlich
morgendlich
  allmorgendlich
mundartlich
mutmaßlich
nachbarlich
  gutnachbarlich
namentlich
nebbich
nützlich
öffentlich

ordentlich
  außerordentlich
  unordentlich
päpstlich
pünktlich
  unpünktlich
räumlich
redlich
  unredlich
sämtlich
säuberlich
schädlich
  gesundheitsschädlich
  unschädlich
schlich
schriftlich
  handschriftlich
  maschinenschriftlich
sehnlich
sich
sicherlich
sinnlich
  außersinnlich
  besinnlich
  übersinnlich
sommerlich
sonderlich
  absonderlich
sportlich
  unsportlich
sprachlich
  fremdsprachlich
sprich
  besprich
süßlich
stattlich
  eidesstattlich
stofflich
strich
tauglich
  untauglich
trefflich
  vortrefflich
tröstlich
  untröstlich
tunlich
unabänderlich
unaufhörlich

unerforschlich
unersättlich
unerschöpflich
unnachahmlich
unveräußerlich
unverbesserlich
unverwüstlich
unweigerlich
unwiderruflich
ursprünglich
väterlich
veränderlich
  unveränderlich
verantwortlich
  unverantwortlich
verkäuflich
  unverkäuflich
verschiedentlich
verwerflich
vornehmlich
vorsorglich
wahrlich
weihnachtlich
weinerlich
wesentlich
  unwesentlich
wich
winterlich
wirklich
  unwirklich
wirtlich
  unwirtlich
wirtschaftlich
  unwirtschaftlich
wissenschaftlich
  unwissenschaftlich
wöchentlich
wohnlich
wonniglich
wunderlich
  verwunderlich
wuppdich
zärtlich
ziemlich
  unziemlich
zimperlich

— iche (i-che)

→ – ich (i-ch)
→ – ichen (i-chen)

Schliche
Stiche
Striche

— iche (i:sche/ ische)

= – ische (i:sche)
= – ische (ische)

Affiche

— ichel (i-chel)

→ – icheln (i-cheln)

Gepichel
Gestichel
Michel
Sichel
  Mondsichel
Stichel
  Grabstichel

— icheln (i-cheln)

→ – ichel (i-chel)

picheln
  auspicheln
sicheln
  absicheln
sticheln
stricheln

— ichen (i-chen)

→ – ich (i-ch)

ausgeglichen
  unausgeglichen
ehelichen
  verehelichen
erblichen
geblichen
  ausgeblichen
geglichen
  angeglichen

geschlichen
  abgeschlichen
  angeschlichen
  fortgeschlichen
  herumgeschlichen
  weggeschlichen
gestrichen
  dreigestrichen
  eingestrichen
  zweigestrichen
gewichen
glichen
  beglichen
  verglichen
pichen
  anpichen
  auspichen
  einpichen
  zupichen
schlichen
  beschlichen
strichen
  abstrichen
  anstrichen
  aufstrichen
  ausstrichen
  bestrichen
  durchstrichen
  herumstrichen
  überstrichen
  verstrichen
  zusammenstrichen
verblichen
wichen
  abwichen
  auswichen

— icher (i-cher)

→ – ich (i-ch)
→ – ichern (i-chern)

Kicher
  Gekicher
meisterlicher
sicher
  betriebssicher
  bombensicher
  einbruchsicher

feuersicher
griffsicher
kugelsicher
schußsicher
selbstsicher
todsicher
treffsicher
unsicher
zielsicher

— ichern (i-chern)

→ – icher (i-cher)

kichern
sichern
  absichern
  entsichern
  zusichern
versichern
  rückversichern

— ichs (ikß)

= – icks (ikß)
= – ix (ikß)
→ – ic (ik)
→ – ichse (ikße)
→ – ichsen (ikßen)
→ – ig (ik)
→ – ique (ik)

Wichs
wichs

— ichse (ikße)

= – ickse (ikße)
= – ixe (ikße)
→ – ichsen (ikßen)

Wichse
  Schuhwichse
  Stiefelwichse

— ichsen (ikßen)

= – icksen (ikßen)
= – ixen (ikßen)
→ – ichse (ikße)

wichsen
  abwichsen
  anwichsen
  auswichsen
  durchwichsen
  mitwichsen
  verwichsen
  vorwichsen

— ichser (ikßer)

= – ickser (ikßer)
= – ixer (ikßer)
→ – ichsen (ikßen)

Wichser

— ichst (i-chßt)

→ – ichen (i-chen)
→ – icht (i-cht)

brichst
fichst
flichst
glichst
pichst
schlichst
sprichst

— ichst (ikßt)

= – ickst (ikßt)
= – ixt (ikßt)
→ – ichsen (ikßen)

wichst
  gewichst

— icht (i-cht)

→ – ichte (i-chte)
→ – ichten (i-chten)

Absicht
  Nebenabsicht
Angesicht
  Engelsangesicht
Ansicht
  Außenansicht
  Gesamtansicht
  Grundansicht

Hauptansicht
Hinteransicht
Rückansicht
Seitenansicht
Totalansicht
Vorderansicht
Aufsicht
  Gewerbeaufsicht
  Pausenaufsicht
  Polizeiaufsicht
Aussicht
  Wetteraussicht
Bericht
  Augenzeugenbericht
  Bildbericht
  Erlebnisbericht
  Geschäftsbericht
  Heeresbericht
  Jahresbericht
  Krankenbericht
  Kriegsbericht
  Kurzbericht
  Lagebericht
  Monatsbericht
  Pressebericht
  Rechenschafts-
  bericht
  Reisebericht
  Schlußbericht
  Tagesbericht
  Tatsachenbericht
  Wetterbericht
  Wochenbericht
  Zeitungsbericht
  Zwischenbericht
Bösewicht
  Erzbösewicht
Dickicht
Einsicht
  Akteneinsicht
Gedicht
  Festgedicht
  Gelegenheitsgedicht
  Lehrgedicht
  Liebesgedicht
  Lobgedicht
  Scherzgedicht
  Sinngedicht
  Spottgedicht

Gericht
  Amtsgericht
  Arbeitsgericht
  Blutgericht
  Ehrengericht
  Feldgericht
  Femegericht
  Gottesgericht
  Handelsgericht
  Hochgericht
  Jugendgericht
  Kriegsgericht
  Landgericht
  Reichsgericht
  Scherbengericht
  Schiedsgericht
  Schwurgericht
  Seegericht
  Standgericht
  Strafgericht
  Vormundschafts-
  gericht
  Weltgericht
Gericht
  Eintopfgericht
  Fischgericht
  Fleischgericht
  Leibgericht
  Lieblingsgericht
  Linsengericht
Gesicht
  Alltagsgesicht
  Blaßgesicht
  Bleichgesicht
  Menschengesicht
  Milchgesicht
  Nachtgesicht
  Puppengesicht
  Schafsgesicht
  Sonntagsgesicht
  Traumgesicht
  Vollmondgesicht
Gewicht
  Atomgewicht
  Bruttogewicht
  Durchschnitts-
  gewicht
  Eigengewicht
  Fehlgewicht

  Feingewicht
  Fliegengewicht
  Gegengewicht
  Gesamtgewicht
  Gleichgewicht
  Goldgewicht
  Hauptgewicht
  Höchstgewicht
  Körpergewicht
  Ladegewicht
  Lebendgewicht
  Leichtgewicht
  Nettogewicht
  Normalgewicht
  Reingewicht
  Rohgewicht
  Schwergewicht
  Übergewicht
  Untergewicht
Gicht
Habicht
  Hühnerhabicht
Kehricht
Licht
  Abblendlicht
  Abendlicht
  Augenlicht
  Blaulicht
  Blitzlicht
  Bremslicht
  Büchsenlicht
  Dämmerlicht
  Deckenlicht
  Fackellicht
  Fernlicht
  Flimmerlicht
  Frühlicht
  Gaslicht
  Gegenlicht
  Glühlicht
  Grubenlicht
  Himmelslicht
  Irrlicht
  Kerzenlicht
  Kirchenlicht
  Kontrollicht
  Lampenlicht
  Lebenslicht
  Mondlicht

Morgenlicht
Nachtlicht
Neonlicht
Nordlicht
Oberlicht
Positionslicht
Rampenlicht
Rücklicht
Scheinwerferlicht
Schlaglicht
Schlußlicht
Sonnenlicht
Standlicht
Sternenlicht
Streiflicht
Tageslicht
Talglicht
Vollicht
Wachslicht
Windlicht
Zwielicht
Nachricht
Pflicht
   Anstandspflicht
   Anzeigepflicht
   Aufsichtspflicht
   Bürgerpflicht
   Dankespflicht
   Dienstpflicht
   Ehepflicht
   Eidespflicht
   Gewissenspflicht
   Grußpflicht
   Haftpflicht
   Höflichkeitspflicht
   Kindespflicht
   Meldepflicht
   Menschenpflicht
   Mutterpflicht
   Rechenschaftspflicht
   Schadensersatz-
   pflicht
   Schulpflicht
   Schweigepflicht
   Sohnespflicht
   Steuerpflicht
   Unterhaltspflicht
   Vaterpflicht
   Wahlpflicht
   Wehrpflicht
   Zahlungspflicht
Schicht
   Abendschicht
   Erdschicht
   Fettschicht
   Frühschicht
   Gesellschaftsschicht
   Hautschicht
   Luftschicht
   Morgenschicht
   Nachtschicht
   Rostschicht
   Schmutzschicht
   Schutzschicht
   Sonderschicht
   Spätschicht
   Trennschicht
   Volksschicht
   Wolkenschicht
Sicht
   Absicht
   Ansicht
   Aussicht
   Durchsicht
   Einsicht
   Fernsicht
   Hinsicht
   Klarsicht
   Nachsicht
   Rücksicht
   Übersicht
   Umsicht
   Voraussicht
   Vorsicht
   Weitsicht
   Zuversicht
Spülicht
Unterricht
   Anschauungs-
   unterricht
   Einzelunterricht
   Nachhilfeunterricht
   Privatunterricht
   Schulunterricht
Vergißmeinnicht
Verzicht
   Erbverzicht
   Thronverzicht
Wicht
Zuversicht
   Lebenszuversicht
   Siegeszuversicht
ausgepicht
bricht
   gebricht
   unterbricht
   zerbricht
dicht
   luftdicht
   schalldicht
   sternhageldicht
   undicht
   wasserdicht
erpicht
ficht
   verficht
flicht
licht
   hellicht
nicht
schlicht
spricht
   bespricht
   verspricht
steinicht
sticht
   absticht
   besticht
verehelicht
unverehelicht
vergegenständlicht
veröffentlicht
   unveröffentlicht
verstaatlicht

— ichtchen (i-cht-chen)

→ – icht (i-cht)
→ – ichte (i-chte)

Gedichtchen
Geschichtchen
Gesichtchen
Lichtchen
Nichtchen
Wichtchen

— ichte (i-chte)

→ – ichen (i-chen)
→ – icht (i-cht)
→ – ichten (i-chten)

Anrichte
Dichte
  Bevölkerungsdichte
Fichte
  Blaufichte
  Silberfichte
Geschichte
  Abenteuer-
    geschichte
  Bauerngeschichte
  Dorfgeschichte
  Entstehungs-
    geschichte
  Entwicklungs-
    geschichte
  Erdgeschichte
  Familiengeschichte
  Frühgeschichte
  Gespenster-
    geschichte
  Gruselgeschichte
  Heimatgeschichte
  Horrorgeschichte
  Jagdgeschichte
  Klatschgeschichte
  Krankengeschichte
  Kriegsgeschichte
  Kriminalgeschichte
  Kulturgeschichte
  Kunstgeschichte
  Kurzgeschichte
  Landesgeschichte
  Lebensgeschichte
  Leidensgeschichte
  Liebesgeschichte
  Literaturgeschichte
  Musikgeschichte
  Naturgeschichte
  Räubergeschichte
  Reisegeschichte
  Schauergeschichte
  Sittengeschichte
  Skandalgeschichte
  Sozialgeschichte
  Spukgeschichte
  Stadtgeschichte
  Stammesgeschichte
  Theatergeschichte
  Tiergeschichte
  Universalgeschichte
  Urgeschichte
  Vorgeschichte
  Weltgeschichte
  Wirtschafts-
    geschichte
  Zeitgeschichte
Lichte
Nichte
  Großnichte
Schlichte
Wichte
dichte
richte
schichte
schlichte
vernichte
verpflichte
verzichte
zunichte

— ichten (i-chten)

→ – ichen (i-chen)
→ – icht (i-cht)
→ – ichte (i-chte)

ablichten
beipflichten
belichten
  überbelichten
  unterbelichten
dichten
  abdichten
  andichten
  bedichten
  erdichten
  nachdichten
  umdichten
  verdichten
entpflichten
errichten
  wiedererrichten
fichten
herrichten
  wiederherrichten
lichten
  auslichten
mitnichten
pichten
richten
  abrichten
  anrichten
  aufrichten
  ausrichten
  berichten
  einrichten
  entrichten
  geraderichten
  gleichrichten
  hinrichten
  unterrichten
  verrichten
  vorrichten
  zurichten
schichten
  aufeinander-
    schichten
  aufschichten
  beschichten
  übereinander-
    schichten
  umschichten
  zusammenschichten
schlichten
sichten
vernichten
verpflichten
verzichten

— ichter (i-chter)

→ – icht (i-cht)
→ – ichten (i-chten)
→ – ichtern (i-chtern)

Berichter
Dichter
  Bühnendichter
  Hofdichter
  Lieblingsdichter
  Modedichter
  Tondichter
  Volksdichter

Einrichter
Gelichter
Gesichter
Lichter
Richter
  Amtsrichter
  Jugendrichter
  Kampfrichter
  Landrichter
  Linienrichter
  Preisrichter
  Punktrichter
  Scharfrichter
  Schiedsrichter
  Sittenrichter
  Strafrichter
  Untersuchungs-
  richter
  Zielrichter
Schlichter
Trichter
  Bombentrichter
  Schalltrichter
dichter
erpichter
schlichter

— ichterin (i-chterin)

= – in (in)
= – inn (in)
→ – ichter (i-chter)

Dichterin
Richterin
Schlichterin

— ichtern (i-chtern)

→ – ichter (i-chter)

schiedsrichtern
trichtern
  eintrichtern

— ichtes (i-chteß)

→ – icht (i-cht)

Gedichtes
Gerichtes
dichtes
lichtes
schlichtes

— ichtet (i-chtet)

→ – ichten (i-chten)

belichtet
  überbelichtet
  unbelichtet
  unterbelichtet
dichtet
  erdichtet
gedichtet
  abgedichtet
gelichtet
gerichtet
  abgerichtet
  andersgerichtet
  eingerichtet
  gleichgerichtet
  linksgerichtet
  rechtsgerichtet
geschichtet
  ungeschichtet
richtet
  gerichtet
schichtet
  geschichtet
schlichtet
  geschlichtet
sichtet
  gesichtet
unterrichtet
  wohlunterrichtet
vernichtet
verpflichtet
  dankverpflichtet
  unterhalts-
  verpflichtet
verrichtet
  unverrichtet
verzichtet

— ichtig (i-chti-ch)

→ – ich (i-ch)

ansichtig
aufrichtig
  unaufrichtig
dienstpflichtig
durchsichtig
  undurchsichtig
einsichtig
gebührenpflichtig
gichtig
haftpflichtig
hellsichtig
kostenpflichtig
kurzsichtig
meldepflichtig
nachsichtig
  unnachsichtig
nichtig
rezeptpflichtig
richtig
  folgerichtig
  goldrichtig
  unrichtig
schadenersatzpflichtig
scharfsichtig
schichtig
  einschichtig
  umschichtig
  vielschichtig
  weitschichtig
schulpflichtig
steuerpflichtig
übersichtig
umsichtig
vorsichtig
  unvorsichtig
wehrpflichtig
weitsichtig
wichtig
  gewichtig
  hochwichtig
  lebenswichtig
  unwichtig
zollpflichtig
zuschlag(s)pflichtig
zwielichtig

– ichtige
(i-chtige)

→ – ichtig (i-chti-ch)
→ – ichtigen (i-chtigen)

Steuerpflichtige
beabsichtige
berichtige
beschwichtige
bezichtige
kurzsichtige
vorsichtige
weitsichtige

– ichtigen
(i-chtigen)

→ – ichtig (i-chti-ch)

beabsichtigen
beaufsichtigen
benachrichtigen
berichtigen
berücksichtigen
beschwichtigen
besichtigen
bezichtigen

– ichtiges
(i-chtigeß)

→ – ichtig (i-chti-ch)

richtiges
nichtiges
wichtiges
zwielichtiges

– ichtigkeit
(i-chti-chkait)

→ – eit (ait)
→ – ichtig (i-chti-ch)

Aufrichtigkeit
Dichtigkeit
Gewichtigkeit
Kurzsichtigkeit
Nichtigkeit
Richtigkeit
Umsichtigkeit
Unvorsichtigkeit
Weitsichtigkeit
Wichtigkeit
Zwielichtigkeit

– ichtigung
(i-chtigun)

→ – ichtigen (i-chtigen)
→ – ung (un)

Benachrichtigung
Berichtigung
　Druckfehlerberichtigung
Berücksichtigung
Beschwichtigung
Besichtigung
　Betriebsbesichtigung
Bezichtigung

– ichtlein
(i-chtlain)

= – ein (ain)
→ – icht (i-cht)

Gedichtlein
Gesichtlein
Lichtlein
Wichtlein

– ichtlich
(i-chtli-ch)

→ – ich (i-ch)

absichtlich
　unabsichtlich
ersichtlich
　unersichtlich
gerichtlich
　arbeitsgerichtlich
　außergerichtlich
　verfassungsgerichtlich

geschichtlich
　frühgeschichtlich
　geistesgeschichtlich
　kulturgeschichtlich
　kunstgeschichtlich
　literaturgeschichtlich
　naturgeschichtlich
　sozialgeschichtlich
　sprachgeschichtlich
　stadtgeschichtlich
　stammesgeschichtlich
　urgeschichtlich
　vorgeschichtlich
　weltgeschichtlich
　wirtschaftsgeschichtlich
sichtlich
　offensichtlich
　übersichtlich
　unübersichtlich
zuversichtlich

– ichts (i-chtß)

→ – icht (i-cht)

Habenichts
Taugenichts
angesichts
nichts

– ichtung
(i-chtun)

→ – ichten (i-chten)
→ – ung (un)

Beschichtung
Dichtung
　Nachdichtung
　Prosadichtung
　Versdichtung
Gewichtung
Hinrichtung
　Massenhinrichtung
Lichtung
　Ablichtung
　Belichtung
　Waldlichtung

Richtung
  Berufsrichtung
  Fahrtrichtung
  Geistesrichtung
  Himmelsrichtung
  Längsrichtung
  Marschrichtung
  Stoßrichtung
  Studienrichtung
  Windrichtung
Schlichtung
Sichtung
Vernichtung
  Massen-
  vernichtung
Verpflichtung
  Dienstverpflichtung
Vorrichtung
  Schutzvorrichtung

− ick (ik)

= − ic (ik)
= − ig (ik)
= − igg (ik)
= − ik (ik)
= − ique (ik)
→ − icken (iken)

Blick
  Anblick
  Augenblick
  Ausblick
  Basiliskenblick
  Durchblick
  Einblick
  Feuerblick
  Hinblick
  Kennerblick
  Lichtblick
  Rückblick
  Scharfblick
  Seitenblick
  Silberblick
  Überblick
  Umblick
  Weitblick
Garrick
Genick

Geschick
  Mißgeschick
  Ungeschick
Knick
Pick
Picknick
Schick
  Modeschick
Schlick
Strick
  Fangstrick
  Galgenstrick
  Hanfstrick
Tick
Trick
  Propagandatrick
  Taschenspielertrick
  Werbetrick
  Zaubertrick
dick
  armdick
  baumdick
  daumendick
  faustdick
  fingerdick
  knüppeldick
erquick
erschrick
fick
flick
knick
nick
pick
stick
strick
zwick

− icke (ike)

= − ique (ike)
→ − ick (ik)
→ − icken (iken)

Dicke
Micke
Picke
Pricke
Ricke
Schmicke
Schnicke

Sicke
Wicke
  Futterwicke
  Kornwicke
  Prachtwicke
  Vogelwicke
  Zaunwicke
Zicke
Zwicke
blicke
dicke
ersticke
ficke
flicke
kicke
klicke
knicke
nicke
picke
schicke
spicke
sticke
stricke
ticke
zwicke

− ickel (ikel)

= − ikel (ikel)
→ − ickeln (ikeln)

Bickel
Bosnickel
Gickel
Karnickel
  Versuchskarnickel
Krickel
  Gamskrickel
Nickel
Pickel
  Eispickel
Pumpernickel
Wickel
  Haarwickel
  Krautwickel
  Wadenwickel
Zickel
Zwickel
  Gewölbezwickel
  Hosenzwickel

— ick(e)lig (ik(e)li-ch)

= — icklich (ikli-ch)
→ — ich (i-ch)

krick(e)lig
pick(e)lig
prick(e)lig

— ickeln (ikeln)

= — ikeln (ikeln)
→ — ickel (ikel)

entwickeln
  fortentwickeln
  weiterentwickeln
krickeln
pickeln
prickeln
vernickeln
wickeln
  abwickeln
  aufwickeln
  auswickeln
  bewickeln
  einwickeln
  umwickeln
  verwickeln
  zusammenwickeln
  zuwickeln

— icken (iken)

→ — ick (ik)
→ — icke (ike)

Flicken
Pricken
Zicken
abdicken
andicken
blicken
  anblicken
  aufblicken
  ausblicken
  durchblicken
  einblicken
  emporblicken
  erblicken
  herabblicken
  herausblicken
  hereinblicken
  herumblicken
  herunterblicken
  hervorblicken
  hinabblicken
  hinaufblicken
  hinausblicken
  hinblicken
  hineinblicken
  hinunterblicken
  hochblicken
  nachblicken
  niederblicken
  überblicken
  umblicken
  umherblicken
  wegblicken
  zurückblicken
eindicken
erquicken
ersticken
ficken
  ausficken
  durchficken
  totficken
flicken
  anflicken
  ausflicken
  beflicken
  einflicken
  zuflicken
  zusammenflicken
kicken
klicken
  anklicken
  ausklicken
knicken
  abknicken
  einknicken
  umknicken
  verknicken
  zerknicken
  zusammen-
  knicken
nicken
  einnicken
  zunicken
picken
  anpicken
  aufpicken
  auspicken
pricken
schicken
  abschicken
  anschicken
  ausschicken
  beschicken
  dareinschicken
  dreinschicken
  einschicken
  entgegenschicken
  fortschicken
  heimschicken
  herabschicken
  heraufschicken
  herausschicken
  hereinschicken
  herschicken
  herumschicken
  herunterschicken
  hinabschicken
  hinaufschicken
  hinausschicken
  hineinschicken
  hinschicken
  hinunterschicken
  mitschicken
  nachschicken
  verschicken
  vorschicken
  wegschicken
  zurückschicken
  zuschicken
schlicken
  entschlicken
  verschlicken
schnicken
spicken
  abspicken
sticken
  aufsticken
  aussticken
  besticken
  einsticken
stricken
  anstricken

bestricken
umstricken
verstricken
ticken
verdicken
verquicken
zwicken
  abzwicken
  einzwicken
  zusammenzwicken
  zuzwicken

— ickend (ikent)

→ – icken (iken)

blickend
  klarblickend
  rückblickend
  scharfblickend
  tiefblickend
  weitblickend
fickend
flickend
herzerquickend
knickend
kopfnickend
pickend
spickend
stickend
strickend
verschickend
zwickend

— icker (iker)

→ – ick (ik)
→ – icken (iken)
→ – ickern (ikern)

Dicker
Ficker
Flicker
  Kesselflicker
  Knochenflicker
  Pfannenflicker
  Schuhflicker
Kicker
Klicker
Knicker

Nicker
Spicker
Sticker
Stricker
Zwicker
dicker
sicker
verklicker

— ickerchen (iker-chen)

→ – icker (iker)

Dickerchen
Nickerchen

— ickerei (ikerai)

= – ei (ai)
→ – icken (iken)

Fickerei
Flickerei
Herumschickerei
Kickerei
Knickerei
Nachblickerei
Stickerei
Strickerei
Zunickerei
Zwickerei

— ick(e)rig (ik(e)ri-ch)

→ – ich (i-ch)

fick(e)rig
knick(e)rig
mick(e)rig
schlick(e)rig

— ick(e)rigkeit (ik(e)ri-chkait)

→ – eit (ait)

Fick(e)rigkeit
Knick(e)rigkeit
Mick(e)rigkeit

— ickerin (ikerin)

= – in (in)
= – inn (in)
→ – icker (iker)

Flickerin
Stickerin
Strickerin

— ickern (ikern)

→ – icker (iker)

klickern
  verklickern
knickern
pickern
schlickern
sickern
  absickern
  durchsickern
  einsickern
  versickern
vermickern

— ickert (ikert)

→ – ickern (ikern)

klickert
  geklickert
knickert
  geknickert
sickert
  gesickert
vermickert

— icket (iket)

→ – icken (iken)
→ – ickt (ikt)

Kricket
Ticket
blicket
knicket
nicket
picket
schicket
sticket
stricket
zwicket

— ickig (iki-ch)

→ – ich (i-ch)

schlickig
stickig
zickig

— icklein (iklain)

= – ein (ain)
→ – ick (ik)
→ – icke (ike)

Blicklein
Knicklein
Stricklein
Wicklein
Zicklein

— icklich (ikli-ch)

= – ick(e)lig (ik(e)li-ch)
→ – ich (i-ch)

augenblicklich
dicklich
erquicklich
  unerquicklich
geschicklich
  ungeschicklich
schicklich
  unschicklich

— icklichkeit (ikli-chkait)

→ – eit (ait)
→ – icklich (ikli-ch)

Dicklichkeit
Geschicklichkeit
Unerquicklichkeit

— icklung (iklung)

→ – ickeln (ikeln)
→ – ung (ung)

Entwicklung
  Gasentwicklung
  Gesellschafts-
    entwicklung
  Höherentwicklung
  Preisentwicklung
  Weiterentwicklung
  Wirtschafts-
    entwicklung
Vernicklung
Wicklung
  Abwicklung
  Verwicklung

— icks (ikß)

= – ichs (ikß)
= – ix (ikß)
→ – ick (ik)
→ – icken (iken)

Blicks
Geschicks
Gicks
Kicks
Knicks
  Hofknicks
Tricks
blick's
schick's
stick's
strick's
zwick's

— ickschen (ikß-chen)

= – ixchen (ikß-chen)
→ – icks (ikß)

Knickschen

— ickse (ikße)

= – ichse (ikße)
= – ixe (ikße)
→ – icks (ikß)
→ – icksen (ikßen)

Schickse

— icksen (ikßen)

= – ichsen (ikßen)
= – ixen (ikßen)
→ – icks (ikß)
→ – ickse (ikße)

gicksen
kicksen
knicksen
tricksen
  austricksen

— ickser (ikßer)

= – ichser (ikßer)
= – ixer (ikßer)

Gickser
Kickser

— ickst (ikßt)

= – ichst (ikßt)
= – ixt (ikßt)
→ – icken (iken)

blickst
erquickst
erstickst
fickst
flickst
kickst
klickst
knickst
nickst
pickst
schickst
spickst
stickst
strickst
tickst
trickst
  austrickst
  getrickst
zwickst

— ickt (ikt)

= – ikt (ikt)
→ – icken (iken)

blickt
  geblickt
erquickt
erstickt
  tränenerstickt
fickt
  gefickt
flickt
  geflickt
  ungeflickt
geknickt
  ungeknickt
geschickt
  ungeschickt
gestickt
  goldgestickt
gestrickt
  handgestrickt
  maschinengestrickt
kickt
  gekickt
klickt
  geklickt
knickt
nickt
  genickt
pickt
  gepickt
schickt
spickt
  gespickt
stickt
strickt
tickt
  getickt
verdickt
verquickt
verzwickt
zwickt
  gezwickt

— ickung (ikuŋ)

→ – icken (iken)
→ – ung (uŋ)

Dickung
  Verdickung
Erquickung
Knickung
  Ausknickung
  Einknickung
Schickung
  Beschickung
  Verschickung
Spickung
Verquickung
Verschlickung
Verstrickung

— ictor (ikto:r)

= – iktor (ikto:r)
= – ohr (o:r)
= – oor (o:r)
= – or (o:r)

Boa constrictor

— id (i:t)

= – ied (i:t)
= – ieht (i:t)
= – iet (i:t)
= – it (i:t)
= – ith (i:t)

Android
Asteroid
Astrid
David
Fluid
Hybrid
Ingrid
Invalid
Karbid
Lid
  Augenlid
Planetoid
Oxid
  Kohlendioxid
  Wasserstoffsuper-
  oxid
Sigrid
Suizid

frigid
hybrid
invalid
liquid
morbid
negroid
perfid
rapid
rigid
schizoid
solid
  unsolid
splendid
stupid

— id (it)

= – it (it)
= – ite (it)
= – ites (it)
= – ith (it)
= – itt (it)

Astrid
David
Ingrid
Madrid
Sigrid

— ida (i:da)

= – ieda (i:da)
→ – a (a:)

Corrida
Ida
Krida
Lida

— ide (i:de)

= – iede (i:de)
→ – id (i:t)
→ – iden (i:den)

Adelaide
Ägide
Äneide
Druide
Hybride

Invalide
Karyatide
Pyramide
Sylphide
Tide
frigide
invalide
liquide
perfide
rapide
rigide
solide
  unsolide
stupide

— iden (i:den)

= – ieden (i:den)
→ – id (i:t)
→ – ide (i:de)

Beskiden
Danaiden
Ephemeriden
Eumeniden
Hämorrhoiden
Hebriden
Iden
Nereiden
Tiden

— ider (i:der)

= – ieder (i:der)
→ – id (i:t)
→ – idern (i:dern)

Lider
  Augenlider
Zider
solider
wider
  dawider
  zuwider

— ider (aider)

= – eider (aider)

Insider
Outsider

— iderlich (i:derli-ch)

= – iederlich (i:derli-ch)
→ – ich (i-ch)

widerlich

— iderlichkeit (i:derli-chkait)

= – iederlichkeit (i:derli-chkait)
→ – eit (ait)

Widerlichkeit

— idern (i:dern)

= – iedern (i:dern)
→ – ider (i:der)

anwidern
erwidern

— idert (i:dert)

= – iedert (i:dert)

anwidert
  angewidert
erwidert
  unerwidert

— iderung (i:deruŋ)

= – iederung (i:deruŋ)
→ – ung (uŋ)

Erwiderung
Liderung

— idge (itsch)

= – itsch (itsch)

Bridge

— idisch (i:disch)

→ – isch (isch)

euklidisch
hybridisch
juridisch
numidisch

— ido (i:do)

→ – o (o:)

Cupido
Dido
Guido
Libido
Lido

— idrig (i:dri-ch)

= – ied(e)rig (i:d(e)ri-ch)
= – iedrich (i:dri-ch)
= – iedrig (i:dri-ch)
→ – ich (i-ch)

widrig
  befehlswidrig
  folgewidrig
  gesetzwidrig
  naturwidrig
  ordnungswidrig
  polizeiwidrig
  rechtswidrig
  regelwidrig
  sittenwidrig
  verfassungswidrig
  verkehrswidrig
  vernunftwidrig
  vertragswidrig
  vorschriftswidrig

— idrigkeit (i:dri-chkait)

= – iedrigkeit (i:dri-chkait)
→ – eit (ait)
→ – idrig (i:dri-ch)

Widrigkeit

— **ie (i:)**

= – i (i:)
= – ieh (i:)
= – is (i:)
= – it (i:)
= – ix (i:)
= – y (i:)
→ – ien (i:-en)

Agonie
Ägyptologie
Akademie
  Bauakademie
  Bergakademie
  Kunstakademie
  Musikakademie
  Singakademie
Akribie
Allegorie
Allergie
Allopathie
Amnesie
Amnestie
Analogie
Anämie
Anatomie
Anarchie
Anästhesie
Anomalie
Anthologie
Anthropologie
Anthroposophie
Antinomie
Antipathie
Apathie
Apologie
Apoplexie
Archäologie
Aristokratie
Artillerie
Astrologie
Astronomie
Autarkie
Autokratie
Autonomie
Autopsie
Bakteriologie
Baronie
Batterie
Bibliographie
Bigamie
Bigotterie
Bijouterie
Biographie
  Autobiographie
Biologie
Blasphemie
Bonhomie
Bourgeoisie
Bürokratie
Causerie
Chemie
  Alchemie
  Biochemie
  Elektrochemie
Chiromantie
Chirurgie
Choreographie
Chronologie
Clownerie
Dämonie
Demagogie
Demokratie
  Volksdemokratie
Dermatologie
Despotie
Diffamie
Diphterie
Diplomatie
  Geheimdiplomatie
Donquichotterie
Dramaturgie
Draperie
Drogerie
Dynastie
Elegie
Embolie
Empirie
Energie
  Arbeitsenergie
  Atomenergie
  Druckenergie
  Elektroenergie
  Feldenergie
  Kernenergie
  Wärmeenergie
Entelechie
Enzyklopädie
Epidemie
Epilepsie
Etymologie
Euthanasie
Fasanerie
Felonie
Galanterie
Galerie
  Ahnengalerie
  Gemäldegalerie
  Nationalgalerie
Garantie
Gastronomie
Gendarmerie
Genealogie
Genie
  Pumpgenie
  Universalgenie
Geographie
Geologie
Geometrie
Graphologie
Gynäkologie
Häresie
Harmonie
  Disharmonie
  Philharmonie
Havarie
Hegemonie
Hierarchie
Homöopathie
Hypertonie
Hypertrophie
Hypochondrie
Hysterie
  Kriegshysterie
Ichthyologie
Ideologie
Idiosynkrasie
Idiotie
Ikonographie
Industrie
  Autoindustrie
  Bauindustrie
  Elektroindustrie
  Großindustrie
  Leichtindustrie
  Nahrungsmittel-
  industrie

Rüstungsindustrie
Schwerindustrie
Spielwaren-
  industrie
Textilindustrie
Infamie
Infanterie
Ironie
  Selbstironie
Jalousie
Kakophonie
Kalligraphie
Kalorie
Karosserie
Kartographie
Kategorie
Kavallerie
Kinematographie
Knie
Koketterie
Kolonie
  Ferienkolonie
  Kronkolonie
  Laubenkolonie
  Strafkolonie
Kompanie
  Strafkompanie
Komparserie
Kopie
  Fotokopie
Kosmogonie
Kosmologie
Lethargie
Leukämie
Lexikographie
Lithographie
Liturgie
Lotterie
  Klassenlotterie
  Zahlenlotterie
Magie
Manie
  Kleptomanie
  Monomanie
  Nymphomanie
  Pyromanie
Marie
  Annemarie
  Rosemarie

Maschinerie
  Kriegsmaschinerie
Melancholie
Melodie
Menagerie
Metallurgie
Meteorologie
Mineralogie
Monarchie
Monogamie
Monographie
Monotonie
Morphologie
Mythologie
Nekromantie
Neuralgie
Neurasthenie
Neurologie
Normandie
Nostalgie
Ökologie
Ökonomie
Oligarchie
  Finanzoligarchie
Onanie
Orangerie
Ornithologie
Orthodoxie
Orthographie
Orthopädie
Päderastie
Paläontologie
Paradoxie
Parfümerie
Parodie
Partie
  Bergpartie
  Fußpartie
  Gesangspartie
  Herrenpartie
  Jagdpartie
  Landpartie
  Lustpartie
  Rutschpartie
  Schachpartie
  Schlittenpartie
Pathologie
Patisserie
Pedanterie

Perfidie
Peripetie
Peripherie
Phänomenologie
Phantasie
Phantasmagorie
Pharmazie
Philanthropie
Philatelie
Philologie
  Altphilologie
  Neuphilologie
Philosophie
  Existenzphilosophie
  Lebensphilosophie
  Moralphilosophie
  Naturphilosophie
  Geschichts-
  philosophie
  Religionsphilosophie
Phobie
Photographie
  Farbphotographie
Phraseologie
Physiognomie
Physiologie
Pikanterie
Piraterie
Plutokratie
Poesie
Polygamie
Polyphonie
Pornographie
Prärie
Prophetie
Prosodie
Prüderie
Psalmodie
Psychiatrie
Psychologie
  Ausdrucks-
  psychologie
  Individual-
  psychologie
  Massenpsychologie
  Sozialpsychologie
  Tiefenpsychologie
  Völkerpsychologie
  Werbepsychologie

Quadrophonie
Raffinerie
  Ölraffinerie
  Zuckerraffinerie
Regie
Rhapsodie
Scharlatanerie
Schizophrenie
Sellerie
Simonie
Sodomie
Soziologie
Stenographie
Stereophonie
Strategie
Symmetrie
Sympathie
Symphonie
Szenerie
Tapisserie
Tautologie
Technologie
Telegraphie
Telepathie
Terminologie
Tetralogie
Theologie
Theorie
  Erkenntnistheorie
  Relativitätstheorie
  Staatstheorie
  Wirtschaftstheorie
Therapie
  Beschäftigungs-
  therapie
  Gruppentherapie
  Psychotherapie
Topographie
Toxikologie
Travestie
Trigonometrie
Trilogie
Typographie
Urämie
Utopie
Xerographie
Zeremonie
  Abschieds-
  zeremonie

Begrüßungs-
zeremonie
Teezeremonie
Zoologie
die
hie
knie
schrie
sie
spie
wie
  anderswie
  gleichwie
  irgendwie
  sonstwie
  sowie

— ie (i:-e)

= – iee (i:-e)
= – iehe (i:-e)
→ – ien (i:-en)

Knie
knie

— ieb (i:p)

= – eep (i:p)
= – ib (i:p)
= – iep (i:p)
= – ip (i:p)
→ – iebe (i:be)
→ – ieben (i:ben)

Betrieb
  Badebetrieb
  Geschäftsbetrieb
  Gewerbebetrieb
  Großbetrieb
  Handwerksbetrieb
  Hochbetrieb
  Industriebetrieb
  Kleinbetrieb
  Kurbetrieb
  Privatbetrieb
  Riesenbetrieb
  Touristenbetrieb
Dieb
  Herzensdieb

Strauchdieb
Tagedieb
Taschendieb
Wilddieb
Gottlieb
Hieb
  Anhieb
  Axthieb
  Degenhieb
  Peitschenhieb
  Säbelhieb
  Schwerthieb
  Seitenhieb
  Stockhieb
Sieb
  Kaffeesieb
  Teesieb
Schrieb
Trieb
  Abtrieb
  Antrieb
  Auftrieb
  Forschertrieb
  Geschlechtstrieb
  Jagdtrieb
  Johannistrieb
  Nachahmungstrieb
  Nahrungstrieb
  Selbsterhaltungstrieb
  Sexualtrieb
  Umtrieb
  Viehtrieb
Vertrieb
  Alleinvertrieb
  Massenvertrieb
  Zeitschriftenvertrieb
  Zeitungsvertrieb
blieb
  verblieb
hieb
lieb
  fürlieb
  kinderlieb
  tierlieb
  vorlieb
  zulieb
rieb
schrieb
trieb

— iebchen (i:p-chen)

= – iepchen (i:p-chen)
→ – ieb (i:p)

Herzensdiebchen
Liebchen
  Feinsliebchen
  Maßliebchen
Schriebchen
Seitenhiebchen
Siebchen

— iebe (i:be)

= – ibe (i:be)
→ – ieb (i:p)
→ – ieben (i:ben)

Geschiebe
Getriebe
  Flüssigkeitsgetriebe
  Kurvengetriebe
  Riemengetriebe
  Zahnradgetriebe
Griebe
  Fettgriebe
Hiebe
Liebe
  Affenliebe
  Eigenliebe
  Freiheitsliebe
  Friedensliebe
  Gattenliebe
  Gegenliebe
  Heimatliebe
  Jugendliebe
  Kinderliebe
  Knabenliebe
  Menschenliebe
  Mutterliebe
  Nächstenliebe
  Naturliebe
  Ordnungsliebe
  Tierliebe
  Vaterlandsliebe
  Vorliebe
  Wahrheitsliebe
Triebe
  Umtriebe
riebe
schiebe
schriebe
siebe
triebe
verbliebe
zerstiebe
zuliebe

— iebel (i:bel)

= – ibel (i:bel)
→ – iebeln (i:beln)

Giebel
  Dachgiebel
  Seitengiebel
  Vordergiebel
Schiebel
Wiebel
Zwiebel
  Blumenzwiebel
  Essigzwiebel
  Lauchzwiebel
  Meerzwiebel
  Perlzwiebel
  Steckzwiebel

— iebeln (i:beln)

= – ibeln (i:beln)
→ – iebel (i:bel)

liebeln
wiebeln
zwiebeln

— ieb(e)lig (i:b(e)li-ch)

→ – ich (i-ch)

gieb(e)lig
wieb(e)lig
zwieb(e)lig

— ieben (i:ben)

→ – eiben (aiben)
→ – ieb (i:p)
→ – iebe (i:be)

Belieben
  Mißbelieben
Kegelschieben
Sieben
  Pik-Sieben
beschrieben
  unbeschrieben
blieben
  geblieben
  hinterblieben
  unterblieben
  verblieben
  wegblieben
durchtrieben
gerieben
  abgerieben
  eingerieben
geschrieben
  eingeschrieben
  handgeschrieben
  maschine-
  geschrieben
  selbstgeschrieben
  ungeschrieben
getrieben
  angstgetrieben
  atomgetrieben
hieben
  abhieben
  einhieben
  umhieben
klieben
lieben
  belieben
  verlieben
rieben
  anrieben
  aufrieben
  verrieben
schieben
  abschieben
  anschieben
  aufschieben
  durchschieben

einschieben
fortschieben
herausschieben
hereinschieben
hinausschieben
hineinschieben
nachschieben
unterschieben
verschieben
vorschieben
wegschieben
zusammenschieben
zuschieben
schnieben
 ausschnieben
schrieben
 abschrieben
 anschrieben
 aufschrieben
 ausschrieben
 mitschrieben
 nachschrieben
 umschrieben
 unterschrieben
 verschrieben
 vorschrieben
 zuschrieben
sieben
 absieben
 aussieben
 durchsieben
 versieben
stieben
 aufstieben
 auseinanderstieben
 verstieben
 zerstieben
trieben
 abtrieben
 antrieben
 auftrieben
 austrieben
 betrieben
 eintrieben
 forttrieben
 herumtrieben
 übertrieben
 untertrieben
 vorantrieben

zusammentrieben
zutrieben
vertrieben
 heimatvertrieben

— iebend (i:bent)

→ — ieben (i:ben)

liebend
 freiheitsliebend
 friedliebend
 kunstliebend
 musikliebend
 naturliebend
 ordnungsliebend
 prachtliebend
 prunkliebend
 tierliebend
 wahrheitsliebend
schiebend
schniebend
siebend
stiebend

— iebende (i:bende)

→ — iebend (i:bent)

Liebende
schiebende

— iebene (i:bene)

→ — ieben (i:ben)

Hinterbliebene
durchtriebene
geriebene

— ieber (i:ber)

= — iber (i:ber)
→ — ieben (i:ben)

Fieber
 Arbeitsfieber
 Gelbfieber
 Goldfieber
 Lampenfieber

Nervenfieber
Nesselfieber
Reisefieber
Sumpffieber
Wundfieber
Jelängerjelieber
Lieber
Schieber
 Kulissenschieber
 Rechenschieber
Stieber
lieber

— ieberei (i:berai)

= — ei (ai)

Dieberei
 Wilddieberei
Schieberei

— ieb(e)rig (i:b(e)ri-ch)

= — ib(e)rig (i:b(e)ri-ch)
→ — ich (i-ch)

fieb(e)rig

— iebern (i:bern)

→ — iber (i:ber)
→ — ieber (i:ber)

fiebern

— iebig (i:bi-ch)

→ — ich (i-ch)

ausgiebig
beliebig
 x-beliebig
ergiebig
 unergiebig
kiebig
mißliebig
nachgiebig
 unnachgiebig

— iebisch (i:bisch)

= – ibisch (i:bisch)
→ – isch (isch)

diebisch

— ieblich (i:pli-ch)

→ – ich (i-ch)

betrieblich
  außerbetrieblich
  innerbetrieblich
lieblich
unaufschieblich

— iebes (i:beß)

→ – ieb (i:p)

Betriebes
Hiebes
Liebes
Siebes

— iebs (i:pß)

→ – ieb (i:p)

Diebs
Griebs
  Apfelgriebs
Triebs

— iebsam (i:pßa:m)

→ – ahm (a:m)
→ – am (a:m)

betriebsam
unliebsam

— iebsamkeit (i:pßa:mkait)

→ – eit (ait)

Betriebsamkeit
Unliebsamkeit

— iebst (i:pßt)

= – ibst (i:pßt)
= – iepst (i:pßt)
→ – ieben (i:ben)

allerliebst
  herzallerliebst
bliebst
liebst
riebst
schiebst
schriebst
siebst
triebst

— iebste (i:pßte)

= – iepste (i:pßte)

Liebste
  Allerliebste
  Herzliebste
  Herzallerliebste

— iebt (i:pt)

= – ibt (i:pt)
= – iept (i:pt)
→ – ieben (i:ben)

beliebt
  unbeliebt
bliebt
geliebt
  heißgeliebt
  ungeliebt
  vielgeliebt
hiebt
liebt
riebt
schiebt
schniebt
  geschniebt
schriebt
siebt
  gesiebt
stiebt
  gestiebt
triebt

— iebte (i:pte)

= – iepte (i:pte)
→ – ieben (i:ben)
→ – iebt (i:pt)

Geliebte
Verliebte
schniebte
siebte
stiebte

— iech (i:-ch)

= – ige (i:-ch)
→ – iechen (i:-chen)

Viech
  Urviech
kriech
riech
schiech
siech

— ieche (i:-che)

→ – iechen (i:-chen)

Grieche
Krieche
krieche
rieche
schieche
sieche

— iechen (i:-chen)

→ – iech (i:-ch)
→ – ieche (i:-che)

Mariechen
kriechen
  ankriechen
  auskriechen
  durchkriechen
  fortkriechen
  herabkriechen
  heraufkriechen
  herauskriechen
  herkriechen
  herumkriechen
  herunterkriechen

hinabkriechen
hinaufkriechen
hinauskriechen
hindurchkriechen
hineinkriechen
hinkriechen
hinunterkriechen
hochkriechen
umherkriechen
unterkriechen
verkriechen
wegkriechen
weiterkriechen
zurückkriechen
riechen
  anriechen
  ausriechen
  beriechen
  erriechen
siechen
  dahinsiechen

— iechend (i:-chent)

→ — iechen (i:-chen)

dahinsiechend
herumkriechend
übelriechend
verkriechend
wohlriechend

— iecher (i:-cher)

→ — iech (i:-ch)

Kriecher
  Arschkriecher
  Ohrenkriecher
Riecher
Viecher

— ied (i:t)

= — id (i:t)
= — ieht (i:t)
= — iet (i:t)
= — it (i:t)
= — ith (i:t)
→ — ieden (i:den)

Abschied
Bergfried
Glied
  Bindeglied
  Kettenglied
  Kunstglied
  Mannesglied
  Mitglied
  Verbindungsglied
Gottfried
Herfried
Lied
  Abendlied
  Abschiedslied
  Arbeiterlied
  Chorlied
  Deutschlandlied
  Freiheitslied
  Hohelied
  Kinderlied
  Kirchenlied
  Klagelied
  Kunstlied
  Liebeslied
  Loblied
  Massenlied
  Matrosenlied
  Minnelied
  Morgenlied
  Nachtlied
  Nibelungenlied
  Protestlied
  Revolutionslied
  Scherzlied
  Schlaflied
  Seemannslied
  Soldatenlied
  Spottlied
  Tanzlied
  Trinklied
  Volkslied
  Wanderlied
  Weihnachtslied
  Wiegenlied
Otfried
Ried
  Donauried
Schmied
  Goldschmied

Hufschmied
Pläneschmied
Ränkeschmied
Reimschmied
Silberschmied
Verseschmied
Waffenschmied
Siegfried
Störenfried
Unterschied
  Altersunterschied
  Höhenunterschied
  Meinungsunter-
  schied
  Qualitätsunterschied
  Standesunterschied
  Zeitunterschied
Wilfried
Winfried
mied
schied
schmied
sied
verschied

— ieda (i:da)

= — ida (i:da)
→ — a (a:)

Frieda

— iedchen (i:t-chen)

→ — ied (i:t)

Elfriedchen
Liedchen
  Schlafliedchen
Schmiedchen

— iede (i:de)

= — ide (i:de)
→ — ied (i:t)
→ — ieden (i:den)

Elfriede
Friede
  Burgfriede

Gottesfriede
Hausfriede
Landfriede
Unfriede
Weltfriede
Schmiede
  Dorfschmiede
  Waffenschmiede
Siede
schmiede
siede
verabschiede

— iedel (i:del)

→ — iedeln (i:deln)

Fiedel
Friedel
Gefiedel
Liedel

— iedeln (i:deln)

→ — iedel (i:del)

fiedeln
siedeln
  ansiedeln
  aussiedeln
  besiedeln
  übersiedeln
  umsiedeln
verbumfiedeln

— ieden (i:den)

= — iden (i:den)
→ — ied (i:t)
→ — iede (i:de)

Frieden
  Abendfrieden
  Burgfrieden
  Ehefrieden
  Gottesfrieden
  Landfrieden
  Unfrieden
  Völkerfrieden
  Weltfrieden
abgeschieden
  weltabgeschieden

befrieden
einfrieden
entschieden
  unentschieden
gemieden
geschieden
hienieden
schmieden
  anschmieden
  umschmieden
  verschmieden
  zusammen-
  schmieden
sieden
  absieden
  aufsieden
  einsieden
  versieden
umfrieden
verabschieden
vermieden
verschieden
  grundverschieden
zufrieden
  selbstzufrieden
  unzufrieden

— iedenheit (i:denhait)

→ — eit (ait)
→ — ieden (i:den)

Abgeschiedenheit
Entschiedenheit
Meinungs-
verschiedenheit
Zufriedenheit
  Unzufriedenheit

— ieder (i:der)

= — ider (i:der)
→ — id (i:t)
→ — ied (i:t)
→ — iedern (i:dern)

Fieder
  Gefieder
Flieder

Glieder
Lieder
Mieder
  Schnürmieder
  Trachtenmieder
Sieder
  Leimsieder
  Seifensieder
  Tauchsieder
bieder
nieder
  danieder
  darnieder
  hernieder
rapider
wieder
  hinwieder

— ied(e)rig (i:d(e)ri-ch)

= — idrig (i:dri-ch)
= — iedrich (i:dri-ch)
= — iedrig (i:dri-ch)
→ — ich (i-ch)

feinglied(e)rig
fied(e)rig
grobglied(e)rig
mehrglied(e)rig
zweiglied(e)rig

— iederlich (i:derli-ch)

= — iderlich (i:derli-ch)
→ — ich (i-ch)

liederlich

— iederlichkeit (i:derli-chkait)

= — iderlichkeit (i:derli-chkait)
→ — eit (ait)

Liederlichkeit

— iedern (i:dern)

= – idern (i:dern)
→ – ieder (i:der)

anbiedern
fiedern
  befiedern
gliedern
  angliedern
  aufgliedern
  ausgliedern
  durchgliedern
  eingliedern
  zergliedern

— iedert (i:dert)

= – idert (i:dert)
→ – iedern (i:dern)

befiedert
  unbefiedert
gefiedert
  buntgefiedert
  ungefiedert
gegliedert
  ungegliedert
gliedert

— iederung (i:deruŋ)

= – iderung (i:deruŋ)
→ – iedern (i:dern)
→ – ung (uŋ)

Anbiederung
Befiederung
Gliederung
  Eingliederung
Niederung
  Flußniederung

— iedler (i:dler)

→ – iedeln (i:deln)

Fiedler
Siedler
  Einsiedler
  Umsiedler

— iedlich (i:tli-ch)

= – ietlich (i:tli-ch)
= – itlich (i:tli-ch)
→ – ich (i-ch)

friedlich
niedlich
unterschiedlich

— iedlichkeit (i:tli-chkait)

= – itlichkeit (i:tli-chkait)
→ – eit (ait)

Friedlichkeit
Niedlichkeit
Unterschiedlichkeit

— iedrich (i:dri-ch)

= – idrig (i:dri-ch)
= – ied(e)rig (i:d(e)ri-ch)
= – iedrig (i:dri-ch)
→ – ich (i-ch)

Friedrich

— iedrig (i:dri-ch)

= – idrig (i:dri-ch)
= – ied(e)rig (i:d(e)ri-ch)
= – iedrich (i:dri-ch)
→ – ich (i-ch)
→ – iedrigen (i:drigen)

niedrig

— iedrigen (i:drigen)

→ – idrig (i:dri-ch)
→ – ied(e)rig (i:d(e)ri-ch)
→ – iedrig (i:dri-ch)

erniedrigen

— iedrigkeit (i:dri-chkait)

= – idrigkeit (i:dri-chkait)
→ – eit (ait)
→ – ied(e)rig (i:d(e)ri-ch)

Feingliedrigkeit
Niedrigkeit

— iedung (i:duŋ)

→ – ieden (i:den)
→ – ung (uŋ)

Anschmiedung
Befriedung
Einfriedung
Siedung
Umfriedung
Verabschiedung

— iee (i:-e)

= – ie (i:-e)
= – iehe (i:-e)

kniee
schriee
spiee

— ieen (i:-en)

= – iehen (i:-en)
= – ien (i:-en)
→ – eien (ai-en)

schrieen
  geschrieen
spieen
  gespieen

— ief (i:f)

= – ativ (ati:f)
= – eef (i:f)
= – if (i:f)
= – iv (i:f)
= – ive (i:f)
→ – iefe (i:fe)
→ – iefen (i:fen)
→ – ieve (i:fe)

Brief
  Abschiedsbrief
  Bettelbrief
  Brandbrief
  Drohbrief
  Eilbrief
  Einschreibebrief
  Erpresserbrief
  Fehdebrief
  Feldpostbrief
  Frachtbrief
  Freibrief
  Geldbrief
  Geleitbrief
  Geschäftsbrief
  Hirtenbrief
  Kaperbrief
  Kaufbrief
  Leserbrief
  Liebesbrief
  Mahnbrief
  Meisterbrief
  Pfandbrief
  Schutzbrief
  Steckbrief
  Wertbrief
Mief
Schlief
Tief
  Stimmungstief
  Sturmtief
lief
rief
schief
  windschief
schlief
tief
  abgrundtief
  gefühlstief
  knietief
  untief

– iefe (i:fe)

= – ieve (i:fe)
→ – ief (i:f)
→ – iefen (i:fen)

Griefe
Hiefe
Riefe
Schiefe
Tiefe
  Bohrtiefe
  Gefühlstiefe
  Meerestiefe
  Untiefe
liefe
riefe
schiefe
schliefe
tiefe

– iefel (i:fel)

→ – iefeln (i:feln)

Stiefel
  Filzstiefel
  Gummistiefel
  Halbstiefel
  Kniestiefel
  Kommißstiefel
  Lackstiefel
  Lederstiefel
  Pelzstiefel
  Reitstiefel
  Schaftstiefel
  Schnürstiefel
  Siebenmeilen-
  stiefel
  Skistiefel
  Stulpenstiefel
  Wasserstiefel

– iefeln (i:feln)

→ – iefel (i:fel)

kiefeln
riefeln
stiefeln
  abstiefeln
  anstiefeln
  heimstiefeln
  herumstiefeln
  losstiefeln

– iefelt (i:felt)

→ – iefeln (i:feln)

kiefelt
  gekiefelt
riefelt
  geriefelt
stiefelt
  gestiefelt

– iefen (i:fen)

= – ieven (i:fen)
= – ifen (i:fen)
→ – afen (a:fen)
→ – aufen (aufen)
→ – ief (i:f)
→ – iefe (i:fe)
→ – ufen (u:fen)

liefen
  anliefen
  auseinanderliefen
  ausliefen
  beliefen
  davonliefen
  entliefen
  fortliefen
  verliefen
  wegliefen
  zusammenliefen
riefen
  anriefen
  beriefen
  zuriefen
schiefen
  windschiefen
schliefen
  ausschliefen
  einschliefen
  entschliefen
  überschliefen
  verschliefen
schniefen
  ausschniefen
tiefen
  abgrundtiefen
  vertiefen
triefen
verbriefen

463

— iefend (i:fent)

→ – ieven (i:fen)

schniefend
 ausschniefend
triefend
 bluttriefend
 fetttriefend
 schweißtriefend
verbriefend

— iefer (i:fer)

→ – ief (i:f)
→ – iefern (i:fern)
→ – if (i:f)

Geziefer
 Ungeziefer
Kiefer
 Bergkiefer
 Krüppelkiefer
 Oberkiefer
 Unterkiefer
 Zedernkiefer
 Zirbelkiefer
 Zwergkiefer
Schiefer
 Dachschiefer
 Tafelschiefer
Schliefer
 Klippschliefer
Ziefer
schiefer
tiefer

— iefern (i:fern)

→ – iefer (i:fer)

hiefern
liefern
 abliefern
 anliefern
 ausliefern
 beliefern
 einliefern
 nachliefern
 überliefern
kiefern
schiefern
ziefern

— ieferung (i:feruŋ)

→ – iefern (i:fern)
→ – ung (uŋ)

Lieferung
 Ablieferung
 Auslieferung
 Teillieferung
 Überlieferung
 Waffenlieferung
 Warenlieferung

— iefst (i:fßt)

→ – iefen (i:fen)

liefst
riefst
schliefst
schniefst
triefst
verbriefst
zutiefst

— ieft (i:ft)

→ – iefen (i:fen)

gewieft
lieft
rieft
schlieft
schnieft
 geschnieft
trieft
 getrieft
verbrieft
 unverbrieft
vertieft

— iefung (i:fuŋ)

→ – ung (uŋ)

Verbriefung
Vertiefung

— ieg (i:k)

= – iek (i:k)
= – ik (i:k)
→ – iegen (i:gen)

Abstieg
Anstieg
 Druckanstieg
 Temperaturanstieg
Aufstieg
 Ballonaufstieg
 Wiederaufstieg
Ausstieg
Einstieg
Jungfernstieg
Krieg
 Angriffskrieg
 Atomkrieg
 Bauernkrieg
 Befreiungskrieg
 Blitzkrieg
 Bruderkrieg
 Bürgerkrieg
 Eroberungskrieg
 Federkrieg
 Freiheitskrieg
 Handelskrieg
 Luftkrieg
 Papierkrieg
 Präventivkrieg
 Religionskrieg
 Sängerkrieg
 Seekrieg
 Sezessionskrieg
 Stellungskrieg
 U-Boot-Krieg
 Unabhängigkeitskrieg
 Verteidigungskrieg
 Weltkrieg
 Wirtschaftskrieg
Sieg
 Abstimmungssieg
 Auswärtssieg
 Endsieg
 Heimsieg
 Pyrrhussieg
 Seesieg
 Punktsieg
 Überraschungssieg

Stieg
bieg
flieg
krieg
lieg
schmieg
schwieg
sieg
stieg
wieg

— iege (i:ge)

= – ige (i:ge)
→ – ieg (i:k)
→ – iegen (i:gen)

Biege
Fliege
  Eintagsfliege
  Florfliege
  Schmeißfliege
  Stechfliege
  Stubenfliege
  Tsetsefliege
Liege
Riege
  Turnerriege
Schmiege
Stiege
  Bodenstiege
  Hauptstiege
  Hinterstiege
  Hühnerstiege
  Kellerstiege
Wiege
Ziege
  Angoraziege
  Bezoarziege
  Hausziege
  Kaschmirziege
  Schraubenziege
  Wildziege
biege
fliege
kriege
liege
schmiege
siege
wiege

— iegel (i:gel)

= – igel (i:gel)
→ – iegeln (i:geln)

Eulenspiegel
Riegel
  Fensterriegel
  Torriegel
  Türriegel
  Zaunriegel
Siegel
  Amtssiegel
  Briefsiegel
  Dienstsiegel
  Salomonssiegel
Spiegel
  Augenspiegel
  Brennspiegel
  Fensterspiegel
  Handspiegel
  Hohlspiegel
  Kristallspiegel
  Meeresspiegel
  Parabolspiegel
  Rückspiegel
  Taschenspiegel
  Vexierspiegel
  Wandspiegel
  Zauberspiegel
Striegel
  Pferdestriegel
Tiegel
  Schmelztiegel
Wasserspiegel
  Grundwasserspiegel
Ziegel
  Dachziegel
  Flachziegel
  Glasziegel
  Hohlziegel
  Mauerziegel

— iegelchen (i:gel-chen)

= – igelchen (i:gel-chen)
→ – iegel (i:gel)

Riegelchen
Spiegelchen
Tiegelchen

— iegeln (i:geln)

= – igeln (i:geln)
→ – iegel (i:gel)

abwiegeln
aufwiegeln
riegeln
  abriegeln
  aufriegeln
  einriegeln
  entriegeln
  verriegeln
  zuriegeln
schniegeln
siegeln
  besiegeln
  einsiegeln
  entsiegeln
  versiegeln
  zusiegeln
spiegeln
  abspiegeln
  bespiegeln
  entspiegeln
  vorspiegeln
  widerspiegeln
striegeln
  abstriegeln

— iegelt (i:gelt)

→ – iegeln (i:geln)

abwiegelt
  abgewiegelt
aufwiegelt
  aufgewiegelt
geschniegelt
riegelt
  abgeriegelt
siegelt
  gesiegelt
spiegelt
  gespiegelt

striegelt
  gestriegelt
verriegelt
  unverriegelt
versiegelt
  unversiegelt

— ieg(e)lung (i:g(e)luŋ)

= — ig(e)lung
    (i:g(e)luŋ)
→ — iegeln (i:geln)
→ — ung (uŋ)

Aufwieg(e)lung
  Volksaufwieg(e)lung
Bespieg(e)lung
  Selbstbespieg(e)lung
Spieg(e)lung
  Luftspieg(e)lung
  Magenspieg(e)lung
  Wasserspieg(e)lung
Verrieg(e)lung
Versieg(e)lung

— iegen (i:gen)

= — igen (i:gen)
→ — eigen (aigen)
→ — ieg (i:k)
→ — iege (i:ge)

Anliegen
Siegen
biegen
  abbiegen
  aufbiegen
  ausbiegen
  auseinanderbiegen
  beibiegen
  durchbiegen
  einbiegen
  hinbiegen
  niederbiegen
  umbiegen
  verbiegen
fliegen
  abfliegen
  anfliegen
  auffliegen
  auseinanderfliegen
  befliegen
  blindfliegen
  daherfliegen
  dahinfliegen
  davonfliegen
  durchfliegen
  einfliegen
  herabfliegen
  herausfliegen
  hereinfliegen
  herüberfliegen
  herumfliegen
  herunterfliegen
  hinabfliegen
  hinausfliegen
  hineinfliegen
  hinfliegen
  hinüberfliegen
  hinunterfliegen
  hochfliegen
  nachfliegen
  rausfliegen
  tieffliegen
  überfliegen
  umfliegen
  umherfliegen
  verfliegen
  vorbeifliegen
  vorüberfliegen
  wegfliegen
  zufliegen
  zurückfliegen
gediegen
kriegen
  abkriegen
  ankriegen
  aufkriegen
  bekriegen
  drankriegen
  fertigkriegen
  herankriegen
  herauskriegen
  hereinkriegen
  herumkriegen
  herunterkriegen
  hinkriegen
  hochkriegen
  kleinkriegen
  loskriegen
  mitkriegen
  runterkriegen
  wegkriegen
  wiederkriegen
liegen
  anliegen
  aufeinanderliegen
  aufliegen
  ausliegen
  beieinanderliegen
  beiliegen
  bloßliegen
  brachliegen
  daliegen
  daniederliegen
  darüberliegen
  darunterliegen
  durchliegen
  erliegen
  fernliegen
  festliegen
  flachliegen
  freiliegen
  gegenüberliegen
  herumliegen
  hochliegen
  naheliegen
  obliegen
  stilliegen
  tiefliegen
  übereinanderliegen
  unterliegen
  vorliegen
  wundliegen
  zusammenliegen
schmiegen
  aneinander-
    schmiegen
  anschmiegen
  zusammen-
    schmiegen
schwiegen
  geschwiegen
siegen
  besiegen
  obsiegen
  versiegen

stiegen
  gestiegen
  verstiegen
wiegen
  abwiegen
  aufwiegen
  auswiegen
  einwiegen
  nachwiegen
  überwiegen
  vorwiegen

— iegend (i:gent)

→ — iegen (i:gen)

bekriegend
biegend
fliegend
liegend
  einliegend
  enganliegend
  inliegend
  nächstliegend
  umliegend
schmiegend
siegend
  versiegend
wiegend
  schwerwiegend

— iegenheit (i:genhait)

→ — eit (ait)
→ — iegen (i:gen)

Gediegenheit
Obliegenheit
Verschwiegenheit
Verstiegenheit

— ieger (i:ger)

= — iger (i:ger)

Abbieger
  Linksabbieger
  Rechtsabbieger
Anlieger

Flieger
  Drachenflieger
  Jagdflieger
  Kampfflieger
  Marineflieger
  Segelflieger
  Tiefflieger
Krieger
Schwieger
Sieger
  Olympiasieger
  Pokalsieger
Zieger

— iegerisch (i:gerisch)

→ — isch (isch)

fliegerisch
kriegerisch

— iegern (i:gern)

= — igern (i:gern)
→ — ieger (i:ger)

Fliegern
Kriegern
Siegern

— iegler (i:gler)

→ — iegeln (i:geln)

Aufwiegler
  Volksaufwiegler
Versiegler
Ziegler

— iegsam (i:ksa:m)

→ — am (a:m)

biegsam
  unbiegsam
schmiegsam
  anschmiegsam

— iegsamkeit (i:ksa:mkait)

→ — eit (ait)
→ — iegsam (i:ksa:m)

Biegsamkeit
Schmiegsamkeit

— iegt (i:kt)

= — iekt (i:kt)
→ — iegen (i:gen)

biegt
fliegt
kriegt
  gekriegt
liegt
schmiegt
  geschmiegt
siegt
  gesiegt
stiegt
wiegt
  gewiegt

— iegung (i:guŋ)

→ — iegen (i:gen)
→ — ung (uŋ)

Anschmiegung
Auswiegung
Bekriegung
Besiegung
Biegung
  Abbiegung
  Einbiegung
  Verbiegung
Versiegung

— ieh (i:)

= — i (i:)
= — ie (i:)
→ — iehen (i:-en)

Vieh
  Borstenvieh
  Federvieh
  Herdenvieh

Hornvieh
Kleinvieh
Mistvieh
Nutzvieh
Rindvieh
Schlachtvieh
Zuchtvieh
Zugvieh
bezieh
erzieh
flieh
gedieh
lieh
sieh
zieh

– iehe (i:-e)

= – ie (i:-e)
= – iee (i:-e)
→ – iehen (i:-en)

beziehe
erziehe
fliehe
gediehe
liehe
siehe
ziehe

– iehen (i:-en)

= – ieen (i:-en)
= – ien (i:-en)

Seilziehen
Tauziehen
Wurzelziehen
beziehen
  einbeziehen
erziehen
  aberziehen
  anerziehen
  umerziehen
fliehen
  entfliehen
gediehen
liehen
  ausliehen
  beliehen

geliehen
verliehen
geziehen
verziehen
ziehen
  abziehen
  anziehen
  aufziehen
  auseinanderziehen
  ausziehen
  blankziehen
  dahinziehen
  davonziehen
  durchziehen
  einziehen
  emporziehen
  entgegenziehen
  entziehen
  fortziehen
  glattziehen
  gleichziehen
  großziehen
  heimziehen
  herabziehen
  heranziehen
  heraufziehen
  herausziehen
  herbeiziehen
  hereinziehen
  herumziehen
  hervorziehen
  herziehen
  hinabziehen
  hinaufziehen
  hinausziehen
  hineinziehen
  hinterziehen
  hinunterziehen
  hinziehen
  hinzuziehen
  hochziehen
  losziehen
  mitziehen
  nachziehen
  niederziehen
  überziehen
  umherziehen
  umziehen
  unterziehen

  verziehen
  vollziehen
  vorbeiziehen
  vorüberziehen
  vorziehen
  wegziehen
  weiterziehen
  zurückziehen
  zusammenziehen
  zuziehen

– ieh(e)ner (i:(e)ner)

= – iener (i:ner)
= – iner (i:ner)
→ – iehen (i:-en)

entlieh(e)ner
gelieh(e)ner
verzieh(e)ner

– ieher (i:-er)

→ – iehern (i:-ern)

Bezieher
Drahtzieher
Erzieher
Gerichtsvollzieher
Gewieher
Korkenzieher
Rückzieher
  Fallrückzieher
Schraubenzieher
Überzieher
Wachszieher
Weinzieher

– iehern (i:-ern)

→ – ieher (i:-er)

wiehern
  aufwiehern

– iehl (i:l)

= – eal (i:l)
= – iel (i:l)
= – ihl (i:l)
= – il (i:l)
→ – ehlen (e:len)

befiel
empfiehl
stiehl

— iehlt (i:lt)

= — ielt (i:lt)
→ — ealte (i:lte)
→ — ehlen (e:len)

befiehlt
empfiehlt
stiehlt

— iehn (i:n)

= — een (i:n)
= — ien (i:n)
= — ihn (i:n)
= — in (i:n)
= — ine (i:n)
→ — iehen (i:-en)

beziehn
erziehn
fliehn
ziehn

— iehst (i:ßt)

= — iest (i:ßt)
= — ießt (i:ßt)
→ — ehen (e:-en)
→ — iehen (i:-en)

fliehst
siehst
ziehst

— ieht (i:t)

= — id (i:t)
= — ied (i:t)
= — iet (i:t)
= — it (i:t)
= — ith (i:t)
→ — ehen (e:-en)
→ — iehen (i:-en)

flieht
geschieht
sieht
zieht

— iehung (i:-uŋ)

→ — iehen (i:-en)
→ — ung (uŋ)

Anziehung
  Massenanziehung
Beziehung
  Einbeziehung
  Freundschafts-
  beziehung
  Geschäftsbeziehung
  Handelsbeziehung
  Liebesbeziehung
  Wechselbeziehung
  Wirtschafts-
  beziehung
Erziehung
  Fürsorgeerziehung
  Gemeinschafts-
  erziehung
  Jugenderziehung
  Kindererziehung
  Kunsterziehung
  Musikerziehung
  Selbsterziehung
  Sprecherziehung
  Umerziehung
Hinterziehung
  Steuerhinterziehung
Überziehung
  Kontoüberziehung
Ziehung
  Einziehung
  Entziehung
  Hinzuziehung
  Losziehung
  Lottoziehung
  Verziehung
  Vollziehung
  Zurückziehung
  Zusammenziehung

— iek (i:k)

= — ieg (i:k)
= — ik (i:k)
→ — ieken (i:ken)

Gequiek
Piek

— ieke (i:ke)

= — ike (i:ke)
= — ique (i:ke)
→ — ieken (i:ken)

Gequieke
Kieke
Pieke
Sieke
schnieke

— ieken (i:ken)

= — iken (i:ken)
→ — ieke (i:ke)
→ — ique (i:ke)

kieken
pieken
  anpieken
  aufpieken
quieken
  aufquieken
  losquieken

— ieker (i:ker)

= — iker (i:ker)

Kieker
Spieker
Spökenkieker

— ieksen (i:kßen)

= — iksen (i:kßen)

pieksen
quieksen

— iekt (i:kt)

= — iegt (i:kt)
→ — ieken (i:ken)

kiekt
piekt
  gepiekt
quiekt
  gequiekt

469

– iel (i:l)

= – eal (i:l)
= – iehl (i:l)
= – ihl (i:l)
= – il (i:l)
→ – ielen (i:len)

Beispiel
  Lehrbeispiel
  Musterbeispiel
  Schulbeispiel
Hohentwiel
Kiel
  Bootskiel
  Federkiel
  Gänsekiel
  Schiffskiel
  Spitzkiel
Priel
Siel
Spiel
  Abspiel
  Anspiel
  Auswärtsspiel
  Ballspiel
  Brettspiel
  Doppelspiel
  Einzelspiel
  Endspiel
  Ensemblespiel
  Falschspiel
  Farbenspiel
  Festspiel
  Freundschaftsspiel
  Gastspiel
  Gaukelspiel
  Gedankenspiel
  Geduldsspiel
  Gesellschaftsspiel
  Glockenspiel
  Glücksspiel
  Hasardspiel
  Heimspiel
  Hörspiel
  Kammerspiel
  Kartenspiel
  Kinderspiel
  Kirchspiel
  Klavierspiel
  Kombinationsspiel
  Kriegsspiel
  Krippenspiel
  Länderspiel
  Lichtspiel
  Liebesspiel
  Mienenspiel
  Murmelspiel
  Muskelspiel
  Mysterienspiel
  Nachspiel
  Passionsspiel
  Pfänderspiel
  Possenspiel
  Punktspiel
  Puppenspiel
  Ränkespiel
  Reifenspiel
  Ringelspiel
  Ritterspiel
  Saitenspiel
  Satyrspiel
  Schattenspiel
  Schauspiel
  Simultanspiel
  Singspiel
  Trauerspiel
  Traumspiel
  Vabanquespiel
  Versteckspiel
  Vorspiel
  Windspiel
  Wortspiel
  Würfelspiel
  Zusammenspiel
  Zuspiel
  Zwischenspiel
Stiel
  Axtstiel
  Beilstiel
  Besenstiel
  Blattstiel
  Blumenstiel
  Blütenstiel
  Fruchtstiel
  Gabelstiel
  Hammerstiel
  Löffelstiel
  Pappenstiel
  Peitschenstiel
  Pfannenstiel
  Pfeifenstiel
Triel
Ziel
  Angriffsziel
  Arbeitsziel
  Ausflugsziel
  Berufsziel
  Endziel
  Kriegsziel
  Lebensziel
  Reiseziel
fiel
gefiel
soviel
  ebensoviel
  geradesoviel
  soundsoviel
viel
  gleichviel
  wieviel
ziel
zuviel
  allzuviel

– iele (i:le)

= – eale (i:le)
= – ile (i:le)
→ – iel (i:l)
→ – ielen (i:len)

Diele
  Eisdiele
  Hausdiele
  Tanzdiele
Gespiele
Schmiele
Schwiele
  Hautschwiele
  Hornschwiele
Siele
fiele
schiele
spiele
viele
ziele

— ielen (i:len)

= – ealen (i:len)
= – ilen (i:len)
→ – iel (i:l)
→ – iele (i:le)

Gespielen
Sielen
dielen
  ausdielen
fielen
  abfielen
  anfielen
  auffielen
  ausfielen
  befielen
  durchfielen
  einfielen
  fortfielen
  gefielen
  herfielen
  herunterfielen
  hinfielen
  mißfielen
  überfielen
  umfielen
  verfielen
  vorfielen
  wegfielen
  zerfielen
  zufielen
  zurückfielen
  zusammenfielen
kielen
schielen
  anschielen
  nachschielen
sielen
spielen
  abspielen
  anspielen
  aufspielen
  ausspielen
  durchspielen
  einspielen
  erspielen
  herunterspielen
  mitspielen
  nachspielen
  überspielen
  umspielen
  verspielen
  vorspielen
  zurückspielen
  zusammenspielen
  zuspielen
stielen
  entstielen
vielen
zielen
  abzielen
  erzielen
  hinzielen

— ielend (i:lent)

→ – ealen (i:len)
→ – ielen (i:len)
→ – ilen (i:len)

schielend
spielend
zielend

— ieler (i:ler)

= – ealer (i:ler)
= – iler (i:ler)
→ – ielen (i:len)

Kieler
Schauspieler
  Filmschauspieler
  Volksschauspieler
Schieler
Spieler
  Berufsspieler
  Drehorgelspieler
  Falschspieler
  Fußballspieler
  Gegenspieler
  Handballspieler
  Hasardspieler
  Kartenspieler
  Mitspieler
  Plattenspieler
  Puppenspieler
  Tennisspieler
vieler

— ielern (i:lern)

→ – ealer (i:ler)
→ – ieler (i:ler)
→ – iler (i:ler)

schauspielern

— ielig (i:li-ch)

→ – ich (i-ch)

kostspielig
kurzstielig
langstielig
schwielig

— ieligkeit (i:li-chkait)

→ – eit (ait)
→ – ielig (i:li-ch)

Kostspieligkeit
Langstieligkeit

— iell (i-äl)

= – ell (äl)

Zeremoniell
  Hofzeremoniell
artifiziell
bakteriell
essentiell
existentiell
finanziell
industriell
kommerziell
materiell
  immateriell
ministeriell
notariell
offiziell
  inoffiziell
partiell
potentiell
prinzipiell
provinziell
speziell
substantiell
zeremoniell

— ielt (i:lt)

= – iehlt (i:lt)
→ – ealte (i:lte)
→ – ielen (i:len)
→ – ielten (i:lten)

dielt
  gedielt
fielt
  gefielt
  gestielt
  ungestielt
hielt
schielt
  geschielt
spielt
  gespielt
zielt
  gezielt

— ielte (i:lte)

= – ealte (i:lte)
→ – ielen (i:len)
→ – ielt (i:lt)
→ – ielten (i:lten)

Soundsovielte
schielte
sielte
spielte
wievielte
zielte

— ielten (i:lten)

→ – ealte (i:lte)
→ – ielen (i:len)
→ – ielt (i:lt)
→ – ielte (i:lte)

hielten
  abhielten
  anhielten
  aufhielten
  aushielten
  behielten
  durchhielten
  erhielten
  unterhielten
  vorhielten
  zuhielten
  zurückhielten
  zusammenhielten
schielten
sielten
spielten
zielten

— ielung (i:luŋ)

→ – ielen (i:len)
→ – ung (uŋ)

Anspielung
Ausspielung
Dielung
  Bedielung
  Holzdielung
Einspielung
Erzielung
Überspielung
Zuspielung

— iem (i:m)

= – eam (i:m)
= – ihm (i:m)
= – im (i:m)
= – ime (i:m)
→ – iemen (i:men)

Pfriem
Priem
Riem

— iemchen (i:m-chen)

→ – iem (i:m)
→ – iemen (i:men)

Pfriemchen
Riemchen
Striemchen

— ieme (i:me)

= – ime (i:me)
→ – iem (i:m)
→ – iemen (i:men)

Dieme
Kieme
Strieme
pfrieme
prieme

— iemel (i:mel)

= – imel (i:mel)

Schwiemel

— iemen (i:men)

= – imen (i:men)
→ – iem (i:m)
→ – ieme (i:me)

Diemen
  Heudiemen
Pfriemen
Riemen
  Hosenriemen
  Keilriemen
  Knieriemen
  Leibriemen
  Schuhriemen
  Schulterriemen
  Steigriemen
  Tragriemen
  Transmissionsriemen
  Treibriemen
Striemen
pfriemen
priemen
quiemen
ziemen
  geziemen

— iemend (i:ment)

→ – iemen (i:men)

geziemend
  un(ge)ziemend
priemend

— iemer (i:mer)

= – eamer (i:mer)
= – imer (i:mer)

Labyrinthkiemer
Nacktkiemer
Priemer
Sechsriemer
Ziemer
  Ochsenziemer
Zweikiemer

— ien (i:n)

= – een (i:n)
= – iehn (i:n)
= – ihn (i:n)
= – in (i:n)
= – ine (i:n)
→ – iene (i:ne)
→ – ienen (i:nen)

Kien
Wien
beschrien
  unbeschrien
knien
  ausknien
  beknien
  hineinknien
  hinknien
  niederknien
schien
  beschien
  erschien
schrien
  geschrien
spien
  bespien
  gespien

— ien (i:-en)

= – ieen (i:-en)
= – iehen (i:-en)
→ – ie (i:)

Harmonien
Knien
Melodien
Tuilerien
Utopien
Zeremonien

knien
  ausknien
  beknien
  hineinknien
  hinknien
  niederknien

— ienchen (i:n-chen)

= – inchen (i:n-chen)
→ – iene (i:ne)

Bienchen
Schienchen

— iene (i:ne)

= – ine (i:ne)
→ – ienen (i:nen)

Biene
  Arbeitsbiene
  Honigbiene
Kiene
Miene
  Amtsmiene
  Duldermiene
  Gönnermiene
  Kennermiene
  Leichenbitter-
  miene
  Leidensmiene
  Unschuldsmiene
Schiene
  Armschiene
  Beinschiene
  Eisenbahnschiene
  Gleitschiene
  Laufschiene
  Reißschiene
  Straßenbahn-
  schiene
  Vorhangschiene
diene
erschiene
griene
schiene

— ienen (i:nen)

= – ihnen (i:nen)
= – inen (i:nen)
→ – iene (i:ne)

beschienen
dienen
  abdienen
  ausdienen
  bedienen
  erdienen
  verdienen
erschienen
geschienen
grienen
  angrienen
schienen
  anschienen
  einschienen

— iener (i:ner)

= – ieh(e)ner (i:(e)ner)
= – iner (i:ner)
→ – ienen (i:nen)
→ – ienern (i:nern)

Diener
  Amtsdiener
  Baalsdiener
  Bediener
  Gemeindediener
  Gerichtsdiener
  Gottesdiener
  Götzendiener
  Hausdiener
  Hoteldiener
  Kammerdiener
  Kirchendiener
  Liebediener
  Meßdiener
  Tempeldiener
Verdiener
  Alleinverdiener
  Doppelverdiener
  Geldverdiener
  Großverdiener
Wiener
  Urwiener

— ienerin (i:nerin)

= – in (in)
= – inerin (i:nerin)
= – inn (in)
→ – iener (i:ner)

Dienerin
  Liebesdienerin
Wienerin

— ienern (i:nern)

= – inern (i:nern)
→ – iener (i:ner)

dienern
  liebedienern
wienern
  herumwienern

— ienst (i:nßt)

= – inst (i:nßt)
→ – ienen (i:nen)

Dienst
  Abschleppdienst
  Außendienst
  Bärendienst
  Bereitschaftsdienst
  Bilderdienst
  Ehrendienst
  Fahrdienst
  Flugdienst
  Freundschaftsdienst
  Frondienst
  Gegendienst
  Geheimdienst
  Gesundheitsdienst
  Götzendienst
  Hilfsdienst
  Innendienst
  Kriegsdienst
  Kundendienst
  Liebesdienst
  Militärdienst
  Nachrichtendienst
  Nachtdienst
  Notdienst
  Polizeidienst
  Pressedienst
  Reservedienst
  Sanitätsdienst
  Sicherheitsdienst
  Staatsdienst
  Streifendienst
  Stubendienst
  Truppendienst
  Verwaltungsdienst
  Wachdienst
  Waffendienst
  Wehrdienst
  Wetterdienst
Gottesdienst
  Abendgottesdienst
  Feldgottesdienst
  Trauergottesdienst
Rettungsdienst
  Bergrettungsdienst
Verdienst
  Bruttoverdienst
  Durchschnitts-
    verdienst
  Hauptverdienst
  Mehrverdienst
  Nebenverdienst
  Nettoverdienst
Warndienst
  Unwetterwarndienst
erschienst
grienst

— ient (i:nt)

= – int (i:nt)
→ – ienen (i:nen)

dient
erschient
gedient
  altgedient
  ausgedient
  ungedient
grient
  gegrient
schient
  geschient
verdient
  hochverdient
  unverdient
  wohlverdient

— iente (i:nte)

→ – ienen (i:nen)
→ – ient (i:nt)

Bediente
diente
griente
schiente

— ienung (i:nuŋ)

= – inung (i:nuŋ)
→ – ienen (i:nen)
→ – ung (uŋ)

Bedienung
  Fernbedienung
  Selbstbedienung
Schienung

— iep (i:p)

= – eep (i:p)
= – ib (i:p)
= – ieb (i:p)
= – ip (i:p)
→ – iepe (i:pe)
→ – iepen (i:pen)

Piep
piep
ziep

— iepchen (i:p-chen)

= – iebchen (i:p-chen)
→ – iepe (i:pe)

Kiepchen
Ziepchen

— iepe (i:pe)

→ – iepen (i:pen)

Gepiepe
Kiepe
Piepe
Wiepe
piepe
  schnurzpiepe
ziepe

— iepen (i:pen)

→ – iepe (i:pe)

fiepen
kniepen
piepen
  anpiepen
ziepen

— iepsen (i:pßen)

fiepsen
giepsen
piepsen

— iepst (i:pßt)

= – ibst (i:pßt)
= – iebst (i:pßt)
→ – ieben (i:ben)

fiepst
  gefiepst
giepst
  gegiepst
piepst
  gepiepst
ziepst
  geziepst

— iepste (i:pßte)

= – iebste (i:pßte)

fiepste
giepste
piepste
ziepste

— iept (i:pt)

= – ibt (i:pt)
= – iebt (i:pt)

fiept
  gefiept
kniept
  gekniept
piept
  gepiept
ziept
  geziept

— iepte (i:pte)

= – iebte (i:pte)
→ – iepen (i:pen)

fiepte
kniepte
piepte
ziepte

— ier (i:r)

= – ihr (i:r)
= – ir (i:r)
= – ire (i:r)
→ – iere (i:re)
→ – ieren (i:ren)

Algier
Barbier
Begier
  Freßbegier
  Mordbegier
  Wißbegier
Bier
  Bockbier
  Braunbier
  Dünnbier
  Faßbier
  Flaschenbier
  Gerstenbier
  Kindelbier
  Lagerbier
  Malzbier
  Märzenbier
  Nährbier
  Porterbier
  Starkbier
  Vollbier
  Warmbier
  Weißbier
  Weizenbier
Brevier
Elixier
  Lebenselixier
Furier
Furnier
Füsilier
Geschmier
Getier
Gier
  Blutgier
  Freßgier
  Geldgier
  Habgier
  Mordgier
  Neugier
  Profitgier
  Rachgier
  Raffgier
  Raubgier
Grenadier
Harpunier
Hatschier
Juwelier
Kanonier
  Richtkanonier
Kavalier
Klavier
  Schifferklavier
Klistier
Kürassier
Kurier
Malvasier
Manier
Musketier
Offizier
  Gardeoffizier
  Reserveoffizier
  Unteroffizier
Panier
  Hasenpanier
Papier
  Altpapier
  Blaupapier
  Briefpapier

Buntpapier
Butterbrotpapier
Durchschlagpapier
Filterpapier
Fließpapier
Glanzpapier
Glaspapier
Goldpapier
Kohlepapier
Kreppapier
Kunstdruckpapier
Lackmuspapier
Löschpapier
Luftpostpapier
Notenpapier
Packpapier
Pauspapier
Sandpapier
Schmierpapier
Schmirgelpapier
Schreibpapier
Seidenpapier
Silberpapier
Toilettenpapier
Wertpapier
Zeitungspapier
Zigarettenpapier
Passagier
Pier
Pionier
Pläsier
Polier
  Maurerpolier
Posamentier
Quartier
  Absteigequartier
  Ausweichquartier
  Elendsquartier
  Hauptquartier
  Massenquartier
  Nachtquartier
  Notquartier
  Standquartier
  Winterquartier
Rapier
Revier
  Bergrevier
  Forstrevier
  Jagdrevier
  Kohlenrevier
  Polizeirevier
  Waldrevier
  Wildrevier
Scharnier
Schlier
Skapulier
Spalier
Stier
  Kampfstier
  Zuchtstier
Tier
  Arbeitstier
  Borstentier
  Fabeltier
  Faultier
  Gewohnheitstier
  Grautier
  Gummitier
  Gürteltier
  Haustier
  Herdentier
  Kleintier
  Lasttier
  Leittier
  Maultier
  Murmeltier
  Muttertier
  Opfertier
  Pelztier
  Plüschtier
  Raubtier
  Reittier
  Rentier
  Säugetier
  Saumtier
  Schlachttier
  Schmaltier
  Schuppentier
  Stinktier
  Stofftier
  Trampeltier
  Untier
  Urtier
  Versuchstier
  Wundertier
  Zuchttier
Turnier
  Fechtturnier
  Fußballturnier
  Reitturnier
  Ritterturnier
Visier
Zier
  Helmzier
frier
hier
  allhier
  dahier
schier
stier
vier

— ier (e:)

= − e (e:)

Atelier
  Filmatelier
  Fotoatelier
  Maleratelier
  Modeatelier
Baissier
Bankier
Büffettier
Cafetier
Chansonier
Chevalier
Conferencier
Couturier
Croupier
Dossier
Financier
Finanzier
Garderobier
Hotelier
Kollier
  Perlenkollier
Metier
Portier
  Hotelportier
Premier
Privatier
Rentier
Romancier
Routinier

— ierbar (i:rba:r)

→ – ar (a:r)
→ – ieren (i:ren)

Bierbar
kontrollierbar
　unkontrollierbar
korrigierbar
　unkorrigierbar
regulierbar
　unregulierbar
undefinierbar
unverlierbar

— ierbarkeit (i:rba:rkait)

→ – eit (ait)
→ – ierbar (i:rba:r)
→ – ieren (i:ren)

Regulierbarkeit
Verifizierbarkeit

— ierchen (i:r-chen)

→ – ier (i:r)
→ – iere (i:re)

Bierchen
Kavalierchen
Klistierchen
Nierchen
Papierchen
Pläsierchen
Spierchen
Tierchen
　Geißeltierchen
　Sporentierchen
　Urtierchen

— ierde (i:rde)

Begierde
　Lernbegierde
　Wißbegierde
Neugierde
Zierde

— iere (i:re)

= – ihre (i:re)
= – ire (i:re)
→ – ier (i:r)
→ – ieren (i:ren)

Miere
Niere
　Kalbsniere
　Nebenniere
　Schrumpfniere
　Schweinsniere
　Wanderniere
Papiere
　Arbeitspapiere
　Ausweispapiere
　Autopapiere
　Begleitpapiere
　Personalpapiere
　Verladepapiere
　Versandpapiere
　Wagenpapiere
　Wertpapiere
Schliere
Schmiere
　Geschmiere
　Wagenschmiere
Spiere
alarmiere
buchstabiere
datiere
demonstriere
diskutiere
friere
frisiere
frustriere
galoppiere
hantiere
inseriere
kalkuliere
kassiere
konstruiere
marschiere
montiere
moralisiere
organisiere
probiere
rationalisiere
reagiere
realisiere
schmiere
sortiere
spaziere
stolziere
studiere
telefoniere
trainiere
verziere

— ieren (i:ren)

= – ihren (i:ren)
= – iren (i:ren)
→ – ier (i:r)
→ – iere (i:re)
→ – iert (i:rt)

Manieren
Nieren
abonnieren
absolvieren
absorbieren
abstrahieren
adaptieren
addieren
adoptieren
adressieren
agieren
agitieren
akklamieren
akklimatisieren
akkreditieren
aktivieren
aktualisieren
akzentuieren
akzeptieren
alarmieren
alkoholisieren
alphabetisieren
alterieren
alternieren
amerikanisieren
amnestieren
amortisieren
amputieren
amtieren
amüsieren
analysieren
animieren

annektieren
annoncieren
annullieren
antichambrieren
anvisieren
apostrophieren
appellieren
applaudieren
apportieren
appretieren
aquarellieren
argumentieren
arrangieren
arretieren
arrivieren
artikulieren
asphaltieren
assimilieren
assistieren
assoziieren
ästhetisieren
ästimieren
atomisieren
attackieren
attestieren
ausquartieren
ausstaffieren
austarieren
automatisieren
autorisieren
avancieren
avisieren
bagatellisieren
balancieren
  ausbalancieren
balsamieren
  einbalsamieren
banalisieren
bandagieren
barbieren
basieren
bastonieren
betonieren
bilanzieren
biwakieren
blamieren
blessieren
blockieren
bombardieren

botanisieren
boykottieren
bramarbasieren
brillieren
bronzieren
broschieren
brüskieren
buchstabieren
  vorbuchstabieren
bugsieren
  herausbugsieren
  hereinbugsieren
  hinausbugsieren
  hineinbugsieren
bürokratisieren
changieren
charakterisieren
chargieren
chauffieren
chiffrieren
  dechiffrieren
chloroformieren
christianisieren
dämonisieren
datieren
  nachdatieren
  umdatieren
  vorausdatieren
  vordatieren
  zurückdatieren
debattieren
debütieren
dedizieren
defilieren
definieren
deflorieren
degenerieren
degradieren
deklamieren
deklarieren
deklassieren
deklinieren
dekorieren
dekretieren
dekuvrieren
delegieren
delektieren
dementieren
demissionieren

demokratisieren
demolieren
demonstrieren
  vorbeidemonstrieren
  vordemonstrieren
denunzieren
depeschieren
deponieren
deportieren
deprimieren
desavouieren
desertieren
designieren
desillusionieren
destillieren
detaillieren
determinieren
detonieren
dezimieren
diagnostizieren
dialogisieren
diffamieren
differenzieren
differieren
diktieren
  zudiktieren
dilettieren
dinieren
dirigieren
  umdirigieren
diskreditieren
diskriminieren
diskurieren
diskutieren
  ausdiskutieren
  durchdiskutieren
dispensieren
disponieren
disputieren
distanzieren
disziplinieren
divergieren
dividieren
doktorieren
dokumentieren
domestizieren
dominieren
dosieren
dotieren

dozieren
dramatisieren
drangsalieren
drapieren
dressieren
duellieren
düpieren
echauffieren
egalisieren
einquartieren
ejakulieren
elektrifizieren
elektrisieren
eliminieren
emaillieren
emanzipieren
emeritieren
emigrieren
enervieren
engagieren
enthusiasmieren
entnazifizieren
eruieren
eskalieren
eskortieren
etablieren
etikettieren
evakuieren
exaltieren
examinieren
exekutieren
exemplifizieren
exerzieren
   durchexerzieren
   einexerzieren
   nachexerzieren
   strafexerzieren
exhumieren
existieren
exmatrikulieren
exorzieren
expandieren
expedieren
experimentieren
explizieren
explodieren
exponieren
exportieren
extemporieren

extrahieren
exzerpieren
fabrizieren
fabulieren
fanatisieren
faschieren
faszinieren
favorisieren
fieren
figurieren
filtrieren
finanzieren
fingieren
firmieren
fixieren
flambieren
flanieren
flankieren
florieren
fluktuieren
forcieren
formieren
   deformieren
formulieren
fotografieren
   abfotografieren
frankieren
frappieren
fraternisieren
frequentieren
frieren
   anfrieren
   ausfrieren
   durchfrieren
   einfrieren
   erfrieren
   gefrieren
   zufrieren
frikassieren
frisieren
   zurechtfrisieren
frottieren
   abfrottieren
frustrieren
fundieren
fungieren
funktionieren
furnieren
füsilieren

fusionieren
galoppieren
   angaloppieren
   vergaloppieren
garantieren
garnieren
gastieren
generalisieren
gelieren
genieren
gestikulieren
gieren
glasieren
glorifizieren
glossieren
goutieren
grassieren
gratulieren
gravieren
   eingravieren
grundieren
gruppieren
   neugruppieren
   umgruppieren
guillotinieren
habilitieren
halbieren
halluzinieren
hantieren
   herumhantieren
harmonieren
harmonisieren
harpunieren
hausieren
havarieren
hektographieren
heroisieren
historisieren
hofieren
homogenisieren
honorieren
hospitieren
humanisieren
hypnotisieren
idealisieren
identifizieren
ignorieren
illuminieren
illustrieren

imitieren
immatrikulieren
immigrieren
immunisieren
implizieren
imponieren
importieren
imprägnieren
imprimieren
improvisieren
indignieren
industrialisieren
infiltrieren
infizieren
   desinfizieren
informieren
inhaftieren
inhalieren
initiieren
injizieren
inklinieren
inkommodieren
inserieren
insistieren
inskribieren
inspirieren
inspizieren
installieren
instruieren
instrumentieren
inszenieren
integrieren
interessieren
internieren
interpretieren
intervenieren
inthronisieren
intonieren
intrigieren
inventarisieren
investieren
irisieren
ironisieren
irritieren
isolieren
jonglieren
jubilieren
justieren
   adjustieren

kalkulieren
   auskalkulieren
   durchkalkulieren
   einkalkulieren
   verkalkulieren
kampieren
kanalisieren
kandidieren
kandieren
kanonisieren
kapieren
kapitulieren
kaprizieren
karambolieren
karikieren
kaschieren
kasernieren
kassieren
   abkassieren
   einkassieren
kastrieren
katalogisieren
kategorisieren
klassifizieren
kodifizieren
koitieren
kokettieren
kollaborieren
kollektivieren
kollidieren
kolonisieren
kolorieren
kolportieren
kombinieren
kommandieren
   abkommandieren
   herumkomman-
     dieren
kommentieren
kommunizieren
   exkommunizieren
kompensieren
kompilieren
komplettieren
komplimentieren
   hinauskomplimen-
     tieren
komplizieren
komponieren

komprimieren
kompromittieren
kondensieren
kondolieren
konferieren
konfirmieren
konfiszieren
konfrontieren
konjugieren
konkretisieren
konkurrieren
konservieren
konsolidieren
konspirieren
konstatieren
konstituieren
konstruieren
   durchkonstruieren
   rekonstruieren
   umkonstruieren
konsultieren
konsumieren
kontingentieren
kontrastieren
kontrollieren
konturieren
konversieren
konvertieren
konzedieren
konzentrieren
konzertieren
konzipieren
kooperieren
koordinieren
kopieren
   fotokopieren
kopulieren
korrespondieren
korrigieren
korrumpieren
kostümieren
kreditieren
kreieren
krepieren
kristallisieren
   herauskristallisieren
kritisieren
   herumkritisieren
kujonieren

kulminieren
kultivieren
kupieren
kurieren
  auskurieren
kursieren
kutschieren
  herumkutschieren
laborieren
lackieren
lädieren
lamentieren
lancieren
latinisieren
lavieren
legalisieren
legieren
legitimieren
liberalisieren
liieren
limitieren
liquidieren
logieren
  auslogieren
  einlogieren
lokalisieren
malträtieren
manifestieren
manipulieren
manövrieren
  ausmanövrieren
  einmanövrieren
marinieren
markieren
marmorieren
marschieren
  abmarschieren
  aufmarschieren
  durchmarschieren
  einmarschieren
  vorbeimarschieren
  weitermarschieren
  zurückmarschieren
maskieren
  demaskieren
massakrieren
massieren
  durchmassieren
  einmassieren

masturbieren
maturieren
mechanisieren
meditieren
memorieren
militarisieren
  entmilitarisieren
  remilitarisieren
ministrieren
mobilisieren
  demobilisieren
möblieren
  ausmöblieren
  ummöblieren
modellieren
moderieren
modernisieren
modifizieren
modulieren
mokieren
molestieren
monieren
monologisieren
monopolisieren
montieren
  abmontieren
  anmontieren
  aufmontieren
  ausmontieren
  demontieren
moralisieren
  demoralisieren
motivieren
motorisieren
moussieren
multiplizieren
mumifizieren
musizieren
mutieren
mystifizieren
narkotisieren
nationalisieren
naturalisieren
navigieren
negieren
neutralisieren
nivellieren
nomadisieren
nominieren

normalisieren
notieren
nuancieren
numerieren
  durchnumerieren
objektivieren
offerieren
okkupieren
oktroyieren
okulieren
onanieren
ondulieren
operieren
optieren
opponieren
orchestrieren
organisieren
  durchorganisieren
  neuorganisieren
  reorganisieren
  umorganisieren
orientieren
  neuorientieren
  umorientieren
outrieren
paginieren
  neupaginieren
  umpaginieren
paktieren
panieren
papieren
paradieren
paralysieren
pardonieren
parfümieren
parieren
parlieren
parodieren
partizipieren
paspelieren
passieren
pasteurisieren
patentieren
patrouillieren
pausieren
pensionieren
perfektionieren
perforieren
persiflieren

personifizieren
phantasieren
philosophieren
pikieren
plädieren
plagiieren
plakatieren
planieren
plissieren
plombieren
pointieren
polarisieren
polemisieren
polieren
politisieren
popularisieren
porträtieren
posieren
postieren
postulieren
potenzieren
poussieren
praktizieren
präludieren
prämieren
präparieren
präsentieren
präsidieren
präzisieren
pressieren
privatisieren
  reprivatisieren
privilegieren
probieren
  anprobieren
  aufprobieren
  ausprobieren
  durchprobieren
  herumprobieren
produzieren
  reproduzieren
profanieren
profilieren
profitieren
prognostizieren
programmieren
projektieren
projizieren
proklamieren

prolongieren
promenieren
promovieren
propagieren
proportionieren
prostituieren
protegieren
protestieren
protokollieren
provozieren
prozessieren
psalmodieren
publizieren
pulsieren
pulverisieren
qualifizieren
  disqualifizieren
  höherqualifizieren
  weiterqualifizieren
quittieren
radieren
  ausradieren
  wegradieren
radikalisieren
ramponieren
randalieren
rangieren
  ausrangieren
  einrangieren
  umrangieren
rasieren
  abrasieren
  ausrasieren
räsonieren
ratifizieren
rationalisieren
rationieren
reagieren
  abreagieren
realisieren
rebellieren
recherchieren
redigieren
reduzieren
referieren
  korreferieren
reflektieren
reformieren
regenerieren

regieren
registrieren
reglementieren
regulieren
rehabilitieren
rekapitulieren
reklamieren
rekognoszieren
rekrutieren
relegieren
renommieren
renovieren
rentieren
reparieren
repetieren
  korrepetieren
replizieren
repräsentieren
requirieren
reservieren
residieren
resignieren
respektieren
restaurieren
resultieren
resümieren
retardieren
retirieren
retournieren
retuschieren
reüssieren
revanchieren
revidieren
revoltieren
revolutionieren
rezensieren
rezipieren
rezitieren
riskieren
rivalisieren
rotieren
ruinieren
sabotieren
säkularisieren
salutieren
sanieren
sanktionieren
scharmieren
schassieren

482

schattieren
  abschattieren
schematisieren
schikanieren
schlieren
schmieren
  abschmieren
  anschmieren
  aufschmieren
  ausschmieren
  beschmieren
  einschmieren
  hinschmieren
  überschmieren
  verschmieren
  zuschmieren
schnabulieren
schockieren
schraffieren
schwadronieren
sekkieren
sekundieren
sensibilisieren
separieren
servieren
  abservieren
sezieren
shampoonieren
signalisieren
signieren
simulieren
skalpieren
skizzieren
sondieren
sortieren
  aussortieren
  einsortieren
  umsortieren
soufflieren
soupieren
sozialisieren
spazieren
  abspazieren
  anspazieren
  herausspazieren
  hereinspazieren
  herumspazieren
  hinausspazieren
  hineinspazieren

spekulieren
  verspekulieren
spendieren
spezialisieren
spezifizieren
spintisieren
spionieren
  ausspionieren
  herumspionieren
  nachspionieren
stabilisieren
stagnieren
stationieren
statuieren
stenografieren
sterilisieren
stieren
  anstieren
stilisieren
stimulieren
stolzieren
  hereinstolzieren
  herumstolzieren
stornieren
strangulieren
strapazieren
  abstrapazieren
studieren
  einstudieren
  durchstudieren
sublimieren
substantivieren
subsumieren
subtrahieren
subventionieren
suggerieren
summieren
suspendieren
symbolisieren
sympathisieren
synchronisieren
systematisieren
tabuisieren
taktieren
tangieren
tapezieren
tätowieren
taxieren
  abtaxieren

technisieren
telegrafieren
  abtelegrafieren
  zurücktelegrafieren
telefonieren
  antelefonieren
  abtelefonieren
tendieren
terrorisieren
textieren
theoretisieren
tirilieren
titulieren
tolerieren
torpedieren
toupieren
tradieren
trainieren
  durchtrainieren
traktieren
tranchieren
transferieren
transkribieren
transponieren
transportieren
  abtransportieren
transpirieren
tremolieren
triumphieren
typisieren
tyrannisieren
umquartieren
uniformieren
unterminieren
urbanisieren
urinieren
usurpieren
vagabundieren
variieren
vegetieren
  dahinvegetieren
ventilieren
verbarrikadieren
verifizieren
verklausulieren
verlieren
verlustieren
verproviantieren
vertieren

483

vexieren
vibrieren
vieren
visitieren
volontieren
voltigieren
votieren
vulgarisieren
wattieren
  auswattieren
zelebrieren
zementieren
zensieren
zentralisieren
  dezentralisieren
zieren
  auszieren
  verunzieren
  verzieren
zirkulieren
ziselieren
zitieren
zivilisieren

— ierend (i:rent)

→ – ieren (i:ren)

antikisierend
beschmierend
demonstrierend
desodorierend
diskutierend
einfrierend
frustrierend
gravierend
phosphoreszierend
rationalisierend
trainierend
verzierend

— ierer (i:rer)

→ – ier (i:r)
→ – ieren (i:ren)

Hausierer
Kassierer
  Hauptkassierer
Kopierer
Lackierer
  Autolackierer
Modellierer
Radierer
Rohrkrepierer
Schmierer
  Anschmierer
Sektierer
Sortierer
Tabellierer
Tapezierer
Taxierer
Verlierer
Vierer
Ziselierer
schierer
stierer

— iererei (i:rerai)

= – ei (ai)
→ – ierer (i:rer)

Lackiererei
Schmiererei
Ziererei

— iererin (i:rerin)

= – in (in)
= – inn (in)
→ – ierer (i:rer)

Kassiererin
Serviererin

— ierig (i:ri-ch)

→ – ich (i-ch)

begierig
  lernbegierig
  mordbegierig
  ruhmbegierig
  wißbegierig
gierig
  blutgierig
  freßgierig
  geldgierig
  habgierig
  neugierig
  mordgierig
  rachgierig
  raffgierig
  raubgierig
langwierig
plierig
schierig
schlierig
schmierig
schwierig
stierig

— ierigkeit (i:ri-chkait)

→ – eit (ait)
→ – ierig (i:ri-ch)

Habgierigkeit
Langwierigkeit
Schlierigkeit
Schwierigkeit
Wißbegierigkeit

— ierisch (i:risch)

= – irisch (i:risch)
→ – isch (isch)

tierisch

— ierlich (i:rli-ch)

→ – ich (i-ch)

despektierlich
kontinuierlich
manierlich
  unmanierlich
possierlich
reputierlich
respektierlich
zierlich

— ierlichkeit (i:rli-chkait)

→ – eit (ait)
→ – ierlich (i:rli-ch)

Kontinuierlichkeit
Manierlichkeit
Possierlichkeit
Zierlichkeit

— ierling (i:rliŋ)

= – ing (iŋ)

Schierling
Spierling
Vierling

— ierst (i:rßt)

→ – ieren (i:ren)

demonstrierst
diskutierst
frierst
frisierst
genierst
hantierst
kalkulierst
probierst
rationalisierst
schmierst
stierst
telefonierst
zierst
  verzierst

— iert (i:rt)

→ – ieren (i:ren)
→ – ierte (i:rte)

Geviert
affektiert
ambitioniert
antiquiert
artikuliert
  unartikuliert
blasiert
borniert
couragiert
datiert
  undatiert
dekolletiert
deplaciert
derangiert
diplomiert
distinguiert
diszipliniert
  undiszipliniert

enflammiert
extrovertiert
frankiert
  unfrankiert
gebiert
geniert
  ungeniert
geziert
  ungeziert
graduiert
graumeliert
gummiert
  ungummiert
indigniert
indisponiert
inkarniert
interessiert
  desinteressiert
  uninteressiert
introvertiert
kariert
  buntkariert
  kleinkariert
kartoniert
klimatisiert
  vollklimatisiert
kompliziert
  unkompliziert
konsterniert
konzentriert
  unkonzentriert
kultiviert
  unkultiviert
liniert
  unliniert
livriert
maniert
marmoriert
möbliert
  teilmöbliert
  unmöbliert
  vollmöbliert
motiviert
  unmotiviert
numeriert
  unnumeriert
organisiert
  desorganisiert
  unorganisiert

orientiert
  desorientiert
paginiert
  unpaginiert
passioniert
perforiert
  unperforiert
prädestiniert
prononciert
proportioniert
  unproportioniert
  wohlproportioniert
qualifiziert
  disqualifiziert
  unqualifiziert
raffiniert
rasiert
  glattrasiert
  unrasiert
routiniert
saturiert
schiert
schmiert
  geschmiert
situiert
  gutsituiert
  wohlsituiert
sortiert
  unsortiert
spaziert
  hereinspaziert
stigmatisiert
stuckiert
talentiert
  untalentiert
temperiert
  wohltemperiert
versiert
verziert
  reichverziert
  unverziert
zellophaniert
ziert
zivilisiert
  unzivilisiert
zu viert

— ierte (i:rte)

→ — ieren (i:ren)
→ — iert (i:rt)

Alliierte
Chargierte
Delegierte
Deputierte
Föderierte
　Konföderierte
Illustrierte
Prostituierte
Vierte
buchstabierte
bugsierte
datierte
demonstrierte
diskutierte
eskalierte
frisierte
frustrierte
galoppierte
hantierte
konstruierte
marschierte
montierte
organisierte
parfümierte
polemisierte
praktizierte
probierte
provozierte
prozessierte
rangierte
reagierte
schmierte
　geschmierte
schockierte
sortierte
spazierte
spekulierte
spionierte
stierte
stolzierte
studierte
theoretisierte
vierte
zierte
　gezierte

— ierten (i:rten)

→ — ieren (i:ren)
→ — iert (i:rt)
→ — ierte (i:rte)

Alliierten
Konföderierten
Prostituierten
schmierten
stierten
vierten
zierten

— iertheit (i:rthait)

→ — eit (ait)
→ — iert (i:rt)

Affektiertheit
Blasiertheit
Borniertheit
Exaltiertheit
Geziertheit
Kompliziertheit
Perverтiertheit
Reserviertheit
Ungeniertheit

— ierung (i:ruŋ)

→ — ieren (i:ren)
→ — ung (uŋ)

Automatisierung
Bürokratisierung
　Verbürokratisierung
Demoralisierung
Diskriminierung
　Rassendiskriminierung
Einstudierung
　Neueinstudierung
Erfrierung
Evakuierung
　Zwangsevakuierung
Finanzierung
　Vorfinanzierung
Formatierung
Gruppierung
　Kräftegruppierung
　Umgruppierung
Inhibierung
Inszenierung
　Neuinszenierung
Intensivierung
　Arbeitsintensivierung
Justierung
　Einjustierung
Kreditierung
　Akkreditierung
　Diskreditierung
Lasierung
Legierung
　Metallegierung
Markierung
　Grenzmarkierung
Massierung
　Truppenmassierung
Normierung
Orientierung
　Neuorientierung
　Umorientierung
Phrasierung
Placierung
　Deplacierung
Punktierung
Radierung
Regierung
　Bundesregierung
　Exilregierung
　Koalitionsregierung
　Landesregierung
　Marionettenregierung
　Militärregierung
　Minderheitsregierung
　Reichsregierung
　Selbstregierung
　Zentralregierung
Regulierung
　Flußregulierung
　Grenzregulierung
　Stromregulierung
　Wasserregulierung
　Zwangsregulierung

Rekrutierung
  Zwangsrekrutierung
Renovierung
  Wohnungs-
  renovierung
Restaurierung
Sanierung
Schattierung
  Farbschattierung
Schmierung
  Abschmierung
  Beschmierung
  Verschmierung
  Zentralschmierung
Sozialisierung
  Resozialisierung
Standardisierung
Stationierung
  Truppen-
  stationierung
Tätowierung
Taxierung
Technisierung
Valorisierung
Vierung
Vulkanisierung

— ies (i:ß)

= – ice (i:ß)
= – ieß (i:ß)
= – is (i:ß)
→ – ie (i:)
→ – iese (i:se)
→ – iesen (i:sen)

Bries
  Kalbsbries
Fries
  Bogenfries
  Mauerfries
  Säulenfries
Genies
Karnies
Kies
  Flußkies
Knies
Mies
Paradies
Radies
Ries
Verlies
  Burgverlies
  Turmverlies
Vlies
  Goldenes Vlies
bewies
blies
dies
  ohnedies
  überdies
fies
lies
mies
pries
wies

— ieß (i:ß)

= – ice (i:ß)
= – ies (i:ß)
= – is (i:ß)
→ – ie (i:)
→ – ieße (i:ße)
→ – ießen (i:ßen)

Fließ
Grieß
  Blasengrieß
  Gallengrieß
  Harngrieß
  Kohlengrieß
  Weizengrieß
Spieß
  Bratspieß
  Fleischspieß
  Käsespieß
  Obstspieß
  Wurfspieß
Spließ
  Holzspließ
fließ
genieß
gieß
  begieß
hieß
ließ
schieß
schließ
spieß
sprieß

— iesa (i:sa)

= – isa (i:sa)
→ – a (a:)

Riesa

— ießbar (i:ßba:r)

→ – ar (a:r)
→ – ießen (i:ßen)

erschließbar
genießbar
  ungenießbar
verschließbar
  unverschließbar

— ieschen (i:ß-chen)

= – ießchen (i:ß-chen)
= – ischen (i:ß-chen)
→ – ies (i:ß)
→ – iese (i:se)

Lieschen
Mieschen
Radieschen
Wieschen

— ießchen (i:ß-chen)

= – ieschen (i:ß-chen)
= – ischen (i:ß-chen)
→ – ieß (i:ß)

Spießchen

— iese (i:se)

= – ise (i:se)
→ – ies (i:ß)
→ – iesen (i:sen)

Biese
Fliese
  Steinfliese

Friese
Liese
  Anneliese
  Quatschliese
  Zimperliese
Portugiese
Priese
Riese
Wiese
  Bergwiese
  Waldwiese

— ieße (i:ße)

= – ice (i:ße)
→ – ieß (i:ß)
→ – ießen (i:ßen)

Geschieße
Schließe
  Mauerschließe
Spieße
fließe
genieße
gieße
hieße
ließe
schließe
spieße
sprieße

— iesel (i:sel)

= – isel (i:sel)
→ – ieseln (i:seln)

Diesel
Friesel
Geriesel
Kiesel
  Bachkiesel
  Eisenkiesel
Liesel
Stiesel
Wiesel
Ziesel

— ieseln (i:seln)

= – iseln (i:seln)
→ – iesel (i:sel)

Frieseln
kieseln
  verkieseln
nieseln
pieseln
rieseln
  berieseln
  durchrieseln
  verrieseln
wieseln
  herumwieseln

— iesen (i:sen)

= – isen (i:sen)
→ – ies (i:ß)
→ – iese (i:se)

bekiesen
bewiesen
  unbewiesen
diesen
driesen
erwiesen
  unerwiesen
fiesen
fliesen
  ausfliesen
gewiesen
  abgewiesen
kiesen
  erkiesen
miesen
  vermiesen
niesen
  anniesen
  beniesen
priesen
  anpriesen
  gepriesen
wiesen
  anwiesen
  aufwiesen
  auswiesen
  nachwiesen
  überwiesen
  verwiesen
  vorwiesen
  zurückwiesen
  zuwiesen

— ießen (i:ßen)

→ – assen (aßen)
→ – ieß (i:ß)
→ – ieße (i:ße)

Blutvergießen
Gießen
Schießen
  Armbrustschießen
  Bogenschießen
  Eisschießen
  Hornberger Schießen
  Kleinkaliber-Schießen
  Preisschießen
  Probeschießen
  Revolver-Schießen
  Scharfschießen
  Scheibenschießen
  Tontaubenschießen
  Übungsschießen
  Vogelschießen
  Wettschießen
entließen
erließen
fließen
  abfließen
  ausfließen
  dahinfließen
  durchfließen
  einfließen
  entfließen
  herabfließen
  herfließen
  herunterfließen
  hinfließen
  hinunterfließen
  niederfließen
  überfließen
  umfließen
  verfließen
  vorbeifließen
  vorüberfließen
  wegfließen
  zerfließen
  zufließen
  zurückfließen
  zusammenfließen

genießen
gießen
  angießen
  abgießen
  aufgießen
  ausgießen
  begießen
  durchgießen
  eingießen
  ergießen
  hineingießen
  nachgießen
  übergießen
  vergießen
  vollgießen
  weggießen
  zugießen
  zurückgießen
  zusammengießen
hießen
  verhießen
ließen
  anließen
  ausließen
  beließen
  verließen
  zuließen
schießen
  abschießen
  anschießen
  beischießen
  beschießen
  danebenschießen
  durchschießen
  einschießen
  erschießen
  fehlschießen
  herabschießen
  herausschießen
  herunterschießen
  hervorschießen
  hinaufschießen
  hinausschießen
  hochschießen
  losschießen
  niederschießen
  totschießen
  überschießen
  verschießen
  vorbeischießen
  vorschießen
  zerschießen
  zusammenschießen
  zuschießen
schließen
  abschließen
  anschließen
  aufschließen
  ausschließen
  beischließen
  beschließen
  einschließen
  entschließen
  erschließen
  fehlschließen
  kurzschließen
  rückschließen
  umschließen
  verschließen
  wegschließen
  zusammenschließen
  zuschließen
spießen
  anspießen
  aufspießen
  durchspießen
sprießen
  aufsprießen
  entsprießen
  ersprießen
  hervorsprießen
verdrießen

– ießend (i:ßent)

→ – ießen (i:ßen)

aufspießend
eingießend
entsprießend
genießend
totschießend
vertragschließend

– ießende (i:ßende)

→ – ießen (i:ßen)

fließende
genießende
gießende
schießende
schließende
spießende
sprießende

– ieser (i:ser)

= – iser (i:ser)

Nieser
Vermieser
dieser
  ebendieser
fieser
mieser

– ießer (i:ßer)

→ – ießen (i:ßen)
→ – ießern (i:ßern)

Genießer
Gießer
  Eisengießer
  Erzgießer
  Glockengießer
  Kannegießer
  Metallgießer
  Schriftgießer
Nutznießer
Schießer
Schließer
  Beschließer
  Logenschließer
  Türschließer
Spießer
  Erzspießer

– ießerei (i:ßerai)

= – ei (ai)
→ – ießer (i:ßer)

Gießerei
  Erzgießerei
Schießerei

— ießerisch (i:ßerisch)

→ – isch (isch)

genießerisch
spießerisch

— ießern (i:ßern)

→ – ießer (i:ßer)

kannegießern
verspießern

— ieses (i:seß)

→ – ies (i:ß)

Burgverlieses
Kieses
Paradieses
dieses
 ebendieses
fieses
mieses

— iesig (i:si-ch)

→ – ich (i-ch)

diesig
hiesig
kiesig
riesig

— iesisch (i:sisch)

= – isisch (i:sisch)
→ – isch (isch)

friesisch
 ostfriesisch
paradiesisch
portugiesisch
riesisch

— ießlich (i:ßli-ch)

→ – ich (i-ch)

ersprießlich
 unersprießlich

schließlich
 ausschließlich
 einschließlich
verdrießlich

— ießlichkeit (i:ßli-chkait)

→ – eit (ait)

Ausschließlichkeit
Ersprießlichkeit
Verdrießlichkeit

— iest (i:ßt)

= – iehst (i:ßt)
= – ießt (i:ßt)
→ – iesen (i:sen)

Biest
Liest
 Baumliest
 Nymphenliest
 Seidenliest
Ziest
 Ackerziest
 Sumpfziest
bewiest
bliest
erwiest
fliest
 gefliest
kiest
 gekiest
liest
 abliest
 aufliest
 ausliest
 durchliest
 einliest
 mitliest
 nachliest
 überliest
 verliest
 vorliest
niest
 geniest
priest
vermiest
wiest

— ießt (i:ßt)

= – iehst (i:ßt)
= – iest (i:ßt)
→ – ießen (i:ßen)

entließt
erließt
fließt
genießt
gießt
ließt
schießt
schließt
sprießt
 gesprießt
verdrießt
verhießt

— iester (i:ßter)

→ – iesen (i:sen)
→ – iest (i:ßt)

Biester
Priester
 Hohepriester
 Laienpriester
 Oberpriester
Riester
bekiester
beniester
erkiester
gefliester
vermiester

— ießung (i:ßuŋ)

→ – ießen (i:ßen)
→ – ung (uŋ)

Aufspießung
Begießung
Beschießung
Ergießung
 Herzensergießung
Erschießung
Nutznießung
Schließung
 Eheschließung

– iet (i:t)

= – id (i:t)
= – ied (i:t)
= – ieht (i:t)
= – it (i:t)
= – ith (i:t)
→ – iete (i:te)
→ – ieten (i:ten)

Gebiet
  Absatzgebiet
  Anbaugebiet
  Anwendungsgebiet
  Arbeitsgebiet
  Aufgabengebiet
  Bundesgebiet
  Einzugsgebiet
  Fachgebiet
  Forschungsgebiet
  Grenzgebiet
  Hafengebiet
  Hochdruckgebiet
  Hoheitsgebiet
  Industriegebiet
  Interessengebiet
  Jagdgebiet
  Katastrophengebiet
  Mandatsgebiet
  Naturschutzgebiet
  Notstandsgebiet
  Randgebiet
  Ruhrgebiet
  Schutzgebiet
  Seuchengebiet
  Sperrgebiet
  Spezialgebiet
  Staatsgebiet
  Stadtgebiet
  Tiefdruckgebiet
  Tollwutgebiet
  Wissensgebiet
  Wohngebiet
  Zollgebiet
Niet
Schiet
Spriet
  Bugspriet
briet
riet

– iete (i:te)

= – ite (i:te)
→ – iet (i:t)
→ – ieten (i:ten)

Miete
  Jahresmiete
  Lagermiete
  Monatsmiete
  Untermiete
Niete
biete
miete
niete

– ieten (i:ten)

= – iten (i:ten)
→ – aten (a:ten)
→ – iet (i:t)
→ – iete (i:te)

Anerbieten
bieten
  anbieten
  aufbieten
  darbieten
  entbieten
  feilbieten
  gebieten
  überbieten
  unterbieten
  verbieten
brieten
  anbrieten
  aufbrieten
  durchbrieten
  verbrieten
mieten
  abmieten
  ausmieten
  einmieten
  vermieten
nieten
  annieten
  aufnieten
  umnieten
  vernieten
rieten
  abrieten
  anrieten
  berieten
  verrieten
  zurieten

– ietend (i:tent)

→ – ieten (i:ten)

bietend
  höchstbietend
  meistbietend
gebietend
  achtunggebietend
  ehrfurchtgebietend
  respektgebietend
umnietend
vermietend

– ieter (i:ter)

= – iter (i:ter)
→ – ieten (i:ten)

Bieter
Dieter
Gebieter
Mieter
  Aftermieter
  Dauermieter
  Hauptmieter
  Untermieter
Nieter
Vermieter
  Wohnungsvermieter
  Zimmervermieter

– ietlich (i:tli-ch)

= – iedlich (i:tli-ch)
= – itlich (i:tli-ch)
→ – ich (i-ch)

gebietlich

— iets (i:tß)

= – ietz (i:tß)
= – iez (i:tß)
= – iz (i:tß)
= – yz (i:tß)
→ – id (i:t)
→ – ied (i:t)
→ – ieht (i:t)
→ – iet (i:t)
→ – it (i:t)
→ – ith (i:t)

Gebiets
briet's
riet's

— ietsche (i:tsche)

→ – ietschen (i:tschen)

Geknietsche
Gekrietsche
Gequietsche

— ietschen (i:tschen)

knietschen
krietschen
quietschen

— ietung (i:tuŋ)

→ – ieten (i:ten)
→ – ung (uŋ)

Darbietung
 Gesangsdarbietung
 Musikdarbietung
 Tanzdarbietung
Ehrerbietung
Vermietung
 Autovermietung
 Wohnungs-
 vermietung
 Zimmervermietung
Vernietung

— ietz (i:tß)

= – iets (i:tß)
= – iez (i:tß)
= – iz (i:tß)
= – yz (i:tß)
→ – id (i:t)
→ – ied (i:t)
→ – ieht (i:t)
→ – iet (i:t)
→ – it (i:t)
→ – ith (i:t)

Kietz
Klietz

— ietze (i:tße)

= – ice (i:tße)
= – ieze (i:tße)
= – ize (i:tße)

Kietze

— ietzen (i:tßen)

= – iezen (i:tßen)
= – izen (i:tßen)
→ – ietz (i:tß)

Treuenbrietzen

— ieu (ö:)

= – ö (ö:)

Milieu
 Arbeitermilieu
adieu

— ieve (i:fe)

= – iefe (i:fe)

hieve
 hochhieve

— ieven (i:fen)

= – iefen (i:fen)
= – ifen (i:fen)

hieven
 hochhieven

— iez (i:tß)

= – iets (i:tß)
= – ietz (i:tß)
= – iz (i:tß)
= – yz (i:tß)
→ – id (i:t)
→ – ied (i:t)
→ – ieht (i:t)
→ – iet (i:t)
→ – iezen (i:tßen)
→ – it (i:t)
→ – ith (i:t)

Diez
Kiez
Miez

— iezchen (i:tß-chen)

= – izchen (i:tß-chen)

Miezchen

— ieze (i:tße)

= – ice (i:tße)
= – ietze (i:tße)
= – ize (i:tße)
→ – iezen (i:tßen)

Mieze

— iezel (i:tßel)

Miezel
Striezel

— iezen (i:tßen)

= – ietzen (i:tßen)
= – izen (i:tßen)
→ – iez (i:tß)
→ – ieze (i:tße)

siezen
striezen
triezen

— **if (i:f)**

= – ativ (ati:f)
= – eef (i:f)
= – ief (i:f)
= – iv (i:f)
= – ive (i:f)
→ – ieve (i:fe)

Aperitif
Kalif
Scherif
Tarif
  Lohntarif
  Manteltarif
  Zolltarif
vif

— **if (if)**

= – iff (if)

Aperitif

— **ifen (i:fen)**

= – iefen (i:fen)
= – ieven (i:fen)
→ – if (i:f)

Kalifen
Tarifen

— **iff (if)**

= – if (if)
→ – iffen (ifen)

Begriff
  Grundbegriff
  Inbegriff
  Sammelbegriff
Griff
  Angriff
  Eingriff
  Fehlgriff
  Handgriff
  Kunstgriff
  Mißgriff
  Rückgriff
  Übergriff
  Vorgriff
  Zugriff
Kliff
Kniff
  Kunstkniff
Riff
  Felsenriff
  Korallenriff
Pfiff
  Anpfiff
  Dünnpfiff
  Schlußpfiff
  Warnpfiff
Scheriff
Schiff
  Dampfschiff
  Fährschiff
  Flaggschiff
  Frachtschiff
  Geleitschiff
  Handelsschiff
  Kirchenschiff
  Kriegsschiff
  Küstenschiff
  Lazarettschiff
  Linienschiff
  Luftschiff
  Mittelschiff
  Mutterschiff
  Passagierschiff
  Querschiff
  Raumschiff
  Schlachtschiff
  Schulschiff
  Segelschiff
  Seitenschiff
  Vollschiff
Schliff
  Diamantschliff
  Hohlschliff
  Kreuzschliff
Sheriff
Skiff
griff
kniff
pfiff
schiff
schliff
triff

— **iffe (ife)**

→ – iff (if)
→ – iffen (ifen)

griffe
kniffe
pfiffe
schiffe
schliffe

— **iffel (ifel)**

→ – iffeln (ifeln)

Griffel
Riffel

— **iffeln (ifeln)**

→ – iffel (ifel)

riffeln
schniffeln

— **iffen (ifen)**

→ – eifen (aifen)
→ – iff (if)

begriffen
  einbegriffen
  inbegriffen
geschliffen
  ungeschliffen
griffen
  gegriffen
kniffen
  gekniffen
pfiffen
  gepfiffen
schiffen
  abschiffen
  ausschiffen
  einschiffen
  umschiffen
  verschiffen
schliffen

− iffer (ifer)

→ − iffern (ifern)

Schiffer
  Binnenschiffer
  Luftschiffer
Ziffer
  Endziffer
  Kennziffer

− iffern (ifern)

→ − iffer (ifer)

beziffern
entziffern

− iffig (ifi-ch)

→ − ich (i-ch)

dreischiffig
fünfschiffig
griffig
kniffig
mehrschiffig
pfiffig
schliffig

− ifflich (ifli-ch)

= − ifflig (ifli-ch)
→ − ich (i-ch)

begrifflich

− ifflig (ifli-ch)

= − ifflich (ifli-ch)
→ − ich (i-ch)

knifflig

− iffre (ifre)

Chiffre
beziffre
entziffre

− iffst (ifßt)

→ − eifen (aifen)
→ − iffen (ifen)

begriffst
griffst
kniffst
pfiffst
schiffst
schliffst
triffst
  antriffst
  eintriffst
  übertriffst
  zusammentriffst

− ifft (ift)

= − ift (ift)
→ − iffen (ifen)
→ − iffst (ifßt)

begrifft
betrifft
  anbetrifft
grifft
pfifft
schifft
trifft

− ifften (iften)

= − iften (iften)
→ − iffen (ifen)

schifften

− ift (ift)

= − ifft (ift)
→ − iften (iften)

Damenstift
Domstift
Drift
  Abdrift
Gift
  Bienengift
  Gegengift
  Insektengift
  Pfeilgift
  Pflanzengift
  Rattengift
  Rauschgift
  Schlangengift
Inschrift
  Grabinschrift
Kirchenstift
Lift
Mitgift
Schrift
  Abschrift
  Anklageschrift
  Anschrift
  Aufklärungsschrift
  Aufschrift
  Bilderschrift
  Bittschrift
  Blindenschrift
  Blockschrift
  Denkschrift
  Druckschrift
  Durchschrift
  Erbauungsschrift
  Festschrift
  Flammenschrift
  Flugschrift
  Geheimschrift
  Gutschrift
  Handschrift
  Keilschrift
  Kurzschrift
  Lautschrift
  Maschinenschrift
  Monatsschrift
  Nachschrift
  Niederschrift
  Notenschrift
  Patentschrift
  Reinschrift
  Runenschrift
  Schmähschrift
  Schnellschrift
  Schreibschrift
  Schönschrift
  Spiegelschrift
  Streitschrift
  Überschrift
  Umschrift
  Unterschrift

Urschrift
Verteidigungsschrift
Vorschrift
Werbeschrift
Zeichenschrift
Zweitschrift
Stift
  Bleistift
  Buntstift
  Drahtstift
  Farbstift
  Lippenstift
  Rotstift
  Schminkstift
  Schreibstift
  Zeichenstift
Trift
  Abtrift
  Eistrift
  Holztrift
  Viehtrift
Zeitschrift
  Fachzeitschrift
  Frauenzeitschrift
Zuschrift
  Hörerzuschrift
  Leserzuschrift

— **ifte (ifte)**

→ – ift (ift)
→ – iften (iften)

beschrifte
drifte
gifte
lifte
stifte

— **iften (iften)**

= – ifften (iften)
→ – ift (ift)

beschriften
driften
  abdriften
giften
  angiften
entgiften
vergiften
liften
schiften
stiften
  anstiften
triften

— **ifter (ifter)**

Brunnenvergifter
Entgifter
Ruhestifter
  Unruhestifter
Schifter
Stifter
  Anstifter
  Brandstifter
  Ehestifter
  Friedensstifter
  Religionsstifter
  Unheilstifter

— **iftig (ifti-ch)**

→ – ich (i-ch)

giftig
  ungiftig
triftig

— **iftung (iftuŋ)**

→ – iften (iften)
→ – ung (uŋ)

Beschriftung
Schiftung
Stiftung
  Anstiftung
  Brandstiftung
Vergiftung
  Alkoholvergiftung
  Blutvergiftung
  Fischvergiftung
  Fleischvergiftung
  Gasvergiftung
  Pilzvergiftung

— **ig (ik)**

= – ic (ik)
= – ick (ik)
= – igg (ik)
= – ik (ik)
= – ique (ik)

Gig

— **iga (i:ga)**

→ – a (a:)

Biga
Liga
  Bundesliga
  Oberliga
Quadriga
Riga
Triga
IGA

— **ige (i:ge)**

= – iege (i:ge)

Intrige

— **ige (i:-ch)**

= – iech (i:-ch)
→ – iechen (i:-chen)

Prestige
noblesse oblige

— **igel (i:gel)**

= – iegel (i:gel)
→ – igeln (i:geln)

Igel
  Sauigel
  Schweinigel
  Seeigel
Sigel

— **igelchen (i:gel-chen)**

= – iegelchen (i:gel-chen)
→ – igel (i:gel)

Igelchen

495

— **igeln (i:geln)**

= – iegeln (i:geln)
→ – igel (i:gel)

einigeln
schurigeln
schweinigeln

— **ig(e)lung (i:g(e)luŋ)**

= – ieg(e)lung (i:g(e)luŋ)
→ – igeln (i:geln)
→ – ung (uŋ)

Einig(e)lung

— **igen (i:gen)**

= – iegen (i:gen)

Intrigen

— **iger (i:ger)**

= – ieger (i:ger)
→ – igern (i:gern)

Tiger
  Königstiger

— **igern (i:gern)**

= – iegern (i:gern)
→ – iger (i:ger)

tigern
  herumtigern

— **igg (ik)**

= – ic (ik)
= – ick (ik)
= – ig (ik)
= – ik (ik)
= – ique (ik)

Brigg

— **igh (ai)**

= – ei (ai)

high

— **ight (ait)**

= – aid (ait)
= – eid (ait)
= – eiht (ait)
= – eit (ait)

all right
good night
light
night
midnight

— **igma (igma)**

→ – a (a:)

Paradigma
Sigma
Stigma

— **ihl (i:l)**

= – eal (i:l)
= – iehl (i:l)
= – iel (i:l)
= – il (i:l)

Schlemihl

— **ihm (i:m)**

= – eam (i:m)
= – iem (i:m)
= – im (i:m)
= – ime (i:m)

ihm

— **ihn (i:n)**

= – een (i:n)
= – iehn (i:n)
= – ien (i:n)
= – in (i:n)
= – ine (i:n)

ihn

— **ihnen (i:nen)**

= – ienen (i:nen)
= – inen (i:nen)

ihnen

— **ihr (i:r)**

= – ier (i:r)
= – ir (i:r)
= – ire (i:r)

ihr

— **ihre (i:re)**

= – iere (i:re)
= – ire (i:re)

ihre

— **ihren (i:ren)**

= – ieren (i:ren)
= – iren (i:ren)

ihren

— **ik (i:k)**

= – ieg (i:k)
= – iek (i:k)

Aspik
Domestik
Duplik
Fabrik
Katholik
Kritik
  Filmkritik
  Gesellschaftskritik
  Kulturkritik
  Kunstkritik
  Literaturkritik
  Musikkritik
  Pressekritik
  Selbstkritik
  Sozialkritik
  Theaterkritik
  Zeitkritik
Mathematik
Mosaik
Musik
  Abendmusik
  Ballettmusik
  Begleitmusik
  Blasmusik
  Filmmusik
  Instrumentalmusik

Jazzmusik
Kammermusik
Katzenmusik
Kirchenmusik
Klaviermusik
Marschmusik
Militärmusik
Operettenmusik
Opernmusik
Orgelmusik
Passionsmusik
Programmusik
Schauspielmusik
Schrammelmusik
Tafelmusik
Tanzmusik
Unterhaltungsmusik
Vokalmusik
Volksmusik
Zigeunermusik
Zukunftsmusik
Zwischenaktmusik
Physik
  Atomphysik
  Geophysik
  Kernphysik
  Metaphysik
Pik
Politik
  Außenpolitik
  Bevölkerungspolitik
  Eroberungspolitik
  Finanzpolitik
  Friedenspolitik
  Handelspolitik
  Innenpolitik
  Kirchenpolitik
  Kolonialpolitik
  Kommunalpolitik
  Kriegspolitik
  Kulturpolitik
  Machtpolitik
  Militärpolitik
  Neutralitätspolitik
  Parteipolitik
  Personalpolitik
  Preispolitik
  Realpolitik
  Regierungspolitik
  Sozialpolitik
  Tagespolitik
  Vogel-Strauß-Politik
  Währungspolitik
  Weltpolitik
  Wirtschaftspolitik
Replik
Republik
  Bundesrepublik
  Räterepublik
  Sowjetrepublik
  Volksrepublik
Rubrik
antik
magnifik
publik

— ik (ik)

= – ic (ik)
= – ick (ik)
= – ig (ik)
= – igg (ik)
= – ique (ik)

Bolschewik
Fabrik
Mathematik
Menschewik

— ika (i:ka)

→ – a (a:)

Kostarika
Tanganjika

— ike (i:ke)

= – ieke (i:ke)
= – ique (i:ke)
→ – ik (i:k)
→ – iken (i:ken)

Antike
Budike
Friederike
Nike
Olympionike
Pike
Rike
Ulrike

— ike (aik)

= – eig (aik)
= – eik (aik)

Mike
gentlemanlike
ladylike

— ikel (i:kel)

Artikel
  Gebrauchsartikel
  Haushaltsartikel
  Leitartikel
  Luxusartikel
  Markenartikel
  Modeartikel
  Sportartikel
  Zeitungsartikel
Aurikel
Faszikel
Follikel
Konventikel
Matrikel
Partikel
Perpendikel
Testikel
Vehikel
Ventrikel
Versikel

— ikel (ikel)

= – ickel (ikel)
→ – ikel (i:kel)

Artikel

— ikeln (ikeln)

= – ickeln (ikeln)
→ – ikel (i:kel)

Artikeln

— iken (i:ken)

= – ieken (i:ken)

piken

– iker (i:ker)

= – ieker (i:ker)

Budiker
Tanganjiker
antiker

– ikkolo (ikolo)

= – ikolo (ikolo)
→ – o (o:)

Pikkolo

– ikolo (ikolo)

= – ikkolo (ikolo)
→ – o (o:)

Nikolo

– iksen (i:kßen)

= – ieksen (i:kßen)

giksen
piksen

– ikt (ikt)

= – ickt (ikt)

Benedikt
Delikt
  Eigentumsdelikt
  Sittlichkeitsdelikt
Distrikt
Edikt
  Religionsedikt
  Toleranzedikt
Interdikt
Konflikt
  Ehekonflikt
  Gewissenskonflikt
  Tarifkonflikt
  Verfassungskonflikt
Konvikt
Relikt
Verdikt
strikt

– iktor (ikto:r)

= – ictor (ikto:r)
= – ohr (o:r)
= – oor (o:r)
= – or (o:r)

Konstriktor
Viktor

– il (i:l)

= – eal (i:l)
= – iehl (i:l)
= – iel (i:l)
= – ihl (i:l)
→ – ilien (i:li-en)

Brasil
Domizil
Exil
Fossil
Konzil
Krokodil
Mobil
  Automobil
  Elektromobil
Nil
Profil
  Längsprofil
  Querprofil
  Reifenprofil
Projektil
Reptil
Stil
  Arbeitsstil
  Baustil
  Briefstil
  Freistil
  Jugendstil
  Laufstil
  Lebensstil
  Vortragsstil
Utensil
Ventil
  Auspuffventil
  Bremsventil
  Dampfventil
  Klappenventil
  Rückschlagventil
  Saugventil
  Schlauchventil
  Sicherheitsventil
  Überdruckventil
  Überlaufventil
Zivil
agil
debil
diffizil
duktil
fertil
fragil
grazil
imbezil
infantil
kontraktil
labil
merkantil
mobil
senil
servil
skurril
stabil
  instabil
steril
subtil
textil
viril
zivil

– il (il)

= – ill (il)

April
Dr. phil.

– ila (i:la)

= – eila (i:la)
→ – a (a:)

Delila
Manila
Mila
Tequila
lila

— ilbe (ilbe)
→ – ilben (ilben)

Milbe
Silbe
  Vorsilbe
  Nachsilbe

— ilben (ilben)
→ – ilbe (ilbe)

gilben
  vergilben

— ilbig (ilbi-ch)
→ – ich (i-ch)

einsilbig
kurzsilbig
milbig
mehrsilbig

— ilch (il-ch)
Bilch
Drilch
Knilch
Milch
  Buttermilch
  Dickmilch
  Eselsmilch
  Heringsmilch
  H-Milch
  Kokosmilch
  Kondensmilch
  Kuhmilch
  Liebfrauenmilch
  Magermilch
  Muttermilch
  Schafmilch
  Trinkmilch
  Trockenmilch
  Vollmilch
  Wolfsmilch
  Ziegenmilch

— ilchen (il-chen)
= – illchen (il-chen)
→ – ilch (il-ch)

Knilchen
milchen

— ild (ilt)
= – illt (ilt)
= – ilt (ilt)
→ – ilde (ilde)
→ – ilden (ilden)

Bild
  Abbild
  Abziehbild
  Blutbild
  Brustbild
  Bühnenbild
  Charakterbild
  Ebenbild
  Familienbild
  Genrebild
  Geschichtsbild
  Gnadenbild
  Götterbild
  Götzenbild
  Gruppenbild
  Heiligenbild
  Hörbild
  Jammerbild
  Krankheitsbild
  Lebensbild
  Leitbild
  Lichtbild
  Luftbild
  Mannsbild
  Marienbild
  Musterbild
  Ölbild
  Paßbild
  Röntgenbild
  Schattenbild
  Schaubild
  Schreckbild
  Sinnbild
  Sittenbild
  Spiegelbild
  Spottbild
  Standbild
  Sternbild
  Stimmungsbild
  Titelbild
  Traumbild
  Trugbild
  Vexierbild
  Vorbild
  Votivbild
  Weibsbild
  Wachsbild
  Weltbild
  Wunschbild
  Zerrbild
  Zukunftsbild
Brunhild
Gerhild
Kriemhild
Schild
  Brustschild
  Firmenschild
  Leuchtschild
  Namensschild
  Nummernschild
  Schutzschild
  Straßenschild
  Verkehrsschild
  Wappenschild
Wild
  Damwild
  Edelwild
  Federwild
  Freiwild
  Großwild
  Haarwild
  Hochwild
  Kahlwild
  Niederwild
  Raubwild
  Rotwild
  Schalenwild
  Schwarzwild
mild
  engelsmild
  wundermild
wild
  fuchsteufelswild
  halbwild

— ilda (ilda)

→ – a (a:)

Hilda
Schilda

— ildchen (ilt-chen)

→ – ild (ilt)
→ – ilde (ilde)

Bildchen
Hildchen
Schildchen
Tildchen

— ilde (ilde)

→ – ild (ilt)
→ – ilden (ilden)

Brunhilde
Gebilde
  Phantasiegebilde
  Staatsgebilde
  Traumgebilde
  Truggebilde
  Wahngebilde
Gefilde
Gilde
  Schützengilde
Hilde
Klothilde
Mathilde
Milde
Tilde
Wilde
  Halbwilde
bilde
milde
wilde

— ilden (ilden)

→ – ild (ilt)
→ – ilde (ilde)

Unbilden
bilden
  abbilden
  ausbilden
  einbilden
  fortbilden
  heranbilden
  herausbilden
  nachbilden
  umbilden
  verbilden
  weiterbilden
  zurückbilden
milden
wilden

— ilder (ilder)

→ – ild (ilt)
→ – ildern (ildern)

Ausbilder
  Lehrlingsausbilder
Bilder
  Abbilder
  Städtebilder
Schilder
Wilder
  Halbwilder
milder
wilder

— ilderchen (ilder-chen)

→ – ild (ilt)
→ – ilder (ilder)

Bilderchen
Schilderchen

— ilderer (ilderer)

Schilderer
  Sittenschilderer
Wilderer
milderer
wilderer

— ildern (ildern)

→ – ild (ilt)
→ – ilder (ilder)

bebildern
mildern
  abmildern
schildern
  abschildern
  ausschildern
  beschildern
wildern
  verwildern

— ildernd (ildernt)

→ – ildern (ildern)

bebildernd
mildernd
  strafmildernd
schildernd
wildernd

— ildert (ildert)

→ – ildern (ildern)

bebildert
  unbebildert
beschildert
  unbeschildert
mildert
  gemildert
schildert
  geschildert
wildert
  gewildert

— ilderung (ilderuŋ)

→ – ildern (ildern)
→ – ung (uŋ)

Bebilderung
Beschilderung
Milderung
  Strafmilderung
Schilderung
  Naturschilderung
  Zustandsschilderung
Verwilderung

— ildet (ildet)

→ – ilden (ilden)

ausgebildet
  unausgebildet
beschildet
  unbeschildet
bildet
gebildet
  halbgebildet
  hochgebildet
  mißgebildet
  neugebildet
  ungebildet
verbildet
  unverbildet

— ildheit (ilthait)

→ – eit (ait)
→ – ild (ilt)

Mildheit
Wildheit

— ildnis (iltniß)

→ – is (iß)
→ – iß (iß)

Bildnis
  Selbstbildnis
Wildnis

— ile (i:le)

= – eale (i:le)
= – iele (i:le)
→ – il (i:l)

Automobile
Chile
Kampanile
infantile
skurrile

— ilen (i:len)

= – ealen (i:len)
= – ielen (i:len)
→ – il (i:l)

Automobilen
Kurilen
infantilen

— iler (i:ler)

= – ealer (i:ler)
= – ieler (i:ler)
→ – il (i:l)

infantiler
steriler

— ilf (ilf)

→ – ilfe (ilfe)
→ – ilfen (ilfen)

Schilf
hilf
  verhilf

— ilfe (ilfe)

= – ilf (ilf)
→ – ilfen (ilfen)

Gehilfe
  Bürogehilfe
Hilfe
  Abhilfe
  Altenhilfe
  Aushilfe
  Beihilfe
  Geburtshilfe
  Haushilfe
  Krankenhilfe
  Mithilfe
  Nachbarschaftshilfe
  Nachhilfe
  Rechtshilfe
  Selbsthilfe
  Waffenhilfe
Schilfe

— ilfen (ilfen)

→ – ilf (ilf)
→ – ilfe (ilfe)

Gehilfen
Hilfen
schilfen
  verschilfen

— ilge (ilge)

→ – ilgen (ilgen)

Bilge
Gilge
Silge
tilge

— ilgen (ilgen)

→ – ilge (ilge)

tilgen
  abtilgen
  austilgen
  vertilgen

— ilger (ilger)

→ – ilgern (ilgern)

Pilger
  Mekkapilger
  Rompilger
Vertilger

— ilgern (ilgern)

→ – ilger (ilger)

pilgern

— ilia (i:lia)

→ – a (a:)

Brasilia
Cäcilia
Emilia
Via Aemilia

— ilie (i:li-e)

Basilie
Cäcilie
Emilie
Familie
  Großfamilie
  Pflanzenfamilie
  Tierfamilie
Lilie
  Feuerlilie
  Schwertlilie

Türkenbundlilie
Wasserlilie
Ottilie
Petersilie
Vigilie

— ilien (i:li-en)

→ – il (i:l)
→ – ilie (i:li-e)

Brasilien
Fossilien
Kastilien
Mobilien
  Immobilien
Ponderabilien
  Imponderabilien
Quisquilien
Reptilien
Sizilien
Textilien
Utensilien
Vegetabilien

— ilisch (i:lisch)

→ – isch (isch)

kastilisch
merkantilisch
sizilisch
vegetabilisch

— ilja (ilja)

= – illa (ilja)
→ – a (a:)

Ilja

— ill (il)

= – il (il)
→ – ille (ile)
→ – illen (ilen)

Achill
Bill
Dill
Drill
Goodwill

Grill
  Elektrogrill
  Gartengrill
  Holzkohlengrill
Kodizill
Mandrill
Pasquill
Sill
Spill
  Ankerspill
  Gangspill
Tormentill
Unbill
imbezill
mäuschenstill
  mucksmäuschenstill
schrill
still
  abendstill
  todstill
  totenstill
  windstill
will

— illa (ila)

→ – a (a:)

Chinchilla
Gorilla
Kamarilla
Kamilla
Tilla
Villa

— illa (ilja)

= – ilja (ilja)
→ – a (a:)

Banderilla
Chinchilla
Guerilla
Kamarilla
Mantilla
Manzanilla
Seguidilla
Sevilla
Tortilla

— illchen (il-chen)

= – ilchen (il-chen)
→ – ille (ile)

Brillchen
Pastillchen
Pillchen

— ille (ile)

= – ylle (ile)
→ – ill (il)
→ – illen (ilen)

Bille
Brille
  Klosettbrille
  Schneebrille
  Schutzbrille
  Sonnenbrille
Destille
Dille
Fibrille
Flottille
Grille
Hille
Hillebille
Kamille
Kokille
Mantille
Mille
  Promille
Nille
Papille
Pastille
  Pfefferminzpastille
Pfrille
Pille
  Antibabypille
Postille
  Hauspostille
Pupille
Rille
Spille
Stille
  Abendstille
  Funkstille
  Grabesstille
  Totenstille
  Windstille

Tille
Tonsille
Vanille
Wille
  Arbeitswille
  Eigenwille
  Leistungswille
  Mutwille
  Unwille
  Widerwille
Zille
knille

— ille (ilje)

Flottille
Mantille
Quadrille
Vanille

— illen (ilen)

→ – ill (il)
→ – ille (ile)

Antillen
Bazillen
Villen
Willen
  Unwillen
  Widerwillen
drillen
  eindrillen
grillen
killen
quillen
rillen
schrillen
stillen
  abstillen
tillen
willen
  deinetwillen
  derentwillen
  dessentwillen
  euertwillen
  euretwillen
  ihretwillen
  meinetwillen
  seinetwillen
  unsertwillen

— illend (ilent)

→ – illen (ilen)

drillend
grillend
killend
stillend
  blutstillend
  durststillend
  schmerzstillend

— iller (iler)

→ – ill (il)
→ – illern (ilern)

Blutstiller
Driller
Getriller
Iller
Killer
Schiller
Thriller
  Psychothriller
Triller
schriller
stiller

— illern (ilern)

→ – iller (iler)

schillern
trillern

— illernd (ilernt)

schillernd
  buntschillernd
trillernd

— illes (ileß)

→ – ill (il)

Achilles
schrilles
stilles

— illi (ili)

= – illy (ili)

Cilli
Lapilli
Lilli
Milli
Willi
Zilli

— illich (ili-ch)

= – illig (ili-ch)
→ – ich (i-ch)

Drillich
Zwillich

— illig (ili-ch)

= – illich (ili-ch)
→ – ich (i-ch)

billig
  spottbillig
  unbillig
freiwillig
  unfreiwillig
grillig
willig
  arbeitswillig
  argwillig
  aufnahmewillig
  bereitwillig
  böswillig
  dienstwillig
  eigenwillig
  gutwillig
  lernwillig
  letztwillig
  mutwillig
  opferwillig
  unwillig
  widerwillig

— illige (ilige)

→ – illig (ili-ch)
→ – illigen (iligen)

billige
  unbillige

freiwillige
  unfreiwillige
grillige
willige
  unwillige

— illigen (iligen)
→ – illig (ili-ch)

billigen
  mißbilligen
  verbilligen
  zubilligen
willigen
  bewilligen
  einwilligen

— illigkeit (ili-chkait)
→ – eit (ait)
→ – illig (ili-ch)

Billigkeit
Grilligkeit
Willigkeit
  Böswilligkeit
  Eigenwilligkeit
  Freiwilligkeit

— illigung (iliguŋ)
→ – illigen (iligen)
→ – ung (uŋ)

Bewilligung
Billigung
  Mißbilligung
  Verbilligung
Einwilligung

— illing (iliŋ)
= – ing (iŋ)

Drilling
Schilling
Shilling
Spilling
Zwilling

— illo (ilo)
→ – o (o:)

Amarillo
Camillo
Zigarillo

— illo (iljo)
→ – o (o:)

Escamillo
Pedrillo
Zigarillo

— illt (ilt)
= – ild (ilt)
= – ilt (ilt)

bebrillt
drillt
  gedrillt
gestillt
  ungestillt
gewillt
grillt
  gegrillt
killt
  gekillt
quillt
  aufquillt
  überquillt
rillt
  gerillt
schrillt
  geschrillt
schwillt
  abschwillt
  anschwillt
  aufschwillt
stillt

— illte (ilte)
= – ilte (ilte)
→ – illt (ilt)

bebrillte
drillte
gestillte
  ungestillte
gewillte
  ungewillte
grillte
killte
rillte
schrillte
stillte

— illter (ilter)
= – ilter (ilter)
→ – illt (ilt)

bebrillter
gedrillter
gegrillter
gekillter
gerillter
gestillter
gewillter

— illy (ili)
= – illi (ili)

Billy
Hillbilly
Piccadilly
Willy

— ilm (ilm)

Film
  Dokumentarfilm
  Farbfilm
  Fernsehfilm
  Kulturfilm
  Kurzfilm
  Mikrofilm
  Spielfilm
  Stummfilm
  Tonfilm
  Videofilm
  Zeichentrickfilm
Ilm

– ilo (i:lo)
→ – o (o:)

Kilo
Lilo
Milo
Silo
Tilo

– ilt (ilt)
= – ild (ilt)
= – illt (ilt)
→ – elten (älten)

Kilt
gilt
schilt
vergilt

– ilte (ilte)
= – illte (ilte)

Kilte

– ilter (ilter)
= – illter (ilter)

Filter
  Farbfilter
  Kaffeefilter
  Kohlenfilter
  Lichtfilter
  Luftfilter
  Ölfilter
  Schmutzfilter
  Staubfilter
  Wasserfilter
  Zigarettenfilter

– ilz (iltß)
→ – ild (ilt)
→ – illt (ilt)
→ – ilt (ilt)
→ – ilzen (iltßen)

Filz
  Bierfilz
  Haarfilz
Ilz
Milz
Pilz
  Atompilz
  Edelpilz
  Fliegenpilz
  Fußpilz
  Giftpilz
  Glückspilz
  Hefepilz
  Knollenblätterpilz
  Röhrenpilz
  Schimmelpilz
  Schleimpilz
  Stabpilz
  Spaltpilz
  Speisepilz
  Steinpilz
  Strahlenpilz
schmilz

– ilze (iltße)
→ – ilz (iltß)
→ – ilzen (iltßen)

Filze
Pilze
verfilze

– ilzen (iltßen)
→ – ilz (iltß)

filzen
  abfilzen
  ausfilzen
  verfilzen

– ilzig (iltßi-ch)
→ – ich (i-ch)

filzig
pilzig

– im (i:m)
= – eam (i:m)
= – iem (i:m)
= – ihm (i:m)
= – ime (i:m)
→ – ime (i:me)

Cherubim
Prim
Seraphim
intim
legitim
  illegitim
maritim
sublim

– im (im)
= – imm (im)
→ – elim (e:lim)

Achim
Interim
Isegrim
Joachim
Kim
Klimbim
Krim
Olim
Pilgrim
bim
im

– ima (i:ma)
→ – a (a:)

Diotima
Habima
Hiroschima
Klima
  Arbeitsklima
  Betriebsklima
  Gebirgsklima
  Heilklima
  Reizklima
  Seeklima
  Tropenklima
Lima
Prima
  Oberprima
  Unterprima
prima

— ime (i:me)

= – ieme (i:me)
→ – im (i:m)

Maxime
Mime
  Pantomime
Prime
Septime
mime

— ime (i:m)

= – eam (i:m)
= – iem (i:m)
= – ihm (i:m)
= – im (i:m)

Regime
  Gewaltregime
  Militärregime

— imel (i:mel)

= – iemel (i:mel)

Primel

— imen (i:men)

= – iemen (i:men)
→ – im (i:m)
→ – ime (i:me)

Maximen
Pantomimen
intimen
legitimen
mimen
sublimen

— imer (i:mer)

= – eamer (i:mer)
= – iemer (i:mer)
→ – im (i:m)

intimer
legitimer

— imer (aimer)

= – eimer (aimer)

Oldtimer

— imm (im)

= – im (im)
→ – imme (ime)
→ – immen (imen)

Benimm
Grimm
  Ingrimm
bestimm
glimm
klimm
nimm
  vernimm
schlimm
schwimm

— imme (ime)

→ – imm (im)
→ – immen (imen)

Imme
Kimme
Stimme
  Bruststimme
  Fistelstimme
  Frauenstimme
  Gegenstimme
  Geisterstimme
  Grabesstimme
  Kinderstimme
  Kopfstimme
  Männerstimme
  Singstimme
  Stentorstimme
bestimme
glimme
klimme
schlimme
schwimme
stimme
trimme

— immel (imel)

→ – immeln (imeln)

Bimmel
Fimmel
Gebimmel
Gewimmel
Himmel
  Abendhimmel
  Betthimmel
  Götterhimmel
  Morgenhimmel
  Sommerhimmel
  Sternenhimmel
  Thronhimmel
  Winterhimmel
  Wolkenhimmel
Pimmel
Schimmel
  Amtsschimmel
  Apfelschimmel
  Blauschimmel
  Brotschimmel
  Grauschimmel

— immeln (imeln)

→ – immel (imel)

bimmeln
himmeln
  anhimmeln
  verhimmeln
schimmeln
  anschimmeln
  verschimmeln
wimmeln
  abwimmeln

— immen (imen)

→ – imme (ime)

Bauchgrimmen
Schwimmen
  Brustschwimmen
  Freistilschwimmen
  Rückenschwimmen
  Wettschwimmen

bestimmen
  mitbestimmen
  vorausbestimmen
  vorherbestimmen
glimmen
  anglimmen
  aufglimmen
  ausglimmen
  erglimmen
  verglimmen
grimmen
  ergrimmen
klimmen
  emporklimmen
  erklimmen
schlimmen
schwimmen
  abschwimmen
  anschwimmen
  ausschwimmen
  davonschwimmen
  durchschwimmen
  fortschwimmen
  freischwimmen
  heranschwimmen
  herschwimmen
  herüberschwimmen
  herumschwimmen
  hinschwimmen
  hinüberschwimmen
  losschwimmen
  nachschwimmen
  umschwimmen
  verschwimmen
  vorüberschwimmen
  wegschwimmen
  zurückschwimmen
stimmen
  abstimmen
  anstimmen
  beistimmen
  einstimmen
  übereinstimmen
  überstimmen
  umstimmen
  verstimmen
  zustimmen
trimmen
  vertrimmen

— **immend (iment)**

→ – immen (imen)

bestimmend
  wetterbestimmend
ergrimmend
erklimmend
glimmend
schwimmend
umstimmend
vertrimmend

— **immer (imer)**

→ – immern (imern)

Flimmer
  Goldflimmer
Frauenzimmer
Geflimmer
Gewimmer
Glimmer
Klavierstimmer
Krimmer
Schimmer
  Abendschimmer
  Hoffnungsschimmer
  Lichtschimmer
Schwimmer
Trimmer
Zimmer
  Ankleidezimmer
  Arbeitszimmer
  Badezimmer
  Balkonzimmer
  Dachzimmer
  Dienstzimmer
  Einbettzimmer
  Empfangszimmer
  Eßzimmer
  Fremdenzimmer
  Gästezimmer
  Hinterzimmer
  Hotelzimmer
  Jagdzimmer
  Kinderzimmer
  Klassenzimmer
  Konferenzzimmer
  Krankenzimmer
  Lesezimmer
  Mädchenzimmer
  Musikzimmer
  Nähzimmer
  Nebenzimmer
  Ordinationszimmer
  Rauchzimmer
  Schlafzimmer
  Schreibzimmer
  Sitzungszimmer
  Speisezimmer
  Sprechzimmer
  Sterbezimmer
  Vorderzimmer
  Vorzimmer
  Wartezimmer
  Wohnzimmer
  Zweibettzimmer
immer
nimmer
schlimmer

— **immern (imern)**

→ – immer (imer)

flimmern
glimmern
schimmern
  aufschimmern
  durchschimmern
  hervorschimmern
  hindurchschimmern
verschlimmern
wimmern
zimmern
  zurechtzimmern

— **immerung (imeruŋ)**

→ – immern (imern)
→ – ung (uŋ)

Verschlimmerung
Zimmerung
  Verzimmerung

507

— immig (imi-ch)

→ – ich (i-ch)

grimmig
  ingrimmig
stimmig
  einstimmig
  gleichstimmig
  mehrstimmig
  unstimmig
  vielstimmig
  zweistimmig

— immigkeit (imi-chkait)

→ – eit (ait)
→ – immig (imi-ch)

Grimmigkeit
Stimmigkeit
  Unstimmigkeit

— immlich (imli-ch)

= – immlig (imli-ch)
→ – ich (i-ch)

stimmlich

— immlig (imli-ch)

= – immlich (imli-ch)
→ – ich (i-ch)

schimmlig

— imms (imß)

= – ims (imß)
→ – imm (im)

Ingrimms
nimm's

— immt (imt)

= – imt (imt)
→ – immen (imen)

bestimmt
  unbestimmt
  zweckbestimmt
ergrimmt
gestimmt
  gleichgestimmt
  mißgestimmt
  niedergestimmt
glimmt
  geglimmt
klimmt
nimmt
  abnimmt
  annimmt
  aufnimmt
  ausnimmt
  benimmt
  durchnimmt
  einnimmt
  übernimmt
  unternimmt
  vernimmt
  vornimmt
  wegnimmt
  zunimmt
  zusammennimmt
schwimmt
stimmt
trimmt

— immung (imuŋ)

→ – immen (imen)
→ – ung (uŋ)

Abstimmung
  Volksabstimmung
Bestimmung
  Begriffsbestimmung
  Durchführungs-
  bestimmung
  Selbstbestimmung
Kimmung
Stimmung
  Abendstimmung
  Ferienstimmung
  Frühlingsstimmung
  Grundstimmung
  Herbststimmung
  Hochstimmung
  Mißstimmung
  Morgenstimmung
  Urlaubsstimmung
  Winterstimmung
  Zustimmung
Trimmung
Verstimmung
  Magenverstimmung

— impel (impel)

→ – impeln (impeln)

Gimpel
Pimpel
Simpel
Wimpel
  Ehrenwimpel
simpel

— impeln (impeln)

→ – impel (impel)

bewimpeln
pimpeln
  verpimpeln
simpeln
  fachsimpeln
  versimpeln

— imper (imper)

→ – impern (impern)

Geklimper
Gepimper
Wimper
  Augenwimper

— impern (impern)

→ – imper (imper)

klimpern
pimpern
zimpern

— impf (impf)
→ – impfen (impfen)

Glimpf
  Unglimpf
Pimpf
Schimpf

— impfe (impfe)
→ – impf (impf)
→ – impfen (impfen)

Schimpfe
  Geschimpfe
impfe
schimpfe

— impfen (impfen)
→ – impf (impf)

impfen
  einimpfen
schimpfen
  ausschimpfen
  beschimpfen
  verunglimpfen

— impflich (impfli-ch)
→ – ich (i-ch)

glimpflich
  unglimpflich
schimpflich

— impfung (impfuŋ)
→ – impfen (impfen)
→ – ung (uŋ)

Beschimpfung
Impfung
  Schluckimpfung
  Schutzimpfung
Verunglimpfung

— ims (imß)
= – imms (imß)

Bims
Gesims
  Dachgesims
  Deckengesims
  Fenstergesims
  Fußgesims
  Giebelgesims
  Kamingesims
  Säulengesims
  Sockelgesims
Sims
  Bogensims

— imse (imse)
→ – ims (imß)
→ – imsen (imsen)

Imse

— imsen (imsen)
→ – ims (imß)
→ – imse (imse)

bimsen

— imt (imt)
= – immt (imt)

Zimt

— in (i:n)
= – een (i:n)
= – iehn (i:n)
= – ien (i:n)
= – ihn (i:n)
= – ine (i:n)
→ – ine (i:ne)
→ – inen (i:nen)

Adrenalin
Albin
Alwin
Anilin
Appenin
Aquamarin
Armin
Augustin
Baldachin
Balduin
Benjamin
Benzin
Berlin
  Ost-Berlin
  West-Berlin
Chinin
Chitin
Cholesterin
Delphin
DIN
Disziplin
  Arbeitsdisziplin
  Selbstdisziplin
  Wissenschafts-
  disziplin
Doktrin
Engadin
Erwin
Eutin
Farin
Fehrbellin
Fibrin
Formalin
Fridolin
Glyzerin
  Nitroglyzerin
Gwendolin
Harlekin
Hämoglobin
Hermelin
Heroin
Histamin
Insulin
Jasmin
Kamin
Kanin
Karin
Karmesin
Karmin
Karotin
Kasein
Kathrin
Keratin

Kodein
Koffein
Kokain
Kolin
Konradin
Konstantin
Küstrin
Lanolin
Laurin
Lezithin
Lohengrin
Magazin
Mandarin
Martin
Medizin
  Gerichtsmedizin
  Humanmedizin
  Sportmedizin
  Veterinärmedizin
  Zahnmedizin
Merlin
Mezzanin
Mokassin
Moralin
Muezzin
Musselin
Naphtalin
Nasreddin
Nikotin
Nureddin
Offizin
Osmin
Oswin
Paladin
Palatin
Paraffin
Penicillin
Pepsin
Pinguin
  Brillenpinguin
  Kaiserpinguin
  Königspinguin
  Zwergpinguin
Plastilin
Platin
Popelin
Protein
Rosmarin
Rubin

Ruin
Saccharin
Sachalin
Schwerin
Stearin
Stettin
Strychnin
Tamburin
Tein
Termin
  Abgabetermin
  Abrechnungstermin
  Anmeldetermin
  Annahmetermin
  Fälligkeitstermin
  Liefertermin
  Lokaltermin
  Reisetermin
  Rückmeldetermin
  Verfallstermin
  Zahlungstermin
Terpentin
Tessin
Toxin
  Antitoxin
Tramin
Trampolin
Turin
Turmalin
Ultramarin
Urin
Valentin
Vaselin
Veltlin
Vitamin
Wettin
Wollin
Zeppelin
alpin
  hochalpin
  transalpin
feminin
maskulin
submarin
ultramarin

– in (in)

= – antin (antin)
= – inn (in)

Abenteurerin
Ägypterin
Anstifterin
Apothekerin
Ärztin
Australierin
Balduin
Belgierin
Berlinerin
Betrügerin
Bettlerin
Bittstellerin
Böhmin
Buhlerin
Bürgerin
Darstellerin
  Hauptdarstellerin
Diebin
Dolmetscherin
Dublin
Dulderin
Elevin
Elsässerin
Enkelin
  Urenkelin
Erzieherin
Eselin
Finnin
Fränkin
Französin
Frauenrechtlerin
Freundin
  Busenfreundin
  Jugendfreundin
  Lieblingsfreundin
  Schulfreundin
Füchsin
Fürsorgerin
Fürstin
  Großfürstin
  Kurfürstin
Gärtnerin
  Kindergärtnerin
Gauklerin

Gefährtin
  Jugendgefährtin
  Lebensgefährtin
  Reisegefährtin
  Spielgefährtin
Gehilfin
  Bürogehilfin
  Hausgehilfin
Genossin
  Bettgenossin
  Parteigenossin
  Spielgenossin
  Zeitgenossin
Gesellschafterin
Gespielin
Gin
Göttin
  Glücksgöttin
  Liebesgöttin
  Siegesgöttin
Gräfin
  Pfalzgräfin
  Reichsgräfin
Greisin
Griechin
Hamburgerin
Häsin
Haushälterin
Heidin
Heldin
  Romanheldin
  Titelheldin
Helferin
  Arzthelferin
  Geburtshelferin
  Nothelferin
Herrscherin
Herzogin
  Erzherzogin
  Großherzogin
Heuchlerin
Hindin
Hündin
Irin
Italienerin
Jüdin
Junggesellin
Kellnerin
Klöpplerin

Köchin
Kollegin
  Arbeitskollegin
  Berufskollegin
Komikerin
Königin
  Ballkönigin
  Bienenkönigin
  Feenkönigin
  Herzenskönigin
  Himmelskönigin
  Maikönigin
  Schneekönigin
  Schönheitskönigin
  Weinkönigin
Kosmetikerin
Krämerin
Kundin
  Stammkundin
Kunstgewerblerin
Künstlerin
Kupplerin
Landsmännin
Lesbierin
Lettin
Löwin
Lügnerin
Märtyrerin
Meisterin
  Ballettmeisterin
  Bürgermeisterin
  Hausmeisterin
  Lehrmeisterin
  Weltmeisterin
Mieterin
Mörderin
  Kindsmörderin
  Selbstmörderin
Müllerin
Münchnerin
Nachbarin
Nachfolgerin
Oberin
Odin
Partnerin
Pilgerin
Preußin
Priesterin
Pummerin

Rätin
  Schulrätin
  Studienrätin
Reporterin
Römerin
Russin
Sächsin
Schaffnerin
  Trambahn-
    schaffnerin
  Straßenbahn-
    schaffnerin
Schauspielerin
  Filmschauspielerin
Schlesierin
Schmeichlerin
Schriftstellerin
Schuldnerin
Schurkin
Schwäbin
Schwärmerin
Schwarzwälderin
Schwedin
Schweizerin
Schwindlerin
Sealskin
Sklavin
Slowakin
  Tschechoslowakin
Spätzin
Spielerin
  Klavierspielerin
Sportlerin
Spreewälderin
Störchin
Tagelöhnerin
Tallin
Teilnehmerin
Teufelin
Thüringerin
Tientsin
Tirolerin
Törin
Tramperin
Trödlerin
Trösterin
Tschechin
Türkin
Turnerin

Ungarin
Wärterin
  Kinderwärterin
  Krankenwärterin
Wienerin
Wirtschafterin
Wisconsin
Wissenschaftlerin
Wöchnerin
Wölfin
Zeugin
Zwergin
bin
dahin
  ebendahin
drin
  mittendrin
  zwischendrin
hin
  daraufhin
  dorthin
  fernerhin
  fernhin
  forthin
  fürderhin
  gemeinhin
  geradehin
  hieraufhin
  hierhin
  hintenhin
  immerhin
  jüngsthin
  künftighin
  kurzhin
  langhin
  leichthin
  letzthin
  linkshin
  mithin
  nebenhin
  obenhin
  ohnehin
  rechtshin
  schlechthin
  schräghin
  späterhin
  überallhin
  umhin
  untenhin
  vorhin
  vornehin
  vornhin
  weiterhin
  weithin
  woandershin
  zwischenhin
in
  darin
  worin
wohin
  anderswohin
  irgendwohin
  nirgendwohin
  sonstwohin

– in (äŋ)

= – ain (äŋ)
= – eint (äŋ)

Bassin
  Schwimmbassin
Bulletin
Cousin
Dauphin
Dessin
Gamin
Gobelin
Kretin
Libertin
Mannequin
Maroquin
Ragout fin
Satin
Tabarin

– ina (i:na)

→ – a (a:)

Agrippina
Albertina
Angelina
Angina
Ballerina
  Primaballerina
Bambina
Bernina
Beresina
Berolina
Bettina
Bukowina
China
  Nationalchina
  Volkschina
Christina
Columbina
Dwina
Gina
Ina
Indochina
Irina
Karolina
  Nordkarolina
  Südkarolina
Katharina
Konzertina
Lina
Marina
Martina
Medina
Melina
Messalina
Mina
Nina
Norina
Okarina
Palästina
Palatina
Pontresina
Regina
Rezina
Rosina
Sabina
Signorina
Tina
Vagina

– inchen (i:n-chen)

= – ienchen (i:n-chen)
→ – in (i:n)
→ – ine (i:ne)

Apfelsinchen
Blondinchen

Gardinchen
Kabinchen
Kaninchen
Kathrinchen
Kusinchen
Linchen
Magazinchen
Mandarinchen
Maschinchen
Minchen
  Herminchen
  Wilhelminchen
Paulinchen
Pinguinchen
Rosinchen
Rubinchen
Sabinchen

— ind (int)

= — int (int)
= — inth (int)
→ — inde (inde)
→ — inden (inden)

Grind
Kind
  Achtmonatskind
  Adoptivkind
  Beichtkind
  Christkind
  Enkelkind
  Findelkind
  Geburtstagskind
  Glückskind
  Goldkind
  Großstadtkind
  Hurenkind
  Jesuskind
  Kleinkind
  Menschenkind
  Menschenskind
  Patenkind
  Pflegekind
  Schmerzenskind
  Schoßkind
  Schulkind
  Siebenmonatskind
  Sonntagskind
  Sorgenkind
  Stadtkind
  Stiefkind
  Waisenkind
  Wickelkind
  Wunderkind
  Ziehkind
Rind
  Hausrind
Spind
  Kleiderspind
Wind
  Abendwind
  Abwind
  Aufwind
  Fallwind
  Frühlingswind
  Gegenwind
  Nordwind
  Ostwind
  Rückenwind
  Sommerwind
  Sturmwind
  Südwind
  Tauwind
  Westwind
  Winterwind
  Wirbelwind
  Zugwind
blind
  farbenblind
  kriegsblind
  nachtblind
  schneeblind
geschwind
  pfeilgeschwind
lind
  gelind
sind

— indbar (intba:r)

→ — ar (a:r)
→ — inden (inden)

auffindbar
  unauffindbar
überwindbar
  unüberwindbar
verbindbar
verwindbar
  unverwindbar

— indchen (int-chen)

= — intchen (int-chen)
→ — ind (int)
→ — inde (inde)

Bindchen
Kindchen
Windchen

— inde (inde)

→ — ind (int)
→ — inden (inden)

Binde
  Armbinde
  Augenbinde
  Bartbinde
  Bauchbinde
  Brandbinde
  Halsbinde
  Helmbinde
  Leibbinde
  Monatsbinde
  Mullbinde
Blinde
  Kriegsblinde
Gebinde
  Angebinde
Gerlinde
Gesinde
  Hausgesinde
  Hofgesinde
Hinde
Linde
  Dorflinde
  Zimmerlinde
Rinde
  Baumrinde
  Brotrinde
  Chinarinde
  Hirnrinde
Rosalinde

Winde
　Ackerwinde
　Ankerwinde
　Gewinde
　Handwinde
　Hebewinde
　Seilwinde
　Trichterwinde
　Zaunwinde
binde
blinde
empfinde
finde
gelinde
schinde
schwinde
winde

— indel (indel)

→ – indeln (indeln)

Gesindel
　Bettelgesindel
　Diebsgesindel
　Lumpengesindel
　Raubgesindel
Grindel
Kindel
Schindel
　Dachschindel
　Holzschindel
Schwindel
　Börsenschwindel
　Heiratsschwindel
　Höhenschwindel
Spindel
Windel
　Babywindel

— indeln (indeln)

→ – indel (indel)

aufspindeln
kindeln
schindeln
　beschindeln
　verschindeln

schwindeln
　abschwindeln
　anschwindeln
　beschwindeln
　durchschwindeln
　erschwindeln
　herausschwindeln
　vorschwindeln
windeln

— inden (inden)

→ – ind (int)
→ – inde (inde)

Befinden
　Allgemeinbefinden
　Wohlbefinden
Empfinden
Holzminden
Minden
binden
　abbinden
　anbinden
　aufbinden
　einbinden
　entbinden
　festbinden
　losbinden
　umbinden
　unterbinden
　verbinden
　vorbinden
　zubinden
　zusammenbinden
blinden
　erblinden
empfinden
　mitempfinden
　nachempfinden
finden
　abfinden
　auffinden
　befinden
　durchfinden
　einfinden
　erfinden
　heimfinden
　herausfinden

　hineinfinden
　hinfinden
　stattfinden
　vorfinden
　wiederfinden
　zurechtfinden
　zurückfinden
　zusammenfinden
rinden
　abrinden
　entrinden
schinden
　abschinden
　aufschinden
　herausschinden
schwinden
　dahinschwinden
　entschwinden
　hinschwinden
　verschwinden
winden
　auswinden
　durchwinden
　entwinden
　herauswinden
　hindurchwinden
　hochwinden
　loswinden
　überwinden
　umwinden
　verwinden

— indend (indent)

→ – inden (inden)

entrindend
erblindend
mitempfindend
schindend
schwindend
überwindend
völkerverbindend
wiederfindend

— inder (inder)

→ – ind (int)
→ – indern (indern)

Binder
  Besenbinder
  Blumenbinder
  Buchbinder
  Bürstenbinder
  Drahtbinder
  Faßbinder
  Garbenbinder
  Kranzbinder
  Mähbinder
  Selbstbinder
Blinder
  Farbenblinder
  Kriegsblinder
Finder
  Erfinder
  Pfadfinder
Garnwinder
Inder
Kinder
Rinder
Schinder
  Leuteschinder
  Menschenschinder
  Zeilenschinder
Überwinder
Zinder
Zylinder
  Achtzylinder
  Drehzylinder
  Dreizylinder
  Druckzylinder
  Lampenzylinder
  Sechszylinder
  Vierzylinder
  Zweizylinder
  Zwölfzylinder
geschwinder
linder
  gelinder
minder

— inderei (inderai)

= – ei (ai)
→ – inder (inder)

Binderei
  Blumenbinderei
  Buchbinderei
Kinderei
Schinderei

— indern (indern)

→ – inder (inder)

hindern
  behindern
  verhindern
lindern
mindern
  abmindern
  herabmindern
  vermindern
rindern

— indernd (indernt)

→ – indern (indern)

behindernd
schmerzlindernd
wertmindernd

— indert (indert)

→ – indern (indern)

behindert
  erwerbsbehindert
  körperbehindert
  kriegsbehindert
  unbehindert
gehindert
  ungehindert
herabgemindert
hindert
lindert
  gelindert
vermindert
  unvermindert

— inderung (inderuŋ)

→ – indern (indern)
→ – ung (uŋ)

Behinderung
  Erwerbsbehinderung
  Körperbehinderung
Linderung
  Schmerzlinderung
Minderung
  Wertminderung
Verhinderung

— indes (indeß)

→ – ind (int)
→ – inde (inde)

Kindes
Gesindes
Windes
blindes
gelindes
geschwindes

— indest (indeßt)

→ – inden (inden)

bindest
empfindest
entrindest
erblindest
findest
schindest
schwindest
windest
zumindest

— indheit (inthait)

→ – eit (ait)
→ – ind (int)

Blindheit
  Farbenblindheit
  Nachtblindheit
  Schneeblindheit
Kindheit

— indig (indi-ch)

→ – ich (i-ch)

findig
  ausfindig
  spitzfindig
grindig
rindig
  hartrindig
windig

— indigkeit (indi-chkait)

→ – eit (ait)
→ – indig (indi-ch)

Findigkeit
  Spitzfindigkeit
Geschwindigkeit

— indisch (indisch)

→ – isch (isch)

indisch
kindisch

— indlich (intli-ch)

→ – ich (i-ch)

befindlich
empfindlich
  lichtempfindlich
  überempfindlich
  unempfindlich
erfindlich
  unerfindlich
kindlich
  unkindlich
überwindlich
  unüberwindlich
verbindlich
  rechtsverbindlich
  unverbindlich

— indlichkeit (intli-chkait)

→ – eit (ait)
→ – indlich (intli-ch)

Empfindlichkeit
  Unempfindlichkeit
Kindlichkeit
Unüberwindlichkeit
Verbindlichkeit
  Unverbindlichkeit

— inds (intß)

= – innts (intß)
= – inths (intß)
= – ints (intß)
= – intz (intß)
= – inz (intß)
→ – ind (int)

Kinds
Winds

— indung (induŋ)

→ – indig (indi-ch)
→ – ung (uŋ)

Bindung
  Entbindung
  Skibindung
Empfindung
  Schmerzempfindung
Erblindung
Findung
  Abfindung
  Erfindung
  Selbstfindung
  Urteilsfindung
  Wahrheitsfindung
Überwindung
  Selbstüberwindung
Verbindung
  Flugverbindung
  Funkverbindung
  Gedanken-
    verbindung
  Geschäfts-
    verbindung
  Querverbindung
  Studenten-
    verbindung
  Telefonverbindung
  Verkehrsverbindung
  Zugverbindung
Windung
  Flußwindung
  Hirnwindung
  Schlangen-
    windung

— ine (i:ne)

= – iene (i:ne)
→ – in (i:n)
→ – inen (i:nen)

Alwine
Apfelsine
Aubergine
Ballerine
Balsamine
Beduine
Begine
Bekassine
Blondine
Bobine
Brahmine
Brigantine
Brillantine
Christine
Draisine
Ernestine
Eveline
Faschine
Figurine
Gabardine
Gardine
  Scheibengardine
  Übergardine
Gelatine
Georgine
Geraldine
Grenadine
Glyzine
Guillotine
Hermine
Heroine
Josefine

Kabine
  Abhörkabine
  Badekabine
  Druckkabine
  Fernsprechkabine
  Umkleidekabine
Kantine
Karoline
Kavatine
Klementine
Kolombine
Konkubine
Krinoline
Kurtine
Kusine
Latrine
Lawine
Leopoldine
Limousine
  Luxuslimousine
Lupine
Malwine
Mandarine
Mandoline
Margarine
Marine
  Handelsmarine
  Kriegsmarine
Maschine
  Bohrmaschine
  Brotschneide-
  maschine
  Dampfmaschine
  Dreschmaschine
  Druckmaschine
  Eismaschine
  Fräsmaschine
  Höllenmaschine
  Kaffeemaschine
  Kehrmaschine
  Lichtmaschine
  Mähmaschine
  Mischmaschine
  Nähmaschine
  Rechenmaschine
  Sämaschine
  Schleifmaschine
  Schneidmaschine
  Schreibmaschine
  Setzmaschine
  Spülmaschine
  Strickmaschine
  Waschmaschine
Melusine
Mine
  Bleimine
  Bleistiftmine
  Flattermine
  Goldmine
  Kugelschreibermine
  Landmine
  Panzermine
  Seemine
  Silbermine
  Tellermine
  Treibmine
  Wassermine
Nektarine
Pantine
Pauline
Pelerine
Praline
Regine
Rosine
Routine
Ruine
  Burgruine
  Kirchenruine
  Klosterruine
  Schloßruine
  Tempelruine
Sabine
Saline
Sardine
  Ölsardine
Serpentine
Sonatine
Sordine
Stine
Sultanine
Terrine
  Suppenterrine
Terzine
Trichine
Trine
Turbine
  Dampfturbine
  Gasturbine
  Schiffsturbine
  Wasserturbine
  Windturbine
Undine
Vaseline
Violine
Vitrine
Zechine

— ine (i:n)

= – een (i:n)
= – iehn (i:n)
= – ien (i:n)
= – ihn (i:n)
= – in (i:n)

Beguine
Crêpe de Chine
Gabardine
Mousseline
Popeline

— ine (ain)

= – ain (ain)
= – ein (ain)

Airline
Deadline
Headline
Kombine
Pipeline
Skyline

— inen (i:nen)

= – ienen (i:nen)
= – ihnen (i:nen)
→ – in (i:n)
→ – ine (i:ne)

Malwinen
Philippinen
Trichinen
Zechinen
alpinen
  hochalpinen
femininen
maskulinen
verminen

— **iner (i:ner)**

= – ieh(e)ner (i:(e)ner)
= – iener (i:ner)
→ – in (i:n)

Augustiner
Benediktiner
Berliner
Bernhardiner
Florentiner
Jakobiner
Kapuziner
Karabiner
Mariner
Mediziner
Rabbiner
Schlawiner
alpiner

— **iner (ine:)**

= – e (e:)

Diner
  Festdiner
  Galadiner

— **inerin (i:nerin)**

= – ienerin (i:nerin)
= – in (in)
= – inn (in)
→ – iner (i:ner)

Berlinerin
Medizinerin
Ursulinerin

— **inern (i:nern)**

= – ienern (i:nern)
→ – iner (i:ner)

Karabinern
Schlawinern
berlinern

— **ing (iŋ)**

→ – inge (iŋe)
→ – ingen (iŋen)

Abkömmling
Ankömmling
  Neuankömmling
Anlernling
Aquaplaning
Blödling
Bowling
Browning
Bückling
Camping
Curling
Darling
Däumling
Dichterling
Ding
  Mittelding
  Unding
  Zwischending
Doping
Dribbling
Dumping
Eindringling
Emporkömmling
Egerling
Engerling
Erstling
Fasching
Fäustling
Feigling
Findling
Fingerling
Firmling
Finsterling
Fremdling
Frühling
  Vorfrühling
Gründling
Günstling
Häckerling
Häftling
Hänfling
  Bluthänfling
Häuptling
Hearing
Hering
  Bismarckhering
  Brathering
  Matjeshering
  Pickelhering

Höfling
Jämmerling
Jüngling
Keimling
King
Kümmerling
Leasing
Lemming
Liebling
  Publikumsliebling
Looping
Lüstling
  Wollüstling
Marketing
Mayerling
Meeting
Nachkömmling
Nanking
Neuling
Peking
Persenning
Pfifferling
Prüfling
Pudding
  Plumpudding
Reeling
Rehling
Riesling
Ring
  Boxring
  Brillantring
  Dichtungsring
  Ehering
  Eisenring
  Fingerring
  Freundschaftsring
  Fußring
  Gummiring
  Nasenring
  Ofenring
  Ohrring
  Rettungsring
  Schlagring
  Schlüsselring
  Schwimmring
  Siegelring
  Spionagering
  Trauring
  Verlobungsring

Röhrling
Saibling
Säugling
Schädling
Schmetterling
Schreiberling
Schützling
Sendling
Setzling
Silberling
Sing-Sing
Smoking
Sonderling
Stichling
Sträfling
  Galeerensträfling
Surfing
Swing
Täubling
Täufling
Tesching
Thing
Training
Wiking
Wildling
Wirsing
Wüstling
Zögling
bring
fing
gering
ging
hing
kling
ring
schling
schocking
schwing
sing
spring
wring
zwing

— **ingbar
(iŋba:r)**

→ – ar (a:r)
→ – ingen (iŋen)

anbringbar
bezwingbar
  unbezwingbar
durchdringbar
erringbar
erschwingbar
singbar
überspringbar
  unüberspringbar
unabdingbar

— **inge (iŋe)**

→ – ing (iŋ)
→ – ingen (iŋen)

Binge
Gedinge
Geschlinge
Gesinge
Inge
Klinge
  Degenklinge
  Messerklinge
  Rasierklinge
  Säbelklinge
Pinge
Schlinge
  Drahtschlinge
  Hanfschlinge
Schwinge
Syringe
Zwinge
  Schraubenzwinge
bringe
finge
geringe
ginge
hinge
klinge
ringe
schlinge
schwinge
singe
springe
swinge
unverrichteterdinge
wringe
zwinge

— **ingel (iŋel)**

= – ingle (iŋel)
→ – ingeln (iŋeln)

Dingel
Geklingel
  Wortgeklingel
Geringel
Klingel
  Fahrradklingel
  Ladenklingel
  Nachtklingel
  Türklingel
Kringel
  Sonnenkringel
Ringel
Schlingel
Schwingel
  Wiesenschwingel
Zingel

— **ingelchen
(iŋel-chen)**

→ – ingel (iŋel)

Dingelchen
Kringelchen
Ringelchen
Schlingelchen

— **ing(e)lig
(iŋ(e)li-ch)**

= – inglich (iŋli-ch)
→ – ich (i-ch)

kring(e)lig
ping(e)lig
ring(e)lig

— **ingeln (iŋeln)**

→ – ingel (iŋel)

klingeln
  abklingeln
  anklingeln
  ausklingeln
kringeln

ringeln
  zusammenringeln
tingeln
umzingeln

— ingen (iŋen)

→ – angen (aŋen)
→ – ängen (äŋen)
→ – ehen (e:-en)
→ – ing (iŋ)
→ – inge (iŋe)

Bingen
Donaueschingen
Echterdingen
Gimmeldingen
Göppingen
Göttingen
Lothringen
Meiningen
Nürtingen
Ratingen
Ringen
  Händeringen
Sigmaringen
Sindelfingen
Singen
Springen
  Bockspringen
  Fallschirmspringen
  Jagdspringen
  Kunstspringen
  Seilspringen
  Skispringen
  Turmspringen
Thüringen
Tübingen
Überlingen
bedingen
  ausbedingen
bringen
  abbringen
  anbringen
  aufbringen
  auseinanderbringen
  beibringen
  dahinbringen
  darbringen
  durchbringen
  einbringen
  emporbringen
  entgegenbringen
  erbringen
  fertigbringen
  fortbringen
  heimbringen
  herabbringen
  heranbringen
  heraufbringen
  herausbringen
  herbeibringen
  herbringen
  hereinbringen
  herüberbringen
  herumbringen
  herunterbringen
  hervorbringen
  hinabbringen
  hinaufbringen
  hinausbringen
  hinbringen
  hineinbringen
  hinüberbringen
  hinunterbringen
  hinterbringen
  hochbringen
  losbringen
  mitbringen
  nachbringen
  nahebringen
  näherbringen
  überbringen
  umbringen
  unterbringen
  verbringen
  vollbringen
  vorbringen
  vorwärtsbringen
  wegbringen
  weiterbringen
  wiederbringen
  zubringen
  zusammenbringen
dingen
  abdingen
  ausdingen
  verdingen
dringen
  andringen
  aufdringen
  durchdringen
  eindringen
  nachdringen
  vordringen
fingen
  anfingen
  einfingen
  verfingen
geringen
gingen
  ausgingen
  begingen
  eingingen
  losgingen
  nachgingen
  vergingen
  weitergingen
hingen
  abhingen
  anhingen
klingen
  abklingen
  anklingen
  aufklingen
  ausklingen
  durchklingen
  erklingen
  mitklingen
  nachklingen
  verklingen
  widerklingen
  zusammenklingen
mißlingen
ringen
  abringen
  beringen
  durchringen
  entringen
  erringen
  niederringen
  umringen
schlingen
  hineinschlingen
  hinunterschlingen
  umschlingen
  verschlingen

schwingen
  abschwingen
  anschwingen
  aufschwingen
  ausschwingen
  beschwingen
  durchschwingen
  einschwingen
  emporschwingen
  erschwingen
  herabschwingen
  herumschwingen
  herunterschwingen
  hinabschwingen
  hinaufschwingen
  hinunterschwingen
  hochschwingen
  mitschwingen
  nachschwingen
  umschwingen
  zurückschwingen
singen
  absingen
  ansingen
  aussingen
  besingen
  durchsingen
  einsingen
  lobsingen
  mitsingen
  nachsingen
  versingen
  vorsingen
springen
  abspringen
  aufspringen
  bespringen
  beispringen
  durchspringen
  einspringen
  entspringen
  fortspringen
  herabspringen
  heraufspringen
  herausspringen
  herbeispringen
  hereinspringen
  herüberspringen
  herumspringen
  herunterspringen
  hervorspringen
  herzuspringen
  hinabspringen
  hinaufspringen
  hinausspringen
  hindurchspringen
  hineinspringen
  hinspringen
  hinüberspringen
  hinunterspringen
  hinzuspringen
  hochspringen
  losspringen
  nachspringen
  überspringen
  umherspringen
  umspringen
  vorspringen
  wegspringen
  zerspringen
  zurückspringen
swingen
wringen
  auswringen
zwingen
  abzwingen
  aufzwingen
  bezwingen
  erzwingen
  niederzwingen

— ingend (iŋent)

→ – ingen (iŋen)

bringend
  freudebringend
  fruchtbringend
  gefahrbringend
  gewinnbringend
  glückbringend
  heilbringend
  nutzbringend
  segenbringend
  todbringend
  unheilbringend
  verderbenbringend
dringend
  tiefdringend
klingend
  fremdklingend
  gleichklingend
  hellklingend
  hohlklingend
  wohlklingend
mißlingend
ringend
  händeringend
schlingend
schwingend
singend
springend
zwingend

— inger (iŋer)

→ – ingen (iŋen)
→ – ingern (iŋern)

Bezwinger
  Weltbezwinger
Dinger
Finger
  Langfinger
  Mittelfinger
  Ringfinger
  Zeigefinger
Freudebringer
Geschlinger
Göttinger
Meistersinger
Minnesinger
Ringer
  Freistilringer
Schwinger
  Keulenschwinger
Springer
  Fallschirmspringer
  Kunstspringer
  Skispringer
Thüringer
Überbringer
Wikinger
Zubringer
Zwinger
  Bärenzwinger
  Burgzwinger
  Hundezwinger
geringer

— ingerchen (iŋer-chen)

→ – inger (iŋer)

Dingerchen
Fingerchen

— ingerei (iŋerai)

= – ei (ai)
→ – ingen (iŋen)

Ringerei
Schlingerei
Singerei
Springerei

— ingern (iŋern)

→ – inger (iŋer)

fingern
  abfingern
  befingern
schlingern
verringern

— ingert (iŋert)

fingert
  abfingert
  befingert
schlingert
verringert

— ingerung (iŋeruŋ)

→ – ingern (iŋern)
→ – ung (uŋ)

Befingerung
Verringerung

— ingle (iŋel)

= – ingel (iŋel)

Single
  Maxi-Single

— inglich (iŋli-ch)

= – ing(e)lig (iŋ(e)li-ch)
→ – ich (i-ch)

aufdringlich
  unaufdringlich
dinglich
dringlich
  eindringlich
  vordringlich
  zudringlich
einbringlich
erschwinglich
  unerschwinglich
unbezwinglich
undurchdringlich
unwiederbringlich

— inglichkeit (iŋli-chkait)

→ – eit (ait)
→ – inglich (iŋli-ch)

Dringlichkeit
  Aufdringlichkeit
  Zudringlichkeit
Undurchdringlichkeit
Unerschwinglichkeit
Unwiederbringlichkeit

— ingo (iŋgo)

→ – o (o:)

Dingo
Domingo
Flamingo
Gringo
Ingo
Mandingo

— ings (iŋß)

= – ücklings (üklinß)
→ – ing (iŋ)
→ – ingen (iŋen)

Rings
Schmetterlings

allerdings
bäuchlings
blindlings
ging's
meuchlings
neuerdings
rings
rittlings
schlechterdings

— ingsel (iŋsel)

Dingsel
Mitbringsel

— ingst (iŋßt)

→ – ingen (iŋen)

Zingst
ausbedingst
bringst
dingst
eindringst
fingst
gingst
hingst
klingst
ringst
schlingst
schwingst
singst
springst
swingst
wringst
zwingst

— ingsten (iŋßten)

Pfingsten
geringsten

— ingt (iŋt)

→ – ingen (iŋen)

bedingt
  altersbedingt
  blutsbedingt
  konjunkturbedingt
  kriegsbedingt

unbedingt
witterungsbedingt
zeitbedingt
beschwingt
  leichtbeschwingt
bringt
dingt
eindringt
fingt
gingt
hingt
klingt
mißlingt
ringt
schlingt
schwingt
singt
springt
swingt
  geswingt
wringt
zwingt

— ingung (iŋuŋ)

→ — ingen (iŋen)
→ — ung (uŋ)

Bedingung
  Aufnahmebedingung
  Existenzbedingung
  Grundbedingung
  Hauptbedingung
  Lebensbedingung
  Lieferbedingung
  Nebenbedingung
  Prüfungsbedingung
  Übernahme-
  bedingung
  Vertragsbedingung
  Vorbedingung
  Zahlungsbedingung
Beringung
  Vogelberingung
Bezwingung
  Gipfelbezwingung
Durchdringung
Schwingung
  Pendelschwingung
  Sinusschwingung

Überbringung
Überspringung
Verdingung
Verschlingung
  Darmverschlingung

— ini (i:ni)

→ — i (i:)

Bikini
Martini
Tortellini
Zucchini

— inie (i:ni-e)

Gloxinie
Glyzinie
Linie
  Bahnlinie
  Buslinie
  Feuerlinie
  Fluglinie
  Frontlinie
  Generallinie
  Grundlinie
  Gürtellinie
  Hauptlinie
  Kiellinie
  Kreislinie
  Lebenslinie
  Leitlinie
  Luftlinie
  Mittellinie
  Nebenlinie
  Notenlinie
  Richtlinie
  Schiffslinie
  Schlangenlinie
  Schußlinie
  Schützenlinie
  Seitenlinie
  Startlinie
  Straßenbahnlinie
  Stromlinie
  Trennlinie
  Verbindungslinie
  Verteidigungslinie

  Wellenlinie
  Zickzacklinie
  Ziellinie
Pinie
Robinie
Salvinie

— inien (i:ni-en)

→ — inie (i:ni-e)

Abessinien
Argentinien
Sardinien
Virginien

— inier (i:ni-er)

Abessinier
Argentinier
Grusinier
Sardinier

— inig (i:ni-ch)

= — eenig (i:ni-ch)
→ — ich (i-ch)

g(e)radlinig
krummlinig

— inisch (i:nisch)

→ — isch (isch)

abessinisch
alexandrinisch
apollinisch
argentinisch
berlinisch
byzantinisch
dalmatinisch
cherubinisch
florentinisch
grusinisch
jakobinisch
kapitolinisch
klinisch
konstantinisch
kristallinisch

levantinisch
medizinisch
montenegrinisch
palatinisch
philippinisch
rabbinisch
sanguinisch
sardinisch
sibyllinisch
ukrainisch

— inium (i:ni-um)

= – um (um)
= – umm (um)

Aluminium
Dominium

— ink (iŋk)

→ – inke (iŋke)
→ – inken (iŋken)

Drink
  Long-Drink
Fink
  Bergfink
  Blutfink
  Buchfink
  Distelfink
  Dreckfink
  Goldfink
  Mistfink
  Prachtfink
  Schmierfink
  Schmutzfink
Mink
Pink
Skink
Wink
Zink
flink
hink
link
pink-pink
trink

— inka (iŋka)

→ – a (a:)

Inka
Kalinka
Katinka
Lesginka
Minka
Stotinka

— inke (iŋke)

→ – ink (iŋk)
→ – inken (iŋken)

Klinke
  Türklinke
Linke
  Halblinke
Palatschinke
Pinkepinke
Schminke
  Abschminke
Zinke
blinke
hinke
klinke
schminke
sinke
stinke
trinke
winke

— inkel (iŋkel)

→ – inkeln (iŋkeln)

Dinkel
Pinkel
Winkel
  Abprallwinkel
  Abwurfwinkel
  Außenwinkel
  Blickwinkel
  Fallwinkel
  Gegenwinkel
  Gesichtswinkel
  Herdwinkel
  Herrgottswinkel
  Innenwinkel
  Krähwinkel
  Landewinkel
  Malerwinkel
  Meßwinkel
  Mundwinkel
  Nebenwinkel
  Neigungswinkel
  Ruhewinkel
  Schlumpfwinkel
  Schmollwinkel
  Schnittwinkel
  Sehwinkel
  Steigungswinkel
  Wetterwinkel

— inkeln (iŋkeln)

→ – inkel (iŋkel)

pinkeln
  anpinkeln
  bepinkeln
winkeln
  abwinkeln
  anwinkeln

— inken (iŋken)

→ – ink (iŋk)
→ – inke (iŋke)

Schinken
  Bärenschinken
  Hinterschinken
  Kochschinken
  Lachsschinken
  Landschinken
  Nußschinken
  Parmaschinken
  Rollschinken
  Vorderschinken
Zinken
blinken
  anblinken
  aufblinken
  zublinken
hinken
  nachhinken

klinken
  aufklinken
  ausklinken
  einklinken
  zuklinken
linken
pinken
schminken
  abschminken
sinken
  absinken
  dahinsinken
  einsinken
  entsinken
  herabsinken
  hinsinken
  niedersinken
  umsinken
  untersinken
  versinken
  zurücksinken
  zusammensinken
stinken
  anstinken
trinken
  abtrinken
  antrinken
  austrinken
  betrinken
  ertrinken
  mittrinken
  vertrinken
  zutrinken
verzinken
winken
  abwinken
  heranwinken
  herauswinken
  herbeiwinken
  herüberwinken
  hinüberwinken
  nachwinken
  zurückwinken
  zuwinken
zinken
zwinken

— inker (iŋker)

→ – inken (iŋken)
→ – inkern (iŋkern)

Blinker
Geblinker
Klinker
Trinker
  Biertrinker
  Gewohnheits-
  trinker
  Kaffeetrinker
  Milchtrinker
  Schnapstrinker
  Sekttrinker
  Teetrinker
  Weintrinker
Winker
Zinker
flinker
linker

— inkern (iŋkern)

→ – inker (iŋker)

Augenzwinkern
blinkern
zwinkern
  anzwinkern
  zuzwinkern

— inkheit (iŋkhait)

→ – eit (ait)

Flinkheit
Linkheit

— inkig (iŋki-ch)

→ – ich (i-ch)

stinkig
zinkig

— inks (iŋkß)

= – inx (iŋkß)
→ – ink (iŋk)
→ – inken (iŋken)

Drinks
Finks
Winks
links
  halblinks

— inkt (iŋkt)

→ – inken (iŋken)

Instinkt
blinkt
  geblinkt
geschminkt
  ungeschminkt
hinkt
  gehinkt
klinkt
  geklingt
linkt
  gelinkt
schminkt
sinkt
stinkt
trinkt
winkt
  gewinkt
zinkt
  gezinkt
  verzinkt

— inn (in)

= – antin (antin)
= – in (in)
→ – inne (ine)
→ – innen (inen)

Beginn
  Anbeginn
  Arbeitsbeginn
  Baubeginn
  Kriegsbeginn
  Spielbeginn

Tagesbeginn
Urbeginn
Gewinn
　Bruttogewinn
　Hauptgewinn
　Lotteriegewinn
　Lottogewinn
　Nettogewinn
　Reingewinn
　Riesengewinn
　Totogewinn
　Zeitgewinn
Inn
Kinn
　Doppelkinn
　Wackelkinn
Schinn
Sinn
　Blödsinn
　Doppelsinn
　Eigensinn
　Farbensinn
　Frohsinn
　Gemeinsinn
　Geruchssinn
　Irrsinn
　Leichtsinn
　Ordnungssinn
　Orientierungssinn
　Scharfsinn
　Schwachsinn
　Spürsinn
　Starrsinn
　Stumpfsinn
　Tastsinn
　Tiefsinn
　Trübsinn
　Unsinn
　Wahnsinn
　Widersinn
Zinn
　Lötzinn

— inna (ina)
→ – a (a:)

Korinna
Minna

— innchen (in-chen)
→ – inn (in)
→ – inne (ine)

Gewinnchen
Kinnchen
Rinnchen
Spinnchen

— inne (ine)
→ – inn (in)
→ – innen (inen)

Finne
Gerinne
Minne
Pinne
Rinne
　Abflußrinne
　Dachrinne
　Fahrrinne
Spinne
　Hausspinne
　Krabbenspinne
　Kreuzspinne
　Kugelspinne
　Meerspinne
　Radnetzspinne
　Springspinne
　Trichterspinne
　Vogelspinne
　Wäschespinne
　Walzenspinne
　Wasserspinne
　Webspinne
　Wolfsspinne
Zinne
　Burgzinne
　Felszinne
　Mauerzinne
gewinne
inne
　mitteninne
rinne
sinne
spinne

— innen (inen)
→ – inn (in)
→ – inne (ine)

Ansinnen
Linnen
beginnen
binnen
gewinnen
　abgewinnen
　liebgewinnen
　wiedergewinnen
　zurückgewinnen
hinnen
innen
　darinnen
　drinnen
minnen
pinnen
　anpinnen
　festpinnen
rinnen
　abrinnen
　ausrinnen
　durchrinnen
　entrinnen
　gerinnen
　herabrinnen
　herausrinnen
　herunterrinnen
　niederrinnen
　verrinnen
　zerrinnen
sinnen
　ansinnen
　besinnen
　entsinnen
　ersinnen
　nachsinnen
spinnen
　abspinnen
　anspinnen
　ausspinnen
　einspinnen
　entspinnen
　fortspinnen
　umspinnen
　verspinnen
verzinnen

— innend (inent)

→ – innen (inen)

beginnend
entrinnend
gewinnend
  herzgewinnend
minnend
rinnend
sinnend
spinnend

— inner (iner)

→ – innern (inern)

Dinner
Gewinner
Spinner
  Ringelspinner
  Seidenspinner

— innern (inern)

→ – inner (iner)

Innern
erinnern
  wiedererinnern
  zurückerinnern
zinnern

— innig (ini-ch)

→ – ich (i-ch)

innig
  herzinnig
  verständnisinnig
finnig
sinnig
  blödsinnig
  doppelsinnig
  eigensinnig
  feinsinnig
  freisinnig
  frohsinnig
  hochsinnig
  irrsinnig
  leichtsinnig
  scharfsinnig
  schwachsinnig
  starrsinnig
  stumpfsinnig
  tiefsinnig
  trübsinnig
  unsinnig
  widersinnig
wahnsinnig
  größenwahnsinnig

— innigkeit (ini-chkait)

→ – eit (ait)
→ – innig (ini-ch)

Innigkeit
Sinnigkeit
  Doppelsinnigkeit
  Eigensinnigkeit
  Leichtsinnigkeit
  Unsinnigkeit

— inniglich (inikli-ch)

→ – ich (i-ch)

inniglich
minniglich

— inns (inß)

= – ins (inß)
→ – inn (in)
→ – innen (inen)

Gewinns
Kinns
Sinns
beginn's
ersinn's

— innsel (insel)

= – insel (insel)

Gerinnsel
  Blutgerinnsel

— innst (inßt)

= – inst (inßt)
→ – innen (inen)

beginnst
gewinnst
minnst
rinnst
sinnst
spinnst

— innt (int)

= – ind (int)
= – int (int)
= – inth (int)
→ – innen (inen)

beginnt
gesinnt
  andersgesinnt
  bösgesinnt
  edelgesinnt
  gleichgesinnt
  großgesinnt
  gutgesinnt
  hochgesinnt
  treugesinnt
  übelgesinnt
  wohlgesinnt
gewinnt
minnt
  geminnt
rinnt
sinnt
spinnt

— innte (inte)

= – inte (inte)
= – inthe (inte)
→ – innt (int)

gleichgesinnte
minnte

— innts (intß)

= – inds (intß)
= – inths (intß)
= – ints (intß)
= – intz (intß)
= – inz (intß)
→ – innt (int)

beginnt's
rinnt's
spinnt's

— innung (inuŋ)

→ – innen (inen)
→ – ung (uŋ)

Besinnung
  Selbstbesinnung
Gerinnung
  Blutgerinnung
Gesinnung
Goldgewinnung
Innung
  Handwerkerinnung

— ino (i:no)

→ – o (o:)

Albino
Bambino
Capucchino
Dino
Filipino
Kasino
  Offizierskasino
  Spielkasino
Kino
  Autokino
  Heimkino
Maraschino
Merino
Monte Cassino
Pianino
Pino
Portofino
San Marino
Sordino
Tino
Urbino
Valentino

— ins (inß)

= – inns (inß)
→ – in (in)
→ – insen (insen)

Zins
  Bankzins
  Bodenzins
  Erbzins
  Hauszins
  Jahreszins
  Mietzins
  Pachtzins
  Schuldzins
  Zinseszins
bin's
ins

— inse (inse)

→ – insen (insen)

Binse
Linse
  Schaflinse
  Wasserlinse
Linse
  Augenlinse
  Konkavlinse
  Konvexlinse
  Sammellinse
  Zerstreuungslinse
Plinse
grinse
linse
zinse

— insel (insel)

= – innsel (insel)
→ – inseln (inseln)

Gepinsel
Gewinsel
Halbinsel
  Apenninenhalbinsel
  Balkanhalbinsel
  Pyrenäenhalbinsel

Insel
  Sprachinsel
  Verkehrsinsel
Pinsel
  Einfaltspinsel
  Haarpinsel
  Malerpinsel
  Rasierpinsel
  Schminkpinsel
  Tuschpinsel
pinsel
winsel

— inseln (inseln)

→ – insel (insel)

Falklandinseln
Fidschiinseln
Gesellschaftsinseln
Gewürzinseln
Salomoninseln
Shetlandinseln
Südseeinseln
Sundainseln
pinseln
  anpinseln
  aufpinseln
  bepinseln
  einpinseln
  überpinseln
winseln
  anwinseln

— insen (insen)

→ – ins (inß)
→ – inse (inse)

Zinsen
  Bankzinsen
  Wucherzinsen
grinsen
  angrinsen
  begrinsen
linsen
  anlinsen
  belinsen
plinsen
zinsen
  verzinsen

— inst (i:nßt)

= – ienst (i:nßt)

entnikotinst
verminst

— inst (inßt)

= – innst (inßt)
→ – insen (insen)

Gespinst
  Hirngespinst
  Metallgespinst
  Traumgespinst
grinst
linst
zinst

— inster (inßter)

→ – instern (inßtern)

Ginster
  Besenginster
  Binsenginster
  Heideginster
  Sandginster
finster
  pechfinster
  stockfinster

— instern (inßtern)

→ – inster (inßter)

Finstern
finstern
  verfinstern

— int (i:nt)

= – ient (i:nt)

entnikotint
vermint

— int (int)

= – ind (int)
= – innt (int)
= – inth (int)
→ – inte (inte)
→ – inten (inten)

Flint
Quint
Spint
Splint
Sprint
Stint

— inta (inta)

→ – a (a:)

Aquatinta
Quinta

— intchen (int-chen)

= – indchen (int-chen)
→ – int (int)
→ – inte (inte)

Flintchen
Stintchen

— inte (inte)

= – innte (inte)
= – inthe (inte)
→ – int (int)
→ – inten (inten)

Finte
  Gegenfinte
Flinte
  Doppelflinte
  Schrotflinte
  Vogelflinte
Pinte
Printe
Quinte
Tinte
  Geheimtinte
  Zeichentinte

— inten (inten)

→ – innte (inte)
→ – int (int)
→ – inte (inte)
→ – inth (int)

hinten
  dahinten
printen
sprinten

— inter (inter)

→ – intern (intern)

Sinter
  Eisensinter
  Kalksinter
  Kieselsinter
Sprinter
Winter
  Mittwinter
  Nachwinter
  Polarwinter
  Vorwinter
hinter
  dahinter

— intere (intere)

→ – intern (intern)

Hintere
hintere
sintere
überwintere

— intern (intern)

→ – inter (inter)

Hintern
sintern
wintern
  auswintern
  einwintern
  überwintern

— inth (int)

= – ind (int)
= – innt (int)
= – int (int)

Absinth
Hyazinth
Korinth
Labyrinth

— inthe (inte)

= – innte (inte)
= – inte (inte)
→ – inth (int)

Hyazinthe
Korinthe
Plinthe

— inths (intß)

= – inds (intß)
= – innts (intß)
= – ints (intß)
= – intz (intß)
= – inz (intß)
→ – inth (int)

Absinths
Labyrinths

— ints (intß)

= – inds (intß)
= – innts (intß)
= – inths (intß)
= – intz (intß)
= – inz (intß)
→ – int (int)

Splints
Sprints

— intz (intß)

= – inds (intß)
= – innts (intß)
= – inths (intß)
= – ints (intß)
= – inz (intß)

Chintz

— inum (i:num)

= – um (um)
= – umm (um)

Alpinum
Femininum
Latinum
Maskulinum

— inung (i:nuŋ)

= – ienung (i:nuŋ)
→ – ung (uŋ)

Verminung

— inus (i:nuß)

→ – us (uß)
→ – uß (uß)

Minus
Sinus

— inx (iŋkß)

= – inks (iŋkß)

Sphinx
Syrinx

— inz (intß)

= – inds (intß)
= – innts (intß)
= – inths (intß)
= – ints (intß)
= – intz (intß)

Binz
Flinz
Hinz
Pfefferminz
Prinz
  Erbprinz
  Kronprinz
  Märchenprinz
Provinz

— inzig (intßi-ch)

→ – ich (i-ch)

Kinzig
Sinzig
winzig

— io (i:o)

→ – o (o:)

Brio
Klio
Rio
Trio

— ip (i:p)

= – eep (i:p)
= – ib (i:p)
= – ieb (i:p)
= – iep (i:p))

Partizip
Prinzip
  Auswahlprinzip
  Grundprinzip
  Leistungsprinzip
  Moralprinzip

— ip (ip)

= – ib (ip)
= – ipp (ip)

Bip
Chip
  Kartoffelchip
Clip
  Ohrclip
Flip
Tip
  Geheimtip
  Lottotip
  Tototip
Trip

— ipel (i:pel)

Tripel
verhohnepipel

– ipfel (ipfel)

→ – ipfeln (ipfeln)

Gipfel
  Baumgipfel
  Berggipfel
  Fels(en)gipfel
Kipfel
  Vanillekipfel
Schnipfel
Wipfel
  Baumwipfel
Zipfel
  Rockzipfel
  Wurstzipfel

– ipf(e)lig (ipf(e)li-ch)

→ – ich (i-ch)

gipf(e)lig
zipf(e)lig

– ipfeln (ipfeln)

→ – ipfel (ipfel)

gipfeln
  übergipfeln
schnipfeln
zipfeln

– ipp (ip)

= – ib (ip)
= – ip (ip)
→ – ippe (ipe)
→ – ippen (ipen)

Klipp
Philipp
  Zappelphilipp
Schlipp
Stipp
Tripp
klipp
schnipp
schwipp
wipp

– ippchen (ip-chen)

→ – ippe (ipe)

Rippchen
  Pökelrippchen
  Schmorrippchen
  Schweinerippchen
Schnippchen
Wippchen

– ippe (ipe)

→ – ipp (ip)
→ – ippen (ipen)

Gerippe
  Knochengerippe
  Totengerippe
Grippe
Hippe
Kippe
  Zigarettenkippe
Klippe
  Felsenklippe
Krippe
  Futterkrippe
  Weihnachtskrippe
Lippe
  Oberlippe
  Unterlippe
Rippe
Schippe
  Schneeschippe
Schlippe
Schrippe
Schwippe
Sippe
Strippe
  Quasselstrippe
Wippe
Xanthippe

– ippel (ipel)

→ – ippeln (ipeln)

Getrippel
Nippel
Schnippel
Tippel

– ippeln (ipeln)

→ – ippel (ipel)

kippeln
rippeln
schnippeln
  abschnippeln
  beschnippeln
tippeln
trippeln

– ippen (ipen)

→ – ipp (ip)
→ – ippe (ipe)

Schamlippen
Wulstlippen
ausflippen
kippen
  abkippen
  ankippen
  aufkippen
  auskippen
  überkippen
  umkippen
klippen
nippen
rippen
schippen
schlippen
schnippen
schwippen
stippen
  einstippen
strippen
tippen
  abtippen
  antippen
  eintippen
  übertippen
  umtippen
  vertippen
trippen
versippen
wippen

– ipper (iper)

→ – ippern (ipern)

Flipper
Kipper
Klipper
Slipper
Stripper
Tripper
Wipper

– ippern (ipern)

→ – ipper (iper)

flippern
klippern
knippern
schippern

– ippfisch (ipfisch)

→ – isch (isch)

Klippfisch
Lippfisch

– ippi (ipi)

= – ippie (ipi)

Mississippi
Philippi

– ippie (ipi)

= – ippi (ipi)

Hippie

– ippig (ipi-ch)

→ – ich (i-ch)

dicklippig
klippig
schmallippig
stippig

– ippisch (ipisch)

→ – isch (isch)

lippisch
schnippisch

– ipps (ipß)

= – ips (ipß)
→ – ib (ip)
→ – ipp (ip)
→ – ippen (ipen)

Stipps

– ippse (ipße)

= – ipse (ipße)

Tippse

– ippst (ipßt)

= – ipst (ipßt)
→ – ippen (ipen)

kippst
nippst
schnippst
stippst
strippst
tippst
wippst

– ippt (ipt)

= – ipt (ipt)
→ – ippen (ipen)

kippt
 gekippt
nippt
 genippt
rippt
 gerippt
schippt
 geschippt
schnippt
 geschnippt
stippt
 gestippt
strippt
 gestrippt
tippt
 getippt
versippt
wippt
 gewippt

– ippten (ipten)

= – ipten (ipten)
→ – ippen (ipen)
→ – ippt (ipt)

kippten
nippten
rippten
schippten
schnippten
stippten
strippten
tippten
versippten
wippten

– ips (ipß)

= – ipps (ipß)
→ – ib (ip)
→ – ip (ip)
→ – ipsen (ipßen)

Chips
Clips
Fips
Gips
Knips
Pips
Rips
Schlips
Schwips

– ipse (ipße)

= – ippse (ipße)
→ – ips (ipß)
→ – ipsen (ipßen)

Eklipse
Ellipse

— ipsen (ipßen)

→ – ippse (ipße)
→ – ips (ipß)
→ – ipse (ipße)

beschwipsen
gipsen
  eingipsen
  vergipsen
knipsen
  abknipsen
  anknipsen
  ausknipsen
  verknipsen
schnipsen

— ipst (ipßt)

= – ippst (ipßt)
→ – ipsen (ipßen)

bedripst
beschwipst
gipst
  gegipst
knipst
  geknipst
schnipst
  geschnipst

— ipt (ipt)

= – ippt (ipt)

Skript
  Manuskript
  Reskript

— ipten (ipten)

= – ippten (ipten)
→ – ipt (ipt)

Skripten

— ique (i:ke)

= – ieke (i:ke)
= – ike (i:ke)

Clique

— ique (ike)

= – icke (ike)

Clique
Moçambique

— ique (ik)

= – ic (ik)
= – ick (ik)
= – ig (ik)
= – igg (ik)
= – ik (ik)

Angelique
Boutique
Monique
Moçambique

— ir (i:r)

= – ier (i:r)
= – ihr (i:r)
= – ire (i:r)

Emir
Fakir
Geysir
Saphir
Sir
Souvenir
Tapir
  Schabrackentapir
Vampir
Wesir
  Großwesir
Wladimir
dir
mir

— ira (i:ra)

→ – a (a:)

Altamira
Elvira
Ira
Lira
Mira

— irb (irp)

= – irp (irp)

stirb
verdirb
wirb
  erwirb

— irbel (irbel)

→ – irbeln (irbeln)

Gewirbel
Wirbel
  Brustwirbel
  Fensterwirbel
  Geigenwirbel
  Haarwirbel
  Halswirbel
  Luftwirbel
  Rückenwirbel
  Staubwirbel
  Trommelwirbel
  Wasserwirbel
Zirbel
Zwirbel

— irbeln (irbeln)

→ – irbel (irbel)

schwirbeln
wirbeln
  aufwirbeln
  durcheinander-
    wirbeln
zwirbeln

— irb(e)lig (irb(e)li-ch)

→ – ich (i-ch)

schwirb(e)lig
wirb(e)lig

— irbs (irpß)

= – irps (irpß)

erwirb's
verdirb's

– irbt (irpt)

= – irpt (irpt)
→ – erben (ärben)

stirbt
　verstirbt
verdirbt
wirbt
　bewirbt
　erwirbt

– ird (irt)

= – irrt (irt)
= – irt (irt)

wird

– ire (i:re)

= – iere (i:re)
= – ihre (i:re)
→ – ir (i:r)

Baschkire
Ire
Satire

– ire (i:r)

= – ier (i:r)
= – ihr (i:r)
= – ir (i:r)

Empire
Sire

– iren (i:ren)

= – ieren (i:ren)
= – ihren (i:ren)
→ – ir (i:r)
→ – ire (i:re)

Viren

– irg (irk)

= – irk (irk)

Gebirg
　Hochgebirg
birg
　verbirg

– irgend (irgent)

irgend
nirgend

– irgt (irkt)

= – irkt (irkt)

birgt
　verbirgt

– iriker (i:riker)

Empiriker
Satiriker

– iris (i:riß)

→ – is (iß)

Iris
Osiris

– irisch (i:risch)

= – ierisch (i:risch)
→ – isch (isch)

baschkirisch
empirisch
irisch
satirisch
sibirisch
zephirisch

– irk (irk)

= – irg (irk)
→ – irke (irke)
→ – irken (irken)

Bezirk
　Amtsbezirk
　Außenbezirk
　Wohnbezirk
Gewirk

– irke (irke)

→ – irk (irk)
→ – irken (irken)

Birke
Gewirke
Zirke
wirke

– irken (irken)

→ – irk (irk)
→ – irke (irke)

umzirken
wirken
　auswirken
　bewirken
　durchwirken
　einwirken
　entgegenwirken
　erwirken
　fortwirken
　hinwirken
　mitwirken
　nachwirken
　verwirken
　zerwirken
　zurückwirken
　zusammenwirken

– irkend (irkent)

→ – irken (irken)

umzirkend
wirkend
　rückwirkend

– irkt (irkt)

= – irgt (irkt)
→ – irken (irken)

durchwirkt
　golddurchwirkt
umzirkt
wirkt
　gewirkt

534

— irl (irl)

Annemirl
Quirl
Schwirl

— irl (örl)

= – örl (örl)

Girl
  Callgirl
  Covergirl
  Revuegirl

— irm (irm)

→ – irmen (irmen)

Schirm
  Augenschirm
  Bildschirm
  Fallschirm
  Lampenschirm
  Ofenschirm
  Radarschirm
  Regenschirm
  Sonnenschirm
  Stockschirm
  Wandschirm
firm

— irma (irma)

→ – a (a:)

Birma
Firma
Irma

— irmchen (irm-chen)

→ – irm (irm)

Irmchen
Schirmchen

— irme (irme)

→ – irm (irm)
→ – irmen (irmen)

Schirme
firme

— irmen (irmen)

→ – irm (irm)

Firmen
Schirmen
firmen
schirmen
  abschirmen
  beschirmen

— irmes (irmeß)

→ – irm (irm)

Kirmes
  Dorfkirmes
Schirmes

— irmt (irmt)

abschirmt
  abgeschirmt
beschirmt
gefirmt

— irmung (irmuŋ)

→ – ung (uŋ)

Abschirmung
Beschirmung
Firmung

— irn (irn)

= – irr(e)n (ir(e)n)
→ – irne (irne)

Dirn
Firn
Gestirn
Hirn
  Gehirn
  Großhirn
  Kalbshirn
  Kleinhirn
  Spatzenhirn
Stirn
  Denkerstirn
Zwirn

— irne (irne)

→ – irn (irn)
→ – irnen (irnen)

Birne
  Butterbirne
  Glasbirne
  Glühbirne
  Holzbirne
  Honigbirne
Dirne
  Bauerndirne
  Straßendirne
Edirne
Firne
Stirne

— irnen (irnen)

→ – irn (irn)
→ – irne (irne)

firnen
kirnen
zwirnen

— irnis (irniß)

= – irrnis (irniß)
→ – is (iß)

Firnis

— irnt (irnt)

→ – irnen (irnen)

bestirnt
gezwirnt
hochgestirnt

— irp (irp)

= – irb (irp)

Gezirp
zirp

— irps (irpß)

= − irbs (irpß)

Gezirps
Knirps
zirps

— irpt (irpt)

= − irbt (irpt)

zirpt
  gezirpt

— irr (ir)

→ − irr(e)n (ir(e)n)

Geklirr
  Kettengeklirr
  Schwertgeklirr
  Waffengeklirr
Geschirr
  Eßgeschirr
  Kaffeegeschirr
  Kochgeschirr
  Küchengeschirr
  Nachtgeschirr
  Pferdegeschirr
  Porzellangeschirr
Geschwirr
  Vogelgeschwirr
Gewirr
  Stimmengewirr
irr
wirr

— irrbar (irba:r)

→ − ar (a:r)
→ − irr(e)n (ir(e)n)

beirrbar
  unbeirrbar
entwirrbar
  unentwirrbar

— irre (ire)

→ − irr (ir)
→ − irr(e)n (ir(e)n)

Gegirre
Geklirre
Irre
Sbirre
Spirre
irre
kirre
klirre
schwirre
sirre

— irr(e)n (ir(e)n)

= − irn (irn)
→ − irr (ir)
→ − irre (ire)

Wirren
  Kriegswirren
entwirren
flirren
girren
  angirren
  umgirren
irren
  abirren
  beirren
  durchirren
  herumirren
  umherirren
  verirren
kirren
klirren
  erklirren
schirren
  abschirren
  anschirren
  ausschirren
  einschirren
schwirren
  abschwirren
  anschwirren
  aufschwirren
  durchschwirren
  umschwirren
sirren
  umsirren
verwirren

— irrend (irent)

→ − irr(e)n (ir(e)n)

abschwirrend
anschirrend
klirrend
sinnverwirrend
sirrend
umgirrend
verirrend

— irrnis (irniß)

= − irnis (irniß)
→ − is (iß)

Wirrnis
  Verwirrnis

— irrst (irßt)

= − irst (irßt)
→ − irr(e)n (ir(e)n)

anschirrst
entwirrst
girrst
irrst
klirrst
schwirrst
sirrst
verwirrst

— irrt (irt)

= − ird (irt)
= − irt (irt)
→ − irr(e)n (ir(e)n)

anschirrt
  angeschirrt
beirrt
  unbeirrt
entwirrt
girrt
  gegirrt
irrt
  geirrt
klirrt
  geklirrt

schwirrt
  geschwirrt
sirrt
  gesirrt
verwirrt
  geistesverwirrt

— irrte (irte)

= – irte (irte)
→ – irr(e)n (ir(e)n)
→ – irrt (irt)

anschirrte
beirrte
entwirrte
girrte
irrte
klirrte
schwirrte
sirrte
verwirrte

— irrung (iruŋ)

→ – irr(e)n (ir(e)n)
→ – ung (uŋ)

Anschirrung
Ausschirrung
Verirrung
  Geschmacks-
  verirrung
Verwirrung
  Begriffsverwirrung
  Geistesverwirrung

— irsch (irsch)

→ – irsche (irsche)
→ – irschen (irschen)

Hirsch
  Damhirsch
  Kapitalhirsch
  Rothirsch
Kirsch
Pirsch
wirsch
  unwirsch

— irsche (irsche)

→ – irsch (irsch)
→ – irschen (irschen)

Geknirsche
Kirsche
  Herzkirsche
  Knorpelkirsche
  Sauerkirsche
  Süßkirsche
  Tollkirsche
  Weichselkirsche
knirsche
pirsche

— irschen (irschen)

→ – irsch (irsch)
→ – irsche (irsche)

Zähneknirschen
knirschen
  zerknirschen
pirschen
  anpirschen

— irscht (irscht)

→ – irschen (irschen)

knirscht
  geknirscht
pirscht
  gepirscht

— irst (irßt)

= – irrst (irßt)

First
  Dachfirst
birst
  zerbirst
wirst

— irt (irt)

= – ird (irt)
= – irrt (irt)
→ – irten (irten)

Flirt
Hirt
  Gänsehirt
  Schafhirt
  Schweinehirt
  Ziegenhirt
Wirt
  Betriebswirt
  Gastwirt
  Hauswirt
  Landwirt
  Schankwirt
  Volkswirt

— irte (irte)

= – irrte (irte)
→ – irt (irt)
→ – irten (irten)

Hirte

— irten (irten)

→ – irrt (irt)
→ – irt (irt)

bewirten
flirten
  beflirten
  herumflirten

— is (i:ß)

= – ice (i:ß)
= – ies (i:ß)
= – ieß (i:ß)
→ – i (i:)

Anchovis
Anis
Avis
Kris
Paris
Türkis
konzis
präzis

— is (iß)

= – ice (iß)
= – iß (iß)
→ – issen (ißen)

Apsis
Ärgernis
Arktis
  Antarktis
Artemis
Atlantis
Basis
Befugnis
Begräbnis
Behältnis
Besorgnis
Betrübnis
Bewandtnis
Bitternis
Chris
Dennis
Ereignis
Erfordernis
Eris
Erkenntnis
Erlaubnis
Erzeugnis
Exlibris
Fäulnis
Finsternis
Geheimnis
Gelöbnis
Genesis
Hemmnis
Hindernis
Hybris
Ibis
Jaspis
Kenntnis
  Unkenntnis
Klitoris
Kümmernis
Kürbis
Nemesis
Syphilis
Tennis
Tigris
Tripolis
Verdammnis
Verhältnis
  Liebesverhältnis
Verlöbnis
Versäumnis
Wagnis
Zeugnis
bis
gratis

— is (i:)

= – i (i:)

Chassis
Glacis
Kommis
Logis
Maquis
Marquis
Remis
Visavis
remis
vis-à-vis

— iß (iß)

= – ice (iß)
= – is (iß)
→ – isse (iße)
→ – issen (ißen)

Anschiß
Beschiß
Biß
  Hundebiß
  Schlangenbiß
Gebiß
  Milchgebiß
  Pferdegebiß
Giß
Imbiß
  Schnellimbiß
Kommiß
Kompromiß
Miß
Narziß
Niß
Permiß
Riß
  Abriß
  Anriß
  Aufriß
  Felsenriß
  Grundriß
  Muskelriß
  Schattenriß
  Umriß
  Verriß
Schiß
  Dünnschiß
Schmiß
  Rausschmiß
friß
gewiß
  siegesgewiß
  ungewiß
iß
miß
riß
schiß
schmiß
vergiß

— isa (i:sa)

= – iesa (i:sa)
→ – a (a:)

Elisa
Isa
Lisa
  Mona Lisa
Luisa
Pisa
Visa

— isch (isch)

→ – ische (ische)
→ – ischen (ischen)

Bakschisch
Derwisch
Fisch
  Backfisch
  Bratfisch
  Goldfisch

Haifisch
Klipp(en)fisch
Kochfisch
Lotsenfisch
Pilotfisch
Raubfisch
Räucherfisch
Sägefisch
Schellfisch
Schwertfisch
Seefisch
Steckerlfisch
Stockfisch
Thunfisch
Tintenfisch
Walfisch
Zierfisch
Garmisch
Gemisch
Gezisch
Harnisch
Haschisch
Risch
Tisch
  Abendtisch
  Arbeitstisch
  Ausziehtisch
  Billardtisch
  Couchtisch
  Eßtisch
  Freitisch
  Gabentisch
  Kaffeetisch
  Katzentisch
  Konferenztisch
  Küchentisch
  Ladentisch
  Marmortisch
  Mittagstisch
  Nachtisch
  Nachttisch
  Nebentisch
  Operationstisch
  Rauchtisch
  Schanktisch
  Schreibtisch
  Serviertisch
  Spieltisch
  Stammtisch

  Verhandlungstisch
  Waschtisch
  Zeichentisch
Wisch
  Flederwisch
  Irrwisch
abergläubisch
akustisch
apodiktisch
arktisch
aufrührerisch
bäu(e)risch
biblisch
dichterisch
drisch
  verdrisch
egozentrisch
elektrisch
englisch
episch
erfinderisch
erlisch
erpresserisch
erzieherisch
exzentrisch
fachmännisch
filmisch
fisch
  herausfisch
französisch
frisch
  erntefrisch
  fangfrisch
  taufrisch
gebieterisch
gespenstisch
gleisnerisch
griechisch
großtuerisch
grüblerisch
heidnisch
heimisch
  einheimisch
heldisch
hellseherisch
himmlisch
höfisch
höllisch
idyllisch

irdisch
  außerirdisch
  überirdisch
  unterirdisch
jiddisch
kämpferisch
kaufmännisch
knechtisch
korinthisch
kosmisch
kriecherisch
kultisch
kupplerisch
künstlerisch
  unkünstlerisch
lesbisch
linkisch
lügnerisch
lukullisch
lutherisch
metrisch
  geometrisch
mimisch
misch
  vermisch
mönchisch
mörderisch
  selbstmörderisch
mürrisch
musisch
  amusisch
mystisch
nachtwandlerisch
neckisch
neidisch
olympisch
persisch
polnisch
preußisch
psychisch
räuberisch
rebellisch
rechnerisch
rechthaberisch
reißerisch
rhythmisch
russisch
sächsisch
sakrisch

säuisch
schelmisch
schlafwandlerisch
schmeichlerisch
schöpferisch
　unschöpferisch
schurkisch
schwäbisch
schwärmerisch
schwedisch
schweizerisch
schwelgerisch
spezifisch
spielerisch
spitzbübisch
staatsmännisch
störrisch
stürmisch
symmetrisch
　asymmetrisch
tänzerisch
technisch
teuflisch
träumerisch
trügerisch
　betrügerisch
tückisch
　heimtückisch
türkisch
typisch
　untypisch
ungarisch
verführerisch
verleumderisch
verlisch
verräterisch
viehisch
weidmännisch
weltmännisch
wichtigtuerisch
wisch
　erwisch
zisch
zynisch

— ischchen (isch-chen)

→ – isch (isch)

Fischchen
　Lanzettfischchen
　Messerfischchen
　Silberfischchen
Tischchen
　Nähtischchen

— ische (i:sche)

= – iche (i:sche)

Nische
　Bettnische
　Fensternische
　Kochnische
　Marktnische

— ische (ische)

= – iche (ische)
→ – isch (isch)
→ – ischen (ischen)

Einheimische
Frische
　Abendfrische
　Jugendfrische
　Morgenfrische
　Sommerfrische
　Winterfrische
Gezische
fische
frische
mische
wische
zische

— ischel (ischel)

→ – isch (isch)
→ – ischeln (ischeln)

Gezischel
Fischel
Tischel

— ischeln (ischeln)

→ – ischel (ischel)

fischeln
rischeln
zischeln

— ischen (ischen)

→ – isch (isch)
→ – ische (ische)

fischen
　abfischen
　auffischen
　ausfischen
　herausfischen
frischen
　auffrischen
　erfrischen
gischen
mischen
　aufmischen
　beimischen
　daruntermischen
　durchmischen
　einmischen
　hineinmischen
　untermischen
　vermischen
pischen
tischen
　auftischen
wischen
　abwischen
　aufwischen
　auswischen
　entwischen
　erwischen
　verwischen
　wegwischen
zischen
　abzischen
　anzischen
　auszischen
zwischen
　dazwischen
　hierzwischen
　inzwischen

— ischen (i:ß-chen)

= – ieschen (i:ß-chen)
= – ießchen (i:ß-chen)
→ – ise (i:se)

Brischen
Luischen
Prischen

— ißchen (iß-chen)

→ – iß (iß)
→ – isse (iße)
→ – issen (ißen)

Bißchen
Kißchen
Narzißchen
Rißchen
Schmißchen
bißchen

— ischend (ischent)

→ – ischen (ischen)

auftischend
erfrischend
fischend
mischend
wischend
zischend

— ischer (ischer)

→ – isch (isch)

Betonmischer
Fischer
  Austernfischer
  Hochseefischer
  Perlenfischer
Giftmischer
Kartenmischer
Kippmischer
Wischer
  Scheibenwischer
  Tintenwischer
Zischer
frischer
prahlerischer
trügerischer

— ischerei (ischerai)

= – ei (ai)
→ – ischer (ischer)

Fischerei
  Hochseefischerei
Mischerei
  Giftmischerei
Wischerei
  Augenwischerei
Zischerei

— ischig (ischi-ch)

→ – ich (i-ch)

fischig
wischig

— ischlein (ischlain)

= – ein (ain)
→ – isch (isch)

Fischlein
Tischlein

— ischling (ischliŋ)

= – ing (iŋ)

Frischling
Mischling

— ischna (ischna)

→ – a (a:)

Krischna
Mischna

— ischt (ischt)

→ – ischen (ischen)

Gischt
auftischt
drischt
  verdrischt
entwischt
erfrischt
erlischt
erwischt
fischt
  gefischt
geharnischt
gemischt
  ungemischt
mischt
verlischt
vermischt
  unvermischt
wischt
  gewischt
zischt
  gezischt

— ischte (ischte)

→ – ischen (ischen)
→ – ischt (ischt)

auftischte
entwischte
erfrischte
fischte
geharnischte
mischte
wischte
zischte

— ischten (ischten)

→ – ischen (ischen)
→ – ischt (ischt)

entwischten
erfrischten
fischten
mischten
wischten
zischten

541

— ischung (ischuŋ)

→ – ischen (ischen)
→ – ung (uŋ)

Auffrischung
 Blutauffrischung
Einmischung
 Nichteinmischung
Erfrischung
Fischung
Mischung
 Beimischung
 Farbmischung
Vermischung
 Blutvermischung
Verwischung

— isco (ißko)

= – isko (ißko)
→ – o (o:)

Disco
Frisco
San Francisco

— ise (i:se)

= – iese (i:se)
→ – is (i:ß)

Akzise
Bise
Brise
Devise
Elise
Expertise
Franchise
Kirgise
Krise
 Absatzkrise
 Finanzkrise
 Nervenkrise
 Regierungskrise
 Staatskrise
 Wirtschaftskrise
Luise
Markise
Marquise
Prise
Remise
Reprise
präzise

— isel (i:sel)

= – iesel (i:sel)

Ribisel

— iseln (i:seln)

= – ieseln (i:seln)
→ – isel (i:sel)

kriseln

— isen (i:sen)

= – iesen (i:sen)
→ – is (i:ß)
→ – ise (i:se)

Devisen
Krisen

— iser (i:ser)

= – ieser (i:ser)

Pariser
Waliser
Walliser

— isis (i:siß)

→ – is (iß)

Isis
Krisis

— isisch (i:sisch)

= – iesisch (i:sisch)
→ – isch (isch)

aphrodisisch
kirgisisch
walisisch
wallisisch

— isk (ißk)

Basilisk
Disk
Obelisk

— iske (ißke)

Odaliske
Tamariske

— isko (ißko)

= – isco (ißko)
→ – o (o:)

San Franzisko

— iskus (ißkuß)

→ – us (uß)
→ – uß (uß)

Diskus
Fiskus
Franziskus
Hibiskus
Meniskus

— ißlich (ißli-ch)

→ – ich (i-ch)

mißlich
gewißlich

— isma (ißma)

→ – a (a:)

Melisma
Prisma
Schisma

— ismen (ißmen)

Amerikanismen
Anachronismen
Aphorismen
Atavismen
Mechanismen
Melismen
Organismen
Prismen
Schismen

— ismus (ißmuß)
→ – ist (ißt)
→ – us (uß)
→ – uß (uß)

Absolutismus
Alkoholismus
Alpinismus
Altruismus
Amerikanismus
Anachronismus
Analogismus
Anarchismus
Antisemitismus
Aphorismus
Ästhetizismus
Atavismus
Atheismus
Automatismus
Bolschewismus
Buddhismus
Bürokratismus
Byzantinismus
Chauvinismus
Dadaismus
Defätismus
Despotismus
Determinismus
Dilettantismus
Dirigismus
Dogmatismus
Dualismus
Egoismus
Exhibitionismus
Existentialismus
Exorzismus
Expressionismus
Fanatismus
Faschismus
   Antifaschismus
   Neofaschismus
Fatalismus
Fetischismus
Feudalismus
Föderalismus
Formalismus
Futurismus
Hellenismus
Heroismus
Hinduismus
Humanismus
Idealismus
Imperialismus
Impressionismus
Individualismus
Infantilismus
Isolationismus
Journalismus
Kannibalismus
Kapitalismus
   Monopol-
   kapitalismus
Kathechismus
Katholizismus
Klassizismus
Kommunismus
   Urkommunismus
Kubismus
Leninismus
Liberalismus
Magnetismus
   Erdmagnetismus
Manierismus
Marxismus
Masochismus
Materialismus
Mechanismus
Merkantilismus
Militarismus
   Antimilitarismus
Modernismus
Monarchismus
Monotheismus
Mystizismus
Nationalismus
   Internationalismus
Naturalismus
Nazismus
   Neonazismus
Neutralismus
Nihilismus
Nominalismus
Okkultismus
Opportunismus
Optimismus
Organismus
Pantheismus
Parlamentarismus
Partikularismus
Patriotismus
   Lokalpatriotismus
Pazifismus
Pessimismus
Pietismus
Pragmatismus
Protektionismus
Protestantismus
Provinzialismus
Quietismus
Radikalismus
   Linksradikalismus
   Rechtsradikalismus
Rassismus
Rationalismus
Realismus
   Surrealismus
Revanchismus
Revisionismus
Rheumatismus
   Gelenk-
   rheumatismus
Sadismus
Schematismus
Separatismus
Slawinismus
   Panslawinismus
Snobismus
Somnambulismus
Sophismus
Sozialismus
   Nationalsozialismus
Spiritismus
Syllogismus
Symbolismus
Terrorismus
   Linksterrorismus
   Rechtsterrorismus
Utilitarismus
Vandalismus
Verismus
Voyeurismus
Zarismus
Zentralismus
Zynismus

— ispel (ißpel)
→ – ispeln (ißpeln)

Gelispel
Gewispel
Mispel

— ispeln (ißpeln)
→ – ispel (ißpel)

fispeln
krispeln
lispeln
pispeln
wispeln

— isper (ißper)
→ – ispern (ißpern)

Gewisper

— ispern (ißpern)
fispern
pispern
wispern

— isse (iße)
→ – is (iß)
→ – iß (iß)
→ – issen (ißen)

Abszisse
Diakonisse
Gewissensbisse
Hornisse
Kenntnisse
  Berufskenntnisse
  Fachkenntnisse
  Schulkenntnisse
  Vorkenntnisse
Kulisse
Mantisse
Melisse
Narzisse
Nisse
Pisse
Prämisse

firnisse
hisse
misse
pisse

— issen (ißen)
→ – eißen (aißen)
→ – is (iß)
→ – iß (iß)
→ – isse (iße)

Bissen
  Gabelbissen
  Leckerbissen
Gewissen
Kissen
  Federkissen
  Heizkissen
  Kopfkissen
  Luftkissen
  Nadelkissen
  Nähkissen
  Ruhekissen
  Schwimmkissen
  Sofakissen
  Stempelkissen
  Wickelkissen
Wissen
  Allgemeinwissen
  Fachwissen
  Grundwissen
  Halbwissen
beflissen
  dienstbeflissen
bissen
  gebissen
firnissen
geschmissen
  aufgeschmissen
hineingeheimnissen
hissen
missen
  vermissen
pissen
  anpissen
  auspissen
  bepissen
  verpissen

rissen
  gerissen
schissen
  geschissen
schlissen
  geschlissen
schmissen
splissen
  gesplissen
umrissen
  festumrissen
verbissen
wissen
  mitwissen
zerrissen

— issend (ißent)
→ – issen (ißen)

pissend
vermissend
wissend
  allwissend
  unwissend

— issenheit (ißenhait)
→ – eit (ait)
→ – issen (ißen)

Allwissenheit
Dienstbeflissenheit
Gerissenheit
Unwissenheit
Verbissenheit
Zerrissenheit

— issentlich (ißentli-ch)
→ – ich (i-ch)

beflissentlich
geflissentlich
wissentlich
  unwissentlich

— issig (ißi-ch)
→ — ich (i-ch)

bissig
nissig
rissig
schmissig

— issin (ißin)
= — in (in)
= — inn (in)

Äbtissin
Diakonissin

— ist (ißt)
= — ißt (ißt)
→ — ismus (ißmuß)
→ — isten (ißten)

Aktivist
Alchimist
Anglist
Antagonist
Artillerist
Artist
Avantgardist
Baptist
Bassist
Batist
Belletrist
Bigamist
Bonapartist
Bovist
Cellist
Cembalist
Chorist
Christ
  Antichrist
Chronist
Dekabrist
Dentist
Drogist
Enzyklopädist
Essayist
Evangelist
Extremist
Feuilletonist

Florist
Flötist
Frist
  Galgenfrist
  Gnadenfrist
  Jahresfrist
  Lieferfrist
  Schutzfrist
  Zahlungsfrist
Gardist
  Leibgardist
Germanist
Gitarrist
Grossist
Harfenist
Hornist
Humorist
Illusionist
Infanterist
Internist
Jurist
Kabarettist
Kalvinist
Kantonist
Karikaturist
Karrierist
Kasuist
Kavallerist
Klarinettist
Kolonist
Kolumnist
Komponist
Kontorist
Kriminalist
Lagerist
Librettist
Linguist
List
  Arglist
  Hinterlist
  Kriegslist
Maschinist
Methodist
Mist
Moralist
Morphinist
Novellist
Nudist
Oboist

Obrist
Onanist
Organist
Orientalist
Pamphletist
Parodist
Perfektionist
Philatelist
Pianist
Polizist
  Geheimpolizist
  Grenzpolizist
  Verkehrspolizist
Posaunist
Prokurist
Propagandist
Prosaist
Protagonist
Publizist
Purist
Rabulist
Reformist
Reservist
Rist
  Widerrist
Romanist
Royalist
Saxophonist
Seminarist
Solist
Spartakist
Spezialist
Statist
Stilist
Tourist
Trappist
Trotzkist
Twist
Utopist
Violinist
Whist
Zionist
Zivilist
Zwist
  Ehezwist
  Familienzwist
bist
ist
trist

— ißt (ißt)

= – ist (ißt)
→ – essen (äßen)
→ – issen (ißen)

firnißt
  gefirnißt
frißt
hißt
  gehißt
ißt
mißt
  abmißt
  anmißt
  ausmißt
  beimißt
  bemißt
  durchmißt
  ermißt
  nachmißt
  vermißt
  zumißt
pißt
  gepißt
rißt
  abrißt
  anrißt
  aufrißt
  durchrißt
  mitrißt
  verrißt
  zerrißt
schißt
schmißt
vergißt

— iste (ißte)

= – ißte (ißte)
→ – ist (ißt)
→ – isten (ißten)

Kiste
  Flimmerkiste
  Flohkiste
  Holzkiste
  Trickkiste
  Zigarrenkiste
Liste
  Anwesenheitsliste
  Bestelliste
  Gästeliste
  Gewinnliste
  Lohnliste
  Namensliste
  Preisliste
  Rangliste
  Sammelliste
  Urlaubsliste
  Verlustliste
  Wahlliste
Piste
Riste
Ziste

— ißte (ißte)

= – iste (ißte)
→ – issen (ißen)
→ – ißt (ißt)

Vermißte
firnißte
hißte
pißte
vermißte

— istel (ißtel)

→ – isteln (ißteln)

Christel
Distel
  Milchdistel
  Sanddistel
  Silberdistel
Epistel
Fistel
Mistel

— isteln (ißteln)

→ – istel (ißtel)

fisteln

— isten (ißten)

= – ißten (ißten)
→ – ist (ißt)
→ – iste (ißte)

ablisten
auflisten
batisten
erlisten
fristen
  befristen
misten
  ausmisten
nisten
  einnisten
twisten
überlisten

— ißten (ißten)

= – isten (ißten)

Vermißten
firnißten
  gefirnißten
hißten
  gehißten
pißten
  anpißten
  auspißten
  bepißten
  verpißten
vermißten

— ister (ißter)

= – ißter (ißter)
→ – isten (ißten)
→ – istern (ißtern)

Bister
Geknister
Geschwister
  Halbgeschwister
  Stiefgeschwister
  Zwillingsgeschwister
Kanister
  Benzinkanister
  Ölkanister
Magister

Minister
  Außenminister
  Fachminister
  Finanzminister
  Gesundheitsminister
  Innenminister
  Justizminister
  Kriegsminister
  Kultusminister
  Premierminister
  Verteidigungs-
  minister
  Wirtschaftsminister
Mister
Philister
Register
  Bruttoregister
  Handelsregister
  Namensregister
  Orgelregister
  Personenregister
  Sachregister
  Strafregister
  Sündenregister
  Taufregister
Sister
Tornister
trister

— ißter (ißter)
= – ister (ißter)
→ – ißten (ißten)

Vermißter
bepißter
gefirnißter
vermißter

— istern (ißtern)
→ – ister (ißter)

knistern
verschwistern

— istig (ißti-ch)
→ – ich (i-ch)

kurzfristig
langfristig

listig
  arglistig
  hinterlistig
mistig
mittelfristig
vorfristig

— istigkeit (ißti-chkait)
→ – eit (ait)
→ – istig (ißti-ch)

Listigkeit
  Hinterlistigkeit
Zwistigkeit
  Ehezwistigkeit
  Familienzwistigkeit

— istik (ißtik)
→ – ick (ik)
→ – ik (ik)

Alpinistik
Anglistik
Äquilibristik
Artistik
Ballistik
Belletristik
Charakteristik
Essayistik
Germanistik
Journalistik
Kasuistik
Klassizistik
Kriminalistik
Linguistik
Logistik
Novellistik
Publizistik
Rabulistik
Romanistik
Slawistik
Sophistik
Statistik
  Arbeitslosenstatistik
  Betriebsstatistik
  Unfallstatistik
Stilistik
Touristik

— istiker (ißtiker)
→ – icker (iker)

Ballistiker
Statistiker

— istin (ißtin)
= – in (in)
= – inn (in)
→ – ist (ißt)

Altistin
Feministin
Harfenistin
Choristin
Christin
Egoistin
Floristin
Idealistin
Individualistin
Journalistin
Juristin
Kontoristin
Modistin
Pazifistin
Pianistin
Propagandistin
Solistin
Sopranistin
Statistin
Stenotypistin
Telefonistin
Terroristin
Touristin
Violinistin

— istisch (ißtisch)
= – ißtisch (ißtisch)
→ – isch (isch)
→ – ist (ißt)

absolutistisch
altruistisch
anachronistisch
aphoristisch
artistisch
atavistisch
atheistisch
avantgardistisch

ballistisch
charakteristisch
chauvinistisch
dirigistisch
egoistisch
eucharistisch
euphemistisch
extremistisch
folkloristisch
hellenistisch
humoristisch
idealistisch
inflationistisch
kommunistisch
marxistisch
nazistisch
opportunistisch
optimistisch
pessimistisch
realistisch
  unrealistisch
sadistisch
snobistisch
sozialistisch
statistisch
terroristisch
zaristisch
zentralistisch

— ißtisch (ißtisch)

= – istisch (ißtisch)
→ – isch (isch)

narzißtisch

— isto (ißto)

→ – o (o:)

Christo
Kallisto
Mephisto
Monte Cristo

— istung (ißtuŋ)

→ – isten (ißten)
→ – ung (uŋ)

Ausmistung
Befristung
Überlistung

— it (i:t)

= – id (i:t)
= – ied (i:t)
= – ieht (i:t)
= – iet (i:t)
= – ith (i:t)

Abderit
Anthrazit
Appetit
  Riesenappetit
Aquavit
Bandit
Biskuit
Dolomit
Dynamit
Eremit
Favorit
Granit
Graphit
Habit
Hamit
Hermaphrodit
Hussit
Hypokrit
Ismaelit
Israelit
Jemenit
Jesuit
Kolorit
Konvertit
Kosmopolit
Kredit
  Bankkredit
  Barkredit
  Mißkredit
  Privatkredit
  Staatskredit
Malachit
Mandrit
  Archimandrit
Meteorit
Metropolit
Minorit
Parasit
Plebiszit
Profit
Requisit
Risalit

Satellit
  Beobachtungssatellit
  Erdsatellit
  Nachrichtensatellit
  Weltraumsatellit
  Wettersatellit
Semit
  Antisemit
Sodomit
Stalagmit
Stalaktit
Sybarit
Theodolit
Transit
Transvestit
Zenit
explizit
exquisit
implizit

— it (it)

= – id (it)
= – ite (it)
= – ites (it)
= – ith (it)
= – itt (it)

Anthrazit
Defizit
Dolomit
Dynamit
Fazit
Gerrit
Granit
Graphit
Grit
Habit
Hit
Kalmit
Kermit
Kolorit
Limit
Malachit
Margit
Meteorit
Prosit
Sanskrit
Split

Sprit
Stalagmit
Stalaktit
Transit
fit
mit
  damit
  hiermit
  somit
  womit
prosit

— it (i:)

= – i (i:)

Esprit
Ondit

— ita (i:ta)

= – itha (i:ta)
→ – a (a:)

Anita
Evita
Margherita
Marita
Nikita
Partita
Pepita
Rita
Señorita
Vita
Dolce vita

— ita (ita)

= – itta (ita)
→ – a (a:)

Anita
Frasquita
Pepita
Rita
Señorita

— ite (i:te)

= – iete (i:te)
→ – it (i:t)
→ – iten (i:ten)

Amphitrite
Aphrodite
Brite
Elite
Partite
Rendite
Suite
Termite
Visite
  Stippvisite
explizite
implizite
rite

— ite (ite)

= – itte (ite)
→ – it (it)

Brite

— ite (it)

= – id (it)
= – it (it)
= – ites (it)
= – ith (it)
= – itt (it)

Pour le mérite
en suite

— itel (itel)

= – ittel (itel)

Kapitel
  Buchkapitel
  Domkapitel
  Ordenskapitel
  Romankapitel

— itelchen (itel-chen)

= – ittelchen (itel-chen)
→ – itel (itel)

Kapitelchen

— iten (i:ten)

= – ieten (i:ten)
→ – it (i:t)
→ – ite (i:te)

Depositen
Dolomiten
Hussiten
Kanditen
Leviten
Meriten
Riten
graniten

— iten (iten)

= – itten (iten)
→ – it (it)

Briten
graniten

— iter (i:ter)

= – ieter (i:ter)

Johanniter
Kanaaniter
Karmeliter
Liter
  Achtelliter
  Hektoliter
  Milliliter
  Viertelliter
  Zehntelliter
Moskowiter
Samariter
Titer

— iter (iter)

= – ither (iter)
= – itter (iter)

Jupiter
Liter
  Achtelliter
  Hektoliter
  Milliliter
  Viertelliter
  Zehntelliter

Tilsiter
eventualiter
formaliter
personaliter
realiter
verbaliter

— ites (it)

= – id (it)
= – it (it)
= – ite (it)
= – ith (it)
= – itt (it)

Pommes frites

— ith (i:t)

= – id (i:t)
= – ied (i:t)
= – ieht (i:t)
= – iet (i:t)
= – it (i:t)

Chrysolith
Megalith
Monolith

— ith (it)

= – id (it)
= – it (it)
= – ite (it)
= – ites (it)
= – itt (it)

Chrysolith
Edith
Judith
Megalith
Monolith

— itha (i:ta)

= – ita (i:ta)
→ – a (a:)

Roswitha

— ither (iter)

= – iter (iter)
= – itter (iter)

Zither
 Konzertzither
 Schlagzither
 Streichzither

— ithisch (i:tisch)

= – itisch (i:tisch)
→ – isch (isch)

megalithisch
monolithisch
neolithisch

— iti (i:ti)

→ – i (i:)

Haiti
Wapiti

— itia (i:tßia)

= – izia (i:tßia)
→ – a (a:)

Justitia

— itiker (i:tiker)

→ – icker (iker)
→ – ik (ik)

Kritiker
Politiker
 Bierbankpolitiker
Syphilitiker

— ition (itßio:n)

= – on (o:n)

Addition
Akquisition
Ambition
Definition
Disposition
 Indisposition

Edition
Expedition
 Forschungs-
 expedition
 Strafexpedition
Inhibition
Inquisition
Investition
Koalition
 Regierungskoalition
Komposition
 Dekomposition
Kondition
Munition
Opposition
Petition
Position
 Ausgangsposition
 Exposition
 Schlüsselposition
Prohibition
Präposition
Repetition
Spedition
Tradition

— itis (i:tiß)

→ – is (iß)

Arthritis
Bronchitis
Diphteritis
Fitis
Gastritis
Pleuritis
Rachitis

— itisch (i:tisch)

= – ithisch (i:tisch)
→ – isch (isch)

abderitisch
aphroditisch
britisch
glagolitisch
hermaphroditisch
hethitisch
israelitisch
jesuitisch

kritisch
  gesellschaftskritisch
  selbstkritisch
  sozialkritisch
  unkritisch
parasitisch
politisch
  außenpolitisch
  innenpolitisch
  kosmopolitisch
  unpolitisch
rachitisch
semitisch
  antisemitisch
sodomitisch
sybaritisch
syphilitisch

— **itische (i:tische)**

→ – itisch (i:tisch)

britische
kritische
politische
semitische

— **itium (i:tßi-um)**

= – izium (i:tßi-um)
= – um (um)
= – umm (um)

Exerzitium
Interstitium
Justitium
Solstitium
Tritium
Vitium

— **itlich (i:tli-ch)**

= – iedlich (i:tli-ch)
= – ietlich (i:tli-ch)
→ – ich (i-ch)

appetitlich
  unappetitlich
profitlich

— **itlichkeit (i:tli-chkait)**

= – iedlichkeit (i:tli-chkait)
→ – eit (ait)

Appetitlichkeit
  Unappetitlichkeit

— **ito (i:to)**

→ – o (o:)

Dito
Graffito
Moskito
Quito
Sgraffito
dito

— **itor (i:tor)**

= – or (o:r)

Auditor
Expeditor
Inquisitor
  Großinquisitor
Konditor
Repetitor
  Korrepetitor

— **itsch (itsch)**

= – idge (itsch)
→ – itsche (itsche)
→ – itschen (itschen)

Kitsch
Klitsch
klitsch
ritsch

— **itsche (itsche)**

→ – itsch (itsch)
→ – itschen (itschen)

Glitsche
Hitsche
Klitsche
Pritsche
glitsche
titsche
verkitsche
witsche

— **itschen (itschen)**

→ – itsch (itsch)
→ – itsche (itsche)

fitschen
glitschen
  abglitschen
  ausglitschen
  entglitschen
kitschen
  verkitschen
klitschen
knitschen
pritschen
ritschen
titschen
  eintitschen
witschen
  auswitschen
  durchwitschen

— **itschig (itschi-ch)**

→ – ich (i-ch)

glitschig
kitschig
klitschig

— **itt (it)**

= – id (it)
= – it (it)
= – ite (it)
= – ites (it)
= – ith (it)
→ – eiden (aiden)
→ – eiten (aiten)
→ – itte (ite)
→ – itten (iten)

551

Abschnitt
  Buchabschnitt
  Lebensabschnitt
  Zeitabschnitt
Antritt
  Amtsantritt
  Arbeitsantritt
  Dienstantritt
  Haftantritt
  Strafantritt
  Urlaubsantritt
Britt
Kitt
Ritt
  Ausritt
  Beritt
  Bravourritt
  Einritt
  Geländeritt
  Heimritt
  Hexenritt
  Spazierritt
  Umritt
  Walkürenritt
Schnitt
  Anschnitt
  Aufschnitt
  Ausschnitt
  Durchschnitt
  Einschnitt
  Feinschnitt
  Gesichtsschnitt
  Goldschnitt
  Grobschnitt
  Haarschnitt
  Holzschnitt
  Kaiserschnitt
  Kleiderschnitt
  Krüllschnitt
  Längsschnitt
  Linolschnitt
  Querschnitt
  Scherenschnitt
  Zuschnitt
Schritt
  Eilschritt
  Fortschritt
  Geschwindschritt
  Gleichschritt

Laufschritt
Paradeschritt
Rückschritt
Stechschritt
Sturmschritt
Tangoschritt
Tanzschritt
Walzerschritt
Splitt
  Rollsplitt
Tritt
  Abtritt
  Antritt
  Arschtritt
  Auftritt
  Austritt
  Beitritt
  Eintritt
  Fehltritt
  Fenstertritt
  Fußtritt
  Hahnentritt
  Rücktritt
  Übertritt
  Vortritt
  Wagentritt
  Zusammentritt
  Zutritt
Unschlitt
Verschnitt
glitt
litt
quitt
ritt
schnitt
schritt
selbdritt
stritt
zu dritt

— itta (ita)

= – ita (ita)
→ – a (a:)

Brigitta
Britta
Gitta
Melitta

— ittchen (it-chen)

→ – itte (ite)

Dittchen
Flittchen
Kittchen
Schlafittchen
Schneewittchen
Schnittchen
Tittchen

— itte (ite)

= – ite (ite)
→ – eiden (aiden)
→ – eiten (aiten)
→ – itt (it)
→ – itten (iten)

Bitte
  Abbitte
  Fehlbitte
  Fürbitte
Brigitte
  Gitte
Dritte
Gnitte
Mitte
  Stadtmitte
Quitte
Schnitte
  Brotschnitte
  Butterschnitte
  Käseschnitte
  Kuchenschnitte
  Marmeladenschnitte
  Quarkschnitte
  Schinkenschnitte
  Schmalzschnitte
  Wurstschnitte
Sitte
  Landessitte
  Unsitte
Soffitte
Titte
bitte
dritte
kitte

litte
ritte
schnitte
schritte
stritte

– ittel (itel)

= – itel (itel)
→ – itteln (iteln)

Drittel
  Zweidrittel
Heilmittel
  Allheilmittel
Kittel
  Arbeitskittel
  Malerkittel
Knittel
Mittel
  Abführmittel
  Anregungsmittel
  Arzneimittel
  Aufputschmittel
  Barmittel
  Beförderungsmittel
  Behelfsmittel
  Beruhigungsmittel
  Betäubungsmittel
  Betriebsmittel
  Beweismittel
  Bindemittel
  Brechmittel
  Desinfektionsmittel
  Druckmittel
  Düngemittel
  Einreibungsmittel
  Futtermittel
  Gegenmittel
  Geheimmittel
  Geldmittel
  Genußmittel
  Haarfärbemittel
  Haarwuchsmittel
  Hausmittel
  Herzmittel
  Hilfsmittel
  Klebemittel
  Konservierungsmittel
  Kräftigungsmittel
  Lebensmittel
  Lehrmittel
  Lösungsmittel
  Nährmittel
  Produktionsmittel
  Putzmittel
  Reinigungsmittel
  Schlafmittel
  Schönheitsmittel
  Stärkungsmittel
  Transportmittel
  Treibmittel
  Verhütungsmittel
  Verjüngungsmittel
  Verkehrsmittel
  Vertilgungsmittel
  Vorbeugungsmittel
  Waschmittel
  Werbemittel
  Wundermittel
  Zahlungsmittel
  Zaubermittel
  Zugmittel
  Zwangsmittel
Nahrungsmittel
  Grundnahrungsmittel
  Hauptnahrungsmittel
Pflegemittel
  Hautpflegemittel
Schutzmittel
  Frostschutzmittel
  Pflanzenschutzmittel
  Rostschutzmittel
Spittel

– ittelchen (itel-chen)

= – itelchen (itel-chen)
→ – ittel (itel)

Kittelchen
Mittelchen

– itteln (iteln)

→ – itel (itel)
→ – ittel (itel)

ausmitteln
dritteln
ermitteln
kritteln
  bekritteln
schlitteln
übermitteln
vermitteln

– ittels (itelß)

→ – itel (itel)
→ – ittel (itel)
→ – itteln (iteln)

Drittels
Kittels
bekrittel's
mittels
  vermittels

– ittelt (itelt)

→ – itteln (iteln)

bemittelt
  minderbemittelt
  unbemittelt
drittelt
  gedrittelt
krittelt
  bekrittelt
vermittelt
  unvermittelt

– itt(e)lung (it(e)luŋ)

= – ittlung (itluŋ)
→ – itteln (iteln)
→ – ung (uŋ)

Bekrittelung
Drittelung

— itten (iten)

= – iten (iten)
→ – eiden (aiden)
→ – eiten (aiten)
→ – itt (it)
→ – itte (ite)

Schlitten
  Hundeschlitten
  Motorschlitten
  Pferdeschlitten
  Rennschlitten
  Rodelschlitten
  Segelschlitten
Titten
babysitten
beritten
  leichtberitten
  unberitten
beschnitten
  unbeschnitten
bestritten
  unbestritten
bitten
  abbitten
  ausbitten
  fürbitten
  herbitten
  hereinbitten
  hinbitten
  hineinbitten
  losbitten
  verbitten
erbitten
  zurückerbitten
fitten
  ausfitten
gelitten
  ungelitten
geschritten
  fortgeschritten
  vorgeschritten
glitten
  geglitten
kitten
  ankitten
  auskitten
  einkitten
  festkitten
  verkitten
  zukitten
  zusammenkitten
litten
mitten
  inmitten
ritten
  geritten
schnitten
  geschnitten
schritten
stritten
  gestritten
umstritten
  unumstritten
verschnitten
  unverschnitten
zerstritten

— ittend (itent)

→ – itten (iten)

babysittend
bittend
kittend

— itter (iter)

= – iter (iter)
= – ither (iter)
→ – ittern (itern)

Flitter
  Goldflitter
Fürbitter
Geknitter
Gewitter
  Ungewitter
  Wärmegewitter
  Wintergewitter
Gezitter
Gitter
  Drahtgitter
  Eisengitter
  Fallgitter
  Fenstergitter
  Fliegengitter
  Holzgitter
  Käfiggitter
  Kreuzgitter
  Scherengitter
  Schutzgitter
Hochzeitsbitter
Leichenbitter
Magenbitter
Ritter
  Glücksritter
  Gralsritter
  Kreuzritter
  Ordensritter
  Raubritter
  Strauchritter
  Tempelritter
Schnitter
Sitter
  Babysitter
Splitter
  Bombensplitter
  Eisensplitter
  Gedankensplitter
  Glassplitter
  Granatsplitter
  Holzsplitter
  Metallsplitter
Zwitter
bitter
  gallenbitter
dritter

— itt(e)rig (it(e)ri-ch)

→ – ich (i-ch)

gewitt(e)rig
knitt(e)rig
splitt(e)rig
zitt(e)rig
zwitt(e)rig

— itterin (iterin)

= – in (in)
= – inn (in)
→ – itter (iter)

Babysitterin
Fürbitterin
Schnitterin

− itterlich (iterli-ch)

→ − ich (i-ch)

bitterlich
ritterlich
  unritterlich

− ittern (itern)

→ − itter (iter)

erbittern
flittern
gittern
  abgittern
  eingittern
  umgittern
  vergittern
klittern
knittern
  verknittern
  zerknittern
schlittern
  hineinschlittern
splittern
  absplittern
  aufsplittern
  versplittern
  zersplittern
verbittern
wittern
  auswittern
  gewittern
  umwittern
  verwittern
zittern
  abzittern
  durchzittern
  erzittern
  nachzittern

− ittert (itert)

→ − ittern (itern)

erbittert
gewittert
knittert
  geknittert
schlittert
  geschlittert
splittert
  gesplittert
umwittert
  geheimnisumwittert
verbittert
vergittert
  unvergittert
wittert
zittert
  gezittert

− itterung (iteruŋ)

→ − ittern (itern)
→ − ung (uŋ)

Erbitterung
Klitterung
  Geschichtsklitterung
Splitterung
  Absplitterung
  Aufsplitterung
  Zersplitterung
Verbitterung
Vergitterung
Verwitterung
  Frostverwitterung
Witterung
Zerknitterung

− itt(e)st (it(e)ßt)

= − itzt (itßt)
→ − itten (iten)

bitt(e)st
glitt(e)st
kitt(e)st
litt(e)st
ritt(e)st
schnitt(e)st
schritt(e)st
stritt(e)st

− ittet (itet)

→ − itten (iten)

bittet
gesittet
  ungesittet
glittet
kittet
littet
rittet
schnittet
schrittet
strittet

− ittich (iti-ch)

= − ittig (iti-ch)
→ − ich (i-ch)

Fittich
Sittich
  Wellensittich

− ittig (iti-ch)

= − ittich (iti-ch)
→ − ich (i-ch)

schnittig
sittig
strittig
  unstrittig

− ittler (itler)

Fortschrittler
Krittler
  Bekrittler
Mittler
Rückschrittler
Vermittler
  Heiratsvermittler
  Stellenvermittler

− ittlich (itli-ch)

→ − ich (i-ch)

durchschnittlich
fortschrittlich
rückschrittlich

sittlich
  unsittlich
  unerbittlich

**— ittlichen
(itli-chen)**

→ — ittlich (itli-ch)

entsittlichen
versittlichen

**— ittlichkeit
(itli-chkait)**

→ — eit (ait)
→ — ittlich (itli-ch)

Fortschrittlichkeit
Sittlichkeit
Unerbittlichkeit

— ittlung (itluŋ)

= — itt(e)lung (it(e)luŋ)
→ — itteln (iteln)
→ — ung (uŋ)

Ermittlung
  Bedarfsermittlung
  Gewinnermittlung
Übermittlung
  Nachrichten-
  übermittlung
Vermittlung
  Arbeitsvermittlung
  Ehevermittlung
  Fernsprech-
  vermittlung
  Heiratsvermittlung
  Stellenvermittlung
  Wohnungs-
  vermittlung
  Zimmervermittlung

— ittung (ituŋ)

→ — itten (iten)
→ — ung (uŋ)

Gesittung
Quittung
Verkittung

— itty (iti)

= — ity (iti)

Kitty

— ity (iti)

= — itty (iti)

City

— itz (itß)

= — iz (itß)
→ — id (it)
→ — it (it)
→ — itt (it)
→ — itze (itße)
→ — itzen (itßen)

Antlitz
Austerlitz
Besitz
  Familienbesitz
  Hausbesitz
  Landbesitz
  Vollbesitz
Blitz
  Elektronenblitz
  Gedankenblitz
  Geistesblitz
  Kugelblitz
Flitz
Fritz
Girlitz
Gleiwitz
Görlitz
Grundbesitz
  Großgrundbesitz
Kattowitz
Kiebitz
Kitz
  Bockkitz
  Gamskitz
  Rehkitz
Moritz
Mumpitz
Neustrelitz

Ritz
Saßnitz
Schlitz
  Briefkastenschlitz
  Hosenschlitz
  Sehschlitz
  Türschlitz
  Vorhangschlitz
Schmitz
Schnitz
Sitz
  Alterssitz
  Amtssitz
  Ansitz
  Beifahrersitz
  Bischofssitz
  Fahrersitz
  Feriensitz
  Führersitz
  Hauptsitz
  Hochsitz
  Klappsitz
  Landsitz
  Notsitz
  Regierungssitz
  Reitsitz
  Rücksitz
  Sperrsitz
  Stammsitz
  Vordersitz
  Vorsitz
  Witwensitz
  Wohnsitz
Slibowitz
Spitz
  Dreispitz
  Tafelspitz
  Wolfsspitz
  Zwergspitz
Stieglitz
Witz
  Aberwitz
  Flüsterwitz
  Fürwitz
  Mutterwitz
  Treppenwitz
  Vorwitz
  Wahnwitz
  Wortwitz

Zitz
blitz
flitz
ritz
schlitz
schnitz
schwitz
sitz
spitz
spritz

– itzchen (itß-chen)

→ – itz (itß)
→ – itze (itße)

Fitzchen
Fritzchen
Kinkerlitzchen
Kitzchen
Lakritzchen
Ritzchen
Schlitzchen
Spitzchen
Witzchen

– itze (itße)

= – izze (itße)
→ – itz (itß)
→ – itzen (itßen)

Berberitze
Dirlitze
Elritze
Fitze
Gespritze
Gnitze
Haubitze
  Feldhaubitze
Herlitze
Hitze
  Affenhitze
  Bombenhitze
  Bullenhitze
  Gluthitze
  Mittagshitze
  Siedehitze

Kitze
Lakritze
Litze
Nörgelfritze
Ritze
  Bettritze
  Felsenritze
  Fensterritze
  Mauerritze
  Stimmritze
  Türritze
Schmitze
Schwitze
  Mehlschwitze
Spitze
  Alpspitze
  Bergspitze
  Christbaumspitze
  Dachspitze
  Degenspitze
  Felsenspitze
  Fingerspitze
  Fußspitze
  Landspitze
  Messerspitze
  Nagelspitze
  Nasenspitze
  Pfeilspitze
  Säbelspitze
  Schwanzspitze
  Turmspitze
  Zehenspitze
  Zigarrenspitze
  Zigarettenspitze
  Zugspitze
  Zungenspitze
Spritze
  Feuerspritze
  Wasserspritze
Zitze
blitze
flitze
ritze
schlitze
schnitze
schwitze
sitze
spitze
spritze

– itzel (itßel)

→ – itzeln (itßeln)

Gekritzel
Gepitzel
Gewitzel
Kitzel
  Gaumenkitzel
  Nervenkitzel
Ritzel
Schnitzel
  Kalbsschnitzel
  Papierschnitzel
  Rübenschnitzel
  Schweineschnitzel
Spitzel
  Lockspitzel
  Polizeispitzel

– itz(e)lig (itß(e)li-ch)

→ – ich (i-ch)

kitz(e)lig
kritz(e)lig

– itzeln (itßeln)

→ – itzel (itßel)

kitzeln
kritzeln
  bekritzeln
  hinkritzeln
  zusammenkritzeln
schnitzeln
spitzeln
  bespitzeln
witzeln
  bewitzeln

– itzen (itßen)

→ – itz (itß)
→ – itze (itße)
→ – izze (itße)

blitzen
  abblitzen

aufblitzen
anblitzen
durchblitzen
erhitzen
fitzen
  auffitzen
  verfitzen
flitzen
  abflitzen
  anflitzen
kiebitzen
ritzen
  anritzen
  aufritzen
  einritzen
schlitzen
  aufschlitzen
  zerschlitzen
schmitzen
schnitzen
  ausschnitzen
  einschnitzen
schwitzen
  ausschwitzen
  durchschwitzen
  verschwitzen
sitzen
  absitzen
  ansitzen
  aufsitzen
  beisammensitzen
  beisitzen
  besitzen
  dasitzen
  durchsitzen
  einsitzen
  festsitzen
  geradesitzen
  herumsitzen
  nachsitzen
  stillsitzen
  versitzen
  zusammensitzen
spitzen
  anspitzen
  überspitzen
  zuspitzen
spritzen
  abspritzen

anspritzen
aufspritzen
auseinanderspritzen
ausspritzen
bespritzen
einspritzen
überspritzen
verspritzen
stibitzen
überhitzen

— itzend (itßent)

→ — itzen (itßen)

aufblitzend
einritzend
gutsitzend
schnitzend
schwitzend
spritzend

— itzer (itßer)

→ — itz (itß)
→ — itzen (itßen)
→ — itzern (itßern)

Bauchaufschlitzer
Beisitzer
Besitzer
  Fabrikbesitzer
  Gutsbesitzer
  Hausbesitzer
  Ladenbesitzer
Blitzer
Doppelsitzer
Durchlauferhitzer
Einsitzer
Flitzer
Grundbesitzer
  Großgrundbesitzer
Nachsitzer
Ritzer
Schnitzer
  Bildschnitzer
  Holzschnitzer
  Sprachschnitzer
Spitzer
  Bleistiftspitzer

Spritzer
  Sahnespritzer
  Wasserspritzer
Stibitzer
Viersitzer
Zweisitzer
spitzer

— itzern (itßern)

→ — itzer (itßer)

glitzern

— itzi (itßi)

= — izzi (itßi)

Mitzi

— itzig (itßi-ch)

→ — ich (i-ch)

dreisitzig
einsitzig
hitzig
schwitzig
spitzig
spritzig
viersitzig
witzig
  aberwitzig
  fürwitzig
  vorwitzig
  wahnwitzig
zweisitzig

— itzigkeit (itßi-chkait)

→ — eit (ait)
→ — itzig (itßi-ch)

Hitzigkeit
Spitzigkeit
Spritzigkeit
Witzigkeit

— itzlein (itßlain)

= — ein (ain)
→ — itz (itß)
→ — itze (itße)

Fitzlein
Kitzlein
Ritzlein
Spitzlein
Witzlein

— itzlos (itßlo:ß)

= — os (o:ß)
= — oß (o:ß)

besitzlos
witzlos

— itzt (itßt)

= — itt(e)st (it(e)ßt)
→ — itzen (itßen)

blitzt
  geblitzt
erhitzt
fitzt
  gefitzt
flitzt
  geflitzt
geschnitzt
  handgeschnitzt
gewitzt
ritzt
  geritzt
schlitzt
  geschlitzt
schnitzt
schwitzt
  geschwitzt
sitzt
spitzt
  gespitzt
spritzt
  gespritzt
stibitzt
verschmitzt

— itzte (itßte)

→ — itzen (itßen)
→ — itzt (itßt)

Gespritzte
Gewitzte
Verschmitzte
blitzte
erhitzte
fitzte
flitzte
ritzte
schlitzte
schnitzte
schwitzte
spitzte
spritzte
stibitzte

— itzung (itßuŋ)

→ — itzen (itßen)
→ — ung (uŋ)

Aufschlitzung
Ausschwitzung
Einspritzung
Ritzung
Sitzung
  Aufsichtsratssitzung
  Dauersitzung
  Kabinettssitzung
  Vollsitzung
  Vorstandssitzung
Überspitzung
Verfitzung

— iv (i:f)

= — ativ (ati:f)
= — eef (i:f)
= — ief (i:f)
= — if (i:f)
= — ive (i:f)
→ — ieve (i:fe)

Ablativ
Adjektiv
Akkusativ
Aktiv
Archiv
  Bildarchiv
  Filmarchiv
  Geheimarchiv
  Hausarchiv
  Kriegsarchiv
  Landesarchiv
  Schallarchiv
  Staatsarchiv
  Stadtarchiv
  Zeitungsarchiv
  Zentralarchiv
Dativ
Detektiv
  Hoteldetektiv
  Kaufhausdetektiv
  Privatdetektiv
Diminutiv
Fixativ
Genitiv
Imperativ
Indikativ
Infinitiv
Kollektiv
Komparativ
Konjunktiv
Korrektiv
Laxativ
Lokativ
Massiv
  Gebirgsmassiv
Motiv
  Grundmotiv
  Hauptmotiv
  Leitmotiv
  Tatmotiv
Negativ
Nominativ
Objektiv
  Aufnahmeobjektiv
  Photoobjektiv
  Teleobjektiv
  Weitwinkelobjektiv
Passiv
Positiv
  Diapositiv
Prärogativ
Präservativ

Regulativ
Rezidiv
Rezitativ
Sedativ
Stativ
Substantiv
Superlativ
Vokativ
administrativ
aggressiv
aktiv
  atmungsaktiv
  inaktiv
  radioaktiv
  reaktiv
alternativ
attraktiv
  unattraktiv
deduktiv
defensiv
definitiv
dekorativ
demonstrativ
depressiv
deskriptiv
destruktiv
effektiv
  uneffektiv
eruptiv
exklusiv
expansiv
explosiv
expressiv
exzessiv
fakultativ
fiktiv
föderativ
impulsiv
induktiv
informativ
initiativ
instinktiv
instruktiv
intensiv
intuitiv
karitativ
kollektiv
konservativ
konspirativ

konstruktiv
kontemplativ
kooperativ
korporativ
kursiv
lasziv
lukrativ
massiv
naiv
negativ
normativ
objektiv
offensiv
oliv
operativ
ostentativ
passiv
plakativ
positiv
präventiv
primitiv
produktiv
  unproduktiv
progressiv
qualitativ
quantitativ
reflexiv
regulativ
relativ
  korrelativ
repräsentativ
repressiv
retrospektiv
selektiv
sensitiv
spekulativ
subjektiv
subversiv
suggestiv
sukzessiv
transitiv
  intransitiv
ultimativ
vegetativ

— **iva (i:wa)**

= – iwa (i:wa)
→ – a (a:)

Aktiva
Diva
  Filmdiva
  Operndiva
  Operettendiva
Oliva
Passiva
Vita activa
Vita contemplativa
evviva

— **ive (i:f)**

= – ativ (ati:f)
= – eef (i:f)
= – ief (i:f)
= – if (i:f)
= – iv (i:f)
→ – ieve (i:fe)

Quivive

— **ive (i:we)**

→ – iv (i:f)

Alternative
Defensive
Direktive
Exekutive
Initiative
Invektive
Khedive
Legislative
Lokomotive
Offensive
  Gegenoffensive
Olive
Perspektive
  Froschperspektive
  Vogelperspektive
  Zukunftsperspektive
Prärogative
exklusive
inklusive
respektive

— iven (i:wen)
→ – iv (i:f)
→ – ive (i:we)

Malediven

— ivia (i:wia)
→ – a (a:)

Clivia
Livia
Olivia

— ivisch (i:wisch)
→ – isch (isch)

bolivisch
maledivisch
musivisch

— iwa (i:wa)
= – iva (i:wa)
→ – a (a:)

Schiwa
Siwa

— ix (ikß)
= – ichs (ikß)
= – icks (ikß)
→ – ic (ik)
→ – ig (ik)
→ – ique (ik)
→ – ixe (ikße)
→ – ixen (ikßen)

Affix
Appendix
Kruzifix
Mastix
Nix
Phönix
Präfix
Six
Suffix
fix
nix
sapperdibix

— ix (i:)
= – i (i:)

Grand Prix

— ixchen (ikß-chen)
= – ickschen (ikß-chen)
→ – ix (ikß)
→ – ixe (ikße)

Kruzifixchen
Nixchen

— ixe (ikße)
= – ichse (ikße)
= – ickse (ikße)
→ – ix (ikß)
→ – ixen (ikßen)

Nixe
  Badenixe
  Flußnixe
  Wassernixe
fixe
mixe

— ixen (ikßen)
= – ichsen (ikßen)
= – icksen (ikßen)
→ – ix (ikß)
→ – ixe (ikße)

Brixen
ausixen
durchixen
fixen
mixen
  durchmixen
  vermixen
  zusammenmixen

— ixer (ikßer)
= – ichser (ikßer)
= – ickser (ikßer)

Fixer
Mixer
  Barmixer
  Küchenmixer
  Tonmixer
fixer

— ixt (ikßt)
= – ichst (ikßt)
= – ickst (ikßt)
→ – ixen (ikßen)

ausgeixt
durchgeixt
fixt
  gefixt
mixt
  gemixt
verflixt

— iz (i:tß)
= – iets (i:tß)
= – ietz (i:tß)
= – iez (i:tß)
= – yz (i:tß)
→ – id (i:t)
→ – ied (i:t)
→ – ieht (i:t)
→ – iet (i:t)
→ – it (i:t)
→ – ith (i:t)
→ – ize (i:tße)

Benefiz
Frontispiz
Hospiz
Indiz
Judiz
  Präjudiz
Justiz
  Lynchjustiz
Malefiz
Miliz

Notiz
  Aktennotiz
  Pressenotiz
Offiz
Primiz

— iz (itß)

= — itz (itß)

Piz

— izchen (i:tß-chen)

= — iezchen (i:tß-chen)
→ — iz (i:tß)
→ — ize (i:tße)

Komplizchen
Notizchen
Novizchen

— ize (i:tße)

= — ice (i:tße)
= — ietze (i:tße)
= — ieze (i:tße)
→ — iz (i:tß)

Komplize
Matrize
Mestize

Novize
Patrize

— izen (i:tßen)

= — ietzen (i:tßen)
= — iezen (i:tßen)
→ — iz (i:tß)
→ — ize (i:tße)

Hospizen
Komplizen
Mestizen
Notizen
Novizen

— izia (i:tßia)

= — itia (i:tßia)
→ — a (a:)

Felizia

— izien (i:tßi-en)

Galizien
Phönizien
Uffizien

— izier (i:tßi-er)

Galizier
Maurizier
Patrizier
Phönizier

— izisch (i:tßisch)

→ — isch (isch)

galizisch
patrizisch
phönizisch

— izium (i:tßi-um)

= — itium (i:tßi-um)
= — um (um)

Auspizium
Benefizium
Silizium

— izza (itßa)

→ — a (a:)

Nizza
Pizza

— izze (itße)

= — itze (itße)

Skizze

— izzi (itßi)

Mizzi
Strizzi

Reimgruppen mit der Endreimsilbe

O

— o (o:)
= – aud (o:)
= – eau (o:)
= – eaux (o:)
= – oe (o:)
= – oh (o:)
= – oo (o:)
= – os (o:)
= – ot (o:)
= – ow (o:)

Abbano
Adagio
Auto
Bagno
Banjo
Bergamo
Bodo
Borneo
Buffo
  Baßbuffo
  Operettenbuffo
  Tenorbuffo
Büro
  Fundbüro
  Lohnbüro
  Personalbüro
  Politbüro
  Reisebüro
Calypso
Capriccio
Cello
  Violoncello
Cembalo
Demo
Diabolo
Domino
Duo
  Gesangsduo
Dynamo
Echo
Ego
Embryo
Eskimo
Figaro
Folio
Fortissimo
Gaucho
Gigolo

Gingko
Giro
Gusto
Hallo
Halo
Hidalgo
Hokkaido
Holdrio
Horrido
Hugo
Indigo
Inkognito
Isonzo
Ivo
Jesolo
Jo-Jo
Judo
Juso
Kairo
Kimono
Kommando
  Einsatzkommando
  Hinrichtungs-
  kommando
  Oberkommando
  Rollkommando
  Sonderkommando
  Überfall-
  kommando
Maestro
Mambo
Marengo
Marokko
Metro
Mexiko
Monaco
Monte Carlo
Mungo
Obligo
Oslo
Ouzo
Palermo
Pedro
Pesaro
Pharao
Placebo
Po
Poncho
Popo

Porto
  Briefporto
  Strafporto
Posto
Pro
Radio
  Autoradio
  Kofferradio
  Transistorradio
Ratio
Risiko
Rodrigo
Rokoko
Rollo
Rondo
Saldo
Scherzo
Schirokko
Schupo
Soho
Status quo
Steno
Stereo
Studio
  Aufnahmestudio
  Fernsehstudio
  Filmstudio
  Rundfunkstudio
Stylo
Tempo
  Affentempo
  Eiltempo
  Marschtempo
  Schneckentempo
Togo
Tokio
Tremolo
Treviso
Ultimo
Velo
Verkehrsbüro
  Fremdenverkehrs-
  büro
Vertiko
Vibrato
Viterbo
Vopo
WISO
Zetermordio

Zigarillo
anno
bravo
de facto
desto
ergo
feurio
fortissimo
hallo
heiopopeio
ho
  hoho
holdrio
horrido
inkognito
mordio
  zetermordio
oho
pro
so
  also
  ebenso
  geradeso
  soso
  soundso
  umso
wieso
  sowieso
wo
  allwo
  anderswo
  irgendwo
  nirgendwo
  sonstwo
zwo

— ö (ö:)

= – eue (ö:)
= – eur (ö:)
= – ieu (ö:)
= – oe (ö:)
= – öh (ö:)

Bö
  Sturmbö
Diarrhö
Kö
tschö

— oa (o:a)

= – oah (o:a)
→ – a (a:)

Boa
Goa
Samoa
Stoa

— oah (o:a)

= – oa (o:a)
→ – a (a:)

Eloah
Noah

— oast (o:ßt)

= – oost (o:ßt)
= – ost (o:ßt)
= – oßt (o:ßt)

Toast
toast

— oaste (o:ßte)

= – ooste (o:ßte)
= – oste (o:ßte)
= – oßte (o:ßte)

Toaste
toaste

— oasten (o:ßten)

= – oosten (o:ßten)
= – osten (o:ßten)

Toasten
toasten

— oaster (o:ßter)

= – ooster (o:ßter)
= – oster (o:ßter)

Toaster

— ob (o:p)

= – op (o:p)
→ – obe (o:be)
→ – oben (o:ben)

Gottlob
Job
Lob
  Eigenlob
  Selbstlob
gottlob
grob
  saugrob
hob
schnob
schob
stob
wob

— ob (op)

= – op (op)
= – opp (op)

Bob
Hiob
Jakob
Job
  Fulltime-Job
Mob
Nabob
Ob
Snob
ob
  darob
  drob

— obbe (obe)

→ – obben (oben)

Robbe

— obben (oben)

→ – obbe (obe)

bobben
jobben
robben

— **obbte (opte)**

= – obte (opte)
= – oppte (opte)
= – opte (opte)
→ – obben (oben)

robbte

— **obbten (opten)**

= – obten (opten)
= – oppten (opten)
= – opten (opten)
→ – obben (oben)

jobbten

— **obby (obi)**

Bobby
Hobby
Lobby

— **öbchen (ö:p-chen)**

→ – obe (o:be)
→ – öbe (ö:be)

Amöbchen
Pröbchen

— **obe (o:be)**

→ – ob (o:p)
→ – oben (o:ben)

Garderobe
  Flurgarderobe
  Theatergarderobe
Getobe
Karobe
Mikrobe
Probe
  Anprobe
  Bewährungsprobe
  Blutprobe
  Feuerprobe
  Geduldsprobe
  Gegenprobe
  Generalprobe
  Hauptprobe
  Kostprobe
  Kostümprobe
  Kraftprobe
  Leseprobe
  Machtprobe
  Mutprobe
  Nagelprobe
  Schriftprobe
  Stellprobe
  Stichprobe
  Talentprobe
  Warenprobe
  Wasserprobe
  Weinprobe
  Zerreißprobe
Robe
  Abendrobe
  Ballrobe
  Festrobe
lobe
probe
tobe

— **öbe (ö:be)**

Amöbe
Phöbe
höbe
schnöbe
schöbe
wöbe
zerstöbe

— **obel (o:bel)**

→ – obeln (o:beln)

Hobel
  Falzhobel
  Krauthobel
  Nuthobel
  Rundhobel
  Schlichthobel
Kobel
Tobel
Zobel
nobel

— **öbel (ö:bel)**

→ – öbeln (ö:beln)

Möbel
  Anbaumöbel
  Büromöbel
  Gartenmöbel
  Korbmöbel
  Polstermöbel
  Rohrmöbel
Pöbel

— **obeln (o:beln)**

→ – obel (o:bel)

hobeln
  abhobeln
  behobeln
  glatthobeln
knobeln
  ausknobeln

— **öbeln (ö:beln)**

→ – öbel (ö:bel)

aufmöbeln
pöbeln
  anpöbeln
vermöbeln

— **obelt (o:belt)**

→ – obeln (o:beln)

gehobelt
  ungehobelt
hobelt
knobelt
  geknobelt

— **öbelt (ö:belt)**

→ – öbeln (ö:beln)

aufgemöbelt
pöbelt
  gepöbelt
vermöbelt

— oben (o:ben)

→ – ob (o:p)
→ – obe (o:be)

Globen
  Himmelsgloben
Kloben
  Holzkloben
Koben
  Schweinekoben
droben
gehoben
geloben
  angeloben
geschoben
gestoben
gewoben
hoben
  abhoben
  anhoben
  aufhoben
  aushoben
  behoben
  enthoben
  erhoben
  hochhoben
  überhoben
  verhoben
loben
  beloben
  entloben
  verloben
oben
  kieloben
proben
  anproben
  durchproben
  erproben
schnoben
  geschnoben
schoben
  abschoben
  anschoben
  aufschoben
  durchschoben
  einschoben
  herausschoben
  hereinschoben
  herumschoben
  hinausschoben
  hineinschoben
  nachschoben
  verschoben
  vorschoben
  wegschoben
  zusammenschoben
  zuschoben
stoben
  auseinanderstoben
toben
  austoben
  durchtoben
  herumtoben
woben
  durchwoben
  verwoben
umwoben
  geheimnisumwoben
  sagenumwoben
verschroben

— ober (o:ber)

→ – obern (o:bern)

Kober
Ober
  Blattober
  Eichelober
  Herzober
  Schellenober
Oktober
Schober
  Getreideschober
  Heuschober
Zinnober

— öber (ö:ber)

→ – öbern (ö:bern)

Gestöber
  Schneegestöber
Stöber
gröber

— obere (o:bere)

→ – obern (o:bern)

Obere
erobere
obere
schnobere

— obern (o:bern)

→ – ober (o:ber)

aufschobern
erobern
  wiedererobern
  zurückerobern
schnobern

— öbern (ö:bern)

→ – öber (ö:ber)

stöbern
  abstöbern
  aufstöbern
  ausstöbern
  durchstöbern
  herumstöbern
vergröbern

— obig (o:bi-ch)

→ – ich (i-ch)

klobig
obig

— obigen (o:bigen)

belobigen
klobigen
obigen

— öblich (ö:pli-ch)

→ – ich (i-ch)

gröblich
löblich
  hochwohllöblich

— obst (o:pßt)

= – opst (o:pßt)
→ – oben (o:ben)

Obst
  Backobst
  Beerenobst
  Dürrobst
  Fallobst
  Frischobst
  Kernobst
  Steinobst
  Tafelobst
gelobst
hobst
lobst
probst
schnobst
schobst
tobst
wobst

— obt (o:pt)

= – opt (o:pt)
→ – oben (o:ben)

erprobt
  alterprobt
  kampferprobt
  leiderprobt
  unerprobt
gelobt
  hochgelobt
  vielgelobt
hobt
lobt
probt
  geprobt
schobt
tobt
  getobt
verlobt
  jungverlobt
  neuverlobt
wobt

— obte (o:pte)

= – opte (o:pte)
→ – oben (o:ben)
→ – obt (o:pt)

Verlobte
erprobte
  sturmerprobte
lobte
  gelobte
probte
  geprobte
tobte

— obte (opte)

= – obbte (opte)
= – oppte (opte)
= – opte (opte)

versnobte

— obten (opten)

= – obbten (opten)
= – oppten (opten)
= – opten (opten)

versnobten

— obung (o:buŋ)

→ – oben (o:ben)
→ – ung (uŋ)

Entlobung
Erprobung
Verlobung

— obus (o:buß)

→ – us (uß)
→ – uß (uß)

Globus
Obus

— oc (o:k)

= – og (o:k)
= – ok (o:k)

ad hoc

— oc (ok)

= – ock (ok)
= – og (ok)
= – ok (ok)

Choc
Doc
Languedoc
Medoc
ad hoc
en bloc

— och (och)

→ – oche (oche)
→ – ochen (ochen)

Joch
  Ehejoch
Koch
  Leibkoch
  Schiffskoch
Loch
  Armloch
  Arschloch
  Astloch
  Bohrloch
  Brandloch
  Guckloch
  Kellerloch
  Knopfloch
  Luftloch
  Mauseloch
  Mäuseloch
  Nasenloch
  Ofenloch
  Saugloch
  Schlagloch
  Schlammloch
  Schlüsselloch
  Schlupfloch
  Sprengloch
  Spundloch
  Startloch
  Wetterloch
  Zündloch
Mittwoch
  Aschermittwoch

doch
 jedoch
koch
kroch
 abkroch
 ankroch
 auskroch
 herauskroch
 hereinkroch
 herkroch
 herunterkroch
 hinauskroch
 hineinkroch
 hinkroch
 hinunterkroch
 hochkroch
 loskroch
 runterkroch
 unterkroch
 verkroch
 wegkroch
noch
 dennoch
och
poch
roch
 anroch
 ausroch
 beroch
 erroch
 verroch

− oche (oche)
→ − och (och)
→ − ochen (ochen)

Diadoche
Epoche
 Geschichtsepoche
 Übergangsepoche
Gepoche
Roche
Woche
 Karwoche
koche
loche
poche
unterjoche

− oche (osch)
= − osch (osch)

Boche
Brioche

− öche (ö-che)
→ − och (och)

Köche
kröche
röche

− öchel (ö-chel)
→ − öcheln (ö-cheln)

Geröchel
Knöchel
 Fingerknöchel
 Fußknöchel
Löchel

− öchelchen (ö-chel-chen)
→ − och (och)
→ − öchel (ö-chel)

Knöchelchen
 Gehörknöchelchen
Löchelchen

− öcheln (ö-cheln)
→ − öchel (ö-chel)

knöcheln
röcheln
 ausröcheln
 verröcheln

− ochen (ochen)
→ − och (och)
→ − oche (oche)

Diadochen
Jochen

Knochen
 Backenknochen
 Hühnerknochen
 Hundeknochen
 Kalbsknochen
 Markknochen
 Suppenknochen
Oberkochen
Rochen
 Stachelrochen
 Zitterrochen
Wochen
 Flitter-
 wochen
ausgesprochen
 unausgesprochen
besprochen
 langbesprochen
 vielbesprochen
bestochen
entknochen
entsprochen
gebrochen
 abgebrochen
 angebrochen
 aufgebrochen
 ausgebrochen
 eingebrochen
 durchgebrochen
 ungebrochen
 zusammen-
 gebrochen
gekrochen
 ausgekrochen
gerochen
 angerochen
gesprochen
 abgesprochen
 angesprochen
 durchgesprochen
 herumgesprochen
 vorgesprochen
 zugesprochen
gestochen
 abgestochen
 angestochen
 ausgestochen
 hochgestochen
 zugestochen

jochen
　einjochen
　unterjochen
kochen
　abkochen
　ankochen
　aufkochen
　auskochen
　bekochen
　durchkochen
　einkochen
　garkochen
　überkochen
　verkochen
　vorkochen
　weichkochen
　zerkochen
krochen
　abkrochen
　ankrochen
　auskrochen
　durchkrochen
　herauskrochen
　hereinkrochen
　herumkrochen
　hervorkrochen
　hinauskrochen
　hineinkrochen
　nachkrochen
　verkrochen
　wegkrochen
lochen
　durchlochen
　einlochen
pochen
　anpochen
　einpochen
　festpochen
　herumpochen
rochen
　berochen
　umbrochen
　unterbrochen
　　ununterbrochen
　verbrochen
　widersprochen
　　unwidersprochen
　zerbrochen
　zerstochen

570

— öchen (ö-chen)

→ – och (och)

Köchen
kröchen
röchen

— ocher (ocher)

→ – ochen (ochen)
→ – ochern (ochern)

Erzpocher
Gestocher
Kocher
　Eierkocher
　Elektrokocher
　Gaskocher
　Petroleumkocher
　Spirituskocher
Locher
　Vorlocher
Unterjocher
Zahnstocher

— öcher (ö-cher)

→ – och (och)
→ – öchern (ö-chern)

Köcher
　Pfeilköcher
Löcher

— ochern (ochern)

→ – ocher (ocher)

stochern
　herumstochern

— öchern (ö-chern)

→ – öcher (ö-cher)

knöchern
　verknöchern
löchern
　durchlöchern

— öchert (ö-chert)

löchert
　durchlöchert
　gelöchert
verknöchert

— öcherung (ö-cheruŋ)

→ – ung (uŋ)

Löcherung
　Durchlöcherung
Verknöcherung

— ochs (okß)

= – ocks (okß)
= – ox (okß)
→ – ochse (okße)
→ – ochsen (okßen)

Ochs
　Grunzochs
　Jungochs

— ochse (okße)

= – ockse (okße)
= – oxe (okße)
→ – ochs (okß)
→ – ochsen (okßen)

Ochse
　Auerochse
　Hornochse
　Mastochse
　Pfingstochse
　Zugochse

— ochsen (okßen)

= – oxen (okßen)
→ – ochs (okß)
→ – ochse (okße)

ochsen
　einochsen

— ochst (ochßt)

→ – ochen (ochen)

entknochst
kochst
krochst
lochst
pochst
rochst
unterjochst

— ochst (okßt)

= – ockst (okßt)
= – oxt (okßt)

ochst
  einochst
  geochst

— ocht (ocht)

→ – ochen (ochen)
→ – ochten (ochten)

Docht
  Kerzendocht
  Lampendocht
  Öldocht
entknocht
flocht
focht
gekocht
  ungekocht
gelocht
  ungelocht
gemocht
kocht
krocht
locht
pocht
  gepocht
rocht
unterjocht
vermocht

— ochte (ochte)

→ – ochen (ochen)
→ – ocht (ocht)

entknochte
kochte
  gekochte
lochte
  gelochte
mochte
  vermochte
pochte
unterjochte

— ochten (ochten)

→ – ochen (ochen)
→ – ocht (ocht)

angefochten
  unangefochten
entknochten
flochten
  entflochten
  geflochten
  verflochten
fochten
gefochten
  ausgefochten
  durchgefochten
kochten
  gekochten
lochten
  gelochten
mochten
  vermochten
pochten
unterjochten

— ochter (ochter)

→ – ocht (ocht)

Tochter
  Erbtochter
  Königstochter
  Lieblingstochter
  Pflegetochter
  Schwiegertochter
  Stieftochter
  Ziehtochter
gekochter
unterjochter

— ochung (ochuŋ)

→ – ochen (ochen)
→ – ung (uŋ)

Abkochung
Lochung
Unterjochung

— ock (ok)

= – oc (ok)
= – og (ok)
= – ok (ok)
→ – ocke (oke)
→ – ocken (oken)

Barock
Block
  Bremsblock
  Eisblock
  Felsblock
  Häuserblock
  Herzblock
  Holzblock
  Motorblock
  Notizblock
  Ostblock
  Richtblock
  Schreibblock
  Steinblock
  Wohnblock
Bock
  Aktenbock
  Erdbock
  Gabelbock
  Gamsbock
  Geißbock
  Holzbock
  Kutschbock
  Prellbock
  Rammbock
  Rehbock
  Riedbock
  Sägebock
  Schafbock
  Springbock
  Sprungbock
  Sturmbock
  Sündenbock
  Ziegenbock

Dock
  Schwimmdock
  Trockendock
Fock
Gelock
Havelock
Hock
Nock
Paddock
Pflock
  Holzpflock
  Zeltpflock
Rock
  Chorrock
  Faltenrock
  Hausrock
  Hosenrock
  Leibrock
  Minirock
  Morgenrock
  Plisseerock
  Priesterrock
  Reifrock
  Schlafrock
  Überrock
  Uniformrock
  Unterrock
  Waffenrock
Rostock
Rock
  Hard Rock
  Soft Rock
Schock
  Nervenschock
Schmock
Steinbock
  Alpensteinbock
Stock
  Bergstock
  Bienenstock
  Bildstock
  Billardstock
  Blumenstock
  Druckstock
  Eierstock
  Erzstock
  Fahnenstock
  Fensterstock
  Flaggenstock
  Grundstock
  Hackstock
  Haselstock
  Holzstock
  Knotenstock
  Krückstock
  Ladestock
  Lampenstock
  Meßstock
  Opferstock
  Peitschenstock
  Prägestock
  Rebstock
  Reitstock
  Rohrstock
  Rosenstock
  Schraubstock
  Skistock
  Spazierstock
  Taktstock
  Treibstock
  Türstock
  Wurzelstock
  Zollstock
  Zwischenstock
Tarock
barock

— öckchen
(ök-chen)
→ – ock (ok)
→ – ocke (oke)
→ – ocken (oken)

Böckchen
Bröckchen
Flöckchen
  Schneeflöckchen
Glöckchen
  Maiglöckchen
  Schneeglöckchen
Löckchen
Pflöckchen
Röckchen
Söckchen
  Ringelsöckchen
Stöckchen

— **ocke (oke)**
= – okke (oke)
→ – ock (ok)
→ – ocken (oken)

Artischocke
Berlocke
Docke
Flocke
  Schneeflocke
Glocke
  Armsünderglocke
  Butterglocke
  Dunstglocke
  Fahrradglocke
  Glasglocke
  Käseglocke
  Kirchenglocke
  Kuhglocke
  Nachtglocke
  Schiffsglocke
  Sterbeglocke
  Sturmglocke
  Taucherglocke
  Tischglocke
  Totenglocke
Gnocke
Hocke
Locke
  Haarlocke
  Schmachtlocke
Nocke
  Bremsnocke
Pocke
Socke
blocke
bocke
brocke
flocke
hocke
locke
rocke
schocke
stocke
zocke

— öcke (öke)

→ – ock (ok)
→ – öcken (öken)

Blöcke
Böcke
Höcke
Röcke

— ockel (okel)

= – okel (okel)
→ – ockeln (okeln)

Gockel
Sockel
 Denkmalsockel

— öckel (ökel)

→ – öcke (öke)
→ – öckeln (ökeln)

Gebröckel
Glöckel
Stöckel
 Liebstöckel

— ockeln (okeln)

→ – ockel (okel)
→ – okel (okel)

zockeln
 dahinzockeln

— öckeln (ökeln)

→ – öckel (ökel)

bröckeln
 abbröckeln
 zerbröckeln
stöckeln

— ocken (oken)

= – okken (oken)
→ – ock (ok)
→ – ocke (oke)

Brocken
 Felsbrocken
 Gesteinsbrocken
Flocken
 Haferflocken
 Schneeflocken
Locken
 Naturlocken
 Schillerlocken
Nocken
Pocken
 Windpocken
Rocken
 Spinnrocken
Socken
 Ringelsocken
 Wollsocken
Wocken
ausknocken
blocken
 abblocken
bocken
 aufbocken
 verbocken
brocken
 aufbrocken
 einbrocken
docken
 ausdocken
 eindocken
erschrocken
 unerschrocken
flocken
 ausflocken
 verflocken
frohlocken
hocken
 aufhocken
 niederhocken
 verhocken
locken
 anlocken
 entlocken
 heranlocken
 herauflocken
 herauslocken
 herbeilocken
 hereinlocken
 herlocken

herunterlocken
hinauflocken
hinauslocken
hineinlocken
hinlocken
hinunterlocken
verlocken
weglocken
pflocken
 anpflocken
 einpflocken
rocken
schocken
socken
 absocken
stocken
 aufstocken
 verstocken
tarocken
trocken
 halbtrocken
 knochentrocken
 strohtrocken
zocken

— öcken (öken)

→ – öcke (öke)

blöcken
löcken
pflöcken
 abpflöcken
 auspflöcken
 einpflöcken

— ockenheit (okenhait)

→ – eit (ait)

Trockenheit
Unerschrockenheit

— ocker (oker)

→ – ockern (okern)

Docker
Hocker
 Barhocker

Nesthocker
Stubenhocker
Knickebocker
Ocker
Rocker
Schocker
  Gruselschocker
Zocker
barocker

— ockern (okern)

→ – ocker (oker)

lockern
  auflockern

— ockig (oki-ch)

→ – ich (i-ch)

blockig
bockig
flockig
glockig
lockig
  blondlockig
  schwarzlockig
pockig
stockig

— öcklein (öklain)

= – ein (ain)
→ – ock (ok)
→ – ocke (oke)

Böcklein
Glöcklein
Löcklein
Röcklein
Stöcklein

— ocks (okß)

= – ochs (okß)
= – ox (okß)
→ – ock (ok)

Bocks
Gesocks
Rocks

— ockse (okße)

= – ochse (okße)
= – oxe (okße)

Gesockse

— ockst (okßt)

= – ochst (okßt)
= – oxt (okßt)
→ – ocken (oken)

blockst
bockst
brockst
flockst
frohlockst
hockst
lockst
pflockst
rockst
schockst
stockst
tarockst
zockst

— ockt (okt)

= – oggt (okt)
→ – ocken (oken)

blockt
  geblockt
bockt
  gebockt
brockt
  gebrockt
flockt
  geflockt
frohlockt
gelockt
  blondgelockt
hockt
  gehockt
lockt
pflockt
  gepflockt
rockt
  gerockt

schockt
  geschockt
stockt
  gestockt
tarockt
zockt
  gezockt

— ockte (okte)

= – oggte (okte)
→ – ocken (oken)
→ – ockt (okt)

blockte
bockte
brockte
flockte
frohlockte
gelockte
hockte
lockte
pflockte
rockte
schockte
stockte
tarockte
zockte

— ockung (okuŋ)

→ – ocken (oken)
→ – ung (uŋ)

Aufbockung
Lockung
  Anlockung
  Verlockung
Stockung
  Aufstockung
  Blutstockung
  Verkehrsstockung

— od (o:t)

= – ode (o:t)
= – oht (o:t)
= – oot (o:t)
= – ot (o:t)
→ – ode (o:de)
→ – oden (o:den)

Allod
Jod
Kleinod
Nimrod
Od
Tod
　Feuertod
　Flammentod
　Freitod
　Heldentod
　Hungertod
　Kreuzestod
　Opfertod
　Scheintod
　Seemannstod
　Strahlentod
kommod
marod

— öd (ö:t)

= – öht (ö:t)
= – öt (ö:t)
→ – öde (ö:de)
→ – öden (ö:den)

blöd
　saublöd
öd
schnöd
spröd

— oda (o:da)

→ – a (a:)

Coda
Friedrichroda
Oda
Soda

— odd(e)rig (od(e)ri-ch)

→ – ich (i-ch)

kodd(e)rig
modd(e)rig
schnodd(e)rig

— ode (o:de)

→ – od (o:t)
→ – oden (o:den)

Anode
Antipode
Elektrode
Episode
Kathode
Kommode
　Quetschkommode
Kustode
Lode
Methode
　Arbeitsmethode
　Behandlungs-
　methode
　Denkmethode
　Erziehungsmethode
　Forschungsmethode
　Heilmethode
　Lehrmethode
　Untersuchungs-
　methode
Mode
Ode
Pagode
Periode
　Amtsperiode
　Dürreperiode
　Geschichtsperiode
　Heizperiode
　Hitzeperiode
　Kälteperiode
　Legislaturperiode
　Regenperiode
　Sitzungsperiode
　Übergangsperiode
Reneklode
Rhapsode
Sode
Synode
marode

— ode (o:t)

= – od (o:t)
= – oht (o:t)
= – oot (o:t)
= – ot (o:t)

Code

— öde (ö:de)

→ – öden (ö:den)

Öde
　Einöde
Spröde
Tragöde
blöde
　saublöde
öde
schnöde
spröde

— odel (o:del)

→ – odeln (o:deln)

Gebrodel
Gejodel
Jodel
Model
Rodel

— ödel (ö:del)

→ – ödeln (ö:deln)

Aschenbrödel
Getrödel
Jödel
Knödel
　Kartoffelknödel
　Leberknödel
　Semmelknödel
　Serviettenknödel
Trödel

— odeln (o:deln)

→ – odel (o:del)

brodeln
　aufbrodeln

jodeln
modeln
  abmodeln
  ummodeln
odeln
rodeln

— ödeln (ö:deln)

→ – ödel (ö:del)

blödeln
  anblödeln
  herumblödeln
knödeln
trödeln
  herumtrödeln
  vertrödeln

— odem (o:dem)

→ – od (o:t)

Brodem
Odem

— oden (o:den)

→ – od (o:t)
→ – ode (o:de)

Bad Soden
Boden
  Ackerboden
  Bretterboden
  Dachboden
  Erdboden
  Fechtboden
  Fußboden
  Hängeboden
  Heimatboden
  Heuboden
  Hosenboden
  Lehmboden
  Meeresboden
  Mutterboden
  Nährboden
  Parkettboden
  Paukboden
  Sandboden
  Schnürboden
  Tanzboden
  Tortenboden
  Trockenboden
  Waldboden
Hoden
Loden
roden
  ausroden

— öden (ö:den)

→ – öde (ö:de)
→ – oden (o:den)

blöden
  entblöden
  verblöden
öden
  anöden
  veröden
schnöden
spröden

— oder (o:der)

→ – odern (o:dern)

Geloder
Moder
Oder
kommoder
maroder
oder

— öder (ö:der)

→ – öd (ö:t)

Köder
blöder

— oderich (o:deri-ch)

= – oderig (o:deri-ch)
→ – ich (i-ch)

Roderich
Theoderich

— oderig (o:deri-ch)

= – oderich (o:deri-ch)
→ – ich (i-ch)

moderig

— odern (o:dern)

→ – oder (o:der)

lodern
  auflodern
  emporlodern
  verlodern
modern
  vermodern

— ödern (ö:dern)

→ – öd (ö:t)

ködern
blöder(e)n

— odernd (o:dernt)

→ – odern (o:dern)

hellodernd
vermodernd

— odex (o:däkß)

= – ächs (äkß)
= – echs (äkß)
= – ecks (äkß)
= – ex (äkß)

Kodex
  Ehrenkodex
Podex

— ödie (ö:di-e)

Komödie
  Tragikomödie
Tragödie
  Ehetragödie
  Familientragödie
  Liebestragödie

— odisch (o:disch)

→ – isch (isch)

anodisch
episodisch
kathodisch
melodisch
  unmelodisch
methodisch
modisch
  altmodisch
  neumodisch
periodisch
prosodisch
rhapsodisch

— odium (o:di-um)

= – um (um)
= – umm (um)

Odium
Podium

— odler (o:dler)

Jodler
Rodler
  Rennrodler

— ödlich (ö:tli-ch)

= – ötlich (ö:tli-ch)
→ – ich (i-ch)

tödlich

— odscha (odja)

= – oggia (odja)
→ – a (a:)

Kambodscha

— ödung (ö:duŋ)

→ – öden (ö:den)
→ – ung (uŋ)

Verblödung
Verödung

— odus (o:duß)

→ – us (uß)
→ – uß (uß)

Modus
Nodus

— oe (oe:)

= – e (e:)

Aloe

— oe (o:-e)

= – ohe (o:-e)

Heroe
Oboe

— oe (o:)

= – o (o:)

Itzehoe
Oldesloe

— oe (ö:)

= – ö (ö:)

Laboe

— oen (o:-en)

= – ohen (o:-en)
→ – oe (o:-e)

echoen

— of (o:f)

= – oof (o:f)
= – oph (o:f)
→ – ofen (o:fen)

Gof
Hof
  Autohof
  Bahnhof
  Bauernhof
  Bauhof
  Burghof

  Erbhof
  Friedhof
  Gasthof
  Gefängnishof
  Gerichtshof
  Gutshof
  Hinterhof
  Hühnerhof
  Kasernenhof
  Kirchhof
  Lichthof
  Pachthof
  Schlachthof
  Schloßhof
  Schulhof
  Vorhof
Oberhof
Schof
Schwof

— of (of)

= – off (of)
= – ow (of)

Bischof
  Erzbischof
  Fürstbischof
  Landesbischof
  Weihbischof

— ofa (o:fa)

→ – a (a:)

Sofa
Mofa

— öfchen (ö:f-chen)

= – övchen (ö:f-chen)
→ – of (o:f)
→ – ofe (o:fe)
→ – ofen (o:fen)

Höfchen
Öfchen
Zöfchen

— ofe (o:fe)

= – oofe (o:fe)
= – ophe (o:fe)
→ – of (o:f)
→ – ofen (o:fen)

Zofe
  Kammerzofe

— öfe (ö:fe)

→ – of (o:f)
→ – of (of)

Bischöfe

— öfe (öfe)

= – öffe (öfe)
= – uffe (öfe)

Bischöfe

— ofel (o:fel)

Kofel
Pofel
Schofel
schofel

— ofen (o:fen)

= – oofen (o:fen)
= – ophen (o:fen)
= – oven (o:fen)
→ – of (o:f)
→ – ofe (o:fe)

Kofen
  Schweinekofen
Ofen
  Backofen
  Badeofen
  Elektroofen
  Gasofen
  Heizofen
  Hochofen
  Kachelofen
  Kanonenofen
  Ölofen
schwofen
  durchschwofen

— öfen (ö:fen)

→ – of (o:f)
→ – of (of)
→ – ofen (o:fen)

Bischöfen
Höfen
Öfen

— öfen (öfen)

= – öffen (öfen)
= – uffen (öfen)
→ – of (of)

Bischöfen

— off (of)

= – of (of)
= – ow (of)
→ – offen (ofen)

Schroff
Stoff
  Anzugstoff
  Baustoff
  Brennstoff
  Duftstoff
  Farbstoff
  Filmstoff
  Gesprächsstoff
  Giftstoff
  Klebestoff
  Kleiderstoff
  Kohlenstoff
  Kunststoff
  Lehrstoff
  Lesestoff
  Opernstoff
  Rohstoff
  Sauerstoff
  Sprengstoff
  Stickstoff
  Süßstoff
  Treibstoff
  Wasserstoff
  Wirkstoff
  Zellstoff
  Zündstoff

Zoff
hoff
schroff
soff
troff

— öff (öf)

= – uff (öf)
→ – öffe (öfe)

Gesöff
Töfftöff

— offe (ofe)

→ – off (of)
→ – offen (ofen)

Schroffe
hoffe
schroffe

— öffe (öfe)

= – öfe (öfe)
= – uffe (öfe)
→ – öff (öf)

Schöffe
söffe
  absöffe
  ansöffe
  aussöffe
  besöffe
  ersöffe

— offel (ofel)

Kartoffel
  Bratkartoffel
  Frühkartoffel
  Futterkartoffel
  Pellkartoffel
  Röstkartoffel
  Saatkartoffel
  Salatkartoffel
  Salzkartoffel
Pantoffel
  Filzpantoffel
Stoffel
Toffel

— öffel (öfel)
→ – öffeln (öfeln)

Froschlöffel
Löffel
　Blechlöffel
　Eßlöffel
　Holzlöffel
　Kaffeelöffel
　Kochlöffel
　Plastiklöffel
　Schöpflöffel
　Schuhlöffel
　Silberlöffel
　Soßenlöffel
　Suppenlöffel
　Teelöffel
Rotzlöffel
Stöffel
Töffel

— öffeln (öfeln)
→ – öffel (öfel)

löffeln
　auslöffeln
　einlöffeln

— offen (ofen)
→ – off (of)

Schroffen
　Felsschroffen
betroffen
gesoffen
　abgesoffen
　angesoffen
　ausgesoffen
　durchgesoffen
getroffen
　angetroffen
　eingetroffen
　fehlgetroffen
hoffen
　erhoffen
　verhoffen
offen
　halboffen

schroffen
soffen
　besoffen
　ersoffen
　versoffen
troffen
übertroffen
　unübertroffen

— öffen (öfen)
= – öfen (öfen)
= – uffen (öfen)
→ – öff (öf)
→ – öffe (öfe)

söffen
töffen

— offenheit (ofenhait)
→ – eit (ait)

Besoffenheit
Betroffenheit
Offenheit

— offer (ofer)

Koffer
　Aktenkoffer
　Handkoffer
　Lederkoffer
　Musterkoffer
　Reisekoffer
　Schrankkoffer
　Überseekoffer
schroffer

— offt (oft)
= – oft (oft)
→ – offen (ofen)

hofft
　gehofft
sofft
unverhofft

— öflein (ö:flain)
= – ein (ain)
→ – of (o:f)
→ – ofe (o:fe)
→ – ofen (o:fen)

Höflein
Öflein
Zöflein

— oft (oft)
= – offt (oft)

Oxhoft
oft
sooft
　ebensooft
zu oft
　allzuoft

— og (o:k)
= – oc (o:k)
= – ok (o:k)
→ – oge (o:ge)
→ – ogen (o:gen)

Dialog
Epilog
Herzog
　Erzherzog
Katalog
　Ausstellungskatalog
　Gesamtkatalog
　Messekatalog
　Preiskatalog
　Reisekatalog
　Warenkatalog
Kog
Monolog
Nekrolog
Prolog
Sog
Trog
　Backtrog
　Freßtrog
　Futtertrog
　Schweinetrog
　Waschtrog
　Wassertrog

579

analog
bewog
bog
erwog
flog
log
pflog
sog
trog
wog
zog

— og (ok)

= – oc (ok)
= – ock (ok)
= – ok (ok)

Grog
Log
Smog

— oga (o:ga)

→ – a (a:)

Toga
Yoga

— oge (o:ge)

→ – og (o:k)
→ – ogen (o:gen)

Archäologe
Astrologe
Biologe
Demagoge
Droge
Geologe
Graphologe
Gynäkologe
Ideologe
Loge
Meteorologe
Neurologe
Ornithologe
Pädagoge
Philologe
Physiologe
Piroge
Psychologe
Soziologe
Synagoge
Theologe
Woge
  Gewoge
Wroge
Zoologe

— oge (o:je)

Doge
Eloge
Loge
  Freimaurerloge
  Proszeniumsloge

— öge (ö:ge)

→ – og (o:k)

flöge
möge
  vermöge
zöge

— ogel (o:gel)

Gemogel
Kogel
Raubvogel
  Nachtraubvogel
  Tagraubvogel
Vogel
  Beizvogel
  Brachvogel
  Eisvogel
  Feuervogel
  Fregattvogel
  Galgenvogel
  Glücksvogel
  Kanarienvogel
  Krammetsvogel
  Laufvogel
  Lockvogel
  Nachtvogel
  Paradiesvogel
  Pechvogel
  Rabenvogel
  Schwimmvogel
  Seevogel
  Singvogel
  Spaßvogel
  Standvogel
  Strichvogel
  Stubenvogel
  Sturmvogel
  Sumpfvogel
  Totenvogel
  Waldvogel
  Wandervogel
  Wasservogel
  Watvogel
  Ziervogel
  Zugvogel
mogel
  bemogel

— ögelchen (ö:gelchen)

→ – og (o:k)
→ – ogel (o:gel)
→ – ogen (o:gen)

Bögelchen
Trögelchen
Vögelchen

— ogen (o:gen)

→ – og (o:k)
→ – oge (o:ge)

Bogen
  Bilderbogen
  Briefbogen
  Brückenbogen
  Druckbogen
  Ellbogen
  Fiedelbogen
  Fragebogen
  Geigenbogen
  Himmelsbogen
  Regenbogen
  Rundbogen
  Spitzbogen
  Torbogen
  Triumphbogen
Rogen
betrogen
  unbetrogen

bewogen
bezogen
　fachbezogen
　frischbezogen
　gegenwartsbezogen
　ichbezogen
　neubezogen
　sachbezogen
　unbezogen
　zeitbezogen
bogen
　abbogen
　ausbogen
　einbogen
　umbogen
　verbogen
erwogen
　wohlerwogen
erzogen
　unerzogen
　wohlerzogen
flogen
　abflogen
　anflogen
　ausflogen
　einflogen
　entflogen
　herausflogen
　herflogen
　herunterflogen
　hinausflogen
　hinflogen
　hinunterflogen
　überflogen
　zuflogen
gebogen
geflogen
gelogen
　ungelogen
gesogen
gewogen
　abgewogen
　ausgewogen
　eingewogen
gezogen
　selbstgezogen
　umgezogen
　ungezogen
　zurückgezogen

logen
　belogen
　verlogen
pflogen
　gepflogen
sogen
　ansogen
　aussogen
　einsogen
trogen
　getrogen
wogen
　aufwogen
　umwogen
zogen
　abzogen
　anzogen
　aufzogen
　auszogen
　einzogen
　entzogen
　überzogen
　verzogen
　zusammenzogen
　zuzogen

— **ögen (ö:gen)**
→ – og (o:k)
→ – ogen (o:gen)

Bögen
Trögen
Vermögen
　Anpassungs-
　　vermögen
　Barvermögen
　Einfühlungs-
　　vermögen
　Fassungsvermögen
　Privatvermögen
　Stehvermögen
　Unvermögen
　Urteilsvermögen
　Wahrnehmungs-
　　vermögen
flögen
mögen
　vermögen
zögen

— **ogenheit
(o:genhait)**
→ – eit (ait)
→ – ogen (o:gen)

Ausgewogenheit
Gepflogenheit
Ichbezogenheit
Ungezogenheit
Verlogenheit
Zurückgezogenheit

— **ogge (oge)**
→ – oggen (ogen)

Dogge
　Bulldogge
Kogge
　Hansekogge
Logge
Pirogge

— **oggen (ogen)**
→ – ogge (oge)

Roggen
　Futterroggen
　Sommerroggen
　Strandroggen
　Winterroggen
Tauroggen
joggen
loggen
soggen

— **ogger (oger)**

Jogger
Logger

— **oggia (odja)**
= – odscha (odja)
→ – a (a:)

Chioggia
Foggia
Loggia

581

— oggt (okt)

= – ockt (okt)
→ – oggen (ogen)

joggt
loggt

— oggte (okte)

= – ockte (okte)
→ – oggen (ogen)

joggte
loggte

— ogig (o:gi-ch)

→ – ich (i-ch)

bogig
  spitzbogig
wogig

— ogik (o:gik)

→ – ick (ik)
→ – ik (ik)

Logik
Pädagogik

— ogisch (o:gisch)

→ – isch (isch)

anthropologisch
astrologisch
bakteriologisch
biologisch
chronologisch
demagogisch
ethnologisch
etymologisch
genealogisch
geologisch
graphologisch
gynäkologisch
ideologisch
logisch
  unlogisch
meteorologisch
methodologisch
mineralogisch
morphologisch
mythologisch
ökologisch
pädagogisch
  unpädagogisch
pathologisch
phänomenologisch
philologisch
physiologisch
psychologisch
  unpsychologisch
soziologisch
technologisch
teleologisch
theologisch
zoologisch

— ogna (onja)

= – oña (onja)
= – oñja (onja)
→ – a (a:)

Bologna

— ogt (o:kt)

→ – ogen (o:gen)

Vogt
  Armenvogt
  Bettelvogt
  Burgvogt
  Feldvogt
  Fronvogt
  Hausvogt
  Landvogt
  Schloßvogt
betrogt
bewogt
bezogt
bogt
erwogt
erzogt
flogt
logt
pflogt
sogt
wogt
zogt

— oh (o:)

= – o (o:)
→ – ohen (o:-en)

Floh
Stroh
  Bohnenstroh
  Haberstroh
droh
floh
  entfloh
froh
  heilfroh
  lebensfroh
  schadenfroh
lichterloh
oh
roh
  halbroh

— öh (ö:)

= – ö (ö:)
→ – öhe (ö:-e)
→ – öh(e)n (ö:-(e)n)

Flöh
Höh
entflöh

— ohe (o:-e)

= – oe (o:-e)
→ – oh (o:)
→ – ohen (o:-en)

Fohe
Lohe
Zohe
drohe
frohe
hohe
rohe

— öhe (ö:-e)

→ – öh(e)n (ö:-(e)n)

Flöhe
Höhe
  Anhöhe

Augenhöhe
Mannshöhe
Schulterhöhe
Tonhöhe

— **oheit (o:hait)**

→ — eit (ait)

Hoheit
　Lufthoheit
　Oberhoheit
　Staatshoheit
Roheit

— **ohen (o:-en)**

→ — oe (o:-e)
→ — oh (o:)
→ — ohe (o:-e)

drohen
　androhen
　bedrohen
flohen
　entflohen
　geflohen
frohen
　schadenfrohen
hohen
　halbhohen
　himmelhohen
　überhohen
lohen
　auflohen
　umlohen
　verlohen
rohen
　verrohen

— **öh(e)n (ö:-(e)n)**

= — öhn (ö:n)
= — ön (ö:n)
→ — öhe (ö:-e)

flöhen
　abflöhen
　entflöhen
höhen
　erhöhen
　überhöhen

— **ohend (o:-ent)**

→ — ohen (o:-en)

drohend
　gefahrdrohend
　unheildrohend
umlohend
verrohend

— **oher (o:-er)**

→ — oh (o:)
→ — ohen (o:-en)

Bedroher
froher
hoher
roher

— **ohl (o:l)**

= — ol (o:l)
= — ôle (o:l)
→ — ohle (o:le)
→ — ohlen (o:len)

Gejohl
Gemeinwohl
　Allgemeinwohl
Kohl
　Blaukohl
　Blumenkohl
　Braunkohl
　Chinakohl
　Grünkohl
　Herzkohl
　Rosenkohl
　Rotkohl
　Sauerkohl
　Sprossenkohl
　Weißkohl
　Wirsingkohl
Wohl
　Geratewohl
　Gesamtwohl
　Lebewohl
　Menschenwohl
　Volkswohl
hohl
johl

sowohl
　ebensowohl
wohl
　gleichwohl
　jawohl
　leb(e)wohl
　obwohl
　sauwohl
　unwohl
　wiewohl

— **öhl (ö:l)**

= — öl (ö:l)
→ — öhle (ö:le)
→ — öhlen (ö:len)

aushöhl
unterhöhl

— **ohle (o:le)**

= — ole (o:le)
= — owle (o:le)
→ — ohl (o:l)
→ — ohlen (o:len)

Bohle
Dohle
　Alpendohle
Gejohle
Kohle
　Aktivkohle
　Braunkohle
　Steinkohle
Sohle
　Brandsohle
　Einlegesohle
　Fußsohle
　Grubensohle
　Schuhsohle
　Talsohle

— **öhle (ö:le)**

= — öle (ö:le)
→ — öhlen (ö:len)

Höhle
　Achselhöhle
　Bauchhöhle
　Erdhöhle

583

Felsenhöhle
Lasterhöhle
Mundhöhle
Nasenhöhle
Räuberhöhle
Schädelhöhle
Schneehöhle
Stirnhöhle
Tropfsteinhöhle

– ohlen (o:len)

= – olen (o:len)
→ – ohl (o:l)
→ – ohle (o:le)
→ – owle (o:le)

Fohlen
befohlen
 anbefohlen
 schutzbefohlen
bestohlen
bohlen
 ausbohlen
 bebohlen
empfohlen
 anempfohlen
fohlen
gestohlen
johlen
kohlen
 ankohlen
 bekohlen
 verkohlen
sohlen
 ansohlen
 besohlen
 versohlen
verhohlen
 unverhohlen
verstohlen

– öhlen (ö:len)

= – ölen (ö:len)
→ – öhle (ö:le)

höhlen
 aushöhlen
 durchhöhlen
 unterhöhlen

– ohlene (o:lene)

→ – ohlen (o:len)

Pflegebefohlene
Schutzbefohlene
bestohlene
empfohlene
unverhohlene

– ohler (o:ler)

= – oler (o:ler)
→ – ohlen (o:len)

Johler
Verkohler
Schuhbesohler

– öhler (ö:ler)

= – öler (ö:ler)

Köhler

– ohlich (o:li-ch)

= – ohlig (o:li-ch)
= – olig (o:li-ch)
→ – ich (i-ch)

bedrohlich

– öhlich (ö:li-ch)

= – ölig (ö:li-ch)
→ – ich (i-ch)

fröhlich
 feuchtfröhlich

– ohlig (o:li-ch)

= – ohlich (o:li-ch)
= – olig (o:li-ch)
→ – ich (i-ch)

einsohlig
wohlig

– ohlt (o:lt)

= – olt (o:lt)
→ – ohlen (o:len)

bohlt
 gebohlt
fohlt
 gefohlt
johlt
 gejohlt
kohlt
 gekohlt
sohlt
 gesohlt

– ohlung (o:luŋ)

= – olung (o:luŋ)
→ – ohlen (o:len)
→ – ung (uŋ)

Besohlung
 Schuhbesohlung
Bohlung
Verkohlung
Versohlung

– öhlung (ö:luŋ)

= – ölung (ö:luŋ)
→ – öhlen (ö:len)
→ – ung (uŋ)

Höhlung
 Aushöhlung
 Baumhöhlung
 Felshöhlung
 Unterhöhlung

– ohm (o:m)

= – om (o:m)

Ohm
Meg(a)ohm

– öhme (ö:me)

= – öme (ö:me)

Böhme

— **öhmen (ö:men)**

= – ömen (ö:men)

Böhmen

— **öhmisch (ö:misch)**

= – ömisch (ö:misch)
→ – isch (isch)

böhmisch

— **ohn (o:n)**

= – on (o:n)
→ – ohne (o:ne)
→ – ohnen (o:nen)

Argwohn
Drohn
Hohn
Lohn
  Arbeitslohn
  Botenlohn
  Bruttolohn
  Finderlohn
  Gotteslohn
  Grundlohn
  Hundelohn
  Hungerlohn
  Judaslohn
  Nettolohn
  Reallohn
  Spitzenlohn
  Stücklohn
  Stundenlohn
  Sündenlohn
  Tagelohn
  Wochenlohn
Mohn
  Feldmohn
  Klatschmohn
  Schlafmohn
Sohn
  Adoptivsohn
  Erbsohn
  Erdensohn
  Goldsohn
  Gottessohn
  Hundesohn
  Hurensohn
  Königssohn
  Menschensohn
  Pflegesohn
  Schwiegersohn
  Stiefsohn

— **ohn (on)**

= – on (on)
= – onn (on)
= – onne (on)

Demijohn
John

— **öhn (ö:n)**

= – öh(e)n (ö:-(e)n)
= – ön (ö:n)
→ – öhnen (ö:nen)

Föhn
Gedröhn
Gestöhn
Höhn

— **öhnchen (ö:n-chen)**

= – önchen (ö:n-chen)
→ – ohn (o:n)
→ – ohne (o:ne)

Böhnchen
Söhnchen
  Muttersöhnchen

— **ohne (o:ne)**

= – one (o:ne)
→ – ohn (o:n)
→ – ohnen (o:nen)

Bohne
  Brechbohne
  Buschbohne
  Feuerbohne
  Kaffeebohne
  Kakaobohne
  Kletterbohne
  Pferdebohne
  Puffbohne
  Saubohne
  Sojabohne
  Stangenbohne
  Wachsbohne
  Weinbrandbohne
Dohne
Drohne
lohne
ohne
  zweifelsohne
wohne

— **öhne (ö:ne)**

= – öne (ö:ne)
→ – ohn (o:n)
→ – öhn (ö:n)
→ – öhnen (ö:nen)

Gedröhne
Gehöhne
Gestöhne
Löhne
Söhne
dröhne
gewöhne
höhne
löhne
stöhne
versöhne

— **ohnen (o:nen)**

= – onen (o:nen)
→ – ohne (o:ne)

lohnen
  belohnen
  entlohnen
  verlohnen
wohnen
  abwohnen
  anwohnen
  beiwohnen
  bewohnen
  einwohnen
  innewohnen
  verwohnen

– öhnen (ö:nen)

= – önen (ö:nen)
→ – ohn (o:n)

Löhnen
Söhnen
argwöhnen
  beargwöhnen
aussöhnen
dröhnen
  aufdröhnen
  erdröhnen
entwöhnen
föhnen
gewöhnen
  abgewöhnen
  angewöhnen
  eingewöhnen
  umgewöhnen
höhnen
  verhöhnen
löhnen
  ablöhnen
  entlöhnen
stöhnen
  aufstöhnen
versöhnen
verwöhnen

– ohnend (o:nent)

= – onend (o:nent)
→ – ohnen (o:nen)

lohnend
  belohnend
wohnend
  umwohnend

– öhnend (ö:nent)

= – önend (ö:nent)
→ – öhnen (ö:nen)

argwöhnend
aussöhnend
dröhnend
entlöhnend
gewöhnend
höhnend
stöhnend

– ohner (o:ner)

= – oner (o:ner)
→ – ohnen (o:nen)
→ – ohnern (o:nern)

Anwohner
Bewohner
  Dorfbewohner
  Erdbewohner
  Grenzbewohner
  Hausbewohner
  Höhlenbewohner
  Inselbewohner
  Küstenbewohner
  Landbewohner
  Mitbewohner
  Stadtbewohner
  Steppenbewohner
  Waldbewohner
Bohner
Einwohner
  Ureinwohner
Entlohner
Inwohner
Umwohner

– öhner (ö:ner)

= – öner (ö:ner)
→ – öhnen (ö:nen)

Stöhner
Tagelöhner

– ohnern (o:nern)

= – onern (o:nern)
→ – ohner (o:ner)

bohnern

– öhnig (ö:ni-ch)

= – önig (ö:ni-ch)
→ – ich (i-ch)

föhnig

– öhnisch (ö:nisch)

→ – isch (isch)

argwöhnisch
höhnisch

– öhnlein (ö:nlain)

= – ein (ain)
= – önlein (ö:nlain)
→ – ohn (o:n)
→ – ohne (o:ne)

Böhnlein
Söhnlein

– öhnlich (ö:nli-ch)

= – önlich (ö:nli-ch)
→ – ich (i-ch)

gewöhnlich
  außergewöhnlich
  ungewöhnlich
versöhnlich
  unversöhnlich

– öhnlichen (ö:nli-chen)

= – önlichen (ö:nli-chen)
→ – öhnlich (ö:nli-ch)

gewöhnlichen
versöhnlichen

– öhnlichkeit (ö:nli-chkait)

= – önlichkeit (ö:nli-chkait)
→ – eit (ait)
→ – öhnlich (ö:nli-ch)

Gewöhnlichkeit
Versöhnlichkeit

— ohnny (oni)

= – onny (oni)
= – ony (oni)

Johnny

— ohnt (o:nt)

= – ond (o:nt)
= – ont (o:nt)
→ – ohnen (o:nen)

belohnt
  unbelohnt
bewohnt
  unbewohnt
gewohnt
  altgewohnt
  kampfgewohnt
  ungewohnt
lohnt
  gelohnt
wohnt

— öhnt (ö:nt)

= – önt (ö:nt)
→ – öhnen (ö:nen)

argwöhnt
dröhnt
  gedröhnt
entwöhnt
gewöhnt
höhnt
  gehöhnt
löhnt
  gelöhnt
stöhnt
  gestöhnt
versöhnt
  unversöhnt
verwöhnt

— ohnung (o:nuŋ)

= – onung (o:nuŋ)
→ – ohnen (o:nen)
→ – ung (uŋ)

Belohnung
Wohnung
  Altbauwohnung
  Dachwohnung
  Dienstwohnung
  Eigentumswohnung
  Ferienwohnung
  Kellerwohnung
  Mansardenwohnung
  Mietwohnung
  Neubauwohnung
  Zweitwohnung

— öhnung (ö:nuŋ)

= – önung (ö:nuŋ)
→ – öhnen (ö:nen)
→ – ung (uŋ)

Gewöhnung
  Eingewöhnung
Löhnung
  Entlöhnung
Verhöhnung
Versöhnung
  Völkerversöhnung

— ohr (o:r)

= – oor (o:r)
= – or (o:r)
= – ore (o:r)
= – orps (o:r)
= – ort (o:r)
→ – ohren (o:ren)

Fernrohr
  Scherenfernrohr
  Zielfernrohr
Mohr
Ohr
  Eselsohr
  Hasenohr
  Langohr
  Mittelohr
  Schlappohr
  Schlitzohr
  Schweinsohr
Rohr
  Abflußrohr
  Bambusrohr
  Blasrohr
  Bleirohr
  Dampfrohr
  Eisenrohr
  Gasrohr
  Glasrohr
  Heizrohr
  Hörrohr
  Kanonenrohr
  Kesselrohr
  Leitungsrohr
  Ofenrohr
  Saugrohr
  Schilfrohr
  Sprachrohr
  Stahlrohr
  Steigrohr
  Wasserrohr
  Zuckerrohr
Sohr

— öhr (ö:r)

= – eur (ö:r)
= – ör (ö:r)
→ – öhre (ö:re)
→ – öhren (ö:ren)

Föhr
Geröhr
Öhr
  Nadelöhr

— ohrchen (o:r-chen)

= – orchen (o:r-chen)

Mohrchen

— öhrchen (ö:r-chen)

= – örchen (ö:r-chen)
→ – eur (ö:r)
→ – ohr (o:r)
→ – öhre (ö:re)

Möhrchen
Öhrchen
Röhrchen

— ohre (o:re)

= – oore (o:re)
= – ore (o:re)
→ – ohr (o:r)
→ – ohren (o:ren)

bohre
verrohre

— öhre (ö:re)

= – öre (ö:re)
→ – eur (ö:r)
→ – öhr (ö:r)
→ – öhren (ö:ren)

Föhre
Möhre
Röhre
  Angströhre
  Backröhre
  Bildröhre
  Bratröhre
  Elektronenröhre
  Leuchtröhre
  Luftröhre
  Neonröhre
  Ofenröhre
  Speiseröhre
  Tunnelröhre

— ohren (o:ren)

= – ooren (o:ren)
= – oren (o:ren)
→ – ohr (o:r)

bohren
  anbohren
  aufbohren
  ausbohren
  durchbohren
  einbohren
  nachbohren
  verbohren
  vorbohren
verrohren

— öhren (ö:ren)

= – ören (ö:ren)
→ – eur (ö:r)
→ – öhr (ö:r)
→ – öhre (ö:re)

röhren

— öhricht (ö:ri-cht)

= – öricht (ö:ri-cht)
→ – icht (i-cht)

Röhricht

— ohrig (o:ri-ch)

= – oorig (o:ri-ch)
= – orig (o:ri-ch)
→ – ich (i-ch)

schlitzohrig
spitzohrig

— öhrig (ö:ri-ch)

= – örig (ö:ri-ch)
→ – ich (i-ch)

röhrig

— öhrige (ö:rige)

= – örige (ö:rige)

röhrige

— öhrlein (ö:rlain)

= – ein (ain)
= – örlein (ö:rlain)
→ – ohr (o:r)

Möhrlein
Öhrlein
Röhrlein

— ohrst (o:rßt)

= – orst (o:rßt)
→ – ohren (o:ren)

bohrst
verrohrst

— oht (o:t)

= – od (o:t)
= – ode (o:t)
= – oot (o:t)
= – ot (o:t)
→ – ohen (o:-en)

droht
  gedroht
floht
loht
  geloht
verroht

— öht (ö:t)

= – öd (ö:t)
= – öt (ö:t)
→ – öh(e)n (ö:-(e)n)

entflöht
erhöht

— ohte (o:te)

= – oote (o:te)
= – ote (o:te)
→ – ohen (o:-en)
→ – oht (o:t)

drohte
lohte
verrohte

— öhte (ö:te)

= – öte (ö:te)
→ – öh(e)n (ö:-(e)n)

entflöhte
erhöhte

— ohten (o:ten)

= – ooten (o:ten)
= – oten (o:ten)
→ – ohen (o:-en)
→ – oht (o:t)

drohten
lohten
verrohten

— **öhten (ö:ten)**

= – öten (ö:ten)
→ – öh(e)n (ö:-(e)n)

flöhten
höhten

— **öhter (ö:ter)**

= – öter (ö:ter)

entflöhter
erhöhter
überhöhter

— **öhtet (ö:tet)**

= – ötet (ö:tet)

erhöhtet
überhöhtet

— **ohung (o:-uŋ)**

→ – ohen (o:-en)
→ – ung (uŋ)

Androhung
  Gewaltandrohung
  Strafandrohung
Drohung
  Bedrohung
Verrohung

— **oi (oi)**

= – äu (oi)
= – eu (oi)
= – oy (oi)

Barsoi
Goi
Hanoi
Konvoi
hoi
  ahoi
toi-toi-toi

— **oid (oit)**

= – äut (oit)
= – eud (oit)
= – eut (oit)

Zelluloid

— **oiler (oiler)**

= – euler (oiler)

Boiler
  Gasboiler
  Wasserboiler
Frontspoiler
Heckspoiler

— **oint (oint)**

= – äunt (oint)
= – eund (oint)
→ – eunt (oint)

Joint
Point
  Checkpoint

— **oir (a:r)**

= – ar (a:r)
= – oire (a:r)

Boudoir
Reservoir
Trottoir

— **oire (a:r)**

= – ar (a:r)
= – oir (a:r)

Loire
Memoire
Repertoire

— **ois (oa)**

→ – a (a)

Bourgeois
chamois

— **oisch (o:-isch)**

→ – isch (isch)

heroisch
paranoisch
stoisch

— **oja (o:ja)**

→ – a (a:)

Soja
Troja

— **oje (o:je)**

→ – ojen (o:jen)

Boje
  Ankerboje
  Heulboje
  Leuchtboje
Koje
Levkoje

— **ojen (o:jen)**

→ – oje (o:je)

ausbojen
rojen
schwojen

— **ok (o:k)**

= – oc (o:k)
= – og (o:k)
→ – oke (o:ke)

reziprok

— **ok (ok)**

= – oc (ok)
= – ock (ok)
= – og (ok)

Amok
Bangkok
Lok
  Dampflok
  Diesellok
  Elektrolok
  Rangierlok
  Turbolok

— **oke (o:ke)**

Mischpoke
reziproke
smoke

— öke (ö:ke)
→ – öken (ö:ken)

Geblöke
Periöke
blöke
höke

— okel (okel)
= – ockel (okel)

Binokel
Monokel

— oken (o:ken)
→ – oke (o:ke)

smoken

— öken (ö:ken)
→ – öke (ö:ke)

blöken
  anblöken
höken
  verhöken

— oker (o:ker)

Joker
Koker
Poker
mediocker

— öker (ö:ker)
→ – ökern (ö:kern)

Höker
Schmöker

— okern (o:kern)
→ – oker (o:ker)

pokern

— ökern (ö:kern)
→ – öker (ö:ker)

hökern
  verhökern
schmökern
  durchschmökern

— okke (oke)
= – ocke (oke)

Kokke

— okken (oken)
= – ocken (oken)

Gonokokken

— okus (o:kuß)
→ – us (uß)
→ – uß (uß)

Fokus
Hokuspokus
Jokus
Krokus
Lokus

— ol (o:l)
= – ohl (o:l)
= – ôle (o:l)
→ – ole (o:le)
→ – olen (o:len)

Alkohol
Anatol
Benzol
Idol
Interpol
Kamisol
Kapitol
Karbol
Karfiol
Karneol
Karriol
Menthol
Mol
Monopol
Pirol
Pistol
Pol
  Dipol
  Gegenpol
  Minuspol
  Nordpol
  Pluspol
  Ruhepol
  Südpol
  Wärmepol
Stanniol
Symbol
Terzerol
Tirol
  Nordtirol
  Südtirol
Vitriol
frivol

— öl (ö:l)
= – öhl (ö:l)
→ – ölen (ö:len)

Gegröl
Genöl
Öl
  Erdöl
  Haaröl
  Heizöl
  Leinöl
  Maschinenöl
  Mineralöl
  Nußöl
  Olivenöl
  Palmöl
  Rapsöl
  Rizinusöl
  Rohöl
  Rosenöl
  Rüböl
  Salatöl
  Salböl
  Schmieröl
  Sonnenblumenöl
  Speiseöl
  Tafelöl
  Weizenkeimöl

— ola (o:la)

→ — a (a:)

Angola
Bandola
Gorgonzola
Imola
Karola
Lola
Mandola
Pianola
Pola
Stola
Viola

— olch (ol-ch)

→ — olche (ol-che)
→ — olchen (ol-chen)

Dolch
 Ehrendolch
Lolch
Molch
 Lustmolch
Strolch

— olche (ol-che)

→ — olch (ol-ch)
→ — olchen (ol-chen)

solche
 ebensolche

— olchen (ol-chen)

→ — olch (ol-ch)
→ — olche (ol-che)

erdolchen
solchen
strolchen
 herumstrolchen

— old (olt)

= — ollt (olt)
= — olt (olt)
→ — olden (olden)

Arnold
Berthold
Gerold
Gold
 Altgold
 Blattgold
 Feingold
 Flittergold
 Flußgold
 Katzengold
 Mattgold
 Rauschgold
 Schaumgold
 Weißgold
Herold
Kobold
Leopold
Luitpold
Mangold
Raufbold
Reinhold
Saufbold
Sold
 Ehrensold
Trunkenbold
Tugendbold
Unhold
Witzbold
hold
 abhold
schwarzrotgold

— olde (olde)

→ — old (olt)
→ — olden (olden)

Dolde
Holde
Isolde

— olden (olden)

→ — old (olt)
→ — olde (olde)

besolden
golden
 übergolden
 vergolden
holden

— older (older)

Holder
Polder
Vergolder
Wacholder
holder

— oldig (oldi-ch)

→ — ich (i-ch)

doldig
goldig

— olds (oltß)

= — ollts (oltß)
= — olts (oltß)
= — olz (oltß)
→ — old (olt)

Golds
Raufbolds
Solds
Unholds

— oldung (olduŋ)

→ — ung (uŋ)

Besoldung
Vergoldung

— ole (o:le)

= — ohle (o:le)
= — owle (o:le)
→ — ol (o:l)
→ — olen (o:len)

Aureole
Banderole
Barkarole
Bussole
Dole
Fasole
Fisole
Gladiole
Girandole
Gloriole
Kapriole

Karriole
Konsole
Kreole
Metropole
Mole
Mongole
Parole
Phiole
Pistole
 Gaspistole
 Leuchtpistole
 Maschinenpistole
 Schreckschußpistole
 Spritzpistole
 Startpistole
Pole
Rigole
Sole
Stole
Triole
Viole
hole
karriole

— ôle (o:l)

= – ohl (o:l)
= – ol (o:l)

Dôle

— öle (ö:le)

= – öhle (ö:le)
→ – öl (ö:l)
→ – ölen (ö:len)

Gegröle
Töle
gröle
nöle
öle

— olen (o:len)

= – ohlen (o:len)
→ – ol (o:l)
→ – ole (o:le)
→ – owle (o:le)

Atemholen
Polen

holen
 abholen
 aufholen
 ausholen
 einholen
 erholen
 heimholen
 herabholen
 heranholen
 heraufholen
 herausholen
 herbeiholen
 hereinholen
 herholen
 herunterholen
 hervorholen
 hineinholen
 nachholen
 niederholen
 überholen
 wegholen
 wiederholen
 zurückholen
karriolen
kielholen
rigolen

— ölen (ö:len)

= – öhlen (ö:len)
→ – öl (ö:l)
→ – öle (ö:le)

grölen
 herumgrölen
nölen
ölen
 einölen
 ausölen
trölen

— oler (o:ler)

= – ohler (o:ler)
→ – olen (o:len)

Essenholer
Karrioler
Tiroler
 Salontiroler
Überholer

— öler (ö:ler)

= – öhler (ö:ler)
→ – ölen (ö:len)

Gröler
Nöler

— oleum (o:le-um)

= – um (um)
= – umm (um)

Linoleum
Petroleum

— olf (olf)

→ – olfen (olfen)

Adolf
Golf
 Minigolf
Gundolf
Rolf
Rudolf
Wolf
 Fenriswolf
 Fleischwolf
 Reißwolf
 Werwolf

— ölf (ölf)

→ – olf (olf)

zwölf

— ölfe (ölfe)

→ – olf (olf)

zwölfe

— olfen (olfen)

→ – olf (olf)

beholfen
 unbeholfen
geholfen
 abgeholfen
 ausgeholfen
golfen
verholfen

— **olg (olk)**

= – olk (olk)

Erfolg
  Mißerfolg
folg
  befolg
  verfolg

— **olga (olga)**

→ – a (a:)

Olga
Wolga

— **olica (o:lika)**

= – olika (o:lika)
→ – a (a:)

Cattolica

— **olie (o:li-e)**

Folie
  Goldfolie
  Metallfolie
  Plastikfolie
  Silberfolie
Magnolie

— **olig (o:li-ch)**

= – ohlich (o:li-ch)
= – ohlig (o:li-ch)
→ – ich (i-ch)

einpolig
zweipolig
dreipolig

— **ölig (ö:li-ch)**

= – öhlich (ö:li-ch)
→ – ich (i-ch)

ölig

— **olik (o:lik)**

→ – ick (ik)

Kolik
  Darmkolik
  Gallenkolik
  Nierenkolik
Symbolik

— **olika (o:lika)**

= – olica (o:lika)
→ – a (a:)

Alkoholika
Bukolika
Majolika

— **oliker (o:liker)**

→ – icker (iker)

Alkoholiker
  Antialkoholiker
Bukoliker
Melancholiker

— **olisch (o:lisch)**

→ – isch (isch)

alkoholisch
anatolisch
äolisch
apostolisch
  neuapostolisch
bukolisch
diabolisch
katholisch
  altkatholisch
melancholisch
mongolisch
parabolisch
symbolisch

— **olk (olk)**

= – olg (olk)
→ – olke (olke)
→ – olken (olken)

Kolk

Volk
  Artistenvolk
  Bettelvolk
  Bienenvolk
  Fußvolk
  Künstlervolk
  Landvolk
  Lumpenvolk
  Reitervolk

— **ölk (ölk)**

→ – ölken (ölken)

Gewölk
  Donnergewölk
  Gewittergewölk
  Regengewölk
  Schönwettergewölk

— **ölkchen (ölk-chen)**

→ – olk (olk)
→ – olke (olke)

Völkchen
Wölkchen

— **olke (olke)**

→ – olk (olk)
→ – olken (olken)

Molke
Wolke
  Duftwolke
  Gewitterwolke
  Rauchwolke
  Regenwolke
  Schneewolke
  Staubwolke
  Wetterwolke

— **ölke (ölke)**

→ – ölk (ölk)
→ – ölken (ölken)

Gewölke

− olken (olken)
→ − olk (olk)
→ − olke (olke)

polken
gemolken
　abgemolken
　ausgemolken
molken

− ölken (ölken)
→ − ölk (ölk)

bölken
wölken
　bewölken
　entwölken
　umwölken

− olkig (olki-ch)
→ − ich (i-ch)

molkig
wolkig

− ölklein (ölklain)
= − ein (ain)
→ − olk (olk)
→ − olke (olke)

Völklein
Wölklein

− oll (ol)
→ − olle (ole)
→ − ollen (olen)

Apoll
Atoll
Groll
Handvoll
Maulvoll
Moll
Mundvoll
Protokoll
　Abschlußprotokoll
　Gerichtsprotokoll
　Konferenzprotokoll
　Polizeiprotokoll
　Sitzungsprotokoll
　Übernahme-
　　protokoll
Soll
　Ablieferungssoll
　Plansoll
　Produktionssoll
Troll
Zoll
　Ausfuhrzoll
　Binnenzoll
　Brückenzoll
　Einfuhrzoll
　Grenzzoll
　Schutzzoll
　Torzoll
　Warenzoll
　Wegzoll
achtungsvoll
　hochachtungsvoll
　verachtungsvoll
groll
hagelvoll
　sternhagelvoll
pascholl
quoll
　überquoll
soll
toll
　liebestoll
　mannstoll
　weibstoll
voll
　absichtsvoll
　ahnungsvoll
　andachtsvoll
　angstvoll
　anmutsvoll
　anspruchsvoll
　aufopferungsvoll
　ausdrucksvoll
　aussichtsvoll
　bedeutungsvoll
　blutvoll
　demutsvoll
　dornenvoll
　effektvoll
　ehrenvoll
　ehrfurchtsvoll
　eindrucksvoll
　einsichtsvoll
　entsagungsvoll
　erbarmungsvoll
　erwartungsvoll
　freud(en)voll
　friedvoll
　gedankenvoll
　gefahr(en)voll
　gefühlvoll
　gehaltvoll
　geheimnisvoll
　geistvoll
　gemütvoll
　geräuschvoll
　geschmackvoll
　glanzvoll
　glaubensvoll
　gnadenvoll
　gramvoll
　grauenvoll
　hingebungsvoll
　hoffnungsvoll
　hoheitsvoll
　huldvoll
　humorvoll
　jammervoll
　kraftvoll
　kummervoll
　kunstvoll
　lebensvoll
　leidvoll
　liebevoll
　machtvoll
　maßvoll
　mitleidsvoll
　mühevoll
　mutvoll
　phantasievoll
　prachtvoll
　prunkvoll
　qualvoll
　ränkevoll
　reizvoll
　respektvoll
　reuevoll
　rücksichtsvoll
　ruhevoll

salbungsvoll
schmachvoll
schmerzvoll
schwungvoll
seelenvoll
segensvoll
sehnsuchtsvoll
sinnvoll
sorgenvoll
stilvoll
stimmungsvoll
taktvoll
temperamentvoll
tränenvoll
trostvoll
übervoll
unheilvoll
unschuldsvoll
verantwortungsvoll
verdienstvoll
verehrungsvoll
verhängnisvoll
verheißungsvoll
verständnisvoll
vertrauensvoll
vorwurfsvoll
wechselvoll
wehmutsvoll
weihevoll
wertvoll
widerspruchsvoll
wirkungsvoll
wonnevoll
wundervoll
würdevoll
zweckvoll

— öll (öl)

→ – ölle (öle)
→ – öllen (ölen)

Geröll
  Fels(en)geröll
  Steingeröll

— öllchen (öl-chen)

→ – olle (ole)

Knöllchen
  Wurzelknöllchen
Röllchen
  Schinkenröllchen

— olle (ole)

→ – oll (ol)
→ – ollen (olen)

Bolle
Dolle
Holle
Jolle
Kasserolle
Knolle
Kontrolle
Korolle
Molle
Olle
Polle
Rolle
  Bombenrolle
  Drahtrolle
  Filmrolle
  Gastrolle
  Geldrolle
  Hauptrolle
  Hosenrolle
  Mutterrolle
  Nackenrolle
  Nebenrolle
  Papierrolle
  Schaumrolle
  Schlummerrolle
  Schriftrolle
  Stammrolle
  Titelrolle
  Vaterrolle
  Vermittlerrolle
  Wäscherolle
  Zwirnrolle
Scholle
  Ackerscholle
  Eisscholle
  Erdscholle
Stolle
Tolle
  Haartolle

Wolle
  Baumwolle
  Glaswolle
  Holzwolle
  Zellwolle
Zipolle

— ölle (öle)

→ – oll (ol)
→ – öllen (ölen)

Geölle
Gewölle
Hölle
  Flammenhölle
  Spielhölle
  Vorhölle
Kölle
Völle
Zölle

— ollen (olen)

→ – oll (ol)
→ – olle (ole)

Donnergrollen
Knollen
  Wurzelknollen
Pollen
  Blütenpollen
Stollen
  Bergwerksstollen
  Christstollen
  Förderstollen
  Mandelstollen
  Mohnstollen
  Quarkstollen
  Rosinenstollen
  Wasserstollen
  Weihnachtsstollen
Wohlwollen
erschollen
gequollen
  aufgequollen
geschwollen
  abgeschwollen
  angeschwollen
  aufgeschwollen

grollen
  ausgrollen
  nachgrollen
rollen
  abrollen
  anrollen
  aufrollen
  ausrollen
  davonrollen
  einrollen
  entrollen
  fortrollen
  herabrollen
  herausrollen
  hereinrollen
  herrollen
  herunterrollen
  hinabrollen
  hinausrollen
  hineinrollen
  hinrollen
  hinunterrollen
  überrollen
  verrollen
  zurollen
  zurückrollen
  zusammenrollen
schmollen
sollen
tollen
  austollen
  herumtollen
trollen
  abtrollen
  forttrollen
  hintrollen
  wegtrollen
verschollen
vollen
  halbvollen
  randvollen
  übervollen
wollen
  fortwollen
  herauswollen
  hereinwollen
  hinauswollen
  hineinwollen
  mitwollen

übelwollen
wegwollen
weiterwollen
wohlwollen
zurückwollen
wollen
  baumwollen
  ganzwollen
  reinwollen
zollen
  verzollen

— öllen (ölen)

→ – oll (ol)
→ – ölle (öle)

quöllen
  aufquöllen
  überquöllen
schöllen
  erschöllen
schwöllen
  abschwöllen
  anschwöllen

— ollend (olent)

→ – ollen (olen)

grollend
rollend
schmollend
tollend
trollend
verzollend
wohlwollend

— oller (oler)

→ – oll (ol)
→ – ollern (olern)

Koller
  Inselkoller
  Liebeskoller
  Tropenkoller
Oller
Poller

Roller
  Kabinenroller
  Kinderroller
  Motorroller
  Tretroller
  Trittroller
Schmoller
grauenvoller
toller

— öller (öler)

→ – öllern (ölern)

Böller
Möller
Söller

— ollern (olern)

→ – oller (oler)

kollern
rollern

— öllern (ölern)

→ – öller (öler)

böllern
möllern

— oll(e)s (ol(e)ß)

→ – oll (ol)

Grolles
Protokolles
tolles
  mannstolles
volles
  übervolles

— olli (oli)

= – ollie (oli)
= – olly (oli)

Rolli
Lolli

— **ollie (oli)**

= – olli (oli)
= – olly (oli)

Collie
Ollie

— **ollig (oli-ch)**

→ – ich (i-ch)

drollig
einzollig
knollig
mollig
schollig
wollig

— **öllig (öli-ch)**

→ – ich (i-ch)

einzöllig
völlig

— **ölln (öln)**

= – öln (öln)

Mölln
Neukölln
Schmölln

— **ollster (olßter)**

= – olster (olßter)
→ – oll (ol)

eindrucksvollster
würdevollster

— **ollt (olt)**

= – old (olt)
= – olt (olt)
→ – ollen (olen)

gewollt
 ungewollt
grollt
 gegrollt
rollt
 gerollt
schmollt
 geschmollt
sollt
 gesollt
tollt
 getollt
trollt
 getrollt
verzollt
 unverzollt
wollt
zollt
 gezollt

— **ollte (olte)**

= – olte (olte)
→ – ollen (olen)
→ – ollt (olt)

grollte
rollte
schmollte
sollte
tollte
trollte
wollte
zollte

— **ollten (olten)**

= – olten (olten)
→ – ollen (olen)
→ – ollt (olt)

grollten
rollten
schmollten
sollten
tollten
trollten
wollten
zollten

— **ollter (olter)**

= – olter (olter)
→ – ollen (olen)
→ – ollt (olt)

durchtollter
gerollter
gewollter
 ungewollter
verzollter
 unverzollter

— **ollts (oltß)**

= – olds (oltß)
= – olts (oltß)
= – olz (oltß)
→ – ollen (olen)
→ – ollt (olt)

rollt's
sollt's
wollt's

— **ollung (oluŋ)**

→ – ollen (olen)
→ – ung (uŋ)

Aufrollung
Verzollung
Zusammenrollung

— **olly (oli)**

= – olli (oli)
= – ollie (oli)

Molly
Polly

— **olm (olm)**

Bornholm
Drottningholm
Holm
Olm
 Grottenolm
Stockholm

— **olmen (olmen)**

→ – olm (olm)

Dolmen

— **öln (öln)**

= – ölln (öln)

Köln

– olo (o:lo)
→ – o (o:)

Kolo
Polo
Solo

– olper (olper)
→ – olpern (olpern)

Geholper
Gestolper

– olp(e)rig (olp(e)ri-ch)
→ – ich (i-ch)

holp(e)rig
stolp(e)rig

– olpern (olpern)

holpern
stolpern

– olster (olßter)
= – ollster (olßter)

Polster
  Armpolster
  Fensterpolster
  Fettpolster
  Kopfpolster
  Lederpolster
  Luftpolster
  Moospolster
  Rückenpolster
  Sitzpolster

– olt (o:lt)
= – ohlt (o:lt)
→ – olen (o:len)

holt
  geholt
karriolt

– olt (olt)
= – old (olt)
= – ollt (olt)

Colt
Volt

– olte (olte)
= – ollte (olte)

Revolte
Volte

– olten (olten)
= – ollten (olten)

Olten
gegolten
  abgegolten
gescholten
  ausgescholten
unbescholten
vergolten

– olter (olter)
= – ollter (olter)
→ – oltern (oltern)

Folter
Gepolter
  Donnergepolter
Kolter
holterdiepolter
  holterpolter

– oltern (oltern)
→ – olter (olter)

foltern
poltern

– olts (oltß)
= – olds (oltß)
= – ollts (oltß)
= – olz (oltß)
→ – olt (olt)

Colts

– olung (o:luŋ)
= – ohlung (o:luŋ)
→ – olen (o:len)
→ – ung (uŋ)

Erholung
Kielholung
Überholung
  Generalüberholung
Wiederholung

– ölung (ö:luŋ)
= – öhlung (ö:luŋ)
→ – ölen (ö:len)
→ – ung (uŋ)

Ölung

– olz (oltß)
= – olds (oltß)
= – ollts (oltß)
= – olts (oltß)
→ – olze (oltße)
→ – olzen (oltßen)

Bolz
Hagestolz
Kobolz
Holz
  Bauholz
  Brennholz
  Bundholz
  Ebenholz
  Eichenholz
  Furnierholz
  Hartholz
  Jammerholz
  Jungholz
  Kerbholz
  Kienholz
  Klafterholz
  Langholz
  Nudelholz
  Nutzholz
  Rosenholz
  Sandelholz
  Schnittholz
  Schwefelholz

Sperrholz
Streichholz
Süßholz
Teakholz
Treibholz
Unterholz
Weichselholz
Wimmerholz
Zedernholz
Zündholz
Stolz
  Nationalstolz
schmolz
stolz

— ölz (öltß)
→ – ölzen (öltßen)

Bad Tölz
Gehölz

— ölzchen (öltß-chen)
→ – olz (oltß)

Bölzchen
Hölzchen
  Schwefelhölzchen
  Streichhölzchen
  Zündhölzchen

— olze (oltße)
→ – olz (oltß)
→ – olzen (oltßen)

Gebolze
Geholze
Komsomolze
bolze
holze

— ölze (öltße)
→ – ölz (öltß)
→ – ölzen (öltßen)

schmölze

— olzen (oltßen)
→ – olz (oltß)
→ – olze (oltße)

Bolzen
bolzen
  verbolzen
geschmolzen
  abgeschmolzen
  eingeschmolzen
  zusammen-
  geschmolzen
holzen
  abholzen
  aufholzen
  ausholzen
  verholzen
verschmolzen

— ölzen (öltßen)
→ – ölz (öltß)

pölzen
schmölzen
  abschmölzen
  anschmölzen
  durchschmölzen
  einschmölzen
  verschmölzen
  zusammen-
  schmölzen

— ölzer (öltßer)
→ – olz (oltß)

Hölzer
Tölzer

— olzung (oltßuŋ)
→ – olzen (oltßen)
→ – ung (uŋ)

Holzung
  Abholzung
  Verholzung
Verbolzung

— om (o:m)
= – ohm (o:m)
→ – omen (o:men)

Agronom
Anatom
Arom
Astronom
Atherom
Atom
Autodrom
Axiom
Brom
Chrom
Chromosom
Diplom-
Dom
Fibrom
Gastronom
Glaukom
Gnom
Hippodrom
Idiom
Kardamom
Karzinom
Kondom
Metronom
Myom
Ökonom
Palindrom
Phantom
Pogrom
  Judenpogrom
Rom
Sarkom
Strom
  Allstrom
  Blutstrom
  Drehstrom
  Gegenstrom
  Gleichstrom
  Golfstrom
  Lavastrom
  Luftstrom
  Mahlstrom
  Menschenstrom
  Nachtstrom
  Schwachstrom
  Starkstrom

Tränenstrom
Wechselstrom
Zustrom
Symptom
  Krankheitssymptom
Syndrom
Trachom
autonom

— om (om)

= – omm (om)
= – omme (om)

Slalom
  Riesenslalom
Sodom
Tom
vom

— oma (o:ma)

→ – a (a:)

Aroma
  Backaroma
  Fruchtaroma
  Rumaroma
Koma
Oklahoma
Oma
Paloma
Roma

— omb (omp)

= – omp (omp)
→ – ombe (ombe)
→ – omben (omben)

verplomb
zerbomb

— ombe (ombe)

→ – omben (omben)

Bombe
  Atombombe
  Brandbombe
  Eisbombe
  Sprengbombe
  Stinkbombe
  Wasserstoffbombe

Hekatombe
Katakombe
Plombe
  Goldplombe
Trombe

— omben (omben)

→ – ombe (ombe)

Rhomben
Tromben
bomben
  ausbomben
  zerbomben
verplomben

— ombo (ombo)

→ – o (o:)

Colombo
Combo

— ome (o:me)

→ – ohm (o:m)
→ – om (o:m)
→ – omen (o:men)

Atome
Kondome
Pogrome
Symptome

— öme (ö:me)

= – öhme (ö:me)
→ – om (o:m)
→ – ömen (ö:men)

ströme

— omen (o:men)

→ – ohm (o:m)
→ – om (o:m)

Abdomen
Flomen
Nomen
Pronomen
Omen
verchromen

— ömen (ö:men)

= – öhmen (ö:men)

strömen
  anströmen
  ausströmen
  durchströmen
  einströmen
  entströmen
  herabströmen
  herausströmen
  herbeiströmen
  hereinströmen
  herunterströmen
  hinabströmen
  hinausströmen
  hineinströmen
  hinströmen
  hinunterströmen
  überströmen
  umströmen
  verströmen
  zurückströmen
  zusammenströmen
  zuströmen

— omik (o:mik)

→ – ick (ik)

Komik
Physiognomik
Ökonomik

— omisch (o:misch)

→ – isch (isch)

anatomisch
astronomisch
gastronomisch
komisch
  saukomisch
  tragikomisch
  urkomisch
ökonomisch
  unökonomisch
physiognomisch

— ömisch (ö:misch)

= – öhmisch (ö:misch)
→ – isch (isch)

römisch

— omm (om)

= – om (om)
= – omme (om)
→ – ommen (omen)

Willkomm
fromm
  lammfromm
  unfromm
glomm
klomm
komm
  bekomm

— omme (ome)

→ – omm (om)
→ – ommen (omen)

Abkomme
Nachkomme

— omme (om)

= – om (om)
= – omm (om)

Bonhomme
Somme

— ommel (omel)

→ – ommeln (omeln)

Bommel
Dommel
  Rohrdommel
Getrommel
Trommel
  Botanisiertrommel
  Maultrommel
  Patronentrommel
  Reklametrommel
  Waschtrommel
  Werbetrommel

— ommeln (omeln)

→ – ommel (omel)

bommeln
trommeln
  austrommeln
  zusammentrommeln

— ommen (omen)

→ – omm (om)
→ – omme (ome)

Abkommen
  Geheimabkommen
  Handelsabkommen
  Kulturabkommen
  Wirtschafts-
  abkommen
  Zahlungsabkommen
Aufkommen
Auskommen
Einkommen
  Bruttoeinkommen
  Jahreseinkommen
  Monatseinkommen
  Nettoeinkommen
Entgegenkommen
Fortkommen
Herkommen
Übereinkommen
Unterkommen
Vorkommen
  Rohstoffvorkommen
Willkommen
Zustandekommen
beklommen
  angstbeklommen
bekommen
  abbekommen
  aufbekommen
  fertigbekommen
  freibekommen
  herausbekommen
  herumbekommen
  losbekommen
  mitbekommen
  wiederbekommen
  zurückbekommen
benommen
unbenommen
frommen
geglommen
geklommen
gekommen
genommen
  abgenommen
  angenommen
  aufgenommen
  ausgenommen
  eingenommen
  fortgenommen
  genaugenommen
  herabgenommen
  heraufgenommen
  herausgenommen
  hereingenommen
  hergenommen
  heruntergenommen
  hinabgenommen
  hinaufgenommen
  hinausgenommen
  hineingenommen
  hingenommen
  hinuntergenommen
  mitgenommen
  strenggenommen
  vorgenommen
  weggenommen
  zugenommen
  zurückgenommen
  zusammen-
  genommen
geschwommen
  angeschwommen
  davon-
  geschwommen
  freigeschwommen
  losgeschwommen
  mitgeschwommen
  nach-
  geschwommen
  voraus-
  geschwommen
  weg-
  geschwommen
  zurück-
  geschwommen

kommen
  abkommen
  ankommen
  aufkommen
  auskommen
  beikommen
  daherkommen
  dahinterkommen
  darankommen
  daraufkommen
  davonkommen
  dazukommen
  dazwischenkommen
  drankommen
  draufkommen
  durchkommen
  emporkommen
  entgegenkommen
  entkommen
  fortkommen
  freikommen
  gleichkommen
  heimkommen
  herabkommen
  herankommen
  heraufkommen
  herauskommen
  herbeikommen
  hereinkommen
  herkommen
  herüberkommen
  herumkommen
  herunterkommen
  hervorkommen
  herzukommen
  hinabkommen
  hinaufkommen
  hinauskommen
  hineinkommen
  hinkommen
  hinüberkommen
  hinwegkommen
  hinzukommen
  hochkommen
  loskommen
  mitkommen
  nachkommen
  nahekommen
  näherkommen

niederkommen
übereinkommen
überkommen
umkommen
unterkommen
verkommen
vorankommen
vorbeikommen
vorkommen
vorwärtskommen
wegkommen
weiterkommen
wiederkommen
zukommen
zurechtkommen
zurückkommen
zusammenkommen
zuvorkommen
übernommen
verschwommen
vollkommen
  unvollkommen
voreingenommen
  unvoreingenommen
willkommen
  hochwillkommen
  unwillkommen

— **ommenheit
(omenhait)**

→ – eit (ait)
→ – ommen (omen)

Beklommenheit
Benommenheit
Verkommenheit
Verschwommenheit
Vollkommenheit
  Unvollkommenheit
Voreingenommenheit
  Unvorein-
  genommenheit

— **ommer (omer)**

→ – ommern (omern)

Pommer

Sommer
  Altweibersommer
  Frühsommer
  Hochsommer
  Mittsommer
  Nachsommer
  Spätsommer
  Vorsommer
frommer
  lammfrommer
  unfrommer

— **ommern
(omern)**

→ – ommer (omer)

Pommern
  Hinterpommern
sommern

— **ommt (omt)**

→ – ommen (omen)

frommt
kommt
  bekommt
vervollkommt

— **omo (o:mo)**

→ – o (o:)

Como
Homo
pro domo

— **omp (omp)**

= – omb (omp)

Pomp

— **on (o:n)**

= – ohn (o:n)
→ – one (o:ne)
→ – onen (o:nen)

Absolution
Absorption
Abstraktion

Adaptation
Addition
Administration
Adoption
Aggression
Agitation
Akklamation
Akquisition
Aktion
  Hilfsaktion
  Polizeiaktion
  Protestaktion
  Staatsaktion
  Werbeaktion
Akzeleration
Alliteration
Ambition
Amortisation
Amputation
Annexion
Anton
Äon
Appellation
Applikation
Approbation
Argumentation
Artikulation
Assimilation
Assoziation
Attraktion
Auktion
Aversion
Azeton
Balkon
Ballon
Baron
Bastion
Bataillon
  Ausbildungsbataillon
  Ersatzbataillon
  Fallschirmjägerbataillon
  Feldjägerbataillon
  Infanteriebataillon
  Jägerbataillon
  Panzerbataillon
  Pionierbataillon
  Schützenbataillon
  Strafbataillon

Beton
Billion
Chiffon
Deduktion
Definition
Defloration
Deformation
Degeneration
Deklamation
Deklaration
Deklination
Dekoration
  Bühnendekoration
  Filmdekoration
  Innendekoration
  Schaufensterdekoration
  Tischdekoration
  Weihnachtsdekoration
Delegation
Demission
Demonstration
  Friedensdemonstration
  Massendemonstration
  Protestdemonstration
  Studentendemonstration
Denunziation
Deportation
Depression
Deputation
Desertion
Designation
Desinfektion
Destillation
Detonation
Diakon
Diktion
Dimension
Direktion
  Bahndirektion
  Bankdirektion
  Baudirektion
  Betriebsdirektion
  Finanzdirektion

  Generaldirektion
  Polizeidirektion
  Postdirektion
Diskretion
  Indiskretion
Diskussion
  Fernsehdiskussion
  Podiumsdiskussion
Disposition
Disputation
Dissertation
Division
Dokumentation
Dotation
Edition
Ejakulation
Elektron
Emanzipation
Emigration
Emotion
Emulsion
Erektion
Erosion
Eruption
Eskadron
Evolution
Exaltation
Exekution
Exkursion
Exmatrikulation
Expansion
Expedition
Explosion
Extraktion
Fabrikation
Faszination
Fiktion
Flagellation
Fluktuation
Föderation
  Konföderation
Formation
  Bodenformation
  Felsformation
  Gebirgsformation
  Truppenformation
Fraktion
Fron
Frustration

Funktion
  Drüsenfunktion
  Gewerkschafts-
  funktion
  Herzfunktion
  Kontrollfunktion
  Nierenfunktion
  Parteifunktion
  Sportfunktion
  Teilfunktion
  Überfunktion
  Unterfunktion
  Vereinsfunktion
  Winkelfunktion
Fusion
Garnison
Generation
  Kriegsgeneration
  Nachkriegs-
  generation
Gestikulation
Grammophon
Granulation
Gratifikation
Gratulation
Gravitation
Habilitation
Halluzination
Hormon
Identifikation
Illumination
Illusion
Illustration
  Textillustration
Imagination
Imitation
Immatrikulation
Impression
Improvisation
Inauguration
Indikation
Indiskretion
Individuation
Induktion
Infektion
Infiltration
Inflation
Information
Infusion

Inhalation
Injektion
Inkarnation
  Reinkarnation
Inklination
Inkubation
Inquisition
Inspektion
Inspiration
Installation
Institution
Instruktion
Instrumentation
Integration
Intention
Interjektion
Interpretation
  Fehlinterpretation
Interpunktion
Intervention
Inthronisation
Intonation
Introduktion
Intuition
Invasion
Investition
  Fehlinvestition
Ion
Isolation
Jurisdiktion
Kalkulation
  Preiskalkulation
Kanalisation
Kanton
Kapitulation
Karbon
Karton
Kastration
Kaution
Klassifikation
Koalition
  Regierungskoalition
Kollaboration
Kollektion
  Messekollektion
  Musterkollektion
Kollision
Kolonisation
Kombination

Kommission
  Kontrollkommission
  Militärkommission
  Mordkommission
  Prüfungskommission
  Sonderkommission
  Untersuchungs-
  kommission
  Wirtschafts-
  kommission
Kommunikation
Kommunion
Kompensation
Komplikation
Komposition
Kondensation
Kondition
Konfektion
  Damenkonfektion
  Herrenkonfektion
  Maßkonfektion
Konfession
Konfiguration
Konfirmation
Konfrontation
Konfusion
Kongestion
Kongregation
Konjugation
Konjunktion
Konspiration
Konstellation
Konstitution
Konstruktion
  Baukonstruktion
  Brückenkonstruktion
  Dachkonstruktion
  Eisenkonstruktion
  Fehlkonstruktion
  Grundkonstruktion
  Neukonstruktion
  Satzkonstruktion
  Stahlkonstruktion
Konsultation
Kontraktion
  Muskelkontraktion
Kontribution
Konvention
Konversation

Konvulsion
Konzentration
Konzeption
Konzession
Kooperation
Koordination
Kopulation
Kordon
Korporation
Korrelation
Korrosion
Korruption
Kreation
Kristallisation
Kujon
Kumulation
  Akkumulation
Lamentation
Lampion
Legion
  Ehrenlegion
  Fremdenlegion
Legitimation
Lektion
Liquidation
Machination
Manifestation
Manipulation
  Finanz-
  manipulation
Marimbaphon
Masturbation
Materialisation
Meditation
Megaphon
Menstruation
Mikrophon
Million
Mission
  Bahnhofsmission
  Handelsmission
  Innere Mission
Moderation
Modifikation
Modulation
Multiplikation
Munition
Mutation
Mystifikation

Nation
  Kulturnation
Naturalisation
Navigation
Negation
Notation
Obduktion
Obligation
Observation
Obstruktion
Okkasion
Okkupation
Oktogon
Operation
Opposition
Option
Organisation
  Dachorganisation
  Fachorganisation
  Geheimorganisation
  Gewerkschafts-
  organisation
  Handelsorganisation
  Jugendorganisation
  Massenorganisation
  Parteiorganisation
  Spionage-
  organisation
  Untergrund-
  organisation
  Wirtschafts-
  organisation
Ovation
Oxydation
Ozon
Passion
Patron
  Kirchenpatron
  Namenspatron
  Schiffspatron
  Schutzpatron
Pavillon
Pension
Pentagon
Perfektion
Perron
Person
  Amtsperson
  Begleitperson

  Einzelperson
  Frauensperson
  Hauptperson
  Mannsperson
  Mittelsperson
  Nebenperson
  Privatperson
  Respektsperson
  Vertrauensperson
  Zivilperson
Personifikation
Perversion
Petition
Phon
Pollution
Population
Portion
Position
  Ausgangsposition
  Schlüsselposition
  Spitzenposition
Postillion
Prädestination
Präposition
Präsentation
Prätention
Präzision
Pression
Produktion
  Eigenproduktion
  Erdölproduktion
  Fernsehproduktion
  Filmproduktion
  Koproduktion
  Massenproduktion
  Rüstungsproduktion
  Serienproduktion
  Überproduktion
Profession
Progression
Prohibition
Projektion
Promotion
Proklamation
Proportion
Prostitution
Protektion
Provision
Provokation

Prozession
  Fronleichnams-
  prozession
Publikation
Punktion
Pylon
Qualifikation
  Disqualifikation
Ratifikation
Ration
Reaktion
  Abwehrreaktion
  Kernreaktion
  Kettenreaktion
  Überreaktion
Rebellion
Redaktion
  Fernsehredaktion
  Kulturreaktion
  Lexikonredaktion
  Lokalredaktion
  Musikredaktion
  Rundfunkredaktion
  Schlußredaktion
  Sportredaktion
  Wirtschaftsredaktion
  Zeitschriften-
  redaktion
  Zeitungsredaktion
Reduktion
Reflexion
Reformation
  Gegenreformation
Regeneration
Region
  Alpenregion
  Baumregion
  Eisregion
  Schneeregion
Regression
Rehabilitation
Reklamation
Relation
Religion
  Naturreligion
  Staatsreligion
  Weltreligion
Reparation
Repräsentation

Reproduktion
Reputation
Resektion
Reservation
Resignation
Resolution
Restauration
Restriktion
Revision
Revolution
  Februarrevolution
  Gegenrevolution
  Konterrevolution
  Kulturrevolution
  Märzrevolution
  Novemberrevolution
  Oktoberrevolution
  Palastrevolution
  Sexrevolution
  Weltrevolution
Rezension
Rezeption
Rezitation
Rotation
Rotspon
Salon
Sanktion
Satisfaktion
Saxophon
Schwadron
Sektion
Selektion
Sensation
Sermon
Sezession
Siphon
Situation
  Ausgangssituation
  Grundsituation
  Notsituation
  Übergangssituation
Skorpion
Spedition
Spekulation
Spion
Stagnation
Station
  Bahnstation
  Beobachtungsstation

  Bergstation
  Durchgangsstation
  Endstation
  Funkstation
  Gipfelstation
  Grenzstation
  Hauptstation
  Intensivstation
  Poststation
  Sendestation
  Talstation
  Unfallstation
  Versuchsstation
  Zwischenstation
Sterilisation
Stimulation
Subskription
Subtraktion
Subvention
Suggestion
  Autosuggestion
  Massensuggestion
Synchronisation
Telefon
  Feldtelefon
  Haustelefon
Television
Thron
  Fürstenthron
  Kaiserthron
  Königsthron
  Pfauenthron
  Zarenthron
Ton
  Befehlston
  Brustton
  Farbton
  Grundton
  Halbton
  Flüsterton
  Kammerton
  Modellierton
  Plauderton
  Unterton
  Volkston
Tradition
Transaktion
Transfusion
  Bluttransfusion

Transplantation
  Hauttransplantation
  Herztransplantation
  Nieren-
  transplantation
Transkription
Trillion
Union
  Personalunion
  Sowjetunion
  Zollunion
Variation
Vegetation
Ventilation
Version
Vibraphon
Vibration
Vision
Visitation
  Leibesvisitation
Vivisektion
Xylophon
Zirkulation
  Blutzirkulation
  Geldzirkulation
Zivilisation
Zyklon
autochthon
homophon
monoton
polyphon
schon
  obschon
  wennschon
stereophon
synchron

— on (on)

= – ohn (on)
= – onn (on)
= – onne (on)

Aaron
Acheron
Akkordeon
Aktäon
Albion
Amphitryon
Analeptikon
Arion
Babylon
Balaton
Bandoneon
Bariton
Biathlon
Bison
Ceylon
Chamäleon
Dämon
Distichon
Don
Dralon
Egon
Elektron
Estragon
Gibbon
Helikon
Hyperion
Kanon
Kyrie eleison
Laokoon
Lexikon
  Fachlexikon
  Jugendlexikon
  Konversations-
  lexikon
  Musiklexikon
  Reimlexikon
  Speziallexikon
  Standardlexikon
  Taschenlexikon
Libanon
Lissabon
London
Mammon
Marathon
Mastodon
Mikron
Mufflon
Natron
Neon
Neutron
Nippon
Nylon
Oberon
Odeon
Orchestrion
Orion
Pantheon
Parthenon
Pentagon
Pentathlon
Pentelikon
Perlon
Phaeton
Philodendron
Plankton
Pygmalion
Python
Rhododendron
Rubikon
Saigon
Samson
Semikolon
Simon
Simson
Stadion
Tampon
Triptychon
Triton
Ypsilon
von
  davon
  hiervon
  wovon

— on (õ:/oŋ)

= – ond (õ:)
= – ong (oŋ)
= – ongue (õ:/oŋ)
= – ont (õ:)

Balkon
Ballon
  Fesselballon
  Freiballon
  Gasballon
  Glasballon
  Heißluftballon
  Luftballon
  Sperrballon
  Versuchsballon
Beton
  Stahlbeton
Bombardon
Bon

Bonbon
  Hustenbonbon
  Knallbonbon
  Kräuterbonbon
  Lutschbonbon
Bouillon
Chanson
Chiffon
Fasson
Feuilleton
Flakon
Garçon
Jargon
Karton
  Geschenkkarton
  Hutkarton
  Pappkarton
  Schuhkarton
Kokon
Kompagnon
Kordon
  Grenzkordon
  Sanitätskordon
Kupon
Lampion
Liaison
Lorgnon
Medaillon
Mignon
Pardon
  Generalpardon
Pavillon
  Ausstellungspavillon
  Gartenpavillon
  Konzertpavillon
  Messepavillon
  Musikpavillon
Perron
Piston
Ponton
Räson
  Staatsräson
Saison
  Badesaison
  Hochsaison
  Nachsaison
  Sommersaison
  Vorsaison
  Wintersaison

Salon
  Ausstellungssalon
  Autosalon
  Damensalon
  Empfangssalon
  Frisiersalon
  Herrensalon
  Hutsalon
  Kosmetiksalon
  Massagesalon
  Modesalon
  Privatsalon
  Rauchsalon
  Spielsalon
  Waschsalon
Siphon
Talon
Tampon
Trianon
Waggon
  Eisenbahnwaggon

— ön (ö:n)

= — öh(e)n (ö:(e)n)
= — öhn (ö:n)
→ — önen (ö:nen)

Dankeschön
Fön
Geklön
Getön
Plön
Pön
Rhön
Tausendschön
obszön
schön
  bildschön
  engelschön
  formschön
  unschön
  wunderschön

— ona (o:na)

→ — a (a:)

Ancona
Arizona
Arkona

Ascona
Barcelona
Bellinzona
Cortona
Cremona
Dodona
Gerona
Ilona
Korona
Patrona
Ramona
Tarragona
Verona
Vindobona
in persona

— oña (onja)

= — ogna (onja)
= — onja (onja)
→ — a (a:)

Doña

— önchen (ö:n-chen)

= — öhnchen (ö:n-chen)
→ — on (o:n)
→ — one (o:ne)

Kanönchen
Krönchen
Persönchen
Portiönchen
Sensatiönchen
Tausendschönchen
Thrönchen
Tönchen

— önchen (ön-chen)

= — önnchen (ön-chen)

Mönchen
  Bettelmönchen

608

— ond (o:nt)

= – ohnt (o:nt)
= – ont (o:nt)

Mond
  Erntemond
  Halbmond
  Honigmond
  Neumond
  Vollmond
  Wonnemond

— ond (ont)

= – onnt (ont)
= – ont (ont)
→ – onden (onden)

blond
  aschblond
  dunkelblond
  hellblond
  rotblond
  semmelblond
  strohblond

— ond (ō:)

= – on (ō:/oŋ)
= – ongue (ō:/oŋ)
= – ont (ō:)

Fond
Plafond

— onde (onde)

→ – ond (ont)
→ – onden (onden)

Blonde
Ronde
Sonde
  Magensonde
  Mondsonde

— onden (onden)

→ – ond (ont)
→ – onde (onde)

blonden
  erblonden

— onder (onder)

→ – ond (ont)
→ – ondern (ondern)

Hypochonder
blonder
  semmelblonder
sonder

— ondere (ondere)

→ – ond (ont)

Besondere
blondere
insbesondere

— ondern (ondern)

→ – onder (onder)

Tondern
sondern
  absondern
  aussondern

— one (o:ne)

= – ohne (o:ne)
→ – on (o:n)
→ – onen (o:nen)

Amazone
Anemone
  Seeanemone
Bibione
Bretone
Calzone
Cicerone
Dublone
Epigone
Galeone
Gallone
Ikone
Kanone
  Gulaschkanone
  Stimmungskanone
Kanzone

Kommilitone
Krone
  Baumkrone
  Dornenkrone
  Erntekrone
  Federkrone
  Fürstenkrone
  Goldkrone
  Haarkrone
  Jacketkrone
  Kaiserkrone
  Königskrone
  Mauerkrone
  Reichskrone
  Schaumkrone
  Stephanskrone
  Wenzelskrone
  Zahnkrone
Lazzarone
Limone
Magelone
Makrone
Marone
Matrone
Melone
  Honigmelone
  Netzmelone
  Wassermelone
  Zuckermelone
Minestrone
Mormone
None
Padrone
Pantalone
Patrone
  Gaspatrone
  Platzpatrone
  Sprengpatrone
Pylone
Rhone
Riccione
Schablone
Sierra Leone
Simone
Sirmione
Teutone
Trombone
Wallone
Zitrone

Zone
  Alpenzone
  Besatzungszone
  Einflußzone
  Gefahrenzone
  Kampfzone
  Kanalzone
  Ostzone
  Schlechtwetterzone
  Sperrzone
  Westzone
Zyklone

— **öne (ö:ne)**

= – öhne (ö:ne)
→ – on (o:n)
→ – ön (ö:n)
→ – önen (ö:nen)

Dorfschöne
Flötentöne
Geklöne
Getöne
Herztöne
Obertöne
Untertöne
Zwischentöne

— **onen (o:nen)**

= – ohnen (o:nen)
→ – on (o:n)
→ – one (o:ne)

Makedonen
Pharaonen
Schonen
fronen
schonen
  verschonen
thronen
  entthronen
tonen
  betonen
  vertonen

— **önen (ö:nen)**

= – öhnen (ö:nen)
→ – ön (ö:n)
→ – öne (ö:ne)

fönen
frönen
klönen
  beklönen
krönen
  bekrönen
pönen
  verpönen
schönen
  verschönen
tönen
  abtönen
  antönen
  ertönen
  nachtönen
  übertönen

— **onend (o:nent)**

= – ohnend (o:nent)
→ – onen (o:nen)

betonend
fronend
schonend
thronend

— **önend (ö:nent)**

= – öhnend (ö:nent)
→ – önen (ö:nen)

frönend
klönend
krönend
tönend
  hochtönend
  lauttönend
  mißtönend
  volltönend
verschönend

— **oner (o:ner)**

= – ohner (o:ner)
→ – on (o:n)
→ – onen (o:nen)

Dragoner
  Küchendragoner
Lyoner

Schoner
  Dreimastschoner
  Gaffelschoner
Sierra-Leoner
Vertoner
monotoner
polyphoner

— **öner (ö:ner)**

= – öhner (ö:ner)
→ – ön (ö:n)
→ – önen (ö:nen)

Fröner
Neutöner
obszöner
schöner

— **onern (o:nern)**

= – ohnern (o:nern)
→ – oner (o:ner)

Dragonern

— **önern (ö:nern)**

→ – öhner (ö:ner)
→ – öner (ö:ner)

verschönern
tönern

— **oney (ani)**

= – ani (ani)
= – anni (ani)
= – anny (ani)
= – unny (ani)

honey
money

— **ong (oŋ)**

= – on (õ:/oŋ)
= – ongue (õ:/oŋ)

Diphtong
Gong
Pingpong
Sarong

— **ongo (oŋgo)**
→ – o (o:)

Bongo
Kongo

— **ongue (ō:/oŋ)**
= – on (ō:/oŋ)
= – ond (ō:)
= – ong (ō:)
= – ont (ō:)

Chaiselongue

— **oni (o:ni)**
= – ony (o:ni)

Cannelloni
Loni
Mahagoni
Makkaroni
Toni
Vroni

— **onia (o:nia)**
→ – a (a:)

Antonia
Colonia
Manfredonia
Polonia
Saxonia
Teutonia

— **onie (o:ni-e)**

Antonie
Begonie
Betonie
Mahonie
Päonie
Pelargonie
Sidonie
Zeremonie

— **onien (o:ni-en)**
→ – onie (o:ni-e)

Aragonien
Babylonien
Kaledonien
Katalonien
Makedonien
Mazedonien
Pannonien
Patagonien
Slawonien

— **onier (o:ni-er)**

Babylonier
Kaledonier
Lakedämonier
Makedonier
Mazedonier

— **onig (o:ni-ch)**
→ – ich (i-ch)

Honig
  Bienenhonig
  Blütenhonig
  Imkerhonig
  Kunsthonig
  Scheibenhonig
  Schleuderhonig
  Waldhonig
breitkronig
hochtonig
tonig

— **önig (ö:ni-ch)**
= – öhnig (ö:ni-ch)
→ – ich (i-ch)

König
  Bürgerkönig
  Erlkönig
  Exkönig
  Gegenkönig
  Schellenkönig
  Schneekönig

  Schützenkönig
  Sonnenkönig
  Vizekönig
  Winterkönig
  Zaunkönig
eintönig
mißtönig
volltönig

— **önige (ö:nige)**
→ – öhnig (ö:ni-ch)
→ – önig (ö:ni-ch)

Dreikönige
beschönige
eintönige
mißtönige

— **onik (o:nik)**
→ – ick (ik)

Architektonik
Chronik
  Familienchronik
  Reimchronik
  Stadtchronik
Diatonik
Elektronik
Harmonik
Phonik
Symphonik
Tektonik

— **onika (o:nika)**
→ – a (a:)

Chronika
Harmonika
  Handharmonika
  Mundharmonika
  Ziehharmonika
Monika
Tonika
Veronika

— oniker (o:niker)

→ – icker (iker)

Ironiker
Kanoniker
Philharmoniker
Platoniker
Symphoniker

— onisch (o:nisch)

→ – isch (isch)

architektonisch
babylonisch
bourbonisch
bretonisch
chronisch
dämonisch
diatonisch
drakonisch
elektronisch
harmonisch
  disharmonisch
  philharmonisch
  unharmonisch
ionisch
ironisch
kanonisch
konisch
lakonisch
mazedonisch
napoleonisch
pharaonisch
platonisch
salomonisch
sardonisch
sinfonisch
stereophonisch
telefonisch
teutonisch
wallonisch

— onium (o:ni-um)

= – um (um)
→ – umm (um)

Ammonium
Harmonium
Kolophonium
Pandämonium
Patrimonium
Plutonium
Testimonium
Trautonium

— onja (onja)

= – ogna (onja)
= – oña (onja)
→ – a (a:)

Donja
Sonja

— önlein (ö:nlain)

= – ein (ain)
= – öhnlein (ö:nlain)
→ – on (o:n)
→ – one (o:ne)

Krönlein
Thrönlein
Tönlein

— önlich (ö:nli-ch)

= – öhnlich (ö:nli-ch)
→ – ich (i-ch)

persönlich
höchstpersönlich
unpersönlich

— önlichen (ö:nli-chen)

= – öhnlichen (ö:nli-chen)
→ – önlich (ö:nli-ch)

persönlichen
entpersönlichen

— önlichkeit (ö:nli-chkait)

= – öhnlichkeit (ö:nli-chkait)
→ – eit (ait)

Persönlichkeit

— onn (on)

= – ohn (on)
= – on (on)
= – onne (on)
→ – onne (one)
→ – onnen (onen)

Bonn
Heilbronn

— önnchen (ön-chen)

= – önchen (ön-chen)
→ – onne (one)

Nönnchen
Tönnchen

— onne (one)

→ – onnen (onen)

Bonne
Kolonne
  Autokolonne
  Baukolonne
  Marschkolonne
  Panzerkolonne
  Sturmkolonne
  Wagenkolonne
Nonne
Sonne
  Abendsonne
  Heizsonne
  Höhensonne
  Mittagssonne
  Mitternachtssonne
  Morgensonne
Tonne
  Abfalltonne
  Aschentonne
  Bruttoregistertonne
  Mülltonne
  Regentonne
Wonne
  Liebeswonne

— onne (on)

= – ohn (on)
= – on (on)
= – onn (on)

Chaconne
Garonne
Kretonne
Sorbonne
Yvonne

— önne (öne)

→ – önnen (önen)

begönne
gewönne
gönne
könne
rönne
sönne
spönne

— onnen (onen)

→ – onne (one)

Argonnen
Bronnen
Madonnen
begonnen
besonnen
  unbesonnen
geronnen
gesonnen
gesponnen
  ausgesponnen
  eingesponnen
gewonnen
  abgewonnen
sonnen
versonnen
versponnen
zerronnen

— önnen (önen)

begönnen
gewönnen
  abgewönnen
gönnen
  mißgönnen
  vergönnen
können
  ankönnen
  umhinkönnen
  weiterkönnen
rönnen
  verrönnen
  zerrönnen
spönnen
  ausspönnen
  verspönnen

— onner (oner)

→ – onnern (onern)

Bonner
Donner
  Kanonendonner
Dreitonner
Fünftonner
Gedonner
Heilbronner
Viertonner
Zweitonner

— önner (öner)

→ – önnern (önern)

Gönner
  Mißgönner
Könner
  Alleskönner
  Nichtskönner

— onnern (onern)

→ – onner (oner)

donnern
  andonnern
  aufdonnern
  verdonnern
  zudonnern

— önnern (önern)

→ – önner (öner)

begönnern

— onnig (oni-ch)

→ – ich (i-ch)

sonnig
wonnig

— onnt (ont)

= – ond (ont)
= – ont (ont)

gekonnt
gesonnt
sonnt
  besonnt
  übersonnt

— onnte (onte)

= – onte (onte)
→ – onnt (ont)

konnte
sonnte

— onny (oni)

= – ohnny (oni)
= – ony (oni)

Jonny
Mahagonny

— ono (o:no)

→ – o (o:)

Mono
Unisono
unisono

— ont (o:nt)

= – ohnt (o:nt)
= – ond (o:nt)

betont
  gefühlsbetont
  überbetont
  unbetont
front
  gefront
schont
  geschont

thront
　gethront
verschont
　unverschont
vertont

— ont (ont)

= – ond (ont)
= – onnt (ont)

Diskont
Front
　Arbeitsfront
　Gewitterfront
　Häuserfront
　Hausfront
　Hinterfront
　Kampffront
　Ostfront
　Straßenfront
　Vorderfront
　Westfront
Hellespont
Horizont

— ont (õ:)

= – on (õ:/oŋ)
= – ond (õ:)
= – ongue (õ:/oŋ)

Affront

— önt (ö:nt)

= – öhnt (ö:nt)
→ – önen (ö:nen)

fönt
　gefönt
frönt
　gefrönt
gekrönt
　lorbeergekrönt
　preisgekrönt
　ruhmgekrönt
　sieggekrönt
　ungekrönt
klönt
　geklönt
krönt

tönt
　getönt
verpönt
verschönt

— onte (onte)

= – onnte (onte)
→ – ont (ont)

Conte
Ponte
Remonte

— onto (onto)

→ – o (o:)

Konto
　Bankkonto
　Gehaltskonto
　Girokonto
　Nummernkonto
　Postscheckkonto
　Sonderkonto
　Sparkonto
　Spendenkonto
　Sperrkonto
Skonto
Toronto
prónto

— onung (o:nuŋ)

= – ohnung (o:nuŋ)
→ – onen (o:nen)
→ – ung (uŋ)

Betonung
Entthronung
Schonung
Verschonung
Vertonung

— önung (ö:nuŋ)

= – öhnung (ö:nuŋ)
→ – önen (ö:nen)
→ – ung (uŋ)

Krönung
　Bekrönung
　Kaiserkrönung
　Königskrönung
Tönung
　Abtönung
　Farbtönung

— onus (o:nuß)

→ – us (uß)
→ – uß (uß)

Bonus
Konus

— ony (oni/o:ni)

= – ohnny (oni)
= – onny (oni)
= – oni (o:ni)

Pony
　Shetlandpony

— onza (ontßa)

→ – a (a:)

Monza
Ponza

— oo (o:)

= – o (o:)

Waterloo
Zoo

— oo (u:)

= – u (u:)

Shampoo

— oo (u)

= – u (u)

Voodoo

— oof (o:f)

= – of (o:f)
= – oph (o:f)

Roof
doof

— oofe (o:fe)

= – ofe (o:fe)
= – ophe (o:fe)

Roofe
doofe

— oofen (o:fen)

= – ofen (o:fen)
= – ophen (o:fen)
= – oven (o:fen)

doofen

— ool (u:l)

= – uhl (u:l)
= – ul (u:l)

Swimmingpool
cool

— oom (u:m)

= – uhm (u:m)
= – um (u:m)

Boom
Grillroom
Groom
Tea-room

— oon (u:n)

= – uhn (u:n)
= – un (u:n)

Honeymoon
Shampoon

— oona (u:na)

= – una (u:na)
→ – a (a:)

Poona

— oop (u:p/up)

= – ub (u:p)
= – ub (up)
= – ubb (up)
= – up (u:p)
= – up (up)
= – upp (up)

Hula-Hoop

— oopen (u:pen)

= – upen (u:pen)

loopen

— oor (o:r)

= – ohr (o:r)
= – or (o:r)
= – ore (o:r)
= – orps (o:r)
= – ort (o:r)

Moor
 Hochmoor
 Tiefmoor
 Torfmoor
Noor
Soor

— oore (o:re)

= – ohre (o:re)
= – ore (o:re)
→ – oor (o:r)

Moore

— ooren (o:ren)

= – ohren (o:ren)
= – oren (o:ren)
→ – oor (o:r)

vermooren

— oorig (o:ri-ch)

= – ohrig (o:ri-ch)
= – orig (o:ri-ch)
→ – ich (i-ch)

moorig

— oos (o:ß)

= – os (o:ß)
= – oß (o:ß)
→ – oh (o:)
→ – oosen (o:sen)
→ – ot (o:)
→ – ow (o:)

Moos

— oose (o:se)

= – ose (o:se)
→ – oosen (o:sen)

Moose

— oosen (o:sen)

= – osen (o:sen)

bemoosen
übermoosen
vermoosen

— oosig (o:si-ch)

= – osig (o:si-ch)
→ – ich (i-ch)

moosig

— oost (o:ßt)

= – oast (o:ßt)
= – ost (o:ßt)
= – oßt (o:ßt)
→ – oosen (o:sen)

bemoost

— ooste (o:ßte)

= – oaste (o:ßte)
= – oste (o:ßte)
= – oßte (o:ßte)
→ – oosen (o:sen)

bemooste

— oosten (o:ßten)

= – oasten (o:ßten)
= – osten (o:ßten)
→ – oosen (o:sen)

bemoosten

— ooster (o:ßter)

= – oaster (o:ßter)
= – oster (o:ßter)
→ – oosen (o:sen)

bemooster

— oosung (o:suŋ)

= – osung (o:suŋ)
→ – oosen (o:sen)
→ – ung (uŋ)

Bemoosung

— oot (o:t)

= – od (o:t)
= – ode (o:t)
= – oht (o:t)
= – ot (o:t)
→ – ooten (o:ten)

Boot
  Beiboot
  Dampfboot
  Faltboot
  Fischerboot
  Flachboot
  Gleitboot
  Kanonenboot
  Lotsenboot
  Minenräumboot
  Minensuchboot
  Motorboot
  Paddelboot
  Rettungsboot
  Ruderboot
  Schlauchboot
  Schnellboot
  Segelboot
  Unterseeboot
Kloot

— oote (o:te)

= – ohte (o:te)
= – ote (o:te)
→ – oot (o:t)
→ – ooten (o:ten)

Boote
Kloote

— ooten (o:ten)

= – ohten (o:ten)
= – oten (o:ten)
→ – oot (o:t)

ausbooten
einbooten

— ootung (o:tuŋ)

= – otung (o:tuŋ)
→ – ooten (o:ten)
→ – ung (uŋ)

Ausbootung

— op (o:p)

= – ob (o:p)
→ – ope (o:pe)
→ – open (o:pen)

Äsop
Helioskop
Heliotrop
Horoskop
Isotop
Kaleidoskop
Mikroskop
Misanthrop
Periskop
Philanthrop
Stethoskop
Stroboskop
Teleskop
Zyklop
isotop

— op (op)

= – ob (op)
= – opp (op)
→ – open (open)

Drop
Flop
Mop
Pop
Shop
Stop
  Autostop
  Lohnstop
  Nonstop
  Preisstop
stop
top

— opa (o:pa)

→ – a (a:)

Europa
  Mitteleuropa
Opa

— ope (o:pe)

→ – op (o:p)
→ – open (o:pen)

Antilope
Metope
Perikope
Pope
Synkope
Trope
dope

— ope (ope)

= – oppe (ope)

dope

— opel (o:pel)

Adrianopel
Konstantinopel
Popel
  Nasenpopel
popel

— **open (o:pen)**

→ – op (o:p)
→ – ope (o:pe)

Rhodopen
Synkopen
Tropen
dopen

— **open (open)**

= – oppen (open)

dopen

— **opf (opf)**

→ – opfe (opfe)
→ – opfen (opfen)

Hopf
  Wiedehopf
Kochtopf
  Dampfkochtopf
  Edelstahlkochtopf
  Schnellkochtopf
Knopf
  Bauchknopf
  Druckknopf
  Hemdknopf
  Hosenknopf
  Klingelknopf
  Kragenknopf
  Manschettenknopf
  Mantelknopf
  Sattelknopf
Kopf
  Blondkopf
  Brausekopf
  Briefkopf
  Brückenkopf
  Bubikopf
  Dickkopf
  Doppelkopf
  Dummkopf
  Feuerkopf
  Glatzkopf
  Hinterkopf
  Hitzkopf
  Hohlkopf
  Holzkopf
  Januskopf
  Kahlkopf
  Katzenkopf
  Kehlkopf
  Kindskopf
  Knallkopf
  Kohlkopf
  Krauskopf
  Krautkopf
  Lockenkopf
  Mohrenkopf
  Pfeifenkopf
  Quatschkopf
  Querkopf
  Schafkopf
  Schafskopf
  Schröpfkopf
  Schwachkopf
  Starrkopf
  Strobelkopf
  Strubbelkopf
  Struwwelkopf
  Tollkopf
  Totenkopf
  Trotzkopf
  Wasserkopf
  Wirrkopf
  Wuschelkopf
Kropf
  Kielkropf
Pfropf
  Gummipfropf
  Holzpfropf
  Ladepfropf
Schopf
  Haarschopf
Topf
  Blumentopf
  Eintopf
  Farbtopf
  Fleischtopf
  Henkeltopf
  Kochtopf
  Milchtopf
  Nachttopf
  Schminktopf
  Wassertopf
Tropf

Zopf
  Mohnzopf
  Nußzopf

— **öpf (öpf)**

→ – opf (opf)
→ – öpfe (öpfe)
→ – öpfen (öpfen)

Gekröpf
Geschöpf

— **öpfchen (öpf-chen)**

→ – opf (opf)
→ – opfen (opfen)

Geschöpfchen
Knöpfchen
  Bauchknöpfchen
Köpfchen
  Trotzköpfchen
Töpfchen
  Nachttöpfchen
Tröpfchen
  Blutströpfchen
Zöpfchen

— **opfe (opfe)**

→ – opf (opf)
→ – opfen (opfen)

Geklopfe
klopfe
pfropfe
stopfe
tropfe

— **öpfe (öpfe)**

→ – opf (opf)
→ – öpf (öpf)
→ – öpfen (öpfen)

Knöpfe
Köpfe
Schöpfe
Töpfe
Zöpfe

617

knöpfe
köpfe
kröpfe
schöpfe
schröpfe

— **öpfel (öpfel)**

→ – öpfeln (öpfeln)

Klöpfel
Köpfel
Tröpfel

— **öpfeln (öpfeln)**

→ – öpfel (öpfel)

klöpfeln
knöpfeln
tröpfeln
  abtröpfeln
  auströpfeln
  beträufeln
  eintröpfeln
  vertröpfeln

— **opfen (opfen)**

→ – opf (opf)
→ – opfe (opfe)

Herzklopfen
Hopfen
Kunststopfen
Pfropfen
  Sektpfropfen
Stopfen
Teppichklopfen
Topfen
Tropfen
  Augentropfen
  Baldriantropfen
  Blutstropfen
  Fetttropfen
  Herztropfen
  Nasentropfen
  Ohrentropfen
  Regentropfen
  Schweißtropfen
  Tautropfen
  Wachstropfen
  Wassertropfen
  Wermutstropfen
eintopfen
hopfen
klopfen
  abklopfen
  anklopfen
  ausklopfen
  beklopfen
  durchklopfen
  verklopfen
  zerklopfen
pfropfen
  anpfropfen
  aufpfropfen
  einpfropfen
  entpfropfen
  vollpfropfen
  zupfropfen
stopfen
  ausstopfen
  einstopfen
  verstopfen
  vollstopfen
  zustopfen
tropfen
  abtropfen
  betropfen
  eintropfen
  vertropfen
umtopfen

— **öpfen (öpfen)**

→ – opf (opf)
→ – öpf (öpf)
→ – öpfe (öpfe)

knöpfen
  abknöpfen
  anknöpfen
  aufknöpfen
  einknöpfen
  vorknöpfen
  zuknöpfen
köpfen
  abköpfen

kröpfen
  abkröpfen
  verkröpfen
schöpfen
  abschöpfen
  aufschöpfen
  ausschöpfen
  einschöpfen
  erschöpfen
schröpfen
  ausschröpfen

— **opfer (opfer)**

→ – opfern (opfern)

Klopfer
  Ausklopfer
  Fleischklopfer
  Teppichklopfer
Opfer
  Blutopfer
  Brandopfer
  Dankopfer
  Kriegsopfer
  Menschenopfer
  Todesopfer
  Unfallopfer
Stopfer
  Kunststopfer

— **öpfer (öpfer)**

→ – öpfern (öpfern)

Kröpfer
Schöpfer
  Modeschöpfer
  Tonschöpfer
Schröpfer
Töpfer

— **opfern (opfern)**

→ – opfer (opfer)

opfern
  aufopfern

— **öpfern (öpfern)**

→ – öpfer (öpfer)

töpfern

— **opfig (opfi-ch)**

→ – ich (i-ch)

kropfig
zopfig

— **öpfig (öpfi-ch)**

→ – ich (i-ch)
→ – opf (opf)

dickköpfig
dreiköpfig
fünfköpfig
glatzköpfig
großköpfig
hitzköpfig
kahlköpfig
kröpfig
kielkröpfig
querköpfig
schwachköpfig
starrköpfig
strobelköpfig
strubbelköpfig
trotzköpfig
vielköpfig
vierköpfig
zweiköpfig

— **öpfisch (öpfisch)**

→ – isch (isch)

rappelköpfisch
sauertöpfisch

— **öpflein (öpflain)**

= – ein (ain)
→ – opf (opf)
→ – opfen (opfen)

Knöpflein
Köpflein
Kröpflein
Töpflein
Tröpflein
Zöpflein

— **opft (opft)**

→ – opfen (opfen)

klopft
 geklopft
pfropft
 gepfropft
stopft
 gestopft
tropft
 getropft
verzopft

— **öpft (öpft)**

→ – öpfen (öpfen)

geschöpft
 handgeschöpft
knöpft
 geknöpft
köpft
 geköpft
kröpft
 gekröpft
schöpft
schröpft
 geschröpft

— **opfung (opfuŋ)**

→ – opfen (opfen)
→ – ung (uŋ)

Aufpfropfung
Ausstopfung
Verstopfung
 Stuhlverstopfung
Verzopfung

— **öpfung (öpfuŋ)**

→ – öpfen (öpfen)
→ – ung (uŋ)

Erschöpfung
Köpfung
Kröpfung
Schöpfung
 Modeschöpfung
 Neuschöpfung
 Tonschöpfung

— **oph (o:f)**

= – of (o:f)
= – oof (o:f)
→ – ophe (o:fe)

Anthroposoph
Apostroph
Philosoph
Theosoph

— **ophe (o:fe)**

= – ofe (o:fe)
= – oofe (o:fe)
→ – oph (o:f)

Katastrophe
 Naturkatastrophe
 Unwetterkatastrophe
Strophe

— **opheles (o:feleß)**

Anopheles
Mephistopheles

— **ophen (o:fen)**

= – ofen (o:fen)
= – oofen (o:fen)
= – oven (o:fen)
→ – oph (o:f)
→ – ophe (o:fe)

Philosophen
Strophen

— ophisch (o:fisch)

→ – isch (isch)

anthroposophisch
hypertrophisch
philosophisch
strophisch

— opisch (o:pisch)

→ – isch (isch)

äthiopisch
makroskopisch
mikroskopisch
misanthropisch
philanthropisch
tropisch
  subtropisch
utopisch
zyklopisch

— opolis (o:poliß)

Akropolis
Nekropolis

— opp (op)

= – ob (op)
= – op (op)
→ – oppe (ope)
→ – oppen (open)

Galopp
Kintopp
Topp
hopp
  allez hopp
salopp
topp
  tipptopp

— öppchen (öp-chen)

→ – oppe (ope)
→ – oppen (open)

Jöppchen
Schöppchen

— oppe (ope)

= – ope (ope)
→ – opp (op)
→ – oppen (open)

Groppe
Joppe
Kloppe
Koppe
Noppe
Schneekoppe
foppe
kloppe
stoppe

— oppel (opel)

→ – oppeln (opeln)

Doppel
  Damendoppel
  Herrendoppel
Gehoppel
Gestoppel
Hoppelpoppel
Koppel
  Hundekoppel
  Pferdekoppel
  Säbelkoppel
  Uniformkoppel
Moppel
Stoppel
  Bartstoppel
  Getreidestoppel

— oppeln (opeln)

→ – oppel (opel)

doppeln
  verdoppeln
hoppeln
koppeln
  abkoppeln
  aneinanderkoppeln
  ankoppeln
  einkoppeln
  rückkoppeln
  zusammenkoppeln
stoppeln
  zusammenstoppeln

— oppelt (opelt)

→ – oppeln (opeln)

doppelt
  gedoppelt
hoppelt
  gehoppelt
koppelt
  gekoppelt
stoppelt
  gestoppelt

— oppelte (opelte)

→ – oppeln (opeln)
→ – oppelt (opelt)

Doppelte
hoppelte
koppelte
stoppelte

— oppen (open)

= – open (open)
→ – opp (op)
→ – oppe (ope)

Schoppen
  Dämmerschoppen
  Frühschoppen
foppen
hoppen
kloppen
  verkloppen
moppen
noppen
stoppen
  abstoppen
toppen
  abtoppen
  auftoppen

— opplung (opluŋ)

→ – oppeln (opeln)
→ – ung (uŋ)

Kopplung
  Rückkopplung
Verdopplung

— oppt (opt)

= – opt (opt)
→ – obbte (opte)
→ – obte (opte)
→ – oppen (open)

bekloppt
foppt
 gefoppt
kloppt
 gekloppt
moppt
 gemoppt
noppt
 genoppt
stoppt
 gestoppt
toppt
 getoppt

— oppte (opte)

= – obbte (opte)
= – obte (opte)
= – opte (opte)
→ – oppen (open)
→ – oppt (opt)

Bekloppte
foppte
kloppte
moppte
noppte
stoppte
toppte

— oppten (opten)

= – obbten (opten)
= – obten (opten)
= – opten (opten)
→ – oppen (open)
→ – oppte (opte)

foppten
kloppten
moppten
noppten
stoppten
toppten

— ops (opß)

→ – ob (op)
→ – op (op)
→ – opp (op)
→ – opsen (opßen)

Drops
 Erfrischungsdrops
 Hustendrops
 Pfefferminzdrops
 Vitamindrops
Hops
Klops
 Fleischklops
Kops
Mops
 Rollmops
hops

— opse (opße)

→ – ops (opß)
→ – opsen (opßen)

Gehopse
Klopse
 Königsberger Klopse
Synopse

— öpse (öpße)

Möpse
 Rollmöpse
Schöpse

— opsen (opßen)

→ – ops (opß)
→ – opse (opße)

hopsen
 herumhopsen
mopsen
 bemopsen

— opst (o:pßt)

= – obst (o:pßt)

Propst
 Dompropst

— opt (o:pt)

= – obt (o:pt)

dopt
 gedopt

— opt (opt)

= – oppt (opt)

dopt
 gedopt

— opte (o:pte)

= – opte (o:pte)

dopte
 gedopte

— opte (opte)

= – obbte (opte)
= – obte (opte)
= – oppte (opte)

Kopte
 Großkopte
dobte
 gedopte

— opten (o:pten)

→ – obte (o:pte)

dopten
 gedopten

— opten (opten)

= – obbten (opten)
= – obten (opten)
= – oppten (opten)
→ – opte (opte)

Kopten

— optisch (optisch)

→ – isch (isch)

koptisch
optisch
synoptisch

— opus (o:puß)

→ – us (uß)
→ – uß (uß)

Opus
Tropus

— or (o:r)

= – ohr (o:r)
= – oor (o:r)
= – ore (o:r)
= – orps (o:r)
= – ort (o:r)
→ – aktor (akto:r)
→ – ector (äkto:r)
→ – ektor (äkto:r)
→ – iktor (ikto:r)
→ – oren (o:ren)

Amor
Autor
Bor
Chlor
Chor
  Arbeiterchor
  Frauenchor
  Kinderchor
  Kirchenchor
  Männerchor
  Orgelchor
  Sängerchor
  Schulchor
  Sprechchor
Dekor
Doktor
  Ehrendoktor
  Pferdedoktor
  Viehdoktor
  Wunderdoktor
Ekuador
El Salvador
Exzelsior
Falltor
  Ausfalltor
Fedor
Flor
  Trauerflor
Fluor
Gregor
Horror
Humor
  Galgenhumor
Isidor
Junior
Kantor
Kondor
Konquistador
Kontor
Korridor
  Luftkorridor
Labor
  Chemielabor
  Forschungslabor
Louisdor
Major
  Fuchsmajor
  Generalmajor
  Tambourmajor
Marmor
Matador
Melchior
Mentor
Meteor
Monitor
Motor
  Außenbordmotor
  Dieselmotor
  Elektromotor
  Flugzeugmotor
  Frontmotor
  Heckmotor
  Hilfsmotor
  Viertaktmotor
  Zweitaktmotor
Nestor
Pastor
Phosphor
Präzeptor
Prior
Quästor
Revisor
  Bücherrevisor
Rumor
Senior
Tenor
  Heldentenor
Theodor
Tor
  Abseitstor
  Anschlußtor
  Ausgleichstor
  Brückentor
  Burgtor
  Eigentor
  Eingangstor
  Eisentor
  Felsentor
  Festungstor
  Gattertor
  Gegentor
  Gittertor
  Haustor
  Hoftor
  Parktor
  Scheunentor
  Schleusentor
  Siegestor
  Stadttor
Toreador
Transistor
Tresor
  Banktresor
Zensor
empor
inferior
karnivor
schwor
sonor
superior
verlor
vor
  bevor
  davor
  hervor
  hiervor
  wovor
  zuvor

— ör (ö:r)

= – eur (ö:r)
= – öhr (ö:r)
→ – ören (ö:ren)

Gehör
Gör

Likör
  Eierlikör
  Kirschlikör
  Kräuterlikör
  Mokkalikör
Markör
Pikör
Stör
Verhör
  Kreuzverhör
  Zeugenverhör
Zubehör
  Kraftfahrzeug-
  zubehör

— ora (o:ra)

→ – a (a:)

Aurora
Bora
Dora
Feodora
Flora
  Alpenflora
  Höhlenflora
  Meeresflora
  Wiesenflora
Hora
Kora
Mandora
Nora
Señora
Signora
Theodora
Thora

— orb (orp)

Korb
  Abfallkorb
  Beißkorb
  Bienenkorb
  Blumenkorb
  Brotkorb
  Brustkorb
  Deckelkorb
  Förderkorb
  Freßkorb
  Geschenkkorb
  Handkorb
  Henkelkorb
  Maulkorb
  Nähkorb
  Papierkorb
  Reisekorb
  Spankorb
  Strandkorb
  Tragkorb
  Waschkorb
Worb

— örbar (ö:rba:r)

→ – ar (a:r)
→ – ören (ö:ren)

hörbar
  unhörbar
überhörbar
  unüberhörbar
zerstörbar
  unzerstörbar

— orbe (orbe)

→ – orb (orp)

Korbe
Worbe

— örbe (örbe)

→ – orb (orp)

Körbe
Wörbe

— orben (orben)

beworben
erworben
gestorben
  abgestorben
  ausgestorben
  weggestorben
geworben
  abgeworben
  angeworben
umworben
verdorben
  unverdorben
verstorben

— orbene (orbene)

→ – orben (orben)

erworbene
verdorbene
verstorbene

— orca (orka)

= – orka (orka)
→ – a (a:)

Mallorca
Menorca

— orch (or-ch)

→ – orchen (or-chen)

Lorch
Storch
  Klapperstorch

— orche (or-che)

→ – orch (or-ch)
→ – orchen (or-chen)

Lorche
horche
storche

— orchen (o:r-chen)

= – ohrchen (o:r-chen)

Dorchen
Lorchen

— orchen (or-chen)

→ – orche (or-che)

horchen
  abhorchen
  aufhorchen
  aushorchen
  behorchen
  erhorchen

gehorchen
hinhorchen
zuhorchen
storchen
  herumstorchen

**— örchen
   (ö:r-chen)**
= − öhrchen
    (ö:r-chen)
Histörchen
Nörchen

— ord (ort)
= − orrt (ort)
= − ort (ort)
→ − orden (orden)

Akkord
  Grundakkord
  Schlußakkord
Bord
  Backbord
  Bücherbord
  Seitbord
  Steuerbord
Fjord
Kord
Lord
  Mylord
Mord
  Brudermord
  Fememord
  Giftmord
  Justizmord
  Lustmord
  Massenmord
  Meuchelmord
  Raubmord
  Ritualmord
  Rufmord
  Selbstmord
Nord
Rekord
  Europarekord
  Weltrekord
backbord
steuerbord

— orde (orde)
→ − ord (ort)
→ − orden (orden)

Borde
Horde
morde

— örde (ö:rde)
Behörde
Förde
  Kieler Förde

— orden (orden)
→ − ord (ort)
→ − orde (orde)

Norden
Orden
  Augustinerorden
  Benediktinerorden
  Bettelorden
  Deutschritterorden
  Dominikanerorden
  Franziskanerorden
  Freimaurerorden
  Hosenbandorden
  Illuminatenorden
  Jesuitenorden
  Johanniterorden
  Kapuzinerorden
  Kriegsorden
  Malteserorden
  Ritterorden
  Templerorden
  Verdienstorden
  Zisterzienserorden
borden
  abborden
  anborden
  überborden
  umborden
geworden
morden
  ermorden

— ordend (ordent)
→ − orden (orden)

männermordend
überbordend

— order (order)
→ − ordern (ordern)

Order
Recorder
  Kassettenrecorder
  Radiorecorder
  Videorecorder
beorder
forder
order

— örder (örder)
→ − ord (ort)
→ − ördern (ördern)

Mörder
  Lustmörder
  Massenmörder
  Raubmörder
  Selbstmörder
förder
  beförder

**— örderlich
   (örderli-ch)**
→ − ich (i-ch)

förderlich
beförderlich
mörderlich

— ordern (ordern)
→ − order (order)

Altvordern
beordern
  herbeordern
  zurückbeordern
fordern
  abfordern
  anfordern

auffordern
einfordern
erfordern
herausfordern
nachfordern
überfordern
wiederfordern
zurückfordern
ordern

— ördern (ördern)

→ – örder (örder)

befördern
  abbefördern
  weiterbefördern
  zurückbefördern
fördern

— orderung (orderuŋ)

→ – ordern (ordern)
→ – ung (uŋ)

Aufforderung
  Zahlungs-
  aufforderung
Beorderung
  Rückbeorderung
Forderung
  Gehaltsforderung
  Geldforderung
  Hauptforderung
  Lohnforderung
  Mindestforderung
  Rückforderung
  Schadenersatz-
  forderung
Orderung

— ordisch (ordisch)

→ – isch (isch)

gordisch
nordisch

— ördlich (örtli-ch)

= – örtlich (örtli-ch)
→ – ich (i-ch)

nördlich

— ords (ortß)

= – orts (ortß)
= – orz (ortß)
→ – ord (ort)

Akkords
Lords
Mords

— ordung (orduŋ)

→ – orden (orden)
→ – ung (uŋ)

Ermordung
Umbordung

— ore (o:re)

= – ohre (o:re)
= – oore (o:re)
→ – or (o:r)
→ – oren (o:ren)

Amphore
Dottore
Empore
Folklore
Furore
Hore
Kanephore
Kommodore
Kore
Leonore
Lore
  Kipplore
Lore
  Hannelore
Mandragore
Monsignore
Pore
  Hautpore
Spore
Sykomore
Trikolore

— ore (o:r)

= – ohr (o:r)
= – oor (o:r)
= – or (o:r)
= – orps (o:r)
= – ort (o:r)

Store

— öre (ö:re)

= – öhre (ö:re)
→ – eur (ö:r)
→ – or (o:r)
→ – ör (ö:r)
→ – ören (ö:ren)

Före
Göre
Öre
betöre
erköre
höre
schwöre
störe

— oren (o:ren)

= – ohren (o:ren)
= – ooren (o:ren)
→ – or (o:r)
→ – ore (o:re)

Azoren
Honoratioren
Horen
Wohlgeboren
  Hochwohlgeboren
ausgegoren
  unausgegoren
chloren
  entchloren
  verchloren
erkoren
  auserkoren
froren
  erfroren

geboren
  angeboren
  eingeboren
  erstgeboren
  nachgeboren
  neugeboren
  totgeboren
  ungeboren
  wiedergeboren
gefroren
  abgefroren
  angefroren
  ausgefroren
  durchgefroren
  eingefroren
  festgefroren
  tiefgefroren
  zugefroren
gegoren
geschoren
  abgeschoren
  glattgeschoren
  kahlgeschoren
  ungeschoren
geschworen
  abgeschworen
  eingeschworen
hochgeboren
  hochwohlgeboren
rumoren
schmoren
  anschmoren
  verschmoren
schoren
schworen
  abschworen
  beschworen
  verschworen
überfroren
umfloren
verfroren
  unverfroren
vergoren
  unvergoren
verloren
  gedankenverloren
  traumverloren
  unverloren
  weltverloren

626

— ören (ö:ren)
= — öhren (ö:ren)
→ — eur (ö:r)
→ — or (o:r)
→ — ör (ö:r)
→ — öre (ö:re)

Gören
Likören
Wiederhören
beschwören
  heraufbeschwören
betören
empören
gehören
  angehören
  dazugehören
  hingehören
  zugehören
  zusammengehören
hören
  abhören
  anhören
  aufhören
  durchhören
  erhören
  heraushören
  herhören
  hinhören
  mithören
  schwarzhören
  überhören
  umhören
  verhören
  weghören
  zuhören
kören
rören
schwören
  abschwören
  einschwören
  verschwören
  zuschwören
stören
  aufstören
  entstören
  verstören
  zerstören
verklören

— örend (ö:rent)
→ — ören (ö:ren)

abschwörend
empörend
lebenzerstörend
sinnbetörend
zerstörend

— orene (o:rene)
→ — oren (o:ren)

Geschworene
Schaumgeborene
auserkorene
eingefrorene
erdgeborene
kahlgeschorene
staubgeborene
traumverlorene

— orenheit
  (o:renhait)
→ — eit (ait)
→ — oren (o:ren)

Verlorenheit
Unverfrorenheit

— örer (ö:rer)
→ — ören (ö:ren)

Betörer
Empörer
Geisterbeschwörer
Hörer
  Fernhörer
  Gasthörer
  Kopfhörer
  Radiohörer
  Schwarzhörer
  Zuhörer
Ruhestörer
Schlangenbeschwörer
Verschwörer
Zerstörer

— **örerisch
(ö:rerisch)**

→ – isch (isch)

empörerisch
verschwörerisch
zerstörerisch

— **ores (o:reß)**

→ – ohr (o:r)
→ – oor (o:r)
→ – or (o:r)

Dolores
Mores
Señores
Stinkadores
Zores
kapores

— **orf (orf)**

= – orph (orf)

Dorf
 Bauerndorf
 Bergdorf
 Fischerdorf
 Haufendorf
 Heimatdorf
 Kinderdorf
 Kuhdorf
 Nachbardorf
 Pfahldorf
 Reihendorf
 Runddorf
 Studentendorf
Düsseldorf
Schorf
Torf

— **orfen (orfen)**

abtorfen
beworfen
geworfen
 abgeworfen
 angeworfen
 ausgeworfen
 eingeworfen
 heraufgeworfen
 hergeworfen
 heruntergeworfen
 hinaufgeworfen
 hingeworfen
 hinuntergeworfen
 hochgeworfen
 niedergeworfen
 übergeworfen
 umgeworfen
 weggeworfen
 zugeworfen
 zusammengeworfen
überworfen
vertorfen
verworfen

— **org (ork)**

= – ork (ork)
→ – orge (orge)
→ – orgen (orgen)

Borg
Georg
Göteborg
Ingeborg
Trelleborg
borg
sorg

— **orge (orge)**

→ – orgen (orgen)

Fürsorge
 Jugendfürsorge
 Sozialfürsorge
Seelsorge
 Telefonseelsorge
Sorge
 Hauptsorge
 Vorsorge
borge

— **orgen (orgen)**

→ – orge (orge)

Morgen
 Frühlingsmorgen
 Herbstmorgen
 Neujahrsmorgen
 Sommermorgen
 Sonntagmorgen
 Wintermorgen
borgen
 abborgen
 anborgen
 ausborgen
 erborgen
 verborgen
 zusammenborgen
geborgen
morgen
 übermorgen
 überübermorgen
sorgen
 absorgen
 aussorgen
 besorgen
 entsorgen
 versorgen
 vorsorgen

— **orgt (orkt)**

= – orkt (orkt)
→ – orgen (orgen)

besorgt
 unbesorgt
borgt
 geborgt
sorgt
 gesorgt
versorgt
 unversorgt

— **ori (o:ri)**

→ – i (i:)
→ – ie (i:)

Lori
a posteriori
a priori

— oria (o:ria)

→ — a (a:)

Astoria
Doria
Gloria
Pretoria
Viktoria

— öricht (ö:ri-cht)

= — öhricht (ö:ri-cht)
→ — icht (i-cht)

töricht

— orie (o:ri-e)

Glorie
Historie
Zichorie

— orig (o:ri-ch)

= — ohrig (o:ri-ch)
= — oorig (o:ri-ch)
→ — ich (i-ch)

chlorig
einmotorig
honorig
humorig
porig
sporig
viermotorig
vorig
  vorvorig
zweimotorig

— örig (ö:ri-ch)

= — öhrig (ö:ri-ch)
→ — ich (i-ch)

dreichörig
gehörig
  angehörig
  hingehörig
  ungehörig
  zugehörig
  zusammengehörig

hörig
  hellhörig
  schwerhörig
zweichörig

— orige (o:rige)

→ — ohrig (o:ri-ch)
→ — oorig (o:ri-ch)
→ — orig (o:ri-ch)

einmotorige
humorige
porige
  feinporige
vorige

— örige (ö:rige)

= — öhrige (ö:rige)
→ — örig (ö:ri-ch)

Angehörige
doppelchörige

— orik (o:rik)

→ — ick (ik)

Historik
Motorik
Rhetorik

— orin (o:rin)

= — in (in)
= — inn (in)
→ — or (o:r)

Autorin
Direktorin
Doktorin
Pastorin
Priorin
Professorin

— oris (o:riß)

→ — is (iß)
→ — iß (iß)

Boris
Doris

— orisch (o:risch)

→ — isch (isch)

agitatorisch
allegorisch
chorisch
diktatorisch
dilatorisch
dorisch
historisch
  kulturhistorisch
  kunsthistorisch
  literarhistorisch
  prähistorisch
  unhistorisch
  welthistorisch
illusorisch
inflatorisch
informatorisch
inquisitorisch
kalkulatorisch
kategorisch
kolonisatorisch
metaphorisch
motorisch
notorisch
obligatorisch
oratorisch
organisatorisch
phantasmagorisch
provisorisch
provokatorisch
reflektorisch
reformatorisch
rhetorisch
sekretorisch
  innersekretorisch
sensorisch

— orium (o:ri-um)

= — um (um)
= — umm (um)

Auditorium
Brimborium
Direktorium
Konservatorium
Konsistorium

Krematorium
Kuratorium
Laboratorium
  Forschungs-
  laboratorium
  Sprachlaboratorium
Moratorium
Observatorium
Oratorium
Provisorium
Purgatorium
Repertorium
Repetitorium
Responsorium
Sanatorium
Suppositorium
Suspensorium
Territorium
Triforium

— ork (ork)

= – org (ork)
→ – orken (orken)

Kork
Lork
New York

— orka (orka)

= – orca (orka)
→ – a (a:)

Machorka

— orke (orke)

→ – orken (orken)

Borke
Forke
Lorke
knorke
verkorke

— orkeln (orkeln)

forkeln
torkeln

— orken (orken)

→ – orke (orke)

Korken
  Flaschenkorken
entkorken
verkorken
zukorken

— orkt (orkt)

= – orgt (orkt)

entkorkt
verkorkt
zukorkt
  zugekorkt

— örl (örl)

= – irl (örl)

Törl

— orle (orle)

Forle
Schorle
Schorlemorle

— örlein (ö:rlain)

= – ein (ain)
= – öhrlein (ö:rlain)
→ – or (o:r)

Chörlein

— orm (orm)

→ – ormen (ormen)

Chloroform
Form
  Backform
  Grundform
  Hochform
  Ichform
  Körperform
  Kuchenform
  Kurzform
  Plattform
  Umgangsform
  Urform
  Versform
Norm
  Arbeitsnorm
  Grundnorm
  Leistungsnorm
  Zeitnorm
Reform
  Bodenreform
  Finanzreform
  Justizreform
  Schulreform
  Sozialreform
  Studienreform
  Verwaltungsreform
  Währungsreform
  Wirtschaftsreform
Uniform
  Ausgehuniform
  Galauniform
  Sommeruniform
  Winteruniform
abnorm
enorm
konform
uniform

— orma (orma)

→ – a (a:)

Norma
pro forma

— orme (orme)

→ – ormen (ormen)

abnorme
enorme
forme
norme

— ormen (ormen)

→ – orm (orm)

abnormen
enormen

formen
　abformen
　ausformen
　durchformen
　nachformen
　umformen
　verformen
konformen
normen
uniformen

— ormer (ormer)

→ – orm (orm)

Former
　Büstenformer
Normer
Reformer
Umformer
abnormer
enormer
konformer

**— ormung
(ormuŋ)**

→ – ormen (ormen)
→ – ung (uŋ)

Formung
　Durchformung
　Umformung
　Verformung
Normung

— orn (orn)

→ – ornen (ornen)

Ahorn
Born
　Lebensborn
　Quickborn
Dorn
　Hagedorn
　Rotdorn
　Sanddorn
　Weißdorn
Eichhorn
Horn
　Alphorn
　Ammonshorn
　Bockshorn
　Einhorn
　Englischhorn
　Füllhorn
　Hifthorn
　Hirschhorn
　Jagdhorn
　Nashorn
　Nebelhorn
　Posthorn
　Pulverhorn
　Signalhorn
　Tritonshorn
　Waldhorn
Kap Horn
Korn
　Feinkorn
　Gerstenkorn
　Getreidekorn
　Haferkorn
　Hagelkorn
　Hirsekorn
　Maiskorn
　Pfefferkorn
　Reiskorn
　Roggenkorn
　Saatkorn
　Salzkorn
　Samenkorn
　Sandkorn
　Schrotkorn
　Senfkorn
　Staubkorn
　Vollkorn
　Weizenkorn
Matterhorn
Popcorn
Sporn
　Ansporn
　Heißsporn
　Rittersporn
Zorn
　Jähzorn
marmorn
vorn

**— örnchen
(örn-chen)**

→ – orn (orn)

Dörnchen
Eichhörnchen
Hörnchen
　Nußhörnchen
Körnchen
　Goldkörnchen

— orne (orne)

→ – orn (orn)
→ – ornen (ornen)

Norne
vorne

— ornen (ornen)

→ – orn (orn)
→ – orne (orne)

dornen
hornen
spornen
　anspornen
verballhornen

— örnen (örnen)

hörnen
körnen
　ankörnen
　auskörnen
　entkörnen

— örner (örner)

→ – orn (orn)

Hörner
Körner

— örnern (örnern)

→ – örner (örner)

hörnern

— ornig (orni-ch)

→ – ich (i-ch)

dornig
heißspornig
hornig
zornig
  jähzornig

— örnlein (örnlain)

= – ein (ain)
→ – orn (orn)

Dörnlein
Hörnlein
Körnlein

— orno (orno)

→ – o (o:)

Livorno
Storno
Porno

— örnt (örnt)

gehörnt
  ungehörnt
gekörnt

— ornung (ornuŋ)

→ – ornen (ornen)
→ – ung (uŋ)

Anspornung
Hornung
Verballhornung

— orph (orf)

= – orf (orf)

amorph

— orpheus (o:rfoiß)

= – eus (oiß)

Morpheus
Orpheus

— orps (o:r)

= – ohr (o:r)
= – oor (o:r)
= – or (o:r)
= – ore (o:r)
= – ort (o:r)

Korps
  Armeekorps
  Ballettkorps
  Expeditionskorps
  Fliegerkorps
  Freikorps
  Gardekorps
  Musikkorps
  Offizierskorps

— orra (ora)

= – orrha (ora)
→ – a (a:)

Andorra
Camorra

— orre (ore)

→ – orren (oren)

dorre
  verdorre
schnorre
  anschnorre

— örre (öre)

Dörre
Plörre
dörre

— orren (oren)

Knorren
dorren
  abdorren
  ausdorren
  eindorren
  verdorren
  zusammendorren
schlorren
schnorren
  anschnorren
verknorren
verworren

— orrha (ora)

= – orra (ora)
→ – a (a:)

Gomorrha

— orrst (orßt)

= – orst (orßt)
→ – orren (oren)

dorrst
schnorrst

— orrt (ort)

= – ord (ort)
= – ort (ort)
→ – orren (oren)

dorrt
  gedorrt
schnorrt
  geschnorrt

— orrte (orte)

= – orte (orte)
→ – orren (oren)
→ – orrt (ort)

dorrte
schnorrte

631

— orrten (orten)

= – orten (orten)
→ – orren (oren)
→ – orrt (ort)

dorrten
schlorrten
schnorrten
verknorrten

— orsch (orsch)

→ – orschen (orschen)

Dorsch
Lorsch
Schorsch
forsch
morsch

— orsche (orsche)

→ – orsch (orsch)
→ – orschen (orschen)

forsche
morsche

— orschen (orschen)

→ – orsch (orsch)

forschen
 ausforschen
 durchforschen
 erforschen
 nachforschen
morschen
 vermorschen

— orscher (orscher)

→ – orschen (orschen)

Forscher
 Afrikaforscher
 Altertumsforscher
 Höhlenforscher
 Naturforscher
 Polarforscher
 Sprachforscher
 Tiefseeforscher
forscher
morscher

— orscht (orscht)

→ – orschen (orschen)

durchforscht
 undurchforscht
erforscht
 unerforscht
forscht
 geforscht
vermorscht

— orschung (orschuŋ)

→ – orschen (orschen)
→ – orscher (orscher)
→ – ung (uŋ)

Erforschung
Forschung
 Ahnenforschung
 Kernforschung
Vermorschung

— orse (orse)

Korse
morse

— orsen (orsen)

→ – orse (orse)

morsen

— orso (orso)

→ – o (o:)

Korso
 Autokorso
 Blumenkorso
Torso

— orst (o:rßt)

= – ohrst (o:rßt)
→ – oren (o:ren)

chlorst
erkorst
frorst
rumorst
schmorst
umflorst
verlorst

— orst (orßt)

= – orrst (orßt)
→ – orsten (orßten)

Forst
Horst
 Adlerhorst
 Fliegerhorst
Porst
 Sumpfporst
morst
 gemorst

— orste (orßte)

→ – orst (orßt)
→ – orsten (orßten)

Borste
 Schweinsborste
durchforste
horste
morste

— orsten (orßten)

→ – orst (orßt)
→ – orste (orßte)

Torsten
abforsten
aufforsten
ausforsten
durchforsten
einforsten
geborsten
horsten
morsten
zerborsten

— ort (o:rt)

→ – ohren (o:ren)
→ – oren (o:ren)

chlort
  gechlort
frort
rumort
schmort
  geschmort
umflort
  tränenumflort
verlort

— ort (ort)

= – ord (ort)
= – orrt (ort)
→ – orten (orten)

Abort
Antwort
  Rückantwort
Apport
Export
  Warenexport
Hort
  Kinderhort
Import
  Warenimport
Kurort
  Luftkurort
  Winterkurort
Leistungssport
  Hochleistungssport
Ort
  Abfahrtsort
  Ankunftsort
  Arbeitsort
  Aufbewahrungsort
  Aufenthaltsort
  Ausflugsort
  Ausgangsort
  Ausstellungsort
  Austragungsort
  Badeort
  Bestimmungsort
  Erfüllungsort
  Erscheinungsort
  Fundort
  Geburtsort
  Grenzort
  Heimatort
  Lagerort
  Landungsort
  Sammelort
  Standort
  Tagungsort
  Tatort
  Unglücksort
  Urlaubsort
  Versammlungsort
  Vorort
  Wallfahrtsort
  Wohnort
  Zufluchtsort
Port
Rapport
Report
Sport
  Ausgleichssport
  Ballsport
  Betriebssport
  Blindensport
  Boxsport
  Denksport
  Eissport
  Fechtsport
  Flugsport
  Frühsport
  Geländesport
  Massensport
  Modellsport
  Motorsport
  Radsport
  Reitsport
  Rudersport
  Schießsport
  Schwimmsport
  Segelsport
  Skisport
  Tennissport
  Versehrtensport
  Volkssport
  Wassersport
  Wintersport
Support
Tort
Transport
  Eisenbahntransport
  Gütertransport
  Krankentransport
  Lufttransport
  Möbeltransport
  Rücktransport
  Schiffstransport
  Truppentransport
  Viehtransport
  Warentransport
Wort
  Abschiedswort
  Begrüßungswort
  Bibelwort
  Bindewort
  Dankwort
  Ehrenwort
  Eigenschaftswort
  Erkennungswort
  Fremdwort
  Fürwort
  Geleitwort
  Geschlechtswort
  Gotteswort
  Grundwort
  Hauptwort
  Jawort
  Kennwort
  Kraftwort
  Liebeswort
  Losungswort
  Machtwort
  Manneswort
  Mittelwort
  Modewort
  Nachwort
  Nennwort
  Scherzwort
  Schimpfwort
  Schlagwort
  Schlüsselwort
  Schlußwort
  Sprichwort
  Sterbenswort
  Stichwort
  Tätigkeitswort
  Umstandswort
  Verhältniswort

Vorwort
Witzwort
Zahlwort
Zauberwort
Zeitwort
dort
  ebendort
fort
  hinfort
  immerfort
sofort

— **ort (o:r)**
= – ohr (o:r)
= – oor (o:r)
= – or (o:r)
= – ore (o:r)
= – orps (o:r)

Fort
Komfort
Ressort
Roquefort

— **ört (ö:rt)**
→ – öhren (ö:ren)
→ – ören (ö:ren)

beschwört
betört
empört
gehört
  ungehört
gestört
  geistesgestört
  sprachgestört
  ungestört
hört
schwört
stört
zerstört
  kriegszerstört

— **örtchen (ört-chen)**
→ – ort (ort)
→ – orte (orte)

Örtchen
Pförtchen
  Hinterpförtchen
Törtchen
Wörtchen
  Sterbenswörtchen

— **orte (o:rte)**
→ – ohren (o:ren)
→ – oren (o:ren)
→ – ort (o:rt)

chlorte
rumorte
schmorte
umflorte

— **orte (orte)**
= – orrte (orte)
→ – ort (ort)
→ – orten (orten)

Borte
  Goldborte
Dorte
Eskorte
Kohorte
Pforte
  Hinterpforte
  Klosterpforte
Pianoforte
Retorte
Sorte
  Beerensorte
  Gemüsesorte
  Getreidesorte
  Kaffeesorte
  Obstsorte
  Schokoladensorte
  Teesorte
Supraporte
Torte
  Buttercremetorte
  Eistorte
  Linzer Torte
  Nußtorte
  Obsttorte
  Prinzregententorte
  Sachertorte
  Sahnetorte
  Schokoladentorte
  Schwarzwälder-
    kirschtorte
  Trüffeltorte
antworte
forte
horte
orte

— **örteln (örteln)**
fremdwörteln
mörteln
  vermörteln

— **orten (orten)**
= – orrten (orten)
→ – ort (ort)
→ – orte (orte)

antworten
  beantworten
  überantworten
  verantworten
befürworten
dorten
horten
orten
  allerorten
  mancherorten

— **orter (orter)**
Befürworter
Orter
Porter
Reporter
  Bildreporter
  Fernsehreporter
  Gerichtsreporter
  Rundfunkreporter
  Sensationsreporter
  Sportreporter
  Stadtreporter
Transporter
  Autotransporter
  Schwertransporter
  Truppentransporter

— örter (örter)
→ – örtern (örtern)

Örter
Wörter

— örtern (örtern)
→ – örter (örter)

erörtern
örtern

— ortig (orti-ch)
→ – ich (i-ch)

dortig
sofortig

— örtlein (örtlain)
= – ein (ain)
→ – ort (ort)
→ – orte (orte)

Örtlein
Pförtlein
Törtlein
Wörtlein

— ortlich (ortli-ch)
→ – ich (i-ch)

sportlich
  unsportlich
verantwortlich
  mitverantwortlich
  unverantwortlich

— örtlich (örtli-ch)
= – ördlich (örtli-ch)
→ – ich (i-ch)

örtlich
wörtlich
  sprichwörtlich
  wortwörtlich

— ortlichkeit (ortli-chkait)
→ – eit (ait)

Sportlichkeit
  Unsportlichkeit
Verantwortlichkeit
  Unverantwortlichkeit

— orts (ortß)
= – ords (ortß)
= – orz (ortß)
→ – ort (ort)

Horts
Worts
allerorts
anderenorts
geeignetenorts
hierorts
mancherorts
vielerorts

— ortung (ortuŋ)
→ – orten (orten)
→ – ung (uŋ)

Beantwortung
Befürwortung
Hortung
Ortung
Verantwortung
  Hauptverantwortung
  Mitverantwortung

— orum (o:rum)
= – um (um)
= – umm (um)

Dekorum
Forum

— örung (ö:ruŋ)
→ – ören (ö:ren)
→ – ung (uŋ)

Abhörung
Anhörung
Beschwörung
  Geisterbeschwörung
  Schlangen-
  beschwörung
Betörung
Empörung
Erhörung
Störung
  Betriebsstörung
  Bildstörung
  Gleichgewichts-
  störung
  Kreislaufstörung
  Ruhestörung
  Sendestörung
  Sprachstörung
  Tonstörung
  Verdauungsstörung
  Verkehrsstörung
Verschwörung
Zerstörung
  Kriegszerstörung
  Selbstzerstörung

— ory (ori)

Story
  Love story
  Short story
Tory

— orz (ortß)
= – ords (ortß)
= – orts (ortß)

Knorz
Proporz
knorz

— orzen (ortßen)
→ – orz (ortß)

knorzen

635

— **os (o:ß)**

= – oos (o:ß)
= – oß (o:ß)
→ – aud (o:)
→ – eau (o:)
→ – o (o:)
→ – oh (o:)
→ – ose (o:se)
→ – osen (o:sen)
→ – ot (o:)
→ – ow (o:)

Los
  Achtellos
  Gewinnlos
  Glückslos
  Klassenlos
  Lotterielos
  Menschenlos
Profos
absichtslos
ahnungslos
anspruchslos
anstandslos
appetitlos
arbeitslos
arglos
ärmellos
atemlos
ausdruckslos
ausnahmslos
aussichtslos
ausweglos
bargeldlos
bartlos
baumlos
bedenkenlos
bedeutungslos
bedingungslos
bedürfnislos
beispiellos
belanglos
beschäftigungslos
besinnungslos
besitzlos
bewegungslos
blicklos
blütenlos
bodenlos

brotlos
burschikos
charakterlos
disziplinlos
drahtlos
dubios
ehelos
ehrlos
einfallslos
einflußlos
einsichtslos
empfindungslos
endlos
energielos
erbarmungslos
ereignislos
erfolglos
erfurchtslos
ergebnislos
erwerbslos
famos
farblos
fassungslos
fehlerlos
fensterlos
fleckenlos
fleischlos
folgenlos
formlos
fraglos
freudlos
friedlos
fristlos
führerlos
furchtlos
furios
gedankenlos
gefahrlos
gefühllos
gegenstandslos
gehörlos
geistlos
geräuschlos
geruchlos
geschlechtslos
geschmacklos
gesetzlos
gewissenlos
glorios

gottlos
grandios
grätenlos
grenzenlos
grundlos
grußlos
haarlos
harmlos
heillos
heimatlos
hemmungslos
herrenlos
hilflos
hirnlos
hoffnungslos
ideenlos
interessenlos
jokos
kampflos
kernlos
kinderlos
klaglos
konfessionslos
konkurrenzlos
kopflos
körperlos
kostenlos
kraftlos
kritiklos
kunstlos
kurios
lautlos
leblos
leidenschaftslos
lieblos
los
  darauflos
  drauflos
lückenlos
makellos
maßlos
mitleidslos
mittellos
mühelos
mutlos
mutterlos
namenlos
nebulos
neidlos

636

niveaulos
nutzlos
obdachlos
parteilos
pastos
phantasielos
pietätlos
planlos
prinzipienlos
rastlos
rechtlos
regellos
reglos
regungslos
reibungslos
reizlos
respektlos
restlos
rettungslos
richtungslos
rigoros
risikolos
ruchlos
rückhaltlos
rücksichtslos
ruhelos
ruhmlos
schadlos
schamlos
schlaflos
schmucklos
schonungslos
schrankenlos
schuldlos
schwunglos
seelenlos
selbstlos
sinnlos
sittenlos
skrupellos
sorglos
spannungslos
sprachlos
spurlos
staatenlos
stellungslos
sternlos
stillos
stimmlos

straflos
sündenlos
systemlos
tadellos
taktlos
talentlos
tatenlos
teilnahmslos
tonlos
tränenlos
trostlos
uferlos
unterschiedslos
urteilslos
vaterlandslos
vaterlos
verantwortungslos
vermögenslos
verständnislos
virtuos
voraussetzungslos
vorurteilslos
waffenlos
wasserlos
wehrlos
wertlos
wesenlos
widerstandslos
willenlos
wirkungslos
wolkenlos
wortlos
wunschlos
würdelos
wurzellos
zahnlos
zeitlos
ziellos
zinslos
zügellos
zusammenhanglos
zwanglos
zwecklos
zweifellos

— os (oß)

= – oß (oß)
= – oss (oß)

Albatros
Demos
Eos
Epos
Ethos
Gros
Helios
Kosmos
Kronos
Logos
Lotos
Mythos
Pathos
Rhinozeros
Rhodos

— os (o:)

= – o (o:)

Gros
apropos

— ös (ö:ß)

= – öß (ö:ß)
→ – ieu (ö:)
→ – öse (ö:se)
→ – ösen (ö:sen)

Erlös
  Haupterlös
  Reinerlös
ambitiös
amourös
bituminös
bös
deliziös
dös
erlös
fibrös
generös
graziös
infektiös
ingeniös
intravenös
kapriziös
leprös
luxuriös
maliziös

melodiös
minutiös
monströs
muskulös
mysteriös
nervös
  übernervös
ominös
philiströs
pompös
porös
prätentiös
religiös
ruinös
schikanös
seriös
  unseriös
skandalös
skrofulös
spinös
strapaziös
tendenziös
tuberkulös
voluminös

— oß (o:ß)

= — oos (o:ß)
= — os (o:ß)
→ — aud (o:)
→ — eau (o:)
→ — o (o:)
→ — oh (o:)
→ — oße (o:ße)
→ — oßen (o:ßen)
→ — ot (o:)
→ — ow (o:)

Ausstoß
  Produktionsausstoß
Floß
Gernegroß
Kloß
  Erdkloß
  Fleischkloß
  Grieskloß
  Hefekloß
  Kartoffelkloß
  Mehlkloß
  Semmelkloß

Schoß
  Mutterschoß
  Rockschoß
Stoß
  Abstoß
  Aktenstoß
  Anstoß
  Atemstoß
  Degenstoß
  Dolchstoß
  Erdstoß
  Fanfarenstoß
  Fangstoß
  Freistoß
  Gegenstoß
  Gnadenstoß
  Holzstoß
  Lanzenstoß
  Rippenstoß
  Rückstoß
  Strafstoß
  Stromstoß
  Todesstoß
  Trompetenstoß
  Verstoß
  Vorstoß
  Windstoß
  Zusammenstoß
Trauerkloß
bloß
groß
  lebensgroß
  mittelgroß
  riesengroß
  übergroß

— oß (oß)

= — os (oß)
= — oss (oß)
→ — ossen (oßen)

Amboß
  Schmiedeamboß
Boß
  Gangsterboß
Geschoß
  Bleigeschoß
  Brandgeschoß

  Dumdumgeschoß
  Gasgeschoß
  Leuchtgeschoß
  Panzergeschoß
  Rauchgeschoß
  Sprenggeschoß
  Unterwassergeschoß
  Wurfgeschoß
Geschoß
  Dachgeschoß
  Erdgeschoß
  Kellergeschoß
  Obergeschoß
  Zwischengeschoß
Koloß
  Stahlkoloß
Roß
  Dampfroß
  Feuerroß
  Flügelroß
  Saumroß
  Schlachtroß
  Stahlroß
  Streitroß
  Walroß
Schloß
  Gewehrschloß
  Gürtelschloß
  Koppelschloß
  Radschloß
  Riegelschloß
  Sicherheitsschloß
  Steckschloß
  Türschloß
  Vorhängeschloß
  Zahlenschloß
  Zylinderschloß
Schloß
  Bergschloß
  Felsenschloß
  Jagdschloß
  Königsschloß
  Luftschloß
  Lustschloß
  Märchenschloß
  Ritterschloß
  Spukschloß
  Stammschloß
  Waldschloß

Wasserschloß
Zauberschloß
Sproß
Troß
　Dienertroß
beschloß
floß
goß
schloß
schoß
sproß
verdroß

— öß (ö:ß)
= – ös (ö:ß)
→ – ieu (ö:)
→ – öße (ö:ße)
→ – ößen (ö:ßen)

Löß
entblöß
flöß

— osa (o:sa)
→ – a (a:)

Arosa
Formosa
Mater dolorosa
Monte Rosa
Prosa
Rosa
rosa

— osch (osch)
= – oche (osch)
→ – oschen (oschen)

Fogosch
Frosch
　Knallfrosch
　Laubfrosch
　Ochsenfrosch
　Wetterfrosch
drosch
　verdrosch
losch
　erlosch

— ösch (ösch)
→ – öschen (öschen)

Gösch
lösch

— osche (osche)
→ – osch (osch)

Brosche
Galosche
Gosche

— ösche (ösche)
→ – osch (osch)
→ – öschen (öschen)

Frösche
lösche

— oschen (oschen)
→ – osche (osche)

Groschen
　Spargroschen
droschen
　verdroschen
　zusammendroschen
gedroschen
　abgedroschen
　ausgedroschen
loschen
　erloschen
　verloschen

— öschen (öschen)
→ – osch (osch)

Fröschen
Göschen
böschen
　abböschen
　einböschen
löschen
　ablöschen
　auslöschen
　verlöschen

— öschen (ö:ß-chen)
= – ößchen (ö:ß-chen)
→ – ose (o:se)

Dornröschen
Döschen
Höschen
Mimöschen
Röschen
　Buschwindröschen
　Heckenröschen
　Heideröschen

— ößchen (ö:ß-chen)
= – öschen (ö:ß-chen)
→ – oß (o:ß)
→ – oße (o:ße)

Klößchen
　Fleischklößchen
　Markklößchen
Schößchen
Sößchen
Stößchen

— ößchen (öß-chen)
→ – oß (oß)

Schlößchen
Sprößchen

— öschend (öschent)
→ – öschen (öschen)

abböschend
durstlöschend

— öscht (öscht)
→ – öschen (öschen)

böscht
　geböscht
löscht
　gelöscht

639

— **öschung
(öschuŋ)**
→ – öschen (öschen)
→ – ung (uŋ)

Böschung
  Dammböschung
  Uferböschung
Löschung
  Auslöschung
  Verlöschung

— **ose (o:se)**
= – oose (o:se)
→ – os (o:ß)
→ – osen (o:sen)

Annerose
Apotheose
Aprikose
Arthrose
Chose
Dextrose
Diagnose
  Augendiagnose
  Fehldiagnose
Dose
  Abzweigdose
  Blechdose
  Butterdose
  Kaffeedose
  Keksdose
  Konservendose
  Pillendose
  Puderdose
  Schnupftabakdose
  Spieldose
  Steckdose
  Tabakdose
  Zigarettendose
  Zuckerdose
Fose
Franzose
Fructose
Furunkulose
Gekose
Getose
Glucose

Gose
Heiderose
Herbstzeitlose
Hose
  Badehose
  Bundhose
  Hemdhose
  Keilhose
  Kniehose
  Kordhose
  Lederhose
  Niethose
  Pluderhose
  Pumphose
  Reithose
  Seppelhose
  Stiefelhose
  Strumpfhose
  Trainingshose
  Turnhose
  Unterhose
  Wasserhose
  Windhose
Hypnose
  Selbsthypnose
Kolchose
Maltose
Matrose
  Leichtmatrose
  Vollmatrose
Metamorphose
Mimose
Mose
Narkose
Neurose
  Angstneurose
  Herzneurose
  Zwangsneurose
Osmose
Phimose
Pose
  Heldenpose
Prognose
  Wetterprognose
  Zukunftsprognose
Psychose
  Angstpsychose
  Kriegspsychose
  Massenpsychose

Rose
  Alpenrose
  Christrose
  Edelrose
  Fensterrose
  Gartenrose
  Heckenrose
  Klatschrose
  Kletterrose
  Marienrose
  Monatsrose
  Moosrose
  Pfingstrose
  Polyantharose
  Schneerose
  Seerose
  Sonnenrose
  Teerose
  Wasserrose
  Wildrose
  Windrose
Rose
  Gesichtsrose
  Gürtelrose
Schose
Sklerose
  Arteriosklerose
Symbiose
Thrombose
Tuberkulose
Tuberose
Virtuose
  Geigenvirtuose
  Klaviervirtuose
Viskose
Zellulose
Zirrhose
  Leberzirrhose
burschikose
famose
farblose
furiose
grandiose
kose
kuriose
lose
nebulose
rigorose
tose

— öse (ö:se)

= – euse (ö:se)
→ – ös (ö:ß)
→ – ösen (ö:sen)

Ablöse
Böse
Gekröse
Getöse
Möse
Öse
böse
  bitterböse
  erzböse
döse
löse

— oße (o:ße)

→ – oß (o:ß)
→ – oßen (o:ßen)

Foße
Roße
Schloße
  Hagelschloße
Soße
  Bechamelsoße
  Bratensoße
  Dillsoße
  Grundsoße
  Kräutersoße
  Petersiliensoße
  Rahmsoße
  Senfsoße
  Tomatensoße
  Vanillesoße
  Weinsoße
  Zwiebelsoße
große
stoße

— öße (ö:ße)

→ – oß (o:ß)
→ – öß (ö:ß)
→ – ößen (ö:ßen)

Blöße
Größe
  Geistesgröße
  Körpergröße
  Normalgröße
  Originalgröße
  Seelengröße
  Übergröße
entblöße
flöße

— ösel (ö:sel)

→ – öseln (ö:seln)

Brösel
  Semmelbrösel
Rösel
Schnösel

— öseln (ö:seln)

→ – ösel (ö.sel)

bröseln
  zerbröseln
dröseln
  aufdröseln
französeln

— osen (o:sen)

= – oosen (o:sen)
→ – os (o:ß)
→ – ose (o:se)

Almosen
Gosen
Posen
Pretiosen
Spendierhosen
Spirituosen
anhosen
aushosen
eindosen
erbosen
glosen
kosen
  liebkosen
  umkosen
losen
  auslosen
  verlosen
tosen
  auftosen
  austosen
  durchtosen
  umtosen
verwahrlosen

— ösen (ö:sen)

→ – euse (ö:se)
→ – ös (ö:ß)
→ – öse (ö:se)

bösen
dösen
  eindösen
  verdösen
lösen
  ablösen
  auflösen
  auslösen
  einlösen
  erlösen
  loslösen

— oßen (o:ßen)

→ – oß (o:ß)
→ – oße (o:ße)

gestoßen
schloßen
stoßen
  abstoßen
  aneinanderstoßen
  anstoßen
  aufeinanderstoßen
  aufstoßen
  ausstoßen
  bestoßen
  durchstoßen
  einstoßen
  gesundstoßen
  herabstoßen
  herausstoßen
  herunterstoßen
  hervorstoßen
  hinausstoßen
  hineinstoßen

hinstoßen
hinunterstoßen
nachstoßen
niederstoßen
umstoßen
verstoßen
vorstoßen
wegstoßen
zerstoßen
zurückstoßen
zusammenstoßen
zustoßen

— ößen (ö:ßen)

→ – oß (o:ß)
→ – öße (ö:ße)

entblößen
flößen
　abflößen
　einflößen
　verflößen

— ößend (ö:ßent)

→ – ößen (ö:ßen)

einflößend
　angsteinflößend
　furchteinflößend
　respekteinflößend
entblößend

— öser (ö:ser)

→ – ös (ö:ß)
→ – öse (ö:se)
→ – ösen (ö:sen)

Auslöser
　Selbstauslöser
Döser
Erlöser
Möser
böser
mysteriöser

— ößer (ö:ßer)

→ – ößern (ö:ßern)

Flößer
　Holzflößer
Stößer
größer

— ößern (ö:ßern)

→ – ößer (ö:ßer)

vergrößern

— osia (o:sia)

→ – a (a:)

Ambrosia
Nikosia

— osig (o:si-ch)

→ – oosig (o:si-ch)
→ – ich (i-ch)

kosig
rosig

— osis (o:siß)

→ – is (iß)

Dosis
Mosis

— öslein (ö:ßlain)

= – ein (ain)
= – ößlein (ö:ßlain)
→ – ose (o:se)

Döslein
Höslein
Mimöslein
Röslein
　Alpenröslein
　Heckenröslein
　Heideröslein

— ößlein (ö:ßlain)

= – ein (ain)
= – öslein (ö:ßlain)
→ – oß (o:ß)
→ – oße (o:ße)

Klößlein
Schößlein
Sößlein
Stößlein

— ößlein (ößlain)

= – ein (ain)
→ – oß (oß)

Rößlein
Schlößlein
Sprößlein

— öslich (ö:ßli-ch)

= – ößlich (ö:ßlich)
→ – ich (i-ch)

böslich
löslich
　unlöslich
　wasserlöslich
unauflöslich

— ößlich (ö:ßli-ch)

= – öslich (ö:ßli-ch)
→ – ich (i-ch)

unumstößlich

— ößling (ößliŋ)

= – ing (iŋ)

Schößling
Sprößling

— oss (oß)

= – os (oß)
= – oß (oß)

Moto-Cross

— ossa (oßa)

→ – a (a:)

Canossa
Ossa
Saragossa
Tossa

— osse (oße)

→ – os (oß)
→ – oß (oß)

Dosse
Flosse
  Afterflosse
  Brustflosse
  Kielflosse
  Rückenflosse
  Schwanzflosse
  Schwimmflosse
Genosse
  Altersgenosse
  Artgenosse
  Bundesgenosse
  Eidgenosse
  Glaubensgenosse
  Kampfgenosse
  Leidensgenosse
  Parteigenosse
  Reisegenosse
  Schlafgenosse
  Volksgenosse
  Weggenosse
  Zeitgenosse
Glosse
  Randglosse
Gosse
Karosse
  Prunkkarosse
  Staatskarosse
Posse
  Karnevalsposse
  Narrenposse
Sprosse
  Fenstersprosse
  Leitersprosse
  Sommersprosse
Strosse
Trosse

— össe (öße)

→ – ießen (i:ßen)
→ – ossen (oßen)

flösse
  überflösse
gösse
  begösse
schlösse
  aufschlösse
schösse
  erschösse

— ossel (oßel)

→ – osseln (oßeln)

Drossel
  Schwarzdrossel
  Singdrossel
  Spottdrossel
bossel

— osseln (oßeln)

→ – ossel (oßel)

bosseln
  herumbosseln
drosseln
  abdrosseln
  erdrosseln

— ossen (oßen)

→ – os (oß)
→ – oß (oß)
→ – osse (oße)

Possen
Sommersprossen
Zossen
abgeschlossen
  unabgeschlossen
entschlossen
  unentschlossen
erschlossen
  unerschlossen
geflossen
  abgeflossen
  übergeflossen
  vorbeigeflossen
  zusammengeflossen
gegossen
  abgegossen
  angegossen
  aufgegossen
  ausgegossen
  hingegossen
  weggegossen
  zusammengegossen
  zugegossen
geschlossen
  ausgeschlossen
  eingeschlossen
  hochgeschlossen
genossen
geschossen
  abgeschossen
  angeschossen
  fehlgeschossen
  totgeschossen
  vorgeschossen
flossen
  durchflossen
  zerflossen
gossen
  begossen
  eingossen
  ergossen
schlossen
  abschlossen
  aufschlossen
  beschlossen
  zusammen-
    schlossen
  zuschlossen
schossen
  beschossen
  erschossen
  vorschossen
  zuschossen
sprossen
  entsprossen
  gesprossen
umflossen
  lichtumflossen
  meerumflossen
verdrossen
  unverdrossen
verschlossen
  unverschlossen

— ossenheit (oßenhait)

→ – eit (ait)
→ – ossen (oßen)

Entschlossenheit
  Kampfentschlossenheit
  Unentschlossenheit
Geschlossenheit
  Abgeschlossenheit
  Aufgeschlossenheit
Verdrossenheit
Verschlossenheit

— osser (oßer)

Fadenflosser
Schlosser
  Bauschlosser
  Kunstschlosser
  Maschinenschlosser
  Modellschlosser
  Werkzeugschlosser
Sprosser
Stachelflosser

— ossig (oßi-ch)

→ – ich (i-ch)

dreigeschossig
rossig
sommersprossig
viergeschossig

— össisch (ößisch)

→ – isch (isch)

eidgenössisch
zeitgenössisch

— ost (o:ßt)

= – oast (o:ßt)
= – oost (o:ßt)
= – oßt (o:ßt)
→ – osen (o:sen)

Augentrost
Jost
Prost
Trost
  Seelentrost
behost
erbost
getrost
kost
  gekost
liebkost
  geliebkost
lost
  gelost
prost
tost
  getost
verwahrlost

— ost (oßt)

= – oßt (oßt)
→ – osten (oßten)

Dost
  Alpendost
  Wasserdost
Frost
  Bodenfrost
  Nachtfrost
  Schüttelfrost
Kompost
Kost
  Beikost
  Feinkost
  Hauskost
  Krankenkost
  Pflanzenkost
  Rohkost
  Zukost
Most
  Apfelmost
  Traubenmost
Ost
  Nordost
  Südost
Post
  Abendpost
  Bahnpost
  Briefpost
  Brieftaubenpost
  Bundespost
  Eilpost
  Extrapost
  Feldpost
  Flaschenpost
  Luftpost
  Morgenpost
  Paketpost
  Reichspost
  Rohrpost
  Schneckenpost
  Schnellpost
  Überlandpost
Rost
  Bratrost
  Eisenrost
  Gitterrost
  Grillrost
  Ofenrost
  Treppenrost
Starost
Tjost

— öst (ö:ßt)

= – ößt (ö:ßt)
→ – ösen (ö:sen)
→ – östen (ö:ßten)

aufgelöst
  unaufgelöst
döst
  gedöst
eingelöst
  uneingelöst
gelöst
  ungelöst
löst

— oßt (o:ßt)

= – oast (o:ßt)
= – oost (o:ßt)
= – ost (o:ßt)
→ – oßen (o:ßen)

schloßt
  geschloßt
stoßt

— oßt (oßt)

= – ost (oßt)
→ – ossen (oßen)

goßt
schloßt
schoßt
sproßt

— ößt (ö:ßt)

= – öst (ö:ßt)
→ – oßen (o:ßen)
→ – ößen (ö:ßen)

entblößt
flößt
　geflößt
stößt

— östchen (öst-chen)

→ – osten (oßten)

Pföstchen
Pöstchen

— oste (o:ßte)

= – oaste (o:ßte)
= – ooste (o:ßte)
= – oßte (o:ßte)
→ – osen (o:sen)
→ – ost (o:ßt)

erboste
koste
proste
　zuproste
verwahrloste

— oste (oßte)

= – oßte (oßte)
→ – ost (oßt)
→ – osten (oßten)

Pfoste
Riposte
koste
moste
roste

— öste (ö:ßte)

= – ößte (ö:ßte)
→ – ösen (ö:sen)
→ – öst (ö:ßt)
→ – östen (ö:ßten)

Röste
döste
röste
tröste

— oßte (o:ßte)

= – oaste (o:ßte)
= – ooste (o:ßte)
= – oste (o:ßte)

schloßte

— oßte (oßte)

= – oste (oßte)
→ – ossen (oßen)

sproßte

— ößte (ö:ßte)

= – öste (ö:ßte)
→ – ößen (ö:ßen)

Größte
entblößte
flößte
größte

— osten (o:ßten)

= – oasten (o:ßten)
= – oosten (o:ßten)
→ – osen (o:sen)
→ – ost (o:ßt)

behosten
erbosten
kosten
losten
prosten
　zuprosten

— osten (oßten)

= – oßten (oßten)
= – oston (oßten)
→ – ost (oßt)
→ – oste (oßte)

Kosten
　Arztkosten
　Baukosten
　Betriebskosten
　Erhaltungskosten
　Gerichtskosten
　Gestehungskosten
　Krankenhauskosten
　Lebenskosten
　Mietkosten
　Nebenkosten
　Pflegekosten
　Produktionskosten
　Prozeßkosten
　Reisekosten
　Selbstkosten
　Staatskosten
　Unkosten
　Unterhaltskosten
　Versandkosten
　Verwaltungskosten
Osten
　Nordosten
　Südosten
Pfosten
　Torpfosten
　Türpfosten
Posten
　Beamtenposten
　Ehrenposten
　Feldposten
　Grenzposten
　Horchposten
　Ministerposten
　Rehposten
　Streikposten
　Verkehrsposten
　Vertrauensposten
　Vorposten
　Wachposten
frosten
　durchfrosten
　einfrosten

glosten
kosten
  auskosten
  verkosten
  vorkosten
mosten
  vermosten
rosten
  anrosten
  durchrosten
  einrosten
  entrosten
  verrosten

— **östen (ö:ßten)**

= – ößten (ö:ßten)
→ – ösen (ö:sen)
→ – öst (ö:ßt)

dösten
lösten
rösten
  anrösten
  abrösten
  durchrösten
trösten
  getrösten
  vertrösten

— **oßten (oßten)**

= – osten (oßten)
= – oston (oßten)
→ – ossen (oßen)

sproßten

— **ößten (ö:ßten)**

= – östen (ö:ßten)
→ – ößen (ö:ßen)

entblößten
flößten
  geflößten
größten

— **ostend (oßtent)**

→ – osten (oßten)

einfrostend
kostend
mostend
rostend
  nichtrostend

— **oster (o:ßter)**

= – oaster (o:ßter)
= – ooster (o:ßter)
→ – ost (o:ßt)

Kloster
  Mönchskloster
  Nonnenkloster
Poster
erboster
verwahrloster

— **oster (oßter)**

→ – osten (oßten)

Entroster
Paternoster
Vorkoster
Weinkoster

— **öster (ö:ßter)**

= – ößter (ö:ßter)
→ – ösen (ö:sen)
→ – öst (ö:ßt)
→ – oster (o:ßter)

Klöster
Röster
  Brotröster
  Kaffeeröster
Tröster
  Seelentröster
gelöster
verdöster

— **ößter (ö:ßter)**

= – öster (ö:ßter)

entblößter
geflößter
  eingeflößter
größter
  allergrößter
verflößter

— **österlich (ö:ßterli-ch)**

→ – ich (i-ch)

klösterlich
österlich

— **ostern (o:ßtern)**

→ – oaster (o:ßter)
→ – oster (o:ßter)

Ostern

— **ostig (oßti-ch)**

→ – ich (i-ch)

frostig
rostig

— **ostisch (oßtisch)**

→ – isch (isch)

diagnostisch
gnostisch
ostisch

— **östlein (ößtlain)**

= – ein (ain)
→ – osten (oßten)

Pföstlein
Pöstlein

— **östlich (ößtli-ch)**

→ – ich (i-ch)

köstlich
östlich
  nordöstlich
  südöstlich
  westöstlich

— **oston (oßten)**

= – osten (oßten)
= – oßten (oßten)

Boston

646

— östung (ö:ßtuŋ)

→ – östen (ö:ßten)
→ – ung (uŋ)

Röstung
Tröstung
  Vertröstung

— osum (o:sum)

= – um (um)
= – umm (um)

Kuriosum
Rigorosum

— osung (o:suŋ)

= – oosung (o:suŋ)
→ – osen (o:sen)
→ – ung (uŋ)

Eindosung
Liebkosung
Losung
Verlosung

— ösung (ö:suŋ)

→ – ösen (ö:sen)
→ – ung (uŋ)

Ablösung
  Schuldablösung
  Wachablösung
Auflösung
  Farbauflösung
  Geschäftsauflösung
  Wohnungsauflösung
Lösung
  Auslösung
  Einlösung
  Endlösung
  Erlösung
  Zwischenlösung

—ößung (ö:ßuŋ)

→ – ößen (ö:ßen)
→ – ung (uŋ)

Einflößung
Entblößung

— ot (o:t)

= – od (o:t)
= – ode (o:t)
= – oht (o:t)
= – oot (o:t)
→ – ote (o:te)
→ – oten (o:ten)

Angebot
  Geldangebot
  Sonderangebot
  Stellenangebot
  Überangebot
  Warenangebot
Aufgebot
  Heiratsaufgebot
  Massenaufgebot
  Polizeiaufgebot
  Truppenaufgebot
Brot
  Abendbrot
  Bauernbrot
  Bettelbrot
  Butterbrot
  Früchtebrot
  Gebildbrot
  Gnadenbrot
  Graubrot
  Hausbrot
  Hutzelbrot
  Johannisbrot
  Käsebrot
  Knäckebrot
  Kommißbrot
  Kümmelbrot
  Landbrot
  Marmeladenbrot
  Mischbrot
  Mittagbrot
  Roggenbrot
  Rosinenbrot
  Schinkenbrot
  Schmalzbrot
  Schwarzbrot
  Vesperbrot
  Vollkornbrot
  Weißbrot
  Wurstbrot
  Zubrot

  Zuckerbrot
  Zwiebelbrot
Chaot
Despot
Exot
Gebot
Helot
Idiot
Kot
Lot
  Bleilot
  Echolot
  Senklot
Not
  Atemnot
  Feuersnot
  Futternot
  Geldnot
  Hungersnot
  Landnot
  Seenot
  Todesnot
  Wassernot
  Wohnungsnot
  Zeitnot
Patriot
Phot
Pilot
  Copilot
Rot
  Abendrot
  Frührot
  Morgenrot
  Wangenrot
Schlagetot
Schlot
  Fabrikschlot
Schot
Schrot
  Gerstenschrot
  Hasenschrot
  Vogelschrot
Schwerenot
  Schockschwerenot
Verbot
  Alkoholverbot
  Aufenthaltsverbot
  Auftrittsverbot
  Ausfuhrverbot

Badeverbot
Bauverbot
Demonstrations-
verbot
Einfuhrverbot
Halteverbot
Parkverbot
Rauchverbot
Startverbot
Versammlungs-
verbot
Zelot
Zypriot
bot
 gebot
devot
lot
rot
 blutrot
 bordeauxrot
 brandrot
 braunrot
 dunkelrot
 feuerrot
 fuchsrot
 gelbrot
 glutrot
 hellrot
 hochrot
 infrarot
 karmesinrot
 karminrot
 kirschrot
 knallrot
 korallenrot
 mennigrot
 purpurrot
 puterrot
 rosarot
 rosenrot
 rostrot
 rubinrot
 schamrot
 scharlachrot
 weinrot
 ziegelrot
 zornrot
sackerlot
sapperlot

tot
 halbtot
 maultot
 mausetot
 mundtot
 scheintot

— ot (ot)

= – oth (ot)
= – ott (ot)
= – otte (ot)

Hot
Margot
Ozelot

— ot (o:)

= – aud (o:)
= – eau (o:)
= – eaux (o:)
= – o (o:)
= – oe (o:)
= – oh (o:)
= – oo (o:)
= – os (o:)
= – ow (o:)

Bonmot
Depot
 Bankdepot
 Munitionsdepot
 Waffendepot
 Warendepot
Jabot
 Spitzenjabot
Paletot
Pierrot
Trikot
 Sporttrikot

— öt (ö:t)

= – öd (ö:t)
= – öht (ö:t)
→ – öte (ö:te)
→ – oten (o:ten)
→ – öten (ö:ten)

böt
flöt
löt
töt

— ota (o:ta)

= – otha (o:ta)
→ – a (a:)

Dakota
 Norddakota
 Süddakota
Jota
Minnesota
Nota

— ötchen
  (ö:t-chen)

→ – oot (o:t)
→ – ot (o:t)
→ – ote (o:te)
→ – oten (o:ten)

Anekdötchen
Bötchen
Brötchen
 Butterbrötchen
 Honigbrötchen
 Käsebrötchen
 Kümmelbrötchen
 Lachsbrötchen
 Marmeladen-
 brötchen
 Milchbrötchen
 Mohnbrötchen
 Roggenbrötchen
 Schinkenbrötchen
 Wurstbrötchen
Knötchen
Pfötchen

— ote (o:te)

= – ohte (o:te)
= – oote (o:te)
→ – ot (o:t)
→ – oten (o:ten)

Anekdote
Asymptote

Bote
　Briefbote
　Bürobote
　Dienstbote
　Eilbote
　Geldbote
　Götterbote
　Kassenbote
　Postbote
　Sendbote
　Telegrammbote
　Unglücksbote
　Vorbote
Exote
Galeote
Gote
　Ostgote
　Westgote
Knote
Kojote
Kote
Laote
Muschkote
Nepote
Note
　Achtelnote
　Banknote
　Fußnote
　Pfundnote
　Protestnote
　Viertelnote
Pfote
　Hasenpfote
　Hinterpfote
　Katzenpfote
　Vorderpfote
Quote
　Abschußquote
　Ausschußquote
　Beitragsquote
　Fangquote
　Gewinnquote
　Steuerquote
　Unfallquote
Rote
Schote
　Erbsenschote
　Paprikaschote
　Zuckerschote

Tote
　Scheintote
　Unfalltote
　Verkehrstote
Zote
Zwote
Zygote
Zypriote
knote
lote
zwote

— ote (ote)

= − otte (ote)
→ − ot (ot)

hote
　verhote
robote

— öte (ö:te)

= − öhte (ö:te)
→ − ot (o:t)
→ − öten (ö:ten)

Flöte
　Blockflöte
　Hirtenflöte
　Panflöte
　Pikkoloflöte
　Querflöte
　Weidenflöte
Kröte
　Erdkröte
　Geburtshelferkröte
Nöte
Röte
　Abendröte
　Morgenröte
　Schamröte
Schildkröte
　Landschildkröte
　Riesenschildkröte
　Sumpfschildkröte
　Wasserschildkröte
erröte
flöte
löte
töte

— öteln (ö:teln)

Röteln
knöteln

— oten (o:ten)

= − ohten (o:ten)
= − ooten (o:ten)
→ − ot (o:t)
→ − ote (o:te)

Dienstboten
Goten
Knoten
　Gichtknoten
　Lymphknoten
　Mondknoten
　Nervenknoten
　Schifferknoten
　Seemannsknoten
　Weberknoten
Lofoten
Vorboten
ausschoten
boten
　anboten
　erboten
　überboten
　unterboten
　verboten
entschoten
geboten
　aufgeboten
knoten
　anknoten
　aufknoten
　entknoten
　verknoten
　zuknoten
loten
　abloten
　ausloten
　einloten
roten
　rosaroten
schroten
　ausschroten
　verschroten

649

— **oten (oten)**

= – otten (oten)
→ – ot (ot)

hoten
  verhoten
roboten

— **öten (ö:ten)**

= – öhten (ö:ten)
→ – ot (o:t)
→ – öte (ö:te)
→ – oten (o:ten)

böten
flöten
löten
  anlöten
  auflöten
  festlöten
  verlöten
  zulöten
  zusammenlöten
röten
  erröten
töten
  abtöten
  ertöten
vonnöten

— **otend (o:tent)**

→ – ooten (o:ten)
→ – oten (o:ten)

auslotend
entschotend
verschrotend
zuknotend

— **ötend (ö:tent)**

→ – öten (ö:ten)

errötend
tötend
  geisttötend
  keimtötend
  nervtötend
verlötend

— **oter (o:ter)**

→ – ot (o:t)

Toter
Roter
devoter

— **oter (oter)**

= – otter (oter)

Roboter

— **öter (ö:ter)**

= – öhter (ö:ter)

Köter
Schwerenöter
Schröter
  Baumschröter
  Hornschröter
  Schalenschröter
Töter
  Nervtöter
  Neuntöter

— **ötet (ö:tet)**

= – öhtet (ö:tet)
→ – öten (ö:ten)

flötet
  geflötet
lötet
  gelötet
rötet
  gerötet
tötet
  getötet

— **oth (ot)**

= – ot (ot)
= – ott (ot)
= – otte (ot)

Zebaoth

— **otha (o:ta)**

= – ota (o:ta)
→ – a (a:)

Gotha

— **otig (o:ti-ch)**

→ – ich (i-ch)

knotig
kotig
notig
zotig

— **ötig (ö:ti-ch)**

→ – ich (i-ch)

erbötig
nötig
  unnötig
vierschrötig

— **ötigen (ö:tigen)**

erbötigen
nötigen
  abnötigen
  aufnötigen
  benötigen
  unnötigen
vierschrötigen

— **otik (o:tik)**

→ – ick (ik)

Erotik
Gotik

— **otika (o:tika)**

→ – a (a:)

Antibiotika
Erotika
Exotika
Narkotika

— **otikum (o:tikum)**

= – um (um)
= – umm (um)

Antibiotikum
Narkotikum

650

— otin (o:tin)

= – in (in)
= – inn (in)
→ – ot (o:t)
→ – ote (o:te)

Botin
Gotin
Idiotin
Patriotin
Zypriotin

— otisch (o:tisch)

→ – isch (isch)

anekdotisch
chaotisch
despotisch
erotisch
exotisch
gotisch
hypnotisch
idiotisch
laotisch
narkotisch
patriotisch
unpatriotisch
psychotisch
zelotisch
zypriotisch

— ötlein (ö:tlain)

= – ein (ain)
→ – ot (o:t)
→ – ote (o:te)

Bötlein
Brötlein
Knötlein
Pfötlein

— ötlich (ö:tli-ch)

= – ödlich (ö:tli-ch)
→ – ich (i-ch)

rötlich

— oto (o:to)

→ – o (o:)

Kyoto
Photo
 Aktphoto
 Farbphoto
 Hochzeitsphoto
 Urlaubsphoto
Toto
 Fußballtoto

— otor (o:tor)

= – or (o:r)

Motor
 Außenbordmotor
 Dieselmotor
 Elektromotor
 Flugzeugmotor
 Frontmotor
 Heckmotor
 Hilfsmotor
 Viertaktmotor
 Zweitaktmotor
Rotor

— otsen (o:tßen)

= – ozen (o:tßen)

lotsen
 durchlotsen
 hereinlotsen
 hineinlotsen
 hinlotsen

— ott (ot)

= – ot (ot)
= – oth (ot)
= – otte (ot)
→ – otte (ote)
→ – otten (oten)

Bankrott
Boykott
Fagott
Foxtrott
Gott
 Abgott
 Halbgott
 Herrgott
Hundsfott
Kieler Sprott
Komplott
Kompott
Pott
 Blumenpott
 Kochpott
 Kohlenpott
 Nachtpott
 Ruhrpott
Schafott
Schott
Schrott
Spott
Traugott
Trott
bankrott
bigott
flott
hott
 hüh-hott
polyglott
spott
trott

— otta (ota)

→ – a (a:)

Carlotta
Terrakotta

— ottchen (ot-chen)

→ – ott (ot)
→ – otte (ote)

Lottchen
Gavottchen
Maskottchen
Sprottchen

— otte (ote)

= – ote (ote)
→ – ott (ot)
→ – otten (oten)

Bergamotte
Charlotte
Flotte
  Fischereiflotte
  Handelsflotte
  Kriegsflotte
  Luftflotte
Gavotte
Gotte
Grotte
  Felsengrotte
Hottentotte
Hugenotte
Kalotte
Kapotte
Karotte
Klamotte
Kokotte
Lieselotte
Lotte
Marmotte
Marotte
Maskotte
Motte
Pelotte
Polyglotte
Ringlotte
Rotte
Sansculotte
Schalotte
Schamotte
Schlotte
Schotte
Sprotte
Zotte
spotte
trotte

— otte (ot)

= – ot (ot)
= – oth (ot)
= – ott (ot)

Sansculotte

— ötte (öte)

→ – ott (ot)

Götte
Pötte

— ottel (otel)

→ – otteln (oteln)

Gezottel
Trottel
  Halbtrottel
  Volltrottel
Zottel

— otteln (oteln)

→ – ottel (otel)

trotteln
  vertrotteln
zotteln
  abzotteln
  anzotteln
  nachzotteln
  verzotteln

— otten (oten)

= – oten (oten)
→ – ott (ot)
→ – otte (ote)

Klamotten
Kotten
Schotten
ausrotten
einmotten
gesotten
  hartgesotten
  heißgesotten
  ungesotten
  weichgesotten
rotten
  zusammenrotten
spotten
  ausspotten
  bespotten
  nachspotten
  verspotten
trotten
  abtrotten
  antrotten
  hintrotten
  wegtrotten
vergotten
vermotten
verrotten
verschrotten

— otter (oter)

= – oter (oter)
→ – ott (ot)
→ – ottern (otern)

Dotter
  Eidotter
Geschlotter
Gestotter
Globetrotter
Lotter
Otter
  Fischotter
  Kreuzotter
  Puffotter
Schotter
bigotter
flotter

— ötter (öter)

→ – öttern (ötern)

Götter
  Abgötter
  Halbgötter
Hundsfötter
Spötter

— otterei (oterai)

= – ei (ai)
→ – ottern (otern)

Lotterei
Stotterei

— ötterei (öterai)

= – ei (ai)

Abgötterei
Spötterei
Vergötterei

— ott(e)rich (ot(e)ri-ch)

→ – ich (i-ch)

dott(e)rig
lott(e)rig
schlott(e)rig

— ottern (otern)

→ – otter (oter)

lottern
  verlottern
schlottern
schottern
  aufschottern
  beschottern
stottern
  abstottern
  herumstottern

— öttern (ötern)

→ – ötter (öter)

entgöttern
vergöttern

— otternd (oternt)

→ – ottern (otern)

angstschlotternd
beschotternd
herumstotternd

— ottert (otert)

→ – ottern (otern)

beschottert
schlottert
  geschlottert
stottert
  gestottert
verlottert

— otterung (oteruŋ)

→ – ottern (otern)
→ – ung (uŋ)

Beschotterung
Verlotterung

— ottet (otet)

→ – otten (oten)

ausgerottet
eingemottet
spottet
  gespottet
trottet
  getrottet
vergottet
vermottet
verrottet
verschrottet

— ottich (oti-ch)

= – ottig (oti-ch)
→ – ich (i-ch)

Bottich
  Holzbottich
  Waschbottich
  Wasserbottich

— ottig (oti-ch)

= – ottich (oti-ch)
→ – ich (i-ch)

zottig

— öttisch (ötisch)

→ – isch (isch)

abgöttisch
hundsföttisch
spöttisch

— otto (oto)

→ – o (o:)

Hotto
Lotto
  Zahlenlotto
Motto
Otto
Risotto
hotto

— otts (otß)

= – otz (otß)
→ – ott (ot)

Fagotts
Schafotts
Spotts

— ottung (otuŋ)

→ – otten (oten)
→ – ung (uŋ)

Ausrottung
Einmottung
Vergottung
Verschrottung
Verspottung
Zusammenrottung

— otum (o:tum)

= – um (um)
= – umm (um)

Faktotum
Skrotum
Votum
  Mißtrauensvotum

— otung (o:tuŋ)

= – ootung (o:tuŋ)
→ – oten (o:ten)
→ – ung (uŋ)

Entknotung
Lotung
Verknotung

— ötung (ö:tuŋ)
→ – öten (ö:ten)
→ – ung (uŋ)

Lötung
  Bleilötung
  Verlötung
Rötung
  Errötung
Tötung
  Abtötung

— otz (otß)
= – otts (otß)
→ – otzen (otßen)

Fotz
Grotz
Klotz
  Bauklotz
  Bremsklotz
  Fleischklotz
  Hackklotz
  Hauklotz
  Holzklotz
Kotz
Protz
  Geldprotz
  Kraftprotz
  Muskelprotz
Rotz
Trotz
kotz
plotz
potz
trotz
  nichtsdestotrotz

— otze (otße)
→ – otz (otß)
→ – otzen (otßen)

Fotze
Glotze
Kotze
Motze
Protze
glotze
kotze
motze
protze
rotze
trotze

— ötze (ötße)
→ – otz (otß)

Götze
  Ölgötze
Plötze
ergötze

— otzeln (otßeln)
brotzeln
frotzeln

— otzen (otßen)
→ – otz (otß)
→ – otze (otße)

Fotzen
Grotzen
Kotzen
glotzen
  anglotzen
  beglotzen
klotzen
kotzen
  ankotzen
  auskotzen
  bekotzen
motzen
  anmotzen
  aufmotzen
protzen
  abprotzen
  aufprotzen
rotzen
  ausrotzen
  verrotzen
schmarotzen
strotzen
trotzen
  abtrotzen
  ertrotzen

— ötzen (ötßen)
→ – otz (otß)
→ – ötze (ötße)

ergötzen

— otzend (otßent)
→ – otzen (otßen)

aufmotzend
beglotzend
kotzend
kraftstrotzend
protzend
rotzend
trotzend

— otzer (otßer)
→ – otzen (otßen)

Glotzer
Protzer
Rotzer
Schmarotzer
Trotzer

— otzerei (otßerai)
= – ei (ai)
→ – otzen (otßen)

Kotzerei
Motzerei
Protzerei
Schmarotzerei

— otzig (otßi-ch)
→ – ich (i-ch)

großkotzig
hinterfotzig
klotzig
protzig
rotzig
trotzig

— ötzlich (ötßli-ch)
→ – ich (i-ch)

ergötzlich
plötzlich
  urplötzlich

— ötzlichkeit (ötßli-chkait)
→ – eit (ait)
→ – ötzlich (ötßlich)

Ergötzlichkeit
Plötzlichkeit

— otzung (otßuŋ)
→ – otzen (otßen)
→ – ung (uŋ)

Abprotzung
Beklotzung
Ertrotzung

— ou (u:)
= – u (u:)

Bijou
Clou
Filou
Froufrou
Sou

— oubeln (u:beln)
= – ubeln (u:beln)

doubeln

— ouble (u:bel)
= – ubel (u:bel)

Double

— oul (aul)
= – aul (aul)
= – oule (aul)

Foul

— oule (aule)
= – aule (aule)

foule

— oule (aul)
= – aul (aul)
= – oul (aul)

Joule

— oulen (aulen)
= – aulen (aulen)

foulen

— oup (u:)
= – u (u:)

Coup

— our (u:r)
= – uhr (u:r)
= – ur (u:r)

Bravour
Cour
Jour
Tambour
Tour
  Autotour
  Bergtour
  Fußtour
  Radtour
  Spritztour
Troubadour
Velour
l'amour
retour

— oure (u:re)
= – uhre (u:re)
= – ure (u:re)

Troubadoure

— ouren (u:ren)
= – uhren (u:ren)
= – uren (u:ren)
→ – our (u.r)

Amouren

— ourig (u:ri-ch)
= – urig (u:ri-ch)
→ – ich (i-ch)

hochtourig

— ous (u:)
= – u (u:)

Dessous
Rendezvous

— out (aut)
= – aut (aut)

Fallout
Scout
  Boyscout
Knockout

— out (u:)
= – u (u:)

Atout
Hautgout
Passepartout
Ragout
partout

— oute (u:te)
= – uhte (u:te)
= – ute (u:te)

Redoute
Route
  Flugroute
  Marschroute
  Reiseroute

— oux (u:)
= – u (u:)

Billetdoux

— oux (ukß)
= – uchs (ukß)
= – ucks (ukß)
= – ugs (ukß)
= – ux (ukß)

Sioux

— ova (o:wa)
→ – a (a:)

Bossa Nova
Casanova
Jehova
Nova

— övchen (ö:f-chen)
= – öfchen (ö:f-chen)

Stövchen

— ove (o:we)
Ganove
Mangrove

— oven (o:fen)
= – ofen (o:fen)
= – oofen (o:fen)
→ – ophen (o:fen)

Alkoven

— over (o:fer)
→ – ofen (o:fen)
→ – oofen (o:fen)

Hannover

— over (o:wer)
→ – owern (o:wern)

Dover
Landrover
Pullover

— ow (o)
= – o (o:)

Bungalow
Güstrow
Teltow

— ow (of)
= – of (of)
= – off (of)

Charkow
Orlow
Rostow

— ow (au)
= – au (au)

Chow-Chow
Know how
wow

— owdy (audi)
= – audi (audi)

Rowdy

— öwe (ö:we)
Löwe
  Ameisenlöwe
  Salonlöwe
  Seelöwe
  Silberlöwe
Möwe
  Lachmöwe
  Raubmöwe
  Seemöwe
  Silbermöwe
  Sturmmöwe

— ower (au-er)
= – auer (au-er)
= – auher (au-er)

Power
Tower

— owern (o:wern)
→ – over (o:wer)

auspowern
baldowern
  ausbaldowern

— owle (o:le)
= – ohle (o:le)
= – ole (o:le)

Bowle
  Ananasbowle
  Feuerzangenbowle
  Maibowle
  Pfirsichbowle

— own (aun)
= – aun (aun)

Clown
  Musikclown
  Zirkusclown
Countdown
down

— ox (okß)
= – ochs (okß)
= – ocks (okß)
→ – oxen (okßen)

Box
  Kühlbox
  Photobox
  Pferdebox
  Wärmebox
Fort Knox
Fox
  Marschfox
  Slowfox

Paradox
Phlox
orthodox
  unorthodox
paradox

— oxe (okße)

= – ochse (okße)
= – ockse (okße)
→ – ox (okß)
→ – oxen (okßen)

Noxe
boxe

— oxen (okßen)

= – ochsen (okßen)
→ – ox (okß)

boxen
  durchboxen

— oxt (okßt)

= – ochst (okßt)
= – ockst (okßt)

boxt
geboxt
  niedergeboxt

— oy (oi)

= – äu (oi)
= – eu (oi)
= – oi (oi)

Boy
  Cowboy
  Hotelboy
  Liftboy
  Playboy
Roy

— oyen (oi-en)

= – äuen (oi-en)
= – euen (oi-en)

Savoyen

— oyer (oi-er)

= – äuer (oi-er)
= – euer (oi-er)

Savoyer

— oyer (oaje:)

= – e (e:)

Foyer
Plädoyer

— oyisch (oi-isch)

= – äuisch (oi-isch)
→ – isch (isch)

savoyisch

— ozen (o:tßen)

= – otsen (o:tßen)

Bozen

Reimgruppen
mit der Endreimsilbe
u

– u (u:)

= – ew (u:)
= – oo (u:)
= – ou (u:)
= – oup (u:)
= – ous (u:)
= – out (u:)
= – oux (u:)
= – uh (u:)
→ – u (u)
→ – ue (u:-e)

Dien Bien Phu
Glückzu
Gnu
Kanu
Nu
Peru
Schmu
Tabu
du
hu
  huhu
  juchhu
  juhu
nu
  nanu
tabu
zu
  allzu
  dazu
  geradezu
  heimzu
  herzu
  hierzu
  hinzu
  immerzu
  wozu

– u (u)

= – oo (u)
→ – u (u:)

Akku
Emu
Guru
Hindu
Iglu
Jiu-Jitsu
Kakadu
Kantschu
Kanu
Korfu
Kudu
Lulu
Mandschu
Marabu
Nandu
Schuhu
Tohuwabohu
Uhu
Zebu
Zulu
hu

– u (ü:)

= – ü (ü:)

Aperçu
Impromptu
Tutu
perdu

– ü (ü:)

= – u (ü:)
= – ue (ü:)
= – üh (ü:)
= – uie (ü:)
= – üt (ü:)

Hottehü
Menü
Parvenü
atü
hü
  hottehü

– ub (u:p)

= – oop (u:p)
= – up (u:p)
→ – ube (u:be)
→ – uben (u:ben)

Bub
  Beelzebub
  Lausbub
Hub
  Abhub
Schub
  Aufschub
  Einschub
  Nachschub
  Vorschub
  Wachstumsschub
Trub
grub

– ub (up)

= – oop (up)
= – ubb (up)
= – up (up)
= – upp (up)

Cherub
Klub
  Damenklub
  Herrenklub
  Nachtklub
  Spielklub
  Sportklub

– ub (ap)

= – ab (ap)
= – ap (ap)
= – app (ap)
= – up (ap)

Club
Pub

– üb (ü:p)

= – üp (ü:p)
= – yp (ü:p)
→ – übe (ü:be)
→ – üben (ü:ben)

trüb
  naturtrüb
üb
  verüb

— uba (u:ba)

→ – a (a:)

Kuba
Luba
Nuba
Tuba

— ubb (up)

= – oop (up)
= – ub (up)
= – up (up)
= – upp (up)
→ – ubben (uben)

schrubb

— ubbe (ube)

→ – ubben (uben)

Knubbe
schrubbe

— ubben (uben)

Knubben
Stubben
  Baumstubben
grubben
schrubben
  abschrubben
schubben

— ubber (uber)

→ – ubbern (ubern)

Geblubber
Grubber
Schrubber

— ubbern (ubern)

→ – ubber (uber)

blubbern
grubbern
schrubbern
schubbern

— übchen (ü:p-chen)

→ – ube (u:be)
→ – übe (ü:be)

Bübchen
Grübchen
Rübchen
  Teltower Rübchen
Stübchen
  Ladenstübchen
  Oberstübchen

— ube (u:be)

→ – ub (u:p)

Bube
  Gassenbube
  Herzbube
  Karobube
  Kreuzbube
  Lotterbube
  Pikbube
  Rotzbube
  Schandbube
  Schulbube
  Spitzbube
Grube
  Baugrube
  Fallgrube
  Fundgrube
  Goldgrube
  Jauchengrube
  Kohlengrube
  Kiesgrube
  Löwengrube
  Magengrube
  Mördergrube
  Sandgrube
  Senkgrube
  Sickergrube
  Wolfsgrube
Hube
Jujube
Kaschube
Stube
  Amtsstube
  Backstube
  Badestube
  Bauernstube
  Bierstube
  Dachstube
  Gaststube
  Gesindestube
  Glockenstube
  Hinterstube
  Imbißstube
  Kinderstube
  Ladenstube
  Ratsstube
  Schreibstube
  Schulstube
  Spinnstube
  Studierstube
  Wärmestube
  Wechselstube
  Weinstube
  Wirtsstube
  Wohnstube
Tube

— übe (ü:be)

→ – ub (u:p)
→ – üb (ü:p)
→ – uben (u:ben)
→ – üben (ü:ben)

Rübe
  Futterrübe
  Kohlrübe
  Mohrrübe
  Runkelrübe
  Steckrübe
  Zuckerrübe
Trübe
grübe
trübe
übe

— ubel (u:bel)

= – ouble (u:bel)
→ – ubeln (u:beln)

Gejubel
Jubel
  Freudenjubel
  Siegesjubel

Rubel
Trubel
  Riesentrubel
solubel

— übel (ü:bel)

→ – ube (u:be)
→ – übeln (ü:beln)

Bübel
Dübel
Gegrübel
Kübel
  Abfallkübel
  Aschenkübel
  Schlammkübel
Stübel
  Dachstübel
  Oberstübel
Übel
  Erbübel
  Grundübel
grübel
übel

— ubeln (u:beln)

= – oubeln (u:beln)
→ – ubel (u:bel)

jubeln
  bejubeln
  umjubeln
  verjubeln
  zujubeln

— übeln (ü:beln)

→ – übel (ü:bel)

dübeln
  eindübeln
  verdübeln
grübeln
  nachgrübeln
verübeln

— uben (u:ben)

→ – ub (u:p)
→ – ube (u:be)

Buben
Gruben
Kuben
Stuben
gruben
  abgruben
  ausgruben
  begruben
  eingruben
  untergruben
  vergruben

— üben (ü:ben)

→ – ub (u:p)
→ – übe (ü:be)
→ – uben (u:ben)

Rüben
Schüben
drüben
grüben
  vergrüben
hüben
trüben
  betrüben
  eintrüben
üben
  ausüben
  einüben
  durchüben
  nachüben
  verüben
  vorüben

— uber (u:ber)

G(e)schaftlhuber
Schuber
Zuber
  Waschzuber

— über (ü:ber)

Stüber
  Nasenstüber

darüber
gegenüber
  demgegenüber
trüber
über
  herüber
  hierüber
  hintenüber
  hinüber
  kopfüber
  vorn(e)über
  vorüber
  worüber

— ubi (u:bi)

→ – i (i:)

Azubi
Bubi

— ubisch (u:bisch)

→ – isch (isch)

kaschubisch
kassubisch
kubisch
nubisch

— üblein (ü:plain)

= – ein (ain)
→ – ube (u:be)
→ – übe (ü:be)

Büblein
Rüblein
Stüblein

— übler (ü:pler)

Grübler
übler

— üblich (ü:pli-ch)

→ – ich (i-ch)

betrüblich

üblich
  handelsüblich
  landesüblich
  ortsüblich
  unüblich

— ubs (u:pß)

= – ups (u:pß)
→ – ub (u:p)

Aufschubs
Belzebubs

— ubs (upß)

= – upps (upß)
= – ups (upß)
→ – ub (up)

Klubs

— ubsen (upßen)

= – upsen (upßen)

schubsen

— ubst (u:pßt)

= – upst (u:pßt)
→ – uben (u:ben)

grubst

— ubt (u:pt)

= – upt (u:pt)
→ – uben (u:ben)

grubt

— übt (ü:pt)

→ – aben (a:ben)
→ – üben (ü:ben)

betrübt
  tiefbetrübt
getrübt
  ungetrübt
geübt
  ungeübt
grübt
trübt
übt

— übung (ü:buŋ)

→ – üben (ü:ben)
→ – ung (uŋ)

Trübung
  Eintrübung
Übung
  Atemübung
  Fingerübung
  Freiübung
  Geländeübung
  Kraftübung
  Leibesübung
  Pflichtübung
  Schießübung
  Truppenübung
  Turnübung

— ubus (u:buß)

→ – us (uß)
→ – uß (uß)

Kubus
Tubus

— uch (u:ch)

→ – uchen (u:chen)

Besuch
  Antrittsbesuch
  Gegenbesuch
  Kinobesuch
  Krankenbesuch
  Schulbesuch
  Staatsbesuch
  Theaterbesuch
  Verwandtenbesuch
Buch
  Adreßbuch
  Bilderbuch
  Drehbuch
  Fahrtenbuch
  Familienbuch
  Gästebuch
  Gebetbuch
  Gesangbuch
  Gesetzbuch
  Gestütbuch
  Grundbuch
  Handbuch
  Hauptbuch
  Herdbuch
  Jahrbuch
  Jugendbuch
  Kassenbuch
  Kinderbuch
  Klassenbuch
  Kochbuch
  Kursbuch
  Lehrbuch
  Lesebuch
  Liederbuch
  Malbuch
  Märchenbuch
  Mitgliedsbuch
  Notizbuch
  Parteibuch
  Sachbuch
  Scheckbuch
  Schulbuch
  Skizzenbuch
  Soldbuch
  Sparbuch
  Stammbuch
  Tagebuch
  Taschenbuch
  Telephonbuch
  Textbuch
  Traumbuch
  Volksbuch
  Wörterbuch
Eunuch
Fluch
  Bannfluch
Gesuch
  Abschiedsgesuch
  Bittgesuch
  Gnadengesuch
  Stellengesuch
Ruch
Tuch
  Badetuch
  Bettuch
  Fahnentuch
  Geschirrtuch
  Halstuch
  Handtuch

Hungertuch
Kopftuch
Küchentuch
Leinentuch
Mundtuch
Putztuch
Sacktuch
Scheuertuch
Schnupftuch
Schultertuch
Schweißtuch
Segeltuch
Spitzentuch
Staubtuch
Tafeltuch
Taschentuch
Tischtuch
Wachstuch
Wischtuch
Versuch
  Atomversuch
  Bestechungsversuch
  Fluchtversuch
  Mordversuch
  Selbstmordversuch
  Täuschungsversuch
  Tierversuch

— uch (uch)

→ — uche (uche)

Anbruch
  Tagesanbruch
Anspruch
  Erbanspruch
  Rentenanspruch
  Schadenersatz-
  anspruch
  Urlaubsanspruch
Ausbruch
  Schweißausbruch
  Vulkanausbruch
  Wutausbruch
Bruch
  Abbruch
  Aufbruch
  Beinbruch
  Dammbruch
  Deichbruch
  Durchbruch
  Ehebruch
  Eidbruch
  Hausfriedensbruch
  Knochenbruch
  Landfriedensbruch
  Leistenbruch
  Oderbruch
  Radbruch
  Rechtsbruch
  Rippenbruch
  Rohrbruch
  Schädelbruch
  Schiffbruch
  Steinbruch
  Stilbruch
  Stimmbruch
  Treubruch
  Vertragsbruch
  Vertrauensbruch
  Windbruch
  Wolkenbruch
  Wortbruch
  Zusammenbruch
Einbruch
  Frosteinbruch
  Kälteeinbruch
Geruch
  Brandgeruch
  Körpergeruch
  Mundgeruch
  Wohlgeruch
Ruch
Spruch
  Ausspruch
  Bibelspruch
  Einspruch
  Freispruch
  Funkspruch
  Richterspruch
  Rundspruch
  Schiedsspruch
  Schuldspruch
  Sinnspruch
  Trinkspruch
  Trostspruch
  Urteilsspruch
  Wahlspruch
  Wandspruch
  Werbespruch
  Widerspruch
  Zauberspruch
  Zuspruch
huch

— uche (u:che)

→ — uch (u:ch)
→ — uchen (u:chen)

Buche
  Blutbuche
  Hainbuche
  Rotbuche
  Weißbuche
Gefluche
Gesuche
Suche
  Arbeitssuche
  Nahrungssuche
  Stellungssuche
  Wohnungssuche
buche
fluche
suche

— uche (uche)

→ — uch (uch)

Bruche
Geruche
Spruche
juche
  aufjuche

— üche (ü:-che)

= — yche (ü:-che)

Flüche
  Bannflüche

— üche (ü-che)

→ — uch (uch)

Brüche
  Ausbrüche
  Einbrüche

Gerüche
  Wohlgerüche
Küche
  Anbauküche
  Feldküche
  Großküche
  Hexenküche
  Waschküche
  Wohnküche
Sprüche
  Ansprüche

— üchelchen (ü:-chel-chen)

→ — uch (u:ch)
→ — uchen (u:chen)

Büchelchen
Küchelchen
Tüchelchen

— üchelchen (ü-chel-chen)

→ — uch (uch)
→ — üche (ü-che)

Brüchelchen
Küchelchen
Sprüchelchen

— uchen (u:chen)

→ — uch (u:ch)
→ — uche (u:che)

Ansuchen
Ersuchen
Huchen
Kuchen
  Apfelkuchen
  Baumkuchen
  Butterkuchen
  Eierkuchen
  Geburtstagskuchen
  Hochzeitskuchen
  Honigkuchen
  Hundekuchen
  Käsekuchen
  Lebkuchen
  Mohnkuchen
  Mutterkuchen
  Napfkuchen
  Obstkuchen
  Ölkuchen
  Pfefferkuchen
  Pflaumenkuchen
  Quarkkuchen
  Sandkuchen
  Streuselkuchen
  Zuckerkuchen
  Zwetschgenkuchen
buchen
  abbuchen
  ausbuchen
  umbuchen
  verbuchen
fluchen
  ausfluchen
  nachfluchen
  verfluchen
suchen
  absuchen
  ansuchen
  aufsuchen
  aussuchen
  besuchen
  durchsuchen
  ersuchen
  heimsuchen
  heraussuchen
  herumsuchen
  nachsuchen
  untersuchen
  versuchen
  zusammensuchen
tuchen

— üchen (ü:-chen)

Flüchen
  Bannflüchen
hanebüchen

— uchend (u:chent)

→ — uchen (u:chen)

fluchend
suchend
  hilfesuchend
  ratsuchend
  stellungsuchend
verbuchend

— ucher (u:cher)

→ — uchen (u:chen)
→ — uchern (u:chern)

Besucher
  Ausstellungs-
    besucher
  Filmbesucher
  Galeriebesucher
  Kinobesucher
  Konzertbesucher
  Marktbesucher
  Messebesucher
  Museumsbesucher
  Theaterbesucher
Flucher
Sucher
  Bildsucher
  Gottsucher
  Minensucher
Versucher
Wucher
  Mietwucher
  Zinswucher

— ücher (ü:-cher)

→ — uch (u:ch)

Bücher
Tücher

— uchern (u:chern)

→ — ucher (u:cher)

wuchern
überwuchern
verwuchern

— üchig (ü-chi-ch)

→ – ich (i-ch)

anrüchig
brüchig
  eidbrüchig
  kontraktbrüchig
  schiffbrüchig
  treubrüchig
  vertragsbrüchig
  wortbrüchig

— üchigkeit (ü-chi-chkait)

→ – eit (ait)
→ – üchig (ü-chi-ch)

Anrüchigkeit
Brüchigkeit

— üchlein (ü:-chlain)

= – ein (ain)
→ – uch (u:ch)
→ – uchen (u:chen)

Büchlein
Küchlein
  Nestküchlein
Tüchlein
  Batisttüchlein

— üchlein (ü-chlain)

= – ein (ain)
→ – uch (uch)
→ – üche (ü-che)

Brüchlein
Gerüchlein
Küchlein
Sprüchlein

— üchlich (ü-chli-ch)

→ – ich (i-ch)

unverbrüchlich
widersprüchlich

— uchs (u:kß)

= – ugs (u:kß)
= – uks (u:kß)

Wuchs
  Bartwuchs
  Haarwuchs
  Körperwuchs
  Nachwuchs
  Pflanzenwuchs
  Zahnwuchs
wuchs
  anwuchs
  aufwuchs
  auswuchs
  bewuchs
  erwuchs
  hochwuchs
  nachwuchs
  zuwuchs

— uchs (ukß)

= – oux (ukß)
= – ucks (ukß)
= – ugs (ukß)
= – uks (ukß)
= – ux (ukß)
→ – uchsen (ukßen)

Buchs
Fuchs
  Blaufuchs
  Polarfuchs
  Rotfuchs
  Schlaufuchs
  Silberfuchs
  Wüstenfuchs
Luchs
  Wüstenluchs

— üchs (ükß)

= – ücks (ükß)
= – üx (ükß)
= – yx (ükß)
→ – uchs (ukß)
→ – üchse (ükße)
→ – üchsen (ükßen)

Büchs
Füchs

— üchschen (ükß-chen)

→ – uchs (ukß)
→ – üchse (ükße)

Büchschen
Füchschen

— uchse (ukße)

= – uckse (ukße)
= – uxe (ukße)
→ – uchs (ukß)
→ – uchsen (ukßen)

Buchse

— üchse (ükße)

= – üxe (ükße)
→ – uchs (ukß)
→ – üchsen (ükßen)
→ – yx (ükß)

Büchse
  Blechbüchse
  Donnerbüchse
  Doppelbüchse
  Kaffeebüchse
  Farbenbüchse
  Knallbüchse
  Konservenbüchse
  Kugelbüchse
  Nadelbüchse
  Sammelbüchse
  Schrotbüchse
  Spannbüchse
  Sparbüchse
  Streusandbüchse
  Teebüchse

— uchsen (ukßen)

= – ucksen (ukßen)
= – uxen (ukßen)
→ – uchs (ukß)
→ – uchse (ukße)

fuchsen
  einfuchsen

luchsen
  abluchsen
  beluchsen
  erluchsen

— üchsen (ükßen)

= – üxen (ükßen)
→ – uchs (ukß)
→ – üchse (ükße)
→ – yx (ükß)

Büchsen
Füchsen

— uchsig (ukßi-ch)

= – ucksig (ukßi-ch)
= – uxig (ukßi-ch)
→ – ich (i-ch)

fuchsig

— üchslein (ükßlain)

= – ein (ain)
→ – uchs (ukß)
→ – üchse (ükße)

Büchslein
Füchslein

— uchst (ukßt)

= – uckst (ukßt)
= – uxt (ukßt)
→ – uchsen (ukßen)

fuchst
gefuchst
  ausgefuchst
luchst
  geluchst

— ucht (u:cht)

→ – uchen (u:chen)

betucht
  unbetucht
bucht
  gebucht
flucht
  geflucht
sucht
  gesucht
verrucht

— ucht (ucht)

→ – uchten (uchten)

Bucht
  Meeresbucht
  Schweinebucht
Ducht
Flucht
  Ausflucht
  Fahnenflucht
  Fahrerflucht
  Landflucht
  Massenflucht
  Stadtflucht
  Ulenflucht
  Weltflucht
  Zuflucht
Frucht
  Feldfrucht
  Gartenfrucht
  Hackfrucht
  Halmfrucht
  Hülsenfrucht
  Leibesfrucht
  Ölfrucht
  Südfrucht
Schlucht
  Bergschlucht
  Felsenschlucht
Sucht
  Bleichsucht
  Drogensucht
  Ehrsucht
  Eifersucht
  Eigensucht
  Fallsucht
  Fettsucht
  Freßsucht
  Gelbsucht
  Geltungssucht
  Genußsucht
  Gewinnsucht
  Großmannssucht
  Habsucht
  Herrschsucht
  Klatschsucht
  Magersucht
  Prunksucht
  Putzsucht
  Rachsucht
  Ruhmsucht
  Schlafsucht
  Schwindsucht
  Sehnsucht
  Selbstsucht
  Spottsucht
  Streitsucht
  Tobsucht
  Trommelsucht
  Trunksucht
  Vergnügungssucht
  Verschwendungssucht
  Wassersucht
Tierzucht
  Kleintierzucht
Wucht
Zucht
  Aufzucht
  Bienenzucht
  Blumenzucht
  Fischzucht
  Geflügelzucht
  Gemüsezucht
  Hühnerzucht
  Inzucht
  Manneszucht
  Notzucht
  Obstzucht
  Pferdezucht
  Rinderzucht
  Rosenzucht
  Schafzucht
  Schweinezucht
  Selbstzucht
  Taubenzucht
  Unzucht
  Viehzucht

— ücht (ü-cht)

→ – üchten (ü-chten)

Gerücht
  Latrinengerücht
Gezücht
  Natterngezücht
  Otterngezücht
  Schlangengezücht

— uchte (u:chte)

→ – uchen (u:chen)
→ – ucht (u:cht)

betuchte
buchte
fluchte
suchte
  besuchte
verruchte

— uchte (uchte)

→ – uchten (uchten)

befruchte
wuchte

— üchte (ü-chte)

→ – ucht (ucht)
→ – ücht (ü-cht)
→ – üchten (ü-chten)

Ausflüchte
Gerüchte
Hülsenfrüchte
Süchte
  Sehnsüchte
Südfrüchte
flüchte
züchte

— uchtel (uchtel)

→ – uchteln (uchteln)

Fuchtel
Schwuchtel

— uchteln (uchteln)

→ – uchtel (uchtel)

fuchteln
  herumfuchteln
schwuchteln
  herumschwuchteln

— uchten (u:chten)

→ – uchen (u:chen)
→ – ucht (u:cht)

betuchten
buchten
  abbuchten
  verbuchten
fluchten
  verfluchten
suchten
  absuchten
  aufsuchten
  besuchten
  durchsuchten
  ersuchten
  heraussuchten
  herumsuchten
  versuchten
  zusammensuchten
verruchten

— uchten (uchten)

→ – ucht (ucht)

Juchten
ausbuchten
einbuchten
fluchten
fruchten
  befruchten
juchten
wuchten
  auswuchten
  hochwuchten

— üchten (ü-chten)

→ – ucht (ucht)
→ – ücht (ü-cht)
→ – üchte (ü-chte)

flüchten
  herausflüchten
  hereinflüchten
  hinausflüchten
  hineinflüchten
züchten
  anzüchten
  aufzüchten
  hochzüchten
  überzüchten

— üchter (ü-chter)

→ – üchtern (ü-chtern)

Nestflüchter
Tierzüchter
  Kleintierzüchter
  Pelztierzüchter
Züchter
  Bienenzüchter
  Blumenzüchter
  Fischzüchter
  Geflügelzüchter
  Hundezüchter
  Pferdezüchter
  Pflanzenzüchter
  Rinderzüchter
  Rosenzüchter
  Schweinezüchter
  Taubenzüchter
  Viehzüchter
  Vogelzüchter

— üchtern (ü-chtern)

→ – üchter (ü-chter)

nüchtern
  ausnüchtern
  ernüchtern
schüchtern
  einschüchtern
  verschüchtern

— üchternheit
(ü-chternhait)

→ – eit (ait)

Nüchternheit
Schüchternheit

— üchtert
(ü-chtert)

ausgenüchtert
eingeschüchtert
ernüchtert
verschüchtert

— üchterung
(ü-chteruŋ)

→ – ung (uŋ)

Ausnüchterung
Einschüchterung
Ernüchterung
Verschüchterung

— uchtet (uchtet)

→ – uchten (uchten)

ausgebuchtet
befruchtet
  unbefruchtet
eingebuchtet
fruchtet
  gefruchtet
wuchtet
  gewuchtet

— uchtig
(uchti-ch)

→ – ich (i-ch)

buchtig
fluchtig
fruchtig
fuchtig
wuchtig

— üchtig
(ü-chti-ch)

→ – ich (i-ch)

flüchtig
  fahnenflüchtig
  land(es)flüchtig
süchtig
  alkoholsüchtig
  bleichsüchtig
  drogensüchtig
  ehrsüchtig
  eifersüchtig
  eigensüchtig
  geltungssüchtig
  genußsüchtig
  gewinnsüchtig
  großmannssüchtig
  habsüchtig
  herrschsüchtig
  ichsüchtig
  karrieresüchtig
  klatschsüchtig
  mondsüchtig
  naschsüchtig
  prunksüchtig
  putzsüchtig
  rachsüchtig
  ruhmsüchtig
  schwindsüchtig
  sehnsüchtig
  selbstsüchtig
  streitsüchtig
  tablettensüchtig
  tobsüchtig
  trunksüchtig
  vergnügungssüchtig
  verschwendungs-
  süchtig
  zanksüchtig
tüchtig
  geschäftstüchtig
  kriegstüchtig
  lebenstüchtig
  seetüchtig
  untüchtig
  verkehrstüchtig
züchtig
  unzüchtig

— üchtige
(ü-chtige)

→ – üchtig (ü-chti-ch)
→ – üchtigen
  (ü-chtigen)

eifersüchtige
flüchtige
süchtige
tüchtige
züchtige

— üchtigen
(ü-chtigen)

→ – üchtig (ü-chti-ch)

flüchtigen
  verflüchtigen
süchtigen
tüchtigen
  ertüchtigen
züchtigen
  notzüchtigen

— üchtigkeit
(ü-chti-chkait)

→ – eit (ait)
→ – üchtig (ü-chti-ch)

Flüchtigkeit
Süchtigkeit
Tüchtigkeit
Züchtigkeit

— üchtigt
(ü-chti-cht)

→ – icht (i-cht)

berüchtigt
ertüchtigt
verflüchtigt
züchtigt
  gezüchtigt

— üchtigung
(ü-chtiguŋ)

→ – ung (uŋ)

Ertüchtigung
  Wehrertüchtigung
Verflüchtigung
  Gasverflüchtigung
Züchtigung

— uchtlos
(uchtlo:ß)

= – oos (o:ß)
= – os (o:ß)
= – oß (o:ß)

fruchtlos
zuchtlos

— uchtlosigkeit
(uchtlo:ßi-ch-
kait)

→ – eit (ait)

Fruchtlosigkeit
Zuchtlosigkeit

— uchtung
(uchtuŋ)

→ – ung (uŋ)

Ausbuchtung
Auswuchtung
Befruchtung
Einbuchtung

— uchung
(u:chuŋ)

→ – uchen (u:chen)
→ – ung (uŋ)

Buchung
  Reisebuchung
  Urlaubsbuchung
Durchsuchung
  Hausdurchsuchung

Heimsuchung
Untersuchung
  Reihenuntersuchung
  Röntgen-
    untersuchung
Verfluchung

— uchze (uchtße)

→ – uchzen (uchtßen)

Gejuchze
Geschluchze

— uchzen
(uchtßen)

juchzen
  aufjuchzen
schluchzen
  aufschluchzen

— uchzer
(uchtßer)

Juchzer
Schluchzer

— uck (uk)

= – uk (uk)
→ – ucke (uke)
→ – ucken (uken)

Abdruck
  Fingerabdruck
  Gipsabdruck
  Wachsabdruck
Ausdruck
  Augenausdruck
  Fachausdruck
  Gefühlsausdruck
  Gesichtsausdruck
  Kraftausdruck
  Lieblingsausdruck
  Wesensausdruck
Ausguck
Druck
  Alpdruck
  Andruck
  Aufdruck

  Blutdruck
  Buchdruck
  Dampfdruck
  Einzeldruck
  Erstdruck
  Farbdruck
  Fehldruck
  Fettdruck
  Flachdruck
  Gasdruck
  Gegendruck
  Golddruck
  Handdruck
  Händedruck
  Hochdruck
  Kunstdruck
  Leistungsdruck
  Lohndruck
  Luftdruck
  Nachdruck
  Neudruck
  Notendruck
  Offsetdruck
  Probedruck
  Sonderdruck
  Steindruck
  Tiefdruck
  Überdruck
  Unterdruck
  Vordruck
  Wasserdruck
  Wiegendruck
Eindruck
  Gesamteindruck
  Sinneseindruck
Heiduck
Kluck
Kuckuck
Luck
Mameluck
Muck
Muckefuck
Puck
Ruck
Schluck
  Aufschluck
Schmuck
  Altarschmuck
  Bildschmuck

Blumenschmuck
Brautschmuck
Farbenschmuck
Federschmuck
Festschmuck
Haarschmuck
Halsschmuck
Häuptlingsschmuck
Helmschmuck
Kopfschmuck
Kriegsschmuck
Modeschmuck
Perlenschmuck
Tafelschmuck
Stuck
Zuck
gluck, gluck
guck
hau ruck
horuck
schmuck
spuck
tucktuck

— ück (ük)

→ – ücke (üke)
→ – ücken (üken)

Frühstück
  Bauernfrühstück
  Sektfrühstück
Glück
  Eheglück
  Erdenglück
  Familienglück
  Finderglück
  Kriegsglück
  Lebensglück
  Liebesglück
  Mutterglück
  Waffenglück
Kleidungsstück
  Bekleidungsstück
Kunststück
  Kartenkunststück
  Zauberkunststück
Markstück
  Fünfmarkstück
  Zweimarkstück

Stück
  Achselstück
  Ausstellungsstück
  Belegstück
  Beutestück
  Bravourstück
  Bruchstück
  Bubenstück
  Bühnenstück
  Einzelstück
  Erbstück
  Erinnerungsstück
  Ersatzstück
  Felsstück
  Gegenstück
  Geldstück
  Gesellenstück
  Goldstück
  Grundstück
  Kabinettstück
  Klavierstück
  Kopfstück
  Meisterstück
  Mittelstück
  Mundstück
  Musikstück
  Musterstück
  Paradestück
  Prachtstück
  Probestück
  Rührstück
  Rundstück
  Schelmenstück
  Schmuckstück
  Schriftstück
  Schwanzstück
  Seitenstück
  Tendenzstück
  Theaterstück
  Verbindungsstück
  Verlängerungsstück
  Volksstück
  Wegstück
  Werkstück
  Wertstück
  Zugstück
  Zwischenstück
Unglück
  Autounglück

  Eisenbahnunglück
  Flugzeugunglück
  Grubenunglück
  Schiffsunglück
  Verkehrsunglück
zurück

— ückbar (ükba:r)

→ – ar (a:r)
→ – ücken (üken)

überbrückbar
  unüberbrückbar
unterdrückbar
  unununterdrückbar
verrückbar
  unverrückbar

— ückchen (ük-chen)

→ – ück (ük)
→ – ücke (üke)

Brückchen
Lückchen
Perückchen
Schlückchen
Stückchen

— ucke (uke)

= – uke (uke)
→ – uck (uk)
→ – ucken (uken)

Glucke
Hucke
Krucke
Mucke
Nucke
Schnucke
  Heidschnucke
Spucke
drucke
ducke
gucke
jucke
schlucke
spucke
zucke

— ücke (üke)

→ – uck (uk)
→ – ück (ük)
→ – ücken (üken)

Brücke
  Bogenbrücke
  Drehbrücke
  Eselsbrücke
  Hängebrücke
  Holzbrücke
  Kommandobrücke
  Landebrücke
  Laufbrücke
  Luftbrücke
  Pontonbrücke
  Schiffsbrücke
  Stahlbrücke
  Steinbrücke
  Verladebrücke
  Zugbrücke
Grasmücke
Kalmücke
Krücke
Lücke
  Bildungslücke
  Zahnlücke
  Zaunlücke
Mücke
  Stechmücke
Nücke
Perücke
  Allongeperücke
Tücke
  Heimtücke
bücke
drücke
pflücke
rücke
schmücke
zücke

— uckel (ukel)

→ – uckeln (ukeln)

Buckel
  Katzenbuckel
Geruckel *Jerking (n)*
Geschuckel

Gezuckel
Huckel
Nuckel
Posemuckel

— uckelchen (ukel-chen)

→ – uckel (ukel)

Buckelchen
Huckelchen
Nuckelchen

— ückelchen (ükel-chen)

→ – ück (ük)
→ – ücke (üke)

Brückelchen
Stückelchen

— uck(e)lig (uk(e)li-ch)

→ – ich (i-ch)

buck(e)lig
schnuck(e)lig

— uckeln (ukeln)

→ – uckel (ukel)

buckeln
  aufbuckeln
  katzbuckeln
nuckeln
  ausnuckeln
puckeln
  aufpuckeln
schuckeln
suckeln
zuckeln

— ucken (uken)

= – ukken (uken)
→ – uck (uk)
→ – ucke (uke)
→ – uke (uke)

Achselzucken
Schlucken
beeindrucken
drucken
  abdrucken
  andrucken
  aufdrucken
  ausdrucken
  bedrucken
  durchdrucken
  eindrucken
  nachdrucken
  umdrucken
  überdrucken
  verdrucken
  vordrucken
ducken
  abducken
  niederducken
  unterducken
glucken
gucken
  abgucken
  angucken
  aufgucken
  begucken
  hingucken
  umgucken
  vergucken
  vorgucken
  weggucken
  zugucken
hucken
  aufhucken
jucken
kucken
mucken
  aufmucken
pucken
rucken
  anrucken
schlucken
  aufschlucken
  herunterschlucken
  hinterschlucken
  hinunterschlucken
  runterschlucken
  verschlucken
schnucken

spucken
  anspucken
  ausspucken
  bespucken
stucken
zucken
  aufzucken
  durchzucken
  zurückzucken
  zusammenzucken

— ücken (üken)

→ — ück (ük)
→ — ücke (üke)

Alpdrücken
Entzücken
Kücken
  Entenkücken
  Gänsekücken
  Hühnerkücken
Magendrücken
Rücken
  Buchrücken
  Gebirgsrücken
  Handrücken
  Rehrücken
  Tischrücken
Saarbrücken
Zweibrücken
bücken
  niederbücken
drücken
  abdrücken
  andrücken
  aufdrücken
  ausdrücken
  bedrücken
  breitdrücken
  durchdrücken
  eindrücken
  erdrücken
  herabdrücken
  herausdrücken
  herumdrücken
  herunterdrücken
  losdrücken
  niederdrücken
  plattdrücken
  unterdrücken
  verdrücken
  vorbeidrücken
  vordrücken
  wegdrücken
  zerdrücken
  zudrücken
  zusammen-
    drücken
frühstücken
glücken
  beglücken
  mißglücken
pflücken
  abpflücken
  auspflücken
  zerpflücken
rücken
  abrücken
  anrücken
  aufrücken
  auseinander-
    rücken
  ausrücken
  berücken
  einrücken
  entrücken
  fortrücken
  heranrücken
  herausrücken
  herrücken
  hinrücken
  nachrücken
  verrücken
  vorrücken
  wegrücken
  zusammenrücken
schmücken
  abschmücken
  ausschmücken
stücken
  anstücken
  bestücken
überbrücken
verunglücken
zücken
  entzücken
  verzücken

— uckend (ukent)

→ — ucken (uken)

beeindruckend
druckend
duckend
gluckend
guckend
juckend
ruckend
schluckend
spuckend
zuckend

— ückend (ükent)

→ — ücken (üken)

berückend
  herzberückend
  sinnberückend
bückend
drückend
entzückend
frühstückend
glückend
pflückend
rückend
schmückend
überbrückend
verunglückend

— ucker (uker)

→ — uckern (ukern)

Drucker
  Buchdrucker
  Offsetdrucker
Ducker
Gucker
  Mondgucker
  Sterngucker
  Topfgucker
Jucker
Mucker
Schlucker
Zucker
  Blutzucker
  Fruchtzucker

Kandiszucker
Milchzucker
Puderzucker
Rohrzucker
Rohzucker
Rübenzucker
Staubzucker
Traubenzucker
Würfelzucker
schmucker

— ücker (üker)
→ – ücken (üken)

Ausrücker
Bedrücker
Beglücker
Drücker
  Türdrücker
Heimtücker
Herumdrücker
Pflücker
  Baumwollpflücker
  Obstpflücker
Saarbrücker
Stücker
Unterdrücker

— uckerei (ukerai)
= – ei (ai)
→ – ucken (uken)

Druckerei
  Buchdruckerei
  Großdruckerei
  Kunstdruckerei
  Notendruckerei
  Offsetdruckerei
  Schnelldruckerei
  Verlagsdruckerei
  Zeitungsdruckerei
Duckerei
Juckerei
Spuckerei
Topfguckerei

— uck(e)rig (uk(e)ri-ch)
→ – ich (i-ch)

schnuck(e)rig
zuck(e)rig

— uckern (ukern)
→ – ucker (uker)

gluckern
kluckern
muckern
puckern
schnuckern
schuckern
stuckern
tuckern
zuckern
  anzuckern
  bezuckern
  einzuckern
  überzuckern
  verzuckern

— ücklein (üklain)
= – ein (ain)
→ – ück (ük)
→ – ücke (üke)

Brücklein
Krücklein
Lücklein
Mücklein
Schlücklein
Stücklein

— ücklich (ückli-ch)
→ – ich (i-ch)

ausdrücklich
eindrücklich
glücklich
  überglücklich
nachdrücklich
unglücklich
  kreuzunglücklich

— ücklings (üklinß)
= – ings (inß)

Bücklings
rücklings

— ucks (ukß)
= – oux (ukß)
= – uchs (ukß)
= – ugs (ukß)
= – uks (ukß)
= – ux (ukß)
→ – uck (uk)
→ – ucken (uken)

Drucks
Mucks
Schmucks
druck's
schluck's
spuck's

— ücks (ükß)
= – üchs (ükß)
= – üx (ükß)
= – yx (ükß)
→ – ück (ük)
→ – ücken (üken)

Glücks
Stücks
hinterrücks
pflück's
schmück's

— uckse (ukße)
= – uchse (ukße)
= – uxe (ukße)
→ – ucksen (ukßen)

druckse
gluckse
muckse

— ucksen (ukßen)

= — uchsen (ukßen)
= — uxen (ukßen)

drucksen
  herumdrucksen
glucksen
mucksen
  aufmucksen
rucksen

— ucksig (ukßi-ch)

= — uchsig (ukßi-ch)
= — uxig (ukßi-ch)
→ — ich (i-ch)

mucksig
  aufmucksig

— uckst (ukßt)

= — uchst (ukßt)
= — uxt (ukßt)
→ — ucken (uken)
→ — ucksen (ukßen)

druckst
duckst
gluckst
guckst
juckst
muckst
ruckst
schluckst
spuckst
zuckst

— uckt (ukt)

= — ukt (ukt)
→ — ucken (uken)

bedruckt
  unbedruckt
druckt
duckt
  geduckt
gedruckt
  ungedruckt
gluckt
  gegluckt
guckt
  geguckt
juckt
  gejuckt
muckt
  gemuckt
ruckt
  geruckt
schluckt
  geschluckt
spuckt
  gespuckt
zuckt
  gezuckt

— ückt (ükt)

→ — ücken (üken)

bedrückt
  angstbedrückt
  sorgenbedrückt
beglückt
  hochbeglückt
  stillbeglückt
  tiefbeglückt
bestückt
  raketenbestückt
bückt
  gebückt
drückt
  gedrückt
entrückt
  weltentrückt
entzückt
  hochentzückt
frühstückt
  gefrühstückt
geschmückt
  arkadengeschmückt
  blumengeschmückt
  farbengeschmückt
  ordengeschmückt
  säulengeschmückt
glückt
  geglückt
pflückt
  gepflückt
rückt
  gerückt
schmückt
überbrückt
verrückt
  halbverrückt
verunglückt
zückt
  gezückt

— uckte (ukte)

= — ukte (ukte)
→ — ucken (uken)
→ — uckt (ukt)

druckte
duckte
gluckte
guckte
juckte
muckte
ruckte
schluckte
spuckte
zuckte

— ückte (ükte)

→ — ücken (üken)
→ — ückt (ükt)

bedrückte
beglückte
bestückte
bückte
drückte
entrückte
entzückte
frühstückte
glückte
  mißglückte
pflückte
rückte
schmückte
überbrückte
verrückte
verunglückte
zückte

675

— uckung (ukuŋ)

→ – ucken (uken)
→ – ung (uŋ)

Beeindruckung
Verschluckung
Zuckung
  Muskelzuckung
  Nervenzuckung

—ückung (ükuŋ)

→ – ücken (üken)
→ – ung (uŋ)

Ausschmückung
Bedrückung
Beglückung
Bestückung
Einrückung
Entrückung
Entzückung
Überbrückung
Unterdrückung
Verzückung
Zerpflückung

— ud (u:t)

= – uht (u:t)
= – uit (u:t)
= – ut (u:t)
= – uth (u:t)
→ – ude (u:de)
→ – uden (u:den)

Edeltrud
Ehrentrud
Hiltrud
Sud
  Absud
Talmud
Waltrud
krud
lud

— ud (ut)

= – ut (ut)
= – utt (ut)

Mud

— üd (ü:t)

= – üht (ü:t)
= – üt (ü:t)
= – yd (ü:t)
= – yt (ü:t)
→ – üde (ü:de)
→ – üden (ü:den)

Süd
müd
rüd

— üdchen (ü:t-chen)

= – ütchen (ü:t-chen)
→ – ude (u:de)

Büdchen

— uddel (udel)

→ – uddeln (udeln)

Buddel
Kuddelmuddel
Schmuddel

— udd(e)lig (ud(e)li-ch)

→ – ich (i-ch)

schmudd(e)lig
schnudd(e)lig

— uddeln (udeln)

→ – uddel (udel)

buddeln
  ausbuddeln
  einbuddeln
  verbuddeln
nuddeln
  abnuddeln
  ausnuddeln
  herunternuddeln
puddeln
schmuddeln
  anschmuddeln
  beschmuddeln
  verschmuddeln

— ude (u:de)

→ – ud (u:t)

Amplitude
Botokude
Bude
  Baubude
  Bretterbude
  Marktbude
  Schießbude
  Schwatzbude
  Studentenbude
  Würstchenbude
Buxtehude
Drude
Gertrude
Grude
Jude
  Halbjude
  Ostjude
Lude
Trude

— üde (ü:de)

→ – üden (ü:den)

Attitüde
Etüde
Plattitüde
Rüde
Solitüde
müde
  hundemüde
  kriegsmüde
  lebensmüde
  nimmermüde
  todmüde
prüde
rüde

— udel (u:del)

→ – udeln (u:deln)

Gedudel
Gehudel
Gesprudel
Gesudel

Nudel
  Giftnudel
Pudel
  Königspudel
  Zwergpudel
Rudel
  Wolfsrudel
Sprudel
Strudel
  Apfelstrudel
  Mohnstrudel
  Quarkstrudel
  Rahmstrudel
  Wasserstrudel

— ud(e)lig (u:d(e)li-ch)

→ – ich (i-ch)

hud(e)lig
nud(e)lig
sprud(e)lig
strud(e)lig
sud(e)lig

— udeln (u:deln)

→ – udel (u:del)

Nudeln
  Bandnudeln
  Eiernudeln
  Fadennudeln
  Grießnudeln
  Krautnudeln
  Schnittnudeln
  Spinatnudeln
  Suppennudeln
dudeln
  bedudeln
hudeln
  lobhudeln
nudeln
prudeln
pudeln
sprudeln
  ansprudeln
  aufsprudeln
  aussprudeln
  besprudeln
  entsprudeln
  heraussprudeln
  hervorsprudeln
  übersprudeln
  versprudeln
strudeln
  abstrudeln
  anstrudeln
sudeln
  besudeln
trudeln
  abtrudeln
  antrudeln
  eintrudeln

— udelt (u:delt)

→ – udeln (u:deln)

dudelt
  gedudelt
hudelt
  gehudelt
nudelt
  genudelt
sprudelt
  gesprudelt
strudelt
  gestrudelt
sudelt
  gesudelt
trudelt
  getrudelt

— uden (u:den)

→ – ude (u:de)

Buden
Duden
Juden
luden
  abluden
  aufluden
  ausluden
  beluden
  entluden
  überluden
  verluden
  vorluden

— üden (ü:den)

→ – üde (ü:de)

Etüden
Süden
müden
  ermüden
  übermüden
prüden
rüden

— uder (u:der)

→ – udern (u:dern)

Bruder
  Betbruder
  Blutsbruder
  Fechtbruder
  Halbbruder
  Klosterbruder
  Kneipbruder
  Laienbruder
  Ordensbruder
  Pennbruder
  Radaubruder
  Saufbruder
  Skatbruder
  Stiefbruder
  Tippelbruder
  Waffenbruder
  Zechbruder
  Zwillingsbruder
Fuder
  Heufuder
Geschluder
Kuder
Luder
  Schindluder
Puder
  Babypuder
  Fußpuder
  Gesichtspuder
  Kinderpuder
  Körperpuder
  Wundpuder
Ruder
  Steuerruder

— üder (ü:der)

→ – üde (ü:de)
→ – uder (u:der)
→ – üdern (ü:dern)

Brüder
 Gebrüder
müder
prüder
rüder

— ud(e)rig (u:d(e)ri-ch)

→ – ich (i-ch)

achtrud(e)rig
pud(e)rig
schlud(e)rig
zweirud(e)rig

— udern (u:dern)

→ – uder (u:der)

Wettrudern
fludern
ludern
 verludern
pludern
pudern
 bepudern
 einpudern
rudern
 abrudern
 anrudern
 durchrudern
 hinrudern
 zurückrudern
schludern
 verschludern

— üdern (ü:dern)

→ – üder (ü:der)

verbrüdern

— udert (u:dert)

→ – udern (u:dern)

pudert
 gepudert
rudert
 gerudert
schludert
 geschludert

— udisch (u:disch)

→ – isch (isch)

botokudisch
talmudisch

— üdisch (ü:disch)

= – ydisch (ü:disch)
→ – isch (isch)

jüdisch

— udium (u:di-um)

= – um (um)
= – umm (um)

Interludium
Präludium
Studium
 Fachstudium
 Fernstudium
 Hochschulstudium
 Quellenstudium
 Selbststudium
 Universitätsstudium

— udler (u:tler)

Dudler
Hudler
 Lobhudler
Sudler

— üdlich (ü:tli-ch)

= – ütlich (ü:tli-ch)
→ – ich (i-ch)

südlich
unermüdlich

— udo (u:do)

→ – o (o:)

Judo
Udo

— uds (u:tß)

= – uths (u:tß)
= – utz (u:tß)
= – uz (u:tß)
→ – ud (u:t)
→ – uht (u:t)

Suds
Talmuds

— uds (utß)

= – utts (utß)
= – utz (utß)
= – uz (utß)

Muds

— ue (u:-e)

= – uhe (u:-e)
→ – ewen (u:-en)

Getue
tue

— ue (ü:)

= – ü (ü:)

Avenue
Bellevue
Fondue
Revenue
Revue
 Eisrevue
Rue

— uelzen (ültßen)

= – ülzen (ültßen)

Uelzen

— uend (u:-ent)

= – uhend (u:-ent)
→ – ewen (u:-en)

tuend
  diensttuend
  wohltuend

— ues (u:ß)

= – us (u:ß)
= – uß (u:ß)
→ – uh (u:)

Blues

— uf (u:f)

= – uv (u:f)
→ – ufe (u:fe)
→ – ufen (u:fen)

Behuf
Beruf
  Hauptberuf
  Lehrberuf
  Nebenberuf
  Traumberuf
Huf
Ruf
  Abruf
  Angstruf
  Anruf
  Aufruf
  Ausruf
  Bravoruf
  Buhruf
  Fernruf
  Freudenruf
  Hilferuf
  Hochruf
  Lockruf
  Nachruf
  Notruf
  Rückruf
  Taxiruf
  Verruf
  Widerruf
  Zuruf
  Zwischenruf
schuf

— üf (ü:f)

= – yph (ü:f)
→ – üfen (ü:fen)

prüf

— ufe (u:fe)

→ – uf (u:f)
→ – ufen (u:fen)
→ – uv (u:f)

Gerufe
Hufe
Kufe
  Schlittenkufe
Kufe
  Weinkufe
Stufe
  Alarmstufe
  Altersstufe
  Bildungsstufe
  Entwicklungsstufe
  Gehaltsstufe
  Grundstufe
  Kulturstufe
  Leistungsstufe
  Mittelstufe
  Oberstufe
  Tonstufe
  Treppenstufe
  Unterstufe
  Vorstufe
  Zwischenstufe
rufe

— üfe (ü:fe)

= – yphe (ü:fe)
→ – üfen (ü:fen)

prüfe

— ufen (u:fen)

= – uven (u:fen)
→ – uf (u:f)
→ – ufe (u:fe)

berufen
  einberufen
  unberufen
  zurückberufen
  zusammenberufen
gerufen
  ungerufen
rufen
  abrufen
  anrufen
  aufrufen
  ausrufen
  herausrufen
  herbeirufen
  hereinrufen
  hervorrufen
  hinausrufen
  hineinrufen
  nachrufen
  wachrufen
  wegrufen
  zurückrufen
  zurufen
  zusammenrufen
schufen
  abschufen
  anschufen
  beschufen
  erschufen
stufen
  abstufen
  einstufen
verrufen
widerrufen
  unwiderrufen

— üfen (ü:fen)

= – yphen (ü:fen)

prüfen
  durchprüfen
  nachprüfen
  überprüfen
schüfen
  erschüfen

— ufend (u:fent)

→ – ufen (u:fen)

einstufend
hilferufend

— ufer (u:fer)

→ – ufen (u:fen)
→ – ufern (u:fern)

Ausrufer
  Gebetausrufer
Anrufer
  Telefonanrufer
Einhufer
Paarhufer
  Unpaarhufer
Rufer
  Zwischenrufer
Ufer
  Bachufer
  Deichufer
  Felsenufer
  Flußufer
  Meeresufer
  Seeufer
  Steilufer
Vielhufer
Zweihufer

— üfer (ü:fer)

→ – üfen (ü:fen)

Küfer
  Weinküfer
Prüfer
  Bodenprüfer
  Buchprüfer
  Fahrprüfer
  Härteprüfer
  Steuerprüfer
  Wasserprüfer
  Wirtschaftsprüfer

— ufern (u:fern)

→ – ufer (u:fer)

ufern
  ausufern

— uff (uf)

→ – uffen (ufen)

Bluff
Kabuff
Knuff
Kuff
Muff
Puff
  Auspuff
  Wäschepuff
Schluff
Suff
Tuff
puff
piff-paff-puff
uff

— uff (öf)

= – öff (öf)

Bluff
bluff

— uffe (ufe)

→ – uff (uf)
→ – uffen (ufen)

Muffe
bluffe
knuffe
puffe

— uffe (öfe)

= – öfe (öfe)
= – öffe (öfe)

bluffe

— üffe (üfe)

Knüffe
Püffe
Schlüffe
verblüffe

— uffel (ufel)

→ – uffeln (ufeln)

Muffel

— üffel (üfel)

→ – üffeln (üfeln)

Büffel
  Wasserbüffel
Düffel
Gebüffel
Geschnüffel
Rüffel
Schnüffel
Süffel
Trüffel
  Schokoladentrüffel
  Sommertrüffel
  Wintertrüffel

— uffeln (ufeln)

→ – uffel (ufel)

muffeln
schnuffeln

— üffeln (üfeln)

→ – üffel (üfel)

büffeln
  einbüffeln
müffeln
rüffeln
schnüffeln
  anschnüffeln
  aufschnüffeln
  ausschnüffeln
  beschnüffeln
  durchschnüffeln
  herumschnüffeln
süffeln
  aussüffeln
trüffeln

— uffen (ufen)

→ – uff (uf)
→ – uffe (ufe)

bluffen
knuffen
muffen
  vermuffen

puffen
 anpuffen
 auspuffen
 verpuffen
truffen

— uffen (öfen)

= – öfen (öfen)
= – öffen (öfen)

bluffen

— üffen (üfen)

→ – üffe (üfe)

verblüffen

— uffig (uffi-ch)

→ – ich (i-ch)

muffig
puffig

— ufft (uft)

= – uft (uft)
→ – uffen (ufen)

blufft
 geblufft
knufft
 geknufft
pufft
 gepufft
vermufft

— üfft (üft)

= – üft (üft)

verblüfft

— uffte (ufte)

= – ufte (ufte)
→ – uffen (ufen)
→ – ufft (uft)

ausgepuffte
bluffte
knuffte
puffte
vermuffte

— üffte (üfte)

= – üfte (üfte)

verblüffte

— ufften (uften)

= – uften (uften)
→ – uffen (ufen)
→ – ufft (uft)

ausgepufften
blufften
knufften
vermufften

— üfften (üften)

= – üften (üften)

verblüfften

— ufig (u:fi-ch)

→ – ich (i-ch)

einhufig
einstufig
mehrstufig
paarhufig

— uft (u:ft)

→ – ufen (u:fen)

ruft
schuft
stuft
 gestuft

— uft (uft)

= – ufft (uft)
→ – uften (uften)

Duft
 Blumenduft
 Blütenduft
 Rosenduft
Gruft
 Familiengruft
 Felsengruft
Guckindieluft

Kluft
 Eiskluft
 Felsenkluft
 Steinkluft
Luft
 Abendluft
 Bergluft
 Druckluft
 Frischluft
 Frühlingsluft
 Gebirgsluft
 Gewitterluft
 Heißluft
 Herbstluft
 Höhenluft
 Landluft
 Mailuft
 Meeresluft
 Morgenluft
 Nachtluft
 Preßluft
 Seeluft
 Stadtluft
 Stickluft
 Stubenluft
 Treibhausluft
 Waldluft
 Warmluft
 Zugluft
Schluft
Schuft

— üft (ü:ft)

→ – üfen (ü:fen)

geprüft
 leidgeprüft
 schwergeprüft
 ungeprüft
prüft
schüft

— üft (üft)

= – üfft (üft)
→ – üfte (üfte)
→ – üften (üften)

Geklüft
 Fels(en)geklüft

— **üftchen
(üft-chen)**
→ – uft (uft)

Düftchen
Grüftchen
Klüftchen
Lüftchen

— **ufte (ufte)**
= – uffte (ufte)
→ – uft (uft)
→ – uften (uften)

dufte
schufte

— **üfte (ü:fte)**
→ – üfen (ü:fen)
→ – üft (ü:ft)

prüfte
 geprüfte

— **üfte (üfte)**
= – üffte (üfte)
→ – uft (uft)
→ – üften (üften)

Düfte
Geklüfte
Hüfte
Lüfte

— **uften (uften)**
= – ufften (uften)
→ – uft (uft)

duften
 ausduften
 verduften
schuften
 abschuften
 erschuften

— **üften (ü:ften)**
→ – üfen (ü:fen)
→ – üft (ü:ft)

prüften
 geprüften

— **üften (üften)**
= – üfften (üften)
→ – uft (uft)
→ – üfte (üfte)

klüften
 zerklüften
lüften
 auslüften
 belüften
 durchlüften
 entlüften

— **üftet (üftet)**
→ – üfften (üften)
→ – üften (üften)

gelüftet
 ungelüftet
lüftet
zerklüftet

— **uftig (ufti-ch)**
→ – ich (i-ch)

duftig
kluftig
luftig
schuftig

— **üftlein
(üftlain)**
= – ein (ain)
→ – uft (uft)

Düftlein
Grüftlein
Lüftlein

— **üftung (üftuŋ)**
→ – üften (üften)
→ – ung (uŋ)

Lüftung
 Belüftung
 Entlüftung
Zerklüftung

— **ufung (u:fuŋ)**
→ – ufen (u:fen)
→ – ung (uŋ)

Abstufung
 Farbabstufung
 Tonabstufung
Anrufung
Ausrufung
Berufung
 Abberufung
 Einberufung
 Rückberufung
Einstufung
Widerrufung

— **ug (u:k)**
= – uk (u:k)
→ – ugen (u:gen)

Abzug
 Bürstenabzug
 Fahnenabzug
 Probeabzug
 Rauchabzug
 Truppenabzug
Anflug
 Bartanflug
Anzug
 Abendanzug
 Badeanzug
 Maßanzug
 Matrosenanzug
 Schlafanzug
 Sonntagsanzug
 Taucheranzug
 Trachtenanzug
 Trainingsanzug

Aufzug
  Lastenaufzug
  Personenaufzug
  Speisenaufzug
Ausflug
  Betriebsausflug
  Schulausflug
Auslug
Auszug
  Grundbuchauszug
  Klavierauszug
  Kontoauszug
Betrug
  Scheckbetrug
  Selbstbetrug
  Volksbetrug
Bezug
  Bettbezug
  Kissenbezug
  Sachbezug
  Schonbezug
Bug
  Rammbug
Entzug
  Freiheitsentzug
Feldzug
  Eroberungsfeldzug
  Propagandafeldzug
  Rachefeldzug
  Werbefeldzug
Flug
  Abflug
  Anflug
  Blindflug
  Funkenflug
  Gedankenflug
  Gleitflug
  Höhenflug
  Nachtflug
  Nonstopflug
  Raumflug
  Rundflug
  Schwebeflug
  Segelflug
  Sturzflug
  Tiefflug
  Überschallflug
  Vogelflug
  Wolkenflug

Fug
  Unfug
Gerneklug
Krug
  Bierkrug
  Dorfkrug
  Henkelkrug
  Maßkrug
  Ölkrug
  Steinkrug
  Tonkrug
  Wasserkrug
  Weinkrug
  Zinnkrug
Lug
Pflug
  Ackerpflug
  Holzpflug
  Schneepflug
Trug
Überzug
  Bettüberzug
  Kissenüberzug
  Lacküberzug
  Möbelüberzug
  Stoffüberzug
Umzug
  Faschingsumzug
  Festumzug
  Karnevalsumzug
  Trachtenumzug
  Wohnungsumzug
Verzug
  Zahlungsverzug
Vollzug
  Strafvollzug
Zug
  Anschlußzug
  Atemzug
  Beutezug
  Bummelzug
  Charakterzug
  Demonstrationszug
  Durchzug
  D-Zug
  Eilzug
  Einzug
  Fackelzug
  Fanfarenzug

  Festzug
  Fischzug
  Flaschenzug
  Frühzug
  Gebirgszug
  Gegenzug
  Geleitzug
  Gesichtszug
  Glockenzug
  Grundzug
  Gummizug
  Güterzug
  Heerzug
  Höhenzug
  Jagdzug
  Klimmzug
  Klingelzug
  Kreuzzug
  Kriegszug
  Lastzug
  Leichenzug
  Löschzug
  Luftzug
  Nachtzug
  Namenszug
  Personenzug
  Raubzug
  Rückzug
  Schachzug
  Schleppzug
  Schnellzug
  Schriftzug
  Siegeszug
  Sonderzug
  Spätzug
  Spielmannszug
  Straßenzug
  Streifzug
  Trauerzug
  Triumphzug
  Vogelzug
  Vorortzug
  Vorzug
  Wagenzug
  Wegzug
  Wesenszug
  Windzug
  Winkelzug
  Zuzug

frug
genug
  übergenug
klug
  altklug
  lebensklug
  neunmalklug
  superklug
  überklug
  unklug
lug
schlug
trug

— ug (uk)

= – uck (uk)

Humbug

— uge (u:ge)

→ – ug (u:k)
→ – ugen (u:gen)

Fuge
  Orgelfuge
Zentrifuge
kluge
luge

— üge (ü:ge)

→ – ug (u:k)
→ – ugen (u:gen)

Bezüge
Gefüge
  Lohngefüge
  Satzgefüge
Genüge
Lüge
  Notlüge
Rüge
  Mängelrüge
gefüge
  ungefüge
schlüge
trüge

— ügel (ü:gel)

→ – ügeln (ü:geln)

Bügel
  Federbügel
  Kleiderbügel
  Steigbügel
Flügel
  Fensterflügel
  Gebäudeflügel
  Konzertflügel
  Kotflügel
  Lungenflügel
  Nasenflügel
  Querflügel
  Schloßflügel
  Schraubenflügel
  Seitenflügel
  Torflügel
  Tragflügel
  Türflügel
  Vorderflügel
  Windflügel
  Windmühlenflügel
Geflügel
  Hausgeflügel
  Hofgeflügel
  Wassergeflügel
Hügel
  Erdhügel
  Grabhügel
  Rebenhügel
  Sandhügel
Krügel
Prügel
  Schießprügel
Zügel

— ügelchen (ü:gel-chen)

→ – ug (u:k)
→ – ügel (ü:gel)

Flügelchen
Hügelchen
Krügelchen
Kügelchen
  Bleikügelchen
  Glaskügelchen
  Mottenkügelchen
Zügelchen

— üg(e)lig (ü:kli-ch)

= – üglich (ü:kli-ch)
→ – ich (i-ch)

einflüg(e)lig
hüg(e)lig
mehrflüg(e)lig
zweiflüg(e)lig

— ügeln (ü:geln)

→ – ügel (ü:gel)

bügeln
  aufbügeln
  ausbügeln
flügeln
  beflügeln
  überflügeln
klügeln
  ausklügeln
  erklügeln
prügeln
  durchprügeln
  herumprügeln
  verprügeln
zügeln

— ügelt (ü:gelt)

→ – ügeln (ü:geln)

beflügelt
bügelt
gebügelt
  ungebügelt
geflügelt
  ungeflügelt
gezügelt
  ungezügelt
klügelt
  geklügelt
prügelt
  geprügelt
überflügelt
zügelt

684

— ugen (u:gen)

→ – ug (u:k)
→ – uge (u:ge)

bevorzugen
frugen
  abfrugen
  anfrugen
  ausfrugen
  befrugen
  erfrugen
fugen
  anfugen
  ausfugen
  befugen
  einfugen
  verfugen
klugen
lugen
  auslugen
  belugen
  herauslugen
  hereinlugen
  hervorlugen
  hinauslugen
  hineinlugen
schlugen
  abschlugen
  anschlugen
  aufschlugen
  ausschlugen
  beschlugen
  durchschlugen
  einschlugen
  entschlugen
  erschlugen
  hochschlugen
  überschlugen
  unterschlugen
  vorschlugen
  zerschlugen
  zusammenschlugen
  zuschlugen
trugen
  abtrugen
  antrugen
  auftrugen
  austrugen
  betrugen
  eintrugen
  ertrugen
  übertrugen
  vertrugen
  vortrugen
  zusammentrugen
  zutrugen

— ügen (ü:gen)

→ – ug (u:k)
→ – üge (ü:ge)
→ – ugen (u:gen)

Rügen
Splügen
Vergnügen
  Mißvergnügen
  Sonntagsvergnügen
  Tanzvergnügen
begnügen
fügen
  anfügen
  aneinanderfügen
  beifügen
  dazufügen
  einfügen
  hinzufügen
  ineinanderfügen
  verfügen
  zufügen
  zusammenfügen
genügen
lügen
  anlügen
  belügen
  durchlügen
  erlügen
  herauslügen
  vorlügen
  zusammenlügen
pflügen
  durchpflügen
  einpflügen
  umpflügen
  unterpflügen
rügen
schlügen
trügen
vergnügen

— ugend (u:gent)

→ – ugen (u:gen)

Jugend
  Arbeiterjugend
  Dorfjugend
  Hitlerjugend
  Landjugend
  Schuljugend
Tugend
  Untugend
bevorzugend
einfugend

— ügend (ü:gent)

→ – ügen (ü:gen)

begnügend
betrügend
einfügend
genügend
  ungenügend
lügend
pflügend
rügend

— ugendlich (u:gentli-ch)

→ – ich (i-ch)

jugendlich
tugendlich

— üger (ü:ger)

→ – ug (u:k)

Betrüger
  Erzbetrüger
Krüger
Pflüger
Rüger
gefüger
  ungefüger
klüger

— ügig (ü:gi-ch)

→ – ich (i-ch)

gefügig
 ungefügig
geringfügig
zügig
 freizügig
 großzügig

— ügigkeit (ü:gi-chkait)

→ – eit (ait)
→ – ügig (ü:gi-ch)

Geringfügigkeit
Großzügigkeit

— ügler (ü:kler)

→ – ügeln (ü:geln)

Ausflügler
Bügler
Geradflügler
Hautflügler
Klügler
Nachzügler
Zuzügler
Zweiflügler

— üglerin (ü:klerin)

= – in (in)
= – inn (in)
→ – ügler (ü:kler)

Ausflüglerin
Büglerin

— üglich (ü:kli-ch)

= – üg(e)lig (ü:kli-ch)
→ – ich (i-ch)

anzüglich
bezüglich
 diesbezüglich
 rückbezüglich
füglich
klüglich
trüglich
 untrüglich
unverzüglich
vergnüglich
vorzüglich
abzüglich
zuzüglich

— üglichkeit (ü:kli-chkait)

→ – eit (ait)
→ – üglich (ü:kli-ch)

Anzüglichkeit
Untrüglichkeit

— ugs (u:kß)

= – uchs (u:kß)
= – uks (u:kß)
→ – ug (u:k)

Anzugs
Ausflugs
Betrugs
Flugs
Krugs
Pflugs
Zugs
schlug's
trug's

— ugs (ukß)

= – oux (ukß)
= – uchs (ukß)
= – ucks (ukß)
= – uks (ukß)
= – ux (ukß)
→ – ug (uk)

flugs

— ügsam (ü:ksa:m)

→ – ahm (a:m)
→ – am (a:m)

begnügsam
fügsam
 unfügsam
genügsam
 selbstgenügsam
 ungenügsam
vergnügsam

— ügsamkeit (ü:ksa:mkait)

→ – eit (ait)
→ – ügsam (ü:ksa:m)

Fügsamkeit
Genügsamkeit

— ugt (u:kt)

= – ukt (u:kt)
→ – ugen (u:gen)

befugt
 unbefugt
bevorzugt
frugt
fugt
 gefugt
lugt
 gelugt
schlugt
trugt

— ügt (ü:kt)

→ – ugen (u:gen)
→ – ügen (ü:gen)

fügt
 gefügt
genügt
lügt
pflügt
 gepflügt
rügt
 gerügt
schlügt
trügt

vergnügt
  mißvergnügt
  quietschvergnügt
  stillvergnügt

— ugte (u:kte)

= – ukte (u:kte)
→ – ugen (u:gen)
→ – ugt (u:kt)

Befugte
  Unbefugte
bevorzugte
fugte
lugte

— ügung (ü:guŋ)

→ – ügen (ü:gen)
→ – ung (uŋ)

Fügung
  Anfügung
  Beifügung
  Einfügung
  Gottesfügung
Verfügung
  Strafverfügung
Vergnügung

— uh (u:)

= – ew (u:)
= – oo (u:)
= – ou (u:)
= – oup (u:)
= – ous (u:)
= – out (u:)
= – oux (u:)
= – u (u:)
→ – uhe (u:-e)
→ – uhen (u:-en)

Fluh
Handschuh
  Boxhandschuh
  Fausthandschuh
  Fehdehandschuh
  Fingerhandschuh
  Glacéhandschuh
  Gummihandschuh
  Lederhandschuh
  Pelzhandschuh
  Wollhandschuh
Känguruh
Kuh
  Blindekuh
  Milchkuh
  Hirschkuh
  Seekuh
Schuh
  Babyschuh
  Badeschuh
  Ballettschuh
  Ballschuh
  Bergschuh
  Bettschuh
  Bundschuh
  Damenschuh
  Filzschuh
  Frauenschuh
  Gummischuh
  Halbschuh
  Hausschuh
  Hemmschuh
  Herrenschuh
  Holzschuh
  Kinderschuh
  Lackschuh
  Lederschuh
  Nagelschuh
  Rollschuh
  Schlittschuh
  Schnabelschuh
  Schnallenschuh
  Schneeschuh
  Schnürschuh
  Skischuh
  Stöckelschuh
  Tennisschuh
  Trachtenschuh
  Turnschuh
  Überschuh
  Wanderschuh
Unruh
muh
puh
ruh

— üh (ü:)

= – u (ü:)
= – ü (ü:)
= – ue (ü:)
= – uie (ü:)
= – üt (ü:)
→ – ühe (ü:-e)
→ – ühen (ü:-en)

früh
  allzufrüh

— uhe (u:-e)

= – ue (u:-e)
→ – ewen (u:-en)
→ – uh (u:)
→ – uhen (u:-en)

Ruhe
  Abendruhe
  Gemütsruhe
  Grabesruhe
  Mittagsruhe
  Nachtruhe
  Seelenruhe
  Sonntagsruhe
  Unruhe
  Waffenruhe
Schuhe
Truhe
  Schatztruhe
  Tiefkühltruhe
  Wäschetruhe
buhe
muhe
ruhe

— ühe (ü:-e)

→ – uh (u:)
→ – üh (ü:)
→ – ühen (ü:-en)

Brühe
  Fleischbrühe
  Hühnerbrühe
  Kraftbrühe
Kühe
Mühe
  Liebesmühe

— uhen (u:-en)

= – ewen (u:-en)
→ – uh (u:)
→ – uhe (u:-e)

Ausschuhen
anschuhen
beschuhen
buhen
  ausbuhen
muhen
ruhen
  ausruhen
  beruhen
  geruhen
vorschuhen

— ühen (ü:-en)

→ – uh (u:)
→ – üh (ü:)
→ – ühe (ü:-e)

Alpenglühen
Funkensprühen
bemühen
  herabbemühen
  heraufbemühen
  herausbemühen
  herbeibemühen
  herbemühen
  hereinbemühen
  hinabbemühen
  hinaufbemühen
  hinausbemühen
  hinbemühen
  hineinbemühen
blühen
  abblühen
  aufblühen
  ausblühen
  erblühen
  überblühen
  umblühen
  verblühen
brühen
  abbrühen
  aufbrühen
  verbrühen

glühen
  aufglühen
  ausglühen
  durchglühen
  erglühen
  nachglühen
  verglühen
mühen
  abmühen
sprühen
  absprühen
  aufsprühen
  besprühen
  versprühen
verfrühen

— uhend (u:-ent)

= – uend (u:-ent)
→ – uhen (u:-en)

buhend
muhend
ruhend

— ühend (ü:-ent)

→ – ühen (ü:-en)

bemühend
blühend
  buntblühend
glühend
  liebesglühend
  rotglühend
  weißglühend
  zornglühend
sprühend
  funkensprühend
  geistsprühend
  lebensprühend

— uhl (u:l)

= – ool (u:l)
= – ul (u:l)
→ – uhlen (u:len)

Pfuhl
  Sündenpfuhl

Stuhl
  Armstuhl
  Bauernstuhl
  Beichtstuhl
  Betstuhl
  Chorstuhl
  Dachstuhl
  Drehstuhl
  Fahrstuhl
  Feldstuhl
  Gartenstuhl
  Glockenstuhl
  Kinderstuhl
  Klappstuhl
  Korbstuhl
  Lehnstuhl
  Lehrstuhl
  Liegestuhl
  Nachtstuhl
  Polsterstuhl
  Richterstuhl
  Rohrstuhl
  Rollstuhl
  Schaukelstuhl
  Tragstuhl
  Webstuhl
Suhl
Uhl

— ühl (ü:l)

= – ül (ü:l)
= – yl (ü:l)
→ – ühle (ü:le)
→ – ühlen (ü:len)

Abhängigkeitsgefühl
  Unabhängigkeits-
  gefühl
Brühl
Bühl
Gefühl
  Angstgefühl
  Anstandsgefühl
  Durstgefühl
  Ehrgefühl
  Feingefühl
  Fingerspitzengefühl
  Formgefühl
  Gemeinschaftsgefühl

Gerechtigkeits-
gefühl
Hochgefühl
Hungergefühl
Lebensgefühl
Lustgefühl
Machtgefühl
Minderwertigkeits-
gefühl
Mitgefühl
Pflichtgefühl
Raumgefühl
Schamgefühl
Schwindelgefühl
Sprachgefühl
Stilgefühl
Taktgefühl
Vollgefühl
Vorgefühl
Wohlgefühl
Wonnegefühl
Zartgefühl
Zeitgefühl
Zusammengehörig-
keitsgefühl
Gestühl
  Chorgestühl
Gewühl
  Kampfgewühl
  Menschengewühl
  Schlachtgewühl
Pfühl
kühl

— uhla (u:la)

= – ula (u:la)
→ – a (a:)

Ruhla

— uhle (u:le)

= – ule (u:le)
→ – ool (u:l)
→ – uhl (u:l)
→ – uhlen (u:len)

Buhle
Kuhle
Suhle

— ühle (ü:le)

= – üle (ü:le)
→ – uhl (u:l)
→ – ühl (ü:l)
→ – ühlen (ü:len)

Kühle
  Abendkühle
  Herbstkühle
  Morgenkühle
Mühle
  Altweibermühle
  Gewürzmühle
  Hammermühle
  Kaffeemühle
  Klapsmühle
  Knochenmühle
  Ölmühle
  Papiermühle
  Pfeffermühle
  Pulvermühle
  Sägemühle
  Schrotmühle
  Tretmühle
  Wassermühle
  Windmühle
  Zwickmühle
Stühle
kühle
wühle

— uhlen (u:len)

= – ulen (u:len)
→ – ool (u:l)
→ – uhl (u:l)
→ – uhle (u:le)

aufstuhlen
bestuhlen
buhlen
  umbuhlen
suhlen

— ühlen (ü:len)

= – ülen (ü:len)
= – ylen (ü:len)
→ – uhl (u:l)
→ – ühl (ü:l)
→ – ühle (ü:le)

Stühlen
fühlen
  anfühlen
  befühlen
  einfühlen
  erfühlen
  mitfühlen
  nachfühlen
  vorfühlen
kühlen
  abkühlen
  auskühlen
  tiefkühlen
  unterkühlen
  verkühlen
wühlen
  aufwühlen
  durchwühlen
  herumwühlen
  umwühlen
  unterwühlen
  verwühlen
  zerwühlen

— ühlend (ü:lent)

= – ülend (ü:lent)
→ – ühlen (ü:len)

fühlend
  feinfühlend
  zartfühlend
kühlend
  tiefkühlend
wühlend
  aufwühlend

— uhler (u:ler)

= – uler (u:ler)
→ – ool (u:l)
→ – uhlen (u:len)

Buhler
  Nebenbuhler

— ühler (ü:ler)

= – üler (ü:ler)
→ – ühlen (ü:len)

Fühler

Kühler
  Autokühler
  Milchkühler
  Sektkühler
Wühler
kühler

— uhlerin (u:lerin)

= – in (in)
= – inn (in)
= – ulerin (u:lerin)
→ – uhlen (u:len)

Buhlerin
  Nebenbuhlerin

— uhlt (u:lt)

= – ult (u:lt)
→ – uhlen (u:len)

aufgestuhlt
bestuhlt
buhlt
  gebuhlt
suhlt
  gesuhlt
verbuhlt

— ühlt (ü:lt)

= – ült (ü:lt)
→ – ühlen (ü:len)

fühlt
  gefühlt
gekühlt
  eisgekühlt
  luftgekühlt
  tiefgekühlt
kühlt

— ühlung (ü:luŋ)

= – ülung (ü:luŋ)
→ – ühlen (ü:len)
→ – ung (uŋ)

Fühlung
  Einfühlung
  Tuchfühlung

Kühlung
  Abkühlung
  Luftkühlung
  Tiefkühlung
  Unterkühlung
  Wasserkühlung
Unterwühlung

— uhm (u:m)

= – oom (u:m)
= – um (u:m)
→ – uhme (u:me)

Ruhm
  Heldenruhm
  Kriegsruhm
  Künstlerruhm
  Nachruhm
  Waffenruhm
Stuhm

— ühm (ü:m)

= – üm (ü:m)
= – ym (ü:m)
→ – ühmen (ü:men)

rühm

— uhme (u:me)

= – ume (u:me)
→ – uhm (u:m)

Muhme

— ühme (ü:me)

= – üme (ü:me)
= – yme (ü:me)
→ – ühmen (ü:men)

rühme

— ühmen (ü:men)

= – ümen (ü:men)
= – ymen (ü:men)

rühmen
  berühmen
  nachrühmen

— ühmlich (ü:mli-ch)

= – ümlich (ü:mli-ch)
= – ümlig (ü:mli-ch)
→ – ich (i-ch)

rühmlich
  unrühmlich

— ühmt (ü:mt)

= – ümt (ü:mt)

berühmt
  hochberühmt
  weitberühmt
  weltberühmt
rühmt
  gerühmt

— ühmtheit (ü:mthait)

= – ümtheit (ü:mthait)
→ – eit (ait)
→ – ühmt (ü:mt)

Berühmtheit

— uhn (u:n)

= – oon (u:n)
= – un (u:n)
→ – uhen (u:-en)

Huhn
  Backhuhn
  Birkhuhn
  Bleßhuhn
  Brathuhn
  Feldhuhn
  Haselhuhn
  Haushuhn
  Moorhuhn
  Perlhuhn
  Rebhuhn
  Schneehuhn
  Steinhuhn
  Sumpfhuhn
  Suppenhuhn
  Teichhuhn
  Zwerghuhn

Schuhn
buhn
muhn
ruhn

— ühn (ü:n)

= – ün (ü:n)
= – yn (ü:n)
→ – ühen (ü:-en)
→ – ühnen (ü:nen)
→ – üne (ü:ne)

Alpenglühn
Bemühn
blühn
glühn
kühn
  tollkühn
sprühn

— uhne (u:ne)

= – une (u:ne)
→ – uhn (u:n)

Buhne
Wuhne

— ühne (ü:ne)

= – üne (ü:ne)
= – yne (ü:ne)
→ – ühn (ü:n)
→ – ühnen (ü:nen)

Bühne
  Bauernbühne
  Drehbühne
  Freilichtbühne
  Hebebühne
  Kippbühne
  Ladebühne
  Liebhaberbühne
  Opernbühne
  Probebühne
  Schaubüne
  Simultanbühne
  Sprechbühne
  Wagenbühne
  Wanderbühne
Sühne

— ühnen (ü:nen)

= – ünen (ü:nen)
→ – ühn (ü:n)
→ – ühne (ü:ne)
→ – yn (ü:n)
→ – yne (ü:ne)

erkühnen
sühnen
  entsühnen

— ühner (ü:ner)

= – üner (ü:ner)
→ – uhn (u:n)

Hühner
kühner
  tollkühner

— ühnlich (ü:nli-ch)

= – ünlich (ü:nli-ch)
→ – ich (i-ch)

kühnlich

— uhr (u:r)

= – our (u:r)
= – ur (u:r)
→ – uhren (u:ren)

Abfuhr
  Müllabfuhr
Armbanduhr
  Damenarmbanduhr
  Herrenarmbanduhr
Aufruhr
Ausfuhr
Einfuhr
Ruhr
Uhr
  Benzinuhr
  Blumenuhr
  Gasuhr
  Kontrolluhr
  Kuckucksuhr
  Quarzuhr
  Sanduhr
  Schlaguhr
  Sonnenuhr
  Spieluhr
  Stechuhr
  Stoppuhr
  Stutzuhr
  Taschenuhr
  Turmuhr
  Wanduhr
  Wasseruhr
Zufuhr
  Frischluftzufuhr
fuhr
  entfuhr

— ühr (ü:r)

= – ur (ü:r)
= – ür (ü:r)
= – ure (ü:r)
= – yr (ü:r)
→ – ühren (ü:ren)

Gebühr
  Abnutzungsgebühr
  Aufnahmegebühr
  Bearbeitungsgebühr
  Beförderungsgebühr
  Fernsehgebühr
  Frachtgebühr
  Grundgebühr
  Hafengebühr
  Lagergebühr
  Leihgebühr
  Mahngebühr
  Maklergebühr
  Portogebühr
  Postgebühr
  Rundfunkgebühr
  Strafgebühr
  Teilnahmegebühr
  Transportgebühr
  Zustellungsgebühr

— ührchen (ü:r-chen)

= – ürchen (ü:r-chen)
→ – uhr (u:r)

Ührchen

— uhre (u:re)

= – oure (u:re)
= – ure (u:re)

Fuhre
  Wagenfuhre

— ühre (ü:re)

= – üre (ü:re)
→ – ühren (ü:ren)

führe
rühre

— uhren (u:ren)

= – ouren (u:ren)
= – uren (u:ren)
→ – uhr (u:r)
→ – uhre (u:re)

Uhren
fuhren
  abfuhren
  anfuhren
  auffuhren
  ausfuhren
  befuhren
  durchfuhren
  einfuhren
  erfuhren
  fortfuhren
  herauffuhren
  herausfuhren
  hereinfuhren
  herfuhren
  herüberfuhren
  herunterfuhren
  hinauffuhren
  hinausfuhren
  hineinfuhren
  hinfuhren
  hinüberfuhren
  hinunterfuhren
  hochfuhren
  mitfuhren
  nachfuhren
  überfuhren
  verfuhren
  vorbeifuhren
  vorfuhren
  vorüberfuhren
  wegfuhren
  zurückfuhren
  zusammenfuhren

— ühren (ü:ren)

= – üren (ü:ren)
→ – ühr (ü:r)

Gebühren
aufführen
  uraufführen
führen
  abführen
  anführen
  ausführen
  durchführen
  einführen
  entführen
  fortführen
  heimführen
  herabführen
  heranführen
  herbeiführen
  hereinführen
  herüberführen
  herumführen
  hinausführen
  hindurchführen
  hineinführen
  hinführen
  hinüberführen
  irreführen
  mitführen
  nasführen
  überführen
  unterführen
  verführen
  vollführen
  vorführen
  wegführen
  weiterführen
  zuführen
  zurückführen
  zusammenführen
gebühren

rühren
  anrühren
  aufrühren
  berühren
  durchrühren
  einrühren
  herrühren
  umrühren
  verrühren
  zerrühren

— ührend (ü:rent)

= – ürend (ü:rent)
→ – ühren (ü:ren)

führend
  federführend
  kriegführend
gebührend
  ungebührend
rührend

— ührer (ü:rer)

= – ürer (ü:rer)
= – yrer (ü:rer)
→ – ühren (ü:ren)

Aufrührer
Entführer
  Kindesentführer
Führer
  Anführer
  Bandenführer
  Bärenführer
  Bauführer
  Bergführer
  Beschwerdeführer
  Betriebsführer
  Brautführer
  Flugzeugführer
  Fremdenführer
  Geschäftsführer
  Heerführer
  Kranführer
  Lokomotivführer
  Museumsführer
  Protokollführer
  Rädelsführer

Reiseführer
Schriftführer
Stadtführer
Tabellenführer
Wagenführer
Wortführer
Zugführer
Rührer
 Küchenrührer
Verführer
 Mädchenverführer
 Volksverführer
Vorführer
 Filmvorführer

— ührig (ü:ri-ch)

= – ürich (ü:ri-ch)
= – ürig (ü:ri-ch)
→ – ich (i-ch)

geführig
rührig
 ehrenrührig

— ührlich (ü:rli-ch)

= – ürlich (ü:rli-ch)
→ – ich (i-ch)

ausführlich
gebührlich
 ungebührlich

— ührlichkeit (ü:rli-chkait)

= – ürlichkeit
   (ü:rli-chkait)
→ – eit (ait)

Ausführlichkeit
Ungebührlichkeit

— uhrt (u:rt)

= – urt (u:rt)
→ – uhren (u:ren)

fuhrt

— ührt (ü:rt)

= – ürt (ü:rt)
→ – ühren (ü:ren)

angerührt
 unangerührt
aufgeführt
 unaufgeführt
ausgeführt
 unausgeführt
berührt
 unberührt
eingeführt
 alteingeführt
führt
 geführt
gebührt
gerührt
 ungerührt
rührt

— ührung (ü:ruŋ)

= – ürung (ü:run)
→ – ühren (ü:ren)
→ – ung (uŋ)

Aufführung
 Erstaufführung
 Festaufführung
 Uraufführung
Berührung
 Feindberührung
Entführung
 Kindesentführung
Führung
 Ballführung
 Beweisführung
 Bogenführung
 Buchführung
 Geschäftsführung
 Kameraführung
 Kassenführung
 Kriegführung
 Lebensführung
 Linienführung
 Prozeßführung
 Rückführung
 Skiführung
 Wirtschaftsführung

Luftzuführung
Rührung
Verführung
Vorführung
 Filmvorführung

— uhst (u:ßt)

= – ust (u:ßt)
= – ußt (u:ßt)
→ – uhen (u:-en)

buhst
muhst
ruhst

— ühst (ü:ßt)

= – üst (ü:ßt)
= – üßt (ü:ßt)
→ – ühen (ü:-en)

bemühst
blühst
brühst
glühst
mühst
sprühst

— ühste (ü:ßte)

= – üste (ü:ßte)
= – üßte (ü:ßte)

Frühste
frühste

— uht (u:t)

= – ud (u:t)
= – uit (u:t)
= – ut (u:t)
= – uth (u:t)
→ – uhen (u:-en)

beschuht
 unbeschuht
buht
 gebuht
muht
 gemuht
ruht
 geruht

693

– üht (ü:t)

= – üd (ü:t)
= – üt (ü:t)
= – yd (ü:t)
= – yt (ü:t)
→ – ühen (ü:-en)

bemüht
blüht
　geblüht
brüht
　gebrüht
glüht
　geglüht
müht
　gemüht
sprüht
　gesprüht
verbrüht
verfrüht
versprüht

– uhte (u:te)

= – oute (u:te)
= – ute (u:te)
→ – uhen (u:-en)
→ – uht (u:t)

ausgebuhte
beschuhte
　unbeschuhte
buhte
muhte
ruhte

– ühte (ü:te)

= – üte (ü:te)
→ – ühen (ü:-en)
→ – üht (ü:t)

bemühte
blühte
brühte
glühte
mühte
sprühte
verfrühte

– uhten (u:ten)

= – uten (u:ten)
→ – oute (u:te)
→ – uhen (u:-en)
→ – uht (u:t)

buhten
muhten
ruhten

– ühten (ü:ten)

= – üten (ü:ten)
→ – ühen (ü:-en)
→ – üht (ü:t)

bemühten
blühten
brühten
glühten
mühten
sprühten
verfrühten

– uhter (u:ter)

= – uter (u:ter)

ausgebuhter
ausgeruhter
　unausgeruhter
beschuhter
　unbeschuhter

– ühter (ü:ter)

= – üter (ü:ter)
→ – ühen (ü:-en)

abgebrühter
ausgeglühter
bemühter
erblühter
gebrühter
gesprühter
verblühter
verfrühter
verglühter

– uhtet (u:tet)

= – utet (u:tet)
→ – uhen (u:-en)

buhtet
muhtet
ruhtet
　geruhtet

– ühtet (ü:tet)

= – ütet (ü:tet)
→ – ühen (ü:-en)

blühtet
　erblühtet
brühtet
　verbrühtet
glühtet
　erglühtet
mühtet
　bemühtet
sprühtet
　versprühtet

– ui (ui)

Hui
Pfui
hui
pfui

– uie (ü:)

= – ü (ü:)

Parapluie

– uit (u:t)

= – ut (u:t)

Grapefruit

– uja (u:ja)

→ – a (a:)

Halleluja
Maracuja
Thuja

— **uk (u:k)**

= – ug (u:k)
→ – uke (u:ke)
→ – uken (u:ken)

Luk
Spuk
  Gespensterspuk
  Hexenspuk
  Teufelsspuk
buk
kaduk

— **uk (uk)**

= – uck (uk)
= – ug (uk)

Kautschuk
  Rohkautschuk
Nepomuk
Tschibuk
Windhuk

— **uke (u:ke)**

→ – uken (u:ken)

Feluke
Kruke
  Wärmkruke
Luke
  Bodenluke
  Dachluke
  Kellerluke
  Schiffsluke

— **uke (uke)**

= – ucke (uke)

Wruke

— **uken (u:ken)**

→ – uke (u:ke)

buken
  aufbuken
  durchbuken
  überbuken
spuken
  herumspuken

— **ukken (uken)**

= – ucken (uken)
→ – uke (uke)

Molukken

— **uks (u:kß)**

= – uchs (u:kß)
= – ugs (u:kß)
→ – uk (u:k)

Spuks
buk's

— **uks (ukß)**

= – oux (ukß)
= – uchs (ukß)
= – ucks (ukß)
= – ugs (ukß)
= – ux (ukß)
→ – uk (uk)

Kautschuks

— **ukt (u:kt)**

= – ugt (u:kt)
→ – uken (u:ken)

bukt
spukt
  gespukt

— **ukt (ukt)**

= – uckt (ukt)

Aquädukt
Kondukt
Produkt
  Abfallprodukt
  Agrarprodukt
  Fleischprodukt
  Geistesprodukt
  Industrieprodukt
  Massenprodukt
  Milchprodukt
  Molkereiprodukt
  Naturprodukt
  Rohprodukt
  Serienprodukt
  Sozialprodukt
  Zufallsprodukt
Viadukt

— **ukte (u:kte)**

= – ugte (u:kte)
→ – uken (u:ken)

spukte

— **ukte (ukte)**

= – uckte (ukte)
→ – ukt (ukt)

Produkte
  Massenprodukte

— **ul (u:l)**

= – ool (u:l)
= – uhl (u:l)
→ – ulen (u:len)

Istanbul
Kabul
Stambul
schwul
somnambul
spul

— **ul (ul)**

= – ull (ul)

Konsul
Modul
Mogul
  Großmogul
Seoul

— **ül (ü:l)**

= – ühl (ü:l)
= – yl (ü:l)
→ – ülen (ü:len)

Kalkül
Molekül
  Grammolekül
Ritikül

Vestibül
ridikül
schwül
  gewitterschwül
spül

— **ül (ül)**

= – üll (ül)
= – yll (ül)

Bülbül

— **ula (u:la)**

= – uhla (u:la)
→ – a (a:)

Pula
Tula

— **uld (ult)**

= – ullt (ult)
= – ult (ult)
→ – ulden (ulden)

Geduld
  Engelsgeduld
  Lammsgeduld
  Ungeduld
Huld
Schuld
  Blutschuld
  Dankesschuld
  Ehrenschuld
  Mitschuld
  Spielschuld
  Unschuld

— **ulda (ulda)**

→ – a (a:)

Fulda
Hulda

— **ulde (ulde)**

→ – ulden (ulden)

Mulde
dulde
schulde

— **ulden (ulden)**

→ – ulde (ulde)

Gulden
Schulden
  Spielschulden
  Verschulden
  Wettschulden
dulden
  erdulden
  gedulden
schulden
  umschulden
  verschulden

— **uldet (uldet)**

→ – ulden (ulden)

duldet
  geduldet
schuldet
  geschuldet
verschuldet
  selbstverschuldet
  unverschuldet

— **uldig (uldi-ch)**

→ – ich (i-ch)

geduldig
  ungeduldig
muldig
schuldig
  mitschuldig
  pflichtschuldig
  unschuldig

— **uldige (uldige)**

→ – uldig (uldi-ch)
→ – uldigen (uldigen)

Geduldige
Schuldige
huldige
muldige

— **uldigen (uldigen)**

→ – uldig (uldi-ch)

anschuldigen
beschuldigen
entschuldigen
huldigen

— **uldiger (uldiger)**

→ – uldig (uldi-ch)
→ – uldigen (uldigen)

Schuldiger
  Beschuldiger
geduldiger
  ungeduldiger
muldiger
schuldiger
  unschuldiger

— **uldigt (uldi-cht)**

anschuldigt
  angeschuldigt
beschuldigt
entschuldigt
  unentschuldigt
huldigt
  gehuldigt

— **uldigung (uldiguŋ)**

→ – ung (uŋ)

Anschuldigung
Beschuldigung
Entschuldigung
Huldigung

— **uldung (ulduŋ)**

→ – ulden (ulden)
→ – ung (uŋ)

Duldung
  Erduldung

Entschuldung
Verschuldung
  Staatsverschuldung

— ule (u:le)

= — uhle (u:le)
→ — ool (u:l)
→ — ul (u:l)
→ — ulen (u:len)

Hochschule
  Fachhochschule
  Musikhochschule
  Sporthochschule
  Volkshochschule
Kule
Schule
  Abendschule
  Ballettschule
  Baumschule
  Berufsschule
  Dorfschule
  Einheitsschule
  Fachschule
  Grundschule
  Handelsschule
  Hauptschule
  Hilfsschule
  Klippschule
  Klosterschule
  Mittelschule
  Musikschule
  Oberschule
  Realschule
  Schauspielschule
  Singschule
  Sonderschule
  Tanzschule
  Volksschule
Spule
  Filmspule
  Garnspule
  Tonbandspule
Thule

— üle (ü:le)

= — ühle (ü:le)
→ — ül (ü:l)
→ — ülen (ü:len)

Kanüle
Schwüle
  Gewitterschwüle
Spüle

— ulen (u:len)

= — uhlen (u:len)
→ — ool (u:l)
→ — ul (u:l)
→ — ule (u:le)

pulen
  herauspulen
schulen
  einschulen
  umschulen
spulen
  abspulen
  aufspulen
  umspulen
  vorspulen
  zurückspulen
ulen

— ülen (ü:len)

= — ühlen (ü:len)
= — ylen (ü:len)
→ — ül (ü:l)
→ — üle (ü:le)

spülen
  abspülen
  anspülen
  ausspülen
  bespülen
  umspülen
  wegspülen

— ülend (ü:lent)

= — ühlend (ü:lent)
→ — ülen (ü:len)

spülend

— uler (u:ler)

= — uhler (u:ler)
→ — ul (u:l)
→ — ulen (u:len)

Istanbuler
Schwuler
Spuler

— üler (ü:ler)

= — ühler (ü:ler)
→ — ül (ü:l)

Schüler
  ABC-Schüler
  Berufsschüler
  Fachschüler
  Flugschüler
  Gesangsschüler
  Hilfsschüler
  Meisterschüler
  Mitschüler
  Musterschüler
  Oberschüler
  Privatschüler
  Sonderschüler
  Umschüler
Spüler
  Geschirrspüler
  Tellerspüler
schwüler

— ulerin (u:lerin)

= — in (in)
= — inn (in)
= — uhlerin (u:lerin)
→ — ul (u:l)
→ — ulen (u:len)

Istanbulerin
Spulerin

— ülerin (ü:lerin)

= — in (in)
= — inn (in)
→ — üler (ü:ler)

Schülerin
Spülerin

— ulf (ulf)

Beowulf
Ulf

— **uli (u:li)**

Juli
Kuli
Muli
Uli

— **uli (uli)**

= – ulli (uli)
= – ully (uli)

Uli

— **ulisch (u:lisch)**

→ – isch (isch)

apulisch
herkulisch
schulisch

— **ulk (ulk)**

→ – ulken (ulken)

Pulk
Ulk
  Faschingsulk

— **ulken (ulken)**

→ – ulk (ulk)

ulken
  anulken
  verulken

— **ull (ul)**

= – ul (ul)
→ – ulle (ule)
→ – ullen (ulen)

John Bull
Mull
  Torfmull
Null
null

— **üll (ül)**

= – ül (ül)
= – yll (ül)
→ – ülle (üle)
→ – üllen (ülen)

Gebrüll
Müll
  Atommüll
  Fabrikmüll
  Hausmüll
  Industriemüll
Tüll

— **ulla (ula)**

= – ullah (ula)
→ – a (a:)

Mulla
Ulla

— **ullah (ula)**

= – ulla (ula)
→ – a (a:)

Abdullah
Mullah

— **ulle (ule)**

→ – ullen (ulen)

Ampulle
Bulle
  Zuchtbulle
Bulle
  Bannbulle
Pulle
  Schnapspulle
Schatulle
Schrulle
Stulle
  Butterstulle
  Käsestulle
  Marmeladenstulle
  Schinkenstulle
  Schmalzstulle
  Wurststulle
Trulle
Zitrulle

— **ülle (üle)**

= – ylle (üle)
→ – üll (ül)
→ – üllen (ülen)

Fülle
  Gedankenfülle
  Klangfülle
  Körperfülle
  Machtfülle
  Überfülle
Hülle
  Schirmhülle
  Plastikhülle
  Schallplattenhülle
Tülle
brülle
fülle
hülle
knülle

— **ullen (ulen)**

→ – ull (ul)
→ – ulle (ule)

lullen
  einlullen
pullen
schnullen
strullen
zullen

— **üllen (ülen)**

→ – ülle (üle)
→ – yll (ül)

Füllen
brüllen
  anbrüllen
  aufbrüllen
  ausbrüllen
  niederbrüllen
  überbrüllen
  zubrüllen
füllen
  abfüllen
  anfüllen
  auffüllen
  ausfüllen

einfüllen
erfüllen
nachfüllen
überfüllen
umfüllen
vollfüllen
zufüllen
hüllen
  einhüllen
  enthüllen
  umhüllen
  verhüllen
knüllen
  verknüllen
  zerknüllen

— üllend (ülent)

→ – üllen (ülen)

abendfüllend
anbrüllend
enthüllend
raumfüllend
zerknüllend

— uller (uler)

→ – ullern (ulern)

Luller
Schnuller
Skuller
Zuller

— üller (üler)

→ – üllen (ülen)

Brüller
Enthüller
Erfüller
Füller
Knüller
Müller

— ullern (ulern)

→ – uller (uler)

bullern

kullern
  herumkullern
pullern
strullern

— ulli (uli)

= – uli (uli)
= – ully (uli)

Pulli
Ulli

— ullig (uli-ch)

→ – ich (i-ch)

bullig
schrullig

— ullst (ulßt)

= – ulst (ulßt)

lullst
  einlullst
pullst
schnullst
strullst
zullst

— ullt (ult)

= – uld (ult)
= – ult (ult)
→ – ullen (ulen)

lullt
  gelullt
pullt
  gepullt
schnullt
  geschnullt
strullt
  gestrullt

— üllt (ült)

→ – üllen (ülen)

brüllt
  gebrüllt
erfüllt
  angsterfüllt

dankerfüllt
glückerfüllt
gramerfüllt
haßerfüllt
lichterfüllt
muterfüllt
schmerzerfüllt
unerfüllt
zornerfüllt
füllt
gefüllt
  dichtgefüllt
hüllt
  gehüllt
knüllt
  geknüllt
schleierumhüllt

— üllte (ülte)

= – ülte (ülte)
→ – üllen (ülen)
→ – üllt (ült)

brüllte
erfüllte
füllte
hüllte
knüllte

— üllung (ülun)

→ – üllen (ülen)
→ – ung (un)

Einhüllung
Enthüllung
  Denkmalsenthüllung
Erfüllung
  Nichterfüllung
  Pflichterfüllung
  Übererfüllung
  Wunscherfüllung
Füllung
  Abfüllung
  Alkoholfüllung
  Auffüllung
  Ausfüllung
  Cremefüllung
  Schokoladenfüllung

Überfüllung
Zahnfüllung
Umhüllung
Verhüllung

— ully (uli)

= – uli (uḷi)
= – ulli (uli)

Gully

— ully (ali)

= – alli (ali)
= – ally (ali)
= – allye (ali)

Hully Gully

— ulm (ulm)

Culm
Kulm
Neckarsulm
Sulm
Ulm
 Neuulm

— ulp (ulp)

→ – ulpe (ulpe)
→ – ulpen (ulpen)

Knulp
Pulp
Zulp

— ulpe (ulpe)

→ – ulp (ulp)
→ – ulpen (ulpen)

Nulpe
Pulpe
Stulpe
Tulpe

— ülpe (ülpe)

Pülpe
stülpe
 aufstülpe
 umstülpe

— ulpen (ulpen)

→ – ulp (ulp)
→ – ulpe (ulpe)

Stulpen
zulpen

— ulst (ulßt)

= – ullst (ulßt)

Geschwulst
 Eitergeschwulst
 Fettgeschwulst
 Krebsgeschwulst
Schwulst
Wulst
pulst
 durchpulst

— ulstig (ulßti-ch)

→ – ich (i-ch)

schwulstig
wulstig

— ult (u:lt)

= – uhlt (u:lt)
→ – ulen (u:len)

geschult
 ungeschult
pult
 gepult
schult
spult
 gespult

— ult (ult)

= – uld (ult)
= – ullt (ult)

Dult
Insult
Katapult
Kult
 Ahnenkult
 Marienkult
 Personenkult

Phalluskult
Sonnenkult
Pult
 Lesepult
 Mischpult
 Notenpult
 Rednerpult
 Schreibpult
Tumult
okkult

— ült (ü:lt)

= – ühlt (ü:lt)
→ – ülen (ü:len)

spült
 gespült
umspült
 meerumspült
 seeumspült
 wasserumspült

— ülte (ülte)

= – üllte (ülte)

Bülte

— ulter (ulter)

Schulter
okkulter

— ults (ultß)

= – ulz (ultß)
→ – ult (ult)

Kults
Tumults

— ülung (ü:luŋ)

= – ühlung (ü:luŋ)
→ – ülen (ü:len)
→ – ung (uŋ)

Spülung
 Magenspülung
 Mundspülung
 Wasserspülung

— ulz (ultß)

= – ults (ultß)
→ – ulze (ultße)

Sulz

— ulze (ultße)

Schnulze
Schulze
 Dorfschulze
Sulze
sulze

— ulzen (ultßen)

→ – ulze (ultße)

sulzen

— ülzen (ültßen)

= – uelzen (ültßen)

Sülzen
sülzen
 aussülzen
 einsülzen

— um (u:m)

= – oom (u:m)
= – uhm (u:m)
→ – ume (u:me)

Altertum
Analphabetentum
Bauerntum
Beamtentum
Besitztum
Bistum
 Erzbistum
Brauchtum
Bürgertum
 Großbürgertum
 Kleinbürgertum
 Spießbürgertum
Christentum
 Urchristentum
Deutschtum
Draufgängertum

Eigentum
 Privateigentum
 Staatseigentum
Epigonentum
Fürstentum
 Duodezfürstentum
 Kurfürstentum
 Sedezfürstentum
Gangstertum
Germanentum
Heidentum
Heiligtum
Heldentum
Hellenentum
Herrentum
Herzogtum
 Erzherzogtum
 Großherzogtum
Irrtum
 Justizirrtum
Judentum
Kaisertum
Khartum
Königtum
Konsum
 Alkoholkonsum
 Drogenkonsum
 Kaffeekonsum
 Zigarettenkonsum
Künstlertum
Märtyrertum
Menschentum
Mönchstum
Muckertum
Papsttum
Parasitentum
Pfaffentum
Reichtum
 Artenreichtum
 Einfallsreichtum
 Farbenreichtum
 Formenreichtum
 Gedankenreichtum
 Ideenreichtum
Rittertum
 Raubrittertum
Samum
Schmarotzertum
Schrifttum

Sektierertum
Siechtum
Sklaventum
Verbrechertum
Virtuosentum
Volkstum
Wachstum
 Bevölkerungs-
 wachstum
 Wirtschafts-
 wachstum
Witwentum
Witwertum
Zarentum
postum

— um (um)

= – umm (um)

Album
 Briefmarkenalbum
 Fotoalbum
 Liederalbum
 Notenalbum
 Poesiealbum
Aluminium
Amphibium
Analgetikum
Antiseptikum
Aphrodisiakum
Äquinoktium
Astrolabium
Baltikum
Basilikum
Begum
Borkum
Büsum
Charakteristikum
Delirium
Dezennium
Diktum
Dominium
Dumdum
Elysium
Fixum
Fluidum
Gaudium
Gremium

Gummiarabikum
Gymnasium
Husum
Impressum
Individuum
Interregnum
Kadmium
Kalium
Kalzium
Khartum
Klinikum
   Großklinikum
Kollegium
   Lehrerkollegium
   Priesterkollegium
Kolloquium
Kompendium
Kompositum
Konsilium
Kontinuum
Konsortium
Latinum
Lustrum
Magnesium
Martyrium
Maximum
Medium
Memorandum
Metrum
Minimum
   Existenzminimum
Monstrum
Morphium
Nervus rerum
Novum
Opium
Opossum
Optimum
Panoptikum
Pensum
   Arbeitspensum
   Lernpensum
   Pflichtpensum
Physikum
Plenum
Postskriptum
Präsidium
   Polizeipräsidium
Privatissimum

Publikum
   Fernsehpublikum
   Fußballpublikum
   Kinopublikum
   Konzertpublikum
   Opernpublikum
   Sportpublikum
   Theaterpublikum
Punktum
Quantum
Referendum
Refugium
Rum
Säkulum
Sammelsurium
Samum
Serum
   Blutserum
   Heilserum
   Impfserum
Signum
Silentium
Spektrum
Spermium
Spezifikum
Sputum
Stipendium
Talkum
Technikum
   Polytechnikum
Tonikum
Trum
Tuskulum
Unikum
Universum
Vakuum
Visum
Zentrum
   Handelszentrum
   Industriezentrum
   Kulturzentrum
   Nervenzentrum
   Rechenzentrum
   Stadtzentrum
   Verkehrszentrum
   Wirtschaftszentrum
ad absurdum
ad infinitum
andersrum

bum
   bim-bam-bum
   bum-bum
   tschingdarabumbum
   tschingderassabum
darum
   ebendarum
drum
herum
   andersherum
   hierherum
   hintenherum
   linksherum
   rechtsherum
   ringsherum
   rundherum
hierum
jerum
   ojerum
post festum
um
   kurzum
   reihum
   ringsum
   rundum
   warum
   worum
wiederum
   hinwiederum
zum

— um (am)

= – am (am)
= – amm (am)

Slum

— üm (ü:m)

= – ühm (ü:m)
= – ym (ü:m)
→ – ümen (ü:men)

Kostüm
   Adamskostüm
   Faschingskostüm
   Frühjahrskostüm
   Maskenkostüm
   Narrenkostüm
   Trachtenkostüm

Parfüm
Ungestüm
Ungetüm
ungestüm

— uma (u:ma)

→ – a (a:)

Duma
Puma
Struma

— umba (umba)

→ – a (a:)

Rumba
Tumba

— ümchen (ü:m-chen)

→ – üm (ü:m)
→ – ume (u:me)

Blümchen
  Gänseblümchen
  Leberblümchen
  Mauerblümchen
Kostümchen
Krümchen

— ume (u:me)

= – uhme (u:me)
→ – um (u:m)

Blume
  Ansteckblume
  Butterblume
  Eisblume
  Feldblume
  Frühlingsblume
  Gänseblume
  Gartenblume
  Glockenblume
  Herbstblume
  Kornblume
  Leberblume
  Lotosblume
  Mohnblume
  Orakelblume
  Papierblume
  Pusteblume
  Schlüsselblume
  Schnittblume
  Seidenblume
  Sommerblume
  Sonnenblume
  Stoffblume
  Strohblume
  Wachsblume
  Waldblume
  Wiesenblume
Fiume
Krume
  Ackerkrume
  Brotkrume

— üme (ü:me)

= – ühme (ü:me)
= – yme (ü:me)
→ – üm (ü:m)
→ – ümen (ü:men)

Kostüme
Ungetüme
ungestüme

— ümel (ü:mel)

→ – ume (u:me)
→ – ümeln (ü:meln)

Blümel
Krümel
  Kuchenkrümel

— ümeln (ü:meln)

→ – ümel (ü:mel)

altertümeln
krümeln
  bekrümeln
  verkrümeln
  zerkrümeln
volkstümeln

— umen (u:men)

→ – uhme (u:me)
→ – um (u:m)
→ – ume (u:me)

Agrumen
Bitumen
Volumen

— ümen (ü:men)

= – ühmen (ü:men)
= – ymen (ü:men)
→ – üm (ü:m)

beblümen
verblümen

— ümer (ü:mer)

→ – um (u:m)

Altertümer
Eigentümer
  Grundeigentümer
  Hauseigentümer
  Wohnungs-
    eigentümer
Reichtümer
ungestümer

— umig (u:mi-ch)

→ – ich (i-ch)

blumig
krumig

— ümlich (ü:mli-ch)

= – ühmlich (ü:mli-ch)
= – ümlig (ü:mli-ch)
→ – ich (i-ch)

altertümlich
eigentümlich
irrtümlich
kindertümlich
urtümlich
volkstümlich

— **ümlig
(ü:mli-ch)**

= – ühmlich
  (ü:mli-ch)
= – ümlich (ü:mli-ch)
→ – ich (i-ch)

krümlig

— **umm (um)**

= – um (um)
→ – umme (ume)
→ – ummen (umen)

Gebrumm
Gesumm
Kumm
Mumm
Trumm
dumm
  erzdumm
  saudumm
  stockdumm
  strohdumm
krumm
stumm
  taubstumm
schrumm
schrummfidebumm
summ
  summ-summ

— **umme (ume)**

→ – umm (um)
→ – ummen (umen)

Gebrumme
Gesumme
Krumme
Kumme
Lumme
Mumme
Summe
  Endsumme
  Geldsumme
  Gesamtsumme
  Quersumme
Restsumme
Riesensumme
Schuldsumme
Unsumme
Versicherungs-
  summe
Zwischensumme
Wuchtbrumme
dumme
krumme
summe
stumme

— **ummel (umel)**

→ – ummeln (umeln)

Bummel
  Abendbummel
  Einkaufsbummel
  Sonntagsbummel
  Stadtbummel
Fummel
Gebrummel
Gefummel
Hummel
  Erdhummel
Lummel
Mummel
Pummel
Rummel
Schummel
Stummel
  Bleistiftstummel
  Kerzenstummel
  Zigarettenstummel
  Zigarrenstummel
Tummel

— **ümmel (ümel)**

→ – ümmeln (ümeln)

Getümmel
  Kampfgetümmel
  Kriegsgetümmel
  Schlachtgetümmel
Kümmel
Lümmel
  Bauernlümmel
  Rotzlümmel

— **ummelchen
(umel-chen)**

→ – ummel (umel)

Bummelchen
Hummelchen
Pummelchen
Stummelchen

— **ümmelchen
(ümel-chen)**

→ – ummel (umel)
→ – ümmel (ümel)

Lümmelchen
Stümmelchen

— **umm(e)lig
(um[e]li-ch)**

→ – ich (i-ch)

bumm(e)lig
fumm(e)lig
pumm(e)lig

— **ummeln
(umeln)**

→ – ummel (umel)

brummeln
bummeln
  durchbummeln
  herumbummeln
  verbummeln
fummeln
  befummeln
  herumfummeln
mummeln
  einmummeln
rummeln
schummeln
  beschummeln
tummeln

— ümmeln (ümeln)

→ – ümmel (ümel)

kümmeln
lümmeln
  herumlümmeln
mümmeln
stümmeln
  verstümmeln

— ummelt (umelt)

→ – ummeln (umeln)

brummelt
  gebrummelt
bummelt
  gebummelt
fummelt
  gefummelt
mummelt
  gemummelt
schummelt
  geschummelt
tummelt
  getummelt

— ümmelt (ümelt)

→ – ümmeln (ümeln)

kümmelt
  gekümmelt
lümmelt
  gelümmelt
mümmelt
  gemümmelt

— ummen (umen)

→ – umm (um)
→ – umme (ume)

brummen
  abbrummen
  anbrummen
  aufbrummen
  mitbrummen
  umbrummen
  vorbrummen
  dummen
  verdummen
krummen
mummen
  einmummen
  vermummen
stummen
  verstummen
summen
  ansummen
  mitsummen
  nachsummen
  umsummen
  vorsummen

— ummer (umer)

→ – umm (um)
→ – ummern (umern)

Brummer
Hummer
Kummer
  Herzenskummer
  Liebeskummer
Nummer
  Autonummer
  Glanznummer
  Hausnummer
  Kontonummer
  Kontrollnummer
  Losnummer
  Programmnummer
  Rufnummer
  Seriennummer
  Sträflingsnummer
  Telephonnummer
  Zimmernummer
  Zugnummer
Schlummer
  Halbschlummer
  Mittagsschlummer
Schummer
Summer
  Türsummer
Verdummer
dummer
krummer
stummer

— ümmer (ümer)

→ – umm (um)
→ – ümmern (ümern)

Krümmer
  Abflußkrümmer
  Rohrkrümmer
Trümmer
  Flugzeugtrümmer
  Haustrümmer
  Kriegstrümmer
  Schiffstrümmer
dümmer

— ummern (umern)

→ – ummer (umer)

nummern
  benummern
schlummern
  einschlummern
  entschlummern
schummern
wummern

— ümmern (ümern)

→ – ümmer (ümer)

eintrümmern
kümmern
  bekümmern
  verkümmern
zertrümmern

— ummert (umert)

→ – ummern (umern)

schlummert
  geschlummert
schummert
  geschummert
wummert
  gewummert

— ümmert (ümert)

→ – ümmern (ümern)

bekümmert
  unbekümmert
kümmert
  gekümmert
zertrümmert

— ümmerung (ümeruŋ)

→ – ung (uŋ)

Verkümmerung
Zertrümmerung
  Atomzertrümmerung

— ummheit (umhait)

→ – eit (ait)
→ – umm (um)

Dummheit
Krummheit
Stummheit

— ummler (umler)

→ – ummeln (umeln)

Bummler
  Messebummler
  Schlachtenbummler
  Weltenbummler
Fummler
Schummler
  Beschummler
Tummler

— ümmler (ümler)

→ – ümmeln (ümeln)

Kümmler
Tümmler

— ummse (umse)

= – umse (umse)

behummse

— ummsen (umsen)

= – umsen (umsen)

behummsen

— ummt (umt)

= – umt (umt)
→ – ummen (umen)

brummt
  gebrummt
summt
  gesummt
verdummt
vermummt
verstummt

— ummung (umuŋ)

→ – ummen (umen)
→ – ung (uŋ)

Verdummung
  Volksverdummung
Vermummung
Verstummung

— ump (ump)

→ – umpe (umpe)
→ – umpen (umpen)

Lump
  Erzlump
  Gesinnungslump
  Haderlump
Pump
Stump
plump

— ümpchen (ümp-chen)

→ – ump (ump)
→ – umpen (umpen)

Klümpchen
Lümpchen
Stümpchen

— umpe (umpe)

→ – ump (ump)
→ – umpen (umpen)

Gelumpe
Gumpe
Plumpe
Pumpe
  Dampfpumpe
  Druckpumpe
  Einspritzpumpe
  Handpumpe
  Luftpumpe
  Ölpumpe
  Saugpumpe
  Wasserpumpe
Schlumpe
Stumpe

— umpel (umpel)

→ – umpeln (umpeln)

Gehumpel
Gerumpel
Kumpel
Rumpel
Schrumpel
Stumpel

— ümpel (ümpel)

→ – ümpeln (ümpeln)

Gerümpel
Tümpel
  Wassertümpel

— ump(e)lig (ump(e)li-ch)

→ – ich (i-ch)

hump(e)lig
pump(e)lig
rump(e)lig
schrump(e)lig

— umpeln (umpeln)

→ – umpel (umpel)

humpeln
 anhumpeln
 weghumpeln
krumpeln
rumpeln
 abrumpeln
 überrumpeln
schrumpeln
 einschrumpeln
 verschrumpeln

— ümpeln (ümpeln)

→ – ümpel (ümpel)

dümpeln
entrümpeln
hümpeln
krümpeln
kümpeln

— umpen (umpen)

→ – ump (ump)
→ – umpe (umpe)

Humpen
Klumpen
 Bleiklumpen
 Goldklumpen
Lumpen
Stumpen
klumpen
lumpen
 verlumpen
plumpen
pumpen
 anpumpen
 abpumpen
 aufpumpen
 auspumpen
 einpumpen
 verpumpen
schlumpen

— umper (umper)

→ – umpern (umpern)

Gestümper
Krümper
Stümper

— umperei (umperai)

= – ei (ai)

Lumperei
Pumperei

— ümpern (ümpern)

→ – ümper (ümper)

stümpern

— umpf (umpf)

→ – umpfen (umpfen)

Kumpf
Rumpf
Strumpf
 Blaustrumpf
 Gummistrumpf
 Kniestrumpf
 Seidenstrumpf
 Sparstrumpf
 Strickstrumpf
 Wadenstrumpf
 Wollstrumpf
Stumpf
 Armstumpf
 Baumstumpf
 Beinstumpf
 Kerzenstumpf
Sumpf
Trumpf
dumpf
stumpf

— ümpfchen (ümpf-chen)

→ – umpf (umpf)

Strümpfchen
Stümpfchen
Sümpfchen

— umpfe (umpfe)

→ – umpf (umpf)
→ – umpfen (umpfen)

dumpfe
schrumpfe
stumpfe

— ümpfe (ümpfe)

→ – umpf (umpf)
→ – ümpfen (ümpfen)

Strümpfe
Stümpfe
Trümpfe

— umpfen (umpfen)

→ – umpf (umpf)
→ – umpfe (umpfe)

dumpfen
schlumpfen
schrumpfen
 einschrumpfen
 verschrumpfen
 zusammen-
  schrumpfen
stumpfen
 abstumpfen
sumpfen
 versumpfen
trumpfen
 auftrumpfen
 übertrumpfen
verdumpfen

— ümpfen (ümpfen)

→ – umpf (umpf)

Naserümpfen
rümpfen

— umpfheit (umpfhait)

→ – eit (ait)

Dumpfheit
Stumpfheit

— umpfig (umpfi-ch)

→ – ich (i-ch)

dumpfig
schrumpfig
sumpfig

— umpft (umpft)

→ – umpfen (umpfen)

abgestumpft
bestrumpft
　unbestrumpft
schrumpft
　geschrumpft
sumpft
　gesumpft
trumpft
　getrumpft

— umpfung (umpfuŋ)

→ – umpfen (umpfen)
→ – ung (uŋ)

Abstumpfung
Entsumpfung
Schrumpfung
　Leberschrumpfung
　Magenschrumpfung
　Nierenschrumpfung
Übertrumpfung
Versumpfung

— umpig (umpi-ch)

→ – ich (i-ch)

gumpig
klumpig
lumpig

— umpsen (umpßen)

behumpsen
plumpsen
　aufplumpsen
　hereinplumpsen
　herunterplumpsen
　hineinplumpsen
　hinunterplumpsen

— ums (umß)

→ – um (um)
→ – umm (um)
→ – ummse (umse)
→ – umsen (umsen)

Bums
Sums
　Gesums
bums
ums

— umse (umse)

= – ummse (umse)
→ – ums (umß)
→ – umsen (umsen)

Gebumse
bumse
sumse

— umsen (umsen)

= – ummsen (umsen)

bumsen
　anbumsen
　ausbumsen
　durchbumsen
　herumbumsen
sumsen

— umt (umt)

= – ummt (umt)

Grumt
Kumt

— ümt (ü:mt)

= – ühmt (ü:mt)

beblümt
geblümt
verblümt
　unverblümt

— ümtheit (ü:mthait)

= – ühmtheit (ü:mthait)
→ – eit (ait)

Unverblümtheit

— un (u:n)

= – oon (u:n)
= – uhn (u:n)
→ – une (u:ne)

Bordun
Gabun
Gudrun
Kamerun
Kaprun
Kattun
Monsun
Neptun
Pardun
Rangun
Schampun
Taifun
Tribun
　Volkstribun
Tun
　Nichtstun
　Vornehmtun
　Zutun
Waltrun
dun
immun
nun
opportun
tun
　abtun
　antun
　auftun

dartun
dazutun
dicketun
dicktun
geheimtun
genugtun
gleichtun
großtun
guttun
heimlichtun
hervortun
hineintun
kundtun
mittun
nottun
schöntun
übeltun
umtun
vertun
wiedertun
wohltun
zutun

— un (an)

= – an (an)
= – ann (an)

Run

— ün (ü:n)

= – ühn (ü:n)
= – yn (ü:n)
→ – ühen (ü:-en)

Grün
  Blattgrün
  Immergrün
grün
  dunkelgrün
  giftgrün
  grasgrün
  graugrün
  hellgrün
  immergrün
  jadegrün
  laubgrün
  lauchgrün
  lindgrün
  meergrün
  moosgrün
  olivgrün
  smaragdgrün

— una (u:na)

= – oona (u:na)
→ – a (a:)

Fortuna
Iduna
Luna
Puna

— unch (ansch)

= – ansch (ansch)

Lunch

— unch (antsch)

= – antsch (antsch)

Brunch
Lunch
Punch

— unchen (anschen/antschen)

= – anschen (anschen)
= – antschen (antschen)

lunchen

— ünchen (ün-chen)

= – ynchen (ün-chen)

München
tünchen
  übertünchen
  vertünchen

— und (unt)

= – unt (unt)
→ – unde (unde)
→ – unden (unden)

Bund
  Aktenbund
  Ausbund
  Bruderbund
  Ehebund
  Gebund
  Geheimbund
  Hosenbund
  Jugendbund
  Lebensbund
  Männerbund
  Sängerbund
  Schlüsselbund
  Schutzbund
  Staatenbund
  Städtebund
  Völkerbund
Burgund
Dortmund
Edmund
Fund
  Befund
  Grabfund
Grund
  Abgrund
  Baugrund
  Beweggrund
  Beweisgrund
  Entlassungsgrund
  Entschuldigungsgrund
  Felsengrund
  Gegengrund
  Goldgrund
  Hauptgrund
  Herzensgrund
  Hinderungsgrund
  Hintergrund
  Kriegsgrund
  Meeresgrund
  Milderungsgrund
  Rechtsgrund
  Scheidungsgrund
  Scheingrund

Untergrund
Urgrund
Verdachtsgrund
Verhinderungsgrund
Vernunftgrund
Vordergrund
Waldesgrund
Weidegrund
Wiesengrund
Hund
  Blindenhund
  Bluthund
  Diensthund
  Haushund
  Hirtenhund
  Hofhund
  Höllenhund
  Jagdhund
  Kettenhund
  Lumpenhund
  Meldehund
  Polizeihund
  Präriehund
  Rassehund
  Schäferhund
  Schlittenhund
  Schloßhund
  Schoßhund
  Schweinehund
  Schweißhund
  Seehund
  Spürhund
  Wachhund
  Windhund
Lund
Mund
  Kindermund
  Leumund
  Volksmund
  Vormund
Pfund
  Viertelpfund
Raimund
Rund
  Erdenrund
  Halbrund
Schlund
  Felsenschlund
  Feuerschlund
  Höllenschlund
  Wasserschlund
Schrund
Schund
Schwund
  Gedächtnisschwund
Siegmund
Sigismund
Spund
Stralsund
Sund
  Öresund
Vagabund
Verbund
  Verkehrsverbund
gesund
  kerngesund
  ungesund
  urgesund
kund
moribund
profund
rund
  halbrund
  kreisrund
  kugelrund
schund
und
wund
  todwund
  weidwund

– ündbar
(üntba:r)

→ – ar (a:r)
→ – ünden (ünden)

begründbar
  unbegründbar
entzündbar
kündbar
  unkündbar

– ündchen
(ünt-chen)

→ – und (unt)
→ – unde (unde)

Bündchen
Hündchen
  Schoßhündchen
Mündchen
  Schmollmündchen
Stündchen
  Plauderstündchen
  Schäferstündchen

– unde (unde)

→ – und (unt)
→ – unden (unden)

Adelgunde
Heilkunde
  Naturheilkunde
Kunde
  Stammkunde
Kunde
  Altertumskunde
  Erdkunde
  Fachkunde
  Gegenwartskunde
  Geländekunde
  Gemeinschaftskunde
  Heimatkunde
  Himmelskunde
  Meereskunde
  Naturkunde
  Pflanzenkunde
  Schreckenskunde
  Sternkunde
  Stilkunde
  Tierkunde
  Vogelkunde
  Völkerkunde
  Volkskunde
  Waffenkunde
  Warenkunde
  Wetterkunde
  Zeitkunde
Kunigunde
Rosamunde
Rotunde
Runde
  Abendrunde
  Ehrenrunde
  Endrunde

Freundesrunde
Schlußrunde
Skatrunde
Tafelrunde
Vorrunde
Schrunde
Sekunde
  Schrecksekunde
Stunde
  Abendstunde
  Abschiedsstunde
  Autostunde
  Dämmerstunde
  Feierstunde
  Freistunde
  Geburtsstunde
  Geisterstunde
  Gesangsstunde
  Klavierstunde
  Mittagsstunde
  Mitternachtsstunde
  Morgenstunde
  Mußestunde
  Nachhilfestunde
  Polizeistunde
  Schreckensstunde
  Schulstunde
  Sperrstunde
  Sprechstunde
  Sterbestunde
  Sternstunde
  Tanzstunde
  Trennungsstunde
  Todesstunde
  Trainingsstunde
  Überstunde
  Übungsstunde
  Unterrichtsstunde
  Wegstunde
  Weihestunde
Urkunde
  Geburtsurkunde
  Heiratsurkunde
  Sterbeurkunde
Wunde
  Bißwunde
  Brandwunde
  Hiebwunde
  Kopfwunde
  Platzwunde
  Schnittwunde
  Schußwunde
  Stichwunde
  Todeswunde
zugrunde

– ünde (ünde)

→ – und (unt)
→ – ünden (ünden)

Altersgründe
Jagdgründe
Pfründe
Sünde
  Erbsünde
  Jugendsünde
  Todsünde
  Unterlassungssünde
gründe
künde
münde
zünde

– ündel (ündel)

→ – ündeln (ündeln)

Bündel
  Aktenbündel
  Holzbündel
  Lichtbündel
  Nervenbündel
  Notenbündel
  Pfeilbündel
  Reisigbündel
  Rutenbündel
  Strahlenbündel
Gründel
Mündel

– ündeln (ündeln)

→ – ündel (ündel)

bündeln
  zusammenbündeln
gründeln
zündeln

– unden (unden)

→ – und (unt)
→ – unde (unde)

bekunden
  beurkunden
bevormunden
empfunden
  tiefempfunden
entschwunden
entwunden
erfunden
  selbsterfunden
erkunden
gebunden
  erdgebunden
  handgebunden
  termingebunden
  traditionsgebunden
  ungebunden
  zeitgebunden
  zweckgebunden
gefunden
  abgefunden
  aufgefunden
  eingefunden
  vorgefunden
geschunden
  abgeschunden
  aufgeschunden
geschwunden
gesunden
  ungesunden
gewunden
munden
runden
  abrunden
  aufrunden
  überrunden
  umrunden
spunden
  verspunden
stunden
überwunden
umwunden
  unumwunden
verbunden
  erdverbunden
  traditionsverbunden

unverbunden
volksverbunden
verschwunden
wunden
  verwunden
zerschunden

— ünden (ünden)

→ – und (unt)
→ – ünde (ünde)

Gemünden
Graubünden
Hannoversch Münden
gründen
  begründen
  ergründen
künden
  ankünden
  aufkünden
  verkünden
münden
  ausmünden
  einmünden
ründen
spünden
verbünden
zünden
  anzünden
  entzünden

— undend (undent)

→ – unden (unden)

bekundend
bevormundend
erkundend
gesundend
mundend
rundend
stundend
verwundend

— ündend (ündent)

→ – ünden (ünden)

begründend
einmündend
verkündend
  siegverkündend
  unheilverkündend
zündend
  selbstzündend

— under (under)

→ – und (unt)
→ – unden (unden)
→ – undern (undern)

Burgunder
Erkunder
Flunder
Holunder
Plunder
Wunder
  Gotteswunder
  Naturwunder
  Weltwunder
  Wirtschaftswunder
Zunder
gesunder
profunder
runder

— ünder (ünder)

→ – und (unt)
→ – unden (unden)
→ – ündern (ündern)

Fünfpfünder
Gründer
  Begründer
  Firmengründer
  Städtegründer
Künder
  Verkünder
Münder
Pfründer
Sünder
Vierpfünder
Zünder
  Feueranzünder
  Laternenanzünder
  Zeitzünder
gesünder

— ünderer (ünderer)

→ – ündern (ündern)

Plünderer
gesünderer

— undern (undern)

→ – und (unt)
→ – under (under)

wundern
  bewundern
  verwundern

— ündern (ündern)

→ – und (unt)
→ – under (under)

plündern
  ausplündern

— undert (undert)

Jahrhundert
  Vierteljahrhundert
bewundert
  vielbewundert
fünfhundert
hundert
  aberhundert
wundert
  gewundert
  verwundert

— undet (undet)

→ – unden (unden)

bekundet
beleumundet
bevormundet
erkundet
gesundet
mundet
  gemundet

rundet
  gerundet
spundet
  gespundet
stundet
  gestundet
verwundet
  leichtverwundet
  schwerverwundet

— undete (undete)

→ – unden (unden)
→ – undet (undet)

Verwundete
bekundete
bevormundete
erkundete
gesundete
mundete
rundete
spundete
stundete

— ündete (ündete)

→ – ünden (ünden)

Verbündete
begründete
  unbegründete
gründete
  gegründete
mündete
ründete
zündete
  gezündete

— undig (undi-ch)

→ – ich (i-ch)

kundig
  aktenkundig
  fachkundig
  heilkundig
  offenkundig
  ortskundig
  sachkundig
  sprachkundig
  sternkundig
  unkundig
pfundig
schrundig
vollmundig

— ündig (ündi-ch)

→ – ich (i-ch)

abgründig
bündig
einpfündig
einstündig
fündig
halbstündig
hintergründig
mehrpfündig
mehrstündig
mündig
  unmündig
sündig
tiefgründig
untergründig
vordergründig

— undige (undige)

→ – undig (undi-ch)
→ – undigen (undigen)

kundige
pfundige
vollmundige

— ündige (ündige)

→ – ündig (ündi-ch)
→ – ündigen (ündigen)

bündige
fündige
hintergründige
kündige
mündige
sündige

— undigen (undigen)

→ – undig (undi-ch)

erkundigen
pfundigen
vollmundigen

— ündigen (ündigen)

→ – ündig (ündi-ch)

bündigen
fündigen
hintergründigen
kündigen
  ankündigen
  aufkündigen
  verkündigen
mündigen
  entmündigen
sündigen
  entsündigen
  versündigen

— ündigkeit (ündi-chkait)

→ – eit (ait)
→ – ündig (ündi-ch)

Bündigkeit
Mündigkeit
  Unmündigkeit
Tiefgründigkeit

— ündigung (ündiguŋ)

→ – ündigen (ündigen)
→ – ung (uŋ)

Ankündigung
  Vorankündigung
Entmündigung
Kündigung
Versündigung

— ündisch (ündisch)

→ – isch (isch)

bündisch
hündisch

— undium (undi-um)

= – um (um)
= – umm (um)

Gerundium
Latifundium

— ündlein (üntlain)

= – ein (ain)
→ – und (unt)
→ – unde (unde)

Bündlein
Gründlein
Hündlein
Mündlein
Pfründlein
Pfündlein
Stündlein

— undlich (untli-ch)

→ – ich (i-ch)

erdkundlich
naturkundlich
rundlich
sekundlich
urkundlich
volkskundlich

— ündlich (üntli-ch)

→ – ich (i-ch)

entzündlich
gründlich

mündlich
  fernmündlich
sekündlich
stündlich
  halbstündlich
  viertelstündlich
unergründlich

— undung (unduŋ)

→ – unden (unden)
→ – ung (uŋ)

Bekundung
  Sympathie-
  bekundung
Beurkundung
Bevormundung
Erkundung
Gesundung
Rundung
  Abrundung
Stundung
Verspundung
Verwundung
  Kriegsverwundung

— ündung (ünduŋ)

→ – ünden (ünden)
→ – ung (uŋ)

Entzündung
  Blinddarm-
  entzündung
  Lungenentzündung
Gründung
  Familiengründung
  Firmengründung
  Geschäftsgründung
  Reichsgründung
Mündung
  Flußmündung
Verkündung
  Urteilsverkündung
Zündung
  Fehlzündung
  Initialzündung

— undus (unduß)

→ – us (uß)
→ – uß (uß)

Fundus
Lumpazivagabundus

— une (u:ne)

= – uhne (u:ne)
→ – un (u:n)

Dune
  Eiderdune
Harpune
Kommune
Lagune
Pardune
Rune
Wune

— üne (ü:ne)

= – ühne (ü:ne)
= – yne (ü:ne)
→ – ün (ü:n)
→ – ünen (ü:nen)

Düne
  Wanderdüne
Grüne
Hüne
Ranküne
Tribüne
  Ehrentribüne
  Rednertribüne
  Zuschauertribüne

— unen (u:nen)

→ – un (u:n)
→ – une (u:ne)

Kommunen
Runen

— ünen (ü:nen)

= – ühnen (ü:nen)
→ – yn (ü:n)
→ – yne (ü:ne)

Fünen
Grünen
dünen
grünen
  begrünen
  ergrünen

— üner (ü:ner)

= – ühner (ü:ner)
→ – ün (ü:n)

Grüner
grüner

— unft (unft)

Abkunft
Ankunft
Auskunft
Brunft
  Hirschbrunft
Einkunft
Herkunft
Niederkunft
Übereinkunft
Unterkunft
  Behelfsunterkunft
  Notunterkunft
Vernunft
  Unvernunft
Zukunft
Zunft
  Handwerkszunft
  Narrenzunft
Zusammenkunft

— ünfte (ünfte)

→ – unft (unft)

Einkünfte
Fünfte
fünfte

— ünftig (ünfti-ch)

→ – ich (i-ch)

künftig
  zukünftig
vernünftig
  unvernünftig
zünftig

— ung (uŋ)

→ – unge (uŋe)

Abbildung
Abforstung
Abkanzlung
Abrechnung
  Jahresabrechnung
  Monatsabrechnung
  Quartalsabrechnung
Abschürfung
  Hautabschürfung
Absonderung
Absprung
  Fallschirm-
  absprung
Abstoßung
Abwechslung
Abzapfung
Anberaumung
Änderung
Anmeldung
  Voranmeldung
Annäherung
Anprangerung
Anzapfung
Artung
  Ausartung
  Entartung
Atmung
  Beatmung
  Hautatmung
Aufarbeitung
Aufforstung
Auflockerung
  Bewölkungs-
  auflockerung
Aufmöbelung
Aufmunterung

Aufopferung
  Selbstaufopferung
Aufpeitschung
Aufplusterung
Aufpulverung
Aufschürfung
Aufschwung
  Geschäfts-
  aufschwung
Aufzeichnung
  Tonaufzeichnung
  Tonband-
  aufzeichnung
Ausarbeitung
Ausbaggerung
Ausbeulung
Ausbombung
Ausbürgerung
Ausdünstung
Äußerung
  Beifallsäußerung
  Rückäußerung
Aushorchung
Aushungerung
Ausklammerung
Auspeitschung
Ausschiffung
Aussonderung
Auswechslung
Auswinterung
Beackerung
Beängstigung
Beanspruchung
  Überbeanspruchung
Bearbeitung
Beeinflussung
Beerdigung
Beflaggung
Befolgung
  Nichtbefolgung
Beförderung
  Güterbeförderung
  Personen-
  beförderung
Beforstung
Befremdung
Befriedigung
  Selbstbefriedigung
Beglaubigung

Beglückwünschung
Begünstigung
Begütigung
Behauptung
  Selbstbehauptung
Behelligung
Beherbergung
Beherrschung
  Selbstbeherrschung
Beherzigung
Behexung
Beköstigung
  Selbstbeköstigung
Belobigung
Belustigung
  Volksbelustigung
Bemäkelung
Bemängelung
Bemühung
Bemutterung
Beratung
  Berufsberatung
  Eheberatung
  Pilzberatung
Berechnung
  Fehlerberechnung
  Kostenberechnung
  Preisberechnung
  Zeitberechnung
Bergung
  Verbergung
Beruhigung
  Wetterberuhigung
Besänftigung
Beschädigung
  Kriegsbeschädigung
  Sachbeschädigung
Bescherung
  Weihnachts-
  bescherung
Beschleunigung
Beschönigung
Beschwerung
Beseitigung
Besonnung
Besorgung
Bestrafung
Besudelung
Beunruhigung

Bevölkerung
  Erdbevölkerung
  Landbevölkerung
  Zivilbevölkerung
Bevorschussung
Bewaffnung
  Wiederbewaffnung
Bewahrheitung
Bewertung
  Überbewertung
  Unterbewertung
Bewillkommnung
Bewirtung
Bewölkung
Bewunderung
Bezeichnung
  Warenbezeichnung
Bezifferung
Bildung
  Allgemeinbildung
  Ausbildung
  Begriffsbildung
  Berufsbildung
  Charakterbildung
  Einbildung
  Fortbildung
  Halbbildung
  Heranbildung
  Mißbildung
  Rückbildung
  Schulbildung
  Umbildung
  Verbildung
  Weiterbildung
Dämmerung
  Abenddämmerung
  Götterdämmerung
  Morgendämmerung
Demütigung
Droßlung
Dung
  Naturdung
Durcharbeitung
Eignung
  Aneignung
  Enteignung
  Übereignung
  Zueignung
Einarbeitung

Einbürgerung
Eindeutschung
Einebnung
Einflüsterung
Einkellerung
Einkerkerung
Einklammerung
Einschiffung
Einschläferung
Einwirkung
  Kriegseinwirkung
  Witterungs-
  einwirkung
Entblößung
Entfremdung
Enthauptung
Entjungferung
Entkalkung
Entlarvung
Entledigung
Entmutigung
Entpersönlichung
Entschädigung
  Aufwands-
  entschädigung
  Kriegsentschädigung
Entsühnung
Entvölkerung
Entwaffnung
Entwertung
  Geldentwertung
Entwicklung
Entwurzlung
Entzauberung
Entzifferung
Erdolchung
Ereiferung
Ergatterung
Erhöhung
  Beitragserhöhung
  Gehaltserhöhung
  Lohnerhöhung
  Preiserhöhung
  Rangerhöhung
  Rentenerhöhung
Erinnerung
  Jugenderinnerung
  Lebenserinnerung
  Rückerinnerung

Erläuterung
Erledigung
Erleichterung
  Arbeitserleichterung
Ermangelung
Ermäßigung
  Preisermäßigung
  Steuerermäßigung
Ermöglichung
Ermunterung
Ermutigung
Ermüdung
Erniedrigung
  Selbsterniedrigung
Eroberung
  Welteroberung
Eröffnung
  Geschäftseröffnung
  Wiedereröffnung
Erörterung
Erschwerung
Erwähnung
Erwärmung
Erwartung
  Lebenserwartung
Federung
Filterung
Flaggenhissung
Folgerung
  Schlußfolgerung
Folterung
Förderung
  Erdölförderung
  Erzförderung
  Jugendförderung
  Kohlenförderung
Funkenbildung
Gefährdung
Geißelung
Genehmigung
  Baugenehmigung
Genugtuung
Gewährleistung
Gurtung
Härtung
  Abhärtung
  Enthärtung
  Erhärtung
  Verhärtung

Hochlautung
Hochsprung
  Stabhochsprung
Hoffnung
  Zukunftshoffnung
Kaperung
Kreuzigung
Kreuzung
  Durchkreuzung
  Rassenkreuzung
  Straßenkreuzung
  Wegkreuzung
Krümmung
  Straßenkrümmung
  Verkrümmung
  Wegkrümmung
Kupplung
Lästerung
  Gotteslästerung
Läuterung
Leistung
  Arbeitsleistung
  Bestleistung
  Dienstleistung
  Durchschnittsleistung
  Fehlleistung
  Gegenleistung
  Gesamtleistung
  Glanzleistung
  Hilfeleistung
  Höchstleistung
  Meisterleistung
  Mindestleistung
  Motorleistung
  Rekordleistung
  Sonderleistung
  Spitzenleistung
  Verzichtleistung
Lockerung
Maserung
Mäßigung
Mauserung
Meldung
  Abmeldung
  Falschmeldung
  Fehlmeldung
  Krankmeldung
  Pressemeldung

Radiomeldung
Rückmeldung
Rundfunkmeldung
Ummeldung
Menschenansammlung
Musterung
  Abmusterung
  Ausmusterung
  Bemusterung
  Durchmusterung
  Nachmusterung
Nachäffung
Nacheiferung
Nötigung
Öffnung
  Fensteröffnung
  Kassenöffnung
  Türöffnung
Opferung
Ordnung
  Abordnung
  Anordnung
  Einordnung
  Geschäftsordnung
  Größenordnung
  Hausordnung
  Pflanzenordnung
  Rangordnung
  Schlachtordnung
  Tierordnung
  Tischordnung
  Unordnung
  Unterordnung
  Verkehrsordnung
  Zuordnung
Panzerung
Pflasterung
  Bepflasterung
Pflichtversicherung
  Haftpflichtversicherung
Plünderung
  Ausplünderung
Polsterung
  Auspolsterung
Prüfung
  Abschlußprüfung
  Aufnahmeprüfung

Eignungsprüfung
Gesellenprüfung
Härteprüfung
Kassenprüfung
Materialprüfung
Meisterprüfung
Nachprüfung
Qualitätsprüfung
Reifeprüfung
Überprüfung
Werkstoffprüfung
Zwischenprüfung
Räucherung
  Ausräucherung
  Beweihräucherung
Rechnung
  Hotelrechnung
  Milchmädchenrechnung
  Umrechnung
  Verrechnung
  Wahrscheinlichkeitsrechnung
  Zeitrechnung
  Zurechnung
Regierungsbildung
  Regierungsumbildung
Rodung
Salbung
Sammlung
  Altpapiersammlung
  Anekdotensammlung
  Bildersammlung
  Briefmarkensammlung
  Gedichtsammlung
  Gemäldesammlung
  Gesetzessammlung
  Gesteinssammlung
  Kunstsammlung
  Liedersammlung
  Münzensammlung
  Pflanzensammlung
  Spendensammlung
  Spruchsammlung
  Straßensammlung

  Unterschriftensammlung
Sättigung
  Übersättigung
Satzbildung
Säuberung
Schädigung
Schiebung
  Abschiebung
  Einschiebung
  Unterschiebung
Schmälerung
Schulung
  Einschulung
  Umschulung
Schürfung
Schwung
  Abschwung
  Redeschwung
Selbstverstümmlung
Sicherung
  Absicherung
  Zusicherung
Siedlung
  Ansiedlung
  Aussiedlung
  Besiedlung
  Übersiedlung
  Umsiedlung
Sprung
  Aufsprung
  Bocksprung
  Dreisprung
  Freudensprung
  Hechtsprung
  Katzensprung
  Kopfsprung
  Luftsprung
  Rösselsprung
  Seitensprung
  Skisprung
  Todessprung
  Ursprung
  Weitsprung
Stadtbevölkerung
  Großstadtbevölkerung
Staffelung

Stillung
  Blutstillung
  Schmerzstillung
Strömung
  Gegenströmung
  Luftströmung
  Meeresströmung
  Modeströmung
  Zeitströmung
Täfelung
  Holztäfelung
  Vertäfelung
Takelung
  Auftakelung
Täuschung
  Enttäuschung
  Selbsttäuschung
  Sinnestäuschung
  Vortäuschung
Tilgung
  Schuldentilgung
  Vertilgung
Trocknung
  Austrocknung
  Vertrocknung
Tünchung
Überarbeitung
Überfremdung
Überhöhung
Übermüdung
Überrumplung
Übervölkerung
Überwinterung
Umarbeitung
Umklammerung
Ummünzung
Umschiffung
Umschwung
  Stimmungsumschwung
Umwechslung
Umzinglung
Unterkellerung
Verabfolgung
Veralberung
Verankerung
Veranschaulichung
Verarbeitung
Verbeulung

Verblüffung
Verbrüderung
 Völkerverbrüderung
Verdeutlichung
Verdorrung
Verdunklung
Verdünnung
Verdunstung
Veredlung
Verehelichung
Verewigung
Verfilmung
 Neuverfilmung
Verfinsterung
Verflüssigung
Verfolgung
 Christenverfolgung
 Judenverfolgung
 Massenverfolgung
 Strafverfolgung
Verfremdung
Vergatterung
Vergegenständlichung
Vergeistigung
Vergeudung
 Zeitvergeudung
Vergletscherung
Vergötterung
Vergöttlichung
Vergrößerung
Vergünstigung
Verharzung
Verhätschelung
Verheimlichung
Verheiratung
Verherrlichung
 Selbstverherrlichung
Verhexung
Verhunzung
Verkalkung
 Arterienverkalkung
Verkörperung
Verköstigung
Verkrustung
Verleugnung
 Selbstverleugnung
Verleumdung
Vermenschlichung
Vernachlässigung

Veröffentlichung
Verordnung
 Gesetzesverordnung
 Notverordnung
 Regierungs-
 verordnung
Verpuffung
Verrostung
Versachlichung
Versammlung
 Festversammlung
Verschiebung
 Kräfteverschiebung
 Lautverschiebung
 Machtverschiebung
 Truppen-
 verschiebung
Verschiffung
Verschlechterung
 Wetter-
 verschlechterung
Verschleuderung
Verschnupfung
Verschönerung
Verschwägerung
Versicherung
 Altersversicherung
 Angestellten-
 versicherung
 Arbeitslosen-
 versicherung
 Kranken-
 versicherung
 Lebensversicherung
 Privatversicherung
 Rentenversicherung
 Rückversicherung
 Sozialversicherung
Versickerung
Versilberung
Versinnbildlichung
Versklavung
Versorgung
 Altersversorgung
 Energieversorgung
 Rohstoffversorgung
 Wasserversorgung
Verspätung
 Zugverspätung

Verstaatlichung
Verstädterung
Verstoßung
Vertorfung
Vervollkommnung
Verwachsung
Verwechslung
Verweichlichung
Verweltlichung
Verwertung
 Abfallverwertung
Verwirklichung
Verwunderung
Verwünschung
Verwurzlung
Verzauberung
Verzettlung
Verzinkung
Verzögerung
 Terminverzögerung
 Zahlungs-
 verzögerung
Verzweiflung
Vorsprung
 Mauervorsprung
Waldung
 Bewaldung
Wanderung
 Abwanderung
 Auswanderung
 Einwanderung
 Fußwanderung
 Seelenwanderung
 Völkerwanderung
Wartung
 Aufwartung
Wertung
 Abwertung
 Aufwertung
 Auswertung
 Umwertung
Widmung
Wirkung
 Auswirkung
 Gesamtwirkung
 Heilwirkung
 Klangwirkung
 Lichtwirkung
 Mitwirkung

Nachwirkung
Nebenwirkung
Rückwirkung
Sprengwirkung
Tiefenwirkung
Wechselwirkung
Wölbung
  Auswölbung
  Überwölbung
Wucherung
  Überwucherung
Würdigung
  Entwürdigung
Zahnbildung
Zeichnung
  Aktzeichnung
  Aufzeichnung
  Bauzeichnung
  Federzeichnung
  Handzeichnung
  Höhlenzeichnung
  Kennzeichnung
  Kreidezeichnung
  Tuschzeichnung
  Unterzeichnung
Zerknirschung
Zerquetschung
Zerstücklung
Zuflüsterung
jung
  blutjung

— unge (uŋe)

→ – ung (uŋ)
→ – ungen (uŋen)

Bunge
Junge
  Achtgroschenjunge
  Balljunge
  Gassenjunge
  Goldjunge
  Küchenjunge
  Laufjunge
  Lausejunge
  Lehrjunge
  Schiffsjunge
  Schuljunge
  Schusterjunge
  Straßenjunge
Lunge
  Raucherlunge
  Staublunge
Runge
Seezunge
Zunge
  Landzunge
  Pökelzunge

— ünge (üŋe)

→ – ung (uŋ)
→ – üngen (üŋen)

Gelünge
Schwünge
Sprünge

— üngel (üŋel)

→ – üngeln (üŋeln)

Gezüngel
Klüngel

— üngelchen (üŋel-chen)

→ – unge (uŋe)

Jüngelchen
Züngelchen

— üngeln (üŋeln)

→ – üngel (üŋel)

klüngeln
züngeln
  aufzüngeln
  umzüngeln

— ungen (uŋen)

→ – unge (uŋe)

Engelszungen
Katzenzungen
Nibelungen
besungen
  unbesungen
  vielbesungen
bezwungen
  unbezwungen
durchdrungen
erklungen
errungen
erzwungen
gedrungen
  eingedrungen
  notgedrungen
  vorgedrungen
gedungen
geklungen
  abgeklungen
  angeklungen
  ausgeklungen
  nachgeklungen
gelungen
  wohlgelungen
gerungen
  abgerungen
geschlungen
  hinabgeschlungen
  hinunter-
  geschlungen
geschwungen
  ausgeschwungen
  herüber-
  geschwungen
  hinüber-
  geschwungen
  nachgeschwungen
gesprungen
  abgesprungen
  angesprungen
  aufgesprungen
  beigesprungen
  fortgesprungen
  hochgesprungen
  nachgesprungen
  übergesprungen
  weggesprungen
  zurückgesprungen
gesungen
  mitgesungen
  nachgesungen
  vorgesungen

gewrungen
　ausgewrungen
gezwungen
　aufgezwungen
　ungezwungen
jungen
mißlungen
umschlungen
　meerumschlungen
verklungen
verschlungen
zersprungen
zersungen

— üngen (üŋen)

→ – ung (uŋ)
→ – ünge (üŋe)

düngen
verjüngen

— ungenheit (uŋenhait)

→ – eit (ait)
→ – ungen (uŋen)

Gedrungenheit
Ungezwungenheit

— unger (uŋer)

→ – ungern (uŋern)

Hunger
　Bärenhunger
　Bildungshunger
　Heißhunger
　Lesehunger
　Lufthunger
　Machthunger
　Mordshunger
　Riesenhunger
　Wolfshunger
junger
　blutjunger

— ünger (üŋer)

Dünger
　Blumendünger
　Bodendünger
　Gründünger
　Kunstdünger
　Mischdünger
　Naturdünger
　Pflanzendünger
Jünger
jünger

— ungern (uŋern)

hungern
　abhungern
　aushungern
　durchhungern
　erhungern
　verhungern
lungern
　herumlungern

— üngst (üŋßt)

düngst
jüngst
verjüngst

— üngt (üŋt)

düngt
gedüngt
　blutgedüngt
　ungedüngt
verjüngt

— üngung (üŋuŋ)

→ – ung (uŋ)
→ – ünger (üŋer)

Düngung
Verjüngung

— unika (u:nika)

→ – a (a:)

Tunika
Unika

— unisch (u:nisch)

→ – isch (isch)

gabunisch
kamerunisch
punisch

— unk (uŋk)

→ – unke (uŋke)
→ – unken (uŋken)

Funk
　Amateurfunk
　Bordfunk
　CB-Funk
　Landfunk
　Rundfunk
　Schulfunk
　Sportfunk
　Stadtfunk
　Werbefunk
　Werkfunk
　Zugfunk
Prunk
Skunk
Strunk
　Baumstrunk
　Kohlstrunk
　Krautstrunk
Stunk
Trunk
　Abendtrunk
　Abschiedstrunk
　Ehrentrunk
　Frühtrunk
　Morgentrunk
　Schlaftrunk
　Umtrunk
　Willkommenstrunk

— ünkchen (üŋk-chen)

→ – unk (uŋk)
→ – unke (uŋke)
→ – unken (uŋken)

Fünkchen
Strünkchen
Trünkchen

− unke (uŋke)
→ − unk (uŋk)
→ − unken (uŋken)

Dschunke
Funke
  Lichtfunke
Halunke
  Erzhalunke
Spelunke
  Hafenspelunke
Tunke
Unke

− unkel (uŋkel)
→ − unkeln (uŋkeln)

Dunkel
  Abenddunkel
  Grabesdunkel
  Halbdunkel
  Helldunkel
  Waldesdunkel
Furunkel
Gefunkel
Gemunkel
Geschunkel
Karbunkel
Karfunkel
Kunkel
Ranunkel
dunkel
  stockdunkel

− unkeln (uŋkeln)
→ − unkel (uŋkel)

dunkeln
  abdunkeln
  verdunkeln
funkeln
  auffunkeln
  anfunkeln
  durchfunkeln
  überfunkeln
munkeln
  zumunkeln
schunkeln

− unkelt (uŋkelt)
→ − unkeln (uŋkeln)

dunkelt
  gedunkelt
funkelt
  gefunkelt
munkelt
  gemunkelt
schunkelt
  geschunkelt

− unken (uŋken)
→ − unk (uŋk)
→ − unke (uŋke)

Funken
  Feuerfunken
  Geistesfunken
erstunken
funken
gestunken
  abgestunken
gesunken
  abgesunken
  eingesunken
getrunken
  abgetrunken
  angetrunken
  ausgetrunken
  leergetrunken
  mitgetrunken
  zugetrunken
gewunken
  abgewunken
  nachgewunken
  zugewunken
prunken
trunken
  betrunken
  ertrunken
  freudetrunken
  liebestrunken
  schlaftrunken
  schönheitstrunken
  siegestrunken
  volltrunken
  wonnetrunken

tunken
  eintunken
unken
versunken
  gedankenversunken
  traumversunken

− ünken (üŋken)
→ − unk (uŋk)

Gutdünken
dünken

− unkene (uŋkene)
→ − unken (uŋken)

Betrunkene
erstunkene
ertrunkene
gesunkene
trunkene
  getrunkene
versunkene

− unkenheit (uŋkenhait)
→ − eit (ait)
→ − unken (uŋken)

Trunkenheit
Versunkenheit

− unker (unker)
→ − unkern (unkern)

Bunker
  Atombunker
  Kohlenbunker
Funker
  Amateurfunker
  Bordfunker
Geflunker
Junker
  Fahnenjunker
  Kammerjunker
  Krautjunker
Klunker

— **unker (aŋker)**

= − anker (aŋker)

Punker

— **unkerei (uŋkerai)**

= − ei (ai)

Flunkerei
Funkerei
Unkerei

— **unkern (uŋkern)**

→ − unker (uŋker)

bunkern
  einbunkern
  verbunkern
flunkern
klunkern

— **ünklein (üŋklain)**

= − ein (ain)
→ − unk (uŋk)
→ − unke (uŋke)
→ − unken (uŋken)

Fünklein
Strünklein
Trünklein

— **unks (uŋkß)**

→ − unk (uŋk)
→ − unksen (uŋkßen)

Gunks
Runks
Skunks
funk's
tunk's

— **unksen (uŋkßen)**

→ − unks (uŋkß)

gunksen
runksen

— **unkt (uŋkt)**

Adjunkt
  Forstadjunkt
Klagepunkt
  Anklagepunkt
Knotenpunkt
  Eisenbahn-
  knotenpunkt
  Verkehrs-
  knotenpunkt
Punkt
  Angelpunkt
  Angriffspunkt
  Anhaltspunkt
  Ausgangspunkt
  Aussichtspunkt
  Blickpunkt
  Brennpunkt
  Doppelpunkt
  Drehpunkt
  Druckpunkt
  Endpunkt
  Fluchtpunkt
  Gefrierpunkt
  Gesichtspunkt
  Gipfelpunkt
  Haltepunkt
  Hauptpunkt
  Höhepunkt
  Kernpunkt
  Kontrapunkt
  Kontrollpunkt
  Kostenpunkt
  Landepunkt
  Minuspunkt
  Mittelpunkt
  Nullpunkt
  Pluspunkt
  Programmpunkt
  Ruhepunkt
  Sammelpunkt
  Schlußpunkt
  Schmelzpunkt
  Schnittpunkt
  Schwerpunkt
  Siedepunkt
  Standpunkt
  Strafpunkt
  Streitpunkt
  Strichpunkt
  Stützpunkt
  Tagesordnungspunkt
  Tiefpunkt
  Treffpunkt
  Vertragspunkt
  Wendepunkt
  Zeitpunkt
  Zielpunkt
funkt
  gefunkt
getunkt
  eingetunkt
prunkt
  geprunkt
tunkt
unkt
  geunkt

— **unkten (uŋkten)**

→ − unkt (uŋkt)

funkten
prunkten
punkten
  auspunkten
tunkten
  eintunkten
unkten

— **ünlich (ü:nli-ch)**

= − ühnlich (ü:nli-ch)
→ − ich (i-ch)

grünlich

723

— ünn (ün)

→ – ünne (üne)

Brünn
dünn
  hauchdünn

— ünne (üne)

→ – ünn (ün)

Brünne
verdünne

— ünnste (ünßte)

= – ünste (ünßte)
→ – ünn (ün)

dünnste
  allerdünnste

— unny (ani)

= – ani (ani)
= – anni (ani)
= – anny (ani)
= – oney (ani)

Bunny

— uno (u:no)

→ – o (o:)

Bruno
Juno
Kuno
UNO

— unsch (unsch)

Flunsch
Punsch
  Schwedenpunsch
Wunsch
  Geburtstagswunsch
  Glückwunsch
  Herzenswunsch
  Weihnachtswunsch
flunsch

— unschen (unschen)

→ – unsch (unsch)

flunschen
verwunschen

— unst (unßt)

Brunst
  Feuersbrunst
  Hirschbrunst
  Inbrunst
Dunst
  Frühdunst
  Nebeldunst
  Tabakdunst
Gunst
  Fürstengunst
  Ungunst
  Weibergunst
Kunst
  Baukunst
  Buchdruckerkunst
  Dichtkunst
  Fahrkunst
  Fechtkunst
  Filmkunst
  Gartenkunst
  Gesangskunst
  Heilkunst
  Hexenkunst
  Kleinkunst
  Kochkunst
  Kriegskunst
  Lebenskunst
  Plakatkunst
  Pseudokunst
  Raumkunst
  Rechenkunst
  Redekunst
  Reitkunst
  Schauspielkunst
  Scheinkunst
  Schreibkunst
  Tanzkunst
  Teufelskunst
  Tonkunst
  Überredungskunst
  Verführungskunst
  Verstellungskunst
  Volkskunst
  Vortragskunst
  Wasserkunst
  Zauberkunst

— ünste (ünßte)

= – ünnste (ünßte)
→ – unst (unßt)
→ – ünsten (ünßten)

Dünste
Feuersbrünste
Künste
  Höllenkünste

— unsten (unßten)

→ – unst (unßt)

brunsten
  anbrunsten
dunsten
  abdunsten
  ausdunsten
  eindunsten
  verdunsten
zugunsten
  zuungunsten

— ünsten (ünßten)

→ – ünnste (ünßte)
→ – unst (unßt)
→ – ünste (ünßte)

dünsten
  ausdünsten
  eindünsten

— ünstig (ünßti-ch)

→ – ich (i-ch)

blutrünstig
brünstig
  inbrünstig
günstig
  mißgünstig
  ungünstig

— ünstige (ünßtige)

→ – ünstig (ünßti-ch)
→ – ünstigen (ünßtigen)

blutrünstige
brünstige
günstige

— ünstigen (ünßtigen)

→ – ünstig (ünßti-ch)

begünstigen
vergünstigen

— unt (unt)

= – und (unt)
→ – unte (unte)
→ – unten (unten)

Hunt
bunt
  kunterbunt

— unte (unte)

→ – unt (unt)

Lunte
Tunte

— unten (unten)

→ – unt (unt)
→ – unte (unte)

bunten
unten
  drunten

— unter (unter)

→ – untern (untern)

Gunther
bunter
  kunterbunter
munter

unter
  darunter
  drunter
  herunter
  hierunter
  hinunter
  kopfunter
  mitunter
  runter
  worunter

— untere (untere)

→ – unt (unt)

buntere
muntere
  aufmuntere
  ermuntere
untere

— untern (untern)

→ – unter (unter)

aufmuntern
ermuntern
untern

— ünung (ü:nuŋ)

→ – ung (uŋ)

Begrünung
Dünung

— unz (untß)

→ – unze (untße)
→ – unzen (untßen)

Gegrunz
Hinz und Kunz
grunz

— unze (untße)

→ – unzen (untßen)

Gegrunze
Plunze
Punze
Rapunze
Schlunze
Unze

— unzel (untßel)

→ – unzeln (untßeln)

Funzel
  Tranfunzel
Geschmunzel
Rapunzel
Runzel

— unzeln (untßeln)

→ – unzel (untßel)

Stirnrunzeln
runzeln
  verrunzeln
schmunzeln
  anschmunzeln

— unzen (untßen)

→ – unze (untße)

Punzen
brunzen
  anbrunzen
  ausbrunzen
grunzen
hunzen
  verhunzen
punzen

— up (u:p)

= – oop (u:p)
= – ub (u:p)
→ – upe (u:pe)
→ – upen (u:pen)

Pup
Schlup

— up (up)

= – oop (up)
= – ub (up)
= – ubb (up)
= – upp (up)

Sirup
  Fruchtsirup
  Himbeersirup

— up (ap)

= – ab (ap)
= – ap (ap)
= – app (ap)
= – ub (ap)

Cup
  Daviscup
  Europacup
  Weltcup
Ketchup
  Tomatenketchup
Make-up
Pick-up

— üp (ü:p)

= – üb (ü:p)
= – yp (ü:p)

Küp(e)

— upe (u:pe)

→ – up (u:p)
→ – upen (u:pen)

Hupe
  Autohupe
  Gehupe
  Lichthupe
Lupe
  Zeitlupe

— üpe (ü:pe)

= – ype (ü:pe)

Küpe

— upen (u:pen)

= – oopen (u:pen)
→ – upe (u:pe)

glupen
hupen
  anhupen
pupen

— upf (upf)

→ – upfen (upfen)

Gugelhupf
Hupf
Schlupf
  Ausschlupf
  Durchschlupf
  Unterschlupf
Schupf
Stupf
Tupf
hupf
rupf
schnupf
zupf

— üpf (üpf)

→ – üpfe (üpfe)
→ – üpfen (üpfen)

hüpf
knüpf
schlüpf

— upfe (upfe)

→ – upf (upf)
→ – upfen (upfen)

Schlupfe
Strupfe

— üpfe (üpfe)

→ – üpfen (üpfen)

Gehüpfe
Strüpfe

— upfen (upfen)

→ – upf (upf)

Hopfenzupfen
Rupfen
Schnupfen
  Heuschnupfen
  Kavaliersschnupfen
  Stockschnupfen

Schupfen
Tupfen
  Farbtupfen
hupfen
lupfen
  auflupfen
  hochlupfen
rupfen
  abrupfen
  ausrupfen
  berupfen
  zerrupfen
schlupfen
  ausschlupfen
  entschlupfen
  unterschlupfen
schnupfen
  verschnupfen
schupfen
strupfen
stupfen
  anstupfen
  wegstupfen
tupfen
  abtupfen
  antupfen
  auftupfen
  betupfen
verklupfen
zupfen
  abzupfen
  auszupfen
  verzupfen
· wegzupfen
  zerzupfen

— üpfen (üpfen)

hüpfen
  aufhüpfen
  davonhüpfen
  herumhüpfen
  sackhüpfen
knüpfen
  abknüpfen
  anknüpfen
  aufknüpfen
  einknüpfen

losknüpfen
verknüpfen
zuknüpfen
zusammenknüpfen
lüpfen
müpfen
 aufmüpfen
schlüpfen
 ausschlüpfen
 durchschlüpfen
 entschlüpfen
 herausschlüpfen
 hereinschlüpfen
 hinausschlüpfen
 hineinschlüpfen
 unterschlüpfen
verklüpfen

— upfer (upfer)

→ – upfern (upfern)

Hupfer
 Grashupfer
Kupfer
Rupfer
Schnupfer
Strupfer
Stupfer
Tupfer
 Farbtupfer
 Wattetupfer
Zupfer
 Baumwollzupfer
 Hopfenzupfer

— üpfer (üpfer)

Hüpfer
 Grashüpfer
Schlüpfer
 Damenschlüpfer
 Herrenschlüpfer
 Perlonschlüpfer
 Seidenschlüpfer
Wollschlüpfer
 Baumwollschlüpfer

— upfern (upfern)

→ – upfer (upfer)

kupfern
 verkupfern

— upft (upft)

→ – upfen (upfen)

gerupft
 ungerupft
hupft
 gehupft
lupft
 gelupft
rupft
schnupft
 geschnupft
stupft
 gestupft
tupft
 getupft
zupft
 gezupft

— üpfung (üpfuŋ)

→ – ung (uŋ)
→ – üpfen (üpfen)

Anknüpfung
Entschlüpfung
Verknüpfung
 Gedanken-
  verknüpfung
 Ideenverknüpfung

— upp (up)

= – oop (up)
= – ub (up)
= – ubb (up)
= – up (up)
→ – uppe (upe)
→ – uppen (upen)

Jupp
Schupp
Schwupp

Trupp
 Bautrupp
 Spähtrupp
 Störtrupp
 Stoßtrupp
 Suchtrupp
 Vermessungstrupp
schwupp
 schwipp-schwapp-
  schwupp
 schwuppdiwupp

— üppchen (üp-chen)

→ – upp (up)
→ – uppe (upe)

Grüppchen
Püppchen
 Zierpüppchen
 Zuckerpüppchen
Schüppchen
Süppchen
 Milchsüppchen
 Wassersüppchen
Trüppchen

— uppe (upe)

→ – uppen (upen)

Gruppe
 Baumgruppe
 Berufsgruppe
 Blutgruppe
 Gehaltsgruppe
 Gesangsgruppe
 Heeresgruppe
 Jugendgruppe
 Kampfgruppe
 Laienspielgruppe
 Lohngruppe
 Musikgruppe
 Ortsgruppe
 Spitzengruppe
 Splittergruppe
 Tanzgruppe
 Trachtengruppe
 Volksgruppe

Kaluppe
Kluppe
Kruppe
Kuppe
  Bergkuppe
  Felsenkuppe
  Fingerkuppe
  Nagelkuppe
Luppe
Puppe
  Aufziehpuppe
  Getreidepuppe
  Gliederpuppe
  Kasperpuppe
  Kleiderpuppe
  Modepuppe
  Schaufensterpuppe
  Schneiderpuppe
  Teepuppe
  Wachspuppe
  Zierpuppe
  Zuckerpuppe
Schaluppe
Schnuppe
  Sternschnuppe
Schuppe
  Fischschuppe
  Hautschuppe
Suppe
  Bohnensuppe
  Brotsuppe
  Erbsensuppe
  Fischsuppe
  Flädlesuppe
  Gemüsesuppe
  Graupensuppe
  Grießsuppe
  Gulaschsuppe
  Hühnersuppe
  Kartoffelsuppe
  Krebssuppe
  Leberknödelsuppe
  Linsensuppe
  Mehlsuppe
  Metzelsuppe
  Milchsuppe
  Nudelsuppe
  Ochsenschwanz-
  suppe

  Reissuppe
  Schildkrötensuppe
  Spargelsuppe
  Tomatensuppe
  Wassersuppe
  Wurstsuppe
  Zwiebelsuppe
Truppe
  Artistentruppe
  Balletttruppe
  Elitetruppe
  Ersatztruppe
  Fronttruppe
  Fußtruppe
  Hilfstruppe
  Operntruppe
  Panzertruppe
  Polizeitruppe
  Schauspieltruppe
  Schutztruppe
  Söldnertruppe
  Tanztruppe
  Theatertruppe
  Zirkustruppe
Wasserkuppe
schnuppe

— üppel (üpel)

→ – üppeln (üpeln)

Knüppel
  Gummiknüppel
  Holzknüppel
  Steuerknüppel
Krüppel
  Hundskrüppel

— üppeln (üpeln)

→ – üppel (üpel)

knüppeln
  niederknüppeln
krüppeln
  verkrüppeln
schüppeln

— uppen (upen)

→ – uppe (upe)

Kopfschuppen
Schuppen
  Geräteschuppen
  Heuschuppen
  Holzschuppen
  Lagerschuppen
aufpuppen
betuppen
einpuppen
entpuppen
huppen
kuppen
schruppen
  abschruppen
schuppen
  abschuppen
stuppen
verpuppen

— upper (uper)

→ – uppern (upern)

Wupper
pupper
schnupper

— uppern (upern)

puppern
schnuppern
  anschnuppern
  beschnuppern
  herumschnuppern

— uppig (upi-ch)

→ – ich (i-ch)

puppig
ruppig
schuppig
struppig
suppig

— **üpplein
(üplain)**
= – ein (ain)
→ – upp (up)
→ – uppe (upe)

Grüpplein
Püpplein
Schüpplein
Süpplein
Trüpplein

— **upps (upß)**
= – ubs (upß)
= – ups (upß)
→ – upp (up)

Schwupps
Trupps

— **uppst (upßt)**
= – upst (upßt)
→ – uppen (upen)

entpuppst
schruppst
schuppst
verpuppst

— **uppt (upt)**
= – upt (upt)
→ – uppen (upen)

beschuppt
entpuppt
geschuppt
schruppt
  geschruppt
verpuppt

— **uppung (upuŋ)**
→ – ung (uŋ)
→ – uppen (upen)

Abschuppung
Entpuppung
Verpuppung

— **ups (u:pß)**
= – ubs (u:pß)
→ – up (u:p)

Pups

— **ups (upß)**
= – ubs (upß)
= – upps (upß)
→ – upsen (upßen)

Schups
Schwups
Stups

— **upsen (upßen)**
= – ubsen (upßen)

berupsen
schupsen
  anschupsen
  wegschupsen
stupsen
  anstupsen
  wegstupsen

— **upst (u:pßt)**
= – ubst (u:pßt)
→ – upen (u:pen)

hupst
pupst

— **upst (upßt)**
= – uppst (upßt)
→ – ubsen (upßen)
→ – upsen (upßen)

schupst
  geschupst
stupst
  gestupst

— **upt (u:pt)**
= – ubt (u:pt)
→ – upen (u:pen)

hupt
gehupt

pupt
  gepupt

— **upt (upt)**
= – uppt (upt)

abrupt
korrupt

— **ur (u:r)**
= – our (u:r)
= – uhr (u:r)
→ – ure (u:re)
→ – uren (u:ren)

Abitur
  Fachabitur
  Notabitur
Agentur
  Handelsagentur
  Nachrichtenagentur
  Presseagentur
  Werbeagentur
Akupunktur
Amur
Apparatur
Applikatur
Appretur
Architektur
Armatur
Arthur
Azur
Baldur
Blessur
Broschur
Diktatur
  Militärdiktatur
Dozentur
Dressur
  Raubtierdressur
Dur
Figur
  Bronzefigur
  Elfenbeinfigur
  Galionsfigur
  Gipsfigur
  Hauptfigur
  Nebenfigur
  Schachfigur

Schießbudenfigur
Tanzfigur
Tonfigur
Wachsfigur
Flur
  Hausflur
  Treppenflur
  Wiesenflur
Fraktur
  Schädelfraktur
Frisur
Garnitur
  Schreibtischgarnitur
  Wäschegarnitur
Glasur
  Bleiglasur
Gravur
Gur
  Kieselgur
Imprimatur
Intendantur
Inventur
Investitur
Kandidatur
Karikatur
Klausur
Klaviatur
Koloratur
Kommandantur
Komtur
Konjunktur
  Hochkonjunktur
  Kriegskonjunktur
  Rüstungskonjunktur
Kontur
Korrektur
  Autorenkorrektur
  Fahnenkorrektur
  Umbruchkorrektur
Kreatur
Kultur
  Agrikultur
  Hochkultur
  Körperkultur
  Obstkultur
  Pilzkultur
  Reinkultur
  Verkaufskultur
  Wohnkultur

Kur
  Abmagerungskur
  Badekur
  Brunnenkur
  Entziehungskur
  Fastenkur
  Hungerkur
  Kneippkur
  Liegekur
  Milchkur
  Nachkur
  Pferdekur
  Radikalkur
  Roßkur
  Schlafkur
  Schlankheitskur
  Traubenkur
  Verjüngungskur
Lasur
Legislatur
Ligatur
Literatur
  Bühnenliteratur
  Emigrantenliteratur
  Fachliteratur
  Gegenwartsliteratur
  Jugendliteratur
  Kinderliteratur
  Musikliteratur
  Nationalliteratur
  Schundliteratur
  Weltliteratur
Makulatur
Manufaktur
  Porzellanmanufaktur
Mensur
Merkur
Miniatur
Mixtur
Montur
Muskulatur
Natur
  Frohnatur
  Froschnatur
  Pferdenatur
  Unnatur
Nomenklatur
Pandur
Partitur

Politur
  Möbelpolitur
Positur
Primogenitur
Professur
Prozedur
Präfektur
Purpur
Quadratur
Quästur
Rasur
Registratur
Reparatur
  Autoreparatur
  Generalreparatur
  Schuhreparatur
Schnur
  Angelschnur
  Hanfschnur
  Hutschnur
  Klingelschnur
  Nabelschnur
  Perlenschnur
  Richtschnur
  Seidenschnur
  Zündschnur
Schraffur
Schur
  Schafschur
Schwur
  Liebesschwur
  Rütlischwur
  Treueschwur
Sekundogenitur
Signatur
Silur
Singapur
Skulptur
Spur
  Blutspur
  Fußspur
  Leuchtspur
  Radspur
  Reifenspur
  Schmalspur
  Skispur
  Wagenspur
  Wildspur
Statur

Struktur
  Bevölkerungs-
  struktur
  Feinstruktur
  Gesellschaftsstruktur
  Persönlichkeits-
  struktur
  Satzstruktur
Stukkatur
Tabulatur
Tambur
Tastatur
Temperatur
  Außentemperatur
  Normaltemperatur
  Untertemperatur
  Wassertemperatur
  Zimmertemperatur
Tinktur
Tonsur
Topinambur
Tortur
Ur
Zäsur
Zensur
  Filmzensur
  Pressezensur
nur
obskur
pur
stur
zur

— **ur (ü:r)**

= – ühr (ü:r)
= – ür (ü:r)
= – ure (ü:r)
= – yr (ü:r)

Reaumur

— **ür (ü:r)**

= – ühr (ü:r)
= – ur (ü:r)
= – ure (ü:r)
= – yr (ü:r)
→ – üre (ü:re)
→ – üren (ü:ren)

Geschwür
  Krebsgeschwür
  Magengeschwür
  Zahngeschwür
Gespür
Kür
Tür
  Autotür
  Balkontür
  Doppeltür
  Drehtür
  Falltür
  Flügeltür
  Gartentür
  Geheimtür
  Glastür
  Haustür
  Hintertür
  Kammertür
  Kellertür
  Küchentür
  Ofentür
  Pendeltür
  Schiebetür
  Schranktür
  Stahltür
  Stalltür
  Tapetentür
  Wagentür
  Wandtür
  Zimmertür
Willkür
für
  dafür
  hierfür
  wofür

— **ura (u:ra)**

→ – a (a:)

Bandura
Jura
Matura
Pandura
Prokura
Tambura
Camera obscura
in natura

— **ürbe (ürbe)**

→ – erben (ärben)

mürbe
  zermürbe
stürbe
  verstürbe
würbe
  erwürbe

— **urch (ur-ch)**

→ – urchen (ur-chen)

Lurch
  Froschlurch
durch
  dadurch
  hierdurch
  hindurch
  mittendurch
  querdurch
  wodurch
  zwischendurch

— **urche (ur-che)**

→ – urch (ur-ch)
→ – urchen (ur-chen)

Furche
  Ackerfurche
  Radfurche
  Stirnfurche
  Wagenfurche

— **urchen (ur-chen)**

→ – urch (ur-ch)
→ – urche (ur-che)

furchen
  ausfurchen
  durchfurchen
  zerfurchen

731

— ürchen (ü:r-chen)

= – ührchen (ü:r-chen)
→ – ur (u:r)
→ – ure (u:re)
→ – üre (ü:re)

Figürchen
Hürchen
Schnürchen
Türchen

— urd (urt)

= – urrt (urt)
= – urt (urt)
→ – urde (urde)

absurd
Sigurd

— ürd (ürt)

= – ürt (ürt)
= – ürth (ürt)
→ – ürde (ürde)
→ – ürden (ürden)

würd

— urde (urde)

→ – urd (urt)

Hurde
Kurde
wurde

— ürde (ürde)

→ – ürden (ürden)

Bürde
Hürde
　Schafhürde
Würde
　Menschenwürde
würde

— urden (urden)

→ – urd (urt)
→ – urde (urde)

wurden

— ürden (ürden)

→ – ürde (ürde)

Ehrwürden
Hochwürden
aufbürden
entbürden
überbürden
würden

— urds (urtß)

= – urts (urtß)
= – urz (urtß)
→ – urd (urt)

Sigurds

— ure (u:re)

= – oure (u:re)
= – uhre (u:re)
→ – ur (u:r)
→ – uren (u:ren)

Bure
Hure
Lemure
Lure
Mandschure
Masure
Mure
Sinekure
Sure
hure
kure
spure

— ure (ü:r)

= – ühr (ü:r)
= – ur (ü:r)
= – ür (ü:r)
= – yr (ü:r)

en miniature

— üre (ü:re)

= – ühre (ü:re)
→ – ur (u:r)
→ – ür (ü:r)
→ – üren (ü:ren)

Allüre
Aventüre
Bordüre
Broschüre
　Werbebroschüre
Fritüre
Gravüre
Kannelüre
Konfitüre
Kuvertüre
Lektüre
　Pflichtlektüre
　Reiselektüre
　Unterhaltungs-
　lektüre
Maniküre
Ouvertüre
Pediküre
Schnüre
Türe
Turnüre
Walküre
küre
schnüre
schüre
spüre

— uren (u:ren)

= – ouren (u:ren)
= – uhren (u:ren)
→ – ur (u:r)
→ – ure (u:re)

Dioskuren
Masuren
huren
kuren
muren
schwuren
spuren
vermuren

— üren (ü:ren)

= – ühren (ü:ren)
→ – ur (u:r)
→ – ür (ü:r)
→ – üre (ü:re)

Allüren
 Starallüren
küren
 erküren
maniküren
pediküren
schnüren
 abschnüren
 aufschnüren
 anschnüren
 einschnüren
 entschnüren
 festschnüren
 umschnüren
 verschnüren
 zusammenschnüren
 zuschnüren
schüren
 anschüren
spüren
 aufspüren
 ausspüren
 erspüren
 nachspüren
 verspüren

— ürend (ü:rent)

= – ührend (ü:rent)
→ – üren (ü:ren)

schnürend
schürend
spürend

— ürer (ü:rer)

= – ührer (ü:rer)
= – yrer (ü:rer)
→ – üren (ü:ren)

Schürer
 Anschürer
 Kriegsschürer
Spürer

— urf (urf)

= – urv (urf)
→ – urfen (urfen)

Maulwurf
Turf
Schlurf
Schurf
Wurf
 Abwurf
 Anwurf
 Auswurf
 Bewurf
 Einwurf
 Entwurf
 Faltenwurf
 Freiwurf
 Speerwurf
 Steinwurf
 Überwurf
 Vorwurf

— ürf (ürf)

→ – urf (urf)
→ – ürfen (ürfen)

schlürf
schürf

— urfe (urfe)

= – urve (urfe)
→ – urf (urf)
→ – urfen (urfen)

schlurfe

— ürfe (ürfe)

→ – urf (urf)
→ – ürfen (ürfen)

Würfe
bedürfe
schlürfe
schürfe
würfe

— urfen (urfen)

= – urven (urfen)
→ – urf (urf)

schlurfen
 herumschlurfen

— ürfen (ürfen)

→ – urf (urf)

dürfen
 bedürfen
schlürfen
 abschlürfen
 ausschlürfen
 einschlürfen
schürfen
 abschürfen
 aufschürfen
würfen

— ürfend (ürfent)

→ – ürfen (ürfen)

bedürfend
schlürfend
schürfend
 tiefschürfend

— ürfnis (ürfniß)

→ – is (iß)

Bedürfnis
 Anlehnungs-
  bedürfnis
 Geltungsbedürfnis
 Liebesbedürfnis
 Ruhebedürfnis
 Schlafbedürfnis
Zerwürfnis

— urft (urft)

→ – urfen (urfen)

Notdurft
gedurft
schlurft
 geschlurft

— **ürft (ürft)**
→ – ürfen (ürfen)

dürft
  bedürft
schlürft
  geschlürft
schürft
  geschürft

— **urg (urk)**
→ – urke (urke)

Brandenburg
Burg
  Engelsburg
  Fluchtburg
  Götterburg
  Gralsburg
  Hochburg
  Hofburg
  Marienburg
  Ritterburg
  Wagenburg
  Wartburg
  Wasserburg
  Zwingburg
Chirurg
Demiurg
Dramaturg
Duisburg
Flensburg
Hamburg
Luxemburg
Magdeburg
Mecklenburg
Meersburg
Merseburg
Metallurg
Naumburg
Oldenburg
Salzburg

— **ürg (ürk)**
= – ürk (ürk)
→ – ürgen (ürgen)

bürg
würg

— **ürge (ürge)**
→ – ürgen (ürgen)

Bürge
Gewürge

— **urgen (urgen)**
→ – urg (urk)

Burgen
Dramaturgen

— **ürgen (ürgen)**
→ – ürge (ürge)

Jürgen
Siebenbürgen
bürgen
  verbürgen
schürgen
würgen
  abwürgen
  erwürgen
  herauswürgen
  herunterwürgen
  hineinwürgen
  hinunterwürgen

— **ürger (ürger)**
→ – ürgern (ürgern)

Bürger
  Ehrenbürger
  Erdenbürger
  Kleinbürger
  Pfahlbürger
  Schildbürger
  Spießbürger
  Staatsbürger
  Weltbürger
Würger

— **ürgern (ürgern)**
→ – ürger (ürger)

ausbürgern
einbürgern

— **urgisch (urgisch)**
→ – isch (isch)

brandenburgisch
chirurgisch
dramaturgisch
liturgisch
luxemburgisch
lykurgisch
mecklenburgisch
metallurgisch
oldenburgisch

— **ürgt (ürkt)**
= – ürkt (ürkt)
→ – ürgen (ürgen)

bürgt
  gebürgt
verbürgt
  unverbürgt
würgt
  gewürgt

— **ürgung (ürguŋ)**
→ – ung (uŋ)
→ – ürgen (ürgen)

Erwürgung
Verbürgung

— **ürich (ü:ri-ch)**
= – ührig (ü:ri-ch)
= – ürig (ü:ri-ch)
→ – ich (i-ch)

Zürich

— **urie (u:ri-e)**
Angurie
Anthurie
Furie
Injurie
  Verbalinjurie
Kurie

734

— urien (u:ri-en)

→ – urie (u:ri-e)

Asturien
Etrurien
Ligurien

— urig (u:ri-ch)

= – ourig (u:ri-ch)
→ – ich (i-ch)

breitspurig
einspurig
engspurig
großfigurig
großspurig
kleinfigurig
schmalspurig
urig
vierspurig
zweispurig

— ürig (ü:ri-ch)

= – ührig (ü:ri-ch)
= – ürich (ü:ri-ch)
→ – ich (i-ch)

doppeltürig
dreischürig
einschürig
eintürig
geschwürig
halbschürig
viertürig
zweischürig
zweitürig

— urisch (u:risch)

→ – isch (isch)

epikurisch
ligurisch
mandschurisch
masurisch
silurisch

— urium (u:ri-um)

= – um (um)
= – umm (um)

Anthurium
Sammelsurium

— ürk (ürk)

= – ürg (ürk)

Türk
  Jungtürk
  Kümmeltürk

— urke (urke)

Gurke
  Essiggurke
  Gewürzgurke
  Senfgurke
Schurke

— ürkt (ürkt)

= – ürgt (ürkt)

getürkt

— ürlich (ü:rli-ch)

= – ührlich (ü:rli-ch)
→ – ich (i-ch)

figürlich
kreatürlich
natürlich
  übernatürlich
  unnatürlich
  widernatürlich
willkürlich
  unwillkürlich

— ürlichkeit (ü:rli-chkait)

= – ührlichkeit (ü:rli-chkait)
→ – eit (ait)
→ – ürlich (ü:rli-ch)

Natürlichkeit
Willkürlichkeit

— urm (urm)

Sturm
  Ansturm
  Begeisterungssturm
  Beifallssturm
  Gewittersturm
  Landsturm
  Sandsturm
  Schneesturm
  Volkssturm
  Wirbelsturm
Turm
  Aussichtsturm
  Bohrturm
  Elfenbeinturm
  Fernsehturm
  Funkturm
  Glockenturm
  Hungerturm
  Kirchturm
  Leuchtturm
  Pulverturm
  Schloßturm
  Schuldturm
  Sprungturm
  Wachtturm
  Wartturm
Wurm
  Bandwurm
  Bücherwurm
  Drehwurm
  Erdenwurm
  Heerwurm
  Holzwurm
  Lindwurm
  Ohrwurm
  Regenwurm
  Tatzelwurm
  Unglückswurm

— ürm (ürm)

→ – ürmen (ürmen)

Gestürm
Gewürm
Würm
stürm
türm

— ürmchen (ürm-chen)

→ – urm (urm)

Türmchen
Würmchen
  Glühwürmchen

— urme (urme)

→ – urm (urm)

wurme
  entwurme

— ürme (ürme)

→ – urm (urm)
→ – ürm (ürm)
→ – ürmen (ürmen)

stürme
türme

— ürmen (ürmen)

→ – urm (urm)
→ – ürm (ürm)

stürmen
  anstürmen
  bestürmen
  dahinstürmen
  durchstürmen
  einstürmen
  entgegenstürmen
  erstürmen
  fortstürmen
  herausstürmen
  hereinstürmen
  hinausstürmen
  hineinstürmen
  losstürmen
  nachstürmen
  voranstürmen
  vorstürmen
türmen
  aufeinandertürmen
  auftürmen
  hochtürmen
  übereinandertürmen

— ürmend (ürment)

→ – ürmen (ürmen)

aufeinandertürmend
himmelstürmend

— ürmer (ürmer)

→ – urm (urm)

Stürmer
  Außenstürmer
  Bilderstürmer
  Gipfelstürmer
  Himmelstürmer
  Maschinenstürmer
  Mittelstürmer
Türmer
Würmer

— ürmlein (ürmlain)

= – ein (ain)
→ – urm (urm)

Türmlein
Würmlein

— ürmung (ürmuŋ)

→ – ung (uŋ)
→ – ürmen (ürmen)

Auftürmung
Erstürmung

— urn (u:rn)

→ – uhren (u:ren)
→ – uren (u:ren)

azurn

— urn (urn)

→ – urnen (urnen)

Kothurn
Saturn
purpurn
turn

— urne (urne)

→ – urnen (urnen)

Urne
  Wahlurne
turne

— urnen (urnen)

→ – urne (urne)

Turnen
  Bodenturnen
  Geräteturnen
  Schauturnen
turnen
  mitturnen
  nachturnen
  vorturnen

— ürnen (ürnen)

hürnen
zürnen
  erzürnen

— urnus (urnuß)

→ – us (uß)
→ – uß (uß)

Burnus
Turnus

— urr (ur)

→ – urren (uren)

Gegurr
Geknurr
Gemurr
Gesurr
Schurrmurr
gurr
knurr
murr
schnurr
surr
zurr

— urre (ure)

→ – urren (uren)

Gegurre
Geknurre
Gemurre
Gesurre
Schnurre
Schurre
gurre
knurre
murre
schnurre
surre
zurre

— ürre (üre)

= – yrrhe (üre)

Dürre
dürre
  klapperdürre
  spindeldürre

— urren (uren)

→ – urre (ure)

gurren
  umgurren
knurren
  anknurren
murren
  anmurren
  aufmurren
purren
schlurren
schnurren
  abschnurren
  herunterschnurren
schurren
surren
zurren
  festzurren

— urrig (uri-ch)

→ – ich (i-ch)

knurrig
schnurrig

— urrst (urßt)

= – urst (urßt)
→ – urren (uren)

gurrst
knurrst
murrst
schnurrst
surrst
zurrst

— ürrste (ürßte)

= – ürste (ürßte)

dürrste
  allerdürrste
  klapperdürrste

— ürrsten (ürßten)

= – ürsten (ürßten)
→ – ürrste (ürßte)

dürrsten

— urrt (urt)

= – urd (urt)
= – urt (urt)
→ – urren (uren)

gurrt
  gegurrt
knurrt
  geknurrt
murrt
  gemurrt
schnurrt
  geschnurrt
surrt
  gesurrt
zurrt
  gezurrt

— urrte (urte)

= – urte (urte)
→ – urren (uren)
→ – urrt (urt)

gurrte
knurrte
murrte
schnurrte
surrte
zurrte

— urrten (urten)

= – urten (urten)
→ – urren (uren)
→ – urrt (urt)

gurrten
knurrten
murrten
schnurrten
surrten
zurrten

— urst (urßt)

= – urrst (urßt)
→ – ursten (urßten)

Bratwurst
  Rostbratwurst
Durst
  Blutdurst
  Freiheitsdurst
  Rachedurst
  Tatendurst
Hanswurst
Wurst
  Bierwurst
  Blutwurst
  Bockwurst
  Brühwurst
  Dampfwurst
  Dauerwurst
  Erbswurst
  Extrawurst
  Fleischwurst
  Gelbwurst
  Grillwurst
  Grützwurst
  Hirnwurst
  Jagdwurst
  Knackwurst
  Kochwurst

Leberwurst
Mettwurst
Rotwurst
Schinkenwurst
Schlackwurst
Schwarzwurst
Streichwurst
Sülzwurst
Teewurst
Weißwurst
Zervelatwurst
Zungenwurst

— ürst (ürßt)

→ – ürste (ürßte)
→ – ürsten (ürßten)

Fürst
　Großfürst
　Kirchenfürst
　Kurfürst
　Landesfürst

— ürstchen (ürßt-chen)

→ – urst (urßt)
→ – ürst (ürßt)
→ – ürste (ürßte)

Bürstchen
Fürstchen
Würstchen
　Bockwürstchen
　Bratwürstchen
　Wiener Würstchen

— urste (urßte)

→ – urst (urßt)
→ – ursten (urßten)

Durste
verwurste

— ürste (ürßte)

= – ürrste (ürßte)
→ – urst (urßt)
→ – ursten (urßten)

Bürste
　Bartbürste
　Drahtbürste
　Flaschenbürste
　Haarbürste
　Handwaschbürste
　Hundebürste
　Kleiderbürste
　Klosettbürste
　Kratzbürste
　Pferdebürste
　Scheuerbürste
　Schuhbürste
　Teppichbürste
　Wurzelbürste
　Zahnbürste
Würste
bürste
dürste

— ursten (urßten)

→ – urst (urßt)

dursten
　verdursten
wursten
　verwursten

— ürsten (ürßten)

= – ürrsten (ürßten)
→ – urst (urßt)
→ – ürst (ürßt)
→ – ürste (ürßte)

bürsten
　abbürsten
　aufbürsten
　ausbürsten
dürsten
fürsten

— ürstend (ürßtent)

→ – ürsten (ürßten)

bürstend
rachedürstend

— ürstet (ürßtet)

→ – ürsten (ürßten)

bürstet
　gebürstet
gefürstet

— urstig (urßti-ch)

→ – ich (i-ch)
→ – urst (urßt)

durstig
wurstig

— ürstig (ürßti-ch)

→ – ich (i-ch)

blutdürstig
kratzbürstig

— urstigkeit (urßti-chkait)

→ – eit (ait)

Durstigkeit
Wurstigkeit

— ürstigkeit (ürßti-chkait)

→ – eit (ait)

Blutdürstigkeit
Kratzbürstigkeit

— urt (u:rt)

→ – uren (u:ren)

Geburt
　Ausgeburt
　Erstgeburt
　Fehlgeburt
　Frühgeburt
　Mißgeburt
　Nachgeburt
　Spätgeburt
　Spottgeburt
　Totgeburt
　Wiedergeburt
　Zangengeburt

hurt
  gehurt
  verhurt
kurt
  gekurt
schwurt
spurt
  gespurt

— **urt (urt)**

= – urd (urt)
= – urrt (urt)
→ – urten (urten)

Furt
Erfurt
Frankfurt
Gurt
  Hosengurt
  Kreuzgurt
  Leibgurt
  Patronengurt
  Sattelgurt
  Sicherheitsgurt
Joghurt
Kurt
Spurt
  Endspurt
  Zwischenspurt

— **ürt (ü:rt)**

= – ührt (ü:rt)
→ – üren (ü:ren)

kürt
  gekürt
schnürt
  geschnürt
schürt
  geschürt
spürt
  gespürt

— **ürt (ürt)**

= – ürd (ürt)
= – ürth (ürt)
→ – ürten (ürten)

gürt

— **urte (urte)**

= – urrte (urte)
→ – urt (urt)
→ – urten (urten)

Jurte

— **ürte (ürte)**

= – yrte (ürte)
→ – ürten (ürten)

gürte

— **urten (urten)**

= – urrten (urten)
→ – urt (urt)
→ – urte (urte)

gurten
  angurten
  festgurten
  losgurten
spurten

— **ürten (ürten)**

→ – yrte (ürte)

gürten
  umgürten

— **ürth (ürt)**

= – ürd (ürt)
= – ürt (ürt)

Fürth
Hürth

— **urts (urtß)**

= – urds (urtß)
= – urz (urtß)
→ – urt (urt)

Gurts
Spurts

— **ürths (ürtß)**

= – ürz (ürtß)
→ – ürd (ürt)

Fürths

— **ürung (ü:ruŋ)**

= – ührung (ü:ruŋ)
→ – ung (uŋ)
→ – üren (ü:ren)

Aufspürung
Verschnürung

— **urv (urf)**

= – urf (urf)
→ – urve (urfe)
→ – urven (urfen)

kurv

— **urve (urfe)**

= – urfe (urfe)
→ – urven (urfen)

Kurve
  Fieberkurve
  Leistungskurve
  Linkskurve
  Raumkurve
  Rechtskurve
  S-Kurve

— **urven (urfen)**

= – urfen (urfen)
→ – urve (urfe)

kurven
  herumkurven

— **urz (urtß)**

= – urds (urtß)
= – urts (urtß)
→ – urzen (urtßen)

Bärwurz
Brechwurz
Drachenwurz

Furz
Nieswurz
Schurz
　Lederschurz
　Lendenschurz
Sturz
　Absturz
　Blutsturz
　Börsensturz
　Einsturz
　Fenstersturz
　Helmsturz
　Hörsturz
　Kassensturz
　Kurssturz
　Preissturz
　Temperatursturz
　Türsturz
　Umsturz
　Wettersturz
kurz
schnurz

— ürz (ürtß)

= – ürths (ürtß)
→ – ürd (ürt)
→ – ürze (ürtße)
→ – ürzen (ürtßen)

Gewürz
　Fischgewürz
　Suppengewürz
Mürz

— urze (urtße)

→ – urz (urtß)
→ – urzen (urtßen)

Schurze
Sturze
kurze

— ürze (ürtße)

→ – urz (urtß)
→ – ürz (ürtß)
→ – ürzen (ürtßen)

Kürze
Schürze
　Küchenschürze
Stürze
Würze
　Stammwürze
kürze
stürze
würze

— urzel (urtßel)

→ – urzeln (urtßeln)

Gepurzel
Purzel
Sturzel
Wurzel
　Alraunwurzel
　Baumwurzel
　Haarwurzel
　Handwurzel
　Kubikwurzel
　Luftwurzel
　Nasenwurzel
　Pfahlwurzel
　Quadratwurzel
　Queckenwurzel
　Saugwurzel
　Schwarzwurzel
　Sprachwurzel
　Zahnwurzel
　Zungenwurzel

— ürzel (ürtßel)

Bürzel
Kürzel
Pürzel
Stürzel

— urzeln (urtßeln)

→ – urzel (urtßel)

purzeln
　herunterpurzeln
　umpurzeln

wurzeln
　anwurzeln
　bewurzeln
　einwurzeln
　entwurzeln
　verwurzeln

— urzelt (urtßelt)

→ – urzeln (urtßeln)

purzelt
　gepurzelt
wurzelt
　gewurzelt

— urzen (urtßen)

→ – urz (urtß)
→ – urze (urtße)

furzen
　anfurzen
　ausfurzen

— ürzen (ürtßen)

→ – urz (urtß)
→ – ürz (ürtß)
→ – ürze (ürtße)

kürzen
　abkürzen
　verkürzen
schürzen
　aufschürzen
　beschürzen
stürzen
　abstürzen
　anstürzen
　bestürzen
　drauflosstürzen
　einstürzen
　fortstürzen
　herabstürzen
　herausstürzen
　herbeistürzen
　hereinstürzen
　herstürzen
　herunterstürzen

hervorstürzen
hinabstürzen
hinausstürzen
hineinstürzen
hinstürzen
hinunterstürzen
losstürzen
nachstürzen
niederstürzen
überstürzen
umstürzen
vorstürzen
wegstürzen
zusammenstürzen
würzen
  abwürzen
  verwürzen

– ürzt (ürtßt)

→ – ürzen (ürtßen)

gekürzt
  ungekürzt
geschürzt
  hochgeschürzt
gewürzt
  ungewürzt
kürzt
schürzt
stürzt
  gestürzt
würzt

– ürzung (ürtßuŋ)

→ – ung (uŋ)
→ – ürzen (ürtßen)

Bestürzung
Kürzung
  Gehaltskürzung
  Lohnkürzung
Überstürzung
Verkürzung
  Arbeitszeit-
  verkürzung
Würzung

– us (u:ß)

= – ues (u:ß)
= – uß (u:ß)
→ – uh (u:)
→ – use (u:se)
→ – usen (u:sen)

Geschmus
Grus
  Kohlengrus
  Steingrus
Jus
Klus
Mus
  Apfelmus
  Kartoffelmus
  Pflaumenmus
  Zwetschgenmus
Schmus
abstrus
diffus
konfus
schmus

– us (uß)

= – uß (uß)

Amadeus
Ambrosius
Angelus
Anonymus
Antonius
Artus
Bakkalaureus
Bartholomäus
Bazillus
Blasius
Bonifazius
Bosporus
Bus
  Autobus
  Omnibus
  Trolleybus
Celsius
Chorus
Christus
Cottbus
Daktylus
Damaskus
Eukalyptus
Exitus
Famulus
Fidibus
Filius
Fötus
Fundus
Gambrinus
Generalissimus
Genius
Habitus
Hieronymus
Hubertus
Humus
Hymnus
Ignatius
Ikarus
Inkubus
Intimus
Isthmus
Jakobus
Janus
Jesus
Jus
Kaktus
  Feigenkaktus
  Säulenkaktus
Kalmus
Kasus
Kaukasus
Klerus
Koitus
Korpus
Kosinus
Krösus
Kultus
Kumulus
Kursus
  Anfängerkursus
  Schreibmaschinen-
  kursus
  Skikursus
  Sprachkursus
  Stenographiekursus
  Tanzkursus
Kuskus
Lackmus
Lapsus
Laurus

Lazarus
Logarithmus
Luftikus
Lupus
Luxus
Majordomus
Malepartus
Medikus
Moschus
Mulus
Musikus
  Stadtmusikus
Mythus
Nimbus
Numerus clausus
Nuntius
Obolus
Ödipus
Ordinarius
Orkus
Pankratius
Papyrus
Passus
Pegasus
Petrus
Pfiffikus
Portikus
Praktikus
Primus
Radius
Rebus
Regulus
Rhombus
Rhythmus
Ritus
Rizinus
Sebaldus
Serenissimus
Servus
Sisyphus
Sozius
Spartakus
Spiritus
  Brennspiritus
  Reinigungsspiritus
Studiosus
Syndikus
Tantalus
Tartarus

Taxus
Terminus
Tetanus
Typhus
Typus
Ulkus
Uranus
Usus
Uterus
Virus
Zensus
Zerberus
Zirkus
  Wanderzirkus
Zirrus
Zodiakus
Zyklus
  Gedichtzyklus
  Liederzyklus
intus
plus
postumus

— uß (u:ß)

= – ues (u:ß)
= – us (u:ß)
→ – uh (u:)

Beifuß
Fuß
  Bergfuß
  Bocksfuß
  Dreifuß
  Drudenfuß
  Hasenfuß
  Hinterfuß
  Klumpfuß
  Krähenfuß
  Kratzfuß
  Kriegsfuß
  Leichtfuß
  Münzfuß
  Pferdefuß
  Plattfuß
  Schweißfuß
  Senkfuß
  Spreizfuß
  Stelzfuß

  Versfuß
  Vorderfuß
  Zinsfuß
Gruß
  Abschiedsgruß
  Bergmannsgruß
  Flaggengruß
  Geburtstagsgruß
  Gegengruß
  Kartengruß
  Liebesgruß
  Morgengruß
  Neujahrsgruß
  Ostergruß
  Urlaubsgruß
  Weidmannsgruß
  Weihnachtsgruß
  Willkommensgruß
Hahnenfuß
Ruß
  Glanzruß
  Lampenruß
  Ofenruß
Steißfuß
  Haubensteißfuß
barfuß
fuß

— uß (uß)

= – us (uß)

Abguß
  Gipsabguß
  Wachsabguß
Abschluß
  Geschäftsabschluß
  Jahresabschluß
  Schulabschluß
  Vertragsabschluß
Anschluß
  Familienanschluß
  Fernsprechanschluß
  Kabelanschluß
  Nebenanschluß
  Netzanschluß
  Zuganschluß
Ausschluß

Ausschuß
  Prüfungsausschuß
  Untersuchungs-
  ausschuß
Beschluß
  Gerichtsbeschluß
  Konferenzbeschluß
  Mehrheitsbeschluß
  Parlamentsbeschluß
  Regierungsbeschluß
Einschluß
Entschluß
Erguß
  Bluterguß
  Herzenserguß
  Samenerguß
Fluß
  Abfluß
  Ausfluß
  Einfluß
  Grenzfluß
  Nebenfluß
  Redefluß
  Rückfluß
  Speichelfluß
  Tränenfluß
  Zufluß
  Zusammenfluß
Genuß
  Alkoholgenuß
  Hochgenuß
  Kunstgenuß
  Lebensgenuß
  Vollgenuß
  Vorgenuß
Guß
  Aufguß
  Ausguß
  Bronzeguß
  Eisenguß
  Formguß
  Glockenguß
  Regenguß
  Schokoladenguß
  Spritzguß
  Tortenguß
  Wasserguß
  Zuckerguß
Hexenschuß

Kuß
  Abschiedskuß
  Begrüßungskuß
  Bruderkuß
  Gutenachtkuß
  Handkuß
  Judaskuß
  Negerkuß
  Versöhnungskuß
  Zungenkuß
Nuß
  Betelnuß
  Erdnuß
  Haselnuß
  Kokosnuß
  Kolanuß
  Kopfnuß
  Muskatnuß
  Paranuß
  Pfeffernuß
  Walnuß
Ratschluß
Schlagfluß
Schluß
  Betriebsschluß
  Börsenschluß
  Einsendeschluß
  Fehlschluß
  Geschäftsschluß
  Kassenschluß
  Kurzschluß
  Ladenschluß
  Redaktionsschluß
  Rückschluß
  Schulschluß
  Torschluß
  Trugschluß
Schuß
  Abschuß
  Alarmschuß
  Bauchschuß
  Beschuß
  Blattschuß
  Böllerschuß
  Durchschuß
  Einschuß
  Fangschuß
  Genickschuß
  Heimatschuß

  Herzschuß
  Kopfschuß
  Meisterschuß
  Pfeilschuß
  Probeschuß
  Salutschuß
  Schnappschuß
  Schreckschuß
  Startschuß
  Steckschuß
  Streifschuß
  Torschuß
Stuß
Überdruß
  Lebensüberdruß
Überfluß
Überschuß
Verdruß
Verschluß
  Darmverschluß
  Reißverschluß
Vorschuß
Zusammenschluß
Zuschuß
muß

— üs (ü:ß)

= — üß (ü:ß)
→ — üse (ü:se)
→ — üsen (ü:sen)

Gemüs
düs

— üß (ü:ß)

= — üs (ü:ß)
→ — uß (u:ß)
→ — üße (ü:ße)
→ — üßen (ü:ßen)

Füß
büß
grüß
süß
  bittersüß
  honigsüß
  übersüß
  zuckersüß

— **üß (üß)**
→ – üsse (üße)
→ – üssen (üßen)

küß

— **usa (u:sa)**
→ – a (a:)

Arethusa
Kreusa
Medusa
Ragusa
Susa

— **usalem (u:saläm)**
= – em (äm)

Jerusalem
Methusalem

— **usch (u:sch)**
→ – uschen (u:schen)

dusch
wusch

— **usch (usch)**
→ – usche (usche)
→ – uschen (uschen)

Busch
  Dornbusch
  Federbusch
  Haselbusch
  Helmbusch
Drusch
Hindukusch
Husch
Pfusch
Rusch
Tusch
husch
  husch-husch
kusch

— **üsch (ü:sch)**
→ – üschen (ü:schen)

Plüsch
wüsch

— **üsch (üsch)**
→ – üsche (üsche)

Gebüsch
Plüsch

— **usche (u:sche)**
→ – uschen (u:schen)

Dusche
Wusche

— **usche (usche)**
→ – usch (usch)
→ – uschen (uschen)

Babusche
Dusche
Gusche
Husche
Kartusche
Lusche
Pampusche
Retusche
Tusche
  Ausziehtusche
  Wimperntusche
dusche
husche
kusche
pfusche
tusche

— **üsche (ü:sche)**
→ – üschen (ü:schen)

Rüsche
  Spitzenrüsche
wüsche

— **üsche (üsche)**
→ – usch (usch)
→ – üsch (üsch)

Büsche

— **uschel (uschel)**
→ – uscheln (uscheln)

Gekuschel
Genuschel
Getuschel
Muschel
  Hörmuschel
  Miesmuschel
  Ohrmuschel
  Pfahlmuschel
  Purpurmuschel
  Seemuschel
  Teichmuschel
Puschel
Ruschel

— **üschel (üschel)**

Büschel
  Grasbüschel
  Heubüschel
  Strohbüschel
Püschel
Rüschel

— **usch(e)lig (usch(e)li-ch)**
→ – ich (i-ch)

husch(e)lig
musch(e)lig
pusch(e)lig
rusch(e)lig
wusch(e)lig

— **uscheln (uscheln)**
→ – uschel (uschel)

fuscheln

huscheln
　einhuscheln
　zusammenhuscheln
kuscheln
　ankuscheln
　einkuscheln
muscheln
nuscheln
ruscheln
tuscheln
　herumtuscheln
　weitertuscheln
　zutuscheln
verwuscheln

— uschen (u:schen)
→ – usche (u:sche)

duschen
　abduschen
wuschen
　abwuschen
　aufwuschen
　auswuschen

— uschen (uschen)
→ – usch (usch)
→ – usche (usche)

Babuschen
duschen
　abduschen
fluschen
huschen
　forthuschen
　vorüberhuschen
　weghuschen
kuschen
pfuschen
　abpfuschen
　kurpfuschen
　verpfuschen
pruschen
tuschen
　austuschen
　vertuschen
wuschen

— üschen (ü:schen)
→ – üsche (ü:sche)

wüschen
　abwüschen
　aufwüschen
　auswüschen

— üschen (üschen)
→ – usch (usch)

Büschen
Gebüschen
Plüschen

— üschen (ü:ß-chen)
= – üßchen (ü:ß-chen)
→ – us (u:ß)
→ – use (u:se)

Blüschen
Flüschen
Müschen

— üßchen (ü:ß-chen)
= – üschen (ü:ß-chen)
→ – uß (u:ß)

Füßchen
　Gänsefüßchen
Grüßchen

— üßchen (üß-chen)
→ – uß (uß)

Flüßchen
Küßchen
Nüßchen

— uscher (uscher)
→ – uschen (uschen)

Pfuscher
　Kurpfuscher
Huscher
Tuscher

— uschig (uschi-ch)
→ – ich (i-ch)

buschig
huschig
pfuschig

— uschler (uschler)
→ – uscheln (uscheln)

Nuschler
Ruschler
Tuschler

— uscht (u:scht)
→ – uschen (u:schen)

duscht
　geduscht
wuscht

— uscht (uscht)
→ – uschen (uschen)

bebuscht
duscht
　geduscht
huscht
　gehuscht
kuscht
　gekuscht
pfuscht
　gepfuscht
tuscht
　getuscht

745

— uschung (uschuŋ)

→ – ung (uŋ)
→ – uschen (uschen)

Verpfuschung
Vertuschung

— use (u:se)

→ – us (u:ß)
→ – usen (u:sen)

Arbuse
Arkebuse
Bluse
 Feldbluse
 Hemdbluse
 Seidenbluse
Druse
Fluse
Geschmuse
Hypothenuse
Kabuse
Meduse
Muse
Pampelmuse
Rapuse
Suse
 Heulsuse
 Nölsuse
 Transuse

— üse (ü:se)

= – yse (ü:se)
→ – üsen (ü:sen)

Drüse
 Keimdrüse
 Lymphdrüse
 Milchdrüse
 Schilddrüse
 Speicheldrüse
 Talgdrüse
 Tränendrüse
Düse
 Einspritzdüse

Gemüse
 Frischgemüse
 Frühgemüse
 Mischgemüse
 Trockengemüse
Klüse
Kombüse

— uße (u:ße)

→ – uß (u:ß)
→ – ußen (u:ßen)

Buße
 Einbuße
 Geldbuße
 Zubuße
Muße

— üße (ü:ße)

→ – uß (u:ß)
→ – üß (ü:ß)
→ – üßen (ü:ßen)

Füße
Grüße
Süße
büße
grüße
süße

— usel (u:sel)

→ – useln (u:seln)

Dusel
Fusel
Grusel

— us(e)lig (u:s(e)li-ch)

→ – ich (i-ch)

dus(e)lig
grus(e)lig
wus(e)lig

— useln (u:seln)

→ – usel (u:sel)

duseln
 bedusen
 eindusen
fuseln
gruseln
wuseln
 herumwuseln

— uselt (u:selt)

→ – useln (u:seln)

duselt
 geduselt
fuselt
 gefuselt
gruselt
 gegruselt

— usen (u:sen)

→ – us (u:ß)
→ – use (u:se)

Busen
 Hängebusen
 Meerbusen
schmusen
 anschmusen
 beschmusen
 umschmusen
verknusen

— ußen (u:ßen)

→ – uße (u:ße)

fußen
rußen
 berußen
 verrußen

— üsen (ü:sen)

= – ysen (ü:sen)
→ – üse (ü:se)

düsen
 abdüsen
 andüsen

— üßen (ü:ßen)

→ — uß (u:ß)
→ — üß (ü:ß)

Freiersfüßen
büßen
  abbüßen
  einbüßen
  verbüßen
grüßen
  begrüßen
süßen
  versüßen

— user (u:ser)

→ — us (u:ß)
→ — usen (u:sen)

Schmuser
Suser
konfuser

— üßer (ü:ßer)

→ — üß (ü:ß)

Barfüßer
Büßer
  Lückenbüßer
Gliederfüßer
Vierfüßer
süßer

— usi (u:si)

→ — i (i:)

Gspusi
Susi

— usier (usi:-er)

Andalusier
Arkebusier

— usig (u:si-ch)

→ — ich (i-ch)

dickbusig
flachbusig
grusig
hochbusig
musig
vollbusig

— üßig (ü:ßi-ch)

→ — ich (i-ch)

barfüßig
bloßfüßig
dreifüßig
fünffüßig
hasenfüßig
klumpfüßig
leichtfüßig
müßig
plattfüßig
schnellfüßig
vierfüßig
zweifüßig

— üßigen (ü:ßigen)

→ — üßig (ü:ßi-ch)

bemüßigen
vierfüßigen

— üßigkeit (ü:ßi-chkait)

→ — eit (ait)
→ — üßig (ü:ßi-ch)

Klumpfüßigkeit
Leichtfüßigkeit
Müßigkeit
Süßigkeit

— usisch (u:sisch)

→ — isch (isch)

andalusisch
musisch
  amusisch

— üslein (ü:ßlain)

= — ein (ain)
= — üßlein (ü:ßlain)
→ — us (u:ß)
→ — use (u:se)

Blüslein
Müslein

— üßlein (ü:ßlain)

= — ein (ain)
= — üslein (ü:ßlain)
→ — uß (u:ß)

Füßlein
Grüßlein

— üßlein (üßlain)

= — ein (ain)
→ — uß (uß)

Flüßlein
Küßlein
Nüßlein

—ußlig (ußli-ch)

→ — ich (i-ch)

dußlig
fußlig
pußlig
schußlig

— ußa (ußa)

→ — a (a:)

Libussa
hussa

— usse (uße)

→ — us (uß)
→ — uß (uß)
→ — ussen (ußen)

Borusse
Russe
  Sowjetrusse
  Weißrusse

747

— üsse (üße)

→ – uß (uß)
→ – üssen (üßen)

Flüsse
Güsse
Küsse
Nüsse
Schüsse
küsse
müsse

— ussel (ußel)

→ – usseln (ußeln)

Bussel
Dussel
Fussel
Pussel
Schussel

— üssel (üßel)

→ – üsseln (üßeln)

Brüssel
Himmelschlüssel
Rüssel
  Elefantenrüssel
  Saugrüssel
  Schweinsrüssel
Schlüssel
  Autoschlüssel
  Baßschlüssel
  Haus(tür)schlüssel
  Kassenschlüssel
  Kellerschlüssel
  Kofferschlüssel
  Nachschlüssel
  Notenschlüssel
  Sicherheitsschlüssel
  Schraubenschlüssel
  Türschlüssel
  Verteilerschlüssel
  Violinschlüssel
  Zimmerschlüssel
  Zündschlüssel

Schüssel
  Bettschüssel
  Salatschüssel
  Suppenschüssel
Waschschüssel
  Abwaschschüssel

— usselig (ußeli-ch)

→ – ich (i-ch)

dusselig
fusselig
pusselig
  ehrpusselig
schusselig

— usseln (ußeln)

→ – ussel (ußel)

busseln
  abbusseln
fusseln
pusseln
  herumpusseln
schusseln
  verschusseln

— üsseln (üßeln)

→ – üssel (üßel)

aufschlüsseln
entschlüsseln
rüsseln
verschlüsseln

— ussen (ußen)

→ – us (uß)
→ – usse (uße)

beeinflussen
bevorschussen

— üssen (üßen)

→ – uß (uß)

küssen
  abküssen
  totküssen
müssen
  fortmüssen
  wegmüssen

— ussia (ußia)

→ – a (a:)

Borussia
Prussia

— üssig (üßi-ch)

→ – ich (i-ch)

abschüssig
flüssig
  dickflüssig
  dünnflüssig
  leichtflüssig
  schwerflüssig
  überflüssig
  zähflüssig
schlüssig
  unschlüssig
überdrüssig
  lebensüberdrüssig
überschüssig

— üssigen (üßigen)

→ – üssig (üßi-ch)

abschüssigen
flüssigen
  verflüssigen
schlüssigen
  unschlüssigen
überdrüssigen
überschüssigen

— üssigkeit (üßi-chkait)

→ — eit (ait)
→ — üssig (üßi-ch)

Flüssigkeit
  Bremsflüssigkeit
  Kühlflüssigkeit
Schlüssigkeit
  Unschlüssigkeit
Überdrüssigkeit

— ust (u:ßt)

= — uhst (u:ßt)
= — ußt (u:ßt)
→ — un (u:n)
→ — usen (u:sen)
→ — usten (u:ßten)

Blust
Knust
Wust
hust
prust
pust
schmust
  geschmust
tust

— ust (ußt)

= — ußt (ußt)
→ — uste (ußte)
→ — usten (ußten)

Armbrust
August
Brust
  Gänsebrust
  Hängebrust
  Hühnerbrust
  Mutterbrust
Lust
  Abenteuerlust
  Angriffslust
  Arbeitslust
  Baulust
  Eßlust
  Fleischeslust
  Freßlust
  Heiratslust
  Herzenslust
  Jagdlust
  Kampflust
  Kauflust
  Kriegslust
  Lachlust
  Lebenslust
  Lernlust
  Leselust
  Liebeslust
  Mordlust
  Naschlust
  Rauflust
  Reiselust
  Sangeslust
  Sauflust
  Schaulust
  Sinnenlust
  Spottlust
  Streitlust
  Tanzlust
  Unlust
  Unternehmungslust
  Wanderlust
  Wollust
Trust
  Chemietrust
Verlust
  Blutverlust
  Energieverlust
  Geldverlust
  Prestigeverlust
  Wärmeverlust
  Wertverlust
  Zeitverlust
just
robust

— üst (ü:ßt)

= — ühst (ü:ßt)
= — üßt (ü:ßt)
→ — üste (ü:ßte)
→ — üsten (ü:ßten)

wüst

— üst (üßt)

= — üßt (üßt)
→ — üste (üßte)
→ — üsten (üßten)

Gelüst
Gerüst
  Baugerüst
  Blutgerüst
  Dachgerüst
  Klettergerüst
  Knochengerüst
güst

— ußt (u:ßt)

= — uhst (u:ßt)
= — ust (u:ßt)
→ — ußten (u:ßten)

fußt
  gefußt
rußt
  gerußt

— ußt (ußt)

= — ust (ußt)

beeinflußt
  unbeeinflußt
bewußt
  halbbewußt
  klassenbewußt
  kraftbewußt
  nationalbewußt
  pflichtbewußt
  schuldbewußt
  selbstbewußt
  siegesbewußt
  standesbewußt
  unbewußt
  unterbewußt
  verantwortungs-
  bewußt
  vollbewußt
  zielbewußt
  zweckbewußt
gewußt
mußt
  gemußt

— üßt (ü:ßt)

= – ühst (ü:ßt)
= – üst (ü:ßt)
→ – üßten (ü:ßten)

büßt
  gebüßt
grüßt
  gegrüßt
gesüßt
  ungesüßt
süßt

— üßt (üßt)

= – üst (üßt)
→ – üßten (üßten)

geküßt
  ungeküßt
küßt
müßt
wüßt

— usta (ußta)

= – ußta (ußta)
→ – a (a:)

Augusta
Linkrusta

— ußta (ußta)

= – usta (ußta)
→ – a (a:)

Pußta

— üstchen (üßt-chen)

→ – ust (ußt)
→ – üst (üßt)
→ – uste (ußte)

Brüstchen
Gelüstchen
Gerüstchen
Krüstchen
Lüstchen

— uste (u:ßte)

= – ußte (u:ßte)
→ – usen (u:sen)
→ – ust (u:ßt)
→ – usten (u:ßten)

Puste
huste
pruste
puste
schmuste

— uste (ußte)

= – ußte (ußte)
→ – ust (ußt)
→ – usten (ußten)

Auguste
Kruste
  Brotkruste
  Erdkruste
  Salzkruste
  Schmutzkruste
Languste
Manguste

— üste (ü:ßte)

= – ühste (ü:ßte)
= – üßte (ü:ßte)
→ – üsten (ü:ßten)

Wüste
  Sandwüste
  Steinwüste
  Wasserwüste

— üste (üßte)

= – üßte (üßte)
= – yste (üßte)
→ – ust (ußt)
→ – üst (üßt)
→ – üsten (üßten)

Büste
  Bronzebüste
  Gipsbüste
  Marmorbüste
Gelüste

Küste
  Atlantikküste
  Dünenküste
  Elfenbeinküste
  Felsenküste
  Flachküste
  Fjordküste
  Goldküste
  Klippenküste
  Korallenküste
  Meeresküste
  Nordküste
  Nordseeküste
  Ostküste
  Ostseeküste
  Pazifikküste
  Schärenküste
  Schwarzmeerküste
  Steilküste
  Südküste
  Wattenküste
  Westküste
Rüste
brüste
rüste

— ußte (u:ßte)

= – uste (u:ßte)
→ – ußten (u:ßten)

fußte
rußte

— ußte (ußte)

= – uste (ußte)
→ – ußt (ußt)

bewußte
mußte
wußte

— üßte (ü:ßte)

= – ühste (ü:ßte)
= – üste (ü:ßte)
→ – üßt (ü:ßt)
→ – üßten (ü:ßten)

büßte
grüßte
süßte

— üßte (üßte)

= – üste (üßte)
= – yste (üßte)
→ – üßt (üßt)
→ – üßten (üßten)

küßte
müßte
wüßte

— ustel (ußtel)

Gustel
Pustel
  Eiterpustel

— usten (u:ßten)

= – ußten (u:ßten)
→ – usen (u:sen)
→ – ust (u:ßt)

Husten
  Keuchhusten
  Raucherhusten
husten
  anhusten
  aufhusten
  aushusten
prusten
pusten
  anpusten
  aufpusten
  auspusten
  verpusten
schmusten

— usten (ußten)

= – ußten (ußten)
→ – ust (ußt)
→ – uste (ußte)

abkrusten
bekrusten
entkrusten
überkrusten
verkrusten
vertrusten

— üsten (ü:ßten)

= – üßten (ü:ßten)
→ – ühste (ü:ßte)
→ – üste (ü:ßte)

wüsten
verwüsten

— üsten (üßten)

= – üßten (üßten)
→ – ust (ußt)
→ – üst (üßt)
→ – üste (üßte)
→ – yste (üßte)

Wettrüsten
brüsten
lüsten
  gelüsten
rüsten
  abrüsten
  aufrüsten
  ausrüsten
  einrüsten
  entrüsten
  zurüsten

— ußten (u:ßten)

= – usten (u:ßten)
→ – ußt (u:ßt)

fußten
rußten
  berußten
  entrußten
  verrußten

— ußten (ußten)

= – usten (ußten)
→ – ußt (ußt)

bewußten
mußten
wußten

— üßten (ü:ßten)

= – üsten (ü:ßten)
→ – ühste (ü:ßte)
→ – üßt (ü:ßt)

büßten
  abbüßten
  einbüßten
  verbüßten
grüßten
  begrüßten
süßten
  versüßten

— üßten (üßten)

= – üsten (üßten)
→ – üßt (üßt)

küßten
  abküßten
müßten
  fortmüßten
  wegmüßten
wüßten

— uster (u:ßter)

= – ußter (u:ßter)
→ – usen (u:sen)
→ – ustern (u:ßtern)

Huster
Schuster
  Flickschuster
duster
verschmuster

— uster (ußter)

= – ußter (ußter)
→ – ustern (ußtern)

Armbruster
Baluster
Liguster
Muster
  Ausstellungsmuster
  Bandmuster
  Farbmuster
  Grätenmuster

Messemuster
Schlangenmuster
Schnittmuster
Stoffmuster
Strickmuster
Tapetenmuster
Teppichmuster
Warenmuster
Zwiebelmuster
illuster
robuster

– üster (ü:ßter)

= – üßter (ü:ßter)
→ – üstern (ü:ßtern)

Nüster
Rüster
Verwüster
düster
wüster

– üster (üßter)

= – üßter (üßter)
→ – üstern (üßtern)

Geflüster
Küster
Lüster
  Kristallüster
Nüster

– ußter (u:ßter)

= – uster (u:ßter)
→ – ußten (u:ßten)
→ – ustern (u:ßtern)

verrußter

– ußter (ußter)

= – uster (ußter)
→ – ußt (ußt)
→ – ustern (ußtern)

beeinflußter
bewußter
  unbewußter

– üßter (ü:ßter)

= – üster (ü:ßter)
→ – üßten (ü:ßten)
→ – üstern (ü:ßtern)

gebüßter
  ungebüßter
gegrüßter
gesüßter
  ungesüßter

– üßter (üßter)

= – üster (üßter)
→ – üstern (üßtern)

geküßter
  abgeküßter
  ungeküßter

– ustern (u:ßtern)

→ – uster (u:ßter)
→ – ußter (u:ßter)

plustern
  aufplustern
schustern
  zusammenschustern
  zuschustern

– ustern (ußtern)

→ – uster (ußter)
→ – ußter (ußter)

mustern
  abmustern
  anmustern
  ausmustern
  bemustern

– üstern (ü:ßtern)

→ – üster (ü:ßter)
→ – üßter (ü:ßter)

düstern
  umdüstern
  verdüstern
rüstern

– üstern (üßtern)

→ – üster (üßter)
→ – üßter (üßter)

flüstern
  einflüstern
  zuflüstern
lüstern
  kriegslüstern
  mordlüstern
  sensationslüstern

– üstet (üßtet)

→ – üsten (üßten)
→ – üßten (üßten)

brüstet
gelüstet
gerüstet
  hochgerüstet
  kampfgerüstet
  ungerüstet
rüstet

– ustig (ußti-ch)

→ – ich (i-ch)

krustig
lustig
  abenteuerlustig
  angriffslustig
  heiratslustig
  kampflustig
  kauflustig
  lebenslustig
  rauflustig
  reiselustig
  streitlustig
  unlustig
  unternehmungs-
    lustig
  wanderlustig
verlustig

— **üstig (üßti-ch)**

→ – ich (i-ch)

breitbrüstig
engbrüstig
gelüstig
hochbrüstig
rüstig
schmalbrüstig
wollüstig

— **ustige (ußtige)**

→ – ustig (ußti-ch)

krustige
lustige
  belustige

— **ustigen (ußtigen)**

→ – ustig (ußti-ch)

belustigen

— **üstlein (üßtlain)**

= – ein (ain)
→ – ust (ußt)
→ – üst (üßt)
→ – uste (ußte)

Brüstlein
Gerüstlein
Krüstlein
Lüstlein

— **ustlos (ußtlo:ß)**

= – os (o:ß)
= – oß (o:ß)
= – ußtlos (ußtlo:ß)

brustlos
lustlos

— **ußtlos (ußtlo:ß)**

= – os (o:ß)
= – oß (o:ß)
→ – ustlos (ußtlo:ß)

bewußtlos

— **ustlosigkeit (ußtlo:si-chkait)**

= – ußtlosigkeit (ußtlo:si-chkait)
→ – eit (ait)

Brustlosigkeit
Lustlosigkeit

— **ußtlosigkeit (ußtlo:si-chkait)**

= – ustlosigkeit (ußtlo:si-chkait)
→ – eit (ait)

Bewußtlosigkeit

— **üstung (üßtuŋ)**

→ – ung (uŋ)
→ – üsten (üßten)

Brüstung
  Balkonbrüstung
  Fensterbrüstung
Rüstung
  Kriegsrüstung
  Ritterrüstung

— **üßung (ü:ßuŋ)**

→ – ung (uŋ)
→ – üßen (ü:ßen)

Begrüßung
Strafverbüßung
Versüßung

— **ut (u:t)**

= – ud (u:t)
= – uht (u:t)
= – uit (u:t)
= – uth (u:t)
→ – ute (u:te)
→ – uten (u:ten)

Armut
  Blutarmut
  Gedankenarmut
  Geistesarmut
  Spracharmut
Attribut
Beirut
Blut
  Drachenblut
  Fischblut
  Froschblut
  Halbblut
  Herzblut
  Kaltblut
  Vollblut
  Warmblut
Brut
  Drachenbrut
  Hexenbrut
  Höllenbrut
  Schlangenbrut
  Teufelsbrut
  Wolfsbrut
Disput
Eisenhut
Flut
  Sintflut
  Springflut
  Sturmflut
  Sturzflut
  Tränenflut
  Wasserflut
Glut
  Farbenglut
  Feuerglut
  Flammenglut
  Liebesglut
  Mittagsglut
  Weißglut
Gut
  Allgemeingut
  Bauerngut
  Diebesgut
  Eilgut
  Erbgut
  Expreßgut
  Frachtgut
  Gebrauchsgut
  Gedankengut
  Heiratsgut
  Klostergut
  Krongut

Kulturgut
Landgut
Lehnsgut
Mustergut
Pachtgut
Rittergut
Saatgut
Sprachgut
Staatsgut
Steingut
Strandgut
Stückgut
Weingut
Hartmut
Helmut
Hut
  Damenhut
  Doktorhut
  Federhut
  Filzhut
  Fingerhut
  Herrenhut
  Panamahut
  Schlapphut
  Sommerhut
  Sonnenhut
  Strohhut
Institut
  Bestattungsinstitut
  Forschungsinstitut
  Geldinstitut
  Kreditinstitut
  Universitätsinstitut
  Wirtschaftsinstitut
Knut
Konvolut
Mammut
Mut
  Anmut
  Demut
  Edelmut
  Freimut
  Gleichmut
  Großmut
  Heldenmut
  Hochmut
  Kleinmut
  Langmut
  Lebensmut

  Löwenmut
  Mißmut
  Opfermut
  Sanftmut
  Schwermut
  Todesmut
  Übermut
  Unmut
  Wagemut
  Wankelmut
  Wehmut
Nachhut
Nut
Obhut
Rekrut
Salut
Skorbut
Statut
Substitut
Tribut
Tunichtgut
Vorhut
Wermut
Wismut
Wut
  Arbeitswut
  Bauwut
  Kampfwut
  Lesewut
  Mordswut
  Sammelwut
  Schießwut
  Tollwut
  Zerstörungswut
Zuckerhut
absolut
akut
frohgemut
gut
  allzugut
  ebensogut
  herzensgut
  seelengut
  ungut
hochgemut
resolut
tut
  wohltut
wohlgemut

— **ut (ut)**

= – ud (ut)
= – utt (ut)

Mammut
Liliput

— **üt (ü:t)**

= – üd (ü:t)
= – üht (ü:t)
= – yd (ü:t)
= – yt (ü:t)
→ – üte (ü:te)
→ – üten (ü:ten)

Geblüt
Gemüt
  Kindergemüt
Gestüt
  Pferdegestüt
behüt
vergüt

— **üt (ü:)**

= – ü (ü:)

Debüt

— **uta (u:ta)**

= – utah (u:ta)
→ – a (a:)

Uta
Valuta

— **utah (u:ta)**

= – uta (u:ta)
→ – a (a:)

Utah

— **ütchen (ü:t-chen)**

= – üdchen (ü:t-chen)
→ – ut (u:t)
→ – ute (u:te)
→ – üte (ü:te)

Blütchen
Gütchen
Hütchen
  Zündhütchen
Mütchen
Schnütchen
Tütchen

— ute (u:te)

= – oute (u:te)
= – uhte (u:te)
→ – ut (u:t)
→ – uten (u:ten)

Erdmute
Flute
Jute
Kanute
Knute
Minute
  Bogenminute
Nute
Pute
Rute
  Angelrute
  Leimrute
  Wünschelrute
Schnute
  Dreckschnute
  Zuckerschnute
Schute
Stute
Tute
  Trantute
Ute
Vedute
Volute
  Evolute
blute
flute
zugute
zumute

— üte (ü:te)

= – ühte (ü:te)
= – ythe (ü:te)
→ – ut (u:t)
→ – üt (ü:t)
→ – üten (ü:ten)

Blüte
  Baumblüte
  Obstblüte
  Scheinblüte
  Stilblüte
Flüte
Güte
  Herzensgüte
Jüte
Kajüte
Tüte
  Papiertüte
  Plastiktüte
  Zuckertüte
brüte
hüte
vergüte
wüte

— uten (u:ten)

= – uhten (u:ten)
→ – oute (u:te)
→ – ut (u:t)
→ – ute (u:te)

Aleuten
Nasenbluten
Spießruten
Stuten
Zahnfleischbluten
bluten
  ausbluten
  durchbluten
  verbluten
buten
fluten
  abfluten
  ausfluten
  befluten
  durchfluten
  überfluten
  umfluten
  verfluten
  zurückfluten
gluten
muten
  anmuten
  vermuten
  zumuten

nuten
  vernuten
sputen
tuten

— üten (ü:ten)

= – ühten (ü:ten)
→ – ut (u:t)
→ – üt (ü:t)
→ – üte (ü:te)
→ – ythe (ü:te)

brüten
  anbrüten
  ausbrüten
  bebrüten
hüten
  behüten
  verhüten
vergüten
  rückvergüten
wüten

— ütend (ü:tent)

→ – üten (ü:ten)

brütend
verhütend
  empfängnis-
  verhütend
wütend

— uter (u:ter)

= – uhter (u:ter)

Bluter
Puter
guter

— üter (ü:ter)

= – ühter (ü:ter)
→ – ut (u:t)
→ – ütern (ü:tern)

Brüter
  Schneller Brüter
Gemüter
Güter

Hüter
  Behüter
  Feldhüter
  Forsthüter
  Ladenhüter
  Ordnungshüter
  Torhüter
  Türhüter
  Waldhüter
  Wildhüter
Kaltblüter
Kreuzblüter
Vollblüter
Warmblüter
Wüter

— ütern (ü:tern)

→ – üter (ü:ter)

betütern

— utet (u:tet)

= – uhtet (u.tet)
→ – uten (u:ten)

angemutet
blutet
  geblutet
flutet
  geflutet
nutet
  genutet
sonnendurchflutet
sputet
  gesputet
tutet
  getutet
vermutet
  unvermutet
zugemutet
zumutet

— ütet (ü:tet)

= – ühtet (ü:tet)
→ – üten (ü:ten)

brütet
  gebrütet

hütet
  gehütet
vergütet
wütet
  gewütet

— uth (u:t)

= – ud (u:t)
= – uht (u:t)
= – uit (u:t)
= – ut (u:t)

Pruth
Ruth

— uths (u:tß)

= – uds (u:tß)
= – uts (u:tß)
= – uz (u:tß)
→ – uht (u:t)
→ – uth (u:t)

Ruths

— utig (u:ti-ch)

→ – ich (i-ch)

blutig
  unblutig
brutig
mutig
  anmutig
  mißmutig
  todesmutig
  unmutig
  wagemutig

— ütig (ü:ti-ch)

→ – ich (i-ch)

blaublütig
brütig
demütig
edelmütig
einmütig
fischblütig
freimütig
frohmütig

gleichmütig
großmütig
gütig
  grundgütig
gutmütig
heißblütig
heldenmütig
hochmütig
kaltblütig
kleinmütig
langmütig
leichtblütig
reumütig
sanftmütig
schwerblütig
schwermütig
übermütig
wankelmütig
wehmütig
wütig
  blindwütig
  schießwütig
  tollwütig

— utige (u:tige)

→ – utig (u:ti-ch)
→ – utigen (u:tigen)

blutige
mutige

— ütige (ü:tige)

→ – ütig (ü:ti-ch)
→ – ütigen (ü:tigen)

grundgütige
halbblütige
tollwütige
wankelmütige

— utigen (u:tigen)

→ – utig (u:ti-ch)

entmutigen
ermutigen

— ütigen (ü:tigen)

→ – ütig (ü:ti-ch)

begütigen
demütigen

— ütigkeit (ü:ti-chkait)

→ – eit (ait)
→ – ütig (ü:ti-ch)

Gütigkeit
Langmütigkeit
Vollblütigkeit

— ütlein (ü:tlain)

= – ein (ain)
→ – ut (u:t)
→ – ute (u:te)

Hütlein
Mütlein
Rütlein
Schnütlein

— utlich (u:tli-ch)

→ – ich (i-ch)

minutlich
nachsintflutlich
vermutlich
vorsintflutlich

— ütlich (ü:tli-ch)

= – üdlich (ü:tli-ch)
→ – ich (i-ch)

gemütlich
 ungemütlich
 urgemütlich
gütlich
minütlich

— utlos (u:tlo:ß)

= – os (o:ß)
= – oß (o:ß)

blutlos
glutlos
mutlos

— utlosigkeit (u:tlo:si-chkait)

→ – eit (ait)

Blutlosigkeit
Mutlosigkeit

— uto (u:to)

→ – o (o:)

Basuto
Pluto

— utor (u:tor)

= – or (o:r)

Exekutor
Tutor

— utra (u:tra)

→ – a (a:)

Brahmaputra
Kamasutra

— uts (u:tß)

= – uds (u:tß)
= – uths (u:tß)
= – uz (u:tß)
→ – uht (u:t)
→ – ut (u:t)

Bluts
Instituts
Muts

— utsch (u:tsch)

→ – utschen (u:tschen)

Geknutsch
knutsch
nutsch
zutsch

— utsch (utsch)

→ – utsche (utsche)
→ – utschen (utschen)

Putsch
 Militärputsch
Rutsch
 Bergrutsch
 Dammrutsch
 Erdrutsch
futsch
lutsch
pfutsch
rutsch
 rirarutsch
wutsch

— utsche (u:tsche)

→ – utschen (u:tschen)

Geknutsche
Nutsche
knutsche
nutsche
zutsche

— utsche (utsche)

→ – utsch (utsch)
→ – utschen (utschen)

Barutsche
Hutsche
Kutsche
 Hochzeitskutsche
 Postkutsche
 Retourkutsche
Mutsche
Rutsche
lutsche
putsche
rutsche

— utschen (u:tschen)

→ – utsche (u:tsche)

knutschen
  abknutschen
  zerknutschen
nutschen
  abnutschen
  ausnutschen
zutschen
  auszutschen

— utschen (utschen)

→ – utsch (utsch)
→ – utsche (utsche)

hutschen
flutschen
  entflutschen
kutschen
  herumkutschen
lutschen
  ablutschen
  auslutschen
mutschen
putschen
  aufputschen
rutschen
  abrutschen
  ausrutschen
  entrutschen
  herausrutschen
  herumrutschen
  herunterrutschen
  hineinrutschen
  hinunterrutschen
wutschen

— utscher (u:tscher)

→ – utschen (u:tschen)

Knutscher
Zutscher

— utscher (utscher)

→ – utschen (utschen)

Aufputscher
Kutscher
  Droschken-
  kutscher
  Leibkutscher
  Lohnkutscher
  Müllkutscher
  Postkutscher
  Rollkutscher
Lutscher
Rutscher
  Ausrutscher

— utscht (u:tscht)

→ – utschen (u:tschen)

knutscht
  geknutscht
nutscht
  genutscht
zutscht
  gezutscht

— utscht (utscht)

→ – utschen (utschen)

flutscht
  geflutscht
kutscht
  gekutscht
lutscht
  gelutscht
putscht
  geputscht
rutscht
  gerutscht

— utschung (utschuŋ)

→ – ung (uŋ)
→ – utschen (utschen)

Aufputschung
Dammrutschung

— utt (ut)

= – ud (ut)
= – ut (ut)
→ – utte (ute)

Butt
  Goldbutt
  Heilbutt
  Steinbutt
Dutt
Gummigutt
Perlmutt
Schutt
  Bauschutt
kaputt

— ütt (üt)

→ – ütte (üte)
→ – ütten (üten)

Bütt
Pütt
lütt
schütt

— utta (uta)

→ – a (a:)

Jutta
Kalkutta
Pasta asciutta

— üttchen (üt-chen)

→ – utt (ut)
→ – utte (ute)
→ – ütte (üte)

Büttchen
Hüttchen
Nüttchen

— utte (ute)

→ – utt (ut)
→ – utten (uten)

Butte
Hagebutte

Kutte
  Mönchskutte
Lutte
Nutte
Putte
Schlutte
Tutte

— ütte (üte)

→ – ütten (üten)

Bütte
  Waschbütte
Hütte
  Almhütte
  Bambushütte
  Bauhütte
  Berghütte
  Blockhütte
  Eisenhütte
  Erdhütte
  Feldhütte
  Glashütte
  Hundehütte
  Jagdhütte
  Laubhütte
  Lehmhütte
  Schäferhütte
  Schutzhütte
  Sennhütte
  Strohhütte
  Wetterhütte
Schütte

— uttel (utel)

Aschenputtel
Buttel
Kuttel

— üttel (ütel)

→ – ütteln (üteln)

Büttel
Gerüttel
Geschüttel
Knüttel
Tüttel
rüttel
schüttel

— üttelchen (ütel-chen)

→ – üttel (ütel)

Knüttelchen
Tüttelchen

— ütteln (üteln)

→ – üttel (ütel)

Kopfschütteln
knütteln
  niederknütteln
rütteln
  aufrütteln
  durchrütteln
  wachrütteln
schütteln
  abschütteln
  aufschütteln
  ausschütteln
  durchschütteln
  herabschütteln

— üttelnd (ütelnt)

→ – ütteln (üteln)

aufrüttelnd
kopfschüttelnd
niederknüttelnd

— üttelt (ütelt)

→ – ütteln (üteln)

geschüttelt
  angstgeschüttelt
rüttelt
  gerüttelt

— utten (uten)

→ – utt (ut)
→ – utte (ute)

Butten
kutten

— ütten (üten)

→ – ütt (üt)
→ – ütte (üte)

Bütten
schütten
  abschütten
  aufschütten
  ausschütten
  beschütten
  einschütten
  nachschütten
  überschütten
  umschütten
  verschütten
  wegschütten
  zurückschütten
  zusammenschütten
verhütten
zerrütten

— üttend (ütent)

→ – ütten (üten)

ausschüttend
nervenzerrüttend
verhüttend

— utter (uter)

→ – uttern (utern)

Butter
  Faßbutter
  Kakaobutter
  Markenbutter
  Sauerrahmbutter
  Süßrahmbutter
Futter
  Ärmelfutter
  Beifutter
  Fischfutter
  Grünfutter
  Hutfutter
  Jackenfutter
  Kanonenfutter
  Kraftfutter
  Mantelfutter
  Mastfutter

Mischfutter
Pelzfutter
Pferdefutter
Rockfutter
Schweinefutter
Studentenfutter
Trockenfutter
Unterfutter
Viehfutter
Vogelfutter
Großmutter
  Urgroßmutter
Kutter
  Fischkutter
Lutter
Mutter
  Brautmutter
  Gebärmutter
  Gottesmutter
  Hausmutter
  Kindesmutter
  Königinmutter
  Landesmutter
  Nährmutter
  Pflegemutter
  Puffmutter
  Rabenmutter
  Schraubenmutter
  Schwiegermutter
  Stiefmutter
  Ziehmutter

— ütter (üter)

→ – utter (uter)
→ – üttern (ütern)

Mütter
fütter
schütter

— ütterlich (üterli-ch)

→ – ich (i-ch)

mütterlich
  stiefmütterlich
unerschütterlich

— ütterlichkeit (üterli-chkait)

→ – eit (ait)

Mütterlichkeit
Unerschütterlichkeit

— uttern (utern)

→ – utter (uter)

bemuttern
buttern
  einbuttern
  verbuttern
  zubuttern
futtern
  anfuttern
  auffuttern
perlmuttern

— üttern (ütern)

→ – ütter (üter)

füttern
  abfüttern
  auffüttern
  ausfüttern
  durchfüttern
  großfüttern
  herausfüttern
  überfüttern
  verfüttern
schüttern
  durchschüttern
  erschüttern

— ütternd (üternt)

→ – üttern (ütern)

markerschütternd
verfütternd

— uttert (utert)

→ – üttern (utern)

bemuttert
buttert

futtert
  gefuttert
gebuttert
  zugebuttert

— üttert (ütert)

→ – üttern (ütern)

füttert
gefüttert
  pelzgefüttert
  ungefüttert
erschüttert
unerschüttert

— ütterung (üteruŋ)

→ – ung (uŋ)
→ – üttern (ütern)

Erschütterung
  Erderschütterung
  Gehirnerschütterung
Fütterung
  Raubtierfütterung
  Viehfütterung
  Wildfütterung

— utti (uti)

→ – i (i:)

Mutti
Tutti
Tuttifrutti
tutti

— utto (uto)

→ – o (o:)

Putto
brutto

— utts (utß)

= – uds (utß)
= – utz (utß)
= – uz (utß)
→ – utt (ut)

Schutts

760

— üttung (ütuŋ)

→ – ung (uŋ)
→ – ütten (üten)

Aufschüttung
Ausschüttung
  Gewinn-
  ausschüttung
Verhüttung
Verschüttung
Zerrüttung
  Nervenzerrüttung

— utung (u:tuŋ)

→ – ung (uŋ)
→ – uten (u:ten)

Blutung
  Durchblutung
  Magenblutung
  Monatsblutung
Hutung
Überflutung
Vermutung
Zumutung

— ütung (ü:tuŋ)

→ – ung (uŋ)
→ – üten (ü:ten)

Brütung
  Ausbrütung
Hütung
  Behütung
Vergütung
  Rückvergütung
Verhütung
  Brandverhütung
  Empfängnis-
  verhütung
  Unfallverhütung

— utz (utß)

= – uds (utß)
= – utts (utß)
= – uz (utß)
→ – utzen (utßen)

Butz
Lutz
Mutz
Nutz
  Eigennutz
  Gemeinnutz
  Nichtsnutz
Putz
  Aufputz
  Ausputz
  Außenputz
  Frühjahrsputz
  Haarputz
  Hausputz
  Innenputz
  Kopfputz
  Oberputz
  Unterputz
  Verputz
Schmutz
Schutz
  Arbeitsschutz
  Augenschutz
  Brandschutz
  Denkmalschutz
  Feuerschutz
  Frostschutz
  Geleitschutz
  Jugendschutz
  Kälteschutz
  Knieschutz
  Kopfschutz
  Küstenschutz
  Lärmschutz
  Lichtschutz
  Luftschutz
  Mieterschutz
  Mutterschutz
  Naturschutz
  Polizeischutz
  Rechtsschutz
  Rostschutz
  Selbstschutz
  Sonnenschutz
  Tierschutz
  Unfallschutz
  Umweltschutz
  Vogelschutz
  Wärmeschutz
  Werkschutz
  Windschutz
Stutz
  Federstutz
  Reiherstutz
Trutz
Utz
nutz
  zunutz

— ütz (ütß)

→ – ütze (ütße)
→ – ützen (ütßen)

Geschütz
  Bordgeschütz
  Feldgeschütz
  Flachfeuergeschütz
  Küstengeschütz
  Luftabwehrgeschütz
  Schiffsgeschütz
  Schnellfeuer-
  geschütz
  Steilfeuergeschütz
  Sturmgeschütz
  Wurfgeschütz
Klingelpütz
Liegestütz
Pütz
Schütz
  Wildschütz
unnütz

— ützchen (ütß-chen)

→ – ütze (ütße)

Grützchen
Mützchen
Pfützchen
Schützchen

— utze (utße)

→ – utz (utß)
→ – utzen (utßen)

Butze
zunutze

– ütze (ütße)

→ – ütz (ütß)
→ – ützen (ütßen)

Grütze
  Hafergrütze
Mütze
  Baskenmütze
  Dienstmütze
  Feldmütze
  Matrosenmütze
  Pelzmütze
  Pudelmütze
  Schiffermütze
  Schlafmütze
  Zipfelmütze
Pfütze
  Regenpfütze
  Schlammpfütze
  Wasserpfütze
Pütze
Schütze
  Abc-Schütze
  Armbrustschütze
  Bogenschütze
  Bordschütze
  Heckenschütze
  Kunstschütze
  Meisterschütze
  Scharfschütze
  Scheibenschütze
  Torschütze
Stütze
  Armstütze
  Beinstütze
  Buchstütze
  Fußstütze
  Kopfstütze
nütze
  unnütze

– utzel (utßel)

→ – utzeln (utßeln)

Hutzel
brutzel
hutzel

– utzeln (utßeln)

→ – utzel (utßel)

brutzeln
  verbrutzeln
hutzeln
  einhutzeln
  verhutzeln

– utzen (utßen)

= – uzzen (utßen)
→ – utz (utß)

Butzen
Mutzen
Nutzen
Stutzen
mutzen
  aufmutzen
nutzen
  abnutzen
  ausnutzen
  benutzen
putzen
  abputzen
  anputzen
  aufputzen
  ausputzen
  herausputzen
  herunterputzen
  verputzen
  wegputzen
schmutzen
  anschmutzen
  beschmutzen
  einschmutzen
  verschmutzen
stutzen
  abstutzen
  anstutzen
  aufstutzen
  verstutzen
  zurechtstutzen
  zustutzen
trutzen
  abtrutzen
verdutzen

– ützen (ütßen)

→ – ütz (ütß)
→ – ütze (ütße)

bützen
  abbützen
nützen
  abnützen
  ausnützen
  benützen
schützen
  beschützen
  vorschützen
stützen
  abstützen
  anstützen
  aufstützen
  unterstützen

– utzend (utßent)

→ – utzen (utßen)

Dutzend
beschmutzend
nutzend
putzend
stutzend
trutzend

– ützend (ütßent)

→ – ützen (ütßen)

ausnützend
schallschützend
unterstützend

– utzer (utßer)

= – uzzer (utßer)
→ – utzen (utßen)

Ausnutzer
Benutzer
Nießnutzer
Plutzer
Putzer
  Ausputzer
  Fensterputzer

Lampenputzer
Laternenputzer
Maschinenputzer
Rachenputzer
Schuhputzer
Stiefelputzer
Stutzer

— ützer (ütßer)

→ – ützen (ütßen)

Benützer
Schützer
  Ärmelschützer
  Beschützer
  Knieschützer
  Ohrenschützer
Stützer
unnützer

— utzig (utßi-ch)

→ – ich (i-ch)

nichtsnutzig
putzig
schmutzig
stutzig
  begriffsstutzig
trutzig

— ützig (ütßi-ch)

→ – ich (i-ch)

eigennützig
  uneigennützig
gemeinnützig
pfützig
schlafmützig

— utzigkeit (utßi-chkait)

→ – eit (ait)
→ – utzig (utßi-ch)

Nichtsnutzigkeit
Putzigkeit
Schmutzigkeit

— ützigkeit (ütßi-chkait)

→ – eit (ait)
→ – ützig (ütßi-ch)

Eigennützigkeit
Schlafmützigkeit

— utzlos (utßlo:ß)

= – os (o:ß)
= – oß (o:ß)

nutzlos
schmutzlos
schutzlos

— utzlosigkeit (utßlo:si-chkait)

→ – eit (ait)
→ – utzlos (utßlo:ß)

Nutzlosigkeit
Schutzlosigkeit

— utzt (utßt)

→ – utzen (utßen)

benutzt
  unbenutzt
geputzt
  ungeputzt
mutzt
  gemutzt
nutzt
  genutzt
putzt
schmutzt
  geschmutzt
stutzt
  gestutzt
trutzt
  getrutzt
verdutzt

— ützt (ütßt)

→ – ützen (ütßen)

benützt
  unbenützt
beschützt
  unbeschützt
genützt
  ungenützt
geschützt
  ungeschützt
  wassergeschützt
  windgeschützt
nützt
schützt
stützt
  gestützt

— utzung (utßuŋ)

→ – ung (uŋ)
→ – utzen (utßen)

Nutzung
  Bodennutzung
Verputzung
Verschmutzung
  Luftverschmutzung
  Umwelt-
  verschmutzung

— ützung (ütßuŋ)

→ – ung (uŋ)
→ – ützen (ütßen)

Ausnützung
Beschützung
Unterstützung
  Arbeitslosen-
  unterstützung

— uv (u:f)

= – uf (u:f)
→ – uven (u:fen)

Luv
Vesuv

— uven (u:fen)

= – ufen (u:fen)

luven
  anluven

— ux (ukß)

= – oux (ukß)
= – uchs (ukß)
= – ucks (ukß)
= – ugs (ukß)
→ – uxen (ukßen)

Crux
Flux
Jux
Kux
Lux

— üx (ükß)

= – üchs (ükß)
= – ücks (ükß)
= – yx (ükß)
→ – üxen (ükßen)

Büx
  Bangbüx

— uxe (ukße)

= – uchse (ukße)
= – uckse (ukße)
→ – ux (ukß)
→ – uxen (ukßen)

Buxe
  Bangbuxe

— üxe (ükße)

= – üchse (ükße)
→ – üxen (ükßen)
→ – yx (ükß)

Bangbüxe

— uxen (ukßen)

= – uchsen (ukßen)
= – ucksen (ukßen)
→ – ux (ukß)
→ – uxe (ukße)

juxen
  herumjuxen
  verjuxen

— üxen (ükßen)

= – üchsen (ükßen)
→ – üx (ükß)
→ – yx (ükß)

ausbüxen

— uxig (ukßi-ch)

= – uchsig (ukßi-ch)
= – ucksig (ukßi-ch)
→ – ich (i-ch)

juxig

— uxt (ukßt)

→ – uchst (ukßt)
= – uckst (ukßt)

gejuxt
  herumgejuxt
juxt
  verjuxt

— uz (u:tß)

= – uds (u:tß)
= – uths (u:tß)
= – uts (u:tß)
→ – uht (u:t)
→ – uzen (u:tßen)

Duz
Fiduz
Kibbuz
Uz
Vaduz

— uz (utß)

= – uds (utß)
= – utts (utß)
= – utz (utß)

Kukuruz
Puz
Vaduz

— uze (u:tße)

→ – uz (u:tß)
→ – uzen (u:tßen)

Kapuze

— uzen (u:tßen)

→ – uz (u:tß)
→ – uze (u:tße)

duzen
kuzen
  hinkuzen
uzen

— uzzen (utßen)

= – utzen (utßen)

Abruzzen

— uzzer (utßer)

= – utzer (utßer)

Revoluzzer

Reimgruppen mit der Endreimsilbe

y

— y (i:)
→ – i (i:)

Jury
Nancy
Orly

— yche (ü:-che)
= – üche (ü:-che)

Psyche
Tyche

— yd (ü:t)
= – üd (ü:t)
= – üht (ü:t)
= – üt (ü:t)
= – yt (ü:t)

Oxyd
  Kohlendioxyd
  Wasserstoffsuper-
  oxyd

— ydisch (ü:disch)
= – üdisch (ü:disch)
→ – isch (isch)

lydisch

— ye (ai)
= – ei (ai)

bye-bye
good-bye

— ygisch (ü:gisch)
→ – isch (isch)

phrygisch
stygisch

— yl (ü:l)
= – ühl (ü:l)
= – ül (ü:l)

Acryl
  Polyacryl

— ylen (ü:len)
= – ühlen (ü:len)
= – ülen (ü:len)

Thermopylen

— yll (ül)
= – ül (ül)
= – üll (ül)

Beryll
Chlorophyll
Idyll
  Dorfidyll
  Familienidyll
  Liebesidyll
  Schäferidyll

— ylle (üle)
= – ülle (üle)
→ – yll (ül)

Idylle
Sibylle

— ylle (ile)
= – ille (ile)

Sibylle

— ym (ü:m)
= – ühm (ü:m)
= – üm (ü:m)

Homonym
Kollenchym
Neodym
Parenchym
Pseudonym
Synonym
anonym
homonym
pseudonym
synonym

— yme (ü:me)
= – ühme (ü:me)
= – üme (ü:me)
→ – ym (ü:m)

Pseudonyme
Synonyme

— ymen (ü:men)
= – ühmen (ü:men)
= – ümen (ü:men)
→ – ym (ü:m)

Hymen
Synonymen

— ymphe (ümfe)
Lymphe
Nymphe
  Flußnymphe
  Quellnymphe
  Waldnymphe

— yn (ü:n)
= – ühn (ü:n)
= – ün (ü:n)
→ – ühen (ü:-en)

Dyn
Misogyn
androgyn
dyn

— ynchen (ün-chen)
= – ünchen (ün-chen)

lynchen

— yne (ü:ne)
= – ühne (ü:ne)
= – üne (ü:ne)
→ – yn (ü:n)

Euphrosyne

— yp (ü:p)
= – üb (ü:p)
= – üp (ü:p)

Polyp
Typ
  Prototyp
stereotyp

— ype (ü:pe)
= – üpe (ü:pe)
→ – yp (ü:p)

Type

— yph (ü:f)
= – üf (ü:f)

apokryph

— yphe (ü:fe)
= – üfe (ü:fe)
→ – yph (ü:f)

Hieroglyphe

— yphen (ü:fen)
= – üfen (ü:fen)

Apokryphen
Hieroglyphen

— ypten (üpten)
Ägypten
Glypten
Krypten

— yptisch (üptisch)
→ – isch (isch)

ägyptisch
apokalyptisch

— yr (ü:r)
= – ühr (ü:r)
= – ur (ü:r)
= – ür (ü:r)
= – ure (ü:r)

Porphyr
Satyr

— yra (ü:ra)
→ – a (a:)

Lyra
Palmyra

— yrer (ü:rer)
= – ührer (ü:rer)
= – ürer (ü:rer)

Märtyrer
Syrer

— yrien (ü:ri-en)
Assyrien
Illyrien
Syrien

— yriker (ü:riker)
→ – icker (iker)

Lyriker
Panegyriker

— yrisch (ü:risch)
→ – isch (isch)

assyrisch
illyrisch
lyrisch
panegyrisch
syrisch

— yrrhe (üre)
= – ürre (üre)

Myrrhe

— yrte (ürte)
= – ürte (ürte)

Myrte

— yse (ü:se)
= – üse (ü:se)

Analyse
  Marktanalyse
  Psychoanalyse
  Spektralanalyse
Dialyse
Elektrolyse
Hydrolyse
Hypophyse
Katalyse
Paralyse

— ysen (ü:sen)
= – üsen (ü:sen)
→ – yse (ü:se)

Analysen

— ysisch (ü:sisch)
→ – isch (isch)

dionysisch
elysisch
physisch
  metaphysisch

— yste (üßte)
= – üste (üßte)
= – üßte (üßte)

Zyste

— yt (ü:t)
= – üd (ü:t)
= – üht (ü:t)
= – üt (ü:t)
= – yd (ü:t)

Elektrolyt
Proselyt

767

— ythe (ü:te)

= – üthe (ü:te)
= – üte (ü:te)

Mythe
Skythe

— ythia (ü:tia)

→ – a (a:)

Forsythia
Pythia

— ythisch (ü:tisch)

→ – isch (isch)

mythisch
pythisch
skythisch

— yx (ükß)

= – üchs (ükß)
= – ücks (ükß)
= – üx (ükß)

Archäopteryx
Nyx
Onyx
Styx

— yz (i:tß)

= – iets (i:tß)
= – ietz (i:tß)
= – iez (i:tß)
= – iz (i:tß)
→ – id (i:t)
→ – ied (i:t)
→ – ieht (i:t)
→ – iet (i:t)
→ – ith (i:t)

Schwyz